本文集由晨讯科技集团、暨南大学211工程第三期项目赞助出版

鄧喬彬學術文集 第7卷

词学论文集

邓乔彬 著

安徽师范大学出版社

责任编辑:潘　安　何章艳
装帧设计:丁奕奕

图书在版编目(CIP)数据

词学论文集/邓乔彬著．—芜湖:安徽师范大学出版社,2013.8(2017.4重印)
(邓乔彬学术文集;7)
ISBN 978-7-5676-0149-9
Ⅰ.①词…　Ⅱ.①邓…　Ⅲ.①词学—中国—文集　Ⅳ.①I207.23-53

中国版本图书馆CIP数据核字(2012)第299760号

词学论文集
邓乔彬　著

出版发行:安徽师范大学出版社
　　芜湖市九华南路189号安徽师范大学花津校区　　邮政编码:241002
网　　址:http://www.ahnupress.com/
发 行 部:0553-3883578　5910327　5910310(传真)　　E-mail:asdcbsfxb@126.com
经　　销:全国新华书店
印　　刷:浙江新华数码印务有限公司
版　　次:2013年8月第1版
印　　次:2017年4月第2次印刷
规　　格:787×1092　1/16
印　　张:31.25　　插　页:4
字　　数:687千字
书　　号:ISBN 978-7-5676-0149-9
定　　价:150.00元

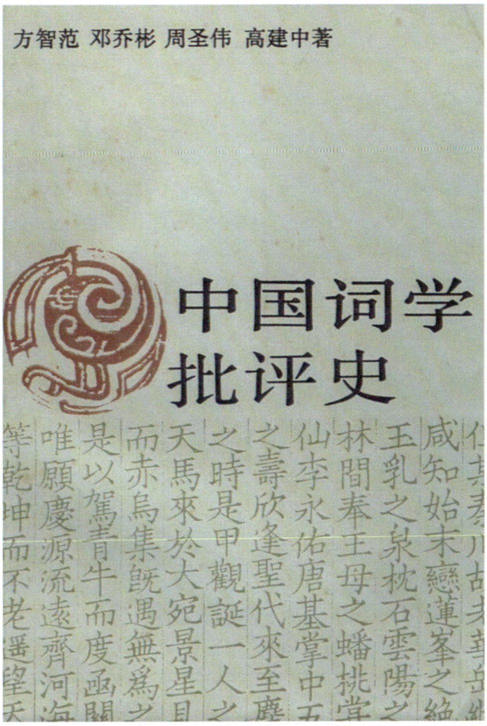

1994年版封面

2000年版封面

2000年版封面

2005年版封面

1994年，苏州天池山，与黄天骥教授

1995年，绍兴

1997年，兰溪

2000年，镇江

2006年，井冈山

2006年，家中

总　序

孔子说："吾十有五而志于学，三十而立，四十而不惑，五十而知天命，六十而耳顺，七十而从心所欲，不逾矩。"我今年七十周岁，应以之对照反省并思考其中原因了。

孔子以六艺授徒，实行全才式教育，我于1956年考入华东师大附中，勉强可算"十有五而志于学"，却已开始偏科。试前突击可考数、理、化优良，日常所好却为文哲、史地与艺术。高中再入师大附中，不久就被调到区体校，虽安排就读于同是名校的复兴中学，兴趣使然，偏科更为严重。直到高三，情况始变：体校为兼顾运动会得分和高考录取率，全班仅剩十七人，在最小的教室上课，一流老师讲课，我虽近视未戴眼镜，仍看得清又听得明，能集中思想学习。我不仅是文、史课代表，空间解析几何、有机化学等课程的测验、考试也几为全优。学业之进，使我误以为自己能做到文理兼长，因看到了历年对《红楼梦》研究、对胡适思想、对诸多文艺现象和人物的批判，深感"文科危险"，于是，在高考的选择上，决定报考理工科。我有绘画之长，又爱制作船模，原欲报考同济大学建筑系或上海交大造船系，后来却突然生变。原因是：在六月举行的上海市中学生运动会体校组比赛中，我获得跳高冠军和三项全能亚军，被观战的华东师大体育老师相中，劝我报考师大。他告以师大物理系毕业生多分配至高校或科研单位，到中学的仅百分之五。而因经济困难，我曾对父母许诺读大学不要家里负担，师范生由国家提供膳食，能不爽所约，故而听从所劝，改以华东师大物理系为第一志愿，并被录取。

入学后，开始还信心满满，但随着时间推移，却对学习越来越不感兴趣。尤其是高等数学，常布置几十道题，有时竟然半天也解不了一题，使我深感烦恼。有次实验，一女同学失手损坏了仪器配件，被命赔偿，她的痛哭使我难以平静，就此视实验为畏途。我住在运动员宿舍，见文科生毫无作业、实验负担，同室一位羽毛球队员读中文系，是印尼归侨，曾说："我们的同学真厉害，高中就读过《三国演义》、《水浒传》、《红楼梦》！"听此叹慕，我心中暗笑："这些小说，鄙人小学时就读过了，岂止读过，人物和情节都能随口说出！”我深感文理科的苦乐不同，心想：“毕业后拿一样的工资，何必要读物理系？学得如此之苦！”为此，因高考弃长取短、选择了理科而后悔，开始有转系之念。

那时的高校，转系极难。我先向物理系提出转读中文系的申请，未得理睬。后听说，有一数学系转中文系的学生，曾向市委书记柯庆施写信，历尽周折才得批准，且必须从一年级读起。我当然不愿去中文系“留级”，更不愿在物理系勉强升级，决定破釜沉舟、“舍命”一搏。于是，所有的专业课都亮起“红灯”，以证我不宜在物理系学习；同时，正式提出转读中文系二年级的申请。在受阻于物理系、教务处之后，我决定写信给校党委书记兼副校长常溪萍，申明要求转系的理由。常溪萍抗战时入党，曾是山东的模范专员，保持老八路本色，经常出现在学生宿舍、食堂和运动场，爱打篮球，曾多次看我跳高，认识我。我刚入学，就在新生运动会上破了校纪录。1963 年参加高校运动会，所有高度都一次过杆，最有希望夺冠，却在跳 1 米 86 时，心想过此高度将集冠军、高校纪录和一级运动员于一身，杂念一生，三跳失败，仅获亚军。虽如此，我仍是华东师大田径队的“希望之星”。我候在丽娃河桥畔，见他经过，把信交他手上，只说：“常校长，这是我要求转系的信。”转身就走。不久，教务处约我谈话，认真听取我要求转系的理由，后又同意我参加中文系考试，以决定能否转读二年级。事后得知，这是奉常校长所命而办，而常校长之所以同意我转系，主要不在于我是学校的优秀运动员，而是通过查阅高考作文卷，知我所写《雨后》一文似是得了理科生的最高分，这是可以转读中文系的重要理由和依据。

因期终考试已过，我被安排参加中文系一年级的补考，所有课程都通过，优多良少，我终于没成为“留级生”，在 1963 年下半年转到中文系二年级就读。这年冬天，成为一级运动员，自感学习上驾轻就熟，大有余力读书。次年春，我以 1 米 92 打破 1 米 86 的上海高校跳高纪录，距新的运动健将标准仅 3 厘米，是全校最有希望成为健将的人选。我开始酝酿学习与体育双优的计划，期待毕业能留校工作，走上高校教学和文学研究的道路。

但是，在中文系仅读了一年，1964 年 10 月，全年级同学就被命参加“社教”工作队，到安徽农村搞“四清”。先是“访贫问苦”、“扎根串连”，后是“整那些走资本主义道路的当权派”，从全椒县到定远县，先后参加了三期运动。1966 年 5 月，结束“社教”，恢复了大学生身份，回到学校。但随即“五一六”通知下达，“无产阶级文化大革命”真正拉开序幕，我在无“学”、不“学”的大学度过了“乱也看惯了，篡也看惯了”的两年多。好不容易在被拖一年后，于1968年毕业分配。五年制的大学六年毕业，我实际上只读了一年物理系，一年中文系，在“四面向”（厂矿、农村、基层、边疆）的潮流中，被分到甘肃永登水泥厂。服从建材部安排，我于1968年9月到江苏南通长江边的东方红农场，接受解放军的再教育。战天斗地，劳动一年半，于1970年3月结束锻炼。5月初到甘肃永登水泥厂报到，开始在黄土高原的山沟接受工人阶级的永久性再教育。

我先被安排随政工组挖防空洞，后到原料车间，每天推小车，数月后，再被分到班组，当了三班倒工人。一年多后，职工子弟小学一位体育教师调回老家，厂政工组找我谈话，令去学校顶缺，理由是我不久前获兰州市首届运动会跳高冠军，教体育很合适。我认为自己虽能当专业教练却教不了小学体育，在压力之下还是顺从了。每天面对小麻雀般的一二年级小学生，和“我们今天玩什么”的发问，我只能摇头苦笑，唯求不出意外，何有教学可言！一年后，我改任职工子弟中学的军体课，课馀还曾满怀热忱训练学生田径队。后被同事告知：校长对我教体育穿运动鞋和运动服、戴太阳帽（均自费购置）很不满，认为是资产阶级作风，差点过不了转正一关。在教了近两年军体课后，我“归队”当语文教师，而因“阶级”的嫌疑，冷却了对学校体育事业的热心。

很快就到了“而立”之年。难出于时代之外，此时的我是不“学”又未“立”。应付每周十二节语文课兼一个班的班主任，每周三个晚上的学习毛选、马列，是极其容易的。在“知识越多越反动”的年代，不必“给人一杯水，自己要有一桶水”，此时除了马列、毛选，实在无书可读，我仅是利用为厂文艺宣传队创作节目的机会，借口找参考书，在厂图书馆发现了几本藏在角落的外国小说，读了以前未读过的梅里美《嘉尔曼》、《高龙巴》等书。

黄土高原的杨树叶生生落落，我的生活在“看人儿女大，为客岁年长”中循环……终于到了1976年，周恩来、朱德先后逝世，唐山大地震，毛泽东逝世……不久，传来了一举粉碎“四人帮”的消息，举国欢庆之后，很快就是一系列的拨乱反正。终于，在1977年听到了恢复高考的喜讯，不久又传来研究生招生的消息。“伤痕文学”的出现，促使人们反思“文革”，陈景润攻克“哥德巴赫猜想”的报告文学，更鼓舞了许多人，“志于学”的时代终于来临了！我在1978年春报考了古代文学研究生，以母校华东师大为第一志愿，在永登县城参加考试，除俄语外，其他三门课自感较好。在等待中得到了复试通知，却因夏天的洪水冲断宝天铁路，只能向厂领导申请乘飞机回沪，且不顾只准飞兰州到西安的批示而直飞上海，参加复试。9月，收到录取通知，我成为了“文革”后“黄埔一期”研究生，得以从中年开始“志于学”。

三年研究生，是我真正的读书期。深感本科六年、毕业十年的无学，蹉跎岁月之痛，激起了学习的热情。我尽废以前所好，停止了体育锻炼，渐入学术之门。1981年，研究生毕业，留校工作，既是我学术研究的继续，又是逐渐开拓的起始。很快就进入“不惑”之年，对于人生之途自无所“惑”，而对学术问题则“惑”者甚多，因之而兴趣渐广。我先是为写研究吴梅的硕士论文而用力于戏曲和曲论，后因兴趣主要在词而转向唐宋词与词学批评，以上研究领域的相关成果分别是《吴梅研究》与《唐宋词美学》二书及参撰的《中国词学批评史》，还有多篇词学论文。而因唐宋词与词学批评分别被同事设为选修课，且作为科研主攻方向，我就避之而将研究转到了古代诗画比较。这一转向并非有意作跨界研究，而是或因我青年时对诗画皆有所好的“情结”所致，此时因浸淫学术而多了几分中年的理性，虽未能用力于诗画创作，却对研究二者尤其是比较其异同感兴趣。遂从钱锺书先生的两篇论文及所提出的问题出发，写出了古代诗画比较的讲稿，以此稿开了多年的选修课，并据此而写成、出版了《有声画与无声诗》一书。此书被一书评称为“中国的《拉奥孔》”，虽或过誉，但也确是点出了构建中国古代诗画比较理论体系，揭示民族特色的意旨。

《吴梅研究》初稿成于1981年，出版于1990年底，历时近十年；《有声画与无声诗》成稿五年后，才于1993年出版。《唐宋词美学》1993年出版，《中国词学批评史》1994年出版。以上四种著作，都出在五十岁左右。而因前两者的出版历尽艰难，使我真正懂得学术研究成果的面世受制于市场，这就改变了以前的观念，大概可算是我的“五十而知天命”了！

虽然上述的专著、合著都出版于二十世纪九十年代，却是我八十年代“学”之所成，所以这十年之所“治”，主要是词曲与诗画之学。

1988年起，我受命参与华东师大文科第一个复合型硕士专业的筹建，开始指导这一名为“中国文化建设”方向的硕士生，又有授课的任务，遂用了很多时间阅读文化学、文化史著作，结合我国古代的文学与艺术，写成《中国文化与文艺》讲稿。除了为这一方向的硕士生授课外，又在中文系各层次、范围的学生中以选修课讲过多次。在讲述十年后，写成《古代文艺的文化观照》一书，作为我主持的教育部项目成果，在2003年出版。在研读文化学、文化史的过程中，我一度对图腾、民俗颇感兴趣，曾费时费力地借助放大镜阅读影印版《二十五史》，企图从古史记载中寻找图腾制的遗迹，欲写《中国图腾艺术史》。此事虽未行，却因对文化学、文化史及中国古代史著作的阅读，引发出对史前文艺与神话研究的兴趣。适逢中文系有人主持撰写二十世纪中国美学研究丛书，以人为题，确定了十位对象，将其中的闻一多研究交给我，我虽因读了俞兆平的《闻一多美学思想论稿》而自感难以再作全新之论，却因对闻一多用文化人类学方法研究神话、《诗经》的兴趣，而将论题扭转到对闻氏的古代文学研究作文化的观照，与赵晓岚合作，写成了《学者闻一多》。

与上述研究几乎同时，我又延续了对诗、画的研究兴趣。《有声画与无声诗》出版后，因感到西方是力图拉开诗与画的距离，而我国古代却着力于诗画的融合，可是，诗与画毕竟所属不同，艺术介质、手段有异，虽可比又不可比，为此而生分写《中国诗歌思想史》与《中国绘画思想史》之念。我以先生后熟为原则，先作后者，全书百万字，始于1994年，因有集体项目和教学任务，主要用暑假写作，耗时四年才完成，也同《有声画与无声诗》一样，经历了曲折的过程，才在成稿三年多后出版。此时，已入新世纪，同事萧华荣的《中国诗学思想史》已出多年，使我只能将另一选题调整为《中国诗歌艺术思想史》，却因对能否出版的疑虑，令我不敢贸然动笔。而因2002年接受暨南大学之邀担任古代文学学科带头人，则更使我的生活发生了很大改变，这一写作计划终未能实施。近十年之后，出版拙著《中国绘画思想史》的贵州人民出版社要我自报选题，争取国家出版基金资助，而此时经历了一场大病，我的健康状况已不允许再写大部头著作。于是，我的诗画之学就只能终止于这种跛腿的状态了。

九十年代的十年，我的治学既延续了诗画之学而偏在绘画，又新辟了文化与文艺的宏观关系研究，还在学术史范畴以学者为对象继作“研究之研究”。以上三方向的成果，就是分别出版于2001年的《中国绘画思想史》，2003年的《古代文艺的文化观照》，2001年的《学者闻一多》。三著的出版，在我六十岁左右，此时的辨识力已较前为高，虽非和光同尘，却听到的多能泰然入耳，看到的也见怪不怪，虽无反潮流的勇气，却能不跟风而动，此或为我的“六十而耳顺”之义。

2002年底，为申报古代文学博士点及中文一级学科博士点，我被借调到暨南大学，担任学科带头人，次年，前者得批，后者未就，我正式调入暨大。河南大学出版社的《宋代研究丛书》已出多种，或因我有《中国绘画思想史》之作，向我约写《宋代绘画研究》。成约于2002年6月，而因我的调动，应对多事，虽只用了半年多撰稿，成书却已在2004年8月，出版则是2006年10月了。我的学术兴趣屡转，虽不怕“学书不成学画，学画不成学塑”之讥，却因只问耕耘、不问收获，从未在各界求取认同，故似只有词学界还将我看作“自己人”，因此而有回归词界之想。我先应上海古籍出版社之约写了《宋词与人生》，又在该社出了《词学廿论》，在齐鲁书社再版了《唐宋词美学》，以维持先入为主的词学学者形象。2004年，国家社科基金项目“唐宋词的形式与艺术发展史”获批，为应对考核而发表了30多篇论文后，我在2007年一年内完成了《唐宋词艺术发展史》的百万字书稿，三年后正式出版。

我曾有二十年的体育锻炼和体力劳动史，自三十五岁重回大学以来，为追回岁月，就停止了锻炼，虽自感体能退化，却无明显的不适，为之还自我调侃：“青年时应是狮子老虎，老年时要像乌龟王八。”而实际上我不应提前进入“乌龟王八”状态，故从中年起已因久坐不动而疾病暗生。1999年，第一个验血指标高出临界，此后各指标逐年飘红，渐成“三高”人员，本应重启体育锻炼，却停不下高强度研究的脚步。因多年的连轴转，健康严重透支，终在2009年大病一场，躺上了手术台。此时，我才意识到体育锻炼确应是一生之事，对于运动员出身的人尤应如此。悔之晚矣，亡羊补牢，却已非其时！我只能停止了将要进行的研究，为自己的学术生涯不情愿地划上休止符。

从前曾流行过“为祖国健康工作五十年”的口号，我的真正为学始于三十五岁，应工作到八十五岁，但因健康亮起红灯，身患多种疾病，我只能止于七十。这本是“从心所欲，不逾矩”之年，我虽不逾法度规矩，却受制于健康而不能从心所欲了。有了这一清醒认识，我只能中止原先计划，仅在出版《唐宋词艺术发展史》后，于2011年再版了《中国绘画思想史》插图本，旋即开始整理三十多年的著作、论文，拟在七十周岁时出版自己的学术文集，就此将“换一种活法”，以度余生。这样，原先计划要写的几种著作都不能付之实施了。按先后，这些著作是：《进士文化与唐诗》、《中国诗歌艺术思想史》、《中国韵文学概论》，以及力图构建新体系、体现“一代之所胜”的《中国文化史纲》，此外，还有一或两种词籍别集的校笺。

新著写作未成，旧作整理已就，如今，名之为《邓乔彬学术文集》的十二卷本将正式出版。十二卷文集分别是：

第一卷：《文化与文艺》，包括专著《古代文艺的文化观照》和相关论文七篇。

第二卷：《比较诗学》，包括平行比较与影响比较两个专题。前者是：专著《有声画与无声诗》，古代诗画比较论文一篇，中外比较诗学论文六篇。后者是：与陈学祖合作的影响比较研究书稿《现代新诗与古典诗词》三章。

第三卷：《文化诗学》，包括四组论文：文化与诗，十二篇论文；进士文化与唐诗，十二篇论文；诗歌美学，十篇论文；曲学及其他，十一篇论文。

第四卷：专著《唐宋词艺术发展史（上）》。

第五卷：专著《唐宋词艺术发展史（下）》。

第六卷：《词学三著》，分别是《唐宋词美学》、《宋词与人生》、《爱国词人辛弃疾》。

第七卷：《词学论文集》，包括：词学总论，十三篇；词人词作论，十三篇；词论研究，十篇；其他，八篇。

第八卷：专著《中国绘画思想史（上）》。

第九卷：专著《中国绘画思想史（下）》。

第十卷：《宋画与画论》，包括《宋代绘画研究》及研究绘画与画论的论文六篇，访谈一篇。

第十一卷：《学者研究》，包括《吴梅研究》与《学者闻一多》二著，及论述二人学术成就或研究方法的论文二篇。

第十二卷：《杂缀集》，包括六部分：第一部分是为古代六十种画论著作所写的提要，第二部分是九十二篇古文的提要，第三部分为序跋后记，第四部分为学习笔谈，第五部分为发言、讲座稿，第六部分为作品赏析。最后附有作者分年度的著作、论文、文章目录。

回顾七十年的人生，恰以1978年三十五周岁为界：此前是在中学、大学偏科、移易的“志于学”与不能“学”之十多年，学工、学农、学军的数年，不能给人以学、自己亦不能学的工厂子弟学校教师的七年；

此后则是真正在高校的为学、治学，经历了不惑、知天命、耳顺、从心所欲而不逾矩的生命历程、节点。十多年的蹉跎岁月，即使放弃体育锻炼及诸般爱好，也难以追回！若老天能再给我以十多年的健康岁月，本应有逾千万的文字用于结集的，如今却只能止于古稀之年而仅得六百多万字。不过，人们常说，学问是做不完的，念此也就不必自责、自叹了。

本文集的出版，先得暨南大学第三期211工程经费的资助，所缺的大半费用由晨讯科技董事长杨文瑛女士赞助，在我筹款无门、不得已而向这位从无联系的初中同学求助时，立即就得到她的无条件应允，随即将钱款打入出版社账户。对此，实在是难以表达我内心的感激之情！本文集的整理、出版，得我沪、穗两地历届的博士生、博士后助力甚多，分别负责各卷的整理、校核者是：

第一卷：刘兴晖、金国正

第二卷：陈学祖

第三卷：彭国忠

第四、五卷：刘兴晖、昌庆志

第六卷：吴思增、王毅

第七卷：杨柏岭、仲冬梅

九卷：李杰荣、刘兴晖、王嘉、陈建穰

第十卷：何平华、汪涤

第十一卷：李俊（委托刘晓亮）

第十二卷：程刚、夏令伟

文集能顺利出版，衷心感谢他们！

安徽师范大学出版社将本文集列为重点图书，社领导统筹安排，诸位编辑兢兢业业，特此致谢！

围绕为学主题，回顾五十多年人生历程，权以为序。啰嗦之至，望读者谅之！

邓乔彬

2013年5月22日

本卷提要

收入本卷的皆为词学论文，写作、发表的时间相距近30年之久。据内容不同排序，分为四部分：

第一部分是宏观的纵览，共13篇：

《文学、音乐的辩证发展与词体的生成》、《盛中唐词的文化之变》、《进士风与晚唐词》、《词的由中唐至宋初之变与文化转换》、《士大夫文化与北宋前期词》、《论北宋中期词的变化》、《宋徽宗朝的大晟词与谐谑词》、《宋孝宗前期词坛纵论》、《论南宋风雅词派在词的美学进程中的意义》、《唐宋词的伤春主题及原型意义》、《论宋词中的"骚"、"辩"之旨》、《论豪放词》、《宋代的俗词》。

以上论文原有5篇为独立的专论，写作较早，曾收入本人的论文集《词学廿论》（上海古籍出版社2005年6月出版）。后因拙著《唐宋词艺术发展史》写成后两年多始得出版，故将其中部分章节略加修改、先行发表。考虑到唐宋词生成、发展历程的宏观性论述可以作为一个专题，且能兼容一些重要论题，故将后出的7篇加上未刊的1篇，与"廿论"的5篇合为本专题。虽论题纵横、大小不同，所论对象的时间有异，而注重唐宋词的发展变化，从美学的探究到文化的观照，则是贯穿其中的"通变"精神之体现，也是力求与时俱进的表现。

第二部分是词人及词作研究，共13篇：

《飞卿词艺术平议》、《风云气少 儿女情多——温庭筠词浅尝》、《简论东坡乐府》、《秦观"词心"析论》、《论李之仪的当涂词》、《驿骑苏秦间——陆游词风格及成因浅议》、《论姜夔词的清空——姜词艺术析论之一》、《论姜夔词的骚雅——姜词艺术析论之二》、《梦窗词艺术初论》、《周密及其〈绝妙好词〉》（系《〈绝妙好词〉译注》之前言）、《浅论姜张词风之异同》、《论碧山词的寄托》、《〈弹指词〉浅尝》。这些论文的写作，多带有时代的印迹。因我从事词学研究始于改革开放之初，此时学术界正处于思想解放时期，就词学而言，冲破思想禁锢的一个标志性问题即是对豪放、婉约的评价。我在阅读诸多词话后，始知婉约词本属当行，与豪放词有正、变之别，故欲从周济"问途碧山"入手，历稼轩、梦窗，最终"还清真之浑化"，为此而有对南宋风雅派词人姜夔、吴文英、王沂孙的重新认识与阐释，并上追张惠言所重的温庭筠。其他几篇多为参加会议的论文，亦多着眼于艺术的论析。论清人顾贞观《弹指词》一文写于1995年，是为华东师大中文系与台湾中央研究院文哲所合办的清词研讨会而写，时间不算早，却是第一篇全面论述顾氏词的文章。

第三部分是词论研究，共10篇：

《张炎〈词源〉的雅化理论》、《沈义父〈乐府指迷〉的作法技巧理论》、《诗化理论在南宋的发展》、《郭麐〈词品〉析论》、《论刘熙载的〈艺概·词概〉》、《论况周颐的“重、拙、大”说》、《传统词学批评的终结与新变——论王国维的〈人间词话〉》、《〈人间词话〉境界说给词学批评的启示》、《王国维的〈人间词话〉》、《〈人间词话〉的境界说》。其中有6篇，原系《中国词学批评史》的部分章节，因全书系四人合写，我所撰稿仅四分之一强，故将我所写章节收入本卷时作以上命名。另几篇都曾在刊物发表，内容如题，具体不赘。

第四部分因所收者难以归类，故名之为“其他”，共8篇：

论当代词学家3篇：《词坛拨乱反正的功臣——对吴世昌反对论词“二分法”及重新评价苏轼词的体会》、《吴世昌先生的词史观》、《叶嘉莹词学研究的“兴发感动”说》。前2篇是分别为参加纪念吴世昌先生诞辰90周年、100周年学术讨论会而写，后1篇是为庆祝叶嘉莹教授80寿辰暨词学国际研讨会而作。另3篇是我为华东师大举办的词学研讨会所写述评、报道。关于词学研究的访谈录表达了我的一些见解，也收入本卷。

以上论文中的20篇，曾收入《词学廿论》，如今增加了20多篇，已不宜用旧名，故本卷名之为更为直白的《词学论文集》。

近年发表的多篇论文未收入本卷，因这些论文或系《唐宋词艺术发展史》出版前择取部分章节改写而成，与书中内容大同小异；或主要是我的博士生、硕士生或合作博士后所写，经我不同程度修改后联名发表，故皆存目而不收。

目　录

词学总论

词人词作论

词论研究

其　他

词学总论

文学、音乐的辩证发展与词体的生成

我国的古代文学始于诗歌。较之其他文明古国,我国诗歌重在抒情,而不像希腊、印度之以叙事为主。经先秦、两汉、魏晋南北朝的发展,到唐代,诗歌各体皆盛,五七言近体更达到高峰,一种倚声而作的曲子词也应运而生,是为后世所称之词。

词本名曲子,后来才称为词。王重民先生《敦煌曲子词集·叙录》指出:"是今所谓词,古原称曲子。按曲子源出乐府,郭茂倩称曲子所由脱变之乐府为'杂曲歌辞',或'近代曲辞'……是五七言乐府原称词(即辞字),或称曲,而长短句则称曲子也。特曲子既成为文士摛藻之一体,久而久之,遂称自所造作为词,目俗制为曲子,于是词高而曲子卑矣。"词之名既出,虽别称仍多,如曲子词、歌曲、乐章、乐府、近体乐府、寓声乐府、琴趣等,但约定俗成,其名自立,且从广义的诗歌中独立而出,而尤盛于宋。王国维以之与此前的楚辞、汉赋、六朝骈文、唐诗,此后的元曲并列为"一代之文学"。对于唐代的"歌诗"变而为词,且盛于宋之缘由,王骥德曾说:"入唐而以绝句为曲,如《清平》、《郁轮》、《凉州》、《水调》之类;然不尽其变,而于是始创为《忆秦娥》、《菩萨蛮》等曲,盖太白、飞卿辈实其作俑。入宋而词始大振,署曰'诗余',于今曲益近,周侍御、柳屯田其最也……"①

词虽一代之胜,而作为古代诗史的一个链环,其由来不仅限于唐宋,观照其发展之由,应置于古代诗歌的流程中,且要在以下几方面关注影响其体式生成的基础和主要制约因素。

一　齐言与杂言的转换

汉语与西语的最大不同,在于表义而非表音,其开始于单音节的语言,决定了诗歌的主要民族特色。随着语言的发展,双音节词汇渐多,汉语及其节奏影响了诗歌的体式,而尤见于句式由短而长的变化,也随之产生了齐言与杂言的不同。

我国古代诗歌在形式上的发展变化主要体现为齐言与杂言的转换。

最早的诗歌是以齐言为主而兼有杂言的。如《吴越春秋》卷九《勾践阴谋外传》所载的《弹歌》为二言:"断竹,续竹,飞土,逐肉。"而《帝王世纪》卷二的《击壤歌》传为帝尧时期的歌谣,则为四言基础上的杂言:"日出而作,日入而息,凿井而饮,耕田而食。帝力于我何有哉!"又,《礼记》卷八《郊特牲》的蜡辞亦近之:"土返其宅,水归

---

① 王骥德.曲律[M]//中国古典戏曲论著集成(四).北京:中国戏剧出版社,1959:55.

其蟞，昆虫毋作，草木归其泽。”此传为神农氏所作，虽不可信，但仍是早期歌谣。近似的还有《淮南子》卷十八《人间训》所载《尧戒》：“战战栗栗，日慎一日。人莫踬于山，而踬于垤。”

早期歌谣多为齐言的四言，而实际上有的确为四言，如《列子》卷四《仲尼》的《康衢谣》：“立我蒸民，莫匪尔极。不识不知，顺帝之则。”而有的则是三字句加上一个虚词，如《尚书》卷二《益稷》的《君臣赓歌》：“股肱喜哉，元首起哉。百工熙哉，元首明哉。股肱良哉，庶事康哉。”《尚书大传》卷下《虞夏传》的《卿云歌》：“卿云烂兮，纠缦缦兮。日月光华，旦复旦兮。”

因为古歌谣有被后人改动或伪托的情况，所以相较而言，殷墟发掘的商代卜辞更为可信。载于郭沫若《卜辞通纂》的《癸卯卜》其实就是一首诗：“今日雨？其自西来雨？其自东来雨？其自北来雨？其自南来雨？”除第一句，皆每句五字，而除去表疑问的“其”字，则为一首四言诗。

自《诗经》以来，古代诗歌呈现出齐言与杂言的两次大转换。

《诗经》中产生较早的《周颂》，句式多未定型，是不整齐的，稍后的大小雅，句式变为整齐，逐渐定型，尤其《小雅》的不少诗篇与国风几无差别。风诗多重章叠句，反复歌咏，虽也有二、三、五、六、七、八言者，但基本以四言为主。《诗经》以国风为大端，使句式之四言成为了与后世诗歌的显著区别。

《楚辞》自其前身的楚歌起，就与《诗经》不同，体式较多变。如《说苑·正谏篇》所载的《楚人歌》：“薪乎菜乎！无诸御己，讫无子乎！菜乎薪乎！无诸御己，讫无人乎！”为四言体，且重章反复，近于国风。而《论语·微子》所载的《接舆歌》：“凤兮凤兮！何德之衰？往者不可谏，来者犹可追。已而，已而！今之从政者殆而！”则为杂言。此歌在《庄子·人间世》中篇幅变长，且以四言为主，怀疑是经后人仿《诗经》作了改动。另一首《孺子歌》见于《孟子·离娄》：“沧浪之水清兮，可以濯我缨。沧浪之水浊兮，可以濯我足。”若除去“兮”字，则为五言诗。《楚辞》继承了《诗经》的四言体，又吸收了战国时期的散文句式，成为杂言体。虽屈原早期所作如《橘颂》、《天问》为四言，《离骚》若除去“兮”字基本为六言，但《九歌》却长短参差，至宋玉《九辩》，更见错落变化。因此，《楚辞》总体上可认为是杂言诗。汉乐府以楚声为主要音乐来源，加以新声乐的因乐系辞，故以杂言为主。

由上可知，从《诗经》到汉乐府，是齐言转换到杂言的第一个周期。

汉代开始五言诗的创作后，从最初的“质木无文”，发展到如汉末《古诗十九首》那样的兼备文质，使得在重文而轻乐同时，诗歌又回归于齐言，自此成为文人诗的主要形式。同时，杂言的乐府诗一直在继续着，历魏晋南北朝而至隋唐，皆如此。虽此期实际上存在着诗乐分（文人诗）与合（乐府诗）的现象，但可视作是齐言与杂言并存的时期。

自“永明体”产生以来，诗歌逐渐进入“近体”阶段，经隋唐两代，五律、五绝、七律、七绝遂成为诗歌的主要形式，而律、绝的成熟，则使得齐言诗的基本形式为之定型。

唐人声诗在演唱中因出现声辞不等的现象，长短句随之出现，杂言歌辞也就逐渐演变为词，且大盛于宋。

此后，广义的诗歌因曲的兴起而再盛，无论是以北曲为音乐基础的元曲，还是以南曲为基础的南戏、明清传奇，都是杂言体。

虽诗之旧体代有作者，各体并行是不争的事实，但是，就宏观的发展而言，从古歌到《诗经》而《楚辞》而乐府，是杂言到齐言再到杂言的第一个转换周期；由汉代五言诗而唐代近体律绝，再到词曲，是齐言到杂言的第二个转换周期。第一个转换期近于循环中的发展，第二个转换期是回复中的上升。

唐宋词以杂言体出现在第二个转换周期的转折点上，在诗歌史上具有特殊的意义。

陆游为《花间集》所写的跋语云："唐自大中后，诗家日趣浅薄。其间杰出者，亦不复有前辈闳妙浑厚之作，久而自厌，然梏于俗尚，不能拔出。会有倚声作词者，本欲酒间易晓，颇摆落故态，适与六朝跌宕意气差近，此集所载是也。故历唐季五代，诗愈卑，而倚声者辄简古可爱。盖天宝以后，诗人常恨文不迨，大中以后，诗衰而倚声作。使诸人以其所长，格力施于所短，则后世孰得而议？"[①]此说道出了晚唐时期"本欲酒间易晓"的小词，在艺术的发展上"代雄"于诗的缘由、轨迹，"颇摆落故态，适与六朝跌宕意气差近"，应包括语言、句式等形式上的变化，因此，"诗衰而倚声作"也可以视为杂言诗歌较之齐言为优的演变结果。

长短句确实具有齐言诗歌所不备的优势，更能见出与人的情感节奏相对应的长处。如李白的《三五七言》诗："秋风清，秋月明。落叶聚还散，寒鸦栖复惊。相思相见知何日，此时此夜难为情。"由景而情，藉阶梯式的句式而递进上升，较之齐言，自有其所长。又如白居易和刘禹锡都曾为苏州虎丘的真娘墓题咏，白诗《真娘墓》云："真娘墓，虎丘道。不识真娘镜中面，惟见真娘墓头草。霜摧桃李风折莲，真娘死时犹少年，脂肤荑手不牢固，世间尤物难留连。难留连，易销歇。塞北花，江南雪。"刘禹锡《和乐天题真娘墓》云："薝蔔林中黄土堆，罗襦绣黛已成灰。芳魂虽死人不怕，蔓草逢春花自开。幡盖向风疑舞袖，镜灯临晓似妆台。吴王娇女坟相近，一片行云应往来。"沈德潜评白诗，以之"不著迹象，高于众作"，而以刘禹锡诗为劣。[②]其实，二人的优劣当在齐言与杂言：刘诗除了被沈德潜所讥的"芳魂虽死人不怕"外，还因此诗为七律，一韵到底，又无长短变化；而白诗以三字句开头，缓缓道来，主体部分为七言，数次换韵，由叙事转入抒情，又以三言句换韵拟物作结，给人以有余不尽之感，故为优。

王世贞曾说："三百篇亡而后有骚、赋，骚、赋难入乐而后有古乐府，古乐府不入俗而后以唐绝句为乐府，绝句少宛转而后有词，词不快北耳而后有北曲，北曲不谐南耳而后有南曲。"[③]在这里，他道出了诗歌各体代兴的个中缘由，其中的"绝句少宛转而后有词"，主要当在齐言与杂言之别。刘永济先生对于词之因杂言而"代胜"，有一段精

---

① 陆游．渭南文集[M]．北京：中华书局，1976.

② 瞿蜕园．刘禹锡集笺证[M]．上海：上海古籍出版社，1989：1159.

③ 王世贞．曲藻[M]//中国古典戏曲论著集成（四）．北京：中国戏剧出版社，1959：27.

彩的论述：

> 诗自五言倡于汉代，七言成于魏世，一句之中杂有单偶之辞，气脉疏荡，已较四言平整者为优，然而错综之妙，变而未极。填词远承乐府杂言之体，故能一调之中长短互节，数句之内奇偶相生，调各有宜，杂而能理，或整若雁阵，或变若游龙，或碎若明珠之走盘，或畅若流泉之赴谷，莫不因情以吐字，准气以位辞，可谓极织综之能事者矣。①

所以，倘能本着进化观而不是复古观看待文学，歌诗之从齐言向杂言转化，由诗而词曲，应是发展、进步。对于词体形式的杂言，及其在齐言与杂言转换中的完成，应作以上之见。

二　雅乐与俗乐的兴替

我国古代文化的发展，似乎始终与庙堂文化及民间文化的两极对立统一相联系，表现在音乐上则是雅乐与俗乐的变化、兴替。

雅本通“夏”，指中国，即今中原地区。《荀子·荣辱》：“譬之越人安越，楚人安楚，君子安雅。”王先谦集解引王引之曰：“雅读为‘夏’，夏谓中国也。”其基本意义是“正”，如《诗序》所说：“言天下之事，形四方之风，谓之雅。雅者，正也。”《荀子·儒效》：“道过三代谓之荡，法贰后王谓之不雅。”杨倞注：“雅，正也。其治法不论当时之事，而广说远古，则为不正也。”

作为《诗经》“六义”，风、雅、颂的区别如宋郑樵《〈通序〉总序》所说：“风土之音曰‘风’，朝廷之音曰‘雅’，宗庙之音曰‘颂’。”周人尚礼，雅乐用于祭祀天地、神灵和祖先，以及宫廷仪礼、乡射和军事大典中，即“宗庙之音”与“朝廷之音”，也因此可以大致将“雅”“颂”视为雅乐（当然，并非绝对，尤其“小雅”难以雅乐概言之），而“风”作为“风土之音”当然是以俗乐为主。

荀子《乐论》认为，“乐行而志清，礼修而行成，耳目聪明，血气和平，移风易俗，天下皆宁，美善相乐。故曰：‘乐者，乐也。’君子乐得其道，小人乐得其欲。以道制欲，则乐而不乱；以欲忘道，则惑而不乐”。这是儒家关于礼乐思想的重要表达。但是，从音乐的特点而言，“雅”虽正音，却如张世彬《中国音乐史论述稿》对其特点的归纳：一以齐奏为主，曲调简单，节拍缓慢。因此，《淮南鸿烈》认为雅乐是“朱弦漏越，一唱而三叹，可听而不可快也”。随着春秋时期的“礼崩乐坏”，也出现了“郑声之乱雅乐”的现象。精于音乐的魏文侯（前446年—前396年在位）很典型地说出了他对雅乐与郑卫之音的不同感受：“吾端冕而听古乐，则唯恐卧；听郑卫之音，则不知倦。”当他就此向

---

① 刘永济：词论[M].上海：上海古籍出版社，1981：5.

子夏求教何以然时，子夏并不能正面回答，而是引《诗经》的“德音”之说：“莫其德音，其德克明。”相反，郑卫之音则是“淫于色害于德”（《乐记·魏文侯篇》）。[①] 所作的是价值判断，而非学术探讨。事实上，可见在音乐发展中的雅俗更替不是偶然发生的，因为就审美而言，雅乐的效果是不如俗乐的。

战国的音乐较之春秋时期有较大的发展，曾侯乙墓出土的编钟可证当时宫廷音乐的规模和水平，而诸多的文字记载（如“郢人善歌”等）则可见民间的音乐活动。屈原的《九歌》为南楚巫音的改造，其原始形态自是民间俗乐。因此，战国时期总体上呈现雅俗乐并进之势。

汉代乐府的音乐为“三声”：雅声乐，楚声乐与新声乐。因秦始皇坑儒灭典，乐经不传，六代庙乐，唯存《韶武》，故汉朝代立后，虽制雅乐，却已非古代面目。班固《汉书·礼乐志》云：“汉兴，乐家有制氏，以雅乐声律世世在大乐官，但能纪其铿锵鼓舞，而不能言其义。”儒者叔孙通制定朝仪礼乐，使汉高祖“乃今日知为皇帝之贵”，而据《汉书·艺文志》，文帝时的乐人窦公，武帝时河间儒生，分有献乐与采乐之举，使雅乐得备。但是，比较起来，雅声乐仅是朝廷所奏，汉高祖本人在天下平定后，过沛，与故人父老相乐，醉酒作《大风歌》，令沛中童儿百二十人习而歌之，所歌为楚声之乐。高祖唐山夫人作《房中祠乐》，因高祖乐楚声，此作亦为楚声，孝惠二年，使乐府令夏侯宽备其箫管，更名为《安世乐》。

在雅声乐与楚声乐之外，尚有新声乐，而新声乐之成缘于采诗。《汉书·食货志》言采诗制之缘由：“冬，民既入，妇人同巷相从夜绩……男女有不得其所者，因相与歌咏，各言其伤……孟春之月，群居者将散，行人振木铎徇于路以采诗，献之大师，比其音律以闻于天子，故曰王者不窥牖户而知天下。”《汉书·艺文志》以古言今，总结了采诗以观的政教功能：“《书》曰：‘诗言志，歌咏言。’故哀乐之心感，而歌咏之声发。诵其言谓之诗，咏其声谓之歌。故古有采诗之官，王者所以观风俗，知得失，自考正也。”又说：“自孝武立乐府而采歌谣，于是有代、赵之讴，秦、楚之风，皆感于哀乐，缘事而发，亦可以观风俗，知薄厚云。”其实在这一目的之外，立乐府尚有兴祠祀、夸侈心、享逸乐之旨意。《汉书·礼乐志》道及乐府或采四方歌谣或取辞人新作，而李延年多作新声之事：“至武帝定郊祀之礼，祠太一于甘泉，就乾位也。祭后土于汾阴，泽中方丘也。乃立乐府，采诗夜诵。有赵代秦楚之讴，以李延年为协律都尉，多举司马相如等数十人造为诗赋，略论律吕，以合八音之调，作十九章之歌。”又《李延年传》云：“是时上方兴天地诸祠，欲造乐，令司马相如等作为诗颂。延年辄承意弦歌所造诗，为新声变曲。”“新声”之谓“变曲”，是因为李延年协律既承辞家旧制，又杂采各方歌谣，尤其是因胡乐（张骞通西域所传）而更造之，与周秦旧乐大异。

大体说来，三声之中，楚声与新声近于俗乐。在三者消长的过程中，“雅声古淡，不乐时耳，虽尚存肄，已同饩羊”。[②] 因此，到东汉时期，竟然如班固《汉书·礼乐志》所

① 孔颖达.礼记正义[M]//十三经注疏.北京：中华书局，1980：1540.
② 刘永济.十四朝文学要略[M].哈尔滨：黑龙江人民出版社，1984：94.

说，是“郑声施于朝廷”，郑樵《通志·乐府总序》更谓汉代是风雅不分的时代，“君子之作”与“野人之作”“合而为鼓吹曲”，“列国之风”与“都人之雅”“合而为《相和歌》”。

魏晋以来，乐府诗的郊祀、宴飨之乐，鼓吹、铙歌之篇，虽另撰新辞，却仍沿旧曲，因袭雷同，情韵匮乏。因此，刘勰《文心雕龙·乐府》曾论及乐府诗之雅郑，及喜恶之相反：

> 至于魏之三祖，气爽才丽，宰割辞调，音靡节平。观其北上众引，秋风列篇，或述酣宴，或伤羁戍，志不出于淫荡，辞不离于哀思；虽三调之正声，实韶夏之郑曲也。逮于晋世，则傅玄晓音，创定雅歌，以咏祖宗；张华新篇，亦充庭万……若夫艳歌婉娈，怨志詄绝，淫辞在曲，正响焉生？然俗听飞驰，职竞新异，雅咏温恭，必欠伸鱼睨；奇辞切至，则拊髀雀跃：诗声俱郑，自此阶矣……

最后的赞语有云：“韶响难追，郑声易启。”[①]很能说明魏晋以来对雅俗乐的接受、排斥与喜好、选择。

总之，在古代音乐的发展史上，一直都是俗乐与雅乐的对立统一。虽说音乐上的雅乐、俗乐真正区分，始于隋文帝，但实际上是古已有之。

隋朝的“开皇乐议”造成了“竞为异议，各立朋党，是非之论，纷然淆乱”的局面，真正懂得音乐的万宝常、郑译被抑，主事者不知相旋为宫之理，雅乐惟用黄钟一调，以恢复华夏正统自命，采用陈朝古乐，废弃有胡乐内容的北周雅乐，使得隋朝雅乐更为没落。与雅乐的制定拖延十多年形成鲜明对照的是：隋朝的燕乐体制很快就得以确立，“七部乐”和“九部乐”如隋文帝所说，“声音节奏及舞，悉宜依旧”（《隋书·音乐志》），承认了几个世纪以来中外音乐的交流融合，也为唐朝燕乐的发展奠定了基础。

《新唐书》记载了唐初以来俗乐的发展，尤其是唐玄宗对俗乐的倡导：

> 自周、陈以上，雅、郑淆杂而无别，隋文帝始分雅、俗二部。至唐更曰“部当”，凡所谓俗乐者二十有八调……玄宗为平王，有散乐一部……及即位，命宁王主藩邸乐，以亢太常、分两朋，以角优劣。置内教坊于蓬莱宫侧，居新声、散乐、倡优之伎，有诙谑而赐金帛朱紫者。[②]

玄宗在平王位时已有散乐一部，即位后命宁王主藩邸乐，“以亢太常、分两朋，以角优劣”，用现在的语言来说，就是引进竞争机制。而且还置内教坊，培育新声、散乐、倡优之伎，尤重善诙谑者，可见对戏弄人才的重视。

又据《资治通鉴》：

> 开元二年春正月……上精晓音律，以太常礼乐之司，不应典倡优杂伎，乃更置左

① 范文澜.文心雕龙注[M].北京：人民文学出版社，1978：102–103.

② 欧阳修，等.新唐书：[M]//二十五史.上海：上海古籍出版社，上海书店，1986：4183.

右教坊以教俗乐，命右骁卫将军范及为之使。又选乐工数百人，自教法曲于梨园，谓之“皇帝梨园弟子”，又教宫中使习之。又选伎女，置宜春院，给赐其家……①

身为皇帝，又精通音乐，故而在命人整理雅俗乐时，“以太常礼乐之司，不应典倡优杂伎”而“更置左右教坊”，以区别礼教性与娱乐性的音乐。沈括说：

自唐天宝十三载，始诏法曲与胡部合奏。自此乐奏全失古法，以先王之乐为雅乐，前世新声为清乐，合胡部者为宴乐。②

燕（宴）乐范畴太大，其与雅乐、清乐之区别，在是否“先王之乐”与“前世新声”，是甚得其要的。而由于燕乐强烈的吸纳、融汇性，其外国乐、多民族乐的成分也确实与“先王之乐”或“九代遗声”有显著区别，“合胡部”的确是其显著的特征。

综上，在唐代的曲子词兴起之前，雅乐与俗乐实际上代表了官方与民间、政教与审美的对立，正是在这一对立统一之中，俗乐得到了不断的发展，在丰富了音乐宝库同时，也使得俗文学得以发展。唐代的曲子词就是在俗乐的燕乐发展中生成并兴盛起来的。

三　诗歌与音乐的互为表里

古人很早就认识到诗歌入乐的感人作用。《尚书·尧典》说：“诗言志，歌永言，声依永，律和声。八音克谐，无相夺伦，神人以和。”《汉书·艺文志》阐发“诗言志，歌永言”二语云：“故哀乐之心感，而歌咏之声发。诵其言谓之诗，咏其声谓之歌。”可见历来的诗、歌并称实际是主文与主声的结合，而只有将二者结合起来，才更具备感发、激劝之力。因此，钟嵘《诗品序》指出：“气之动物，物之感人，故摇荡性情，形诸舞咏。”“凡斯种种，感荡心灵，非陈诗何以展其义，非长歌何以骋其情？”纵观我国历代韵文的各种形式，大概除了汉赋属于“不歌而诵”以外，余皆大体为诗与乐的结合。刘勰《文心雕龙·乐府》云：“乐辞曰诗，诗声曰歌。”又说：“诗为乐心，声为乐体。”此说既指出了我国古代诗、歌连称之由，诗、乐密不可分的关系，也揭示了二者间表里互动的因由。诗歌与音乐的这种表里关系，用郑樵《通志·乐略》所云，即：“乐以诗为本，诗以声为用。”

其实，最早的原始艺术应是歌谣、音乐与舞蹈的三位一体，进入到诗歌时代后，舞蹈才逐渐退而居次。在西周时期，舞蹈与诗乐渐见分工，如果说西周雅乐的“六舞”是重在舞蹈与音乐，那么到《诗经》的时代，则转为舞蹈的逐渐减少。阮元《揅经室一集》卷一《释颂》认为，“颂”即“容”，“风、雅但弦歌笙间，宾主及歌者皆不必因此而为舞容。惟三颂各章皆是舞容，故称为‘颂’。”可见，即使是《诗经》，也已经是舞蹈少而以

① 司马光．资治通鉴[M]．胡三省，音注．北京：中华书局，1956：6694．

② 胡道静．新校正梦溪笔谈[M]．北京：中华书局，1957：61．

音乐、诗歌为主。据音乐史家的研究,《国风》与《雅》这两类歌曲有十种不同的曲式:

(一)一个曲调的重复——例如《周南》中的《桃夭》。

(二)一个曲调的后面用副歌——例如《召南》中的《殷其靁》。

(三)一个曲调的前面用副歌——例如《豳风》中的《东山》。

(四)在一个曲调的重复中间,对某几节音乐的开始部分作一些局部的变化,这在后来被称作"换头"——例如《小雅》中的《苕之华》是在第三节上用换头,而《秦风》中的《车邻》在第二节、第三节用了更为发展的换头手法。

(五)在一个曲调的几次重复之前,用一个总的引子——例如《召南》中的《行露》。

(六)在一个曲调的几次重复之后,用一个总的尾声——例如《召南》中的《野有死麕》。

(七)两个曲调各自重复,连接起来,构成一个歌曲——例如《郑风》中的《丰》、《小雅》中的《鱼丽》。

(八)两个曲调有规则地交互轮流,联成一个歌曲——例如《大雅》中的《大明》。

(九)两个曲调不规则地交互轮流,联成一个歌曲——例如《小雅》中的《斯干》。

(十)在一个曲调几次重复之前,用一个总的引子;在其后,又用一个总的尾声——例如《豳风》中的《九罭》。①

《诗经》以后,《楚辞》中的《九歌》也可歌,杨荫浏认为,这十一首都用重复同一曲调的民歌形式来演唱。此外,从屈原所作来看,还有另一些属于曲式的因素——"乱"、"少歌"和"倡"。其中用到"乱"的有《离骚》、《招魂》,以及《九章》中的《涉江》、《哀郢》、《抽思》和《怀沙》。杨荫浏先生对各首所用的"乱"作出了三点推论,又分析了"少歌"和"倡"的结构,尤其认为《招魂》的手法已经与后来宋代的"致语",歌舞表演的"勾队",金元诸宫调的"引辞"等颇为类似,从屈原的作品至少总结出四种不同的曲式。②

汉代乐府诗的分类非常复杂,其相关的音乐如上所说分属雅声、楚声与新声,其中的新声乐来源极广,也最为繁复,此处不论。六朝乐府的音乐情况也很复杂,《晋书·乐志》、《隋书·音乐志》,以及郭茂倩《乐府诗集》、马端临《文献通考》等著论列甚详,兹不赘。乐府诗均应可歌,虽或有文人因不谙音律而自作诗歌,遂使诗乐分离者,但总体而言,我国古代确实是诗乐互为表里,并一直持续至明清时期的。清人冯班《钝吟杂录·古今乐府论》所说甚是:

> 古诗皆乐也,文士为之辞曰诗,乐工协之于钟吕为乐。自后世文士或不闲乐律,言志之文,乃有不可施于乐者,故诗与乐画境。文士所造乐府,如陈思王、陆士衡,于时谓之"乖调"。刘彦和以为"无诏伶人,故事谢丝管"。则是文人乐府,亦有不谐钟吕,直自为诗者矣……
>
> 总而言之:制诗以协于乐,一也;采诗入乐,二也;古有此曲,倚其声为诗,三

① 杨荫浏.中国古代音乐史稿[M].北京:人民音乐出版社,2004:57-61.

② 杨荫浏.中国古代音乐史稿[M].北京:人民音乐出版社,2004:62-73.

也；自制新曲，四也；拟古，五也；咏古题，六也；并杜陵之新题乐府，七也。古乐府无出此七者矣。唐末有长短句，宋有词，金有北曲，元有南曲，今则有北人之小曲，南人之吴歌，皆乐府之馀也。①

虽从曹植、陆机的“乖调”，到拟古、咏古题及杜甫的新题乐府，都是诗乐分离的，但他所说自唐末长短句以来的六类“乐府之馀”者，则又回到了“古诗皆乐”的道路。

唐朝是诗歌的黄金时代，诗人所作，既有可歌之歌诗，又有非歌之徒诗。冯班所说的乐府之五、六、七种，当是用乐府之名，而实多为徒诗者。即使这类徒诗，也可以经乐工协以音律以歌之，冯班曾表示自己的疑惑：“李长吉歌诗，云韶工人皆取以协金石。杜陵诗史，不知当时何不采取？”唐代的歌诗，主要是近体。冯班说：“伶工所奏，乐也。诗人所造，诗也。诗乃乐之词耳，本无定体，唐人律诗，亦是乐府也。”②相较而言，近体之中，更以绝句歌之为多。王灼《碧鸡漫志》卷一曾列举了大量例证说明唐人所歌为七绝，而薛用弱《集异记》所载的王昌龄、高适、王之涣“旗亭赌唱”一事，更可证明这点。

对于唐人歌诗的研究，当推任半塘先生的《唐声诗》最具权威性。任先生指出：“声诗合用之始辞，要以唐之近体为归。”③该书的下编共著录唐、五代传词者共一百三十四调、一百五十五格，其中绝大多数是近体诗：计五言四句者四十九调，五言八句者二十三调，七言四句者四十九调，七言八句者九调。足可证明近体诗为唐代歌诗的主力。

唐人的徒诗固然有言志、抒情之用，但限于编集及出版的条件，只能在小范围内流播，因此，从流传的角度而言，当然以歌诗为主。尤其因歌诗所具有的社会性功能，如宴饮、交际、娱乐等，是徒诗所不备的。在这些场合的演唱、传播，也产生了较之诗人自赏或少数人欣赏的更大的影响，因之也引导了诗人创作的艺术追求。于是，诗人们既沿袭声诗的创作，又倚声而求变，由齐言而长短句，使得曲子词得以诞生。

唐代的曲子词，其调名多出自教坊。任半塘先生认为《教坊记》所列二百余曲可以分为三类：一是有传辞，为唐人所歌之五、六、七言声诗；二是唐或五代之长短句词；三是其名曾见于敦煌曲者。任先生以教坊二百七十八种曲名中，属声诗者四十六种，加入回波乐、春莺啭、达摩支、一片子，以大曲凉州、伊州、泛龙州、伴侣、突厥三台、四会子，共五十六。其初为诗，而后已别有长短句词者，约十六调。属于曲子词者共七十六调，兼及声诗与词。因为唐人所用的词调主要是教坊曲，而教坊曲本为教坊歌妓所习，所以，在教坊曲变为唐五代词调的过程中，歌妓起了极其重要的作用。任先生又说：“前人编《词律》，略收声诗；编《词谱》，略收大曲；而皆以长短句为词之主体。因其编书之时，诗、词均已不歌，大曲已不作，士大夫于词，惟写一二小遍之长短句而已，遂举所谓‘律’与‘谱’者，专属之于长短句……惟不妨就音乐之系统，划唐人之声诗、大曲、长短句词，五代两宋之大曲及长短句词，皆属于燕乐之领域；而综金之诸宫调、元明之南

① 丁福保．清诗话[M]．上海：上海古籍出版社，1978：37-38．

② 丁福保．清诗话[M]．上海：上海古籍出版社，1978：42．

③ 任半塘．唐声诗[M]．上海：上海古籍出版社，1982：79．

北曲、明清之小曲，皆属于曲乐之领域，庶几赅切。”[①]此说是任先生观照整个唐代“音乐文艺”的一个很科学的说法。

吴梅先生说：“一代之文，每与一代之乐相表里，其制度虽定于瞽宗，而风尚实成于社会。天然之文，反胜于乐官之造作，故尼山正乐，雅颂始得所，而国风则不烦厘定。即后世飨祀符瑞歌功颂德之作，亦每视为官样文章，不如闾巷琐碎，儿女尔汝之争相传述。由斯以例列代乐府之真际，于周代则属风骚，于汉则属古诗，于晋唐则属房中、竹枝、子夜、边调等，于两宋则属诗余，于金元则属杂剧。”[②]这段话既阐明了雅俗乐的更替之迹，在“官样文章”与“乐府真际”的对比中作出了符合史实的判断；又道出了文乐相表里，而风尚成于社会的生存、弃取原则。对于我们从以上三方面，即齐言与杂言的转换，雅乐与俗乐的更替，诗与乐的互为表里，来观照曲子词这一艺术形式的出现，及其在我国古代文艺史上的地位，应是很有启示意义的。

综合三方面而言，唐代的歌诗以齐言的近体诗为主，在倚声而唱中，因“不尽其变”而求变，使得长短句的曲子词应运而生；隋朝燕乐始兴，唐代继续发展，曲子词所倚之声即这一新生之俗乐，因此，作宏观的观照，曲子词是在雅俗乐的兴替中伴随新兴俗乐而生的；在曲子词的兴起与发展过程中，先是隋朝之燕乐始兴而有曲子，到唐玄宗时教坊曲大盛，安史之乱后，教坊衰而官私妓乐盛，在酒筵娱乐中开始了曲子词的文人化创作，北宋以后，词乐渐亡，长短句之词型制成熟，但若用王重民的话来说，就是“特曲子既成为文士摛藻之一体”，此即在词的运行流程中诗乐关系的简单表述。

（原载《文艺理论研究》2008年第6期）

① 任半塘．教坊记笺订[M]．北京：中华书局，1962：62．

② 吴梅．中国戏曲概论[M]//吴梅戏曲论文集．北京：中国戏剧出版社，1983：142．

盛中唐词的文化之变

王国维认为，词至李煜始变伶工之词为士大夫之词。胡适则以为北宋才由歌者之词变为诗人之词。其实，在词初起期的盛唐与中唐，已经体现出词由应歌的宫廷文化，到抒情的士大夫文化的转换。本文尝试论之。

一

关于词的起源，是学界探讨多年而未有定论的问题。笔者认为，若从文化动因言，王世贞《艺苑卮言》所说，是很可玩味的。王世贞之论，缘于杨慎《词品》所说的"填词起于唐人，而六朝已滥觞矣"。其《艺苑卮言》有云："词者，乐府之变也。昔人谓李太白《菩萨蛮》、《忆秦娥》，杨用修又传其《清平乐》二首，以为词祖。不知隋炀帝已有《望江南》词。盖六朝诸君臣，颂酒赓色，务裁艳语，默启词端，实为滥觞之始。"既然从六朝说起，就不得不涉及宫体诗，而"颂酒赓色"的"务裁艳语"，则又与宫体诗的创作旨趣及文化精神甚合。

对宫体诗的认识，后人所见多出自唐人，其实按近之者所言更可信的原理，我们不妨先看《梁书·徐摛传》："徐摛属文好为新变，不拘旧体……春坊尽学之。'宫体'之号，自斯而始。"《庾肩吾传》又说："齐永明中，文士王融、谢朓、沈约始用四声，以为新变，至是(按，指萧纲立为太子)转拘声韵，弥尚丽靡，复逾于往时。"本来只是"好为新变，不拘旧体"，"转拘声韵，弥尚丽靡"，而唐人却视之为艳体。如《隋书·经籍志》云："简文之在东宫，亦好篇什。清辞巧制，止乎衽席之间；雕琢蔓藻，思极闺闱之内。"鉴于前代耽乐失国的历史教训，《隋书·文学传序》更以宫体诗"其意浅而繁，其文匿而彩。词尚轻险，情多哀思，格以延陵之听，盖亦亡国之音乎"。史臣之见如此，他如杜確《岑嘉州集序》，更认为宫体诗是"轻浮绮靡之辞……务为妖体"。

这里不讨论宫体诗问题，引上面所论，只想概括地说：从梁武帝父子以来，诗歌"好为新变"，得到的结果却如《文心雕龙·通变》所说："求新变于俗尚之中，则小智师心，转成纤仄。"而"弥尚丽靡"，则使不少作品入于"衽席""闺闱"。到陈后主君臣的"狎客"行径，隋炀帝的"大制艳篇，辞极淫绮"(《隋书·音乐志》)，确如王世贞所说的"颂酒赓色，务裁艳语"。那么，为何说这一结果是"默启词端，为滥觞之始"呢？因为六朝的酒色"艳语"与唐代之词，在创作精神上颇见一致，尤其是它们之间的共同性还体现在宫廷文化之上。

南朝的皇帝都喜爱文学，其中又以梁武帝父子为最，诚如《南史·文学传序》所说："降及梁朝，其流弥盛。盖由时主儒雅，笃好文章，故才秀之士，焕乎俱集。"陈代诗人多由梁入，诗风与梁合称“梁陈宫体”。陈后主即位前就耽于诗酒，好作长夜之饮，即位后更竞奢侈，宠妃嫔，不理政事，与江总等朝臣诗酒宴集，终至亡国。隋炀帝虽非生于深宫之中，长于妇人之手，文学上主张存雅体、归典制，但在他统治的后期，追求享受，多作侧艳之歌。总之，梁、陈、隋数代文学的“艳语”，多与宫廷文化相关，有君臣合作的特点。

唐人词的开始，也与宫廷文化密切相关。唐太宗虽是千古明君，文学主张亦如其《帝京篇序》所说，是“以尧舜之风，荡秦汉之弊”。但是，一方面他对南朝宫廷诗的华美很是倾慕，另一方面因君臣宴集的宫廷生活颇多，因此，应制、奉和之作，在富丽堂皇之外，又多柔靡绮艳之篇，太宗本人甚至“尝作宫体诗，使虞世南赓和”（《唐诗纪事》卷一）。虽说太宗时期的宫廷之作不可等同于梁、陈、隋，但由于宫廷文化的共同性，也使得闻一多《唐诗杂论》从宫体诗的角度共观之。

严格说来，唐词起于中宗朝的六言体，即沈佺期的《回波乐》，[①] 但在初唐，已有词的初起。贞观初年应诏对策及第的谢偃，被唐太宗引为弘文馆直学士，《全唐诗》载其《踏歌词》三首。任半塘《唐声诗》以之为且步且歌。此三首描写宫女的游春踏歌，在赞赏她们歌声、舞袖、风带、簪花、轻裙、薄鬓、宝袂、红纱的同时，又可见内宫的华美环境，隐约透出宫体诗况味，充满了宫廷文化色彩。

沈佺期在高宗时进士及第，一生主要是宫廷文人。其《回波乐》被作为第一首唐词：

回波尔时佺期，流向岭外生归。身名已蒙齿录，袍笏未复牙绯。

据孟棨《本事诗·嘲戏第七》：“沈佺期以罪谪，遇恩，复官秩，朱绂未复。尝内宴，群臣皆歌《回波乐》，撰词起舞，因是多求迁擢。佺期词曰（略）。中宗即以绯鱼赐之。”[②]胡震亨《唐音癸签》卷十三云：“中宗朝内宴，群臣多撰此词献佞及自要荣位，最盛行。”可见此作有其特定的功用。大概除了同是中宗朝李景伯《回波乐》明言“回波尔时酒卮，微臣职在箴规”外，此调多少为后来词的娱宾侑觞功能确立了导引性。

宫廷文化体现在唐词创作之中，主要还是由宫体诗所见的注重内宫生活一类，其创作精神、旨趣主要发扬于唐玄宗的《好时光》，以及供奉翰林的李白所作之词。《好时光》词云：

宝髻偏宜宫样。莲脸嫩，体红香。眉黛不须张敞画，天教入鬓长。　莫倚倾国貌，嫁娶个，有情郎。彼此当年少，莫负好时光。

唐玄宗洞晓音律，王灼《碧鸡漫志》以其御制曲有《紫云曲》、《万岁乐》、《夜半乐》、《还京乐》、《凌波神》、《荔枝香》、《阿滥堆》、《雨淋铃》、《春光好》、《踏歌》、《秋风高》、

---

① 曾昭岷，等．全唐五代词[M]．北京：中华书局，1999．

② 孟棨．本事诗[M]//唐五代笔记小说大观．上海：上海古籍出版社，2000：1252．

《一斛珠》等，今仅存《好时光》。刘毓盘《词史》认为原是五言八句诗，加和声而改为实字，遂成长短句。此词与宫体诗非常相似。

李白词，《全唐诗》收十四首，《尊前集》收十二首，迄今对是否全为其所作尚无定论。其《清平乐》四首，欧阳炯《花间集序》以为是应制之作，俞陛云亦以为是李白在翰林时的应制之作。姑不论是否李白所作，[①] 观其词：

禁庭春昼。莺羽披新绣。百草巧求花下斗。只赌珠玑满斗。 日晚却理残妆。御前闲舞霓裳。谁道腰肢窈窕，折旋笑得君王。

禁闱秋夜。月探金窗罅。玉帐鸳鸯喷兰麝。时落银灯香灺。 女伴莫话孤眠。六宫绮罗三千。一笑皆生百媚，宸衷教在谁边。

诚如俞陛云《唐五代两宋词选释》所说："先言禁庭春暖，斗草奢华。后言歌舞邀恩，翩嬛旋折，以取媚君王，不惜腰支约瘦……""前首言昼景，此言夜景，丽句妍词，想见唐宫春色。转头处言粉黛列屋而居，争怜希宠，延伫羊车……"历史上晋武帝曾有宫女万人以上，只好乘羊车行于宫中，车之所止即宿。唐玄宗时，长安大内及大明、兴庆二宫，加上东都大内、上阳宫，宫女共四万人，何止"六宫绮罗三千"，玄宗"随蝶所幸"，更甚于晋武帝的羊车，直到专宠杨贵妃才止。二首着笔于宫女，与盛唐诗人所作《宫怨》类有异曲同工之处。李白的《清平调》三首，虽非长短句，著作权却不为人怀疑，其旨显然是应唐玄宗之命，为"赏名花，对妃子"而作，第二首的"一枝红艳露凝香"，是为所赋木芙蓉而发，而汉宫飞燕之比，也不过是唐人以汉拟唐之惯用，很难说另有深意。此时李白以供奉翰林的御用文人身份作词，宫廷文化背景及色彩显见。夏承焘《瞿髯论词绝句》有云："青莲妍唱清平调，懊恼宫莺第一声。"一"宫"字，正道出其中关键。

中唐时期，"《宫词》特妙前古"（《唐才子传》语）的王建，又作《宫中三台》，所作既名"宫中"，当然是以宫廷生活为题材，是盛唐宫廷文化背景下词的创作精神之再现与延续。

二

笔者曾认为，长安文化是盛唐的核心文化，其前伸是边塞文化，其后退则为隐逸文化[②]。套用此说，词也可用多元文化观照之：长安文化应由多个文化群落组成，其中的宫廷文化处于重要地位，是词的主导文化，而边塞文化与隐逸文化也在词中有所体现。

---

① 任半塘认为："李白应制为辞之事，不能限其生平止于此一次而已。综合先后，有作《清平调》者，有作《清平乐》者，有作'宫中行乐辞'者，各有本事，互不相仿。"（《唐声诗》卷下第475页，上海古籍出版社1982年版）所论较通达。

② 邓乔彬.长安文化与王维诗[J].文学评论，2001，(4)：101-107.

学界对“百代词曲之祖”(黄昇《唐宋诸贤绝妙词选》卷一语)的《菩萨蛮》、《忆秦娥》是否李白所作未有定论,若从创作题材及境界、精神来说,二作已越出宫廷和闺阁。刘熙载《艺概》卷四说得好:“梁武帝《江南弄》、陶弘景《寒夜怨》……皆具词体,而堂庑未大。至太白《菩萨蛮》之繁情促节,《忆秦娥》之长吟远慕,遂使前此诸家,悉归环内。”①二词或晚眺之时望远怀归,或俯仰之中伤今吊古,其时空意识和开阔气象,都远非宫廷之作可比,王国维就称道其“纯以气象胜。‘西风残照,汉家陵阙。’寥寥八字,遂关千古登临之口”②。《忆秦娥》在透出了长安文化底蕴的同时,“咸阳古道”更有通向远方边塞的可能。因此,二者作为“词曲之祖”的意义,至少体现在成为后来羁旅行役之词的先导,且使之成为词之大端,以及边塞题材在词中的出现及延续、发展。

中唐词如刘长卿《谪仙怨》、韦应物《调笑》,主要是发展了羁旅行役之作,而戴叔伦《转应词》则开始真正涉及边塞。

羁旅是与贬谪密切相关的。文学史上“屈贾”并称,是因为屈原和贾谊是贬谪文化与文学之祖。唐人诗中的迁谪之作颇多,与特定的制度有关,又缘于政治和社会原因。较之前朝,唐代的刑律是有所宽缓的,以流代杀即主要特点。受政治斗争牵连,不少诗人都有被流贬的经历。

唐人诗中涉及贬谪之作极多,词中却是以刘长卿为第一人。刘长卿在天宝时登进士第,任官后曾因事陷狱,在上元元年(760年)贬潘州南巴尉,大历十一年(776年)前后又贬睦州司马。论者以其《谪仙怨》就作于后一次被贬之时。词云:

> 晴川落日初低,惆怅孤舟解携。鸟向平芜远近,人随流水东西。　白云千里万里,明月前溪后溪。独恨长沙谪去,江潭春草萋萋。

俞陛云《唐五代两宋词选释》颇能作知人论世之论:“‘白云千里’,怅君门之远隔;‘流水东西’,感谪宦之无依,犹之昌黎南去,拥风雪于蓝关;白傅东来,泣琵琶于浔浦,同此感也。”

如果说刘长卿所作是结合自己被贬的独到体会,那么韦应物的《调笑》则无特指,不过,词人仰视河汉,由牛女二星关合人间离情,有着更大的覆盖面:

> 河汉,河汉,晓挂秋城漫漫。愁人起望相思。江南塞北别离。离别,离别,河汉虽同路绝。

李白笔下的“咸阳古道音尘绝”,可以有多个去向,西去而至边塞,则是其中之一,无论是盛唐还是中唐,甚至直到晚唐,边塞诗一直都继作不休。而戴叔伦的《转应词》,却是使边塞题材首见于词:

① 刘熙载.艺概[M].上海:上海古籍出版社,1978:106-107.
② 王国维.人间词话[M].北京:人民文学出版社,1982:194.

> 边草，边草，边草尽来兵老。山南山北雪晴。千里万里月明。明月，明月，胡笳一声愁绝。

俞陛云《唐五代两宋词选释》说得好："唐代吐蕃、回纥，迭起窥边，故唐人诗词，多言征戍之苦。当塞月孤明，角声哀奏，正征人十万碛中回首之时。李陵所谓'胡笳互动'、'只令人悲增忉怛耳。'"戴叔伦所作，开拓出词的一个新题材。晚唐的"花间鼻祖"温庭筠，虽以香艳著称，多写闺中少妇的相思离别，但也能在此基础上入之以经柔化处理的边塞内容。他或依教坊曲，或创新调以写边事，其《定西番》和《蕃女怨》，常由客观描述转为代思妇抒情，与其代表作《菩萨蛮》十四首相似，有"男子作闺音"况味。

在边塞文化见于词中之时，如同初唐王绩仰慕陶渊明，隐逸文化也在中唐的词中得到延续与发扬，最具代表性的就是张志和的《渔父》五首。张志和年十六游太学，擢明经，曾献策唐肃宗，命待诏翰林，后坐事被贬，赦还而不复仕，隐居越州会稽。颜真卿任湖州刺史时，撰此五首，并相唱和，后传入日本，嵯峨天皇为之作和词，成为日本填词之开山。俞陛云《唐五代两宋词选释》认为："观其每首结语，君子固穷，达人知命，襟怀之超逸可知。"而时人之和词，也多少透露出这一文化的影响。至于源于道家文化的隐逸思想，却体现在佛门中人的词作内，可见于释德诚（船子和尚）的《拨棹歌》。其作品被宋人吕益柔辑入石刻，共三十九首，数量远非此前词人所作可比。由于作者的特殊身份，虽或有人拟之为诗中皎然、齐己，但毕竟不属于主流文化中人，作者又仅居华亭一地，离文化中心甚远，未得名家引誉，故现存序跋多系僧人所作，名声未广。《五灯会元》以之作为偈语看，其中颇多人生哲理的感悟，确与一般作品不同。

初盛唐尚是词的肇始期，主要由宫廷文化决定其创作，到中唐时期，则有贬谪、羁旅、边塞等题材及相关文化体现于词作中，隐逸文化更成为一个主要面。此期所作尚是诗人的偶一为之，张志和、船子和尚所作虽多，却是单一的隐逸文化背景、内涵。应重视的是王建，是他以类型、题材、数量均较多的词作，丰富的色彩，代表了中唐词开始三元文化结合的特点：《宫中三台》、《宫中调笑》与宫廷文化较密切，《宫中调笑》与《江南三台》是商业文化所造就的羁情旅思之表达，《江南三台》的后两首（树头花落花开）（斗身强健且为），是后来士大夫文化所体现的伤春悲秋、淡淡哀愁的肇始，开启从刘、白到晏、欧一派。

王建《宫中三台》写宫女及宫中生活：

> 鱼藻池边射鸭，芙蓉苑里看花。日色赭袍相似，不著红鸾扇遮。

> 池北池南草绿，殿前殿后花红。天子千秋万岁，未央明月清风。

《宫中调笑》前两首分咏团扇、蝴蝶，并非直接写宫中，但"春草昭阳路断"，"君前对舞春风"，或以秋扇被捐同情嫔妃的不幸遭遇，或借蝴蝶写宫女，第三首更直接点出她们“一世虚生虚过”的主题。俞陛云以前两首为应制之作，是台阁体，其宫廷文化的背景与性质可见。

沈雄《古今词话·词辨》上卷云：“三台舞曲，自汉有之，唐王建、刘禹锡、韦应物诸人，有宫中、上皇、江南、突厥之别。”[①] 王建所作限于“宫中”和“江南”，其《宫中调笑》的最后一首已越出宫廷，触及社会，“船头江水茫茫。商人少妇断肠”，与《江南三台》的“扬州池边少妇，长干市里商人”，无论是前者的仅言思妇，还是后者的兼涉两地，都是羁旅行役之情的表达，而羁旅文化又由商业文化所派生。至于《江南三台》的第二首：

> 青草台边草色，飞猿岭上猿声。万里三湘客到，有风有雨人行。

则见贬谪文化所成羁情，与士大夫文化相关。

王建《江南三台》共四首，其最后两首：

> 树头花落花开，道上人去人来。朝愁暮愁即老，百年几度三台。
>
> 斗身强健且为，头白齿落难追。准拟百年千岁，能得几许多时。

是对时岁匆匆、人生易老的感悟，其背后则应是及时行乐之旨。后来在刘禹锡、白居易的词中继有表现，冯延巳进而将此与忧生念乱之旨结合，写得悒郁怆恍、反复缠绵，晏殊、欧阳修并称，仍多上述主题，是士大夫文化在词中的主要体现。

三

陈廷焯《词坛丛话》云：“有唐一代，太白、子同，千古纲领。乐天、梦得，声调渐开。”[②] 如果说李白和张志和代表了唐代前期词的成就，那么中唐词则以白居易、刘禹锡成就最高。李白的词，如不怀疑《菩萨蛮》《忆秦娥》的著作权，显然包括应制而作与自抒其情两类，白居易和刘禹锡所作不似李白的两类之分，也不同于王建的兼及三元文化，而是将以词应歌与抒发人生感慨结合为一体，标志着词从宫廷文化向士大夫文化转换的完成。

我们难以在此阐述士大夫文化的全部、具体涵义，只能结合词而言之。士大夫文化本质上具有“士不可以不弘毅，任重道远”（《论语·泰伯》）的品格。在北宋时期，由于科举制度的高度成熟，中唐以来贵族政治被粉碎后，至此而庶族能真正通过科举登上政治舞台。士人之“弘毅”也被范仲淹提升到“居庙堂之高，则忧其君，处江湖之远，则忧其民”（《岳阳楼记》）的高度。但即便如此，传统的“兼济”与“独善”，或云“儒道互

---

① 唐圭璋.词话丛编[M].北京：中华书局，1986：888.

② 唐圭璋.词话丛编[M].北京：中华书局，1986：3719.

补”路线，仍发挥着固有的作用。刘禹锡、白居易都是由进士登上仕途的人物，都曾意气风发地投入到政治活动中，却因或改革失败，或开罪权贵，都不得已而求“独善”，晚年更是过着诗酒人生的闲适生活，是士大夫文化“独善”而享乐一端的体现。

从文学创作言，白居易曾以《策林》表达了改革政治的见解，《与元九书》的“仆志在兼济，行在独善。奉而始终之则为道，言而发明之则为诗，①”则明白陈述了自己对行道与为诗关系的理解，其讽谕诗更是文学对政治的直接干预。刘禹锡参与了王叔文的改革，即使失败后被贬，所作诗仍或以寓言讥讽政敌，或关心民瘼，指陈时弊，还是体现出战斗精神。但不可否认，他们都难以逃脱未能“兼济”而只求“独善”的规律，呈现出前“儒”后“道”的生活轨迹。而我们以士大夫文化观照其词，是因为他们的词都无与于直接的政事，而是在被贬之时或在晚年所作，在感悟了政治与人生后，以“中隐”思想行“吏隐”、求闲适，是士人“独善”一端的体现，也是士大夫文化与隐逸文化的结合及延伸。

白居易与刘禹锡在元和初就有往来，宝历二年(826年)刘、白在扬州见面，白有《醉赠刘二十八使君诗》，刘有《酬乐天扬州初逢席上见赠》，晚年二人皆以太子宾客分司东都，均在洛阳，诗酒唱和成为此期的主要生活内容，也为中唐词赢得了“声调渐开”的词史地位。白居易在作《中隐》一诗时，尚是为置身政治斗争之外，既能全身远祸，又能免除饥寒而寻找到这样一条道路而自我安慰。而此时对于这两位饱经世事的诗人来说，则早已完成了思想转换，忧患余生，抓紧享受，是此时的人生态度，以诗酒风流自命，成为主要生活内容。白居易的《赠梦得》很好地说明了他们当时的生活及思想状态：“年颜老少与君同，眼未全昏耳未聋。放醉卧为春日伴，趁欢行入少年丛。寻花借马烦川守，弄水偷船恼令公。闻道洛城人尽怪，呼为刘白二狂翁。”因此，晚年刘、白所作之词，是特定的士大夫文化之产物。

刘禹锡与白居易的词包括齐言的声诗及长短句的词。他们都有七言四句体的声诗《竹枝》、《浪淘沙》及《杨柳枝》。据《新唐书》一六八《刘禹锡传》：刘贬连州刺史，未至，斥朗州司马，地接夜郎，俗喜巫鬼，祠则歌《竹枝》，其声伧伫，禹锡谓屈原居沅、湘间而作《九歌》，使楚人以迎送神，乃倚声作《竹枝辞》。《浪淘沙》是唐教坊曲，开元间人作，始为民间徒歌，后入乐，刘、白所作最著名。据白居易《杨柳枝》第一首，“古歌旧曲君休听，听取新翻杨柳枝”，可见与唐代之前的《折杨柳》不同，也不是唐初的七言四句体，任半塘引诸多材料说明此调是新调，依据开元以来流行的《柳枝》翻成②。据研究，白居易的《竹枝》四首作于元和十四年(819年)，时年四十八岁，在忠州刺史任上③。显然，这是在刘禹锡创调之后所作。而白居易的《杨柳枝》和《浪淘沙》，都大约作于大和二年(828年)至开成三年(838年)的洛阳时期，前者显然是二人的唱和之作，后者也可能是。

刘禹锡的《竹枝》如屈原之于《九歌》，是士大夫“雅音”对俚俗民歌的成功改造。

① 朱金城. 白居易集笺注[M]. 上海：上海古籍出版社，1988：2794.
② 任半塘. 唐声诗[M]. 上海：上海古籍出版社，1982：531.
③ 朱金城. 白居易集笺注[M]. 上海：上海古籍出版社，1988：1184.

开头一首点明此调产生在“白帝”、“蜀江”，是南人来歌，而自劝以“北人莫上动乡情”，末一首回应以“巴人能唱本乡歌”，“今朝北客思归去”，使之成为一组很完整的作品。因有经由三峡的体会，巫峡清猿所引发的“愁人肠自断”；因瞿塘峡十二滩之险而想到人心更险，感慨“长恨人心不如水，等闲平地起波澜”；由滟滪堆之石不为波浪所摧，而“懊恼人心不如石，少时东去复西来”，将谪怨、乡愁，对人心与世情的感慨，交织如网，是刘长卿《谪仙怨》以来士大夫贬谪文化在词中的全面反映。而“桥东桥西好杨柳，人来人去唱歌行”，“昭君坊中多女伴，永安宫外踏青来”，在客观描写中表现出地方长官对风土、民俗的喜好；《竹枝》尤以写爱情著称，其中“山桃红花满上头”，“杨柳青青江水平”二首最著名，前者长于比兴，后者学习《吴歌》的谐音寓意，成就了“《竹枝》杂《子夜》体”。

《浪淘沙》与《杨柳枝》皆咏本题。《浪淘沙》由“九曲黄河万里沙”起兴，以下咏洛水、汴水、鹦鹉洲、锦江诸水，又应之以八月涛声、卷沙似雪，再贴本题，而写由“淘金女伴”所引发的感叹：“美人首饰侯王印，尽是沙中浪底来。”“莫道谗言如浪深，莫道迁客似沙沉。千淘万漉虽辛苦，吹尽狂沙始到金。”则是由人而己的不同人生体验，最后一首的“令人忽忆潇湘渚，回唱迎神三两声”，是自己被贬南方的生活回忆。《杨柳枝》第一首点明了此曲属于“新翻”之曲，以下分从各个角度吟咏杨柳，由于历来有折柳送别之俗，词中多专咏之，或写爱情，或抒别情。第四首写“金谷园”、“铜驼陌”，桃李的须臾而尽与垂杨的无限生命相对照，蕴含着人生体会。由于杨柳与隋炀帝有特殊关系，故十首中两吟之：“炀帝行宫汴水边，数株残柳不胜春”，以及后一首“扬子江头烟景迷，隋家宫树拂金堤”，其题旨与风格都近于梦得所擅长的感慨兴亡之诗。“花萼楼前初种时”，“轻盈袅娜占年华”二首，古人如谢枋得等，曾以之联系刘氏遭遇，以为是有所寄托。

白居易的《竹枝》、《浪淘沙》及《杨柳枝》三调，与刘禹锡同中有异。白居易有强烈的入世精神，又有闲适的生活情趣和丰富的感情，因之在讽谕诗外，又有“事物牵于外，情理动于内，随感遇而形于叹咏者”(《与元九书》)的感伤诗。他的词，最能体现闲适结合感伤的特点。

相较而言，《浪淘沙》最不具以上特色。白作此调一如刘之多咏本题，其中的“借问江潮与海水，何似君情与妾心。相恨不如潮有信，相思似觉海非深”，“海底飞尘终有日，山头化石岂无时。谁道小郎抛小妇，船头一去没回期”，是充满民歌味的爱情之作。“青草湖中万里程。黄梅雨里一人行。愁见滩头夜泊处，风翻暗浪打船声”有自己的迁谪感情体验。总体而言，“歌”的成分较多，同时也能入以自己的真情，但并无多少感伤，也不见闲适。

白居易《竹枝》四首，基调一如词中所说的“水蓼冷花红簇簇，江蓠湿叶碧萋萋”，感情更是“竹枝苦怨怨何人”，无论是“蛮儿巴女齐声唱，愁杀江南病使君”，还是“怪来调苦缘词苦，多是通州司马诗”，都结合自己，饱含伤感，折射出士大夫贬谪文化的色彩。

最可见闲适中有感伤的是《杨柳枝》，这组词咏本题者较多，其中两首："红板江桥青酒旗。馆娃宫暖日斜时。可怜雨歇东风定，万树千条各自垂。""苏州杨柳任君夸。更有钱塘胜馆娃。若解多情寻小小，绿杨深处是苏家。"蕴含了对苏杭生活的温馨回忆，可与其诗"老来处处游行遍，不及苏州柳最多"（《苏州柳》）共观。苏州的馆娃宫，杭州的苏小小，当年的寻迹怀古，可以引发无端情愫，如今人已老去，面对着"依依嫋嫋复青青，勾引春风无限情"，"叶含浓露如啼眼，枝嫋轻风似舞腰"的柳树，自然会生出"人何以堪"之情。尤其是自己家中姬人都正当年，而自己垂垂老矣，因此，人以为"一树春风万万枝，嫩于春色软于丝。永丰南角荒园里，尽日无人属阿谁。"孟棨《本事诗·事感第二》以为是借柳感慨小蛮丰艳、而自己老迈，所说可信。咏柳而伤春，当是借柳而表现青春不再的人生感慨，全组作品由闲适而感伤，似轻而重，虽淡犹浓，歌之尤能动人，故一时盛传洛下。

"闲适"而"感伤"，表现"闲情"的，还有刘禹锡的五言六句声诗《抛球乐》，和白居易、刘禹锡的长短句词《忆江南》。刘作《抛球乐》其二：

> 春早见花枝，朝朝恨发迟。及看花落后，却忆未开时。幸有抛球乐，一杯君莫辞。

前四句对花发花落的心理体会，其实就是对人生的哲理感悟，对美好事物速逝的悼惜，就是对青春不返的萦念。令人怀想的往事不可追，美好的时光不再来，对着人生的"譬如朝露，去日苦多"，只有抓紧"对酒当歌"的享受了。刘作《忆江南》是同样的题旨：

> 春过也，共惜艳阳年。犹有桃花流水上，无辞竹叶醉樽前。惟待见青天。

白居易的《忆江南》三首，首由江花江水泛言江南美景，追忆游赏之乐；次写月下寻桂、郡亭看潮，发最忆杭州、何日重游之叹；最后转至苏州，忆念吴宫、吴酒、吴娃，更作"早晚复相逢"的期待。在这里，不见民生与宦情，只有美好事物、情趣的追忆，闲适之中透出了淡淡的感伤。

总之，刘、白声诗与词所抒发的感情，以士大夫文化相观照，除了前述的贬谪文化之外，就是士大夫闲适文化所生的"闲情"。这始自谢偃《踏歌词》的"欲问今宵乐，但听歌声齐"。而被王建所点明："树头花落花开。道上人去人来。朝愁暮愁即老，百年几度三台。""斗身强健且为，头白齿落难追。准拟百年千岁，能得几许多时。"行乐及时，其日无多，是难以解决的矛盾，也就成为了诸多士大夫的不绝咏叹。这些作品所传递的信息和情感，到后来冯延巳、晏殊、欧阳修所作，终衍而为词之大端，在苏轼"以诗为词"之前，"闲情"也成为了词中仅次于爱情的抒情题材。

（原载《深圳大学学报》2006年第2期）

进士风与晚唐词

唐代文人词的发展，大体如陈廷焯所说："太白、子同，千古纲领。乐天、梦得，声调渐开。终唐之世，无出飞卿右者，当为《花间集》之冠。"[①]而就文化环境言，如果说盛唐宫廷文化孕育了词的初起，士大夫文化决定了中唐词的发展走向，那么晚唐词则与进士文化密切相关。进士文化是晚唐词兴盛的文化动因，是自诗而词的转换背景，而它对词的影响却明显较诗晚了一拍，尤应注意的是，这一文化对诗词产生的作用是不同的。

进士文化因推行科举（尤重进士科）而在唐代逐渐生成，撮其要，当有以下三个主要特点：一是始于曹魏的"九品中正制"，为两晋南北朝沿袭，"上品无寒门，下品无势族"[②]更为发展，因此而造就了六朝的贵族政治。唐代实行科举，士子"怀牒自列"[③]参加考试，门阀势力由强而弱，中唐以后逐渐退出历史舞台。以选官为核心的制度文化之变引发了政治之变，导致了具有近代意义的社会逐渐生成。二是因进士科取士较他科为难，在最被社会重视的同时，又因进士考试行以诗赋取士，使得士人将所习的重心从儒学经典转到了诗赋文章。如果说汉代的"献赋"只是"通经"的辅助手段，后者是士人踏上仕途的主要途径，那么，唐代则因行科举、重进士而改变了儒学与文学的传统地位。三是随着儒学与文学地位的倒转，儒生与文士的社会承认度也随之而变，造成了唐代文化从制度进而到思想、行为层面的改变。"儒林"传统向"文苑"精神倾斜、转化，使得统治阶级的新成员——进士阶层，在思想道德、出处大节上形成了一系列被视作"轻薄"、"无行"的特点。[④]

用上述三个特点衡量，进士文化对诗人与诗歌应有全面的影响，且对唐诗的发展有显著的推助作用，[⑤]对词人与词而言，则主要体现在第三点之上。

---

① 陈廷焯．词坛丛话[M]//唐圭璋．词话丛编．北京：中华书局，1986：3719.

② 房玄龄，等．晋书[M]//二十五史．上海：上海古籍出版社、上海书店，1986：1391.

③ 欧阳修，等．新唐书[M]//二十五史．上海：上海古籍出版社、上海书店，1986：4254.

④ 礼部侍郎杨绾对进士制的负面评价，以及《唐摭言》卷三所说的"寻芳逐胜，结友定交，竞车服之鲜华，骋杯盘之意气，沽激价誉，比周行藏"，差可概括进士文化在思想、行为上的特点。（前者参见刘昫等《旧唐书》卷一一九《杨绾传》，《二十五史》第3889页；后者见《唐五代笔记小说大观》，上海古籍出版社2000年版，第1610页。）

⑤ 参见拙文《进士文化与唐诗》（《中国文化研究》2006年第3期）、《进士文化与诗可以群》（《文学评论》2006年第4期）、《进士文化与诗可以观》（《学术研究》2006年第11期）、《进士文化与诗可以兴》（《文艺研究》2007年第4期）、《进士文化与诗可以怨》（《文艺理论研究》2007年第4期）等。

一 轻薄、无行与白、杜风情

一般认为，唐代的科举制是政权对平民开放，较之汉代行察举，魏晋以后重门第，其进步性是显见的。但钱穆对进士制与门第观却有自己的不同看法：

> 在汉代先经国立大学一番教育，再经地方服务之练习成绩，经察举后再加以考试，求取人才，凡分三项步骤。唐代则专凭考试一项，自不如汉人之精详。惟唐代初期，大门第势力方盛，子弟在大门第中养育成长，既经家庭严肃之礼教，如柳氏家训之类，又有政治上之常识，如南朝所传王氏青箱之例，由此辈青年参加考试，易于成材。考试制度仅是一种选拔人才之制度，而非培养人才之制度。自经此项制度推行日久，平民社会，穷苦子弟，栖身僧寺，十年寒窗，也可跃登上第。渐渐门第衰落，整个政府转移到平民社会手里。但此等平民，在先并未有家庭传统之礼教，亦更无政治上之常识，一旦仅凭诗赋声律，崛起从政，第一是政事不谙练，第二是品德无根柢，于是进士轻薄，遂成为当时所诟病。①

本文不论进士的“政事不谙练”，而侧重就时代之变考察“品德无根柢”，以及因此而引起的诗歌之变。纵观唐代，与进士文化的发展阶段相关，诗人的意识、情感，诗歌的功能，似也发生了相应的改变，品德问题的凸现主要在后期。在进士文化生成的初盛唐，对诗人形成了巨大的时代感召力，使之焕发出蓬勃向上、积极进取的精神，诗歌也最见“言志”，多抒发襟抱；随着安史之乱极大冲击了贵族政治，中唐进士文化逐渐走向成熟，它对诗人的影响主要是使命意识、责任感，以及因仕途受挫而追求闲适自宽；而到了晚唐这一进士文化的转化期，由于方镇割据、宦官擅权、党争不已，诗人由立足“独善”更转向了恣意率情、浪漫不检，真正表现出“轻薄”、“无行”的群体性品格，诗歌在向“缘情”倾斜同时，也发生了道德性的改变。

自《后汉书》立儒林、文苑传，士人始有二分，在唐代进士文化生成的初期，儒林与文苑尚未见显著的界限，随着这一文化的发展成熟，二者的分野则极为显见了。《新唐书》特地指出了文士的不足，在与“君子”的对照中，褒贬明显：

> 夫子之门，以文学为下科，何哉？盖天之付与，于君子小人无常分，惟能者得之，故号一艺。自中智以还，恃以取败者有之，朋奸饰伪者有之，怨望讪国者有之。若君子则不然，自能以功业行实光明于时，亦不一于立言而垂不腐；有如不得试，固且阐绎优游，异不及排，怨不及诽，而不忘纳君于善，故可贵也。②

---

① 钱穆．中国历史上之考试制度[M]//国史新论．北京：三联书店 2001：282–283.

② 欧阳修，等．新唐书[M]//二十五史．上海：上海古籍出版社、上海书店，1986：4737.

显然,此说是有针对性的。这是北宋史家基于史实而对晚唐五代文人群体性道德作出的负面评价,在对比之中,实际上已昭示出文苑与儒林的区别。而由于进士词科以诗赋取士,对文苑恶习与文人德败的贬斥,其实也是对进士文化的批判。文苑精神与儒林传统的主要区别何在呢?曹丕云:"观古今文人,类不护细行,鲜皆能以名节自立。"①《南齐书》史臣赞有云:"文章者,盖情性之风标,神明之律吕也,蕴思含毫,游心内运,放言落纸,气韵天成,莫不禀以生灵,迁乎爱嗜。"②前者道出了文人的弱点,后者虽是就文章而言,然而"情性"、"神明"及"爱嗜"又岂非文士所最重?《汉书》:"儒家者流……游文于六经之中,留意于仁义之际,祖述尧舜,宪章文、武,宗师仲尼。"③《旧唐书》:"古称儒学家者流,本出于司徒之官,可以正君臣、明贵贱、美教化、移风俗。"④前者对儒者的学术、思想渊源,后者对其政治性与社会性职能,阐发得非常精到。可见,儒者以辅佐人君、大行治道为己任,而文士则追求抒发情性、驰骋文才,这就是儒林与文苑传统、精神之主要区别。

欧阳修如此评判唐人:"如唐之刘、柳无称于事业,而姚、宋不见于文章。"⑤这一说法,其实无意间道出了唐宋文化的区别。唐人的事业与文章似乎是分开的,宋人在结合文人、学者与官员为一体的基础上,能将事业与文章兼及一身。在唐代,因政治条件、背景的不同,士人的追求亦有区别,其转变的枢纽在中晚唐。如果说盛唐时期诗人所期许的主要还是"姚宋事业",那么中晚唐则发生了转向,杜牧的诗《登池州九峰楼寄张祜》就是很好的证明:"百感衷来不自由,角声孤起夕阳楼。碧山终日思无尽,芳草何年恨即休?睫在眼前长不见,道非身外更何求?谁人得似张公子?千首诗轻万户侯。"就"个案"来说,这是对张祜遭遇的不平,就整体而言,又可见价值观的改变。文苑精神本属文苑,但是,时代的不同,也使之消长游移,而尤其体现在晚唐进士文化之中。晚唐进士文化本应具有两个向度:关心国事与快意人生。以杜牧、李商隐、温庭筠、韩偓等为代表的诗人们,在他们的诗中已有这两种倾向。他们热心于政治,有高远的志向,极想有为,却生活在晚唐多事之秋,难以施展抱负,因而在他们多以咏史出现的言志抒怀的诗外,也有不少艳情之作。新兴之词,更几乎是进士文化在后者上的全幅体现。刘昫在为李商隐作传时说:李与温庭筠、段成式齐名,"时号'三十六'。文思清丽,庭筠过之。而俱无特操,恃才诡激,为当途者所薄,名宦不进,坎壈终身"⑥。而据孙光宪《北梦琐言》,温、李都曾开罪于权相令狐绹,原因在于令狐绹"最受恩遇而怙权,尤忌胜己"⑦,可见,"俱无特操,恃才诡激"的史家之见也未必公允。因此,"为当途者所薄,名宦不进,坎壈终身"当是他们在言志咏怀之外,另有不少艳情之

① 曹丕.又与吴质书[M]//三曹集.长沙:岳麓书社,1992:162。

② 萧子显.南齐书[M]//二十五史.上海:上海古籍出版社、上海书店,1986:2005.

③ 班固.汉书[M]//二十五史.上海:上海古籍出版社、上海书店,1986:529.

④ 刘昫,等.旧唐书[M]//二十五史.上海:上海古籍出版社、上海书店,1986:4070.

⑤ 欧阳修.薛简肃公文集序[M]//欧阳修全集.北京:中华书局,2001:618.

⑥ 刘昫,等.旧唐书[M]//二十五史.上海:上海古籍出版社、上海书店,1986:4086.

⑦ 孙光宪.北梦琐言[M]//唐五代笔记小说大观.上海:上海古籍出版社,2000:1810.

作的一个重要原因。

所论是晚唐进士文化，其实应肇始于中唐。在中唐的诗人中，已经可以看到韩、柳与元、白的两种不同类型。他们尽管都是曾与政治密切相关的文学家，但前者更近于重视政教的儒者，而后者却更近于快意人生的新兴进士。苏轼曾以“文起八代之衰，而道济天下之溺；忠犯人主之怒，而勇夺三军之帅”[①]概括韩愈的一生。而白居易却是善于进退周旋，“与刘禹锡游，人谓之刘、白，而不陷八司马党中。与元稹游，人谓之元、白，而不蹈北司党中。又与杨虞卿为姻家，而不陷牛、李党中。”[②]其诗则如《西清诗话》所说，“贵在近俗，恨为苏小，虽美，终带风尘耳”。虽说从元、白所论可见对以诗干政的绝对强调，但更多的是体现出中唐诗歌对情的张扬，因此，他们虽作讽谕诗，流传广的却是杂律诗和感伤诗。白居易在青年时期就热衷于与妓女交往，其《江南喜逢萧九彻因话长安旧游戏赠五十韵》一诗，就是当年在长安北里生活的自供状。他外放杭州，因此地“灯火家家市，笙歌处处楼”，故“无妨思帝里，不合厌杭州”(《正月十五日夜月》)，春日之时，“逢花看当妓，遇草坐为茵”(《早春西湖闲游怅然兴怀忆与微之同赏因思在越官重事殷镜湖之游或恐未暇偶成十八韵寄微之》)，夏天则吟咏“绿藤阴下铺歌席，红藕花中泊妓船。处处回头尽堪恋，就中难别是湖边”(《西湖留别》)。因过着“修娥慢脸灯下醉，急管繁弦头上催”(《忆旧游》)的生活，故此《西湖游览志余》谓之“放浪湖山，耽昵声妓，新词艳曲，布浃郡中”[③]。苏州其地，“水驿路穿儿店月，花船棹入女湖春”(白居易《送刘郎中赴任苏州》)，也是富贵温柔之乡，因而他在苏时自称“风流吴中客”，而以歌妓为“佳丽江南人”(《郡斋旬假命宴呈座客示郡寮》)。宋龚明之说：“乐天为郡时，尝携容满、蝉态等十妓，夜游西武丘寺，尝赋纪游诗，可见当时郡政多暇，而吏议甚宽。使在今日，必以罪去矣。”[④]所以，我们可以看到这样一个有趣的现象：在后人心目中似是长于伤春伤别的风流诗人杜牧，不待后来的苏轼批评“元轻白俗”，[⑤]已在《唐故平卢军节度巡官陇西李府君墓志铭》引李戡之语以谴责元、白：“尝痛自元和已来有元、白诗者，纤艳不逞，非庄士雅人，多为其所破坏。流于民间，疏于屏壁，子父女母，交口教授，淫言媟语，冬寒夏热，入人肌骨，不可除去。”[⑥]

然而杜牧自己又如何呢？他虽是宰相之后，素有大志，留意财赋兵甲之事，但《唐才子传》又谓之“美容恣，好歌舞，风情颇张，不能自遏”[⑦]。既因于个性，又受时代影响，故亦有风流放荡的一面。而且，白居易之留连苏杭、携妓醉酒的生活是在中年为官之时，而杜牧却在青年时已恃才纵色。据《太平广记》引《唐阙史》，杜牧“少隽，性疏野放荡，虽为检刻，而不能自禁。会丞相牛僧孺出镇扬州，辟节度掌书记。牧供职之

---

① 苏轼.潮州韩文公庙碑[M]//苏轼全集.上海：上海古籍出版社，2000：988.

② 晁公武.郡斋读书志[M].台北：台湾商务印书馆，1981：582.

③ 田汝成.西湖游览志余[M].影印文渊阁四库全书本.

④ 龚明之.中吴纪闻[M]//宋元笔记小说大观.上海：上海古籍出版社，2001：2830.

⑤ 苏轼.祭柳子玉文[M]//苏轼全集.上海：上海古籍出版社，2000：2017.

⑥ 杜牧.樊川文集[M].上海：上海古籍出版社，1978：137.

⑦ 傅璇琮.唐才子传校笺[M].北京：中华书局，1987：202.

外，唯以宴游为事。扬州胜地也，每重城向夕，倡楼之上，常有绛纱灯万数……牧常出没驰逐其间，无虚夕”①。《唐语林》所载更具细节：“杜牧少登第，恃才，喜酒色。初辟淮南牛僧孺幕，夜即游妓舍，厢虞侯不敢禁，常以榜子申僧孺，僧孺不怪。逾年，因朔望起居，公留诸从事，从容谓牧曰：‘风声妇人若有顾盼者，可取置之所居，不可夜中独游。或昏夜不虞，奈何？’牧初拒讳，僧孺顾左右取一篋至，其间榜子百余，皆厢司所申。牧乃愧谢。”②孟棨《本事诗》曾记其在洛阳对声伎豪华的艳羡，可见其登科后狎游饮酒，作“青楼薄幸”之诗并非偶然。③ 又据载，杜牧“恃才名，亦颇纵声色，尝自言有鉴裁之能。闻吴兴郡有长眉纤腰有类神仙者，罢宛陵从事，专往观焉。使君籍甚其名，迎待颇厚。至郡旬日，继以洪饮，睆观官妓曰：‘善则善矣，未称所传也。’览私选曰：‘美则美矣，未惬所望也。’”继而有观泛彩舟，与所悦少女之母定下十年后迎娶此女之约，待十四年后出刺湖州，女嫁已三载，有子二人，杜牧惆怅而有“绿叶成阴子满枝”之诗。④ 其风流韵事于此可见一斑。张祜《读池州杜员外杜秋娘诗》云：“年少多情杜牧之，风流仍作杜秋诗。可知不是长门闭，也得相如第一词。”“年少多情”一语，正道出了杜牧的特点。由于杜牧本质上与元、白无异，故刘克庄云：“杜牧罪元、白诗歌传播，使子父女母交口诲淫，且曰：‘恨吾无位，不得以法绳之。’余谓此论合是元鲁山、阳道州辈人口中语，牧风情不浅，如《杜秋娘》、《张好好》诸篇，‘青楼薄幸’之句，‘街吏平安’之报，未知去元、白几何？以燕伐燕，元、白岂肯心服。”⑤

二　进士、歌妓与晚唐诗变

如果说白居易由进士而士大夫，是中唐士夫逸乐文化的代表，杜牧则是开晚唐进士风的人物，更具备青年进士的特点，而与之相近的还有一批诗人。

白居易除了沉迷苏杭山水之美与生活舒适，也不讳言二地的妓乐之乐。同样，杜牧也自谓“十年一觉扬州梦，赢得青楼薄幸名”(《遣怀》)，因为扬州并不亚于杭州：“夜市千灯照碧云，高楼红袖客纷纷。如今不似时平日，犹自笙歌彻晓闻。”(王建《夜看扬州市》)“十里长街市井连，月明桥上看神仙。人生只合扬州死，禅智山光好墓田。”(张祜《纵游淮南》)王建的“高楼红袖”是直言，张祜的“桥上看神仙”也是观妓。张祜与杜牧很相似，他也有经世之志，任侠尚义，却仕途不顺，遂往来扬州、杭州等地，留连诗酒，纵情声色。《到广陵》一诗实为他的自供状：“一年江海恣狂游，夜宿倡家晓上楼。嗜酒几曾群众小，为文多是讽诸侯。逢人说剑三攘臂，对镜吟诗一掉头。今日更来憔悴意，不堪风月满扬州。”夜宴之时，他对歌妓们的“粉项高丛鬓，檀妆慢裹头。亚身摧蜡烛，斜眼送香毬”(《陪范宣

---

① 李昉，等．太平广记[M]．北京：中华书局，1961：2151.

② 王谠．唐语林校证[M]．周勋初，校证．北京：中华书局，1987：621–622.

③ 孟棨．本事诗[M]//唐五代笔记小说大观．上海：上海古籍出版社，2000：1247.

④ 高彦修．唐阙史[M]//唐五代笔记小说大观．上海：上海古籍出版社，2000：1340.

⑤ 刘克庄．后村诗话[M]．北京：中华书局，1983：66.

城北楼夜讌》)十分留心,亦可见兴趣之所在。"买笑歌桃李,寻歌折柳枝"(张祜《公子行》),几乎成为了一个时代现象。据载,"崔涯、张祜为一时狂友,好嘲谑,尝戏赠营妓曰:'虽得苏方木,犹贪玳瑁皮。怀胎十个月,生下昆仑儿。'又曰:'布袍披袄火烧毡,纸补箜篌麻接弦。更有一双皮屐子,纥梯纥榻出门前。'又嘲李端端云:'黄昏不语不知行,鼻似烟囱耳似铛。犹把象牙梳插鬓,昆仑山上月初生。'端端得此诗而惭,遂往见二子,再拜请曰:'端端祗候三郎、六郎,伏望哀怜。'乃重为一绝云:'觅得骅骝备绣鞍,善和坊里取端端。扬州近日浑成错,一朵能行白牡丹。'前嘲乃解……"① 这等"戏"、"嘲"之举足状其轻薄。而晚唐时期的诗人,绝非个别如此。如薛能,虽有"谁怜合负清朝力,独把风骚破郑声"(《春日使府寓怀二首》)之志,但为人却"资性傲忽,又多佻轻忤世"②,因此,其《并州》一诗也与张祜相类:"少年流落在并州,裘脱文君取次游。携挈共过芳草渡,登临齐凭绿杨楼。庭前蛱蝶春方好,床上樗蒲宿未收。坊号偃松人在否,饼炉南畔曲西头。"其自称"伤禽栖后意犹惊,偶向䆉竿脱此生。身外不思簪组事,耳中唯要管弦声"(《彭门解嘲二首》),"身防潦倒师彭祖,妓拥登临愧谢公"(《题彭祖楼》),因此而有《赠歌者》,在称道所歌"一字新声一颗珠,转喉疑是击珊瑚"的同时,又用汉皋解佩、文君当垆典,而最后的"谁人得向青楼宿,便是仙郎不是夫",则露出了几分轻薄。薛能还有《舞者》、《赠歌人》等诗,其《戏题》一诗还在"戏"中有暧昧的期许:"闪闪动鸣珰,初来烛影旁。拥头珠翠重,萦步绮罗长……坐缺初离席,帘垂却入房。思惟不是梦,此会胜高唐。"

因进士科以诗赋取士,诗人可以说是进士的"预备队",而诗人之恋妓,无疑是进士文化消极面的体现,是轻薄、无行的主要表现。我们又要看到,德败与情生虽非有必然的关系,却似乎反映在晚唐的文学创作中。"无行"与"轻薄",人之于文学,就是不讳言个人的情感,尤其是爱情。可以认为,唐代文学虽有诸多言志、载道的呐喊和号召,但抒情似乎更是主潮;而抒情固然有诸多属于自言怀抱,但更多的是男女之情的表现。陈寅恪在论及元稹的创作时曾说:"吾国文学,自来以礼法顾忌之故,不敢多言男女间关系……微之天才也。文笔极详繁切至之能事。既能于非正式男女间关系如与莺莺之因缘,详尽言之于会真诗传。"虽对女子始乱终弃的态度不可取,但所作留下了心路和感情的记录,对于抒情性的文学而言,是有贡献的,确如陈寅恪所说:"微之以绝代之才华,抒写男女生死离别悲欢之情感。其哀艳缠绵,不仅在唐人诗中不可多见,而影响及于后来之文学者尤巨。"③由于受限于时代,古代的婚姻成于父母之命、媒妁之言,而不是以当事者本人的感情为基础,尤其唐代重视门第及家族利益,使得"仕"与"婚"成为士人的两大主题,且二者经常纠缠,互为因果。正如恩格斯所说:"古代所仅有的那一点夫妇之爱,并不是主观的爱好,而是客观的义务;不是婚姻的基础,而是婚姻的附加物。"④因而当时的爱情经常是出于婚外。

---

① 阮阅.诗话总龟[M].周本淳,校点.北京:人民文学出版社,1987:395.

② 傅璇琮.唐才子传校笺[M].北京:中华书局,1987:317.

③ 陈寅恪.元白诗笺证稿[M].北京:三联书店,2001:103、84.

④ 恩格斯.家庭、私有制和国家的起源[M]//马克思恩格斯全集.北京:人民出版社,1961:90.

中晚唐诗歌的爱情之作，突破古代“忆内”、“寄内”，以至“悼亡”之类题材，深入到婚外恋领域。对此，论者过去多从唐代接受“胡风”的影响看待这种现象，其实，文化之变不仅是外来影响的结果，更有出于内部的原因。中晚唐诗词之所以滥于情，与进士文化关系密切，也与当时的妓女制度紧密相关，这也是诗人颇有涉妓诗的主要缘由。妓女制度虽产生较早，但唐代无疑是其鼎盛时期。自上而下，唐代妓女有宫妓、官妓、营妓、家妓、私妓之分，因其特长而所司有别，则有歌妓、舞妓、乐妓、诗妓、饮妓等不同名分。从初唐四杰的诗歌中，就可看到对长安声妓繁华的艳羡：“侠客珠弹垂杨道，倡妇银钩采桑路。倡家桃李自芳菲，京华游侠盛轻肥。”（骆宾王《帝京篇》）“俱邀侠客芙蓉剑，共宿娼家桃李蹊。倡家日暮紫罗裙，清歌一啭口氛氲。”（卢照邻《长安古意》）盛唐时如李白就经常携妓而游，其《对酒》一诗曰：“葡萄酒，金叵罗，吴姬十五细马驮。青黛画眉红锦靴，道字不正娇唱歌。玳瑁筵中怀里醉，芙蓉帐里奈君何。”诗题明示与妓相关的有《携妓登梁山栖霞山孟氏桃园中》、《邯郸南亭观妓》等，主题多近于《古诗十九首》的及时行乐思想。中唐以后，进士文化成熟，但士子挤满了科举道路，取士有限，进士的阶梯不易攀登，故极为人所重。据《文献通考》，唐代贡举每年各科所取人数，多者三五十人，少者仅数人，大抵进士约千人，得第者百之一二，明经倍之，得第者十一二，[①] 且礼部试中后，尚要通过吏部考试才能入仕。[②] 因此，《通典》说：“自是士族所趣向，唯明经、进士二科而已。”[③]二者相较，进士较明经更难考，因而有“三十老明经，五十少进士”[④]之说。进士为唐人所重，上至唐太宗之感叹“天下英雄尽入吾彀中”，[⑤] 下至官员、百姓，整个社会可谓有不同程度的“进士崇拜”，而经苦读而得中的新进士，也很自然地需要释放紧张情绪，一头扎入平康巷是不奇怪的。

中晚唐涉情的诗词之又涉妓，是因为妓女的非闺阁性质，使之成为了男子能接触的异性，而朝廷允许新进士与京城妓女交往，则更是涉妓诗的主要产生原因。《唐摭言》载，新进士能享宴游，且“曲江之宴，行市罗列，长安几于半空。公卿家率以其日拣选东床，车马阗塞，莫可殚述”，[⑥] 在可得高门择婿之荣以外，新进士还能享受如同奉旨而行的携妓宴游之乐，其行为放浪也就适不足怪了。从孙棨《北里志序》可知，举子、进士的狎妓是官方所特许：

自大中皇帝（宣宗）好儒术，特重科第，故其爱婿郑詹事再掌春闱，上往往微服长安中，逢举子则狎而与之语，时以所闻，质于内庭，学士及都尉皆耸然莫知所自。故进士自此尤盛，旷古无俦。然率多膏粱子弟，平进岁不及三数人，由是仆

---

① 马端临．文献通考[M]．杭州：浙江古籍出版社，2000：271.

② 参见王鸣盛《十七史商榷》卷八一：“东莱吕氏云：‘唐制：得第后不即释褐，或再应皆中，或为人论荐，然后释褐。’”

③ 杜佑．通典[M]．杭州：浙江古籍出版社，2000：83.

④ 马端临．文献通考[M]．杭州：浙江古籍出版社，2000：275.

⑤ 王定保．唐摭言[M]//唐五代笔记小说大观．上海：上海古籍出版社，2000：1578.

⑥ 王定保．唐摭言[M]//唐五代笔记小说大观．上海：上海古籍出版社，2000：1595.

马豪华，宴游崇侈，以同年俊少者为两街探花使，鼓扇轻浮，仍岁滋甚。自岁初等第于甲乙，春闱开送，天官氏设春闱宴，然后离居矣。近年延至仲夏。京中饮妓，籍属教坊，凡朝士宴聚，须假诸曹署行牒，然后能致于他处……诸妓皆居平康里，举子、新及第进士、三司幕府但未通朝籍、未直馆殿者，咸可就诣……[①]

又《开元天宝遗事》载："长安有平康坊，妓女所居之地，京都侠少萃集于此，兼每年新进士，以红笺名纸游谒其中。时人谓此坊为风流薮泽。""颠饮"一则更见进士之"无行"："长安进士郑愚、刘参、郭保衡、王冲、张道隐等十数辈，不拘礼节，旁若无人。每春时，选妖妓三五人，乘小犊车，指名园曲沼，藉草裸形，去其巾帽，叫笑喧呼，自谓之颠饮。"[②]此著及唐人孙棨的《北里志》等笔记，都对进士与妓女的交往作了颇多记载，可见，"风流薮泽"也就成为了唐人爱情诗的渊薮。

陈寅恪说："贞元元和间社会，其进士词科之人，犹不敢如后来咸通广明之放荡无忌，尽决藩篱。"[③]可见晚唐较之中唐，进士的放荡之风又大进了一步。其主要原因在于"懿、僖以来，王道日失厥序，腐尹塞朝，贤人遁逃，四方豪英，各附所合而奋，天子块然，所与者唯佞愎庸奴，乃欲障横流，支已颠，宁不殆哉。"[④]正是"丧乱时多变，追思事已陈。浮华重发作，雅正甚淹沦。"（郑谷《故少师从翁隐岩别墅乱后榛芜感旧怆怀遂有追记》），诗歌的创作也为之变化。此时的诗歌有大量描写女性或男女相恋的作品。李商隐《献相国京兆公启》提出了这样的理论根据："人禀五行之气秀，备七情之动，必有咏叹，以通性灵。故阴惨阳舒，其途不一，安乐哀思，厥源数千……"[⑤] 韩偓《香奁集序》更说道："余溺于章句，信有年矣。诚知非大夫所为，不能忘情，天所赋也……遐思宫体，未降称庾信攻文；却诮玉台，何必倩徐陵作序。粗得捧心之态，幸无折齿之惭。柳巷青楼，未尝糠粃；金闺绣户，始预风流。"[⑥] 此序与欧阳炯的《花间集序》已非常接近。而从诗集的编选来看，也从中唐初期《河岳英灵集》的"文质半取，风骚两挟"，发生了钟情于艳诗的变化，如元和十二年令翰林学士令狐楚编进的《御览诗》，如毛晋跋语所说："唐至元和间，风会几变，章武帝命采新诗备览。学士汇次名流，选进研艳短章三百有奇。"[⑦]晚唐韦庄编《又玄集》三卷，收录有中晚唐著名诗人的艳情诗，而卷下将近三分之二的篇幅收唐代女诗人所作。据此可见，从诗歌创作到诗集编选，皆体现出向妍艳方向的发展。辛文房《唐才子传》以吴融作诗"靡丽有余，而雅重不足"，[⑧] 但吴融的《禅月集序》却主张诗歌应颂

---

① 孙棨．北里志序[M]//唐五代笔记小说大观．上海：上海古籍出版社，2000：1403．

② 王仁裕．开元天宝遗事[M]//唐五代笔记小说大观．上海：上海古籍出版社，2000：1725、1727．

③ 陈寅恪．元白诗笺证稿[M]．北京：三联书店，2001：98．

④ 欧阳修，等．新唐书[M]//二十五史．上海：上海古籍出版社、上海书店，1986：4698．

⑤ 李商隐．李义山文集[M]．四部丛刊本．

⑥ 韩偓．玉山樵人集[M]．四部丛刊本．

⑦ 元结，殷璠，等．唐人选唐诗（十种）[M]．上海：上海古籍出版社，1978：255．

⑧ 傅璇琮．唐才子传校笺：第四册[M]．北京：中华书局，1987：230．

善刺恶，对李贺以后的诗歌颇为不满："李长吉以降，皆以刻削峭拔、飞动文彩为第一流，有下笔不在洞房蛾眉、神仙诡怪之间，则掷之不顾。迩来相敩学者，靡曼浸淫，困不知变。呜呼！亦风俗使然也。"[①]从他所说中，可以窥见中唐后期以来诗歌之变，这种变化又缘于"风俗使然"，实际上已昭示了进士文化所起的决定性影响。

三　香奁、风月与温、韦之词

洞房蛾眉与神仙诡怪，虽是中唐后期以来诗歌的主要题材，但如果说唐代进士所长的传奇是兼得二者，李贺诗歌多神仙诡怪，那么晚唐文人词则于洞房蛾眉尤为着力。若比较中晚唐，刘、白之词多作于二人的晚年，应结合士大夫文化与吏隐思想而观之，而晚唐温、韦之词，却多为青年、中年时所作，故当以进士文化论之。

清代田同之说："诗词风气，正自相循。贞观、开元之诗，多尚淡远。大历、元和后，温、李、韦、杜渐入《香奁》，遂启词端。"[②]此处温、李、韦、杜并称，可见"香奁"之诗实为"词诗"，晚唐艳诗已与小词无异。从社会对诗歌或歌词的吟咏、传唱来看，则如韩偓《香奁集序》所说："其间以绮丽得意者亦数百篇，往往在士大夫之口，或乐工配入声律，粉墙椒壁，斜行小字，窃咏者不可胜记。"[③]在这一风气影响之下，"能逐弦吹之音，为侧艳之词"的温庭筠，可谓是顺时而出，也成为了由"香奁"启词端的艳词代表，是无可争议的"《花间》鼻祖"，其词的主体几乎都是"洞房蛾眉"，可用其词句"蝉鬓美人愁绝"概括之。温庭筠的经历及为人见于《旧唐书》本传：

> 温庭筠者，太原人，本名岐，字飞卿。大中初，应进士。苦心砚席，尤长于诗赋。初至京师，人士翕然推重。然士行尘杂，不修边幅，能逐弦吹之音，为侧艳之词，公卿家无赖子弟裴诚、令狐缟之徒，相与蒱饮，酣醉终日，由是累年不第。徐商镇襄阳，往依之，署为巡官。咸通中，失意归江东，路由广陵，心怨令狐绹在位时不为成名。既至，与新进少年狂游狭邪，久不刺谒。又乞索于杨子院，醉而犯夜，为虞侯所击，败面折齿，方还扬州诉之。令狐绹捕虞侯治之，极言庭筠狭邪丑迹，乃两释之。自是污行闻于京师。庭筠自至长安，致书公卿间雪冤。属徐商知政事，颇为言之。无何，商罢相出镇，杨收怒之，贬为方城尉。再迁隋县尉，卒。[④]

又，《唐诗纪事》载："庭筠……才思艳丽，工于小赋，每入试，押官韵作赋，凡八叉手而八韵成，时号温八叉。多为邻铺假手，号曰救数人也。而士行玷缺，缙绅薄之……宣宗爱唱《菩萨蛮》词，丞相令狐绹假其新撰密进之，戒令勿泄。而遽言于人，由

---

① 吴融．禅月集序[M]//贯休．禅月集．台北：明文书局，1981：1.

② 田同之．西圃词话[M]//唐圭璋．词话丛编．北京：中华书局，1986：1452.

③ 韩偓．玉山樵人集[M]．四部丛刊本．

④ 刘昫，等．旧唐书[M]//二十五史．上海：上海古籍出版社、上海书店，1986:4086.

是疏之。温亦有言云：中书堂内坐将军。讥相国无学也。宣宗好微行，遇于逆旅，温不识龙颜，傲然而诘之曰：公非长史、司马之流？帝曰：非也。又曰：得非大参、薄尉之类？帝曰：非也。谪为方城尉，其制词曰：孔门以德行为先，文章为末。尔既德行无取，文章何以补焉。徒负不羁之才，罕有适时之用。竟流落而死……”“令狐绹曾以故事访于庭筠，对曰：事出《南华》，非僻书也。或冀相公燮理之暇，时宜览古。绹益怒，奏庭筠有才无行，卒不登第。庭筠有诗曰：因知此恨人多识，悔读《南华》第二篇。”①显然，温庭筠富有才思、长于诗赋，本具备成为进士的条件，其性格、为人的不检细行、露才扬己，于进士型人物也并不太过，却因得罪权贵甚而皇帝，被判“德行无取”，流落而死。在志向与现实的矛盾之间，他不无痛苦，其诗中亦有所流露。其词并无直接表现自己思想、怀抱的内容，但后来的论者以为他在表现女子的离愁同时，也揉进了自己的人生体验，故有以比兴寄托言之者，尤其自常州词派的张惠言以来，直到陈廷焯，甚至将其过誉为晚唐的灵均。但若结合温庭筠的为人、经历，及词作本身来看，却很难从知人论世的角度肯定其词中的寄托。

段成式《嘲飞卿七首》有云“曾见当垆一个人，入时装束好腰身。少年花蒂多芳思，只向诗中写取真”，“愁机懒织同心苣，闷绣先描连理枝。多少风流词句里，愁中空咏早环诗”，多少可以窥见飞卿与妓女交往的情况及其“风流词句”与“芳思”的关系。而温庭筠自己也有《醉歌》，是诗酒游妓生活的反映：“锦袍公子陈杯觞，拔醅百瓮春酒香。入门下马问睡在，降阶握手登华堂。临邛美人连山眉，低抱琵琶含怨思。朔风绕指我先笑，明月入怀君自知。劝君莫惜金樽酒，年少须臾如覆手。”范摅《云溪友议》载：裴諴与温庭筠是好友，皆“好作歌曲，迄今饮席，多是其词焉。裴君既入台，而为三院所谑曰：‘能为淫艳之歌，有异清洁之士也。’……二人又为《新添声杨柳枝词》，饮宴竞唱其词而打令也。词云：‘思量大是恶因缘，只得相看不得怜。愿得琵琶槽那畔，美人长抱在胸前。’又曰：‘独房莲子没人看，偷折莲时命也拼。若有所由来借问，但道偷莲是下官。’温歧曰：‘一尺深红朦曲尘，旧物天生如此新。合欢桃核终堪恨，里许元来别有人。’又曰：‘井底点灯深独伊，共郎长行莫围棋。玲珑骰子安红豆，入骨相思知不知？’”②《花间集》虽未收此类作品，但从温、裴所作，可见当时举子及进士热衷于酒宴及著辞，与歌妓们一起参与了词的初期创作。正由于多游狎邪，与歌妓为伍，且非举子或新进士的阶段性寻乐，这种最具有进士文化特性的品质，也最易于为人所诟病。因此，时评如上，其命运长陷不达，在历史上也留下了坏名声。

温庭筠有其“轻薄”的一面，也有士人所不屑的“以文为货”之举，但由于与妓人交往颇多，相交中对她们从狎玩到人格的尊重，因而也同情她们的遭遇、赞赏她们的才艺。他的《和友人伤歌姬》一诗写得颇具深情：“月缺花残莫怆然，花须终发月终圆。更能何事销芳念，亦有浓华委逝川。一曲艳歌留宛转，九原春草妒婵娟。王孙莫学多情客，自古多情损少年。”虽主旨在劝慰友人，但对歌妓的同情赞美之意却是难以掩抑的。

---

① 计有功．唐诗纪事校笺[M]．王仲镛，校笺．成都：巴蜀书社，1989：1474-1475.

② 范摅．云溪友议[M]// 唐五代笔记小说大观．上海：上海古籍出版社，2000：1309-1310.

温庭筠词的内容除少数写及边塞题材外，主要是着笔于思妇，而由于温词具有如叶嘉莹所说的客观、冷静的特点，[①]几乎看不到作者自己的感情印迹，这些女子的身份也就很难断定，几可涵盖因仕宦、从军、经商，以及其他原因所致的离别，所成之思妇。即便如此，温词中仍多少透出其本人诗酒游妓的生活投影。如《更漏子》：

> 金雀钗，红粉面，花里暂时相见。知我意，感君怜，此情须问天。　香作穗，蜡成泪，还似两人心意。山枕腻，锦衾寒，觉来更漏残。

上片着笔对方，“知我意，感君怜，此情须问天”，显为歌妓口吻，而下片则分明是一段露水夫妻式的欢爱。这一短暂的爱，显然是缘于寻妓，上片的“花里暂时相见”为之点明，因为“花”旧时指妓女或跟妓女有关者。而《南歌子》：

> 似带如丝柳，团酥握雪花。帘卷玉钩斜。九衢尘欲暮，逐香车。

这个在暮尘中追逐香车者，难道不是猎艳的轻狂之士吗？另一《南歌子》：

> 转眄如波眼，娉婷似柳腰。花里暗相招。忆君肠欲断，恨春宵。

“暗相招”一语，是清楚地透出了这一女子的身份。

平心而论，温词虽艳却并不淫，可见出进士文化的时代氛围下，对女性、尤其是欢场女性的欣赏与同情。由于《离骚》“香草美人”创作传统的影响，后世论者有以男女比君臣来看待温词，从温庭筠创造的怨女形象中，在“男子作闺音”中寻觅其人生寄托，这应是后代的寒士对温庭筠无与于进士行列、潦倒终身的“同情之理解”。

温庭筠是“花间鼻祖”，韦庄与之并称，也是重要的“花间”词人，他因避乱而南行，由唐入五代，实际上开启了五代之词。但由于他主要生活在唐代，还是可以视作唐末词人，其词也同样与进士文化有着密切的关系，尤见于与歌妓的交游。

韦庄生活的年代主要属于晚唐动乱之时，进士考试已经不能正常进行，但进士文化生成至久，对士人影响很深，在他的词中可以找到诸多相关的印迹。其《菩萨蛮》五首，是入蜀后回忆旧游之作，是不可分割的组词。据文意分析，这五首未必是一时一地所作，却大致概括了他的经历，其中至少有两首颇能见出与进士文化相关的悦妓内容。第一首：

> 红楼别夜堪惆怅，香灯半卷流苏帐。残月出门时，美人和泪辞。　琵琶金翠羽，弦上黄莺语。劝我早归家，绿窗人似花。

---

① 叶嘉莹. 温庭筠词概说[M]//迦陵论词丛稿. 上海：上海古籍出版社，1980：18-19.

红楼绿窗，流苏帐垂，香灯明灭，残月微照，美人含泪辞别，琵琶如黄莺之声，既借助乐器倾诉了离情，又表达了对重逢的期盼。分明是因远游而与所恋者分手，是惯见的唐代举子或进士与妓女的爱与别。第三首：

如今却忆江南乐，当时年少春衫薄。骑马倚斜桥，满楼红袖招。　翠屏金屈曲，醉入花丛宿。此度见花枝，白头誓不归。

如果韦庄年轻时去过江南，“当时年少”之说不虚，而以年近半百尚作此说，则于情理不符。其词意应是：回忆起当年所经历的满楼红袖相招，醉入花丛夜宿，以“如今”之老大，“却忆江南”的浪漫之“乐”，遂唤起了“此度见花枝，白头誓不归”之愿。当年的花丛，今日的花枝，都指妓女，可见韦庄临老仍对冶游钟情不已。联章体《江城子》二首，显是写与妓女交欢及离别之作，可与上面《菩萨蛮》第二首共读：

恩重娇多情易伤，漏更长，解鸳鸯。朱唇未动，先觉口脂香。缓揭绣衾抽皓腕，移凤枕，枕潘郎。

髻鬟狼籍黛眉长，出兰房，别檀郎。角声呜咽，星斗渐微茫。露冷月残人未起，留不住，泪千行。

由诗证词，亦可见韦庄身上的进士文化色彩。其诗也常写及观妓、听歌、看舞的内容，如《陪金陵府相中堂夜宴》：“满目笙歌满眼华，满楼珠翠胜吴娃。因知海上神仙窟，只似人间富贵家。绣户夜攒红烛市，舞衣晴曳碧天霞。却愁宴罢青蛾散，扬子江头月半斜。”他还有《赠姬人》：“莫恨红裙破，休嫌白屋低。请看京与洛，谁在旧香闺。”似是对陷入困顿的妓女的安慰。此外，既有《悼杨氏妓琴弦》，又有《伤灼灼》等悼妓之作，后者的诗序云：“灼灼，蜀之丽人也。近闻贫且老，殂落于成都酒市中，因以四韵吊之。”其诗集中的《悼亡姬三首》可证其对歌妓的深情：“凤去鸾归不可寻，十洲仙路彩云深。若无少女花应老，为有姮娥月易沉。竹叶岂能销积恨，丁香空解结同心。湘江水阔苍梧远，何处相思弄舜琴”，“默默无言恻恻悲，闲吟独傍菊花篱。只今已作经年别，此后知为几岁期。开箧每思遗念物，倚楼空缀悼亡诗。夜来孤枕空肠断，窗月斜晖梦觉时”，“六七年来春又秋，也同欢笑也同愁。才闻及第心先喜，试说求婚泪便流。几为妒来频敛黛，每思闲事不梳头。如今悔恨将何益，肠断千休与万休”。由于与妓女有密切的关系，又对她们充满深情，韦庄词中才会有显见的才子气和进士味，而并不以是否进士为相衡的条件。

韦庄入蜀已在晚年，词中仍不减风情。如《清平乐》：

何处游女，蜀国多云雨。云解有情花解语，窣地绣罗金缕。　妆成不整金钿，羞待月秋千。住在绿槐阴里，门临春水桥边。

这游女的形象与其说是多情的少女，不如说是倚门卖笑的妓女。《河传》所写“锦城花满”时节的“翠娥争劝临邛酒，纤纤手。拂面垂丝柳”、“绣衣金缕”的锦浦春女，“莺莺语，一望巫山雨。香尘隐映，遥见翠槛红楼”，都应是歌妓。这些词既可见蜀地的风俗，也看出了韦庄的兴趣所在。韦庄自称“一生风月供惆怅，到处烟花恨别离”（《多情》），无论诗词，其所作实不乏“风月”、“烟花”之类，这两句也是最好的自供。

总之，随着“儒林”传统向“文苑”精神倾斜、转化，进士阶层在思想及行为上更见“无行”、“轻薄”，尤其体现在与歌妓制相关的婚外情之上。而这，就是晚唐文人词兴盛的主要文化动因，也决定了词的香而软的主体风格。虽说终唐之世还是诗歌的时代，但宋代大诗人陆游却认为：“唐自大中后，诗家日趣浅薄。其间杰作者，亦不复有前辈闳妙浑厚之作，久而自厌，然梏于俗尚，不能拔出。会有倚声作词者，本欲酒间易晓，颇摆落故态，适与六朝跌宕意气差近，此集所载是也。故历唐季五代，诗愈卑，而倚声者辄简古可爱。盖天宝以后，诗人常恨文不迨，大中以后，诗衰而倚声作。使诸人以其所长格力施于所短，则后世孰得而议？”①这一对比晚唐诗词高下的看法，具有辩证发展的眼光，对后人应是很有启迪的。

（原载《文学遗产》2009年第2期）

① 陆游．跋花间集[M]//陆放翁全集．北京：中国书店，1986：186.

词的由中唐至宋初之变与文化转换

历代词论家对词的体性特征的认可，对何为词之本色、当行的争论，取决于对题材和风格变化的认同，对此，已有许多论述。而在其背后，则存在着文化转换问题，可惜论者对此多未顾及。窃以为，倘能以此相观照，也不失为研究词学方法的一种尝试。为此，特草本文，以就教于同好。

一

一部中国文学史从某种意义来说，可以说是文体的发展史，而文体发展的“新变”与“代雄”又有其内在的文化动因，我们不妨以之观照唐宋词所走过的路程。

吴梅《中国戏曲概论》曾有“一代之文，每与一代之乐相表里”之说，指出了我国古代诗歌与音乐密不可分的关系。唐代的“声诗”，以其入乐歌唱，肇始了词的兴起。虽盛中唐已有不少诗人作词，但真正作词较多的却是刘禹锡和白居易。而刘禹锡《竹枝词序》所云的“含思宛转，有淇澳之艳”则道出了《竹枝词》“艳”而抒情的特色。但是，刘禹锡自己所作，虽亦“含思宛转”，却并非都是“淇澳之艳”，其中固有长于比兴的情歌，也有描写民情风俗的叙事诗，最主要的还是表达“南人上来歌一曲，北人陌上动乡情”这一主题。黄庭坚《山谷题跋》卷九明确道出：“刘梦得《竹枝》九篇，盖诗人中工道人意中事者也。使白居易、张籍为之，未必能也。”很正确地指出了白、张虽长于叙事，但在“道人意中事”的抒情上，还逊刘一筹。

词从一开始就以抒情见长。刘禹锡的五七言声诗已多是如此，长短句的《潇湘神》、《忆江南》更是如此。而被并称为“中唐刘白导词源”[①]的白居易，在其所作词中，也非重在叙事，而同样以抒情为主。笔者曾说过：“可以认为，刘、白的诗多系心政治、民瘼，无论兼济、独善，都与外在的现实相关。”“而词却不然，刘禹锡的‘春去也，多谢洛城人’（《忆江南》），‘长安陌上无穷树，唯有垂杨管别离’（《杨柳枝》），‘君看渡口淘沙处，渡却人间多少人’（《浪淘沙》），‘及看花落后，却忆未开时’（《抛球乐》）；白居易的‘怪来调苦缘词苦，多是通州司马诗’（《竹枝》），‘柳丝挽断肠索断，彼此应无续得期’（《杨柳枝》），所写都是人生意绪，缠绵往复，虽淡犹浓。白居易的《花非花》堪称这种心绪的形象表达：‘花非花，雾非雾。夜半来，天明去。来如春梦不多时，去似朝云无觅处。’”[②]确实，词从其诞生时起，就是主于抒情的。试看刘禹锡的《杨柳枝》：“金谷园

① 沈道宽．论词绝句[M]//孙克强．唐宋人词话．郑州：河南文艺出版社，1999：12.

② 邓乔彬．唐宋词美学[M]．济南：齐鲁书社，1993：5–6.

中莺乱飞，铜驼陌上好风吹。城东桃李须臾尽，争似垂杨无限时。”《忆江南》：“春去也，多谢洛城人。弱柳从风疑举袂，丛兰裛露似沾巾，独坐亦含颦。”以及白居易的三首《忆江南》：“江南好，风景旧曾谙。日出江花红胜火，春来江水绿如蓝。能不忆江南？”“江南忆，最忆是杭州。山寺月中寻桂子，郡亭枕上看潮头，何日更重游？”“江南忆，其次是吴宫。吴酒一杯春竹叶，吴娃双舞醉芙蓉。早晚复相逢？”所抒发的多为对繁华速逝的悼惜，对春去的伤感，对美好生活的忆恋之情。而其风格则如况周颐《蕙风词话》卷二所说，是“丽而不流”、“流而不靡”，是“风流高格调”。①

陆游《渭南文集》卷三十有为《花间集》所写的跋语：“唐自大中后，诗家日趣浅薄。其间杰出者，亦不复有前辈闳妙浑厚之作，久而自厌，然梏于俗尚，不能拔出。会有倚声作词者，本欲酒间易晓，颇摆落故态，适与六朝跌宕意气差近，此集所载是也。故历唐季五代，诗愈卑，而倚声者辄简古可爱。盖天宝以后，诗人常恨文不迨，大中以后，诗衰而倚声作。使诸人以其所长格力施于所短，则后世孰得而议？”陆游所说，道出了晚唐时期词在艺术的发展上“代雄”于诗的缘由、轨迹。而在王国维看来，中唐以后的诗，已生异化。《人间词话删稿》云：

> 诗至唐中叶以后，殆为羔雁之具矣。故五代北宋之诗，佳者绝少，而词则为其极盛时代。即诗词兼擅如永叔、少游者，词胜于诗远甚。以其写之于诗者，不若写之于词者之真也。②

羔雁之具出《礼记·曲礼》：“凡挚，天子鬯，诸侯圭，卿羔，大夫雁。”意为礼聘应酬之物。以笔者之见，这大概因进士科考试的需要有关，是出于功利性目的而变“真”为“假”。而词的登上文学舞台，却是自抒其情的。王国维论词有“倡优”、“伶工”等说，词虽以其“倡优”性质而被轻，却是生香真色，不失其本真；而“倡优”之说又足见词与歌妓制是密不可分的，被视为“小道”适不足怪。中唐由声诗而到歌词，都主于唱，为唱而作之词当然是“伶工之词”。

刘、白之后，皇甫松、温庭筠、韦庄为晚唐主要词人。皇甫松所作的长短句词，以《摘得新》和《忆江南》最为著名，王国维《人间词话附录》曾说：“黄叔旸称其《摘得新》二首为有达观之见。余谓不若《忆江南》二阕，情味深长，在乐天、梦得上也。”③ 词中温、韦并称，温庭筠的词多写艳情，多为宫妃、贵妇的相思离别。据孙光宪《北梦琐言》卷四所说，是因为唐宣宗爱听《菩萨蛮》词，而宰相令狐绹假温之手撰进之，词中的绮艳味和富贵气不难理解。另外，据《旧唐书》本传所说，温庭筠本人“士行尘杂，不修边幅，能逐弦吹之音，为侧艳之词”。他虽因貌丑而有“温钟馗”之号，但文才出众，与歌妓间也可能会有“艳遇”，设为对方的相思并非全为虚语。温密而韦疏，已是人所共

① 况周颐.蕙风词话[M]//蕙风词话·人间词话.北京：人民文学出版社，1960：22.

② 王国维.人间词话删稿[M]//蕙风词话·人间词话.北京：人民文学出版社，1960：223.

③ 王国维.人间词话附录[M]//蕙风词话·人间词话.北京：人民文学出版社，1960：246.

识，但是，温、韦之词不仅在意象、风格上有较大区别，更在抒情性上不同。韦的代表作如《菩萨蛮》，正如顾宪融和陈廷焯所说，所抒发的是"惓惓故国之思"，而温庭筠虽有论者以《离骚》芳草美人相观而言其寄托，但实际上却是如刘熙载《艺概·词概》所论，是"类不出乎绮怨"。因此，可以对温、韦词作出如此大概的判断：温之"绮怨"是代言，韦之"惓惓"是自抒，而这又大致导出了后来"男子作闺音"的"歌者之词"，与自抒其情的"诗人之词"的区别。

欧阳炯的《花间集序》自谓词承袭乐府"绮筵公子，绣幌佳人，递叶叶之花笺，文抽丽锦；举纤纤之玉指，拍按香檀。不无清绝之词，用助妖娆之态"的功能，在有唐一代的新形势下，继续其"庶使西园英哲，用资羽盖之欢；南国婵娟，休唱莲舟之引"的使命，《花间集》的编选是要为歌女们提供一个很好的唱本。温庭筠作为"花间鼻祖"，奠定了花间词的基本题材和风格，而《花间集》作为歌女的唱本，虽不无"诗客"的自我抒情，但更是他们所作的"曲子词"，是主于歌唱的。

因此，我们可以说，虽词之初起是诗人的抒情作品，但王建、白居易、刘禹锡等人的创作，尚不是词之大宗，只是到温、韦之后才大成气候，而《花间集》奠定的却是以代言为主的"伶工之词"传统。宜乎《人间词话》因南唐的二李一冯自抒人生感慨，而以之为"堂庑特大"，不同于《花间》之作：

> 冯正中词虽不失五代风格，而堂庑特大，开北宋一代风气。与中、后二主词皆在《花间》范围之外。①

《花间集》的作者计18家，其中除温庭筠、皇甫松、薛昭蕴为晚唐人，和凝为后晋人，孙光宪为荆南人外，其余13家都是西蜀或留寓西蜀的词人。这13家计有词300多首，占全集的约70%。未收入《花间集》而为《尊前集》等集子所收的西蜀词也有近百首。可以认为，五代词主要是西蜀词人的创作。温庭筠已经以其专注于女性题材而开始了词的艳情化倾向，西蜀词则进一步发展了这一倾向。从花间词到南唐词，表面看来是从主要描写女性的妆饰、体态、心理等，转变为从李璟、冯延巳的抒发时序交替所引起的人生短促之感和莫名闲愁，到李煜的降身为虏后感叹家国易主、大恨深愁，从香艳的题材，风流旖旎的风格，转变为"眼界始大，感慨遂深"，而在背后，则存在着不同的文化成因。

词自中唐以来经"花间"到南唐而再到北宋晏、欧的发展变化，所体现的是从进士文化到两种宫廷文化（雅与俗）再到士大夫文化之变。下面详论之。

二

进士文化起于隋唐改变魏晋以来的"九品中正制"，推行科举制度之后，尤其与唐

---

① 王国维．人间词话[M]//蕙风词话·人间词话．北京：人民文学出版社，1960：198.

高宗、武则天时期重视进士制大有关系。陈寅恪先生曾论述进士制推行之缘由:“李唐皇室者唐代三百年统治之中心也,自高祖、太宗创业至高宗统御之前期,其将相文武大臣大抵承西魏、北周及隋以来之世业,即宇文泰‘关中本位政策’下所结集团体之后裔也。”但是,“自武曌主持中央政权之后,逐渐破坏传统之‘关中本位政策’,以遂其创业垂统之野心”。在陈先生看来,破坏府兵制及推行进士科是武则天摒弃“关中本位政策”的两件大事。后者的“大崇文章之选,破格用人,于是进士之科为全国干进者竞趋之鹄的。当时山东、江左人民之中,有虽工于为文,但以不预关中团体之故,致遭摈抑者,亦因此政治变革之际会,得以上升朝列,而西魏、北周、杨隋及唐初将相旧家之政权尊位遂不得不为此新兴阶级所攘夺替代”。武则天改变“关中本位政策”,将进士出身者提拔为新兴的统治集团成员,也改变了原先主张经学为正宗的情况。诚如陈先生所说:“唐代贡举名目虽多,大要可分为进士及明经二科。进士科主文词,高宗、武后以后之新学也;明经科专经术,两晋、北朝以来之旧学也。”①结果造就出“专尚进士科,以文词为清流仕进之唯一途径”的情况。②《唐摭言·散序进士》很形象地说出了这一改变:“进士科始于隋大业中,盛于贞观、永徽之际。缙绅虽位极人臣,不由进士者,终不为美。以致岁贡常不减八九百人。其推重谓之‘白衣公卿’,又曰‘一品白衫’;其艰难谓之‘三十老明经,五十少进士’……其有老死于文场者,亦无所恨。故有诗云:‘太宗皇帝真长策,赚得英雄尽白头’。”③后来虽不断有人反对进士科,尤其中唐时的几个宰相如杨绾、权德舆、李德裕等,都坚持世族立场,对庶族知识分子凭借文才参政不满,最终却并未能阻拦这一政策的推行。

进士科的实行不仅是选官制度的问题,因为这一制度的推行,实际上逐渐形成了崭新的进士文化。我们很难在这有限的篇幅中论述进士文化的具体内涵,不妨从传统的“士”的分流之历史以观其主要点。

先秦曾有过百家争鸣、士皆欲有用于世的情况,自汉武帝罢黜百家、独尊儒学以来,则开始了变“子学”为“经学”的时代。但是,即使在汉武时期,士人也至少有两条道路来达到干禄的目的:通经和献赋。因此,在“百家”“九流”分化以后,儒士和文士可以说是“士”的两大阵营,缘于此,《后汉书》有《儒林》和《文苑》的分传而立,自此,也形成了儒林和文苑两个文化传统。

据《韩非子·显学篇》所说,孔子死后,儒分为八,而《荀子·儒效篇》对儒者有俗儒、贱儒等说,即使孔子生前也对儒有君子儒和小人儒之分。但是,从总体而言,儒林精神是一种以天下为己任,“士不可以不弘毅,任重而道远”(《论语·泰伯》)的精神。而文苑精神则是重在追求生活情趣和文辞的美妙,曹丕《典论·论文》所说的“寄身于翰墨,见意于篇籍,不假良史之辞,不托飞驰之势,而声名自传于后”,庶几道出了其主要面。在有些史家看来,唐代进士文化生成后,对儒林传统是很大的破坏。《旧唐书·儒

---

① 陈寅恪.唐代政治史述论稿[M].上海:上海古籍出版社,1997:18.

② 陈寅恪.唐代政治史述论稿[M].上海:上海古籍出版社,1997:71.

③ 王定保.唐摭言[M]//唐五代笔记小说大观.上海:上海古籍出版社,2000:1578、1579.

学传》云："古称儒学家者流，本出于司徒之官，可以正君臣、明贵贱、美教化、移风俗……近代重文轻儒，或参以法律。儒道既丧，淳风大衰，故近理国多劣于前古……高宗嗣位，政教渐衰，薄于儒术，尤重文吏，于是醇浓日去，华竞日彰，犹火销膏，而莫之觉也。"但是，对文艺来说，进士文化的推进作用是无可置疑的。由于进士的主要应试科目是诗赋，遂使唐朝士人转向了对"文词"的重视，"醇浓日去，华竞日彰"，在开启了文士为官的道路同时，也促进了有唐一代文艺的长足发展。

初、盛唐时代的著名文人能成为进士的并不很多，从中唐开始则有根本的改变，这与安史之乱破坏了均田制，从经济基础上彻底动摇了"关中本位政策"有关。随着杨炎制订"两税法"，改革财政，使庶族地主经济与自耕农经济逐渐发展，直到占据社会经济的主体地位，门阀制度为之彻底瓦解，庶族知识分子能真正通过进士科考试进入统治层，造就出以进士为代表的进士文化，而这一文化到此时也最能体现出自己的特色。

进士们虽对从政怀有很大的热情，但在遭受挫折后则不如儒士的执着和坚定。因此，《新唐书·文艺传》有如此或为甚过的说法："夫子之门，以文学为下科，何哉……自中智以还，恃以取败者有之，朋奸饰伪者有之，怨望讪国者有之。若君子则不然，自能以功业行实光明于时，亦不一于立言而垂不腐；有如不得试，固且阐绎优游，异不及排，怨不及诽，而不忘纳君于善，故可贵也。"

我们且不对儒士与进士作比较，仅从进士层中人物的对比，也可以看出不同。如韩愈，是进士中具有儒林传统精神的人物，他立志振兴儒学，勉力抵排佛道，极力强调君权，努力重振朝纲，虽遭贬谪而不退缩，即使在文学上也为倡古文而不怕屡犯众怒。而白居易与元稹则不然。元、白与韩愈的仕途蹭蹬显为不同，皆三登科第，堪称科场得意者。他们尽管以新乐府诗的创作闻名，以功利性体现出政教对文学的强烈参与，但是，在政治斗争中，他们远无韩愈的不屈不挠，在思想上也是杂糅儒、佛、道，在政事上奉儒家所教，在修身养性上则多取佛、道。至于生活上，元、白也颇能代表被认为是新进进士放浪浮华的一类。他们二人都有过青年时的浪漫情事，《会真记》是元稹对女子始乱而终弃的自我记录，而白居易也有过与湘灵的恋爱，最后也同样未结为眷属。白居易的《江南喜逢萧九》诗曾自道放浪生活："忆昔嬉游伴，多陪欢宴场。寓居同永乐，幽会共平康……结伴归深院，分头入洞房。彩帷开翡翠，罗荐拂鸳鸯。留宿争牵袖，贪眠各占床。"为官之后，积极参政和看穿世事似乎是并不矛盾的，在白居易创作讽谕诗最多的元和初年到至元十二年这段时间，同样也在《初除户曹喜而言志》表达了"浮荣及虚位，皆是身之宾。惟有衣与食，此事粗关身。苟免饥寒外，余物尽浮云"的思想。所以，在甘露事变后，他在《涧中鱼》诗中写道："鲸吞蛟斗波成血，深涧游鱼乐不知。"为自己能幸免而高兴。因朝政昏乱，他数度弃官或请外任，并走上从"吏隐"到"中隐"的道路，《中隐诗》对"隐在留司间"，"似出复似处，非忙亦非闲"的生活津津乐道。刘禹锡与柳宗元一起参加永贞革新，为人不屈不挠，诗中多不平之鸣，其儒者精神是很突出的。但是，刘要较柳放达，又受佛教影响，当他从巴山蜀水的凄凉之地回到都市之后,行乐思想渐生,晚年政治热情消减,与白居易诗酒唱和,诗风渐见绮靡,以词来抒发人生感慨也是势之必然。

以白居易为代表的由进士文化延伸发展而来的"中隐"思想和享乐意识,与词这种新兴的、同女乐关系密切的文体是很适应的,而词也最适合于表现人生感慨,尤其是长短句宜歌而不宜诵的特点,更适合抒情,词之真正起于中唐确是有其内在文化动因的。

三

西蜀词的艳情化创作倾向与前后蜀政权所造就的文化密切相关。西蜀得地利,本已被称为"天府之国",在五代的战乱中,更保持了相对和平的环境,据《蜀梼杌》卷下载,当时百姓富庶,以至形成了"都人士女倾城游玩"的习俗。而建立前蜀政权的王建,出身于无赖,以盗驴、屠牛、贩私盐而被号为"贼王八",《蜀梼杌》曾载其公然向臣下索要绝色而工词的小妾一事,《古今词话》并谓其曾夺走韦庄的宠姬,致使韦有《谒金门》(空相忆)等作。其子王衍,更是一个品行低下的人,据《蜀梼杌》卷上载,他"穷极奢巧,数于其中(按,指宫中)为长夜之饮,嫔御杂坐,舄履交错"。继位之后,"好私行,往往宿于娼家。"他"酷好靡丽之词",能"自执板唱《霓裳羽衣》及《后庭花》、《思越人》曲"。令妃嫔们着道服、戴莲花冠,渥朱粉,号为"醉妆"。王衍作有《甘州曲》和《醉妆词》,后者云:"者边走,那边走,只是寻花柳。那边走,者边走,莫厌金杯酒。"难道不是浪荡君主的自供?后蜀后主孟昶也是一个沉迷于享乐的国君,他即位之初尚能以王衍为戒,但不久后即步前蜀后尘,务求奢侈,甚至连溺器也用七宝妆饰。孟昶也爱小词,虽流传下来的只有写花蕊夫人的"冰肌玉骨,自清凉无汗"二句,所作的"香艳"已可窥见。而史载欧阳炯等人有"五鬼"之号,皆以小词供奉孟昶,投其所好,宫廷风气可见。

因此,除少数真正自抒其情和表现兴亡之感、隐逸之趣和描写自然风光的作品外,从西蜀文人词的创作主流,结合《花间集序》的"自南朝之宫体,扇北里之倡风",所透出的是这样的信息:西蜀词是产生在享乐的宫廷文化与市井的娼妓文化相结合的文化动力场中。而由于编集的目的在于为歌女们提供唱本,其作为"伶工之词"的特点也是显见的。

南唐则不然。南唐建国略晚于后蜀,但元宗李璟和后主李煜的执政期一共33年,与后蜀孟昶当政32年几乎相等,而南唐之亡则晚于后蜀10年,因此,南唐词的创作只是稍晚于西蜀而已。但是,南唐与西蜀的立国以及君主都有很大区别,两国的文化也不同,遂使一东一西的词作也各有面貌。南唐烈祖李昪并无王建那样的军事才干和政治手腕,但他深知民心向背的重要,在武人把持政权的情况下,他以宽仁修政,广施恩信,建立了南唐政权,通过保境安民政策而得到历经战乱的江淮人士的拥护。他善待文人儒士,用其所长,在他们的努力下,南唐成为十国中的"大邦",地域宽广,经济发达,而且如刘崇远《金华子杂编》卷上所说:"六经臻备,诸史条集,古书名画,辐凑绛帷;俊杰通儒,不远千里而家至户到。”中主李璟“天性儒懦,素昧威武”,却好读书、多才艺、擅书法、善骑射,是能文能武的人物。在他周围,有冯延巳、韩熙载、徐铉、李建勋等著名文人,时常讲论文学,形成了有深厚文艺基础的宫廷文化氛围。后主李煜美风仪、知音律、能弧矢、多收藏,更是工书善画、长于为文,堪称博学多才。因此,南唐所具备的人文精神是西蜀所缺乏的,两地的君主也确有文化底蕴和审美情趣的不同,这也就导致南唐二主虽也有声色之好,却与西蜀王衍之流自有高下之别。

南唐的词人冯延巳工诗、善书,学问渊博、文章颖发、能言善辩,虽马令《南唐书》说他“与宋齐丘更相推唱,拜谏议大夫翰林学士。复与其弟延鲁交结魏岑、陈觉、查文徽,侵损时政。时人谓之五鬼”,与欧阳炯等人的号为“五鬼”同。但夏承焘先生《唐宋词人年谱》对此辨之甚详,认为是“朋党攻伐之辞,则应存疑”。作为一个必亡之国的宰相,外有强邻虎视眈眈,内有党争不已,冯延巳所作词之充溢着悲凉气氛,是不难理解的。陈世修《阳春集序》仅以“娱宾遣兴”、“以清商自娱”看待之,怕是未得其真意。而清人冯煦《阳春集序》认为“翁俯仰身世,所怀万端,缪悠其辞,若显若晦”,是因为“周师南侵,国势岌岌”,“翁负其才略,不能有所匡救。危苦烦乱之中,郁不自达者,一于词发之”。所说或有太过之处,但以冯氏之未有诗文分泄其情(《全唐诗》仅录其一首),全于词中寄慨,其词之忧生念乱、惆怅自怜,是不难窥见的,很难说只是富贵闲情、无病呻吟而已。

冯词已开始了词的士大夫化历程,但《人间词话》认为,只是到李煜的自抒其情,才真正变“伶工之词”为“士大夫之词”:

> 词至李后主而眼界始大,感慨遂深,遂变伶工之词而为士大夫之词。①

王国维之所以将李煜词看作一大发展,是因为他经历了从帝王到“词臣”的身分变化,将前期享乐中潜生隐忧的词作,变为以亡国后的血泪之作抒发真情,表达了阶下囚的痛苦和悔恨,同时也将主于表演、渐见类型化的、相思离别的女性化题材,从主要是代言体而转变为自抒其情,并越出了“花间”范围,以眼界大、感慨深开启了词的新天地。对此,近代人陈洵《海绡说词》曾很正确地指出:“天水将兴,江南日蹙,心危音苦,变调斯作,文章世运,其势则然。”② 李煜的独特身世和经历具有不可重复性(宋徽宗也许可以算一个),加上他独到的艺术才能,使之后人难以达到他那样的“穷而后工”,而那种写人生大苦难的作品,也许超越了他个人的人生感慨,对于遭遇大不幸的人们,也能引起深深的共鸣,以至于四十多年前还有对于其所作是否有人民性的讨论。

总结以上所论,从中唐的文人词,到晚唐五代的花间词和南唐词,是进士文化到宫廷文化背景的转换;而在花间和南唐,我们又可以看到两种不同的宫廷文化背景。

---

① 王国维.人间词话[M]//蕙风词话·人间词话.北京:人民文学出版社,1960:197.

② 陈洵.海绡说词[M]//唐圭璋.词话丛编:第五册.北京:中华书局,1986:4837.

西蜀的宫廷带有暴发户色彩，偏在“俗”，而南唐则有深厚的文艺底蕴，不失为“雅”，前者的宫廷代表享乐的女乐文化，后者的宫廷似更近于文人文化。因此，我们又可以说，西蜀对偏安颇为自信，所以花间词对眼前的一切颇为沉迷，津津乐道；而南唐对国家前景颇多忧虑，冯延巳的忧生念乱是如此，李璟在醉后听王感化惟歌“南朝天子爱风流”一句，则覆杯有悟而叹也是如此，较之前者的享乐意识，是更多忧患意识。两者虽都是宫廷文化，却又有如此不同。

四

词至于宋，才是发展到顶峰，与前之唐诗、后之元曲同为“一代之文学”。

宋初的词，还是沿着宫廷文化的路子来创作。由于北宋立国之后，经济有很大的发展，农业、手工业和商业都出现了全盛，都市极其繁华，八荒争凑，万国咸通，汴京是当时世界上人口最多(过百万)且最为繁华的首都。宋初之词，颇多大臣们带有浓重宫廷色彩的歌咏太平胜景之作。如丁谓《凤栖梧》的“朱阙玉城通阆苑。月桂星榆，春色无深浅。箫瑟篌笙仙客宴。蟠桃花满蓬莱殿。　九色明霞裁羽扇。云雾为车，鸾鹤骖彫辇。路指瑶池归去晚。壶中日月如天远。”夏竦《喜迁莺》的“霞散绮，月沉钩。帘卷未央楼。夜凉河汉截天流，宫阙锁清秋。　瑶街曙，金盘露。凤髓香和烟雾。三千珠翠拥宸游，水殿按凉州。”这种帝都景象，未见于惯写庭院小窗的晚唐五代词人之手，可见宋初的气象，宫廷的文化，毕竟非五代的小国可比。

但是，此类词只是铺陈盛景而已，即使擅长台阁文学的杨亿，所传惟一的词《少年游》也并非宫廷文化的产物，而是“千寻翠岭，一枝芳艳，迢递寄归人”的咏梅词。代表宋初词的文化方向的应是士大夫文化。此即王国维所说的由冯延巳所开的晏、欧之作。

冯延巳作为李煜以外南唐词的另一位宗主，对宋词具有导引和开派的作用。《人间词话》道出了其词题旨的不同于前人，并与晏殊相接续：

> “我瞻四方，蹙蹙靡所骋。”诗人之忧生也。“昨夜西风凋碧树。独上高楼，望尽天涯路”似之。“终日驰车走，不见所问津。”诗人之忧世也。“百草千花寒食路。香车系在谁家树”似之。①

这里，前一例出晏殊，后一例出冯延巳，词之忧生和忧世确实是始于冯而发扬于晏的。冯词以其“堂庑特大”开北宋晏殊、欧阳修等一派风气，将“花间”以享乐意识为主的“艳词”，变而为充满生命意识的人生感慨——闲情，并以忧生和忧世的忧患意识，为“小词”充注了“大”义。

---

① 王国维.人间词话[M]//蕙风词话·人间词话.北京：人民文学出版社，1960：202.

晏、欧所作，爱情固然是重要题材，且不同于晚唐五代“男子作闺音”的代言体，是自诉式的为多，与地位较低的张先、柳永并不遥远，以至于有人以晏作多“妇人语”，认为欧之艳情词系仇人无名子所为，将鄙亵之语厕其中。但更应看到，晏与欧更延续了冯延巳词的忧患，将冯词带有寄托色彩的“和泪试严妆”，发扬于生命意识，在“闲情”的抒发中，将人生哲理的思考（尤其是感慨）作了形象的阐发，将中唐刘、白立足于“中隐”思想的留连诗酒风流的人生感喟，发展为此时官宦生活外同样是留连诗酒的枨触，是进而为“死生亦大矣”式的感慨，而此间则有进士文化与士大夫文化的不同。

士大夫文化的生成与宋代取士远较唐代为多有很大的关系，如宋太祖所说：“向者登科名级，多为势家所取，致塞孤寒之路，甚无谓也。今朕躬亲临试以可否进退，尽革畴昔之弊矣。”[①]而之所以名之为“士大夫文化”，又与宋人努力克服唐代进士浮华放浪之习、努力崇“道”、提升人格有关。

与进士文化一样，笔者也难以论定士大夫文化的具体内涵，只是认为，士大夫文化在文艺中的表现主要体现在三方面：淑世情怀，落足于情理关系和以雅为宗。[②]晏、欧皆为高官，其淑世情怀自不必论（尤其是后者），词之典雅也不必论（尤其是前者），刘熙载《艺概·词概》所说的“冯延巳词，晏同叔得其俊，欧阳永叔得其深”，可谓言简意赅。可注意者是二人之词在抒情之中对“理”的感触。如晏殊的名篇《浣溪沙》（一曲新词酒一杯）所演绎的主题是“年年岁岁花相似，岁岁年年人不同”，每年的燕子归来永恒不变，而对个人来说“花落去”却是生命流走的象征，是不可复归之变，淡语深情，年光的轻叹后面是沉重的死生之慨。又如《踏莎行》（小径红稀）也写时序流走所引发的淡淡哀愁，在韶光抛人的背后，是《木兰花》“当时共我赏花人，点检如今无一半”的沉痛，面对人生的速朽，谁能不为之心惊？所以，欧阳修虽在《送徐无党南归序》中谓圣贤“修之于身，施之于事，见之于言，是三者所以能不朽而存也”，尤其称道颜回之德，但他在《浪淘沙》词中所感慨的是类似于《古诗十九首》的及时行乐主题，之所以面对“好妓好歌喉”而“劝君满满酌金瓯”，是因为“如此春来又春去，白了人头”。他著名的《采桑子》十首中的最后一首写道：“平生为爱西湖好，来拥朱轮。富贵浮云，俯仰流年二十春。归来恰似辽东鹤，城郭人民，触目皆新，谁是当年旧主人！”也与《诗·山有枢》的题旨很是接近。

苏轼《六一居士集叙》曾高度评价欧阳修：“宋兴七十余年，民不知兵，富而教之，至天圣、景祐极矣，而斯文终有愧于古。士亦因陋守旧，论卑气弱。自欧阳子出，天下争自濯磨，以通经学古为高，以救时行道为贤，以犯颜纳说为忠。”[③]对其砥砺士大夫人格所起的历史作用作了充分的肯定。但是，“三立”的不朽，终不能掩盖对死生亦大的感悟、喟叹。如对王国维的论述作些补充，我们可以认为，在宋代士大夫的诗文中更多的是“忧世”之旨，而在他们的词中，却是享乐中颇多“忧生”之意，这也差可看作是

① 李焘．续资治通鉴长编[M]．上海：上海古籍出版社，1986：128.
② 邓乔彬．古代文艺的文化观照[M]．上海：上海教育出版社，2003：474–480.
③ 苏轼．苏轼全集[M]．上海：上海古籍出版社，2000：852.

士大夫文化的两个向度。

词的士大夫化只是宋初词发展的一个方向，我们尚应注意另一个方向——市井化。代表这一潮流的是柳永。柳永与温庭筠有相似之处。温为宰相温彦博裔孙，与李商隐并称“温李”，新旧《唐书》本传皆称其精于音律，能逐弦吹之音，为侧艳之词，以致被摈抑而好讥讽权贵，多犯忌讳而取憎于时，终至困顿终身。所以，刘、白等人是进士为官后遭贬而为词，而温庭筠是不得为进士而作词，前者之词可以从容于家妓之中，而后者的词除系令狐绹假其手而作外，与市井不无关系，从其游江淮将所得钱帛多为狎邪所费的记载可知。所以，刘、白词与进士文化相关，而温词则与宫廷文化和市井文化相关。柳永可谓宋之温庭筠，他同样也负有才而无行之名，他虽无温庭筠那样显贵的家庭背景，却也是出身于仕宦之家，他本应活动于士大夫的圈子，却因留连坊曲而熟悉市井生活。“务本向道”的宋仁宗因其《鹤冲天》词有“忍把浮名，换了浅斟低唱”句，特地将他摒落于进士榜之外，宰相晏殊也鄙弃他的“彩线慵拈伴伊坐”，而不肯放官，直到改名后才在晚年得中进士。在柳永的创作中，虽有宋玉之悲，多羁旅行役之词，但最富盛名的还是描写太平生活和帝里风光，以及情场艳遇之作。如果说温庭筠所作尚不失为雅致而含蓄，柳永所作则是俚俗而直露，是真正的市井文化的产物。

孟元老《东京梦华录》的自序曾以“举目则青楼画阁，绣户珠帘，雕车竞驻于天街，宝马争驰于御路，金翠耀目，罗绮飘香。新声巧笑于柳陌花衢，按管调弦于茶坊酒肆。八荒争凑，万国咸通”来形容汴京之盛。汴京在最繁盛时有店铺两万多家，《东京梦华录》所载酒楼也有72家之多，不少酒楼都有侍酒女子，远望若神仙，皇宫附近最热闹的街市，是妓女的麇集之地，妓馆的华丽竟然不亚于达官贵人的府第。叶梦得《避暑录话》卷下说他“为举子时，多游狭邪。善为歌词，教坊乐工每得新腔，必求永为辞，始行于世，于是声传一时”。罗烨《醉翁谈录》丙集卷二也说：“耆卿居京华，暇日遍游妓馆。所至，妓者爱其有词名，能移宫换羽，一经品题，声价十倍。妓者多以金物资给之。”柳永《凤归云》词云：“恋帝里，金谷园林，平康巷陌，触处繁华。连日疏狂，未尝轻负，寸心双眼。”《笛家弄》：“帝城当日，兰堂夜烛，百万呼卢，画阁春风，十千沽酒。未省，宴处能忘管弦，醉里不寻花柳。”都是自己在汴京浪漫生活的自供状。柳永陶醉于帝都的市井生活，将自己能换取功名的文才用在下层的游乐中，如《传花枝》所写：“平生自负，风流才调。口儿里，道知张、陈、赵。唱新词，改难令，总知颠倒。”他的这些“骫骳从俗”之作，显然是与北宋初因都市繁华而生的市井文化密切相关的。而“天下咏之”和“凡有井水饮处，即能歌柳词”等说，正在于黄昇《花庵词选》所说的“耆卿长于纤艳之词，然多近俚俗，故市井人悦之”，此话不但道出其词的市井文化性质，并让人从接受的角度见出了这种大众性文化涵盖面之广。

况周颐《蕙风词话》卷三敏感地指出：“柳屯田《乐章集》为词家正体之一，又为金元已还乐语所自出……词曲之为体，诚迥乎不同。董（解元）为北曲初祖，而其所为词，于屯田有沆瀣之合。”而这一沟通词曲的说法，正是以市井文化共观之所得。后来的论者以柳永开金元曲之先，既在于其长调的善作铺叙，以叙事性见长，与戏曲的美学性格相合，更在于其通俗性、大众性，而元代戏曲创作最为繁盛的时代，正是关汉卿等“玉京书会”的曲家与妓女们共同创作所造就的。柳永与关汉卿等都有共同的市井文化背景，以柳永开金元之先也恰在这点上。

以上论述了词之由唐至五代、再至宋初的变化，以及相关的文化转换。此后，苏轼以其“诗人之词”对词坛的变革，是遭遇党争后士大夫文化新发展的体现，是传统的“歌者之词”的真正变革，这是另一个论题，且留待以后再论。

（原载《文史哲》2004年第4期）

士大夫文化与北宋前期词

词起于唐，兴于五代，却大盛于两宋，被誉为“一代之文学”，究其缘由，当因宋词主于作者的自我抒情，而不似唐五代词多为歌妓而作。王国维指出，由唐至宋，词的转变枢机在南唐，并提出了“士大夫之词”的命题：“词至李后主而眼界始大，感慨遂深，遂变伶工之词而为士大夫之词。周介存置诸温、韦之下，可谓颠倒黑白矣。‘自是人生长恨水长东’，‘流水落花春去也，天上人间’，《金荃》、《浣花》，能有此气象耶？”“冯正中词虽不失五代风格，而堂庑特大，开北宋一代风气。”①可见，冯延巳因“堂庑特大”已开北宋一代风气，李煜更是眼界大、感慨深，将供歌妓演唱之词，变为以气象见长的自我抒情，此即“士大夫之词”。但又应看到，南唐君臣虽开始改变词为伶工而作的性质，可由于词的发生、发展离不开特定的文化环境，北宋的主流文化才是士大夫文化，北宋词的主体也才是真正的士大夫之词。本文拟先论士大夫文化的特点，再以之观照北宋前期的士大夫之词。

一　士大夫文化的形成及其特点

从历史的流程看，如果说由于实行科举且以进士科为重，导致变贵族文化为进士文化，是唐代区别于六朝的主要标志；安史之乱粉碎了贵族门第，使得自中唐以后，进士文化成熟，且被史学家视作中国近代的开始；那么，到宋代的广为开科取士，门阀不复存在，文人、学者、高官三位一体，士大夫成为了政治文化的主导，则可以认为是发展为士大夫文化阶段。

晚唐五代由于藩镇割据，君权旁落，酿成大乱。宋代自建国以来，汲取这一教训，大改官制、兵制、法律，如朱熹所说：“本朝鉴五代藩镇之弊，遂尽夺藩镇之权，兵也收了，财也收了，赏罚刑政一切收了。”②与此同时，文人的地位得到很大提高。与右文政策相关相辅的是学校教育的发达，科举制度的完善。宋代科举，士庶之隔被彻底打破，为铨选人才大开门户，如宋太祖所说：“向者登科名级，多为势家所取，致塞孤寒之路，甚无谓也。今朕躬亲临试，以可否进退，尽革畴昔之弊矣。”③宋代不仅每次开科取士数为唐代的十多倍，而且以布衣登上高位者极多。加以实行糊名、誊录等制，公平竞争，使得政权的开放度远胜于前代。而且，选拔并不能代替培养，宋

---

① 王国维．人间词话[M]//蕙风词话·人间词话．北京：人民文学出版社，1960：197、198.

② 黎靖德．朱子语类[M]．王星贤，点校．北京：中华书局，1986：3070.

③ 李焘．续资治通鉴长编[M]．上海：上海古籍出版社，1986：128.

代还十分重视教育。钱穆认为，汉唐的选拔人才有相似性，“进士如汉代之贤良，明经如汉代之孝廉”。重视进士的结果是随着门第衰落，政治为平民掌握，但由于他们未受过家庭传统礼教，亦无政治常识，仅凭诗赋声律之长而从政，就既不谙练政治，品德亦无根柢，进士轻薄遂为人所诟病[①]。如果说唐代所重在人才的选拔，那么宋代则转为既重培养又重选拔。宋代的人才培养，尤其得力于书院教育。针对如后来黄宗羲所批判的教育之异化：“其所谓学校者，科举嚣争，富贵熏心，亦遂以朝廷之势利一变其本领。”[②]名儒着力于发展书院教育，在授业解惑同时，更重道德理念。全祖望指出：“有宋真、仁二宗之际，儒林之草昧也。当时濂、洛之徒方萌芽而未出，而睢阳戚氏（同文）在宋，泰山孙氏（复）在齐，安定胡氏（瑗）在吴，相与讲明正学，自拔于尘俗之中。亦会值诸贤在朝：安阳韩忠献公、高平范文正、乐安欧阳文忠公，皆卓然有见于道之大概，左提右挈。于是学校遍于四方，师儒之道以立。”[③]诸家讲学，兼重知行，覆盖体用，陶冶情性，培育人格，崇儒术而攘佛老，黜文辞而尚节义，对塑造、培育有宋一代士人起了极大的作用。

由于教育与科举结合的完善，制度文化与思想文化的结合，使政治文化也为之改变。而政治文化之变主要体现在北宋皇帝虽将一切大权都“收了”，却又在“与三代同风”的政治理想中，建立起君主与士大夫“共定国是”的原则，以宰相为首的士大夫集团，成了国家治理权的实际行使者。随着政治文化的变化，以之为主导的士大夫文化也逐渐成熟。

笔者以为，士大夫文化的主要涵义及特点表现在以下几方面：

第一，在对进士文化的批判中，努力于儒学传统的重建。

唐代实行科举而最重进士，随着进士成为新兴统治阶层，进士文化逐渐成熟。因进士试行以诗赋取士，使士人将习业的重心从儒学经典转至诗赋文章，从而也改变了儒学与文学的传统地位。儒林与文苑的倒转，使前者的传统不彰，而后者则文行失衡，士风渐坏。

鉴于晚唐五代的政治腐败与进士无行的互为因果，自宋初始，不少有识之士已看到科举取士的弊病。藩镇割据固然是皇纲不振的主因，而士习卑陋，风俗奢靡，亦与悍将骄兵相辅相成。因此，胡瑗、孙复等创办书院教育，以不求功名利禄为尚，努力于塑造士人的道德人格。胡瑗一生淡泊名利，曾隐居泰山十年，不求闻达，他认为科举取士崇尚“声律浮华之词”，[④]使人热衷利禄，导致士风浇薄，自己学成后不参加科考，而在苏州办私学，后被宋廷调任国子监直讲，为太学生授业。对学生施行明体达用的教育方针，主张经义与实学并重，使学风为之一变。孙复批判文章的功利目的，其《答张洞书》矛头直指进士制：“重念世之号进士者，率以砥砺辞赋，睎觊科第为事。”为此，他以

---

① 钱穆．中国历史上之考试制度[M]//国史新论．北京：三联书店，2001：282–283.

② 黄宗羲．明夷待访录[M]//明夷待访录（及其他二种）．北京：中华书局，1985：7.

③ 全祖望．庆历五先生书院记[M]//朱铸禹．全祖望集汇校集注．上海：上海古籍出版社，2000：1037.

④ 朱熹．宋名臣言行录[M]．四库全书本．

“道”为重，认为：“文者，道之用也。道者，教之本也。”[①]由胡瑗、孙复等开始的书院教育，不以求取功名利禄为目的，对塑造人格精神非常重视，有着拉开学术与功名间距离的自觉，这一培育人才的宗旨，在我国教育史上具有非常重要的意义。

在此之前，不少通过科举走上仕途的人物，也对唐五代进士的堕落多有反思，推崇人文精神。如柳开《应责》为古文所下的定义是：“古其理，高其意，随言短长，应变作制，同古人之行事。”[②]要求在作古文同时，还要取法古人，行古人之道，使古文能为政教服务，将“道”与“文”都统一到儒者的孔子、孟子、扬雄、韩愈身上。石介《怪说》指责杨亿“欲以文章为宗于天下”，将造成“不闻有周公、孔子、孟轲、扬雄、文中子、吏部之道”，[③]虽有以道废文的倾向，却对纠正晚唐五代以来士人轻薄无行和以文章求利禄的风气，有一定的积极意义。王禹偁的文学成就颇高，也非常重视道统，其《送孙何序》云：“国家乘五代之末，接千岁之统，创业守文，垂三十载，圣人之化成矣，君子之儒兴矣。然而服勤古道，钻仰经旨，造次颠沛，不违仁义，拳拳然以立言为己任，盖亦鲜矣。”[④]“君子之儒”的道德指向和立言目的所在，与追求个人的功名富贵根本不同。宋仁宗即位之初，范仲淹在《奏上时务书》中要求改革政治和“兴复古道”，提出了“救斯文之薄”的目标，自己更是以天下为己任，践履了“古道”的兴复。欧阳修则发出了如此感慨：“勤一世以尽心于文字间者，皆可悲也。”[⑤]又说“是时天下学者杨、刘之作，号为时文，能者取科第，擅名声，以夸荣当世，未尝有道韩文者”，后来在读到韩愈文后“则喟然叹曰：学者当至于是而止尔”，并决心“苟得禄矣，当尽力于斯文，以偿其素志”。[⑥]他之所以推重韩文，是基于文道合一的理念。由于韩愈以孔孟道统的传承者自居，志于“使其道由愈而粗传”，[⑦]又说：“君子居其位，则思死其官；未得位，则思修其辞以明其道。我将以明道也。”[⑧]其行事亦足可证之，故欧阳修之推重韩文，其实包含推重其人之道一义。

虽说后出的王学、关学、洛学才是宋代的新儒学，然而宋初诸儒已经在批判进士文化将文章异化为利禄之求时，努力于将儒学传统的重建注入到士大夫文化之中。

第二，“外王”指向与政党政治的形成。

在比较唐型文化与宋型文化时，有一种看法是：因理学的生成，与唐代外在的“姚宋事业”相较，宋代似乎更重在道德性命之学，宋代文化也更具有内倾性质。这里不论理学家，然而要指出，宋代理学或许是宋代思想文化的主流，但宋代的政治文化却以士大夫文化为主导。而这一文化却具有兼顾“内圣”与“外王”的特点，是先秦儒家

---

① 孙复．答张洞书[M]//孙明复小集．四库全书本．

② 柳开．应责[M]//河东集．四库全书本．

③ 石介．怪说[M]//徂徕集．四库全书本．

④ 王禹偁．送孙何序[M]//小畜集．四库全书本．

⑤ 欧阳修．送徐无党南归序[M]//欧阳修全集．北京：中华书局，2001：632．

⑥ 欧阳修．记旧本韩文后[M]//欧阳修全集．北京：中华书局，2001：1056．

⑦ 韩愈．与孟尚书书[M]//屈守元，等．韩愈全集校注．成都：四川大学出版社，1996：2352．

⑧ 韩愈．争臣论[M]//屈守元，等．韩愈全集校注．成都：四川大学出版社，1996：1170．

精神的恢复与发扬，其“外王”色彩是不能忽视的。

《周礼·冬官考工记》：“坐而论道，谓之王公；作而行之，谓之士大夫；审曲面势，以饬五材，以辨民器，谓之百工。”对于士大夫，郑玄注：“亲受其职，居其官也。”[①]虽距离《考工记》的时代已远，且非此书主于职业特点的概括，但由于与最高统治者推行的右文政策相应，北宋士人自范仲淹起就确立起“以天下为己任”的意识、观念，而皇帝也能与士大夫“共定国是”，因而士大夫应兼具“坐而论道”与“作而行之”的特点。二者的结合体现出发扬先秦儒家弘毅、重道的淑世精神，以及果于实践、勇于行事的品格。

以仁宗朝为例，就可见这一特点。仁宗亲政后，罢去刘太后执政时的一批朝臣，任用新人，企图刷新政治，促使庆历新政的施行。吕夷简仕真、仁二朝，入仕之初以直言知名，均徭役、省赋税，拜相后奏列正朝纲、杜邪路、禁贿赂、别奸佞、远宦官、罢力役、减费用以及杜绝嫔妃干政等八事，虽晚年因循守旧、不思进取，但对改革的范仲淹却不以私心待之。范仲淹任地方官时就关心民间疾苦、兴利除弊，刘太后权势最盛之时，他请太后还政，庆历时推行新政，呈《上十事疏》：提出明黜陟、抑侥幸、精贡举、择长官、均公田、厚农桑、修武备、减徭役、覃恩信、重命令等十项大事。在此前后，富弼上安边十三策，韩琦先陈七事，再陈救弊八事。这些都足以说明北宋士大夫的淑世精神及实践性品格。

孔子提倡“君子群而不党”，《荀子·强国》则云：“不比周，不朋党，倜然莫不明通而公也。古之士大夫也。”而宋代士大夫虽在行事、处世上能做到结合“洁修”与“操守”，却因对政治事务的热心参与，因政见的不同，而逐渐形成政党政治，虽不违“明通而公”，却非“不比周，不朋党”。柳诒徵指出：

> 盖宋之政治，士大夫之政治也。政治之纯出于士大夫之手者，惟宋为然。故惟宋无女主、外戚、宗王、强藩之祸。宦寺虽为祸而亦不多，而政党政治之风，亦开于宋。[②]

欧阳修作《朋党论》，以为人主当明辨君子小人，“大凡君子与君子以同道为朋，小人与小人以同利为朋”，“为人君者，但当退小人之伪朋，用君子之真朋”[③]。范仲淹与吕夷简政见对立，却不存私恨。正如柳诒徵所说：“中国之有政党，殆自宋神宗时之新旧两党始。其后两党反复互争政权……论史者恒以宋之党祸比于汉、唐，实则其性质大不相同。新旧两党各有政见，皆主于救国，而行其道特以方法不同、主张各异，遂致各走极端。纵其末流，不免于倾轧报复，未可纯以政争目之；而其党派分立之始，则固纯洁为国，初无私憾及利禄之见羼杂其间。此则士大夫与士大夫分党派以争政权，实吾国历史上仅有之事也。”[④]

---

① 阮元，校刻．十三经注疏[M]．北京：中华书局，1980：905．

② 柳诒徵．中国文化史[M]．上海：东方出版中心，1988：516．

③ 欧阳修．欧阳修全集[M]．北京：中华书局，2001：297．

④ 柳诒徵．中国文化史[M]．上海：东方出版中心，1988：518–519．

第三，“内圣”基础与道德性理的追求。

唐代进士文化造成了儒学与文学的传统地位倒转，儒生与文士的社会承认度亦随之而变，遂使唐代文化从制度进而到思想、行为层面发生了改变。“儒林”传统向“文苑”精神倾斜、转化，使得统治阶级的新成员——进士阶层，在思想道德、出处大节上形成了一系列被视作“无行”、“轻薄”的特点。[①] 其极端者甚至如刘克庄所说：“汉以孝廉取士，其末也，孟德、仲谋皆曾举孝廉来。唐人尤重进士，其末也，如李振劝朱温，一日杀司空裴贽等百馀人于白马驿，苏楷驳昭宗谥，李山甫教罗从训害王铎一家三百口，皆不得志于场屋者为之。乃至巢寇亦进士也。科目之弊如此。”因之而肯定了“当时惟罗隐有诗声，屡摈于名场，然逢世乱离，依钱氏以庇身，未尝失节”。[②]

与晚唐五代进士文化的追求快意人生，却道德失律显然不同，宋代士大夫努力于重建儒家道统，在儒学的基础上参以道、禅，与理学家强调道德自律相一致，在思想修养上能追求明道见性，向往“内圣”的境界。王禹偁《答张扶书》虽论文之作，然而却以文能传道而明心，“且人能一乎心至乎道，修身则无咎，事君则有立”[③]。欧阳修云：

> 道尊然后笃敬，笃敬然后能自守，能自守然后果于用，果于用然后不畏而不迁……意得则心定，心定则道纯，道纯则充于中者实，中充实则发为文者辉光，施于世者果致。[④]

他读班固《汉书·艺文志》而纵观历史人物，从古代提倡“三不朽”的角度，“窃悲古人”、认为“言之不可恃”，并以孔门尊颜回为例，说明“立德”高于“立言”之理。针对苦苦为文者，他在《答吴充秀才书》中反对文道分离，同时认为“道胜者，文不难而自至”。欧阳修所论固有其片面性，但对于改变文风，以至士人的安身立命信条，有很强的导引作用和现实意义。梅尧臣《答韩三子华、韩五持国、韩六玉汝见赠述诗》亦云：“迩来道颇丧，有作皆言空：烟云写形象，葩卉咏青红。人事极谀谄，引古称辩雄。经营唯切偶，荣利因被蒙。遂使世上人，只曰一艺充。”对于充艺而丧道批判甚力。苏舜钦虽遭打击而被长期放废，但始终关怀现实，其《吾闻》一诗写道：“予虽生儒家，气欲吞逆羯。斯时不见用，感叹肠胃热。”得欧阳修延誉的曾巩，尤重文章的伦理价值，也提出了“非畜道德而能文章者无以为”[⑤]的观点。

以上所举，皆为长于诗文之士大夫所见，若理学家，则更重“内圣”。士大夫强调的都在“道”与“德”，这对纠正晚唐五代士风的浮薄、溺艺文而轻德性的倾向，对提升士人的思想境界和人文精神有着不可低估的作用和影响。

---

① 见礼部侍郎杨绾对进士制的负面评价，参见刘昫等：《旧唐书》卷一一九《杨绾传》。
② 刘克庄．后村诗话[M]．北京：中华书局，1983：47．
③ 王禹偁．小畜集[M]．四库全书本．
④ 欧阳修．答祖择之书[M]//欧阳修全集．北京：中华书局，2001：1009，1010．
⑤ 曾巩．寄欧阳舍人书[M]//曾巩集．北京：中华书局，1984：253．

晚唐五代进士追求功名利禄，不顾个人名节，北宋士大夫则更重视自己的政治理念是否能得到认可、施行，而不是个人的出处。张栻曾说："秦汉以来，士贱君肆，正以在下者急于爵禄，而上之人持此以为真足以骄天下之士故也。"[①]北宋士人所肆力者，就在于要突破"士贱君肆"这一规律，因此，在注重"天下"、"国是"之"外王"的同时，也带来了士大夫重视道德修养、操守大节的特点。其结果是端正了士风，造就出一代德才兼备的人才。

论述了以上三点后，还应指出，史家常称道"真仁之世"，是因为在这数十年中，士大夫文化逐渐形成并成熟，儒学传统得以重建，而其间个人所起的作用是不可忽略的。此处仅举二例：范仲淹为言事而三次被贬，人却以之"三黜而三光"，朱熹极其推崇范氏的"大厉名节，振作士气"，故振作士大夫之功为多。[②]苏轼则高度评价欧阳修："宋兴七十余年，民不知兵，富而教之。至天圣、景祐极矣，而斯文终有愧于古。士亦因陋守旧，论卑气弱。自欧阳子出，天下争自濯磨，以通经学古为高，以救时行道为贤，以犯颜纳说为忠。长育成就，至嘉祐末，号称多士。欧阳子之功为多。"[③]

第四，多种人生角色与多重性格的组合。

由于实行右文政策，以及科举的完善，学术的昌明，士大夫文化还造成了北宋士大夫在人生角色与性格上的多元。《后汉书》始立《文苑传》，表明了汉代儒士与文士的分流，虽就具体的人来说，常见你中有我、我中有你，但就主流而言，这一分化可以说一直持续到唐五代。而到了北宋士大夫文化成熟之后，在以上的传承对应发展为理学家与文艺家的同时，士大夫却已经不再是单一的人生角色，常见合学者、文人与高官为一。与这种一人具备多重人生角色的现象相应，士大夫又见多重性格统一于一身。士大夫文化在颠覆、取代了进士文化后，占据了宋代的主流文化地位，在对宋代政治、思想、文艺、社会生活等各个方面发挥积极作用的同时，其多种人生角色与多重性格组合的特点，结合因人生际遇变化而出入佛道，使得儒道互补这一亘古以来的命题有所发展，也为带有消极意义的文艺留下了生存的余地。

在唐代，曲子词起于"颂酒赓色"的宫廷文化环境，延续于进士文化的土壤，继而在五代的"花间"词中，这两种文化完成了巧妙的融合，使文人词又得到一次发展良机。[④,⑤]而北宋士大夫文化从主流、本质而言，着力于道德、气节的重建，是对进士文化"轻薄"、"无行"的根本否定，"内圣"与"外王"的结合，事功意识与感情自律，更排斥词的主流题材，所以，士大夫文化对于词只能是斫伤或抑制。但又应看到，一方面是士大夫文化在其生成过程中对进士文化的排拒，与宫廷文化的独立，导致了与这两种文化密切相关的词的衰落；另一方面则是，随着士大夫文化的逐渐形成、成熟，其属于

---

① 张栻．张子房平生出处[M]//南轩集．四库全书本．

② 黎靖德．朱子语类[M]．王星贤，点校．北京：中华书局，1986：3086．

③ 苏轼．六一居士集序[M]//苏轼全集．上海：上海古籍出版社，2000：852-853．

④ 邓乔彬．词的由中唐至宋初之变与文化转换[J]．文史哲，2004，(4)．

⑤ 邓乔彬．盛中唐词的文化之变[J]．深圳大学学报，2006，(6)．

士大夫人生的一个侧面，却又对词的创作发生了推助作用。北宋士大夫有感于晚唐五代的进士轻薄，而不惜发重道轻文的矫枉过正之论。不过，讲究出处大节并非不要功名富贵，应该看到，在他们的心中，仍充满了矛盾：儒家与佛道，功业与时机，追求不朽与及时行乐……欧阳修《送徐无党南归序》云："其所以为圣贤者，修之于身，施之于事，见之于言，是三者所以能不朽而存也。"而此文的开头却说："草木鸟兽之为物，众人之为人，其为生虽异，而为死则同，一归于腐坏、澌尽、泯灭而已。"[①]在三不朽与万物皆死之间，为克服矛盾，力图以性化情，但情终于去，如《秋声赋》所云："草木无情，有时飘零。人为动物，惟物之灵，百忧感其心，万事劳其形，有动于中，必摇其精。"因此，生命意识与功名意识经常会发生冲突，并因"缘情"而见之于词中，凝成了以伤春为代表的主题。

在经历了宋初词坛的相对沉寂后，到宋仁宗时代，以晏殊、欧阳修、宋祁等为代表的词人，接过了刘禹锡、白居易、冯延巳的接力棒，为词找到了士大夫休闲享乐文化的生长点，也继续、发扬了刘、白、冯等词人的生命意识。二者结合，为士大夫文化在词中发展出"闲情"一脉，在爱情以外，为文人词另辟出一大题材，且将令词推向了成熟，并开始了词的多元与多向发展历程。所以，对于宋词而言，士大夫文化可谓"成也萧何，败也萧何"。

二 宋初士大夫词的气象、寄托与真情

此处所说的宋初，是指宋太祖、太宗、真宗时期的六十多年。此期是士大夫文化的初生期，也是词的创作低落期，因词坛过于寂寥，为论述方便，故适当延长至宋仁宗前期。

文艺的兴盛与否，统治者是具有决定性作用的。如同五代词的繁荣离不开帝王所好一样，宋初词作的不振，也与统治者颇有关系。虽说宋代立国后就重文轻武，但所重者在儒学而非文艺。宋太祖、宋太宗出身武夫，却深知马上可得天下而不能治天下之理，"儒术污隆，其应实大，国家崇替，何莫由斯"。[②]宋真宗所撰的《崇儒术论》可代表最高统治者对右文政策的认识。宋太祖尊崇孔子，宋太宗先后下令校定《五经正义》及七经旧疏，礼遇儒臣学官。但太祖却视归宋的欧阳炯如优人，命其吹奏长笛又奚落之，称降宋的李煜为"好一个翰林学士"，骨子里看不起其文士资质。《邵氏闻见录》说，宋太祖刻有誓碑，不准南士作相，内臣主兵，[③]这说明了在相当长的一个时期内，因南方以文士为多，不如北方之重视儒学，不准南士作相不仅是地域偏见，更应是认为南方人不宜于治国。宋初诸帝都酷爱读书，宋太宗读书是为了求得教化之本，故批评后唐庄宗"百战得中原之地，然而守文之道，可谓懵然矣"。[④]宋真宗读书的目的也是"非唯多闻广记，

---

① 欧阳修.送徐无党南归序[M]//欧阳修全集.北京：中华书局，2001：631.

② 李焘.续资治通鉴长编[M].上海：上海古籍出版社，1986：695.

③ 邵伯温.邵氏闻见录[M].李剑雄，刘德权，点校.北京：中华书局，1983：4.

④ 江少虞.宋朝事实类苑[M].上海：上海古籍出版社，1981：17.

实皆取其规鉴”。① 而由于最高统治者主张、见解之影响，“规鉴”观所起的导引性作用，使得文人尤其是馆阁词臣，虽重视诗文，却颇轻小词。在人们的心目中，欧阳炯为大臣，李煜为国君，却皆以作词而失国，李存勖甚而因好词曲而死于伶人之手。若再联系更早的陈叔宝、隋炀帝等亡国之君皆好文艺，宋初文人之不肯用力于歌词亦情理之中了。

不过，以士大夫文化观照宋初词，仍可以看到三种类型的创作。

首先，在词中表现出宋初“气象”，与士大夫文化中的馆阁文化相关，其代表词人是丁谓、夏竦与聂冠卿。

北宋立国之后，经济有很大发展，农业、手工业、商业全盛，都市极其繁华，汴京城“八荒争凑，万国咸通”，② 也就出现了大臣们歌咏太平胜景、人生享受之作，这些作品带有宫廷文化的背景，却不同于词初起时的主于表现宫廷生活。丁谓有《凤栖梧》二首，录其一：

> 十二层楼春色早。三殿笙歌，九陌风光好。堤柳岸花连复道。玉梯相对开蓬岛。莺啭乔林鱼在藻。太液微波，绿斗王孙草。南阙万人瞻羽葆。后天祝圣天难老。

仕真、仁二朝的夏竦有《喜迁莺》：

> 霞散绮，月沉钩。帘卷未央楼。夜凉河汉截天流，宫阙锁清秋。　瑶阶曙，金盘露。凤髓香和烟雾。三千珠翠拥宸游，水殿按凉州。

聂冠卿有《多丽·李良定公席上赋》：

> 想人生，美景良辰堪惜。问其间、赏心乐事，就中难是并得。况东城、凤台沙苑，泛晴波、浅照金碧。露洗华桐，烟霏丝柳，绿阴摇曳，荡春一色。画堂迥、玉簪琼佩，高会尽词客。清欢久、重然绛蜡，别就瑶席。　有翩若轻鸿体态，暮为行雨标格。逞朱唇、缓歌妖丽，似听流莺乱花隔。慢舞萦回，娇鬟低亸，腰肢纤细困无力。忍分散、彩云归后，何处更寻觅。休辞醉，明月好花，莫谩轻掷。

他们所写的帝都景象，主于铺陈盛景，未见于惯写庭院小窗的晚唐五代词人之手，可见出在经长期分裂后，建立起统一大国的繁盛气象，毕竟非五代小国可比。丁谓曾为昭文馆大学士，夏竦曾为翰林学士，聂冠卿曾召试学士院，任馆阁校勘，上面数词，也可以说是士大夫馆阁文化对歌颂太平的体现，于传统的比兴或稍逊，却有赋写铺叙、营造气象之长，不失为馆阁手笔。

---

① 李焘.续资治通鉴长编[M].上海：上海古籍出版社，1986：757.

② 孟元老.东京梦华录自序[M]//东京梦华录(外四种).北京：文化艺术出版社，1998：3.

其次，与上面三人之词不同，宋初大臣词中，有一类与贬谪或升迁相关，主于抒发个人的感情，并有所寄托者，王禹偁、寇准、钱惟演、陈尧佐即属此类。

从表面看，他们多摹写闺情，似未脱代言之习，而实际上却是借此而抒情，且所抒者为宦情，是另有寄托。这是士大夫文化中的迁谪文化在词中的投影，是中唐刘长卿《谪仙怨》以来的再度集中表现。可见虽宋朝优待文士，但人生、仕途中的升降沉浮也是难以避免之事，而以词寄托宦情，则对于词的题材和艺术，都不失为一种开拓。因此，以士大夫文化论宋词，也是其不同于且又进于唐五代词之处。

王禹偁性格刚直，曾三次被贬，苏轼称其"以雄文直道，独立当世"，[①] 存词仅《点绛唇·感兴》一首：

> 雨恨云愁，江南依旧称佳丽。水村渔市。一缕孤烟细。　天际征鸿，遥认行如缀。平生事。此时凝睇。谁会凭栏意。

"天际征鸿"令人想起《管子》所载事：齐桓公见鸿鹄南北远飞，联想求贤以成大业，故兴"羽翼"之叹。因自己不能如鸿鹄高举，所以遥认征鸿而起凭栏之意，当是感兴而有寄托。虽仅一首，王禹偁已开宋词寄托之先。

寇准两度为相，曾辅真宗决澶渊之盟，在宋初起过很大作用，存词五首。《甘草子》是知天雄军（大名）时所作，写春景之美，结句"堪惜流年谢芳草。任玉壶倾倒"，表及时行乐之旨，是中唐刘、白词所体现的士大夫享乐文化之延续。而另二首词，则应与贬谪文化相关。《踏莎行》：

> 春色将阑，莺声渐老。红英落尽青梅小。画堂人静雨濛濛，屏山半掩馀香袅。
> 密约沉沉，离情杳杳。菱花尘满慵将照。倚楼无语欲销魂，长空黯淡连芳草。

黄苏以之"郁纡之思，无所发泄，惟借闺情以抒写"，称其"文情郁勃，意致沈深"[②]。虽字比句附之笺释不可取，但因寇准曾两度罢相，后一次被贬道州、雷州，卒于贬所，故借闺情以抒纡郁之思亦并非不可能。《点绛唇》：

> 水陌轻寒，社公雨足东风慢。定巢新燕。湿雨穿花转。　象尺熏炉，拂晓停针线。愁蛾浅。飞红零乱。侧卧珠帘卷。

此首写女子伤春，下片刻画情态甚为生动，陈廷焯评之以"遣词凄艳，姿态甚饶，自是北宋人手笔"[③]，然而也有闺情闺怨之外的托意可想。寇准还有《江南春》：

---

① 苏轼．王元之画像赞并叙[M]//苏轼全集．上海：上海古籍出版社，2000：1051.
② 黄苏．蓼园词评[M]//唐圭璋．词话丛编．北京：中华书局，1986：3048.
③ 陈廷焯．白雨斋词话足本校注[M]．屈兴国，校注．济南：齐鲁书社，1983：727.

波渺渺，柳依依。孤村芳草远，斜日杏花飞。江南春尽离肠断，蘋满汀洲人未归。

《苕溪渔隐丛话》以为，词意“疑若优柔无断者”，而寇准却是“端委庙堂，决澶渊之策，其气锐然，奋仁者之勇，全与此诗意不相类”①。以这样一位有作为的士大夫，很可能在词中有美人迟暮的寄寓，“离肠”、“人未归”的闺中人语，是表恋阙怀归之意。

钱惟演为吴越王钱俶次子，随父归宋，真宗时预修《册府元龟》，为翰林学士，仁宗时仕至高位，却因坐罪被贬，有《木兰花》一首：

城上风光莺语乱。城下烟波春拍岸。绿杨芳草几时休？泪眼愁肠先已断。
情怀渐变成衰晚。鸾鉴朱颜惊暗换。昔年多病厌芳尊，今日芳尊惟恐浅。

释文莹《湘山野录》以此词作于钱惟演谪居汉东日，谓“每歌之，酒阑则垂涕”②。虽为直抒而非曲写，以贬谪文化观照，则与寇准词无异。

因升迁而感谢恩人，作词而显见寄托的是陈尧佐的《踏莎行》：

二社良辰，千家庭院。翩翩又见新来燕。凤凰巢稳许为邻，潇湘烟暝来何晚。　乱入红楼，低飞绿岸。画梁时拂歌尘散。为谁归去为谁来，主人恩重珠帘卷。

据《湘山野录》，吕夷简累求致仕，宋仁宗久而不允，吕举陈尧佐以自代，遂允，陈“极怀荐引之德，无以形其意”，而作此词。③其谢恩之意，借物情物态言之，较之直说自有蕴藉之长，陈尧佐仅这一首词，却开宋词以物比人、另有托意之先。

最后，范仲淹可看作单独一类，能以“人非太上，未免有情”概言之。

范仲淹主要活动于仁宗朝，按习惯将柳永“出场”之前的词人都置于宋初，故亦将范氏入于此期。龙榆生《唐五代宋词选》说范仲淹词：“激壮沉雄，虽写离情，亦变大笔振迅，不作一软媚语，自是英雄本色。亦苏、辛派之先河也。”实际上“激烈沉雄”仅见于《渔家傲》一首，且这四字亦不很切，故取徐釚《词苑丛谈》所说的“人非太上，未免有情”④而论之。范仲淹存词五首，内容却有三类。先录其情词《苏幕遮》：

碧云天，黄叶地。秋色连波，波上寒烟翠。山映斜阳天接水。芳草无情，更在斜阳外。　黯乡魂，追旅思。夜夜除非，好梦留人睡。明月楼高休独倚。酒

① 胡仔．苕溪渔隐丛话[M]．北京：人民文学出版社，1962：137.
② 释文莹．湘山野录[M]．北京：中华书局，1991：9.
③ 释文莹．湘山野录[M]．北京：中华书局，1991：23.
④ 徐釚．词苑丛谈校笺[M]．王百里，校笺．北京：人民文学出版社，1988：183.

入愁肠，化作相思泪。

《御街行》：

纷纷堕叶飘香砌。夜寂静、寒声碎。真珠帘卷玉楼空，天淡银河垂地。年年今夜，月华如练，长是人千里。　　愁肠已断无由醉。酒未到、先成泪。残灯明灭枕头攲。谙尽孤眠滋味。都来此事，眉间心上，无计相回避。

由于范仲淹以气节著称，人对其写柔情不解，故张惠言认为前者写“去国之情”①。黄苏更说：“文正一生并非怀土之士，所为乡魂旅思以及愁肠思泪等语，似沾沾作儿女想，何也。观前阕可以想其寄托。”并作了具体的对应性解释，又说：“文正当宋仁宗之时，扬历中外，身肩一国之安危。虽其时不无小人，究系隆盛之日。而文正乃忧愁若此，此其所以先天下之忧而忧矣。”② 笔者以为，判断是否寄托应有标准，属于艺术范畴的，应在于是否对“芳草美人”传统的继承。前之所以认同寇准词有寄托，是因为其词之写闺情是代言，属于“美人”的“男女比君臣”，王禹偁虽非代言，也有以物比人之意。而范仲淹词却是自抒其情，不属于“比体”，故以为俞文豹《吹剑录》所说的“情之所钟，虽贤者不能免”甚妥。去国而思乡怀人，政治、官场的失落，也期望得到女性柔情的补偿，此亦范仲淹及晏、欧等诸多词人皆有此类词作的原因，是词的士大夫文化的题内之义，不必以寄托言之。

《渔家傲·秋思》是另一类词：

塞下秋来风景异，衡阳雁去无留意。四面边声连角起。千嶂里，长烟落日孤城闭。　　浊酒一杯家万里，燕然未勒归无计。羌管悠悠霜满地。人不寐，将军白发征夫泪。

此词作于戍边之时，抒发了因久戍边塞而思家的感情，又在“燕然未勒归无计”的理性思索中，力图克服前者，写出了在情与理斗争中的真实心情。在卫国与思家、功业与感情等诸多矛盾面前，非但明确了自己的士大夫责任意识，而且“发乎情”能“止乎礼义”。

《剔银灯·与欧阳公席上分题》是很特殊的一首：

昨夜因看蜀志。笑曹操、孙权、刘备。用尽机关，徒劳心力，只得三分天地。屈指细寻思，争如共、刘伶一醉。　　人世都无百岁。少痴騃、老成尩悴。只有中间，些子少年，忍把浮名牵系。一品与千金，问白发、如何回避？

① 张惠言．词选[M]．北京：中华书局，1957：31.

② 黄苏．蓼园词评[M]//唐圭璋．词话丛编．北京：中华书局，1986：3054.

范仲淹推行“新政”失败，被再度贬官离京，与欧阳修在酒席上分题而作，趁着酒性，未免要发牢骚。上片“歪评”历史，下片细算寿账，“戏说”人生，读者当反言正看，理解其改革失败后的心情。此词虽可见出范仲淹思想的消极一面，却不是本质、主流，是有作为的士大夫在不能作为时的特殊表现，仍是“非太上”的“有情”之人一个方面的呈露。范仲淹虽也有牢骚，也有柔情，但并不碍其最本质的“先天下之忧而忧，后天下之乐而乐”情怀，以上诸作，正是宋初士大夫文化在人格、感情上的复杂性、多面性之体现。

三　晏、欧与北宋前期词

宋初之词，极其不振，馆阁词臣偶一为之，或可见气象，宰辅大臣因事而为，或可见寄托，镇边帅臣真情而诉，或可开风气，却未见局面大开，作者成林。直到仁宗时期，才拉开宋词繁盛的帏幕。“宋初大臣之为词者，寇莱公、晏元献、宋景文、范蜀公，与欧阳文忠公，并有声艺林。然数公或一时兴到之作，未为专诣。独文忠与元献学之既至，为之亦勤，翔双鹄于交衢，驭二龙于天路。”[①]北宋前期的士大夫之词，断推晏、欧两家。

虽说王国维以李煜真正变伶工之词为士大夫之词，但因李煜的身世特殊，其词是一种突变；而冯延巳词虽或部分出为女子声口，实际上却已是士大夫之吐属，也因此才会被同样处于高位的晏、欧所爱。冯词伤春怀人的题旨，生命意识的流露，对岁月流走、繁华不再的悲哀，难以指实、似有似无的寄意等，都为晏、欧所继承发扬，故刘熙载云：“冯延巳词，晏同叔得其俊，欧阳永叔得其深。”[②]

晏殊的《珠玉词》，人多以“风流闲雅”[③]或“风流缊藉”[④]目之，且与欧阳修相并，是真正的士大夫之词。作为在仁宗朝发挥过重要政治作用的大臣，晏殊之词为何仅得“风流”之评呢？这当然与词在人们心目中的功用、地位有关。词起于酒席歌宴，行于伎人文士，无与于政教大事，亦非言志载道之用，自非诗文可比；然而又应看到，北宋士大夫文化重建儒学道统的指向，具有很大的覆盖面，词虽小道，亦不能免。虽说北宋前期尚多视词为“娱宾遣兴”之具，用作“聊佐清欢”（欧阳修《采桑子》小引），但晏殊词的“风流”属于士大夫文化，而尤见于特有的“富贵”气象。与晚唐五代进士的轻狂不同，北宋士大夫虽或出身低微，却因身份的改变，德与学的涵养，晏殊更缘于“文章赡丽，应用不穷，尤工诗，闲雅有情思”[⑤]，其词常表现出士大夫优游从容的气度。《青箱杂记》载：

---

① 冯煦．蒿庵论词[M]//介存斋论词杂著．北京：人民文学出版社，1959：59.

② 刘熙载．艺概[M].上海：上海古籍出版社，1978：107.

③ 李之仪．跋吴思道小词[M]//姑溪居士全集．北京：中华书局，1985：310.

④ 王灼．碧鸡漫志校正[M].岳珍，校正．成都：巴蜀书社，2000：34.

⑤ 脱脱，等．宋史[M]//二十五史．上海：上海古籍出版社、上海书店，1986：6320.

> 晏元献公虽起田里，而文章富贵，出于天然。尝览李庆孙《富贵曲》云："轴装曲谱金书字，树记花名玉篆牌。"公曰："此乃乞儿相，未尝谙富贵者。"故公每吟咏富贵，不言金玉锦绣，而惟说其气象，若"楼台侧畔杨花过，帘幕中间燕子飞"，"梨花院落溶溶月，柳絮池塘淡淡风"之类是也。故公自以此句语人曰："穷儿家有这景致也无？"①

一面是出于自然的"富贵气象"，另一面则划清与俚俗词风的界限。晏殊拒绝了柳永的求职，很重要的原因就是自己虽作"曲子"，却不作那种自道与女性相伴的俗词。受益于优待文官的政策，北宋士大夫俸禄很高，奢侈成风，多蓄养家妓，自与晚唐温庭筠直至当代的柳永不同，他们不必至坊曲寻妓，又受道德所律，不是在歌妓中寻求爱情，而多是自上而下的同情，即使有爱也是"赐爱"，而不是近于平等的爱。《避暑录话》云："晏元献公虽早富贵，而奉养极约，惟喜宾客，未尝一日不燕饮……既命酒，果实蔬茹渐至，亦必以歌乐相佐，谈笑杂出。数行之后，案上已灿然矣。稍阑，即罢遣歌乐曰：'汝曹呈艺已遍，吾当呈艺。'乃具笔札相与赋诗，率以为常。前辈风流，未之有比也。"②可见，晏殊常在家中招待客人，包括酒菜，也包括妓乐，而"必以歌乐相佐"则清楚地说明了家妓之用是佐酒侑觞、娱宾遣兴。作为士大夫，必须要有与其身份相适应的矜持，在晏殊看来，自己与歌妓都为客人"呈艺"，只是所"呈"者不同罢了。其《破阵子》云："燕子欲归时节，高楼昨夜西风。求得人间成小会，试把金尊傍菊丛。歌长粉面红。 斜日更穿帘幕，微凉渐入梧桐。多少襟怀言不尽，写向蛮笺曲调中。此情千万重。"写向蛮笺的千万重感情，是词人自己的感情，只是借歌女之口唱出来而已，这感情不是因歌女的粉面而起的。

作为士大夫之词，晏殊最见特色的是那些表达"闲情"之作。如名篇《浣溪沙》：

> 一曲新词酒一杯，去年天气旧亭台。夕阳西下几时回。　　无可奈何花落去，似曾相识燕归来。小园香径独徘徊。

此词实为曹操《短歌行》题旨的发挥，上片是"对酒当歌"的延续，下片是"去日苦多"的感慨。其构思及语言出于唐诗"流水歌声共不回，去年天气旧亭台"（郑谷《和知己秋日伤怀》），却胜于所出。"流水歌声"是人事与自然并举，而晏词则专写花落燕归的自然意象，且一"落"一"归"，具有动态，时光的流去寓于其中，自然诸物循环往复，而人生岁月则一去不返，无可奈何之情遂自然而出。体会人生哲理的"虚处"，出于自然景物的"实处"，花落燕归的微妙变化，又得之于作者体物细微之心，故体物而缘情，形象传递出不言的人生感受。赵尊岳所说甚好："晏无所不足于身世，其所以寄不足之情于词者，惟时光之易过与离别之难堪耳，此首泛述时光，却能回肠荡气……必求其思

---

① 吴处厚．青箱杂记[M]．李裕民，点校．北京：中华书局，1985：46–47.

② 叶梦得．避暑录话[M]//宋元笔记小说大观．上海：上海古籍出版社，2001：2615.

致闲淡，写事逼真，则在此无可奈何情绪之际，有非新词与酒所能解者，必不得已，只付之徘徊怆感而已。”[①]又《清平乐》：

金风细细，叶叶梧桐坠。绿酒初尝人易醉，一枕小窗浓睡。 紫薇朱槿花残，斜阳却照阑干。双燕欲归时节，银屏昨夜微寒。

《踏莎行》：

小径红稀，芳郊绿遍，高台树色阴阴见。春风不解禁杨花，蒙蒙乱扑行人面。
翠叶藏莺，朱帘隔燕，炉香静逐游丝转。一场愁梦酒醒时，斜阳却照深深院。

前者悲秋，温婉之中的哀愁及更难觉察的寂寞自然生出；后者伤春，也是写景为主，仅一“愁梦”为写情之笔。又一《踏莎行》则伤春兼及伤别：

细草愁烟，幽花怯露，凭阑总是销魂处。日高深院静无人，时时海燕双飞去。
带缓罗衣，香残蕙炷，天长不禁迢迢路。垂杨只解惹春风，何曾系得行人住。

晏殊的《木兰花》二首，属于另一类善于体物缘情之作：

燕鸿过后莺归去，细算浮生千万绪。长于春梦几多时，散似秋云无觅处。
闻琴解佩神仙侣，挽断罗衣留不住。劝君莫作独醒人，烂醉花间应有数。

池塘水绿风微暖，记得玉真初见面。重头歌韵响铮琮，入破舞腰红乱旋。
玉钩阑下香阶畔，醉后不知斜日晚。当时共我赏花人，点检如今无一半。

第一首的三、四句，将“来如春梦几多时，去似朝云无觅处”（白居易《花非花》）改入词中，以有形比无形，抒发人生感慨。晏殊在庆历三年（1043年）任宰相兼枢密使，掌握政军大权，身边有范仲淹、韩琦、富弼、欧阳修等人，范仲淹施行新政，颇有振作气象，但宋仁宗却以反对派所说为然，改革被中止，范仲淹等相继外放，晏殊也被罢相，故“挽断罗衣留不住”或有此托意，词也一反平日的温润之风，有结尾的激愤之言。对第二首，俞陛云曰：“极美满之风光，事后回思，都成陈迹。元献生当盛世，雍容台阁，而重醉花前，尚有旧人零落之感。若生逢叔季，衣冠第宅转眼都非，宁止何戡感旧耶？”[②]

再看其重笔而成的《浣溪沙》：

---

① 赵尊岳．珠玉词选评[J].词学：第七辑．上海：华东师范大学出版社，1989：142–143.
② 俞陛云．唐五代两宋词选释[M].上海：上海古籍出版社，1985：160.

> 一向年光有限身，等闲离别易销魂。酒筵歌席莫辞频。　满目山河空念远，落花风雨更伤春。不如怜取眼前人。

此词开头劈空而来，直接道出人生感触，次句谓离别本为等闲之事，而出以“销魂”二字，则实不等闲，可见作者之深情，第三句相劝宴饮，呼应首句而表及时行乐之旨。换头以极重之笔，出苍莽阔大之境，本于唐人的“山川满目泪沾衣，富贵荣华能几时”(李峤《汾阴行》)，却将实见改为悬想、感叹。结句由远而近，回到酒宴歌席，以怜取眼前歌女而自劝。此词将伤春伤别之意出之以带哲理的警悟之语，又以颓唐却旷达的态度加以化解，但前者恒在，后者短暂，读之思之而令人低回。赵尊岳指出其“感慨特深，堂庑更大，忽尔拓之使远，又复收之使近，诚有扨铁为枝之幻。亦惟如此，始益见其沉郁”的特点，又说：“此中不得已之心酸，回环讽咏，真深于情者。”[①]可见感慨深、堂庑大的沉郁之作，只能出于情深的作者。

晏殊词虽在伤春悲秋中凸现了沉重的生命意识，但既因太平时代，又因个性原因，其所作多是以轻轻的感伤、淡淡的忧愁出之，故所见为“闲雅从容”，至现代则有“无病呻吟”的讥评。对此，郑骞《成府谈词》或具“同情之理解”：

> 《珠玉词》清刚淡雅，深情内敛，非浅识所能了解，近人遂有讥为“身处富贵，无病呻吟”者。不知同叔一生，亦曾屡遭拂逆，且与物有情，而地位崇高，性格严峻，更易蕴成寂寞心境，故发为词章，充实真挚，安得谓之无病呻吟！文人哀乐，与生俱来，断无作几日宦即变成“心溷溷面团团”之理。为此语讥同叔者，吾知其始终未出三家村也。[②]

欧阳修是宋代文化史的重要人物。王安石云：“自公仕宦四十年，上下往复，感世路之崎岖。虽屯邅困踬，窜斥流离，而终不可掩者，以其公议之是非。既压复起，遂显于世。果敢之气，刚正之节，至晚而不衰。”[③]现代学者陈寅恪先生也在《赠蒋秉南序》中说：“欧阳永叔少学韩昌黎之文，晚撰五代史记，作义儿冯道诸传，贬斥势利，尊崇气节，遂一匡五代之浇漓，返之淳正。故天水一朝之文化，竟为我民族遗留之瑰宝。”[④]进而对欧阳修以道德气节匡正五代士风，建设宋代新文化的历史作用，作出了很高的评价。欧阳修对宋代文化所起的作用，大于其政治作用，因之许多论者都称之为“一代儒宗”。前论士大夫文化时，多次引用欧公所言，就足见他是如何为重建儒学传统、端正士风、文风而努力的。而作为这一文化的代表，建设的最力者，又是北宋诗文改革的领袖，欧阳修理应远离词苑，因为词源于颂酒赓色，延续为伤春悲秋、男欢女爱，无

---

① 赵尊岳．珠玉词选评[J]．词学：第七辑．上海：华东师范大学出版社，1989：146.

② 郑骞．成府谈词[J]．词学：第十辑．上海：华东师范大学出版社，1992：146–147.

③ 王安石．祭欧阳文忠公文[M]//临川先生文集．四部丛刊本．

④ 陈寅恪．寒柳堂集[M]．北京：三联书店，2001：182.

与于经国大事、政业道德、言志载道，自应为士大夫文化所排斥，与欧公的诸多正面论述绝缘。然而，如前所说，这一文化又具有士大夫多种人生角色、多重性格的一面，其所含的政治意识、社会意识、道德意识、事功意识等，不乏积极进取精神，对历史多起正面作用；而生命意识、爱情意识，结合亲情、宦情等，却又在灵魂、感情的深处，在正面所形的“日影”中，为词的“受容”保留了一方土地。对于历史来说，这不能说是负面的，对于感情而言，却是消极而又是真实的。这就是欧阳修作为一代儒宗，又作词以“聊佐清欢”的原因，因为酒宴所唱，不必危冠高坐，是感情宣泄的最好场合。所以，论家多以其“风流自命”，“吟咏之余，溢为词章”，而“游戏作小词”，“多与《花间》、《阳春》相混”。以小词为游戏，当然是：“（欧阳）修诗文皆变当时旧格，惟词为小技，未尝别辟门庭，然婉约风流，较苏轼之硬语盘空，转不失本色。”①

欧词的一个重要感情基础，即前引的《秋声赋》数语，由于“奈何以非金石之质，欲与草木而争荣”遂生出了许多人生感慨，如其《玉楼春》所说，“人生自是有情痴，此恨不关风与月”。其“有情痴”之词，近于晏殊而见士大夫文化特点的，首先是“闲情”之作。如《浣溪沙》的略见伤春：

> 湖上朱桥响画轮，溶溶春水浸春云。碧琉璃滑净无尘。　　当路游丝萦醉客，隔花啼鸟唤行人。日斜归去奈何春。

《定风波》的明言闲愁：

> 过尽韶华不可添。小楼红日下层檐。春睡觉来情绪恶，寂寞，杨花缭乱拂珠帘。　　早是闲愁依旧在，无奈，那堪更被宿酲兼。把酒送春惆怅甚，长恁，年年三月病厌厌。

其实，闲情并不“闲”，其组词《采桑子》三首，据考，是为忆谢绛而作，三词分别感叹“去年绿鬓今年白，不觉衰容”，“忧患凋零，老去光阴速可惊”，以“劝君满酌君须醉，尽日从容”相慰。欧词屡陈的“尊前贪爱物华新，不道物新人渐老”（《玉楼春》），“今年花胜去年红。可惜明年花更好，知与谁同”（《浪淘沙》），所承的是中唐王建《江南三台》的直白：“树头花落花开，道上人去人来。朝愁暮愁即老，百年几度三台”，“斗身强健且为，头白齿落难追。准拟百年千岁，能得几许多时”。甚而是唐妓刘采春《啰唝曲》更简捷、醒豁之说：“昨日胜今日，今年老去年。黄河清有日，白发黑无缘。”是沉重的生命意识。

欧阳修的《采桑子》，前九首都是在写景中透出雅致幽情，表现了“清风明月，幸属于闲人”（《西湖念语》）的游赏之乐，第十首却尽扫“清欢”而见惆怅，抒发了深长的感慨：

---

① 永瑢，等．四库全书简明目录[M]．上海：上海古籍出版社，1985：887–888.

平生为爱西湖好，来拥朱轮。富贵浮云，俯仰流年二十春。　　归来恰似辽东鹤，城郭人民。触目皆新。谁识当年旧主人。

词下片所云，涉及从初知颍州到退居颍州，经历了二十年的宦海生涯，却是人生的轮回，因此不觉而起“富贵浮云”之叹。伴随着升沉荣辱的复杂心态，故以“辽东鹤”自拟，而“当年旧主人”不在之时，又岂非“他人是愉”、“他人入室”（《诗·唐风·山有枢》）？这也就难怪他既感慨“人生自是有情痴”，又在“挥毫万字，一饮千钟”之时，作“行乐直须年少，尊前看取衰翁”（《朝中措·平山堂》）之叹了。所以，其《定风波》云：

把酒花前欲问君，世间何计可留春。纵使青春留得住，虚语，无情花对有情人。　　任是好花须落去，自古，红颜能得几时新。暗想浮生何事好，惟有，清歌一曲倒金尊。

《浪淘沙》说：

今日北池游，漾漾轻舟。波光潋滟柳条柔。如此春来春又去，白了人头。
好妓好歌喉。不醉难休。劝君满满酌金瓯。纵使花时常病酒，也是风流。

对照皇甫松的《摘得新》：“酌一卮。须教玉笛吹。锦筵红蜡烛，莫来迟。繁红一夜经风雨，是空枝。”“摘得新。枝枝叶叶春。管弦兼美酒，最关人。平生都得几十度，展香茵。”可见其一脉相承。

《采桑子》第十首所用丁令威化鹤归来一事，出于政治斗争和人生浮沉之感，是士大夫在历经沧桑后的深沉感叹。其《临江仙》：

记得金銮同唱第，春风上国繁华。如今薄宦老天涯。十年歧路，空负曲江花。
闻说阆山通阆苑，楼高不见君家。孤城寒日等闲斜。离愁难尽，红树远连霞。

对自己的仕途坎坷、十年歧路感慨甚深，在抒情之中，可以窥见政党政治参与者的人生际遇及内心痛苦，这既在词中体现了士大夫政治文化，又真实、具体开出了表现宦情一途。《圣无忧》也属此类：

世路风波险，十年一别须臾。人生聚散长如此，相见且欢娱。　　好酒能消光景，春风不染髭须。为公一醉花前倒，红袖莫来扶。

欧阳修为人“性刚直，处善恶，黑白分明，于当路有权势者，虽知其设机穽见待，必直前触发之不顾。其放逐流离至数年者,屡矣,而复振起,志气故自若也。”[①]然而其屡被放逐、七为郡守的经历,不能不在词中留下感情的印迹。看其代表作《踏莎行》:

候馆梅残,溪桥柳细,草熏风暖摇征辔。离愁渐远渐无穷,迢迢不断如春水。
寸寸柔肠,盈盈粉泪,楼高莫近危阑倚。平芜尽处是春山,行人更在春山外。

此词的写作背景是:范仲淹言事被贬。[②]欧阳修作书责高若讷不谏而失职,高怒而呈书,欧阳被贬为夷陵令,词即作于此时。上片言行者在早春离家远去,下片言闺中人的惆怅苦闷,两面落笔,允称佳构。再如《浪淘沙》:

把酒祝东风,且共从容。垂杨紫陌洛城东。总是当时携手处,游遍芳丛。
聚散苦匆匆,此恨无穷。今年花胜去年红。可惜明年花更好,知与谁同。

黄苏说:“按末二句,忧盛危明之意,持盈保泰之心,在天道则亏盈益谦之理,俱可悟得。大有理趣,却不庸腐。粹然儒者之言,令人玩味不尽。”[③]即使如其所说,此词有悟道之理趣,可在平和从容之中,过片的感叹“聚散苦匆匆,此恨无穷”,结尾的明言离别又具体为“可惜明年花更好,知与谁同”,仍满蕴感情,如俞陛云所说:“因惜花而怀友,前欢寂寂,后会悠悠,至情语以一气挥写,可谓深情如水,行气如虹矣。”[④]再举《浣溪沙》一例:

堤上游人逐画船,拍堤春水四垂天。绿杨楼外出秋千。 白发戴花君莫笑,六幺催拍盏频传。人生何处似尊前。

陈廷焯《别调集》评以“风流自赏”[⑤]四字,王国维仅赏其好句“绿杨楼外出秋千”[⑥],而黄苏却说:“按第一阕,写世上儿女多少得意欢娱。第二阕‘白发’句,写老成意趣,自在众人喧嚣之外。末句写得无限凄怆沉郁,妙在含蓄不尽。”[⑦]“凄怆沉郁”与“含蓄不尽”的统一,就是“沉着”与“和平”的关系。和平恬淡者尚如此,更不必说表现宦情者,经历了人生的诸多升沉荣辱后,“沉着”未免也透出激越,但此类已非“无意”,而是如《浣溪沙》:

---

① 叶涛.重修实录本传[M]// 欧阳修全集.北京:中华书局,2001:2670.
② 刘永济.唐五代两宋词简析[M].上海:上海古籍出版社,1981:40.
③ 黄苏.蓼园词评[M]//唐圭璋.词话丛编.北京:中华书局,1986:3037.
④ 俞陛云.唐五代两宋词选释[M].上海:上海古籍出版社,1985:170.
⑤ 陈廷焯.词则[M].上海:上海古籍出版社,1984:576.
⑥ 王国维.人间词话[M]//蕙风词话·人间词话.北京:人民文学出版社,1960:199-200.
⑦ 黄苏.蓼园词评[M]//唐圭璋.词话丛编.北京:中华书局,1986:3028.

十载相逢酒一卮。故人才见便开眉。老来游旧更同谁。　　浮世歌欢真易失，宦途离合信难期。尊前莫惜醉如泥。

不过，此类作品已不属欧词的“和平”主调，而是沿袭冯延巳且“得其深”者，前面所论闲愁与宦情者也多如此。

晏、欧以外的士大夫之词尚有宋祁所作，李之仪以之与晏、欧相并，近代王鹏运《半塘遗稿》以“华贵”称之，可谓甚当。宋祁的代表作是《玉楼春·春景》：

东城渐觉风光好，縠皱波纹迎客棹。绿杨烟外晓寒轻，红杏枝头春意闹。
浮生长恨欢娱少，肯爱千金轻一笑。为君持酒劝斜阳，且向花间留晚照。

写得轻松随意，却又风流闲雅，如陈廷焯所评：“红杏尚书，艳夺千古。为乐当及时，有心人语。”①其《浪淘沙近》与李煜平韵体《浪淘沙》、柳永《浪淘沙慢》不同，为词之首见：

少年不管。流光如箭。因循不觉韶光换。至如今，始惜月满、花满、酒满。　　扁舟欲解垂杨岸。尚同欢宴。日斜歌阕将分散。倚兰桡，望水远、天远、人远。

上片云少年时不懂惜时，现在才知道，更珍惜花好月圆酒满的好时光。下片承上而言送别，表达对友情的珍视。上下结的“月满、花满、酒满”，“水远、天远、人远”，为一句中三用同一字作韵，在词中极少见。宋祁词虽少，其“为乐当及时”的主题，与晏欧并无二致。

韩琦曾与范仲淹同镇陕西，以对付西夏元昊起兵，并称“韩范”。存词仅四首。录其《点绛唇》：

病起恹恹，画堂花谢添憔悴。乱红飘砌。滴尽胭脂泪。　　惆怅前春，谁向花前醉。愁无际。武陵回睇。人远波空翠。

韩琦为人刚毅英伟，喜怒不形于色，而此词却缠绵悱恻，似难以胜情，与其人绝不相类。故吴处厚《青箱杂记》引皮日休言宋璟铁石心肠而有《梅花赋》，证其“文章纯古，不害其为邪；文章艳丽，亦不害其为正”之说，并以范仲淹、司马光皆有艳丽小词再说此理。②此词作于韩琦晚年，此时王安石推行新法，韩琦曾上书请罢青苗法，王称病不朝，韩也被免河北安抚使，自此心情忧郁，常怀念被贬出朝的故友，所以，词中实为借

① 陈廷焯．词则[M]．上海：上海古籍出版社，1984：573.
② 吴处厚．青箱杂记[M]．李裕民，点校．北京：中华书局，1985：83.

伤春怀人而抒其政治失意之情。倘如此，其比兴寄托的手法是很高明的。

自晏、欧开始，词的流派渐起，出现了诸多名家名作，无论在内容、题材，还是艺术、形式上，都有很大的开拓，后起的苏轼更因受累于士大夫文化的政党政治，将人生感触和生存智慧入之于词，由晏、欧所长的“闲情”发展出表现“性情”的一大题材，使之能“别立一宗”，限于篇幅，对此只能另立专题再论了。

（未刊稿）

论北宋中期词的变化

此处所说的北宋中期是仅就词史而言，大致为英宗、神宗、哲宗的37年，其中代表性的士大夫词人是苏轼、秦观、黄庭坚。以士大夫文化观照以仁宗时期为主的前期词，伤春伤别之作最多，宦情、颂谀则是次要内容。而到北宋中期，士大夫文化的发展、变化，也在词中投下了影子，并主要体现在三方面。一是政党政治占据主位，且贯穿到北宋末，使政治文化成为了士大夫文化的主体，而此期的激烈党争，造就了诸多士大夫的困顿沉浮，宦情、羁情入于词中，留下了心灵的印迹。二是随着理学在这一时期逐渐成熟，一方面是理学家也加入党争，形成了诸如蜀党与洛党的纷争，另一方面是在党争中失败而遭贬谪的词人，也受到理学的影响，从生活中汲取了佛道的思想资源，化为了生存智慧之“理”，词中渐多对理趣的表达。三是士大夫在坚守自己的文化家园同时，也并不排斥市井文化或其他俗文化，在词的创作中出现了既雅俗分流、又兼融雅俗的现象。以上变化，从总体上也导致了词的“缘情”性质之变：晚唐及“花间”词在多元文化背景中以进士文化为主流，其相应的最大主题是“艳情”；南唐至北宋初期词，转成以士大夫文化为主要背景，词多抒“闲情”；北宋中期士大夫文化因上述之变，使词在延续原先题材同时，又出现前所未见的“性情”之作。

一　飘零官路　荏苒年华

司马光与王安石在政治上分歧甚大，而作为北宋士大夫文化的代表，二人又有共同之处。王安石在熙宁之初，就“以道进退”[①]，宋神宗若不接受其新法建议，他不肯就相位；而司马光同样是“陛下能用其言，光必来；不能用其言，光必不来”[②]。故二人虽政见不同，却在出处原则上无异，都以政治理想与见解为准绳，而不以功名利禄为转移。而因进退所牵涉的个人境遇，则在他们的词中有所反映。

王安石在熙宁二年（1069年）二月被任命为参知政事，又设三司条例司，掌管经画国家财政，筹划变革旧法大事，开始制定并推行新法，“熙宁变法”开始。变法是陆续展开的，实施的过程中，遭到很多官员，以及皇室、贵戚、部分大商人的反对，王安石也在熙宁七年（1074年）第一次被迫辞相，遂以韩绛同平章事，吕惠卿为参知政事，继续推行新法，而因新法派内吕惠卿与曾布多有矛盾，次年王安石复相，却因与吕惠卿又多不合，派内分歧无法弥合，王安石已难以实行新法，于是再度罢相而退居金陵。元

---

① 叶梦得.石林燕语[M]//宋元笔记小说大观.上海：上海古籍出版社，2001：2537.

② 邵伯温.邵氏闻见录[M].李剑雄，刘德权，点校.北京：中华书局，1983：114.

丰八年(1085年),宋神宗卒,哲宗继位,年号元祐,哲宗未满十岁,遂由其祖母高太后听政并处政。高太后反对新法,任司马光为门下侍郎,司马光提出拨乱反正、罢废新法,随之新党被排,旧党复用,史称"元祐更化"。在司马光罢废全部新法时,不少原先对新法持异议的官员,此时却对此表示反对,苏轼还曾与司马光发生过激烈的争执。不久,司马光死,旧党分为蜀、朔、洛三党,演为人事倾轧而互相攻讦。元祐八年(1093年),宋哲宗亲政,表明继承父业之志,更年号为绍圣,起用新派的章惇、曾布和蔡卞等人,重新推行部分新法。由于变法派在元祐年间曾遭受打击,在重新执政后极力报复旧党,推行新法也已变得有名无实,这一时期,史称"绍圣绍述"。

在新旧派的政争及相关的人事起、废中,也在他们的词中留下了感情的记录,可以看到他们的心灵悸动。宋初词中,似范仲淹《渔家傲》、《剔银灯》这样表现大题材的作品是不多的,欧阳修虽写宦情,但在其全部词中只是少数。而到北宋中期则不然,司马光存词仅三首,可《锦堂春》抒发的是为宦之悲:

> 红日迟迟,虚廊转影,槐阴迤逦西斜。彩笔工夫,难状晚景烟霞。蝶尚不知春去,谩绕幽砌寻花。奈猛风过后,纵有残红,飞向谁家。　　始知青春无价,叹飘蓬宦路,荏苒年华。今日笙歌丛里,特地咨嗟。席上青衫湿透,算感旧、何止琵琶。怎不教人易老,多少离愁,散在天涯。

作者因与王安石政见不合,出知永兴军,改判西京留守司御史台,后又以端明殿直学士兼翰林侍读学士居洛阳,主撰《资治通鉴》,哲宗即位才主持国政,从熙宁三年(1070年)出京,到元祐元年(1086年)拜为左仆射兼门下侍郎,其间有16年。陈霆说此词"所赋婉媚凄惋,殆不能忘情",进而疑之"岂其少年所作耶"①,而从词中语气看,当非是。尤其下片显为抒发宦情:因春去而想到青春的可贵,可叹飘零于官路,不觉年华荏苒,今天在笙歌丛中咨嗟,何止是白居易江州司马的琵琶之叹!

司马光的政敌王安石又如何呢?其《浪淘沙令》是以人物为中心的咏史词:"伊吕两衰翁。历遍穷通。一为钓叟一耕佣。若使当时身不遇,老了英雄。　　汤武偶相逢。风虎云龙。兴亡只在笑谈中。直至如今千载后,谁与争功!"咏伊尹、吕尚分别辅佐建立商、周二朝事,可令人想起作者本人得宋神宗支持而推行的变法大业。而《千秋岁引·秋景》:

> 别馆寒砧,孤城画角。一派秋声入寥廓。东归燕从海上去,南来雁向沙头落。楚台风,庾楼月,宛如昨。　　无奈被些名利缚。无奈被他情担阁。可惜风流总闲却。当初谩留华表语,而今误我秦楼约。梦阑时,酒醒后,思量著。

① 陈霆.渚山堂词话[M]//渚山堂词话·词品.北京:人民文学出版社,1960:29.

虽写男女私情是小词路数,但此词的“无奈被些名利缚。无奈被他情担阁”则可显见是在“进”而不得的闲退之后,借以写其对政治的厌倦。二次罢相后的王安石,在金陵隐居以过晚年,《渔家傲》写于此时:“平岸小桥千嶂抱,揉兰一水萦花草。茅屋数间窗窈窕。尘不到,时时自有春风扫。　午枕觉来闻语鸟,欹眠似听朝鸡早。忽忆故人今总老。贪梦好,茫然忘了邯郸道。”虽对现实不无超越、解脱,可“邯郸道”一说,难道不是对“官路”的一种感叹吗?应该说,这是在退出政治舞台后,依然可见的士大夫情怀。

大文豪苏轼因遭罗织的“谤讪朝政”罪,被拘入御史台监狱130多天,得神宗的祖母曹后说情,甚至退居金陵的王安石都上书营救,才得出狱,贬官黄州。苏轼在狱中寄其弟苏辙的诗之短序云:“予以事系御史台狱,狱吏稍见侵,自度不能堪,死狱中,不得一别子由。”短短几句话,透出了其中逼供之严酷。诗云:“圣主如天万物春,小臣愚暗自亡身。百年未满先偿债,十口无归更累人。是处青山可埋骨,他时夜雨独伤神。与君世世为兄弟,又结来生未了因。”“柏台霜气夜凄凄,风动琅珰月向低。梦绕云山心似鹿,魂惊汤火命如鸡。眼中犀角真吾子,身后牛衣愧老妻。百岁神游定何处,桐乡知葬浙江西。”他到黄州是由御史台差人押解去的,还是罪人。到黄州后,其《西江月》下片云:“酒贱常愁客少,月明多被云妨。中秋谁与共孤光,把盏凄然北望。”《临江仙》结句说:“小舟从此逝,江海寄余生。”

虽达观如苏轼,二词所流露的人生空幻之感和悲戚之情,对今后的生活道路设计,更比“飘零官路,荏苒年华”的感叹沉重得多。苏轼一直受累于党争,被一贬再贬,故后来以平生功业在黄州、惠州、儋州自嘲,其词表现宦情、羁情者尤多。

苏门四学士之一的秦观,是颇具进士文化特点、气质的词人,朱光庭就以其“素号薄徒,恶行非一”[①] 而向朝廷相奏,他很晚才中进士,做官不久,就身陷党争之中,也被贬南方。秦观是党争的牺牲品,其政治失落使之既感叹官路飘零、年华荏苒,又将“身世之感打并入艳情”,造就出独特的“词心”,且将士大夫贬谪文化与词之“缘情”本质相结合,以“古之伤心人”写出凄婉动人之词。如《千秋岁》与《阮郎归》:

> 水边沙外,城郭春寒退。花影乱,莺声碎。飘零疏酒盏,离别宽衣带。人不见,碧云暮合空相对。　忆昔西池会,鹓鹭同飞盖。携手处,今谁在?日边清梦断,镜里朱颜改。春去也,飞红万点愁如海。

> 湘天风雨破寒初,深沉庭院虚。丽谯吹罢小单于,迢迢清夜徂。　乡梦断,旅魂孤,峥嵘岁又除。衡阳犹有雁传书,郴阳和雁无。

黄庭坚深于佛道而善于自我化解人生的苦恼,虽在被贬戎州(今四川宜宾)所写的

---

① 李焘,等.续资治通鉴长编[M].上海:上海古籍出版社,1986:4158.

《念奴娇》仍以“老子平生,江南江北,最爱临风曲。孙郎微笑,坐来声喷霜竹”,表其豪情不减。在黔州贬所时,又有《定风波·次高左藏使君韵》:“莫笑老翁犹气岸。君看。几人黄菊上华颠。戏马台南追两谢。驰射。风流犹拍古人肩。”亦见乐观情绪。可是在宜州贬所写下的《虞美人·宜州见梅作》,其歇拍“平生个里愿杯深。去国十年老尽、少年心”,所流露的还是未见明言的“飘零”、“荏苒”之情。而因秦观之死,黄庭坚在贬宜州过衡阳时览其遗墨,终不由得沉痛异常,其《千秋岁》小序云:“少游得谪,尝梦中作词云:‘醉卧古藤阴下,了不知南北。’竟以元符庚辰,死于藤州光华亭上。崇宁甲申,庭坚窜宜州,道过衡阳。览其遗墨,始追和其千秋岁词。”词的下片更写道:“酒泪谁能会。醉卧藤阴盖。人已去,词空在。兔园高宴悄,虎观英游改。重感慨,波涛万顷珠沉海。”

表现贬谪之悲的,还有如张舜民的《卖花声·题岳阳楼》:

木叶下君山。空水漫漫。十分斟酒敛芳颜。不是渭城西去客,休唱《阳关》。醉袖抚危阑。天淡云闲。何人此路得生还?回首夕阳红尽处,应是长安。

李之仪的《忆秦娥》、《临江仙》:

清溪咽。霜风洗出山头月。山头月。迎得云归,还送云别。　　不知今是何时节。凌歊望断音尘绝。音尘绝。帆来帆去,天际双阙。

偶向凌歊台上望,春光已过三分。江山重叠倍销魂。风花飞有态,烟絮坠无痕。　　已是年来伤感甚,那堪旧恨仍存!清愁满眼共谁论?却应台下草,不解忆王孙?

可见,北宋士大夫尽管有与国君“共定国是”之幸,却受到了政党政治的困扰、伤害,神宗、哲宗时期尤甚,“叹官路飘零,荏苒年华”遂成为此期士大夫文化进入词中的一个普遍内容,与仁宗时期“温润秀洁”的晏殊、“沉着和平”的欧阳修、闲雅富贵的宋祁等人,都显见不同。

二　以物观物　以理化情

士大夫文化的“内圣”倾向,使之与新出的理学结缘,也使北宋中期的士大夫之词发生了变化:一面是扩大、突破词之传统“缘情”题材,另一面是在以“礼”节情同时,力图净化男欢女爱之情;而由于党争中的仕途坎坷,在感叹官路飘零同时,又能以“理”化情,不为情累,同时,词中言事理与物理者渐多;加以北宋士大夫多喜参禅问道,受禅与道的影响,又形成了词中特有的“理趣”。这里侧重论后二者。

宋代文学有“达理”的普遍追求。杨慎曾说:“唐人诗主情,去《三百篇》近,宋人诗主理，去《三百篇》却远矣。”[①]所说是诗，又何尝不是唐宋文学精神的主要区别？唐代从六朝过来，沿着“诗缘情”一路，虽经众多诗人的努力，将持续的宫体诗“绮靡”之风渐予纠正，注入了建安风骨，如殷璠所说是“文质半取，风骚两挟”[②]，但唐代文学的主要特点仍在“主情”。宋代则不然，鉴于唐五代进士文化在道德气节上的不振，宋人在重建“内圣”路线同时，力图将“性理”与天理统一在一起。作为“宋儒之首”的周敦颐，其《太极图说》本为宇宙论，却引出了“圣人定之以中正仁义而主静，立人极焉”[③]一说，其《通书》亦以“诚”作为中心概念，体现出宇宙论与道德论结合的趋向。发展至程颐，终于构成了区别于汉代的天人合一新说：“在天为命，在义为理，在人为性，主于身为心，其实一也。”[④]理学的影响更及于士大夫，在普遍追求性理的同时，对于天理的关注，也成为重要的文学内涵，所以宋代的文艺都有言理、求理的倾向。

宋人既不同于汉人的重视讽谏，以三百篇皆为谏书，强调比兴对政治的匡正，而是肯定文学的抒情特质；但又不似唐人纯粹的、不作抑制的抒情，而是将情限定在“性”的合理范围之内。在宋朝开国之初，田锡已有“以情合于性，以性合于道”[⑤]之说，后来不少人都对“发愤抒情”、“不平则鸣”说进行过修正、改造，以求“吟咏性情之正”。韩愈云“凡物不得其平则鸣”，“人之于言也亦然！有不得已者而后言，其歌也有思，其哭也有怀”[⑥]发展了司马迁的“发愤著书”说，进而谓“和平之音淡薄，而愁思之言要妙；欢愉之辞难工，而穷苦之言易好”。[⑦]宋人多宗韩，却对韩愈此说作了改造。欧阳修的“穷而后工”论虽与韩愈所说有相近处，但此序又显著反对“徒发”“羁愁感叹之言”[⑧]。苏轼更兼综“礼”与“理”，对“不平则鸣”一说表示异议：“太史公论《诗》，以为《国风》好色而不淫，《小雅》怨诽而不乱。以余观之，是特识变风、变雅耳，乌睹《诗》之正乎？昔先王之泽衰，然后变风发乎情，虽衰而未竭，是以犹止于礼义……”称道王定国被贬岭南“所作诗数百余首寄余，皆清平丰融，蔼然有治世之音”[⑨]。而《送参寥师》一诗则写道：“退之论草书，万事未尝屏。忧愁不平气，一寓笔所骋。颇怪浮屠人，视身如丘井。颓然寄淡泊，谁与发豪猛。细思乃不然，真巧非幻影。欲令诗语妙，无厌空且静。静故了群动，空故纳万境。”虽非正面否定韩说，“空”与“静”的标举，实际上包含了对“情累”的不以为然。

理学家反对情之溺人，提倡以理胜情，为文艺家改造唐人的理论起了推波助澜的作用。邵雍云：“且情有七，其要在二。二谓身也，时也。谓身则一身之休戚也，谓

① 杨慎．升庵诗话笺证[M]．王仲镛，笺证．上海：上海古籍出版社，1987：111．

② 殷璠．河岳英灵集[M]//唐人选唐诗十种．上海：上海古籍出版社，1958：41．

③ 周敦颐．太极图说[M]//周敦颐集．北京：中华书局 1990：6．

④ 程颢，程颐．河南程氏遗书[M]//二程集．北京：中华书局，2004：204．

⑤ 田锡．贻宋小著书[M]//咸平集．四库全书本．

⑥ 韩愈．送孟东野序[M]//屈守元，等．韩愈全集校注．成都：四川大学出版社，1996：1464．

⑦ 韩愈．荆谭唱和诗序[M]//屈守元，等．韩愈全集校注．成都：四川大学出版社，1996：1671．

⑧ 欧阳修．梅圣俞诗集序[M]//欧阳修全集．北京：中华书局，2001：613．

⑨ 苏轼．王定国诗集序[M]//苏轼全集．上海：上海古籍出版社，2000：854．

时则一时之否泰也。一身之休戚,则不过贫富贵贱而已。一时之否泰,则在夫兴废治乱者焉。""近世诗人,穷戚则职于怨憝,荣达则专于淫泆。身之休戚,发于喜怒;时之否泰,出于爱恶。殊不以天下大义而为言者,故其诗大率溺于情好也。"[①]在阐述了"情之溺人也甚于水"及如何知利害而把握性与情的关系后,他又以自己为例,提出"诚为能以物观物,而两不相伤"的原则,要扫除感情之蔽障,超于物而不累于物,以期达到物我两忘之境。虽说邵雍的诗被认为是"语录讲义之押韵者"[②],但他主张的"以物观物,而两不相伤",对于遭遇人生中的休戚否泰,欲力图摆脱情累,不失为一个很好的方法。而对于士大夫来说,在仕途坎坷之中能否做到以理化情,也不妨看作是一种生存智慧。

前引的王安石《千秋岁引》,有"无奈被些名利缚。无奈被他情担阁。可惜风流总闲却","梦阑时,酒醒后,思量著"诸语,感慨之中又不乏"见道"之心。《渔家傲》虽依然可见士大夫情怀,而结句"贪梦好。茫然忘了邯郸道",又岂非以理化情之语?其晚年所作诸词,如《雨霖铃》(孜孜矻矻)、《南乡子》(嗟见世间人)等,固然多陈佛理,却仍无悖于去除人生蔽障、不溺于情累之意旨。

在由唐代儒道释三家并行,到宋代三家融合的整体发展趋向中,虽以儒为本,却因政治斗争、个人升沉,又有在个人历史不同阶段对三家的侧重选择,苏轼就是一个典型例子,因为他的一生似乎都在寻找合适的处世之"理"。苏轼论诗最重陶杜两家,杜甫"一饭未尝忘君"的精神与苏轼自己的"奋厉有当世志"[③]相一致,而陶渊明的"欲仕则仕,不以求之为嫌;欲隐则隐,不以去之为高"[④],则与苏轼对人生处世"循万物之理,无往而不自得,谓之顺"[⑤]的认识接近。因"性公而明,情偏而暗"[⑥],出于自身际遇的原因,欲使不溺于情,故作以理化情,以寻求超越。苏轼曾对于诗是否能"穷人"之说阐述己见:"诗能穷人,所从来尚矣,而于轼特甚。"但是,"其诗日已工,其穷殆未可量,然亦在所用而已。不龟手之药,或以封,安知足下不以此达乎?人生如朝露,意所乐则为之,何暇计议穷达。云能穷人者固缪,云不能穷人者,亦未免有意于畏穷也。"[⑦]由于所识通达,故对于穷愁哀苦之诗不以为然,他既有"郊寒岛瘦"之说,又在《读孟郊诗二首》中说:"人生如朝露,日夜火清膏。何苦将两耳,听此寒虫号,不如且置之,饮我玉色醪。"在对待自己的穷通出处上,他虽不无萦念利害得丧、甚而极其哀恸之时,却终能以理化情,而这又得益于不辟佛老甚而真能得其要谛。他"初好贾谊、陆贽书,论古今治乱,不为空言。既而读《庄子》,喟然叹息曰:'吾昔有见于中,口不能言,今见《庄子》,得吾心

---

① 邵雍.伊川击壤集[M].四部丛刊本.

② 刘克庄.恕斋诗存稿[M]//后村先生大全集.四部丛刊本.

③ 苏辙.亡兄子瞻端明墓志铭[M]//苏辙集.北京:中华书局,1990:1117.

④ 苏轼.书李简夫诗集后[M]//苏轼全集·文集.上海:上海古籍出版社,2000:2148.

⑤ 苏轼.苏氏易传[M].四库全书本.

⑥ 邵雍.皇极经世全书解[M].四部丛刊本.

⑦ 苏轼.答陈师仲主簿书[M]//苏轼全集.上海:上海古籍出版社,2000:1659.

矣。’”“后读释氏书，深悟实相，参之孔、老，博辩无碍，浩然不见其涯也。”[①]庄、释思想对他的影响，在其黄州词中常能见到，此已为人所熟知，可不作例举。

理学家邵雍有“情之溺人甚于水”之说，黄庭坚所论，与之尤近：“诗者，人之情性也。非强谏争于廷，怨忿诟于道，怒邻骂坐之为也……其发为讪谤侵陵，引颈以承戈，披襟而受矢，以快一朝之忿者，人皆以为诗之祸，是失诗之旨，非诗之过也。”[②]甚至认为“东坡文章妙天下，其短处在好骂”[③]，他所肯定的是经抑情约性将“诗可以怨”转化为“不怨之怨”[④]。所以，他能藉老庄与禅宗化解现实中的思想苦闷，如《西江月》即是，据此词小序，崇宁甲申他方谪宜阳，惠洪归分宁龙安，二人遇于湘中。惠洪作《西江月》以赠：“大厦吞风吐月，小舟坐水眠空。雾窗春色翠如葱。睡起云涛正拥。往事回头笑处，此生弹指声中。玉笺佳句敏惊鸿。闻道衡阳价重。”黄庭坚和之：

> 月仄金盆堕水，雁回醉墨书空。君诗秀色雨园葱。想见衲衣寒拥。 蚁穴梦魂人世，杨花踪迹风中。莫将社燕等秋鸿。处处春山翠重。

此词就可见特有的庄禅情怀。又如《南乡子·重阳日宜州城楼宴集即席作》亦见豁达：“诸将说封侯。短笛长歌独倚楼。万事尽随风雨去，休休。戏马台南金络头。 催酒莫迟留。酒味今秋似去秋。花向老人头上笑，羞羞。白发簪花不解愁。”所以，理碍于情，是历来论家的认识，但北宋士大夫之词的理趣，如苏、黄所作，却都有其独到的表现和价值。

由于重理，即使小小咏物，宋人也求证于心性境界。程颐认为“多识于鸟兽草木之名”，是“所以明理也”[⑤]，罗大经《鹤林玉露》曾就杜甫的绝句“迟日江山丽，春风花草香。泥融飞燕子，沙暖睡鸳鸯”，驳斥“此与儿童之属对何以异”一说，认为：“上二句见两间莫非生意，下二句见万物莫不适性。于此而涵咏之，体认之，岂不足以感发吾心之真乐乎！”[⑥]若作比较，五代咏物词重在外部形态的描写，而北宋咏物词则重心性的抒发，如苏轼《卜算子》之咏孤雁，黄庭坚极其赞赏，大约是体会出其中的“见道”之心。如果说“比体”的以物比人尚是唐诗所惯用，而用于词中，咏物而见理，则是苏轼作为士大夫之词的突出之处。

三 雅俗结合 以俗为雅

汉人重外在的“礼”，宋代则既重“礼”又更重内在的“理”，由外入内，在回到先秦

---

① 苏辙．亡兄子瞻端明墓志铭[M]//苏辙集．北京：中华书局，1990：1126-1127.

② 黄庭坚．书王知载朐山杂咏后[M]//豫章黄先生文集．四部从刊本．

③ 黄庭坚．答洪驹父书[M]//豫章黄先生文集．四部从刊本．

④ 黄庭坚．胡宗元诗集序[M]//豫章黄先生文集．四部丛刊本．

⑤ 程颢，程颐．河南程氏遗书[M]//二程集．北京：中华书局，2004：323.

⑥ 罗大经．鹤林玉露[M]//宋元笔记小说大观．上海：上海古籍出版社，2001：5255。

儒家礼乐文化“礼以节外，乐以和内”这一精神的同时，更将“和内”推向了理性的自觉，广义的“乐”构成了属于雅文化而非俗文化的系统。追求雅趣、雅玩而非俗趣、俗玩，与宋人“正性情”的追求互为表里，因此，北宋士大夫文化是雅文化。

词在唐代起于宫廷，又盛于民间，其音乐基础是教坊俗乐，本应兼备雅俗，而在走出宫廷后，在文人手中渐变为雅，盛于民间者则多为俗，显见分流。五代词主要是文人所作，雅声为盛，俗乐不闻。到北宋前期，以晏殊、欧阳修为代表的士大夫情调，更提升了雅词的品位，但因柳永醉心于市井文化，将文人词作了俚俗化的改变，具有很大的接受面，故连欧阳修也受到影响。到北宋中期，苏轼有意于与柳永分庭抗礼，“指出向上一路”，且对传统文人词的侑觞、佐欢功能作了改造，渐转为自我感情的抒发，拓展了题材，提高了意格，使词在雅化同时，又回归于士大夫文化。柳永藉市井新声在词的表现形式上有很大的改革和发展，但即如晏几道这样具有“贰臣”性质的词人，仍坚持乃父的雅词主张，仅作小令，拒绝长调慢词。苏轼虽有意改变自上而下皆好柳词的现状，却不是简单地鄙弃，而是十分重视柳永从市井俗乐中发展出的长调慢词，采取用其形式、变其内容的策略，作了雅化的改造，在自己的创作实践中，去其俚俗的市井语言，变其市民、青楼情调，更换悦妓题材，将俗词形式作了雅词内容的发展，开辟出一片新天地。苏轼以柳永俗词为对立面的改革，虽未得很多赞同，但对士大夫所作是有影响的，故这一时期是士大夫雅词占据了主导地位。雅词的回到主位，除了士大夫文化重新占得优势，审美趣尚也发生了相应变化的原因外，就词本身的文学创作而言，则主要取决于语言。士大夫之词所用的语言自不同于柳永俗词，远于市井俚语而近于文人雅言。语言是文学的基础，且决定了文学的风格。苏轼论道：“诗人有写物之工……林逋梅花诗云：‘疏影横斜水清浅，暗香浮动月黄昏。’决非桃李诗。皮日休《白莲花》诗云：‘无情有恨何人见，月晓风清欲堕时。’决非红莲诗。此乃写物之工。若石曼卿《红梅》诗云：‘认桃无绿叶，辨杏有青枝。’此至陋语，盖村中学究体也。”[①]对林逋、皮日休“写物之工”的赞扬，是赞其雅人深致，而对石曼卿“村中学究体”之讥，实是因其“至陋语”之俗。黄庭坚论书画屡言“韵”与“胸次”，表现出求雅的审美祈向，赞美苏轼《卜算子》（缺月挂疏桐）“语意高妙，似非吃烟火食人语。非胸中有万卷书，笔下无一点尘俗气，孰能至此”[②]，更见对雅词及其语言的推崇。

词经苏轼的努力而改变了柳永的俚俗，但雅俗结合的趋势仍不可避免。除了文学的整体发展大势这一原因外，更在于词自身的特殊性。词为“倚声”艺术，而词乐本为俗乐，士大夫习此者少，柳永留连坊曲、驻足青楼，与乐工歌妓多有切磋，才“大得声称于世”，而士大夫只在家妓或官妓中“呈艺”，所作难以经众口相传的检验。所以，苏轼词被认为是诗人之词，“要非本色”，不仅是文学意义的，更是对倚声特质的疏远、以至背离。为追求本色、当行，苏轼的“以诗为词”未被普遍接受，柳永的潜在影响仍然

① 苏轼．评诗人写物[M]//苏轼全集．上海：上海古籍出版社，2000：2144-2145．

② 黄庭坚．跋东坡乐府[M]//豫章黄先生文集．四部丛刊本．

发生着作用，雅俗结合遂成为一条可行的创作道路。而从语言的角度看，宋代文学尚雅而尤见于语言，只是问题的一个方面。另一方面是：北宋文学在以雅为宗同时，又表现出雅俗结合的变化。这一变化与经济、社会之变所导致的文化之变有密切关系。由于经济发达，城市繁荣，造就出可观的市民队伍，城市中除日常生活、经济活动的有关设施外，勾栏、瓦子等娱乐场所也较多，《东京梦华录》卷五的《京瓦伎艺》可见之，因此，市民的文化消费促使文艺逐渐具有了平民化、通俗化的特点。另外，北宋俗文学的接受效应，也影响了雅文学作者的创作思想，使之从一味求雅转向了雅俗结合。印书业发达，为文学作品的传播提供了方便，通俗文艺要适应市场需要，雅文学也不能一味自我欣赏，为了有更多的读者，适当的语言通俗化应是可行的道路。从传播与接受角度，可以解释文学向语言通俗发展之由，另一原因则出于悦禅。北宋前期，以欧阳修为代表，多努力辟佛，而到北宋中期，则士大夫具有普遍悦禅的倾向，也使之发生了语言的变化。禅宗对北宋语言的转变起了很大作用："经典中的书面语言被生活中的日常语言所替代，生活中的日常语言又被各种特意变异和扭曲的语言所替代，这种语言又逐渐转向充满机智和巧喻的艺术语言……最后，中国特殊的知识语境与社会背景，又使这一思想领域内的宗教语言，逐渐演变成了文学中的语言艺术与语言游戏……"①这正是文人诗、文、词由雅而俗的重要原因。

黄庭坚曾本梅尧臣所说，表达其对文学以俗为雅的期待："盖以俗为雅，以故为新，百战百胜，如孙、吴之兵，棘端可以破镞，如甘蝇、飞卫之射，此诗人之奇也。"②秦观自谓"仰不知雅言之可爱，俯不知俗论之可卑"③，亦可见兼容雅俗的态度。因此，以他们为代表的一些词人，鉴于士大夫文人词既是对词的发展，也是对词的特质的销蚀，故在坚持雅文化立场同时，又对俗文化加以改造、吸收，于柳、苏词各有选择，即：既受到苏轼"以诗为词"的影响，又不避柳永的"骫骳从俗"，造就了北宋中期士大夫之词的雅俗结合。黄庭坚的词，既如晁补之所说，"固高妙，然不是当行家语，是著腔子唱好诗"④，又如陈廷焯所评，是"乖僻无理，桀骜不驯"⑤，李调元甚至有"山谷词酷似曲"⑥之说。秦观词俊逸清新、和婉醇正、情韵兼胜，晁补之以为"近世以来，作者皆不及秦少游"⑦，直到清代，论者仍多以之为当行本色，甚而誉为"词家正音"，谓"北宋惟少游乐府语工而入律，词中作家，允在苏、黄之上"⑧。但秦词也有近于黄庭坚的俚俗之处，陈廷焯即指出："少游名作甚多，而俚词亦不少，去取不可不慎。"⑨刘体仁综观柳永而至

---

① 葛兆光．中国思想史[M]．上海：复旦大学出版社，2004：92-83．

② 黄庭坚．再次韵杨明叔小序[M]//豫章黄先生文集．四部丛刊本．

③ 秦观．逆旅集序[M]//徐培均．淮海集笺注．上海：上海古籍出版社，2000：1258．

④ 吴曾．能改斋漫录[M]．上海：上海古籍出版社，1979：469．

⑤ 陈廷焯．白雨斋词话足本校注[M]．屈兴国，校注．济南：齐鲁书社，1983：623．

⑥ 李调元．雨村词话[M]//唐圭璋．词话丛编．北京：中华书局，1986：1400．

⑦ 吴曾．能改斋漫录[M]．上海：上海古籍出版社，1979：469．

⑧ 胡薇元．岁寒居词话[M]//唐圭璋．词话丛编．北京：中华书局，1986：4029．

⑨ 陈廷焯．白雨斋词话足本校注[M]．屈兴国，校注．济南：齐鲁书社，1983：68．

黄、秦词,指出:“柳七最尖颖,时有俳狎,故子瞻以是呵少游。若山谷亦不免,如我不合太撋就类,下此则蒜酪体也。”① 其实不仅是黄、秦有不少俗词,从王安石以来,一直都有此类作品,以至到后来形成了词的俳谐体,且有不少作者。此处举王安石、王观、黄庭坚、秦观数例以观之。

王安石《雨霖铃》为入禅之作,且具禅宗语言的本色特点:“孜孜矻矻。向无明里、强作窠窟。浮名浮利何济,堪留恋处,轮回仓猝。幸有明空妙觉,可弹指超出。缘底事、抛了全潮,认一浮沤作瀛渤。　本源自性天真佛。只些些、妄想中埋没。贪他眼花阳艳,谁信道、本来无物。一旦茫然,终被阎罗老子相屈。便纵有、千种机筹,怎免伊唐突。”王观《红芍药》以算寿账来劝人及时行乐,多用口头俗语:“人生百岁,七十稀少。更除十年孩童小。又十年昏老。都来五十载,一半被、睡魔分了。那二十五载之中,宁无些个烦恼。　仔细思量,好追欢及早。遇酒追朋笑傲。任玉山摧倒。沉醉且沉醉,人生似、露垂芳草。幸新来、有酒如渑,结千秋歌笑。”黄庭坚《江城子》亦多口语、叠句:“新来曾被眼奚搐。不甘伏。怎拘束。似梦还真,烦乱损心曲。见面暂时还不见,看不足、惜不足。　不成欢笑不成哭。戏人目。远山蹙。有分看伊,无分共伊宿。一贯一文跷十贯,千不足、万不足。”《归田乐引》同样是采用当时口语,作“男子闺音”的代言:“对景还销瘦。被个人、把人调戏,我也心儿有。忆我又唤我,见我嗔我,天甚教人怎生受。　看承幸厮勾。又是樽前眉峰皱。是人惊怪,冤我忒撋就。拚了又舍了,定是这回休了,及至相逢又依旧。”《鼓笛令·戏咏打揭》俗事与俗语兼到:“酒阑命友闲为戏。打揭儿、非常惬意。各自输赢只赌是。赏罚采、分明须记。　小五出来无事。却跋翻和九底。若要十一花下死。管十三、不如十二。”因黄庭坚俗词太多,较柳永更见尖颖、俳谐,故刘熙载认为是“故以生字俚语侮弄世俗,若为金、元曲家滥觞”②。秦观俚词也不少,如《满园花》:“一向沉吟久。泪珠盈襟袖。我当初不合苦撋就。惯纵得软顽,见底心先有。行待痴心守,甚捻着脉子,倒把人来僝僽。　近日来、非常罗皂丑,佛也须眉皱。怎掩得众人口?待收了孛罗,罢了从来斗。从今后,休道共我,梦见也、不能得勾。”《品令》:“幸自得。一分索强,教人难吃。好好地恶了十来日。恰而今、较些不。　须管啜持教笑,又也何须肐织。衡倚赖脸儿得人惜。放软顽、道不得。”“掉又臞。天然个品格,于中压一。帘儿下、时把鞋儿踢,语低低、笑咭咭。　每每秦楼相见,见了无门怜惜。人前强、不欲相沾识。把不定、脸儿赤。”

此期代表词人的雅词,已为人所熟悉,故以上专列俚词,尤其是黄、秦所作。此类作品,即使在敦煌曲子词中亦未曾见,可谓将柳永俗词作了片面的发展,虽二人兼有雅俗,但这些俗词能出自他们手中,不能不说是观念上的以俗为雅使然。

（原载《文艺研究》2008年第11期）

---

① 刘体仁.七颂堂词绎[M]//唐圭璋.词话丛编.北京:中华书局,1986:622.

② 刘熙载.艺概[M].上海:上海古籍出版社,1978:108.

宋徽宗朝的大晟词与谐谑词

宋徽宗赵佶统治时期，适逢辽、夏衰败，女真未兴，似乎外患不显，天下太平。此时“党人”打入“另册”，上下噤声，“真仁之世”的士大夫精神、气节已不可见。蔡京据《易经》语而提出“丰亨豫大”口号，迎合徽宗太平享乐之需，广建宫室，重修礼乐，于是，遂有修大晟乐一事。大晟乐之成，及大晟府之建制，见于《宋史》的《乐志》：“崇宁四年七月，铸帝鼐、八鼎成。八月，大司乐刘昺言：‘……今所造大乐，远稽古制，不应杂以郑卫。’诏罢之。又依昺，改定二舞，各九成，每三成为一变，执籥秉翟，扬戈持盾，威仪之节，以象治功。庚寅，乐成，列于崇政殿……既奏新乐，天颜和豫，百僚称颂。九月朔，以鼎乐成，帝御大庆殿受贺。是日，初用新乐，太尉率百僚奉觞称寿。有数鹤从东北来，飞度黄庭，回翔鸣唳。乃下诏曰：‘礼乐之兴，百年于此，然去圣愈远，遗声弗存……昔尧有《大章》，舜有《大韶》，三代之王，亦各异名。今追千载，而成一代之制，宜赐新乐之名曰《大晟》……其旧乐勿用。’……朝廷旧以礼乐掌于太常，至是专置大晟府，大司乐一员，典乐二员、并为长贰，大乐令一员，协律郎四员，又有制撰官，为制甚备。于是礼乐始分为二。”①

大晟府于宣和七年罢，历时二十多年，据统计，可考的大晟府职官，有二十九人。②这二十九人中，仅七人有词收入《全宋词》。按作品从多到寡的顺序是：周邦彦、晁端礼、万俟咏、晁冲之、田为、徐伸、江汉。本文拟主要论周邦彦以外的前四人。

一 颂圣贡谀 病于无韵

由上《宋史·乐志》可见，《大晟》乐之得名，是欲继尧之《大章》、舜之《大韶》，徽宗罢息党人言论，自以为可追三代之治，也期望能得到普遍的颂圣之声。大晟词人虽多个人化创作，然而作为两宋各朝仅有的御用词人，其松散的群体亦有较为一致的颂谀性创作倾向。北宋士大夫重视出处大节，晁端礼虽出于名门，却在居家近二十年后，耐不住寂寞，入朝撰进颂谀词，不久即逝。而其他几位大晟词人，似乎人品也不很高。不过，以颂谀为业，除了词人的个人质量外，更与朝廷的需要、引导有关。

太平盛世是需要歌颂的，而由于徽宗极其崇道，宗教结合政治，缘古老的君权神授、天人合一，遂玩起了许多时尚新把戏。崇宁四年(1105年)八月，安九鼎于九成

① 脱脱，等.宋史[M]//二十五史.上海：上海古籍出版社、上海书店，1986：5574–5575.

② 陶尔夫，诸葛忆兵.北宋词史[M].哈尔滨：黑龙江人民出版社，2004：449.

宫。政和三年(1113年)四月建玉清和阳宫,冬十月,颁郊祭大礼,百名方士执威仪。政和六年(1116年)春正月,赐道士林灵素号通真达灵先生,自此更是不断翻新崇道花样,而上天也似乎祥瑞纷呈。蔡絛《铁围山丛谈》载:"元圭既出,时晋阳上一石,有字曰'尧天正'。石绿色,方可三尺余,字当中,咸大如掌。其画端楷,政若人以手指画之者。'尧'字独居右,而'天正'两字缀行于左。朝廷验之于都堂,差官监视,命工磨砻焉。既去石三分,而字愈明,乃于'尧'字下又出一'瑞'字,盖曰'天正尧瑞'。若是,则四字相对,布置始匀正矣。'瑞'字其画独浅,未与三者配,则不敢更加砻。于是内外咸喜,谓:'晋阳,尧都。方元圭出,适有此瑞,信天意也。'"①同卷又有崇宁甲申作九鼎,有神光达禁中,"有群鹤几数千万飞其上,蔽空不散。翌日上幸之,而群鹤以千余又来,云为变色,五彩光艳"②之载。以及政和初,"势隆治极之际,地不爱宝,所在奏芝草者动三二万本……汝、海诸近县,山石皆变玛瑙,动千百块,而致诸辇下",同则又有伊阳太和山崩,而出水晶,长沙益阳县山溪流出生金等种种祥瑞之载。③

通过徽宗时代的绘画可观照文艺的"颂圣"之需:"其后以太平日久,诸福之物,可致之祥,臻无虚日,史不绝书。动物则赤乌、白鹊、天鹿、文禽之属扰于禁御;植物则桧芝、珠莲、金柑、骈竹、瓜花、来禽之类,连理并蒂,不可胜纪。乃取其尤异者,凡十五种,写之丹青,亦目曰《宣和睿览册》。复有素馨、末利、天竺、娑罗,种种异产,究其方域,穷其性类,赋之于咏歌,载之于图绘,续为第二册。已而玉芝竞秀于宫闼,甘露宵零于紫篁,阳乌、丹兔、鹦鹉、雪鹰,越裳之雉,玉质皎洁,鸑鷟之雏,金色焕烂,六目七星,巢莲之龟,盘螭翥凤,万岁之石,并干双叶,连理之蕉,亦十五物,作册第三。又凡所得纯白禽兽,一一写形,作册第四,增加不已,至累千册。各命辅臣题跋其后,实亦冠绝古今之美也。"④"睿览"之作,皆出于"太平日久"而得的"诸福之物",徽宗以帝王之尊,遂平生之愿,命画师们图绘珍禽异兽、名木奇葩。这些绘画,兼有颂谀与审美之用。徽宗本人对《瑞鹤图》的题诗,既见"道君皇帝"对道教的痴迷,亦见对"呈祥告瑞"的期待。诗云:"清晓觚棱拂彩霓,仙禽告瑞忽来仪。飘飘元是三山侣,两两还呈千岁姿。似拟碧鸾栖宝阁,岂同赤雁集天池。徘徊嘹唳当丹阙,故使憧憧庶俗知。"祥瑞与富贵原不可分,这也成为了大晟颂谀词的主要内容。

在"丰亨豫大"的气氛中,颂盛世、歌祥瑞而得官,亦成为一时风气。《铁围山丛谈》记载了从毛滂献词得官,到晁端礼入大晟为制撰等事:"大观、政和之间,天下大治,四夷向风……有毛滂泽民者有时名,上一词甚伟丽,而骤得进用。大观中有赵企企道者,以长短句显,如曰:'满怀离恨,付与落花啼鸟。'人多称道之,遂用为显官,俾以应制……政和初,有江汉朝宗者,亦有声,献鲁公词曰:'升平无际,庆八载相业,君臣鱼水……'时两学盛讴,播诸海内。鲁公喜,为将上进呈,命之以官,为大晟府制撰使,遇

---

① 蔡絛.铁围山丛谈[M]//宋元笔记小说大观.上海:上海古籍出版社,2001:3043.

② 蔡絛.铁围山丛谈[M]//宋元笔记小说大观.上海:上海古籍出版社,2001:3044.

③ 蔡絛.铁围山丛谈[M]//宋元笔记小说大观.上海:上海古籍出版社,2001:3044.

④ 邓椿.画继[M]//庄肃.画继·书继补遗.北京:人民美术出版社,1964:3-4.

祥瑞时时作为歌曲焉。又有晁次膺者，先在韩师朴丞相中秋坐上作《听琵琶》词，为世所重。又有一曲曰：'深院锁春风，悄无人桃李自笑。'亦歌之，遂入大晟，亦为制撰。时燕乐初成，八音告备，因作征招、角招，有曲名《黄河清》、《寿香明》，二者音调极韶美。次膺作一词曰：'晴景初升风细细……'时天下无问迩遐小大，虽伟男髫女，皆争气唱之。"①

"是时海宇晏清，四夷向风，屈膝请命，天气亦氤氲异常，朝野无事，日惟讲礼乐庆祥瑞，可谓升平极盛之际。"② 所以，"为大晟府制撰使，遇祥瑞时时作为歌曲"，正是君相的需要，而大晟词人自己也主动请求作颂圣之词。王灼云：

> 崇宁间建大晟乐府，周美成作提举官，而制撰官又有七。万俟咏雅言，元祐诗赋科老手也，三舍法行，不复进取，放意歌酒，自称"大梁词隐"。每出一章，信宿喧传都下。政和初，召试补官，置大晟乐府制撰之职。新广八十四调，患谱弗传，雅言请以盛德大业及祥瑞事迹制词实谱，有旨："依月用律，月进一曲。"自此新谱稍传。时田为不伐亦供职大乐。众谓乐府得人云。③

万俟咏的《三台·清明应制》即"依月用律，月进一曲"之作，虽如李攀龙《草堂诗馀隽》所说："铺叙有条，如收拾天下春归肺腑状。"然而词中"好时代、朝野多欢，遍九陌、太平箫鼓"诸语，可见此类作品不离颂圣之意。大晟词人之中，作为领袖的周邦彦并无颂谀词，如王国维所说："徽宗时，士人以言大乐颂符瑞进者甚多，楼《序》、《潜志》均谓先生妙解音律，其提举大晟府以此，然当大观、崇宁制作之际，先生绝不言乐……不闻有所建议，集中又无一颂圣贡谀之作。"④ 而其他大晟词人则此类词不少。

且看晁端礼的三首。《并蒂芙蓉》：

> 太液波澄，向鉴中照影，芙蓉同蒂。千柄绿荷深，并丹脸争媚。天心眷临圣日，殿宇分明敞嘉瑞。弄香嗅蕊。愿君王，寿与南山齐比。　　池边屡回翠辇，拥群仙醉赏，凭栏凝思。萼绿揽飞琼，共波上游戏。西风又看露下，更结双双新莲子。斗妆竞美。问鸳鸯、向谁留意。

据《能改斋漫录》："政和癸巳，大晟乐成。嘉瑞既至，蔡元长以晁端礼次膺荐于徽宗。诏乘驿赴阙。次膺至都，会禁中嘉莲生，分苞合趺，夐出天造，人意有不能形容者。次膺效乐府体属词以进，名并蒂芙蓉。上览之称善，除大晟府协律郎，不克受而卒。"⑤而

---

① 蔡絛．铁围山丛谈[M]//宋元笔记小说大观．上海：上海古籍出版社，2001：3055–3056.
② 蔡絛．铁围山丛谈[M]//宋元笔记小说大观．上海：上海古籍出版社，2001：3056.
③ 王灼．碧鸡漫志校正[M]．岳珍，校正．成都：巴蜀书社，2000：41.
④ 王国维．清真先生遗事[M]//周邦彦．清真集．北京：中华书局，1981：109–110.
⑤ 吴曾．能改斋漫录[M]．上海：上海古籍出版社，1979：479.

此词虽为晁端礼创调，艺术上却无多少可称道之处。"上览之称善"也无非是"天心眷临圣日，殿宇分明敞嘉瑞。弄香嗅蕊。愿君王，寿与南山齐比"之类的谀辞。

《寿星明》：

露湿晴花，散红香清影，建章宫殿。玉宇风来，银河云敛，天外老人星现。向晓千官入，称庆山呼鳌抃。凤髓香飘，龙墀翡翠，帘栊高卷。　朝罢仗卫再整，肃鸣鞘，又向瑶池高宴。海宇承平，君臣相悦，乐奏征招初遍。治极将何报，检玉泥金封禅。见说山中居民，待看雕辇。

此调亦是晁端礼所创，① 上片的写景笔墨尚见功力，而下片则又是大段谀语。

《黄河清》：

晴景初升风细细。云收天淡如洗。望外凤凰双阙，葱葱佳气。朝罢香烟满袖，近臣报、天颜有喜。夜来连得封章，奏大河、彻底清泚。　君王寿与天齐，馨香动上穹，频降嘉瑞。大晟奏功，六乐初调角征。合殿春风乍转，万花覆、千官尽醉。内家传敕，重开宴、未央宫里。

黄河因沙多水浊，自来有河清而圣人出之说，上有所好，下必从焉，于是各地纷报黄河水清，晁端礼此词即因此而作，亦为其所创调。词中同样谀语甚多，蔡絛说"时天下无问迩遐小大，虽伟男髫女，皆争气唱之"，除"音调极韶美"的原因外，可见以承平自居已经成为自上而下的普遍心理。

万俟咏的颂谀词有八首，虽不及晁端礼的十多首，但由于他存词仅二十八首，可见此类词竟然占所作的近三分之一。录其《快活年近拍》一首：

千秋万岁君，五帝三王世。观风重令节，与民乐盛际。蕊宫长春，洞天不老，花艳蝉辉，十里照春珠翠。　闹罗绮。遥望太极，一簇通明里。钧台奏寿，蓬山呈妙戏。六宫人来，五云楼迥，风送歌声，依约睿思圣制。

此调为万俟咏所创，开头的"千秋万岁君，五帝三王世。观风重令节，与民乐盛际"，阿谀逢迎的媚态，较晁端礼更甚。

清代王昶云："论词必论其人，与诗同。如晁端礼、万俟雅言、康顺之，其人在俳优戏弄之间，词亦庸俗不可耐。周邦彦亦未免于此。"②可见，由于大晟词被纳入了宫廷文化的运行轨道，其创作具有了御用性质，与作为北宋主导文化的士大夫文化离异，王昶所言，对周邦彦或为太过，而以其它大晟词人"在俳优戏弄之间，词亦庸俗不可

① 吴藕汀、吴小汀《词调名辞典》以《寿星明》即《沁园春》，证以宋无名氏之作，然二者格律不同。

② 王昶．江宾谷梅鹤词序[M]//施蛰存．词籍序跋萃编．北京：中国社会科学出版社，1994：565.

耐”，至少对于那些阿谀逢迎、令人肉麻的颂谀词来说，是并不过分的。

王灼说：“沈公述、李景元、孔方平、处度叔侄、晁次膺、万俟雅言，皆有佳句，就中雅言又绝出。然六人者，源流从柳氏来，病于无韵。”[①] 此说确实点中了要害，大晟词人的作品的确常见“无韵”之病，而“源流从柳氏来”一说更可找到印迹。

柳永善于歌颂太平盛世，其中写帝里、节令之词尤可见之。晁端礼的节令词固然是如柳永那样写节令民俗，却较柳词更多颂谀之意。如《金人捧露盘》：

> 天锡禹圭尧瑞，君王受厘，未央宫殿。三五庆元宵，扫春寒、花外蕙风轻扇。龙阙前瞻，凤楼背耸，中有鳌峰见。渐紫宙、星河晚。放桂华浮动，金莲开遍。御帘卷。须臾万乐喧天，群仙扶辇。　云间，都人望天表，正仙葩竞插，异香飘散。春宵苦长短。指花阴，愁听漏传银箭。京国繁华，太平盛事，野老何因见。但时效华封祝，愿岁岁闻道，金舆游宴。暗魂断。天涯望极长安远。

《玉女摇仙佩》：

> 宫梅弄粉，御柳摇金，又喜皇州春早。盛世生贤，真仙应运，当日来从三岛。车马喧青(疑是清字之误)晓。看千钟赐饮，中人传诏。最好是、芝兰并砌，鸣佩腰金，綵衣相照。炉烟袅。高堂半卷珠帘，神仙缥缈。　须信槐庭荫美，凤沼波澄，屈指十年三到。九叙重歌，元圭再锡，已把成功来告。四海瞻仪表。庆君臣会集，诗符天保。况自有、仙风道骨，玉函金篆，阴功须报。方知道。八千岁月椿难老。

两首中的“天锡禹圭尧瑞”，“元圭再锡”，可从上引的《铁围山丛谈》卷一得到印证，词中的道教气息颇重，又见时代的印迹，二词的铺叙描写，与柳永较为接近，但由于颂谀太过，总体的艺术水平尚不逮柳，与周邦彦差距则更大。

万俟咏也有写上元的《醉蓬莱》：

> 正波泛银汉，漏滴铜壶，上元佳致。绛烛银灯，若繁星连缀。明月逐人，暗尘随马，尽五陵豪贵。鬓惹乌云，裙拖湘水，谁家姝丽。　金阙南边，綵山北面，接地罗绮，沸天歌吹。六曲屏开，拥三千珠翠。帝乐方深，凤炉烟喷，望舜颜瞻礼。太平无事，君臣宴乐，黎民欢醉。

词之结尾，亦为颂圣世、歌太平的套话，不过比起晁端礼的道家色彩，此词上片的人间丽景、风情还写得较为生动。

---

① 王灼．碧鸡漫志校正[M]．岳珍，校正．成都：巴蜀书社，2000：35.

相较而言，其《雪明鳷鹊夜慢》虽亦有颂谀，却表现为人民的良好愿望，对节日气氛、民情风俗的描写，较为客观，有助于后人了解当时的经济、社会状况。而且此调为大晟乐新声，《全宋词》中仅见一首，颇足珍贵。词云：

望五云多处春深，开阆苑、别就蓬岛。正梅雪韵清，桂月光皎。凤帐龙帘萦嫩风，御座深、翠金间绕。半天中、香泛千花，灯挂百宝。 圣时观风重腊，有箫鼓沸空，锦绣匝道。竞呼卢、气贯调欢笑。暗里金钱掷下，来侍燕、歌太平睿藻。愿年年此际，迎春不老。

元宵词还有晁冲之的《传言玉女》：

一夜东风，吹散柳梢残雪。御楼烟暖，正鳌山对结。箫鼓向晚，凤辇初归宫阙。千门灯火，九街风月。 绣阁人人，乍嬉游、困又歇。笑匀妆面，把朱帘半揭。娇波向人，手撚玉梅低说。相逢常是，上元时节。

此词上片写元宵的御楼、鳌山、箫鼓，凤辇归宫后所见景象，“千门灯火，九街风月”二句概括甚佳，且很有帝都气势。下片转为写人，因这一节令无论是贵族小姐，还是平民妇女，都得以尽兴出游，故侧重写她们，从动作到语言，无异于是生动的特写，可见在节日气氛中，青年男女还是可以冲破礼教之防的。

倘将大晟词人的节令词与《东京梦华录》相比较，可以认为，他们所写并非粉饰太平，较之于纯粹的颂谀词来，无论从现实基础言，还是从艺术性而言，都更为可取。

颂圣贡谀之词虽艺术上多“病于无韵”，但大晟词人善于创作以颂谀为主的“新声”词调，对词的形式发展是有贡献的。兹列首见于晁端礼、万俟咏、田为、晁冲之四人词调：

姓 名	所创词调				创调数	存词数	用调数	新声（%）
晁端礼	上林春	金人捧露盘	金盏倒垂莲	庆寿光	12	142注	73	16
	春情	脱银袍	玉叶重黄	并蒂芙蓉				
	寿星明	黄河清	舜韶新	吴音子				
万俟咏	雪明鳷鹊夜慢	凤凰枝令	明月照高楼慢	钿带长中腔	12	28	26	46
	春草碧	三台	恋芳春慢	安平乐慢				
	桌牌儿	梅花引	快活年近拍	芰荷香				
田 为	探春	惜黄花慢	江神子慢		3	6	5	60
晁冲之	传言玉女							

注：晁端礼连存目词2首，共计142首。又，笔者所统计与陶尔夫、诸葛忆兵《北宋词史》有些微差别。

二 雅致与侧艳

《宋史》卷一二九《乐志》载，崇宁五年(1106年)九月诏曰："宜令大晟府议颁新乐，使雅正之声被于四海。"①可见，大晟之立，是为了雅乐建设的需要，大晟词人所作，当然以雅正为归。王灼《碧鸡漫志》卷二论大晟词人，侧重在万俟咏，可见他因适应大晟府的创作需要，去其本来擅长之侧艳，而专作雅词的情况：

雅言初自集分两体：曰雅词，曰侧艳，目之曰《胜萱丽藻》。后召试入官，以侧艳体无赖太甚，削去之。再编成集，分五体：曰应制、曰风月脂粉、曰雪月风花、曰脂粉才情、曰杂类，周美成目之曰《大声》。次膺亦间作侧艳。田不伐才思与雅言抗行，不闻有侧艳。②

大晟词人所作题材偏窄，晁端礼存词虽多，内容亦不广。举三首，以见其雅词面目。《满庭芳》写济南：

北渚澄兰，南山凝翠，望中浑似仙乡。万家烟霭，朱户锁垂杨。好是飞泉漱玉，回环遍、小曲深坊。西风里，芙蕖带雨，飘散满城香。 微凉。湖上好，桥虹倒影，月练飞光。命玳簪促席，云鬓分行。谁似风流太守，端解道、春草池塘。须留恋，神京纵好，此地也难忘。

词中善作铺叙描写，语言明净，风格俊爽，写法近于柳永赋杭州的《望海潮》，因"端解道、春草池塘"之语，可见此地太守或为谢姓。因晁端礼在为官十年后被免，长期失意，故有《水调歌头》之作：

忆昔红颜日，金玉等泥沙。青楼紫陌，惟解惜月与贪花。谁信如今憔悴，尘暗金徽玉轸，藓污匣中蛇。一事都无就，双鬓只堪嗟。 恨无情，乌与兔，送年华。不如归去，无限云水好生涯。未用轻蓑短棹，犹有青鞋黄帽，行处即吾家。回首人间世，幽意在青霞。

词中虽有过去留连青楼的艳迹自暴，却不作艳语，而重在写时光流逝，理想成灰，一事无成，在不得已之中表其归隐之志。所写不见丝毫晦涩，极易循迹以求，明确而畅达。

晁端礼的《绿头鸭·咏月》是长达一百三十九字的长调：

① 脱脱，等.宋史[M]//二十五史.上海：上海古籍出版社、上海书店，1986：5575.

② 王灼.碧鸡漫志校正[M].岳珍，校正.成都：巴蜀书社，2000：35.

晚云收，淡天一片琉璃。烂银盘、来从海底，皓色千里澄辉。莹无尘、素娥淡泞，静可数、丹桂参差。玉露初零，金风未凛，一年无似此佳时。露坐久，疏萤时度，乌鹊正南飞。瑶台冷，栏干凭暖，欲下迟迟。　　念佳人、音尘别后，对此应解相思。最关情、漏声正永，暗断肠、花影偷移。料得来宵，清光未减，阴晴天气又争知。共凝恋、如今别后，还是来年期。人强健，清尊素影，长愿相随。

此词上片写中秋月景：先写云收天淡，为月出张开了天幕；再写月从海底升起，展开了皓色千里；然后是月中素娥、丹桂；接着转写玉露金风，一年的好时节；又从坐久写所见流萤、乌鹊，二语分别从韦应物诗句“流萤度高阁”，曹操“月明星稀，乌鹊南飞”化出；最后是观赏至久，感凉意而不忍下。望月思人几成一种民族性的思维定势，故下片转表怀人之意：过片承“欲下迟迟”而从对方写起，料想佳人应解相思；接着写漏声、花影，见时间之流去，暗表见面无期之意；再写来宵之想，担心望月或受制于天气；因别后再见此月，当在来年，月关离人，回首而可知为何上结云“欲下迟迟”了；结语亦苏轼《水调歌头》结尾祈愿之意。此词铺叙层次清晰，善于化用前人诗句，写得委婉而和雅。胡仔云：“中秋词，自东坡《水调歌头》一出，余词尽废；然其后，亦岂无佳词，如晁次膺《绿头鸭》一词，殊清婉，但樽俎间歌喉，以其篇长惮唱，故湮没无闻焉。”[①]所言甚是。

万俟咏之词，甚得当时好评。黄升谓之“所作有《大声集》五卷，周美成为序。山谷亦称之为一代词人”[②]。又说：“雅言之词，词之圣者也。发妙旨于律吕之中，运巧思于斧凿之外，平而工，和而雅，比诸刻琢句意，而求精丽者远矣。”[③]吴梅亦云：“今《大声集》虽不传，而如《春草碧》、《三台》、《卓牌儿》诸词，固流播千古也。”[④]录《春草碧》：

又随芳绪生，看翠霁连空，愁遍征路。东风里，谁望断西塞，恨迷南浦。天涯地角，意不尽、消沉万古。曾是送别长亭下，细绿暗烟雨。　　何处。乱红铺绣茵，有醉眠荡子，拾翠游女。王孙远，柳外共残照，断云无语。池塘梦生，谢公后、还能继否。独上画楼，春山暝、雁飞去。

《卓牌儿·春晚》：

东风绿杨天，如画出、清明院宇。玉艳淡泊，梨花带月，胭脂零落，海棠经雨。单衣怯黄昏，人正在、珠帘笑语。相并戏蹴秋千，共携手、同倚阑干，暗香时度。

翠窗绣户。路缭绕、潜通幽处。断魂凝伫。嗟不似飞絮。闲闷闲愁，难消

---

① 胡仔．苕溪渔隐丛话[M].北京：人民文学出版社，1962：321.

② 黄升．花庵词选·唐宋诸贤绝妙词选[M].北京：中华书局，1958：119.

③ 黄升．花庵词选·唐宋诸贤绝妙词选[M].北京：中华书局，1958：122.

④ 吴梅．词学通论[M].上海：上海古籍出版社，2006：60.

遣、此日年年意绪。无据。奈酒醒春去。

二者铺写转换自然，景语与情语衔接无痕，意象清美，语言晓畅。但亦如汪东所说："雅言词名极盛，黄叔旸至有词圣之目。今览其体制格律，最与耆卿为近。然但有雍容铺叙之才，而无沉着透快之笔，此所以未可并论也。唯精于音律，在大晟府尝按月律进词，创调之功固不在周、柳下。"①

万俟咏的长调非柳永可比，更难逮清真。相比之下，似令词艺术性更高些。如《昭君怨》：

春到南楼雪尽。惊动灯期花信。小雨一番寒。倚阑干。　莫把阑干频倚。一望几重烟水。何处是京华？暮云遮。

据此词结尾意，当是灯期怀念京华之作。虽短短小令，却语浅情深，上结与过片，一正一反，转折之意可见，最后所写，化用李白"总为浮云能蔽日，长安不见使人愁"诗意，实景而兼有比兴之义。

又如《诉衷情·送春》：

一鞭清晓喜还家。宿醉困流霞。夜来小雨新霁，双燕舞风斜。　山不尽，水无涯。望中赊。送春滋味，念远情怀，分付杨花。

此词上片写还家的喜悦，突然而来，又逆写昨夜的悠然而醉，然后回到当今，雨霁燕舞，景中传情。过片是归家过程的概括，由轻快转为深沉，最后将送春、念远的愁苦，都分付给杨花，幽默轻松，一反传统写法。全首构思能自出机杼，写得一气流转，清婉新丽。

万俟咏善于化用前人诗意，翻出新的意境。如《忆少年·陇首山》：

陇云溶泄，陇山峻秀，陇泉呜咽。行人暂驻马，已不胜愁绝。　上陇首、凝眸天四阔。更一声、塞雁凄切。征书待寄远，有知心明月。

北朝乐府民歌有《陇头歌辞》："陇头流水，流离山下。念吾一身，飘然旷野。""陇头流水，鸣声呜咽。遥望秦川，心肝断绝。"此词显然是从此翻出，沉咽幽怨相同，而因多次用"陇"字，涵括云、山、泉，所言更广，且有回环接续之美，长短错落之中，显得更为深沉抑郁。

《长相思·雨》显是化用温庭筠的《更漏子》，却未明出"雨"字，较温词为含蓄：

---

① 汪东．唐宋词选评语[J]．词学：第二辑．上海：华东师范大学出版社，1983：79.

一声声。一更更。窗外芭蕉窗里灯。此时无限情。　　梦难成。恨难平。不道愁人不喜听。空阶滴到明。

晁冲之的雅词可举《汉宫春·梅》一首：

潇洒江梅，向竹梢稀处，横两三枝。东君也不爱惜，雪压风欺。无情燕子，怕春寒、轻失花期。惟是有、南来归雁，年年长见开时。　　清浅小溪如练，问玉堂何似，茅舍疏篱。伤心故人去后，冷落新诗。微云淡月，对孤芳、分付他谁？空自倚，清香未减，风流不在人知。

此词开头即使梅竹为伴，为全篇奠定了清高绝俗之调。江梅不得春神爱护，风雪欺凌，却无改其品，燕雁本不与梅相关，牵挽而入，甚见笔力。下片以梅傍清溪、茅舍、疏篱，而与玉堂甚远，则如不慕荣名利禄之人。"伤心"句贯下，意谓林逋去后已无知己，梅只能孤芳自赏，最后隐约可见杜甫《佳人》诗意。此词咏物而自有寄托，梅品与环境高度和谐，笔致疏淡，风格典雅，俨然是一幅文字的墨梅。

田为存词很少，其《南柯子·春思》虽写情却很见雅致：

团玉梅梢重，香罗芰扇低。帘风不动蝶交飞。一样绿阴庭院、锁斜晖。　　对月怀歌扇，因风念舞衣。何须惆怅惜芳菲。拚却一年憔悴、待春归。

此词上片意境极似温庭筠《菩萨蛮》，应是写所爱的女子。过片当转写自己，怀歌扇、对舞衣，均因物而思人之意，其人的身份亦出。最后则为自劝，"待春归"语意双关，当是春归人回之盼。此词语言明丽而蕴意朦胧，构思奇特而耐人遐想。

有学者认为，大晟词人分别通过融化前人诗句，推敲章法，追求韵外之致，注重音韵声律等途径，以达到博雅、精雅、风雅、醇雅，[①] 笔者赞同其说，此处不再论。

大晟词人既有雅词，亦有侧艳之词。今传万俟咏侧艳之词较少，略近于此者有《武陵春》：

燕子飞来花在否，微雨退、掩重门。正满院梨花雪照人。独自个、怯黄昏。
轻风淡月总消魂。罗衣暗惹啼痕。谩觑着、秋千腰褪裙。可𣊬是、不宜春。

虽词中有个别用语近于"艳"，但总体上此词是对闺中孤独女子的同情，"满院梨花雪照人"更是孤中见洁，"谩觑着、秋千腰褪裙"，亦状其思念怀人而消瘦而已。

晁端礼艳词较多。试举二例。《满庭芳》：

---

① 陶尔夫，诸葛忆兵.北宋词史[M].哈尔滨：黑龙江人民出版社，2004.

浅约鸦黄，轻匀螺黛，故教取次梳妆。减轻琶面，新样小鸾凰。每为花娇玉嫩，容对客、斜倚银床。春来病，兰薰半歇，一篑舞衣裳。　　悲凉。人事改，三春秾艳，一夜繁霜。似人归洛浦，云散高唐。痛念你、平生分际，辜负我、临老风光。罗裙在，凭谁为我，求取返魂香。

此词上片塑造了一位歌妓的形象，下片则转为因之而生的感情抒发。换头数句急转而下，不作腾挪变换，而直道你、我，使其情直切可感，最后因物思人，结句的"求取返魂香"，很见设想新奇。

《蝶恋花》：

骨秀肌香冰雪莹。潇洒风标，赋得温柔性。松髻遗钿慵不整。花时长是厌厌病。　　枕上晓来残酒醒。一带屏山，千里江南景。指点烟村横小艇。何时携手重寻胜。

上片写所爱的女子，不作细部描写，而前三句即得其大概及神韵、性格，四五句写其慵、病之状。经过片的转换，睹屏山之所画，指点其景，幻中设想，变换一般写法，很见新奇。

晁冲之与晁补之不同，补之词近苏轼，而冲之却近柳永。今存晁冲之的十六首词，多写男女柔情。如《汉宫春》：

黯黯离怀，向东门系马，南浦移舟。熏风乱飞燕子，时下轻鸥。无情渭水，问谁教、日日东流？常是送、行人去后，烟波一向离愁。　　回首旧游如梦，记踏青殢饮，拾翠狂游。无端綵云易散，覆水难收。风流未老，拚千金、重入扬州。应又是、当年载酒，依前名占青楼。

此词上片因景而抒情，首句点出离怀，"东门系马，南浦移舟"相对，燕子、轻鸥，似无知却又似有情，渭水东流而无情，在送走行人之后，凝望这无情之水，烟波上却带着离愁。至此，"离愁"呼应"离怀"，总围绕一"离"字。下片回忆旧游，写心中所感所思，并表不惜千金、追寻旧欢之愿。词中意象频接，语言爽丽，表述明白，不掩其风流情怀。

又如《玉蝴蝶》：

目断江南千里，灞桥一望，烟水微茫。尽锁重门人去，暗度流光。雨轻轻、梨花院落，风淡淡、杨柳池塘。恨偏长。佩沉湘浦，云散高唐。　　清狂。重来一梦，手搓梅子，煮酒初尝。寂寞经春，小桥依旧燕飞忙。玉钩栏、凭多渐暖，金缕枕、别久犹香。最难忘，看花南陌，待月西厢。

此词上片写与所爱女子别后的所见所思，首三句写别后，寄情于景。“尽锁重门人去”以下，为过去欢爱之地的现状，“雨轻轻”二句，翻用晏殊句，却更见“象”中带“意”，以景现情。上结二典，顺势而出，用得恰到好处。下片换意写别而有梦，及梦中情景，“寂寞经春”以下数句，是只身旧地，因物而重温往日之情。结尾则点明昔日最难忘的看花待月之往事，二句相对，余韵不断。此词情思悠长，风格婉美，语言工丽，很具风韵。

三 滑稽无赖 谐谑嘲讽

与大晟词派并兴的，还有谐谑词派。此派无定名，系因性质特点而名之，故又有俳谐词、滑稽词、诙谐词等不同名称。

我国古代虽以文学为经国之大业，而实际上文学中的俳谐传统由来已久，其中缘由之一当在于人主亦有诙谐幽默之需，汉武帝与东方朔就是一个很好的例子。词中的谐谑，几乎与词的起源同步，孟棨《本事诗·嘲戏第七》载：唐时，御史大夫裴谈、唐中宗皆惧内。内宴时，优人唱《回波乐》词：“回波尔时栲栳，怕妇也是大好。外边只有裴谈，内里无过李老。”结果“韦后意色自得，以束帛赐之”[①]。至此，谐谑词一直继作不休，北宋时期，较早的有陈亚的药名词，后又有柳永、苏轼之作。[②]关于此派词在北宋后期的发展及主要代表，《碧鸡漫志》所述较详：

> 长短句中，作滑稽无赖语，起于至和。嘉祐之前，犹未盛也。熙丰、元祐间，兖州张山人以诙谐独步京师，时出一两解。泽州孔三传者，首创诸宫调古传，士大夫皆能诵之。元祐间王齐叟彦龄，政和间曹组元宠皆能文，每出长短句，脍炙人口。彦龄以滑稽语諜河朔。组潦倒无成，作《红窗迥》及杂曲数百解，闻者绝倒，滑稽无赖之魁也。夤缘遭遇，官至防御使。同时有张衮臣者，组之流，亦供奉禁中，号曲子张观察。其后祖述者益众，嫚戏污贱，古所未有。组之子知閤门事勋，字公显，亦能文。尝以家集刻板，欲盖父之恶，近有旨下扬州，毁其板云。[③]

谐谑词之盛于哲宗到徽宗时期，确实与政治有关，宋初“与士大夫共治天下”的“既定方针”已经发生了很大变化，哲宗“绍述”后，官僚集团内部斗争愈形激烈，徽宗时期政治更加腐败。崇宁元年诏焚元祐法，立元祐奸党碑，崇宁三年又复元祐、元符党籍，新旧党都遭受重大打击。此后徽宗即陶醉于太平，尽情享受，如开造作局、建延福宫、万岁山，置花石纲等事，都使百姓大受其害。徽宗又受童贯等人怂恿，欲开边建功业，以表明超过其祖宗。在奸臣的包围中，君主只能听好话，逢迎者得宠，直言者遭

① 孟棨.本事诗[M]//唐五代笔记小说大观.上海：上海古籍出版社，2000：1253.

② 关于谐谑词的发展概况，可参刘扬忠《唐宋俳谐词叙论》一文，载《词学》第十辑。

③ 王灼.碧鸡漫志校正[M].岳珍，校正.成都：巴蜀书社，2000：35.

殃，在难见言论自由的情况下，谐谑词的创作遂成为一种发泄的途径。后人论元代散曲，有"抑圣为狂，寓哭于笑"一说，谐谑词之盛，亦差能以此观照之。仅《中吴纪闻》卷六所载，即可知百姓的喜怒哀乐。其《结带巾》一则云，宣和初，"俄有旨令士人结带巾，否则以违制论。士人甚苦之"，故有谑词之作：

头巾带，谁理会？三千贯赏钱，新行条例。不得向后长垂，与胡服相类。法甚严，人尽畏，便缝阔大带，向前面系。和我太学先辈，被人呼保义。①

同卷《朱氏盛衰》则，说朱勔主持花石纲事大肆扰民害民，其败后，有人作谑词云：

做园子，得数载，栽培得那花木就中堪爱。特将一个保义酬劳，反做了今日殃害。　诏书下来索金带，这官诰看看毁坏。放牙笏便担屎担，却依旧种菜。

又云：

迭假山，得保义，幞头上带着百般村气。做模样偏得人憎，又识甚条制。今日伏惟安置，官诰又来索气。不如更迭个盆山，卖八文十二。②

此外，宋徽宗虽有很高的文艺修养，却又耽于淫乐，故亦喜好俗艳，为迎合君主，以至于擅长淫媟谑浪之语者，很能讨得徽宗的欢心，蔡京之子蔡攸，以及先后官至宰相的王黼、李邦彦，都是以"善谑"著称的，因此，词之向俗的方向发展，确实又有君主所好的原因。上层的审美导向影响了下层，以至于一直到南渡后，还是"今少年妄谓东坡移诗律作长短句，十有八九不学柳耆卿，则学曹元宠"③。

《碧鸡漫志》论谐谑词，以王齐叟与曹组为两大家，该书卷二说：王齐叟"初官太原，作《望江南》数十曲嘲府县同僚，遂併及帅，帅怒甚，因众入谒，面责彦龄：'何敢尔！岂恃兄贵，谓吾不能劾治耶？'彦龄执手板顿首帅前曰：'……'帅不觉失笑，众亦匿笑去。"④这一引发众笑之词即《望江南》：

居下位，常恐被人谗。只是曾填青玉案，何曾敢作望江南。请问马都监。

现《全宋词》中仅收其二首，另一首失调名，并非谑词，故难以见其谐谑全貌。

另一谐谑词家为曹组。曹组（生卒年不详），字彦章，后更字符宠，颍昌（今河南许

① 龚明之．中吴纪闻[M]//宋元笔记小说大观．上海：上海古籍出版社，2001：2917.
② 龚明之．中吴纪闻[M]//宋元笔记小说大观．上海：上海古籍出版社，2001：2916.
③ 王灼．碧鸡漫志校正[M]．岳珍，校正．成都：巴蜀书社，2000：37.
④ 王灼．碧鸡漫志校正[M]．岳珍，校正．成都：巴蜀书社，2000：48.

昌)人。六举不第,以文词为徽宗所赏。官至阁门宣赞舍人、睿思殿应制。有《箕颍集》,不传。词有后人辑本《箕颍词》。

曹组著名的《红窗迥》未能留下一首,现存词中俚俗而又近于谐谑者有以下诸作。《相思会》:

人无百年人,刚作千年调。待把门关铁铸,鬼见失笑。多愁早老。惹尽闲烦恼。我醒也,枉劳心,谩计较。　　粗衣淡饭,赢取暖和饱。住个宅儿,只要不大不小。常教洁净,不种闲花草。据见定、乐平生,便是神仙了。

《醉花阴》:

九陌寒轻春尚早。灯火都门道。月下步莲人,薄薄香罗,峭窄春衫小。梅妆浅淡风蛾袅。随路听嬉笑。无限面皮儿,虽则不同,各是一般好。

《脱银袍》:

济楚风光,升平时世。端门支散,碗遂逐旋温来,吃得过、那堪更使金器。分明是。与穷汉、消灾灭罪。　　又没支分,犹然递滞。打笃磨槎来根底。换头巾,便上弄交番厮替。告官里。迤逗高阳饿鬼。

曹组谐谑词多未能留存,说明世俗虽有一时之好,但近于弄臣、俳优者终难以为人所重,因其子曹勋之贵,故"尝以家集刻板,欲盖父之恶。近有旨下扬州,毁其板"。五代时,"曲子相公"和凝为自掩浪迹而毁其早岁艳词,而曹勋则毁乃父谑词,可谓是异途同归。

应指出的是,曹组虽作谐谑词,却并非滑稽无赖。况周颐即辨其并非仅为谐谑:"宋曾慥《乐府雅词》录曹元宠词三十一首。据晦叔《漫志》谓:'元宠滑稽无赖之魁。'今就《雅词》所录审之,唯《相思令》、《品令》、《醉花阴》三首稍涉俚谚,自余皆雅正入格,尤有疏爽冲淡之笔,讵可目之曰滑稽,诋之为无赖邪。"[①]又说:"宋倚声家如曹元宠、康伯可辈,专工应制之作。其词有诵无规,亦无庸寄托感慨,所谓和声鸣盛,雍容揄扬,亦复有独到处。"[②]曹组的《蓦山溪》就是一首雅词:

洗妆真态,不在铅华御。竹外一枝斜,想佳人、天寒日暮。黄昏院落,无处着清香,风细细,雪垂垂,何况江头路。　　月边疏影,梦到销魂处。结子欲黄时,

① 况周颐.历代词人考略[M]//蕙风词话·广蕙风词话.郑州:中州古籍出版社,2003:287.
② 况周颐.历代词人考略[M]//蕙风词话·广蕙风词话.郑州:中州古籍出版,2003:308.

又须作、廉纤细雨。孤芳一世，供断有情愁，销瘦损，东阳也，试问花知否？

沈际飞《草堂诗馀正集》以之“微思远致……结句自清俊脱尘”。许昂霄《词综偶评》甚而誉之为“几于合杜、苏而一之”[①]。黄苏认为：“此词佳处，不在‘一枝斜’句。佳在前后段跳脱处，情景交融，语多隽永耳。前段梅不御‘铅华’，如佳人安于寂寞院落也。人尚不自见，况风雨‘江头’，谁知其清香乎。次阕言不独花开冷淡，即‘结子欲黄’，尚多如尘之雨。盖伊一生，惟供人之有情者见而生愁，今我亦瘦如‘东阳’，花知之乎。语语超隽，自是一篇拔俗文字。”[②]俞陛云亦赏其“梅花品格之清高与赏梅者情怀之伊郁，于上、下阕后数句见之”[③]。可见对谐谑词人也应有具体分析，不能一概而论。

偶有谐谑之作的词人，尚有陈瓘、李廌等，道教天师张继先也有谑词。陈瓘所作有《减字木兰花》：

华胥月色。万水千山同一白。南北相望。独醉香山旧草堂。　　淮岑妙境。十载醺酣犹未醒。一腹便便。也读春秋也爱眠。

世间药院。只爱大黄甘草贱。急急加工。更靠硫黄与鹿茸。　　鹿茸吃了。却恨世间凉药少。冷热平均。须是松根白茯苓。

后者更见谐趣。尤其是与朋友打趣的《蝶恋花》，透出了因入党籍而被贬的悲凉：

有个胡儿模样别。满颔髭须，生得浑如漆。见说近来头也白。髭须那得长长黑。　　□□□□□□□。籋子镊来，须有千堆雪。莫向细君容易说。恐他嫌你将伊摘。

李廌的《品令》戏嘲善讴的老翁，亦可见宋人歌词“独重女声”的情况。张继先的《点绛唇》是与宋徽宗的对答。词前有云：“佑陵问：所带葫芦如何不开口？”可见徽宗所问本就是玩笑，而张继先的“对御作”则回答道：

小小葫芦，生来不大身材矮。子儿在内。无口如何怪。　　藏得乾坤，此理谁人会。腰间带。臣今偏爱。胜挂金鱼袋。

《忆桃源》是关于修炼的答问。词前曰：“蔡师元款予及神翁侍宸，师元发问予如

① 许昂霄．词综偶评[M]//唐圭璋．词话丛编．北京：中华书局，1986：1555.
② 黄苏．蓼园词评[M]//唐圭璋．词话丛编．北京：中华书局，1986：3062.
③ 俞陛云．唐五代两宋词选释[M].上海：上海古籍出版社，1985：333.

何是修炼之术，予走笔成小词以答之。”词云：

长生之话口相传。求丹金液全。混成一物作神仙。丁宁说与贤。　休咽气，莫胡言。岂知造化玄。用铅投汞汞投铅。分明颠倒颠。

另一善作谐谑词的是邢俊臣。沈作喆《寓简》载：“汴京时，有戚里子邢俊臣者，涉猎文史，诵唐律五言数千首，多俚俗语。性滑稽，喜嘲讽，常出入禁中。善作《临江仙》词，末章必用唐律两句为谑，以调时人之一笑。”徽宗朝，他奉命为花石纲作《临江仙》词，分别有神运石、陈朝桧二作，前者云：

巍峨万丈与天高。物轻人意重，千里送鹅毛。

后者云：

远来犹自忆梁陈。江南无好物，聊赠一枝春。

因“其规讽似可喜，上皇忍之不怒也”。梁师成“位两府，甚尊显用事，以文学自命，尤自矜为诗”。赵佶命俊臣“汝可为好词，以咏师成诗句之美”。命其押“诗”字韵，俊臣口占，末云：

用心勤苦是新诗。吟安一个字，捻断数茎髭。①

能借唐人成句以妙作讥讽，有一定的“安全系数”，自与直言惹祸效果不同。而关于后者，《中吴纪闻》有云：“徽宗即位，下诏求直言”，结果廷对时陈直言者，“唱名日，有旨驳放”，还被卫士击落数齿。因“时上书及廷试直言者俱得罪”，因此，京师遂传谑词《滴滴金》：

当初亲下求言诏，引得都来胡道。人人招是骆宾王，并洛阳年少。　自讼监宫并岳庙，都一时闲了。误人多是误人多，误了人多少。②

不过，邢俊臣的谑词除规讽之旨外，有些属于自叙寥落者，如《临江仙》后三句：“扪窗摸户入房来。笙歌归院落，灯火下楼台。”若谓此类反映了自己的生存状态，并无不当，那么，其嘲妓有体气而作“遥知不是雪，为有暗香来”，嘲妓体肥而作“只愁歌舞罢，化作彩云飞”，则情趣格调低下，开元明嘲妓散曲之先。

① 沈作喆．寓简[M]．北京：中华书局，1985：79.

② 龚明之．中吴纪闻[M]//宋元笔记小说大观．上海：上海古籍出版社，2001：2894.

谐谑词属于俗词，前引《中吴纪闻》嘲朱勔的二首，调名已失，却应是同一调，二词格律不同，对照之下，可见此类俗词多衬字之用，类于敦煌曲子词。至于谐谑词的俚言俗语、巧比妙喻、透辟尖新，也在艺术上成为了元曲的先导。

（原载《词学》第二十三辑，华东师大出版社2010年6月出版）

宋孝宗前期词坛纵论

从完颜亮南侵到宋高宗传位孝宗，是后南渡时期，此时大词人辛弃疾尚未起，词的创作似乎相对陷入低潮。由于靖康的丧乱已经过去，哀怨不再，“骚人”不起，“变风”“小雅”之声沉寂无闻；南渡的移居已经习惯，水软山温，云痴月倦，汴京享乐之风再现。随着老一辈词人的辞世，词在一定程度上似又回到创作的旧轨，且体现出以下三个主要特点：

首先，由于完颜亮发动的南侵历时不久，从第二次绍兴和议到隆兴和议的签订，宋金之间有较长时期的和平，南宋的半壁江山形成了“中兴”局面，颂谀词的创作又成为风气，且随着相关制度的完备，大曲之作也进入繁盛期，出现了不少代表性作品。其次，与南渡时期“佳处亦各如其诗”的诗人之词不同，此期的诗人似乎具有较强的文体意识，词与诗具有不同的题材与风貌，“中兴四大诗人”中，陆游与范成大均作词较多，诗词之别显见，体现出在题材风格与范型选择上的退回婉约之势。最后，南渡时期的女性词人创作甚盛，至此而继续这一势头，她们自诉性的词较多，朱淑贞更成为了李清照之后最优秀的女词人。

一

宋孝宗前期，曾觌、张抡等人的应制、颂谀之词，与康与之、曹勋一脉相承。曾觌的应制颂谀词较多，此处录三首。《醉蓬莱·侍宴德寿宫应制赋假山》：

> 向逍遥物外，造化工夫，做成幽致。杳霭壶天，映满空苍翠。耸秀峰峦，媚春花木，对玉阶金砌。方丈瀛洲，非烟非雾，恍移平地。　　况值良辰，宴游时候，日永风和，暮春天气。金母龟台，傍碧桃阴里。地久天长，父尧子舜，灿绮罗佳会。一部仙韶，九重鸾仗，年年同醉。

《蝶恋花·三月上巳应制》：

> 御柳风柔春正暖。紫殿朱楼，赫奕祥光远。十二玉龙迎凤辇。香腾锦绣闻弦管。　　扇却双鸾开宝宴。绿绕红围，宣劝金卮满。万岁千秋流宠眷。此身欲备昭阳燕。

《鹧鸪天·选德殿赏灯，先宴梅堂，侍两宫，沾醉口占》：

龙驭亲迎玉辇来。江梅枝上雪培堆。东风上苑春光到，更放金莲匝地开。腾凤吹，进瑶杯。两宫交劝正欢谐。父慈子孝从今数，准拟开筵一万回。

曾觌有的应制词写得较有艺术性。如《阮郎归·上苑初夏侍宴，池上双飞新燕掠水而去，得旨赋之》是真正的奉旨所填：

柳阴庭馆占风光。呢喃清昼长。碧波新涨小池塘。双双蹴水忙。　萍散漫，絮飘飏。轻盈体态狂。为怜流去落红香。衔将归画梁。

据周密《武林旧事》卷七载，乾道三年（1167年）三月初十，宋孝宗陪同太上皇至后苑看花，适见双燕掠水飞过，传旨令曾觌赋之，遂进此作①。此词很好地体现了神似和用意的原则，黄苏还认为末二句“大有寄托忠爱之心，婉然可想”②。

除了歌颂高宗与孝宗“父尧子舜”、“父慈子孝”、“两宫交欢”以外，曾觌所作，亦有如黄昇所说的“东都故老，及见中兴之盛者。词多感慨，如《金人捧露盘》、《忆秦娥》等曲，凄然有黍离之悲”③。录其《金人捧露盘·庚寅岁春奉使过京师感怀作》：

记神京、繁华地，旧游踪。正御沟、春水溶溶。平康巷陌，绣鞍金勒跃青骢。解衣沽酒醉弦管，柳绿花红。　到如今、馀霜鬓，嗟前事、梦魂中。但寒烟、满目飞蓬。雕栏玉砌，空锁三十六离宫。塞笳惊起暮天雁，寂寞东风。

《忆秦娥·邯郸道上望丛台有感》：

风萧瑟。邯郸古道伤行客。伤行客。繁华一瞬，不堪思忆。　丛台歌舞无消息。金尊玉管空尘迹。空尘迹。连天草树，暮云凝碧。

宋孝宗乾道五年（1169年）冬，曾觌被任命为贺金正旦副使，与正使汪大猷一起出使金国，经过邯郸道，又在归途中经过汴梁，作此二首。虽陈廷焯认为：“《黍离》、《麦秀》之悲，暗说则深，明说则浅。曾纯甫词，如‘雕栏玉砌，空馀三十六离宫’。又云：‘繁华一瞬，不堪思忆。’又云：‘丛台歌舞无消息，金尊玉管空陈迹。’词极感慨，但说得太显，终病浅薄。碧山咏物诸篇，所以不可及。”④但因作者在事隔四十多年后重见汴

① 周密．武林旧事[M]//孟元老，等．东京梦华录（外四种）．北京：文化艺术出版社，1998：422–423．

② 黄苏．蓼园词评[M]//唐圭璋．词话丛编．北京：中华书局，1986：3036．

③ 黄昇．花庵词选·中兴以来绝妙词选[M]．北京：中华书局，1958：172．

④ 陈廷焯．白雨斋词话足本校注[M]．屈兴国，校注．济南：齐鲁书社，1983：643–644．

梁和邯郸、丛台，记忆与现实对比显然，真情难抑，仍不失为好词。

曾觌也有风格沉雄豪迈之作。录《水调歌头》：

图画上麟阁，莫使鬓先秋。壮年豪气，无奈黯黯阵云浮。常记青油幕下，一矢聊城飞去，谈笑静边头。勋业出无意，非为快恩仇。　　卷龙韬，随凤诏，与时谋。朱旛皂盖南下，聊试海山州。邂逅故人相见，俯仰浮生今古，蝼蚁共王侯。万事偶然耳，风月恣嬉游。

《四库全书总目》说，曾觌"虽与龙大渊朋比作奸，名列《宋史·佞倖传》中，为谈艺者所不齿，而才华富艳，实有可观"①。这一评价还是较为公允的。

张抡亦擅作颂谀词，兹录二首。《临江仙·车驾朝享景灵宫，久雨，一夕开霁》：

闻道彤庭森宝仗，霜风逐雨驱云。六龙扶辇下青冥。香随鸾扇远，日射赭袍明。
帘卷天街人隘路，满城喜望清尘。欢声催起岭梅春。欲知天意好，昨夜月华新。

《壶中天慢》：

洞天深处赏娇红，轻玉高张云幕。国艳天香相竞秀，琼苑风光如昨。露洗妖妍，风传馥郁，云雨巫山约。春浓如酒，五云台榭楼阁。　　圣代道洽功成，一尘不动，四境无鸣柝。屡有丰年天助顺，基业增隆山岳。两世明君，千秋万岁，永享升平乐。东皇呈瑞，更无一片花落。

高宗与孝宗之交，法曲、大曲之作较兴盛，成为当时一道独特的风景。张炎云："法曲有散序、歌头，音声近古，大曲有所不及"，"其源自唐来"。② 曹勋的《法曲·道情》，叙道家修炼之事，共十一首，分为散序、歌头、遍、入破、煞，此处不录。

大曲为大型的音乐歌舞，其结构体例，沈括《梦溪笔谈》、陈旸《乐书》、王灼《碧鸡漫志》的说法不同，一般认为分作三大部分，每部分又由若干"遍"或"片"、"叠"组成，第一部分为散序，为器乐曲，无歌、不舞，第二部分称"中序"或"拍序"、"歌头"，以歌为主，舞队不出场，第三部分称"破"或"入破"，以舞为主，或说纯为舞曲，无歌。《乐府雅词》曾收录董颖咏西施的《道宫薄媚·西子词》十遍，曾布咏冯燕的《水调歌头》七遍，均为摘遍形式。而孝宗朝史浩所作，则有所改变，吴梅跋云："《鄮峰大曲》二卷，有歌词，有乐语，且诸曲之下，各载歌演之状，尤为欧、苏、郑、董诸子所未及宋人大曲之详，无有过于此者。"③ 其《采莲·寿乡词》共八首，录其中二首。《延遍》：

---

① 永瑢，等. 四库全书总目[M]. 北京：中华书局，1965：1816.

② 张炎. 词源[M]//唐圭璋. 词话丛编. 北京：中华书局，1986：256.

③ 吴梅. 鄮峰真隐大曲跋[M]//施蛰存. 词籍序跋萃编. 北京：中国社会科学出版社，1994：221.

霞霄上，有寿乡广袤无际。东极沧海，缥缈虚无，蓬莱弱水。风生屋浪，鼓楫扬旍，不许凡人得至。甚幽邃。　　试右望金枢外。西母楼阁，玉阙瑶池。万顷琉璃。双成倩巧，方朔诙谐。来往徜徉，霓裳飘摇宝砌。更希奇。

《撷遍》：

南邻幄丹宫，赤伏显符记。朱陵曜绮绣，箕翼炯、瑞光腾起。每岁秋分老人见，表皇家、袭庆迎祺。　　天子当膺，无疆万岁。北窥玄冥，魁杓拥佳气。长拱极、终古无移。论南北东西。相直何啻千万里。信难计。

另有《采莲舞》、《太清舞》、《柘枝舞》、《花舞》、《剑舞》、《渔父舞》等。史浩的词多为寿词、与宴、酬酢、节令、游赏、隐居之作，自然也有颂谀词。

此期有些不属法曲、亦非大曲之作，而近于毛滂所作《调笑令》，即联章以成“转踏”，一诗一词，用作演唱者。洪适所作即属此类。洪适有《隆兴二年南郊鼓吹曲》，由《六州歌头》、《十二时》、《奉禋歌》、《降仙台》、《正宫导引》组成，注明前三曲“严更警场作”，《降仙台》为“曲礼毕皇帝降坛作”，《正宫导引》为“皇帝还宫作”。其《番禺调笑》写广州名胜，前为《句队》，总叙缘起，中有《羊仙》、《药州》等十景，每一景皆用四平韵四仄韵的七言诗八句，然后以诗的末句为词之首，大致诗为徒诵，词则歌唱，最后为《破子》，用《遣队》收场。此摘录之。《句队》：

盖闻五岭分疆，说番禺之大府；一尊属客，见南伯之高情，摭遗事于前闻，度新词而屡舞。宫商递奏，调笑入场。

《羊仙》：

黄木湾头声哄然。碧云深处起非烟。骑羊执穗衣分锦，快睹浮空五列仙。腾空昔日持铜虎。嘉瑞能名灼前古。羽人叱石会重来，治行于今最南土。

南土。贤铜虎。黄木湾头腾好语。骑羊执穗神仙五。拭目摩肩争睹。无双治行今犹古。嘉瑞流传乐府。

《海山楼》：

高楼百尺迩严城。披拂雄风襟袂清。云气笼山朝雨急，海涛侵岸暮潮生。楼前箫鼓声相和。戢戢归樯排几柁。须信官廉蚌蛤回，望中山积皆奇货。

奇货。归帆过。击鼓吹箫相应和。楼前高浪风掀簸。渔唱一声山左。胡床邀月轻云破。玉尘飞谈惊座。

《遣队》:

十眉争艳眼波横。霓袖回风曲已成。绛蜡飘花香卷穗,月林乌鹊两三声。歌舞既终,相将好去。

洪适还有《句降黄龙舞》、《句南吕薄媚舞》、《渔家傲引》等。其词《生查子·盘洲曲》咏一年十二个月,加上首一曲,尾为一岁的总结,共十四首,属于欧阳修《渔家傲》鼓子词一类。其单首的词虽不少,然特色不明显,不及在多种形式上的尝试探索。

二

后南渡时期,诗人为词者不少,沈曾植论其变化云:"南渡初以至光、宁,士大夫涉笔诗余者。标尚如此,略如诗有江西派。然石湖、放翁,润以文采,要为乐而不淫,以自别为诗人旨格。曾端伯《乐府雅词》,是以此意裁别者。白石老人,此派极则,诗与词几合同而化矣。"[①] 此期有"中兴四大诗人",擅词者为陆游、范成大,杨万里词亦有可观。陆游较范成大年长一岁,因享寿较长,且有部分词上承苏轼、下接辛弃疾,人们一般将其作为辛派,故不拟在此作为诗人之词论列。兹论范成大、杨万里。

范成大词的主要特点,如陈廷焯《云韶集》卷六所说:"石湖词音节最婉转,读稼轩词后读石湖词,令人心平气和。"范成大是著名的田园诗人,其词亦写田园生活,纵观南北宋,除范成大外,也仅有苏轼、辛弃疾有此类词。其《蝶恋花》是此类词的代表,带有特殊的田园诗笔法,写得明净清新,充满恬静平和的农家气息:

春涨一篙添水面。芳草鹅儿,绿满微风岸。画舫夷犹湾百转。横塘塔近依前远。　　江国多寒农事晚。村北村南,谷雨才耕遍。秀麦连冈桑叶贱。看看尝面收新茧。

《鹧鸪天》则写春日景色及客游之思,虽略微透出时光催人之感,却仍因其婉转平和而不令人伤感幽怨:

嫩绿重重看得成。曲阑幽槛小红英。酴醾架上蜂儿闹,杨柳行间燕子轻。
春婉娩,客飘零。残花浅酒片时清。一杯且买明朝事,送了斜阳月又生。

范成大也写爱情词,虽情深而不出直语、痛语,可谓怨而不伤。如《南柯子》:

---

① 沈曾植.菌阁琐谈[M]//唐圭璋.词话丛编.北京:中华书局,1986:3613.

怅望梅花驿，凝情杜若洲。香云低处有高楼。可惜高楼、不近木兰舟。 缄素双鱼远，题红片叶秋。欲凭江水寄离愁。江已东流、那肯更西流。

开头二句用陆凯赠范晔诗之典，以及《楚辞·九歌·湘君》句意，三四句有勾连接续之妙，以物写情，感叹中两情可见。过片分用汉魏古诗语典及唐诗事典，江水难寄离愁，既已东流，又怎能返回西向而流呢？词中实事虚说，缠绵秾挚之情化为清远空明之境。

《秦楼月》亦如此：

楼阴缺。阑干影卧东厢月。东厢月。一天风露，杏花如雪。 隔烟催漏金虬咽。罗帏暗淡灯花结。灯花结。片时春梦，江南天阔。

此词写闺中少妇春夜怀人，而上片却仅以景传情，换头写少妇离愁，再由灯花结而入江南春梦，全词始终不见写人，境界清明而悠远，空灵而雅洁，洗尽铅华，极见清丽。

《霜天晓角》咏梅而又写人，怀人之意见于下片，仍是淡景浓情、寓密于疏，虽明说"愁绝"，孤寂况味可品，却仍因出之委婉而不哀怨：

晚晴风歇。一夜春威折。脉脉花疏天淡，云来去、数枝雪。 胜绝。愁亦绝。此情谁共说。惟有两行低雁，知人倚、画楼月。

范成大很善于以景起情，以景拟情、写情，用实写虚。又善于寄情于景，在极其清幽的景色中，传递其毋用明言的某种情感体验。前者如表现途中春困的《眼儿媚·萍乡道中乍晴，卧舆中，困甚，小憩柳塘》，黄昇称之"词意清婉，咏味之如在画图中"①：

酣酣日脚紫烟浮。妍暖破轻裘。困人天色，醉人花气，午梦扶头。 春慵恰似春塘水，一片縠纹愁。溶溶泄泄，东风无力，欲皱还休。

后者如《醉落魄》，自写退隐后的生活，对红尘中人来说，其清净无欲的生活是难以体验的：

栖乌飞绝。绛河绿雾星明灭。烧香曳簟眠清樾。花久影吹笙，满地淡黄月。 好风碎竹声如雪。昭华三弄临风咽。鬓丝撩乱纶巾折。凉满北窗，休共软红说。

① 黄昇．中兴词话[M]//唐圭璋．词话丛编．北京：中华书局，1986：212.

范成大曾使金,因有这一经历,其词也难免会跳出“令人心平气和”之外。如《水调歌头·燕山九日作》:

万里汉家使,双节照清秋。旧京行遍,中夜呼禹济黄流。寥落桑榆西北,无限太行紫翠,相伴过芦沟。岁晚客多病,风露冷貂裘。　　对重九,须烂醉,莫牢愁。黄花为我,一笑不管鬓霜羞。袖里天书咫尺,眼底关河百二,歌罢此生浮。惟有平安信,随雁到南州。

另一《水调歌头》更近于豪放风格:

万里筹边处,形胜压坤维。恍然旧观重见,鸳瓦拂参旗。夜夜东山衔月,日日西山横雪,白羽弄空晖。人语半霄碧,惊倒路傍儿。　　分弓了,看剑罢,倚阑时。苍茫平楚无际,千古锁烟霏。野旷岷嶓江动,天阔崤函云拥,太白暝中低。老矣汉都护,却望玉关归。

但范成大词的基本风格还是委婉含蓄的,有时甚至难以知其真意之所在。如《鹧鸪天》:

休舞银貂小契丹,满堂宾客尽关山。从今袅袅盈盈处,谁复端端正正看。
模泪易,写愁难。潇湘江上竹枝斑。碧云日暮无书寄,寥落烟中一雁寒。

此词作于离广西将赴成都任四川制置使时。“银貂小契丹”是一种穿白色貂裘和绣靴的少数民族舞蹈,之所以“休舞”,是因如王勃《滕王阁序》所说:“关山难越,谁悲失路之人;萍水相逢,尽是他乡之客。”客中送客使离愁更重。词写别情,而在欣赏舞蹈时,难道不会想起契丹民族曾有过的强盛?“从今袅袅盈盈处,谁复端端正正看”,似乎也隐藏着对国事的隐忧,今天的契丹或就是明天的南宋?对于一个政治家来说,此意不应是外加的,但因其敛约不显,痕迹极轻而难寻。

杨万里的诗被称为“诚斋体”,清新、活泼、自然、灵动,有特别的格调。词不多,与其诗也有近似之处。如《好事近·七月十三日夜登万花川谷望月作》:

月未到诚斋,先到万花川谷。不是诚斋无月,隔一林修竹。　　如今才是十三夜,月色已如玉。未是秋光奇绝,看十五十六。

白描而极其朴素,却不是泥定一者来写,“透脱”而见“活法”,在肯定与否定的对比演进中,充分调动人的想象,很经得起品味。又《昭君怨·咏荷上雨》:

午梦扁舟花底。香满西湖烟水。急雨打篷声。梦初惊。　　却是池荷跳雨。散了真珠还聚。聚作水银窝。泻清波。

上片写梦中西湖、扁舟花底的美景，却被急雨打篷的声音惊醒。下片回过头写致梦之由是池荷跳雨，现在看到的荷上雨，如珍珠散了又聚起，聚成如水银窝，还像水银一样泻入清波。此词显见作者之善写动态之景，将瞬间凝成笔墨下的美景，使人领会其诗之“别才”如何转换为词中的“奇致”。

杨万里还有《归去来兮引》，化用陶渊明原作而自有创造，不同于他人的檃括之作。其《念奴娇·上章乞休致，戏作〈念奴娇〉以自贺》则是幽默中更有谐谑，别有一种风味：

老夫归去，有三径、足可长拖衫袖。一道官衔清彻骨，别有监临主守。主守清风，监临明月，兼管栽花柳。登山临水，作诗三首两首。　　休说白日升天，莫夸金印，斗大悬双肘。且说庐陵传盛事，三个闲人眉寿。拣罢军员，归农押录，致政诚斋叟。只愁醉杀，螺江门外私酒。

此期的诗人中，钱锺书对王质颇为欣赏，认为他的朋友张孝祥虽也像他一样以第二个苏轼自命，“名声比他响得多，而作品笨拙，远不如他”①。虽王质的词不及张孝祥，却仍有自己的特色。

王质词《鹧鸪天·咏渔父》善用口语方言表达对生活哲理的理解：

一只船儿任意飞。眼前不管是和非。鱼儿得了浑闲事，未得鱼儿未肯归。
全似懒，又如痴。这些快活有谁知。华堂只见灯花好，不见波平月上时。

而《八声甘州·读诸葛武侯传》则表现出史家的历史意识，对历史有较公允的评价，又隐见对当今偏安江南、不思恢复的谴责：

过隆中、桑柘倚斜阳，禾黍战悲风。世若无徐庶，更无庞统，沉了英雄。本计东荆西益，观变取奇功。转尽青天粟，无路能通。　　他日杂耕渭上，忽一星飞堕，万事成空。使一曹三马，云雨动蛟龙。看璀璨、出师一表，照乾坤、牛斗气常冲。千年后，锦城相吊，遇草堂翁。

三

北宋的女性词较少，南渡时期，因家国之变而累及诸多女子，故留下了较多表现自身不幸之词。高、孝相交时期，女性词的创作持续兴盛，虽作品不多，却各有特色。

---

① 钱锺书.宋诗选注[M].北京：三联书店，2001：419.

吴淑姬是跨越南北宋的湖州女词人，① 生平不详，《唐宋诸贤绝妙词选》收录其词三首。其《小重山·春愁》带有显见的女性意识、情感及身份、语言特点：

谢了荼蘼春事休。无多花片子，缀枝头。庭槐影碎被风揉。莺虽老，声尚带娇羞。　　独自倚妆楼。一川烟草浪，衬云浮。不如归去下帘钩。心儿小，难著许多愁。

词中写春景而自带离思，从春尽而倚楼远望，最后揭出“愁”字。“花片子”、“烟草浪”，皆自铸语，创造性可见。结句“心儿小，难著许多愁”，承“一川烟草浪，衬云浮”，对比强烈，可与李清照“只恐双溪舴艋舟，载不动、许多愁”对读，皆以有形示无形，又各得其妙。

再看其《长相思令》：

烟霏霏。雪霏霏。雪向梅花枝上堆。春从何处回。　　醉眼开。睡眼开。疏影横斜安在哉。从教塞管催。

据洪迈《夷坚志》，吴淑姬美貌而家贫，为富家子所占，被人告发有奸情，逮捕审讯并判刑，狱中僚吏观审后，命脱枷侍饮，因知其能词，令作一章自咏，以宛转告以知州王十朋，为之解脱。吴淑姬即请题待作，因此时冬末雪消，春日且至，命道此景作《长相思令》，淑姬捉笔立成。② 缘此“本事”，读者才能得知其作意旨及艺术表现的高明之处。本是雪消春近，作者却偏说“烟霏霏。雪霏霏”，而堆向梅花的大雪，岂非恶势力对自己的摧残？“春从何处回”之反诘实有着控诉了。下片的睡眼、醉眼，是说遭官司的无端打击，被搞得晕头转向，疏影横斜的梅花美景根本就不属于自己，只能任凭笛声将她催落。此词可见善于拟喻以自况的特点，结合当时当地情景，写得天衣无缝，满肚苦水不能尽情发泄，只能巧妙地委婉表达。黄昇以“黠慧”③一语评吴淑姬，却令人为其不得已而用的生存智慧感叹，也不由得要谴责这法制不健全的社会。

真正“黠慧”的是能改作大文豪欧阳修词的都下妓，这位连姓名都未留下的女子，其《朝中措》（改欧阳修词）真能令人叹赏其文才之敏捷：

平山栏槛倚晴空。山色有无中。手种庭前桃李，别来几度春风。　　文章宰相，挥毫万字，一饮千钟。行乐不须年少，尊前看取仙翁。

---

①《全宋词》定吴淑姬为二人，而实为一人，参见邓红梅《女性词史》，山东教育出版社2000年版，第137页。

② 洪迈．夷坚志[M]．北京：中华书局，1981：1216–1217.

③ 黄昇．花庵词选·中兴以来绝妙词选[M]．北京：中华书局，1958：151.

女性词自以表现离别相思见长，由于所作都发自肺腑，不是男子闺音的代言，都以直切的真情感人。如杭妓乐婉赠答施酒监的《卜算子》：

相思似海深，旧事如天远。泪滴千千万万行，更使人愁肠断。　要见无因见，了拚终难拚。若是前生未有缘，待重结、来生愿。

都下名娼聂胜琼的《鹧鸪天·寄李之问》：

玉惨花愁出凤城。莲花楼下柳青青。尊前一唱阳关后，别个人人第五程。寻好梦，梦难成。况谁知我此时情。枕前泪共帘前雨，隔个窗儿滴到明。

二者都有各自的“本事”，且不说是喜剧还是悲剧的结果，词中所能见到的，是女子深切的真情，而不是语言的工丽、结构的宛转。

李氏的《极相思·赠张浩》，自非风尘女子所作，自无歌妓从良的企盼，但仍能从中体会出爱情的痛苦和名分未定的心绪不宁：

日红疏翠密晴暄。初夏困人天。风流滋味，伤怀尽在，花下风前。　后约已知君定，这心绪、尽日悬悬。鸳鸯两处，清宵最苦，月甚先圆。

此期最著名的女词人是朱淑贞。相传她出身于官宦之家，才貌出众，婚姻却很不美满，上错花轿嫁错郎的结果，是留给她一生的痛苦和遗憾。从她的词中，似乎也看到曾有过爱情的欢乐。如《清平乐·夏日游湖》：

恼烟撩露。留我须臾住。携手藕花湖上路。一霎黄梅细雨。　娇痴不怕人猜。随群暂遣愁怀。最是分携时候，归来懒傍妆台。

此词写夏日游湖，换头大胆地写出了恋爱中少女的真切体验，《古今词统》卷四既说其“娇痴不怕人猜”，“便太纵矣”，[①] 而同书卷五却连类而言，表示赞赏：“古歌：‘枕郎左臂随郎转，摩捋郎须看郎颜。’千万情态，不出个中。”[②] 吴衡照以之与李清照相并：“易安‘眼波才动被人猜’，矜持得妙。淑贞‘娇痴不怕人猜’，放诞得妙。均善于言情。”[③]

可正如《断肠词》之名一样，表现痛苦无疑是其词的主调。如《减字木兰花·春怨》：

独行独坐。独倡独酬还独卧。伫立伤神，无奈轻寒著摸人。　此情谁

---

① 卓人月，徐士俊．古今词统[M]//续修四库全书：第1728册卷四．上海：上海古籍出版社：535.
② 卓人月，徐士俊．古今词统[M]//续修四库全书：第1728册卷五．上海：上海古籍出版社：564.
③ 吴衡照．莲子居词话[M]//唐圭璋．词话丛编．北京：中华书局，1986：2423.

见。泪洗残妆无一半。愁病相仍,剔尽寒灯梦不成。

《菩萨蛮》:

山亭水榭秋方半。凤帏寂寞无人伴。愁闷一番新。双蛾只旧颦。 起来临绣户。时有疏萤度。多谢月相怜,今宵不忍圆。

前一首连用五个"独"字,可见其心中感受到的孤单寂寞是多么的强烈!在初春时节,寒意未消,风儿阵阵,无聊伫立,轻寒撩起了春愁,孤独之情又有谁知?眼泪打湿了脸,妆也残了,剩下的还没有一半,既愁又病,紧紧相连,使人难以入睡,剔尽了灯还未能成梦。全词确是春怨之情,所怨者何?从一连串的"独"字就可以知道了。前一首写春怨,后一首写秋怨。在山亭水榭赏景,秋色方半,时光正好,但因凤帏寂寞,无人相伴,美好的秋景只能撩起心中的新愁,双眉紧皱,笑脸难开。夜间起来,"绣户"只有流萤飞过,能感谢的是月亮,她为了可怜我,今晚竟不忍独圆。因孤寂之极,遂出此有情却"无理"的"痴语"。

《蝶恋花·送春》是朱淑贞的代表作:

楼外垂杨千万缕。欲系青春,少住春还去。犹自风前飘柳絮。随春且看归何处。 绿满山川闻杜宇。便做无情,莫也愁人苦。把酒送春春不语。黄昏却下潇潇雨。

送春是因为惜春,惜春就要留春,此词不写自己的留春之意,而借杨柳写之。杨柳系不住春天,只好用飘扬的柳絮去追逐之,看她将回到哪里?山川一片绿色,杜鹃的啼声阵阵传来,鸟虽不懂人的感情,听到这凄苦的啼声,似乎是替愁人而哀鸣。既然留春不住,就只有把酒送春了,可春天毕竟无知、故也无语,只有黄昏的潇潇春雨不停落下。沈际飞《草堂诗余续集》卷上赞之曰:"满怀妙趣,成片里出。体物无间之言,淡情深感。"李佳以之"情致缠绵,笔底毫无沉闷"[1],皆甚得其要。

《谒金门·春半》亦为代表作:

春已半。触目此情无限。十二阑干闲倚遍。愁来天不管。 好是风和日暖。输与莺莺燕燕。满院落花帘不卷。断肠芳草远。

陈廷焯评之以"凄婉得五代人神髓"[2],又说:"朱淑贞词,才力不逮易安,然规模唐、五代,不失分寸。如'年年玉镜台',及'春已半'等篇,殊不让和凝李珣辈。唯骨韵不高,

① 李佳.左庵词话[M]//唐圭璋.词话丛编.北京:中华书局,1986:3132.
② 陈廷焯.词则·大雅集[M].上海:上海古籍出版社手稿影印,1984:183.

可称小品。”[①]

朱淑贞的两首《生查子》也具有较高的艺术性:

寒食不多时,几日东风恶。无绪倦寻芳,闲却秋千索。　玉减翠裙交,病怯罗衣薄。不忍卷帘看,寂寞梨花落。

年年玉镜台,梅蕊宫妆困。今岁未还家,怕见江南信。　酒从别后疏,泪向愁中尽。遥想楚云深,人远天涯近。

尤其后者,世传大曲十首,朱淑贞此词居第八,调入大石,其在词史上的地位可知。

朱淑贞词多为伤春悲秋之作。春去秋来本是自然规律,人们之所以伤悲,是生命意识的体现,是对于时光流走、年华逝去的无奈与留恋,而女子的伤春更有悼惜爱情失落的特定意义。李清照的前期词,伤春主要是伤别,是对于不能与夫君始终相伴相守的深切遗憾;而朱淑贞,却因不幸的婚姻而感到终生无着,内心的悲痛远过于前者。爱既失落,心无所系,只能在词中倾诉自己的悲伤、失望,她自己将所作命名为“断肠词”,决非无病呻吟。

前面曾说,从艺术而言,对于南渡词之变,此期的诗人之词在题材风格与范型选择上,有退回婉约之势,而朱淑贞亦近于此,是向北宋归返。况周颐说得好:“即以词格论,淑贞清空婉约,纯乎北宋。易安笔情近浓至,意境较沉博,下开南宋风气,非所诣不相若,则时会为之也。”[②]陈廷焯以之与和凝、李珣相比,也说明了这一点。

(原载《深圳大学学报》2009年第2期)

① 陈廷焯.白雨斋词话足本校注[M].屈兴国,校注.济南:齐鲁书社,1983:221.
② 况周颐.蕙风词话·广蕙风词话[M].郑州:中州古籍出版社,2003:74.

论南宋风雅词派在词的美学进程中的意义

明人张綖说过："少游多婉约，子瞻多豪放，当以婉约为主。"(《张刻淮海集》)此后，豪放、婉约就常被视作宋词的两大风格流派。豪放、婉约道出了刚性美与柔性美的两大类型，与传统诗文批评的阳刚、阴柔之说相合，自无不确。但是，却不能尽赅宋词的风格流派，更不能以之综观其内容和艺术。然而，在批评史上却有论者从古时的两派孰为正变之争，发展为现代的主流、逆流之辩。基于此，本文用兼顾思想内容与艺术风格的"风雅"一辞命名，来论述原被称为婉约派的南宋这一派词在词的美学进程中的意义。

一 从"纯美"的追求到"美""善"的结合

南宋风雅词，系指姜夔、吴文英、周密、王沂孙、张炎等人所作。这些词人的作品，风格有疏、密之分，但这里不以疏、密分其畛域，而统名"风雅词"，是因为这些作品既上关乎国运，又下染乎世情；内系于体制之因革，外成于作者之宗尚，有诸多共同点。

风雅词派产生于宋室南渡数十年之后。此时，经过长期的激烈对抗，宋金和议已成，形成较持久的偏安局面，一度高涨的爱国热情已大大降温。姜、吴都是布衣，又无陈亮、刘过的襟抱，当然不是以恢复兼济为己任的志士，因而所作多为传统的抒写恋情、流连光景等题材。但是，国事毕竟难于忘怀，欲澄清而又难待，又使他们或言身世而感憾时势，或咏物而寄托情志。至若周、王、张诸人，生当宋之季世，非但恢复无望，且国土日蹙，最后目睹国亡，身遭离乱，所作尤多故国之思。姜夔等人，非仅擅词笔，且精通音律，在词的体制上，承袭北宋乐府流风，复亦参究周邦彦等人的技法、风格而有变化发展。国运、世情、体制、宗尚，造就了风雅词派的独特面目。

这派词之名曰"风雅"，非仅是湖山清赏，风月吟弄，而且具有"主文而谲谏"、"言王政之所由废兴"(《诗大序》)的特点。因此，不忘"志"之役"情"；有君国之忧，时世之叹，在沿习词以写艳情为主的风尚同时，不失雅正之音，将词引向"好色而不淫"，这是不同于柳永俚俗尘下和周邦彦软媚少骨之处。非止此，这派词固然是"风雅之兴，志累蓄愤。而吟咏情性，以讽其上"(《文心雕龙·情采》)，但更是"发乎情，止乎礼义"(《诗大序》)，"气和而不促，辞稳而不浇"(谢章铤《赌棋山庄词话》卷十二)不直言，多寄托，温柔敦厚，中正和平。于是，在严辨宫商，深于措意，慎于落笔的基础上，一方面与"如诗如文"的苏轼，"用经用史"的辛弃疾划清了界限；另一方面则在异于苏的逸怀浩气和辛的偾张驰骤同时，尤将辛派词人的伉直叫嚣导向"怨悱而不乱"。

风雅词派的这些特点,使之在词的美学进程中具有独特的意义。

我国有“诗言志”的传统,“志”的本意主要指怀抱,与“礼”相关,亦即与政治、教化难分,郑玄在《诗谱序》中曾论述了诗、志、政的关系:“诗有三训:承也,志也,持也。作者承君政之善恶,述己志而作诗,所以持人之行,使不失坠,故一名而三训也。”其实,“哀乐之心感,而歌咏之声发”,“志”与“情”是难分的,孔子以“兴观群怨”论诗即是证明。即使如此,孔子的“事父”、“事君”之说,仍可见他对文艺与政治教化关系的见解。而儒家关于文艺要为现实的社会政治服务的思想,就成了我国文艺发展的主导,孔子所说的“尽美尽善”,则是对文艺的最高美学要求。

汉魏之际,儒学衰退,佛、道杂进,随着思想的多元化,“文的自觉”时代也到来了,文艺与社会政治现实距离远了,诗先入玄言,后滋山水,“缘情而绮靡”的爱情诗,甚至部分堕为“宫体”。恰是被目为诗风最不振的梁、陈,词已开始孕育,尽管词的形式有待于肇自唐人绝句的长短变化;但从时代精神和审美情趣言,梁陈至隋,“君臣颂酒赓色,务裁艳语,默启词端,实为滥觞之始”(王世贞《艺苑卮言》)。民间流传的《吴趋越艳》、《子夜》、《懊侬》亦酝酿了词的诞生。

与“言志”的诗,“明道”的文不同,词是狭义“缘情”的园苑。除敦煌曲子词这一题材较广的阶段外,从晚唐到北宋的文人词,所走的基本上都是这条路。

晚唐时期,李唐帝国虽已日暮西山,国力衰微,但上有声色之好,下有冶游之习,词体新起,又与音乐相关,君臣士庶沉溺声伎,所作渐多。温庭筠等文隽之士,既才思艳丽,又失意无聊,以倚红偎翠自娱,兼遣其抑郁之情,词之幽婉要眇成为一时宗风。此后,西蜀、南唐两地流风更盛,馀烈更炽。在西蜀,为应歌之需,以“不无清绝之辞,用助娇娆之态,自南朝之宫体,扇北里之倡风”(欧阳炯《花间集序》);在南唐,为宴集之乐,“多运藻思,为乐府新词,俾歌者倚丝竹歌之,所以娱宾而遣兴也”(陈世修《阳春集序》)。因此,唐五代词的香艳婉丽当然是“缘情”写态,而与“风雅”无涉了,这一阶段的词以“纯美”为主要特征,流露的是对笙歌院落、享乐艳情的官能感受的“真情”。

入宋后,经济繁荣,社会安定,词作犹是五代以来摹写风景艳情之习,因而晏词风致不减冯延巳,欧词多与《花间》《阳春》相混。柳永虽拓宽了词的题材,丰富了词的形式手法,但绮罗香泽之态多有,颇以俚俗为病,仍与风雅无关。“熙丰间,词学称极盛。苏长公提倡风雅,为一代山斗”(况周颐《蕙风词话》卷二)。苏轼的“提倡风雅”,实际上是欲将娱宾遣兴,系于音乐的词,发展为独立的抒情诗,但因袭传统的力量很大,连他门下的秦观都学柳七语,晁补之对苏词亦非之为“不是当行家语,自是著腔子唱好诗”(《能改斋漫录》卷十六)。他的“一洗绮罗香泽之态,摆脱绸缪宛转之度”(胡寅《酒边词序》)可谓空谷足音,因为此时国祚未全衰,对时势的感慨并未浸淫一切文艺,言志咏怀施之于词,尚难成为风气。总之,对“言理而不言情”的北宋诗来说,词是“别是一家”,其主流是写艳情或闲情,与诗中的思理、道学大相径庭,并渐变唐五代词风,转为“美”与“真”的结合。

金人侵占河洛,汴京沦陷,二帝掳北,是为靖康之难。南渡诗人在流离颠沛,转徙江湖之余，非仅诗中屡写国变，词中亦普遍染上时代色彩，渐多抒发家国之慨，身世之感。由于歌姬舞人星散，大晟乐谱不存，此时的词亦多置乐律于不顾，不期然而近于苏轼。此后，国势渐弱，朝廷不思有为，上下宴安，文恬武嬉，志士请缨无路，愤而扼腕放歌，辛弃疾、陈亮等人的“豪杰之词”应运而生，“如诗如文，如天地奇观”的苏词，发展成“用经用史，牵雅、颂入郑卫”的辛词(刘辰翁《须溪集·辛稼轩词序》)。自南渡初而至辛弃疾，词皆主于“真”，且从“真”与“善”的结合，发展到“真”“善”“美”兼备。

“风格即人”，正由于胸襟、抱负有歧异，性情不可强，姜夔以下的风雅词人则是另一面目。他们上不似周柳的披风抹月，仅言其“情”；下不似稼轩的拟金伐鼓，过言其“志”，在固守词的“缘情”传统，力求词“美”之时，融“志”入“情”，而见其“善”。

姜夔的《扬州慢》、《淡黄柳》、《翠楼吟》以及著名的《暗香》、《疏影》等，都是感时伤乱、企望澄清、寄寓讽谏、心忧君国之作，平韵《满江红》(仙姥来时)更曲折反映了制胜强敌的热望。吴文英《八声甘州·灵岩陪庾幕诸公游》、《贺新郎·陪履斋先生沧浪看梅》，或因南渡宴安而咏史讥刺，或因边事日亟而言外寄慨，《宴清都·连理海棠》言天宝而喻靖康，向统治阶级示作殷鉴，《三姝媚·过都城旧居有感》凭吊兴亡，追怀故国，决非一己私情。周密的《玉京秋》(烟水阔)、《一萼红·登蓬莱阁有感》，或凄然怨歌，或感慨苍凉，咏物的《瑶华》(朱钿宝玦)、《花犯·水仙花》都有深切的故国之思。至若饱尝遗民之苦的王沂孙、张炎，则更在《乐府补题》和其他作品中倾诉了身世的悲苦，寄托了对故国的怀恋，感情真挚，风格凄黯，可谓“亡国之音哀以思”。

张惠言说：“其缘情造端，兴于微言，以相感动，极命风谣里巷男女哀乐，以道贤人君子幽约怨悱，不能自言之情，低回要眇，以喻其致。盖诗之比兴，变风之义，骚人之歌，则近之矣。”(《词选序》)南宋风雅词所处的时代，颇类于“王道衰，礼义废，政教失，国异政，家殊俗”(《诗大序》)的变风变雅时期，其作品多以“兴于微言”道其“幽约怨悱”之情，其“低回要眇”之致又大异于苏之飘逸，辛之沉郁。以张氏所论揆之此派，是大抵相符的。但是，张惠言论词尚多着眼于“感士不遇”之类。而周济进而论道：“感慨所寄，不过盛衰：或绸缪未雨，或太息厝薪，或己溺己饥，或独清独醒，随其人之性情、学问、境地，莫不有由衷之言……诗有史，词亦有史，庶乎自树一帜矣。”(《介存斋论词杂著》)“庶乎自树一帜”、“有史”的词，正是可见盛衰，可见性情之作。姜夔被称为“流落江湖不忘君国”(宋翔凤《乐府余论》)，王沂孙“感时伤世之音，而出以缠绵忠爱”(陈廷焯《白雨斋词话》)，张炎“备写其身世盛衰之感，非徒以剪红刻翠为工”(《四库全书提要·山中白云提要》)，吴文英亦“意思甚感慨，而寄情闲散”(周济《介存斋论词杂著》)，周密“尽洗靡曼”(戈载《七家词选》)。这些评语说明：风雅派词固然仍以爱情与闲情为大宗，但所作并非逃避现实，只是较软弱的“为情造文”，“随其人之性情学问境地”的“由衷之言”罢了。

诚然，“词至南宋，始极其工，至宋季而始极其变”(朱彝尊《词综·发凡》)是对风雅派的溢美之辞，但它之完成了“一代之文学”的最后发展，却是毋庸置疑的。如果说唐五代词追求的是“纯美”，北宋渐变为“美”“真”结合，至辛弃疾达到了思想与艺术高度结合的顶点，那么，姜夔以下，则转而以“美”“善”结合为特征。最高峰虽过，但非之为“逆流”却是难以令人信服的。

二 从意象压倒情致到情志统率意象

文艺用以表现情志，这是我国古代文论的一贯认识。但人之情志从何而来呢？《乐记·乐本篇》说：“凡音之起，由人心生也。人心之动，物使之然也。感于物而动，故形于声。”六朝文艺理论家对“心”与“物”的关系有较系统的论述。陆机的“遵四时以叹逝，瞻万物而思纷；悲落叶于劲秋，喜柔条于芳春”（《文赋》），道出了文以情生，情因物感的道理。刘勰《文心雕龙》亦有“人禀七情，感物斯应”（《明诗》），“情以物迁，辞以情发”（《物色》）之说。钟嵘《诗品序》更进而阐明自然环境使人情志“兴”，社会环境使人“群”和“怨”（尤其是“怨”）的道理。

因为我国美学着眼点多不在客观的审美对象，而重在主观的审美意识，所以诗歌多主于表现主观情志，而非再现客观印象。当然，诗毕竟是主观与客观的统一体，总有再现客观印象的部分，这种再现，并非忠实、刻板的摹仿，而是成之为意象——带着主观意念、情趣的客观形象。可以说，诗是情志与意象的相契相融，亦即情与景的结合。

大体说来，在词兴起以前，我国诗歌在情志和意象关系上经历了三个发展阶段：第一阶段是汉魏以前，情志重于意象；第二阶段是六朝，体现为情志与意象的轻重倒转，基本上是意象压倒了情志；第三阶段是唐朝，表现为情志与意象的圆满结合。

与诗相似，词就情志与意象的关系而言，亦经历了唐五代、北宋、南宋这三个阶段，但又与诗的三阶段不同：唐五代是意象重于情趣；北宋渐变为情趣与意象的相合相契；南宋则是情志胜于意象（第一步：辛弃疾和辛派词人）和情志统率意象（第二步：风雅派）。

兴盛于晚唐的文人词，其审美情趣虽与此时诗歌相似，但在情志与意象的契合上却有所不同。此时的诗还是个人抒发襟抱情怀与描形状物的完美结合，虽深于比兴，却并未异于唐诗情景交融的总体特色。但以温庭筠为代表的晚唐词，却是以意象压倒情趣成为基本的美学特征（此处之“情志”易为“情趣”，是因为“应歌”“侑觞”之词难以见“志”）。近年有人以“客观”“纯美”论温词，其实这正是意象压倒情趣的表现。除韦庄和李煜（尤其亡国后）等少数词人词作外，西蜀、南唐词基本上也具备这一特征。

入宋以后，在晏、欧等人作品中，虽未根本变更唐五代以来的传统题材，但所作已从“客观”“纯美”转为抒写主观，转为美与真的结合。论者认为，晏欧“同出南唐，而深致则过之”（冯煦《宋六十一家词选例言》）。这“深致”实指情致，二人同出于冯延巳着力不重的抒情，而向纵深发展。北宋词从晏、欧开始，渐变为情景交融，情趣与意象的有机结合，经柳永、晏几道、苏轼、秦观、贺铸而至周邦彦，则达到了“言情体物，穷极工巧”（王国维《人间词话》），张炎、周济、戈载、冯煦都以“浑厚”评周词，所谓“浑厚”，实是情趣与意象的完全相契相融。

由苏轼而辛弃疾，词从表现非关济世经邦的“情趣”，发展至既关注国运升降，又感慨个人穷通的“情志”，与诗文靠近了。他们作品中跃动着鲜明的自我，强烈的主观抒情色彩甚至超越、掩盖了客观物境。可以说，这种“联属天地万物而畅吾之精神意志”（黄宗羲《陆钤俟诗序》）的作品，是情志压倒了意象。习惯称为“豪放派”的词作也多具备这一特点。

南宋风雅词不仅受着温柔敦厚、中正和平的制约，且所成多“起于经过在沉静中回味来的情绪”（华兹华斯语），自与苏、辛的强烈、郁勃不同。此外，又由于姜、吴的清客、幕僚身份使之远离政治斗争；周、王、张所处的时代，亦使对故国的眷恋被压于新朝的专制之下；再加之性格、气质、艺术宗尚等原因，风雅词在情志与意象的关系上，大异于苏、辛等人，又回到二者的基本契合均衡。所不同的是：在北宋词中，这种均衡是意象生出情趣，而风雅词却多情志统率意象。对此，周济曾极有见地地指出：“北宋词，下者在南宋下，以其不能空，且不知寄托也；高者在南宋上，以其能实，且能无寄托也。南宋则下不犯北宋拙率之病，高不到北宋浑涵之诣。”（《介存斋论词杂著》）

“空”“实”之说未免因语焉不详而易流于神秘，但这段话清楚地指出了南、北宋的区别在于“寄托”与“空”“实”的关系：南宋有寄托，寄托与“空”相关，当重在情志；北宋无寄托，无寄托与“实”相关，当重在通常的情、景。因此，北宋词的抒情是自然地感物而动，故见“浑涵”，而南宋词多因情造境或托物寄意，虽不“拙率”，却难达“浑涵之诣”。

在同一著作中，周济明确分析了南北宋词情景组织的顺逆。他说：“北宋词，多就景叙情，故珠圆玉润，四照玲珑，至稼轩白石，一变而为即事叙景，使深者反浅，曲者反直。”“深者反浅，曲者反直”未为确评，但“就景叙情”和“即事叙景”是两宋的不同。

感物而动的“就景叙情”，至北宋后期已是轻车熟路，于是在集北宋艺术大成的周邦彦词中，已肇端了缘情布景、时空转换的特点。经辛弃疾，而至姜夔、吴文英，技巧、手法更为繁富。

辛弃疾的“即事叙景”，是内因于情志，外藉于才学。陆机在《文赋》中，已指出了“伫中区以玄览，颐情志于典坟”的“本于学”的创作途径，辛词多驾驭经史，使事用典，就是具体表现。

风雅词派不同于辛弃疾。姜夔多以自己所感之情，所历之事来组织形象。如感梦的《鹧鸪天》（肥水东流）、《踏莎行》（燕燕轻盈），感遇的《琵琶仙》（双桨来时），咏物的《好事近·赋茉莉》、《虞美人·赋牡丹》、《侧犯·咏芍药》，以及咏梅名篇《暗香》、《疏影》都是。吴文英词尤善于以时空转换、错综的手法来缘情布景，组织物境。小令如《浣溪沙》（门隔花深）、《鹧鸪天·化度寺作》、《踏莎行》（润玉笼绡），长调如《霜叶飞·重九》、《八声甘州·灵岩陪庾幕诸公游》、《齐天乐·与冯深居登禹陵》等都是。他的咏物词变幻错综更甚于姜夔。周密（草窗）与吴文英（梦窗）并称“二窗”，才力虽不及吴，手法、风格却大体相似。王沂孙、张炎的作品最能体现“即事叙景”的就是咏物词，所作甚多，兹不再赘。

单从艺术言，北宋“浑涵”之作似高于南宋，因而有人论道：“苏之大，张之秀，柳之艳,秦之韵,周之圆融,南宋诸老何以尚兹?”(吴衡照《莲子居词话》)常州派所倡“由南追北”、“以吴希周”都基于这一认识。非仅是我国文学批评以意境浑融为诗歌创作极诣,欧洲的批评家也认为第一流作品应是“古典”(偏于客观的意象优美)和“浪漫”(偏于主观的感情强烈)的和谐统一。但是,文艺不仅要顾及“真”“美”的统一,更要顾及其社会职能:认识作用和教育作用,要“善”。正由于此,苏、辛之作虽是情志胜于意象,但二人仍分别是北宋和南宋的最伟大词人;而南宋风雅词虽以情志统率意象,难免有雕琢、刻削之处,不够自然圆融,但合思想与艺术而言,还是高于北宋张、柳、秦、周等人。

与情志、意象关系的三个发展阶段相对应,词大体有三种境界:唐五代词由于以意象胜,虽可见作者的欣赏与喜爱,却难以见到除此之外的作者的感情,其境界属王国维所说的“无我之境”。而写景状物则明丽如画,语语如在目前,故又以“不隔”为特征。

北宋词虽仍用于娱宾遣兴,但作者的主观感情已与客观物境酝酿交融,词中的意象或浸染着作者外射的感情,或为“物移我情”之物,虽有淡隽(如晏、欧)与深厚(如周、秦)之别,但均属“有我之境”。因所多在“感物而动”,情因景生,境界亦多为“不隔”。风格虽有婉约、豪放之别,但“有我”与“不隔”则是共同的。

南宋词主观的情志强于客观的物境,在豪放派是主观胜于客观,意胜于境,当然是“有我之境”,而且写景既明,写情亦显,当然“不隔”。南宋豪放词与北宋婉约词相比,虽有志之大小,情之强弱,抒发之显隐曲直,音律之协与不协的种种不同,但均属“有我”、“不隔”之境,因此,相较而言,风雅派更具第三种境界的特点。风雅派词虽以“出而味之”多于豪放派的“入而受之”,感情沉缓低黯多于激切昂扬,但无论是对恋情的追忆,对时弊的风谏,或尚存希冀,或充满哀恸,在词中都浸染着主观的感情志趣,同样是“有我之境”。可是,由于“即事叙景”之多不取眼前,“缘情布景”的错综交织,见意象未必知情之所在,词义可觉可感却难于指实,除“雾里看花,终隔一层”(《人间词话》评姜词)外,还有“凌乱碧”(《人间词话》评吴词)之感,可见风雅词的境界又以“隔”为多(姜、吴、王尤甚)。

“隔”与“不隔”孰优孰劣呢?对这一问题难以作出简单的回答。但风雅派不仅在辛弃疾之后占据了南宋词坛的主导地位,而且对后代有深远的影响,这是值得一思的。与“在长短句中作滑稽无赖语”的晁次膺、万俟咏、曹组等人(见王灼《碧鸡漫志》)的暴涨迅消相比,我们能否认历史的公正吗?

三 从“情胜乎辞”的所得在“知”到“辞胜乎情”的所得在“感”

以上从较长的历史时期,通过唐五代、北宋、南宋这三大阶段的比较,论述了南宋风雅词派的两大特征。下面,就南宋范围进而比较风雅派与豪放派的不同。

沈雄《古今词话》曾引蔡伯世评柳永、苏轼、秦观三家的一段话:“子瞻辞胜乎情,耆卿情胜乎辞，辞情相称者，唯少游一人而已。”且不论对各人评价是否正确，但宋词作品中大体是确有这三种类型，我们亦不妨借用这一说法来分析比较。

我国的文学批评，很早就注意到内容与形式的关系，如孔子就说过：“质胜文则野，文胜质则史。文质彬彬，然后君子。”（《论语·雍也》）因为他倡导文质相称，故对为文的要求是“辞达而已矣”（《论语·卫灵公》）。然而，“辞达”并非易事，因为由物而心，由心而手，会常坐“意不称物，文不逮意”（陆机《文赋·序》）之病。就“辞达”而言，诗文有所不同。邵雍说：“诗史善记意，诗画善状情”（《伊川击壤集·史画吟》），联系他又说过的“诗史善记事，长于造其真”（同上书《诗史吟》），可见“诗史”当为文，“诗画”当为诗，文长于记事记意，诗长于抒情。清人章学诚更明确指出：“文章之用，或以述事，或以明理。”（《文史通义·原道下》）他认为，文要“辞达”，必须做到事、理、情兼备（见《文史通义·杂说》），这一说法虽与叶燮对诗的要求一致（见《原诗》），但因我国诗歌重在抒情，而非叙事、说理，因而诗之“辞达”可置“事”“理”于次。诗文相较，“作诗之法，情胜于理；作文之法，理胜于情”。[①] 诗情胜于理，故重在“感”，文理胜于情，故重在“知”。

词是抒情诗的一种尤为精美的形式，当然重在“感”，即以格高才大的苏、辛，以词说理，亦属败笔。词重在“感”，欲使心中所感之情亦为人所感，当然取决于“辞”的中介。“情辞相当”是完美的境界；“情胜乎辞”者以意胜，意馀于境；“辞胜乎情”者以境胜，境馀于意。

前面说过，南宋豪放派多表现“入而受之”的感情，强烈、激切，凸现在形象之上，属意胜于境，虽不似周、秦所作的“情辞相当”，意境“浑化”，但其境大，其情高，因“情胜乎辞”而有感人的力量。这些作品不仅是个人主观感情的抒发，既然写恢复之事，言匡世之志，除“感”之外，更要达于人“知”。风雅派词则不同，因多表现“出而味之”的感情，多经降温，掩抑低回，或掩藏、或凝聚在形象之中，从字面看来，属境馀于意，“辞胜乎情”。

照理说，“情胜乎辞”、“意馀于境”者，较之“辞胜乎情”、“境馀于意”者更能使人“感”，为何说前者所得在“知”，后者所得在“感”呢？这就牵涉是否近于文的问题：以辛弃疾为代表的豪放派“以文为词”，而风雅派则守定词的园苑，丰富其艺术手法。

所谓“以文为词”，除“文以气为主”，表现出激昂排宕、慷慨纵横的气势外；还在“驱使庄、骚、经、史”，“笔力甚峭”（《词林纪事》引楼敬思语）；或在于用文的“直陈”、铺排。且不说一气奔迸，极铺排能事的《贺新郎·别茂嘉十二弟》，是借写古人离别之“感”而欲人“知”其壮志难酬之恨；即以被称为“潜气内转”的《水龙吟·登建康赏心亭》言，亦是似曲（迂回反复）而直（陈述情志），似隐（使事用典）而显（借古人说自己），表达自己所感，却重在人知。辛派词人胸襟、才力多不及稼轩，所作多在纸上奔腾，“感”固不是，“知”却更明。

豪放词的“知”“感”相较，首先给人的是“感”：能直接被其显露、激越的情志所感；

---

① 邹祗谟．与说陆荩思[M]//周亮工．尺牍新钞．上海：上海杂志公司，1935.

或通过诠释典、事而为之所动。但这种“感”骤遇之如在目前，深味之却病浅薄，难以形成味之愈久，感之愈深的持续力量，其思想意蕴强于艺术形象，最终还是“知”过于“感”。因而，读“情胜乎辞”的词，所得多在“知”。

风雅派遵循词的“缘情”传统，又以比兴寄托来丰富表现手法，增添“言志”色彩。刘熙载说：“词以不犯本位为高。东坡《满庭芳》‘老去君恩未报，空回首弹铗悲歌’。语诚慷慨，然不若《水调歌头》‘我欲乘风归去，又恐琼楼玉宇，高处不胜寒’尤觉空灵蕴藉。”(《艺概·词曲概》)《满庭芳》直陈，《水调歌头》寄言，前者明说，后者暗示，“不犯本位为高”精辟地道出了词之崇尚。欲“不犯本位”，多凭藉比兴寄托的运用，而风雅派又不像辛弃疾那样多以咏史而言今，或以男女艳情言君臣际遇(如《摸鱼儿》)，却特多咏物词。这是由于词之材质，本多轻灵细艳之物，假此寄托情志，不易失之狂怪；物虽无知，引类伸之，触类而长之，常觉事异而情同；物又无情，虽强索托意，亦不易罹于文网，可避时之所忌；且义无定指，耐于玩索，指事类情，见仁见智，各有所得，甚至形象大于思想，“作者之用心未必然，而读者之用心何必不然”(谭献《复堂词录叙》)。

风雅词由于藏情于内，迷离惝恍，骤然观之，仅得形象，难见真意，且文字又多琢炼，因此，似是“辞胜乎情”，但实际上这种欲露不露，不落言筌的情志，正是反复缠绵，深加锻炼的结果。“缀文者情动而辞发，观文者披文以入情。沿波讨源，虽幽必显”(《文心雕龙·知音》)。对词意先是“知”，赏玩既久，有会于心，就能逐渐为其沉厚深隐而悠远婉曲之情所感，形成附丽于形象的持续感情力量(且不论是发人向上还是使人低黯伤痛)。我们试以姜夔“感士不遇”和王沂孙“君国之思”的作品略作分析：

姜夔咏梅的八首《卜算子》之一：“绿萼更横枝，多少梅花样。惆怅西村一坞春，开遍无人赏。细草藉金舆，岁岁长吟想。枝上么禽一两声，犹似宫娥唱。”词人虽曾两次分向朝廷献《大乐议》、《琴瑟考古图》，以及《圣宋铙歌十二章》，但第一次因遭嫉而未得上奏，第二次得下诏免解，应试礼部，却未得中，从此一生布衣，依人为食。事隔多年，想起“细草藉金舆”的似曾知遇，未免难忘顾念之情，于是，自叹如今无人赏识的凄苦之情和不平之鸣寄之于词，很能引起有类似遭遇者的深切同情。可以说，此词的内在感情力量并不下于“叹年光过尽，功名未立；书生老去，机会方来”，“披衣起，但凄凉感旧，慷慨生哀”(刘克庄《沁园春》)。

又如《好事近》(凉夜摘花钿)，以两重比喻，义兼咏物、艳情来寄托自己一生不遇的感触。其隐藏至深的惆怅，难道不如浅言直说的“万里西风吹客鬓，把菱花、自笑人憔悴。留不住，少年去”(刘过《贺新郎》)耐得咀嚼，久而知味吗？

至于王沂孙词，曾被陈廷焯评为“词品最高，味最厚，意境最深，力量最重。感时伤世之音，而出以缠绵忠爱，诗中之曹子建、杜子美也”(《白雨斋词话》卷二)。所说自有溢美与比拟不伦之处，但对碧山咏物词的特点则是大体言之恰当的。王沂孙愤于宋陵被发而作的咏物诸篇，是《乐府补题》中思想与艺术结合得最完美的作品，此处不论。这里试对其《眉妩·新月》略作分析：

渐新痕悬柳，淡彩穿花，依约破初暝。便有团圆意，深深拜，相逢谁在香径？画眉未稳，料素娥，犹带离恨。最堪爱、一曲银钩小，宝奁挂秋冷。　千古盈亏休问，叹慢磨玉斧，难补金镜，太液池犹在，凄凉处、何人重赋清景？故山夜永，试待他窥户端正。看云外山河，还老桂花旧影。

似"画眉未稳"，"一曲银钩小"的月亮是美的，"犹带离恨"的嫦娥，可曾知道人间的离恨？月亮有千古不断的盈亏循环，但金镜难补，残破的河山已无望恢复了。"太液池"的北宋宫苑虽在，却久沦敌手，清景难赋，旧江山期待月圆，可是故国河山唯有影在月中者尚是完整无缺的。全词可谓"思表纤旨，文外曲致，言所不追，笔固知止"（《文心雕龙·神思》）。忠爱绸缪之旨迷离于含蓄婉约之辞，通过联类玩索，义生文外，秘响傍通，可得其家国之感。愈作辨识，愈觉其反复缠绵的感情力量，其感人程度何下于中锋突进的"百年短短兴亡别，与君犹对当时月"（刘辰翁《忆秦娥》）呢？

契诃夫说："态度越是客观，所产生的印象就越有力。"[①]移之以评风雅词，也是很恰当的。表面看来，豪放词主观色彩浓，感情力度大，但产生的印象却不如风雅词持久。两下相较，风雅派重寄托，"为情造文"，暗中着力，情为辞淹，但即之愈深，所"感"愈多愈久。豪放派"因情生文"，情溢于辞，如风行水上，立能为之所感，但风停水止，"感"则渐消所剩是"知"过于"感"。"知"者显，"感"者隐，前者更多"善"的力量，后者更见"美"的效果，合真、善、美而言，实难以轩轾。

"君子以钟鼓道志，以琴瑟乐心。"（《乐论》）豪放词言志之作固如钟鼓，风雅词虽多缘情却非仅乐心。长期以来，在称道"钟鼓"之时，却贬低了"琴瑟"，这是很不公的。文学在发展，词也不例外，唐五代的"美"，北宋的"大"，南宋的"深"，都各有所胜。清代以来的词论家因过尊某段、过奉某人而失之偏颇，这在今人已无疑义了。但胡适将词的发展下限定至辛弃疾，将姜夔以下统称"词匠"，却影响了现代许多研究者，南宋风雅派的"形式主义"、"衰靡"、"颓废"、"逆流"等谥号，实由此而派生。近年来，在豪放、婉约之争中，已有不少辩诬新作，但专谈南宋风雅词的尚未见，故成此文，权为引玉。

（原载《华东师大学报》1984年第2期）

---

① 契诃夫．契诃夫论文学[M]．汝龙，译．北京：人民文学出版社，1958：209.

唐宋词的伤春主题及原型意义

唐宣宗大中三年(849年)春天,李商隐赠诗杜牧,其中的《杜司勋》写道:“高楼风雨感斯文,短翼差池不及群。刻意伤春复伤别,人间惟有杜司勋。”二人都生活在晚唐的多事之秋,同样壮心难遂,诚如何焯《义门读书记》所说:“高楼风雨,短翼差池,玉溪生方自伤春伤别,乃弥有感于司勋之文也。”李商隐确是以惺惺相惜之情怀,作同心相应之诗篇。伤春伤别不仅是小李杜诗歌的基本主题,也是晚唐诗歌的最主要内容。而且,并非杜司勋所“惟有”,在唐宋词中更是一以贯之。本文拟专论唐宋词中的伤春主题,并探究其原型意义,祈方家有所教正。

一

词中的伤春之作起于何人已难考订。《全唐诗》中有谢偃《踏歌词》,其一云:“春景娇春台,新露泣新梅。春叶参差吐,新花重叠开。花影飞莺去,歌声度鸟来。倩看飘飘雪,何如舞袖回?”谢偃仕隋而入唐,贞观初年,应诏对策及第,曾出为湘潭令。此作未脱萎靡旧习,虽未言“愁”,但既为“春”且又是“词”,在唐人作品中,当属较早的一篇。武则天时代的乔知之,有《折杨柳》:“可怜濯濯春杨柳,攀折将来就纤手。妾容与此同盛衰,何必君恩能独久?”这是典型的“男子作闺音”的代言体伤春之作,值得注意。中唐时,长短句词体渐盛,王建的《调笑令》,有显见的伤春情怀:

> 团扇,团扇,美人病来遮面。玉颜憔悴三年,谁复商量管弦。弦管,弦管,春草昭阳路断。
>
> 蝴蝶,蝴蝶,飞上金枝玉叶。君前对舞春风,百叶桃花树红。红树,红树,燕语莺啼日暮。
>
> 罗袖,罗袖,暗舞春风依旧。遥看歌舞玉楼,好日新妆坐愁。愁坐,愁坐,一世虚生虚过。
>
> 杨柳,杨柳,日暮白沙渡口。船头江水茫茫,商人少妇断肠。肠断,肠断,鹧鸪夜飞失伴。

俞陛云曾评之以“节短韵长,独弹古调”,并云:“以团扇、蝴蝶、罗袖、杨柳为起笔,《诗经》之比体也。”(《唐词选释》)秋扇见捐,春草昭阳,这是封建社会中嫔妃、宫女命运的写照,故陈廷焯谓之“胜似《宫词》百首”(《白雨斋词话》卷五)。蝴蝶既有对舞春风之时，亦有花落春残之日，“燕语莺啼日暮”不无悼惜时光难驻之意。暗舞春风的罗袖，只能“好日新妆坐愁”，这“一世虚生虚过”的境遇，又岂非与“春草昭阳路断”相类？第四首更将笔触从宫苑移至民间，“商人少妇断肠”并非“重利轻离别”，为了生计，只得作别杨柳渡口，过着鹧鸪失伴、两地相思的生活。这四首“比体”之作，表达伤春主题已具较大的涵盖面。

若谓王建所作尚多“代言”色彩，为宫中美人、商人少妇抒发伤春伤别之情，那么张籍、刘禹锡、白居易等人所作，则可见自抒伤春之情。《唐诗纪事》有张籍赋花的《一七令》：

> 花，落早，开赊。对酒客，兴诗家。能回游骑，每驻行车。宛宛清风起，茸茸丽日斜。且愿相留欢洽，惟愁虚弃光华。明年攀折知不远，对此谁能更叹嗟？

此为白居易分司东都、朝贤悉会兴化池亭送别时所作，词中感叹花之“落早，开赊”，伤春之中更引发人生之慨：“且愿相留欢洽，惟愁虚弃光华。”此词题旨虽在唐诗中屡见，但因句式参差变化，跌宕多姿，故另有其风神与魅力。尤其是刘禹锡的《忆江南》：

> 春去也，多谢洛城人。弱柳从风疑举袂，从兰裛露似沾巾。独坐亦含颦。

此词之调名下有作者自注：“和乐天春词，依《忆江南》曲拍为句。”知为与白居易唱和之作，时刘、白俱在洛阳。白居易身在洛阳却难忘苏杭生活的美好回忆，刘禹锡立足本地风光，柔媚婉转之中，表其伤春之旨。作者将春天拟作多情之人：在其欲归之时，向恋惜春天的洛城人道别、致意，弱柳从风飘舞，似人之举袂作别；丛兰颦露晶莹，似人之垂泪沾巾。末句的“独坐亦含颦”，当从泛指的洛城人中专指惜春的抒情主人公，其之独坐含颦正缘于春愁之缠绵不已。词中虽非直抒其情而作女子惜春之曲喻，但并不能简单地看成是“代言”之作，以老来心境（此词作于838年，四年后作者去世）而云“举袂”、“沾巾”、“含颦”，实寄托了时光抛人、盛年不来、再难有作为的感慨，故此况周颐所云“流而不靡，所谓‘风流高格调’”（《蕙风词话》卷二），可谓善评。刘禹锡的另一首《忆江南》由婉转而直抒：

> 春去也，共惜艳阳年。犹有桃花流水上，无辞竹叶醉尊前。惟待见青天。

且不探究“惟待见青天”的含义，其“共惜艳阳年”之旨，被况周颐称道为“流丽”，而与《抛球乐》相拟：“春早见花枝，朝朝恨发迟。及看花落后，却忆未开时。”都可见惜春、伤春情怀，若作知人论世之评，可发现其深长的涵义。若不言如同绝句体的《杨柳枝》、《竹枝》、《浪淘沙》、《步虚词》、《踏歌词》等，白居易的长短句之作亦有伤春题旨，

如《全唐诗》中所载《隔浦莲》:

隔浦爱红莲,昨日看犹在。夜来风吹落,只得一回采。花开虽有明年期,复愁明年还暂时。

正如白氏所云:“秋思冬愁春恨望,大都不得意时多。”(《急乐世》)因而其又有著名的《花非花》词:

花非花,雾非雾。夜半来,天明去。来如春梦不多时,去似朝云无觅处。

这真是一首古代的“朦胧诗”,其所喻事物、所言情感都难以指实。但是,倘若联系白氏在他处所写的“红板江桥青酒旗,馆娃宫暖日斜时。可怜雨歇东风定,万树千条各自垂”、“一树春风万万枝,嫩于金色软于丝。永丰南角荒园里,尽日无人属阿谁”(《杨柳枝》)、“青门柳枝软无力,东风吹作黄金色。街前酒薄醉易醒,满眼春愁消不得”(《江南春》),则又可知《花非花》的春梦、朝云之喻,正基于对青春易逝、盛年不再而春愁难消的感触。杨慎曾说:“白乐天之辞,予独爱其《花非花》一首,盖其自度之曲,因情生文者也。”(《词品》卷一)这“因情生文”之说,是很值得体味的。

若谓《花间集》中的伤春情绪多见于以温庭筠为代表的“代言”之作中,那么主于自抒其情的南唐词,就有显见的变化了。试看:

谁道闲情抛掷久,每到春来,惆怅还依旧。日日花前常病酒,不辞镜里朱颜瘦。　河畔青芜堤上柳,为问新愁,何事年年有?独立小楼风满袖,平林新月人归后。(冯延巳《鹊踏枝》)

庭院深深深几许,杨柳堆烟,帘幕无重数。玉勒雕鞍游冶处,楼高不见章台路。　雨横风狂三月暮,门掩黄昏,无计留春住。泪眼问花花不语,乱红飞入秋千去。(冯延巳《鹊踏枝》)

小堂深静无人到,满院春风。惆怅墙东,一树樱桃带雨红。　愁心似醉兼如病,欲语还慵。日暮疏钟,双燕归栖画阁中。(冯延巳《采桑子》)

手卷真珠上玉钩,依前春恨锁重楼。风里落花谁是主,思悠悠。　青鸟不传云外信,丁香空结雨中愁。回首绿波三楚暮,接天流。(李璟《浣溪沙》)

林花谢了春红,太匆匆。无奈朝来寒雨晚来风。　燕脂泪,留人醉,几时重。自是人生长恨水长东。(李煜《乌夜啼》)

遥夜亭皋闲信步，乍过清明，早觉伤春暮。数点雨声风约住，朦胧淡月云来去。　　桃李依依春暗度，谁在秋千，笑里低低语？一片芳心千万绪，人间没个安排处。（李煜《蝶恋花》）

宋词作为“一代之文学”，伤春更是惯见的主题，故无引述的必要了。

二

伤春，是生命意识的表现。

学者发现，在殷商史料中，除“春”、“秋”二字外，尚无四季的全称。但在20世纪40年代的甲骨卜辞中，发现了武丁时代的牛胛骨刻辞：“东方曰析”、“南方曰因”、“西方曰夷”、“北方曰伏”。学者们认为此系以四方配四时，而殷商人尚处于牧业兼游农阶段，故以“析”、“因”、“夷”、“伏”的草木之象称四季。

周代农业发达，春、夏、秋、冬之称始全，汉儒训四季之名，谓春者屯也、动也，夏者大也，秋者熟也，冬者终也，皆根据于农事。若撇开与天道相关联的人事，阴阳五行家所说亦不无道理：“春嬴育，夏养长，秋聚收，冬闭藏……此谓岁德。”（《管子·四时篇》）

春天阳气上升，万物滋生，人有四体舒泰之感，自应喜悦。但是，在《诗经》中，就有《采薇》“昔我往矣，杨柳依依”之以春写悲的从军之苦，又有《苕之华》“其叶青青”的饥馑之叹，可见人事的影响更过于天道自然。

若谓《诗经》中的伤春情怀尚是始见，到《楚辞》，其意渐显，并上升为一种强烈的生命意识。如《离骚》：“朝搴阰之木兰兮，夕揽洲之宿莽。日月忽其不淹兮，春与秋其代序。惟草木之零落兮，恐美人之迟暮。”在屈原的心目中，木兰去皮而不死，宿莽经冬而不枯，自己就应像它们一样，要经受得起考验，努力修养而独立不移。春天有花荣草茂，但草木会由盛而衰，春秋有代谢，人会由壮而老，故在搴木兰、揽宿莽之春日，会念及实现人生的价值，更因“恐年岁之不吾与”，而兴起流连生命、努力实践之意。在些微的伤春中，所激发出的生命意识是积极的。屈原曾为顷襄王之初立而作愉快的游春之想：

开春发岁兮，白日出之悠悠。吾将荡志而婾乐兮，遵江夏以娱忧。（《思美人》）

终又因顷襄荒于游畋，而伤春为怀王招魂：

朱明承夜兮时不可淹，皋兰被径兮斯路渐。湛湛江水兮上有枫，目极千里兮伤春心。魂兮归来哀江南！（《招魂》）

时之不可淹留，伤春出于现实政治，但全诗立基于借哀悼死者来感动生者，又岂非借助于强烈的生命意识?

四季相续,由荣而衰,春之可伤,秋更堪悲。《诗经》中既有《蒹葭》"白露为霜"而隔秋水、望伊人的悲凉,更有"何草不黄,何日不行"(《何草不黄》)的沉痛。《楚辞·湘夫人》"袅袅兮秋风,洞庭波兮木叶下",纵不言"目眇眇兮愁予",亦可见愁绪。在其他品中,屈原屡陈悲秋之意:

乘鄂渚而反顾兮,欸秋冬之绪风。(《涉江》)

何芳草之早殀兮,微霜降而下戒。(《惜往日》)

悲霜雪之俱下兮,听潮水之相击。(《悲回风》)

宋玉《九辩》更是低回宛转的悲秋之作,"悲哉,秋之为气也!萧瑟兮,草木摇落而变衰。憭慄兮若在远行,登山临水兮送将归","皇天平分四时兮,窃独悲此凛秋。白露既下百草兮,奄离披此梧楸。去白日之昭昭兮,袭长夜之悠悠。离芳蔼之方壮兮,余萎约而悲愁",皆为历来传诵的名句。秋天来临,一年将尽,感时光之易逝,由草木变衰引发人之将老,悲秋主题更出于对生命的强烈流连和欲求。

伤春悲秋是生命意识的表现。无论是屈原哀众芳之芜秽,以追求美政理想来实现生命的价值;抑或宋玉悲草木之摇落,以贫士失职的不平表其生命价值的失落;在春去秋来的永恒面前,人对生命短暂的体验已成为共识。超越了一己的意义,伤春悲秋遂成为表达共同人生情感的母题。于是,有《古诗十九首》中《回车驾言迈》的诗人伤春:

回车驾言迈,悠悠涉长道。回顾何茫茫,东风摇百草。所遇非故物,焉得不速老!

又有雄才大略的汉武帝《秋风辞》的悲秋:

秋风起兮白云飞,草木黄落兮雁南归。兰有秀兮菊有芳,怀佳人兮不能忘。泛楼船兮济汾河,横中流兮扬素波。箫鼓鸣兮发棹歌,欢乐极兮哀情多,少壮几时兮奈老何!

伤春悲秋是一个问题的两个侧面,即生命意识的表现。尽管韩愈认为"皇天平分成四时,春气漫诞最可悲"(《感春》),吴融却认为伤春与悲秋并无多大的不同,他针对屈原的"目极千里伤春心",和宋玉的"悲哉秋之为气",作诗发问:"悲秋应亦抵伤春,屈宋当年并楚臣。何事从来好时节,只将惆怅付词人?"(《楚事》)这"惆怅"来自对"譬如朝露,去日苦多"(曹操《短歌行》)的人生感悟,亦即"垂帘几度青春老"(李贺《过行宫》)之意。

“屈宋之作亦曰词”,“后世倚声家所由祖也”(沈祥龙《论词随笔》)。就伤春主题而言,《楚辞》确实是唐宋词的原型。而且,在词这种“心绪文学”里,更能体会出众多的伤春悲秋之作是源于潜在的生命意识之躁动,是悼惜青春不再、时光难驻的深深叹息。不达、不遇者且不言,如南唐君臣之面对“日蹙百里”之国、江河日下之势亦可不论,即如生当承平之时,位极人臣者,其笔下也充满伤春情调:

> 小径红稀,芳郊绿遍,高台树色阴阴见。春风不解禁杨花,蒙蒙乱扑行人面。　　翠叶藏莺,朱帘隔燕,炉香静逐游丝转。一场愁梦酒醒时,斜阳却照深深院。(晏殊《踏莎行》)

> 湖上朱桥响画轮,溶溶春水浸春云,碧琉璃滑净无尘。　　当路游丝萦醉客,隔花啼鸟唤行人,日斜归去奈何春。(欧阳修《浣溪沙》)

晏、欧诸作,虽已化实为虚,然其背后,实为王建《江南三台》的直白:“树头花落花开,道上人去人来。朝愁暮愁即老,百年几度三台。”“斗身强健且为,头白齿落难追。准拟百年千岁,能得几许多时。”且唐妓刘采春《啰唝曲》说得更简捷、醒豁:“昨日胜今日,今年老去年。黄河清有日,白发黑无缘。”

三

伤春所唤起的生命意识,主要表现为人生速逝之感,从珍惜生命中既可生出积极有为、自我勉励之志,又可化作消极颓放、及时行乐之情。

屈原有感于日月不淹、春秋代序,怀着“恐年岁之不吾与”的迫切感,乘骐骥以驰骋,去努力实现伟大的目标。曹操虽感慨人生如朝露,却是“老骥伏枥,志在千里”。曹植在“树木发春华,清池激长流”之时,痛惜“羲和逝不留”(《赠王粲》),是由于“盛年处房室”(《美女篇》),“甘心赴国忧”(《杂诗》)而不能。左思的“壮齿不恒居,岁暮常慨慷”(《杂诗》),刘琨的“功业未及建,夕阳忽西流”(《重赠卢谌》),都是屈原精神的继续。

词中胜境,常有伤春之中升华出可贵的人文精神者。如苏轼咏榴花的《贺新郎》,所写是“石榴半吐红巾蹙”的暮春初夏之时,其待百花尽时“伴君幽独”的形象,“芳心千重似束”的情怀,“又恐被、西风惊绿”的忧心,都隐隐逗出深衷。谭献云“颇欲与少陵‘佳人’一篇互证”(《谭评词辨》),是看出了“恐美人迟暮”的内蕴。又如贺铸咏荷的《踏莎行》(杨柳回塘),陈廷焯曾摘其“断无蜂蝶慕幽香,红衣脱尽芳心苦”,“当年不肯嫁东风,无端却被秋风误”,谓之:“此词骚情雅意,哀怨无端,读者亦不自知何以心醉,何以泪堕。”(《白雨斋词话》卷一)这“骚情雅意”正是悼惜华年已逝,但又为坚持操守而自负的情感。张耒序贺词,谓其“幽洁如屈、宋”,并非无由。

辛弃疾词，得《离骚》意者甚多。试举《蝶恋花·戊申元日立春席间作》：

> 谁向椒盘簪彩胜？整整韶华，争上春风鬓。往日不堪重记省，为花长把新春恨。　　春未来时先借问，晚恨开迟，早又飘零近。今岁花期消息定，只愁风雨无凭准。

词中吞吐起伏，将伤春之情化作盼花、恨春，复又问春、爱春，惜花、叹春的细腻过程。此前不久，太上皇赵构逝去，一度锐意恢复北方失地的宋孝宗当无人掣肘，但由于辛弃疾知宋廷偏安已久，虽盼花期，却愁风雨。自己年近五旬，“往日不堪重记省”，逝者已矣，“只愁风雨无凭准”，来日难测，岂能无怨、无恨？词外实有屈原《思美人》之旨，即既有期盼顷襄王“勒骐骥而更驾”之深衷，却又存“吾谁与玩此芳草”之疑虑。悼惜春光，即悼惜华年，屈子式的忧伤所体现的正是士人追求理想、造福民众的可贵精神。

陈亮是稼轩的同道，是一位“推倒一世之智勇，开拓万古之心胸”（黄宗羲《宋元学案·龙川学案》）的人物，但《龙川词》中却不乏伤春之作。除《水龙吟·春恨》“恨芳菲世界，游人未赏，都付与、莺和燕”的“言近旨远，直有宗留守大呼守渡河之意”（刘熙载《艺概》）已为人所熟知外，《虞美人·春愁》亦不失为姊妹篇：

> 东风荡飏轻云缕，时送萧萧雨。水边台榭燕新归，一口香泥湿带落花飞。
> 海棠糁径铺香绣，依旧成春瘦。黄昏庭院柳啼鸦，记得那人和月折梨花。

海棠糁径，百花香消，春瘦人亦瘦，“和月折梨花”的“那人”，正是为留住最后的春色。作者以布衣而多次上书孝宗，陈述恢复大计，却不得结果，甚至遭人诬陷入狱，险被杀害，知人论世，陈亮的春愁是源于对年华渐逝、壮志难酬的感慨。

流光易逝，时序惊心，又能使人生出及时行乐之念。《诗·唐风·蟋蟀》从蟋蟀避寒趋暖而由户外入于室内，有感“岁事其莫（暮）”，宣告“今我不乐，日月其除”。虽以“无已”、“无荒”自警，以“思君”、“思外”，效法“良士”自勉，但毕竟以“行乐”为主调。《唐风·山有枢》更不厌其详地罗列衣裳、车马、廷内、钟鼓、酒食等“子之所有”，极力劝人以及时行乐，否则一旦“宛其死矣”，就成“他人是愉”，“他人是保”，“他人入室”。“保厥美以骄傲兮，日康娱以淫游”（《离骚》），当是楚国上层社会那种世纪末情绪的表现。在《古诗十九首》中有更明白、直切的说法：“人生忽如寄，寿无金石固。万岁更相送，贤士莫能度。服食求神仙，多为药所误。不如饮美酒，被服纨与素。”甚至以“生年不满百，常怀千岁忧。昼短苦夜长，何不秉烛游”相号召。后汉宋子侯的《董娇饶》有感于鲜花“安得久馨香”，而“归来饮美酒，挟瑟上高堂”。在建安、正始之后，陆机以名将后代，破国亡家，虽因文章见赏于西晋显贵，心中仍多哀怨，其《短歌行》就发及时行乐之音：“置酒高堂，悲歌临觞。人寿几何，逝如朝霜。时无重至，华不再阳。蘋以春晖，兰以秋芳。来日苦短,去日苦长。'今我不乐','蟋蟀在房'。乐以会兴,悲以别章。岂曰无感,忧为子忘。我酒既旨,我肴既臧。短歌有咏,长夜无荒。"

我们可以置齐、梁的"郑邦"、"宫体"于不顾,甚至可以不涉唐代诸多诗人倡以行乐的歌吟,但应看到:唐宋词中伤春的年光之叹,行乐之时又潜生哀音,其原型是在"蟋蟀"、"山枢"的古老旨趣,又可涵括于陆机的"短歌"之中。有眼光的论家是有这种原型意识的,如李冰若《栩庄漫记》评皇甫松《摘得新》"酒一卮,须教玉笛吹。锦筵红蜡烛,莫来迟。繁红一夜经风雨,是空枝"、"摘得新,枝枝叶叶春。管弦兼美酒,最关人。平生都得几十度,展香茵"时,就指出"其源皆出于《唐风·蟋蟀》之什"。

倘言"花间",还是耽乐冲淡了感伤色彩,冯延巳的郁伊怆恍过于旨隐词微,李煜前后期作品对照过于强烈,那么欧阳修词就可味出前述旨趣了。在为颍州西湖之游乐所写的十首《采桑子》中,欧阳修确实表现了"清风明月,幸属于闲人"的游赏之乐,但最后一首却尽扫"清欢"而见惆怅:

> 平生为爱西湖好,来拥朱轮。富贵浮云,俯仰流年二十春。　归来恰似辽东鹤,城郭人民,触目皆新,谁识当年旧主人。

词的下片所云,涉及从初知颍州到退居颍州,伴随着升沉荣辱的复杂心态,故以"辽东化鹤"自拟,而"当年旧主人"不在之时,又岂非"他人是愉"、"他人入室"?这也就难怪他既感慨"人生自是有情痴,此恨不关风和月"(《玉楼春》),又在"挥毫万字,一饮千钟"之时,作"行乐直须年少,尊前看取衰翁"(《朝中措·平山堂》)之叹了。

伤春、惜春而以行乐相劝、自劝者,在唐宋词中甚多。这里,既有得意者如宋祁的"浮生长恨欢娱少,肯爱千金轻一笑?为君持酒劝斜阳,且向花间留晚照"(《玉楼春》),又有失意者如黄庭坚的"身健在,且加餐,舞裙歌板尽清欢"(《鹧鸪天》);俗者如柳永的"镇相随,莫抛躲,针线闲拈伴伊坐,和我,免使年少光阴虚过"(《定风波》),雅者如苏轼的"休对故人思故国,且将新火试新茶,诗酒趁年华"(《望江南》)。更值得一提的是跨越两宋的词人朱敦儒,早年的"清都山水郎",经历了靖康巨变后的"无路认西州",在高宗朝为官十余年后,又上疏请归,成为"绿蓑青笠"的渔父。在暮年"彻悟"之后,作有《西江月》二首。其一云:

> 日日深杯酒满,朝朝小圃花开。自歌自舞自开怀,且喜无拘无碍。　青史几番春梦,黄泉多少奇才。不须计较与安排,领取而今现在。

这真是庄子思想与杨朱精神的完满结合!在南宋无所作为的时代,连辛弃疾都不能实行屈子式的搏击,而强为老庄的放旷,对朱敦儒就不必深责,对南宋词的湖山风月亦不必奇怪了。

四

伤春，作为生命意识的表现，其原型意义及发扬于唐宋词中的人文精神已如上述。同时，还应看到伤春的特定含义，与其中的爱情意识。

伤春确实关涉爱情。《易·系辞》：“天地絪缊，万物化醇；男女构精，万物化生。”此于春天为最宜。古人将初民天人感应的巫术观念相沿而成俗，由春天的万物滋生，五谷蕃育，通之于婚姻。《白虎通义·嫁娶篇》云：“嫁娶必以春何？春者，天地交通，万物始生，阴阳交接之时也。”周朝统治者为增加人口，曾以每年春天二月为男女自由择偶、同居之期，《周礼·媒氏》有明确记载：“仲春之月，令会男女；于是时也，奔者不禁。”《诗·郑风·溱洧》写三月上巳节修禊时，青年男女赠花定情事。《鄘风·桑中》更是幽期密约于原来商汤祷雨的桑社。《召南·摽有梅》是女子有感于梅熟落地，联想到青春速逝，故“求我庶士，迨其谓之”。《豳风·七月》更被认为是我国最古老的“伤春”诗。兹引钱锺书先生《管锥编》所论：“‘春日迟迟，采蘩祁祁，女心伤悲，殆及公子同归’；《传》：‘春，女悲，秋，士悲’；感其物化也，《笺》：‘春，女感阳气而思男；秋，士感阴气而思女。是其物化，所以为悲也。悲则始有与公子同归之志，欲嫁焉’……苟从毛、郑之解，则吾国咏‘伤春’之词章者，莫古于斯。”钱先生在评判了魏晋以后人所作伤春诗后，认为毛、郑“依文作解，质直无隐”，宋儒目为“淫诗”，清儒“曲说遁词”，而极称道丁绍仪《听秋声馆词话》卷一一所说：俗谚：“管得住身，管不住心。”周济《虞美人》衍之曰：“留住花枝，留不住花魂。”并云：“窃谓可作‘名胜欲’之的解，‘管得住身’，亦即‘止乎礼义’，‘管不住心’又正‘发乎情’。”钱先生明确指出：“女子求桑采蘩，而感春伤怀，颇征上古质厚之风。”这对一弃毛传、郑笺，而释为“怕被奴隶主带走”，确是更能启人心智。

汉诗中最见“管不住心”的，当数《古诗十九首》中的《青青河畔草》。诗中的“昔为倡家女，今为荡子妇。荡子行不归，空床难独守”，如王国维《人间词话》所云：“可谓淫鄙之尤。”但王氏又说：“然无视为淫词”者，“以其真也”，并云：“五代北宋之大词人亦然。非无淫词，读之者但觉其亲切动人。”唐宋词中，“淫词”甚多，仅从《花间集》中就可随手拈出二例：

春漏促，金烬暗挑残烛。一夜帘前风撼竹，梦魂相断续。　有个娇娆如玉，夜夜绣屏孤宿。闲抱琵琶寻旧曲，远山眉黛绿。（韦庄《谒金门》）

红粉楼前月照，碧纱窗外莺啼。梦断辽阳音信，那堪独守空闺？恨对百花时节，王孙绿草萋萋。（毛文锡《何满子》）

有些作品的描写，更堪称“淫鄙之尤”，如：

玉楼冰簟鸳鸯锦，粉融香汗流山枕。帘外辘轳声，敛眉含笑惊。　　柳阴烟漠漠，低鬓蝉钗落。须作一生拼，尽君今日欢。（牛峤《菩萨蛮》）

相见休言有泪珠，酒阑重得叙欢娱，凤屏鸳枕宿金铺。　　兰麝细香闻喘息，绮罗纤缕见肌肤，此时还恨薄情无？（欧阳炯《浣溪沙》）

奇怪的是，以“重、拙、大”为论词核心的况周颐，在指出后者“自有艳词以来，殆莫艳于此矣”同时，又云：“半塘僧鹜曰：奚翅艳而已？直是大且重。”（《蕙风词话》卷二）这究竟是以寄托说看待此词，抑或是破清儒之腐而承认性爱的真实性，就难以得知了。

始于《七月》之伤春，感阳气之动、百卉芳菲而触情怀人者，既有如《青青河畔草》之直道，亦有如古诗《穆穆清风至》、《兰若生春阳》之婉言。前者：“穆穆清风至，吹我罗衣裾。青袍似春草，长条随风舒。朝登津梁山，褰裳望所思。安得抱柱信，皎日以为期？”后者：“兰若生春阳，涉冬犹盛滋。愿言追昔爱，情款感四时。美人在云端，天路隔无期。夜光照玄阴，长叹恋所思。谁谓我无忧？积念发狂痴。”后来唐代诸多的《闺怨》、《春怨》等诗，都是将伤春情怀作委婉表达的继续。词中如温庭筠、冯延巳等，多为此类。宋人除柳永有“尘下”含“淫鄙”之意以外，黄庭坚、秦观部分习“俗”之词亦有“柳意”，余皆少见“花间”艳语。南宋以“雅”为尚，伤春之词虽多，但都较有节制。

《侯鲭录》卷六载钱氏妇诗：“士悲秋色女怀春，此语由来未是真。倘若有情相眷恋，四时天气总愁人。”如《七月》之伤春不论，《楚辞·九歌》中的《湘夫人》、《山鬼》等作，却是女子（神）“伤秋”。前者的“帝子降兮北渚，目眇眇兮愁予。袅袅兮秋风，洞庭波兮木叶下”，后者的“风飒飒兮木萧萧，思公子兮徒离忧”，皆可证“四时天气总愁人”。《毛传》、《郑笺》论《七月》之语，分司过于机械，可信而不可拘。这里，不准备对此深辨，而欲就“士悲秋色女怀春”探讨“女怀春”的男子代言问题。

这种代言，除因于男子受教育的机会多于女子，从而垄断文化的一般性原因外，还缘于由来已久的男权社会存在着不平等的两性道德标准。虽然《周礼·媒氏》有过仲春令会男女、奔者不禁的记载，《毛传》、《郑笺》同样看待女伤春、男感秋的合理性，但钱锺书先生在析《周易》的《大过》卦中，已指出其中“男女歧视不齐”之意，并据“枯杨生稊；老夫得其女妻，无不利。象曰：老夫女妻，过以相与也”，以及“枯杨生华，何可久也！老妇士夫，亦可丑也！”得出这样的语论：“一事也，皆‘过以相与’也，而于老夫则奖之，于老妇则责之。”钱先生接着写道：“恒之六五：‘恒其德，贞；妇人吉，夫子凶。象曰：妇人贞，吉，从一而终也；夫子制义，从妇凶也。’《诗·卫风·氓》：‘士之耽兮，犹可说也；女之耽兮，不可说也。’皆乖平等之道，假典常以逞男子之私便，古谑语所谓：‘使撰诗、制礼、定律者为周姥而非周公，当不如是’（《艺文类聚》卷三五引）。明王文禄《海沂子·敦原》篇曰：‘制礼者为男子，不免为己谋。’一语道破。”[①]汉代《大戴礼记·本

---

① 钱锺书.管锥编：第一册[M].北京：中华书局，1979：24.

命篇》载“妇有七去”,男女之“不齐”更可见之。观蔡琰《悲愤诗》,其最后的“托命于新人,竭心自勖厉。流离成鄙贱,常恐复捐废。人生几何时,怀忧终年岁”,令人读来何等沉痛!不得已流落南匈奴而生子,被视为失节,虽被曹操遣使赎还,重嫁同郡董祀,但诗中对“新人”董祀的这份惶恐,实令人为这绝代才女一掬同情之泪!

倘能客观审视,《青青河畔草》、《穆穆清风至》、《兰若生春阳》等诗,感女子之所感,言女子之所言,其民主性光华实难掩没。既然后代的才女如鱼玄机感叹“难得有心郎”而为人不齿,如李清照之思夫亦遭讥评;人们多肯定唐诗中诸多的“闺思”、“宫怨”之作;那末唐宋词中所惯见的“男子作闺音”(田同之《西圃词说》),除情趣不高者外,代言体的“伤春”词是可以基本肯定的。“宋词多绮语,其实反映了社会的进化。”①而在唐通脱的世风已逝、宋代道学渐成的时代,这一断语确实值得深长味之。

(原载《中华词学》第一辑,东南大学出版社1994年7月出版)

① 吴有恒.宋词小札序[M]//刘逸生.宋词小札.广州:广东人民出版社,1981.

论宋词中的“骚”、“辩”之旨

作为“诗余”之词，尊体的自觉意识出现得较晚，由“缘情”向“言志”的移位却发生得较早，在宋人的词论中逐渐出现对此的相应肯定。可以认为，除了伤春伤别之外，“芳草美人”的情感宣泄和政治寄托，是宋词的另一重要题旨。而这，则关系到前人虽已触及却未明言的“骚”、“辩”之意，鉴于此，特为拈出，并作一专论，以就正于同好。

一

北宋诗文革新的早期代表人物王禹偁，对文道关系有很深刻的见解。他在《送谭尧叟序》中说：“读尧、禹、周、孔之书，师轲、雄、韩、柳之作，故其修身也誉闻于乡里，其从政也惠布于郡县。”其入世精神、事功意识可见。他仅存一首《点绛唇》词，下片云：“天际征鸿，遥认行如缀。平生事，此时凝睇。谁会凭栏意。”看似承上片的江南雨景而发心中所感，并无深意。倘联系他中进士后为官只及长洲知县的境遇，知其难展大志，那么“天际征鸿”的意象就令人想起《管子》中所载的齐桓公欲求贤以成大业之叹：“彼鸿有时而南，有时而北，四方无远，所欲至而至焉，惟有羽翼之故。”因而“平生事”、“凭栏意”，就让人感受到其后所蕴的“介眇志之所惑兮，窃赋诗之所明”（《楚辞·悲回风》），而这，似是宋词中“骚”、“辩”之旨的萌芽。与之相似的有寇准的《江南春》，此词化用梁人柳恽《江南曲》诗意，胡仔《苕溪渔隐丛话》认为与作者“端委庙堂，决澶渊之策，其气锐然，奋仁者之勇”的为人全然不类。其实，此词的伤春情怀与另一《踏莎行》的美人迟暮之感，也很可能是政治失意时的寄托之作。

随着晏、欧、柳、张的步上词坛，北宋的词作呈现出前所未有的繁盛局面，继而苏轼“要非本色”的“以诗为词”更带来了较大的变化。不过，苏轼虽有以诗为誉的称赞他人词作的短语，却未有更多的理论阐发。导致对词旨的解读上追古人而指向近于“骚”、“辩”的，黄庭坚是较早的一位，他为晏几道所写的《小山词序》作了不从流俗的知人之论。序中说：“晏叔原，临淄公之暮子也。磊隗权奇，疏于顾忌，文章翰墨，自立规模，常欲轩轾人而不受世人之轻重，诸公虽称爱之，而又以小谨望之，遂陆沉于下位。平生潜心六艺，玩思百家，持论甚高，未尝以沽世……乃独嬉弄于乐府之余，而寓以诗人之句法。清壮顿挫，能动摇人心……至其乐府，可谓狎邪之大雅，豪士之鼓吹，其合者《高唐》、《洛神》之流，其下者岂减《桃叶》、《团扇》哉。”尽管晏几道《小山词自序》谓所作在于叹逝伤离，黄庭坚还是从中读出了不合时宜者“狎邪之大雅”的特殊意味。

明确将词与屈、宋牵合的是同出苏门的张耒，他为贺铸写过《东山词序》，有云：

“余友贺方回,博学业文,而乐府之词,高绝一世……夫其盛丽如游金张之堂,而妖冶如揽嫱、施之袪,幽洁如屈、宋,悲壮如苏、李。”其后王灼在《碧鸡漫志》卷二中,也驳斥将柳永《戚氏》与《离骚》相并之说,认为“柳何敢知世间有《离骚》,惟贺方回、周美成时时得之”。“时时得之”固为太过,但如贺铸,其词确可偶见《楚辞》况味。以《踏莎行》为例,其“断无蜂蝶慕幽香,红衣脱尽芳心苦”的荷花形象,下片“返照迎潮,行云带雨,依依似与骚人语。当年不肯嫁东风,无端却被秋风误”的美人怨艾,全词孤芳自赏而又感叹失时之旨,得“骚人”一句的点醒,更可知这是《离骚》“制芰荷以为衣兮,集芙蓉以为裳”原型的演化,作者沉抑下僚而“不遇”之寓意不难体会。再如代表作《青玉案》,其用语、意象,有着《洛神赋》与义山诗的痕迹,而“锦瑟华年谁与度?月桥花院,琐窗朱户,只有春知处”,却大有《离骚》“美人迟暮”的深衷。贺铸五十多岁时居苏州,借美人以自伤,黄苏《蓼园词选》认为此词有“孤寂自守,无与为欢”,“无非写其境之郁勃岑寂”之意,确是看出了其中的“骚”情。其自度曲《望湘人》,《蓼园词选》亦谓其“意致浓腴,得《骚》、《辩》之遗”。

在王灼写《碧鸡漫志》,曾慥编《乐府雅词》之前,鲖阳居士已有《复雅歌词》之编。他在为此编所写的序中,针对“孟子尝谓‘今之乐犹古之乐’。论者以为今之乐,郑、卫之音也,乌可与《韶》、《夏》、《濩》、《武》比哉!孟子之言,不得无过”,明确表其“此说非也”的看法。他在论证了诗乐互为表里的发展史后,明确地贬斥胡乐,在总结溺夷音而荒政的历史教训的同时,表达了以“复雅”求宋词以至国事的中兴之愿。鲖阳居士还回顾了宋词的历史,表明了自己的判断:“吾宋之兴,宗工巨儒、文力妙天下者,犹祖其遗风,荡而不知所止。脱乎芒端,而四方传唱,敏若风雨,人人歆艳,咀味于朋游尊俎之间,以是为相乐也。其蕴骚雅之趣者,百一二而已。”应该说,这一比例是词作为“诗余”、“小道”、主于“侑觞”的必然,而“蕴骚雅之趣”则明确表达了“复雅”主张的历史指向是《楚辞》、《诗经》意蕴的归返,这才是“今之乐犹古之乐”的真正意义。在评判北宋词人的作品时,他特地拈出苏轼《卜算子》(缺月挂疏桐),评曰:“‘缺月’,刺微明也。‘漏断’,暗时也。‘幽人’,不得志也,‘独往来’,无助也。‘惊鸿’,贤人不安也。‘回头’,爱君不忘也。‘无人省’,君不察也。‘拣尽寒枝不肯栖’,不偷安于高位也。‘寂寞沙洲冷’,非所安也。此调与《考槃》诗极相似。”(《乐府雅词》)这种字比句附的方法虽不可取,以《诗序》所云《卫风·考槃》系刺庄公“不能继先公之业,使贤者退而穷处”,却近于对苏轼当时处境、心情的理解。

应该说,北宋词是很难味出“骚、辩之旨”的,故相关的评论也少见,王灼以方回、美成“时时得之”显非事实。即如苏轼,虽以“古人长短句诗”,“诗人之雄,非小词也”许人(《与蔡景繁书》、《答陈季常书》),并有意于以自作在柳永外另辟蹊径,但如《卜算子》的借孤鸿自拟,表其在“乌台诗案”后“退而穷处”的心理与环境,“拣尽寒枝”而不肯苟且的情怀,这种类于《离骚》之立意、设喻、造境者,尚是少见。即如《贺新郎》(乳燕飞华屋)中的佳人形象,或有君臣遇合之托意,却也难以坐实。

南宋的评论发生了显著变化。在鲖阳居士首倡“复雅”之后,纷纷树起“雅词”的旗帜，一批命名为“雅词”的词集纷纷问世，并作了不同程度的理论阐发。曾慥编选《乐府雅词》，其序中表明了“涉谐谑则去之”的原则，尤其指出“欧公一代儒宗，风流自命”，“当时小人，或作艳曲，谬为公词”，为此“今悉删除”。以“雅词”为名的有张孝祥的《紫微雅词》、程垓的《书舟雅词》、赵彦端的《介庵赵宝文雅词》等，从理论上作出论述较北宋为多，并多有从词上追乐府、风雅的祈向。关注《石林词跋》称许叶梦得“晚岁落其华而实之，能于简淡时出雄杰，合处不减靖节、东坡之妙，岂近世乐府之流哉”！汤衡《张紫微雅词序》指出，唐末词人“镂玉雕琼，裁花剪叶”之作，以粉泽之工而反累正气，自东坡而变，“其后元祐诸公，嬉弄乐府，寓以诗人句法，无一毫浮靡之气”，而张孝祥之作，亦“同一关键”，颇以雅化为“诗化”。陈应行《于湖先生雅词序》与上序作于同一年（1171年），却能进一步以张孝祥词“托物寄情，弄翰戏墨，融取乐府之遗意，铸为毫端之妙词”，已将一般的“诗人句法”上追“乐府之遗意”。三十年后，张镃为史达祖写《梅溪词序》，此序非就事论事，却作溯源、流变之论，并经由乐府进而道及风雅、屈宋。序中有云：“《关雎》而下三百篇，当时之歌词也，圣师删以为经。后世播诗章于乐府，被之金石管弦，屈、宋、班、马由是乎出。”沿此一线，则是“变体以来”，虽“游戏笔墨于长短句间”，却因其“有能瑰奇警迈，清新闲婉，不流于訑荡污淫者”，而“未易以小技言也”。且撇开对史达祖词的具体评价，由词而诗，谓“况欲大肆其力于五七言，回鞭温韦之途，掉鞅李杜之域；跻攀风雅，一归于正，不于是而止”。则沿流讨源，返回起点，将词之雅化看作是经由屈宋、跻攀风雅而“归于正”的过程。

张镃的序，对屈宋“点到为止”，此前及此后，则有进一步发挥。胡寅在《题酒边词》中论道：

> 词曲者，古乐府之末造也。古乐府者，诗之旁流也。诗出于《离骚》、《楚辞》，而《离骚》者，变风变雅之怨而迫，哀而伤者也。其发乎情则同，而止乎礼义则异。

不仅将词曲上溯《离骚》、《楚辞》和变风、变雅，而且就历来是男欢女爱、花前月下、侑觞助咏的传统园囿之词，将其爱情与闲情的主调，移至“怨而迫，哀而伤”的另一端。这不仅是对“温柔敦厚”的“诗教”之突破，是对《诗大序》“发乎情，止乎礼义”的超越，更是文艺“与时而变”观念的体现，是直面南渡以来的局势及词风之变的合理总结。后来刘克庄在《黄孝迈长短句跋》中，针对理学家“崇性理而抑艺文，词尤艺文之下者”的观念，以《诗经》为例，肯定了感时伤物、行役吊古与闺情别思诸种感情的合理性，以黄氏所作“原于二南”，“乌得以小词而废之乎”？其《翁应星乐府序》固然以“长短句当使雪儿、啭春莺辈可歌，方是本色”，却在强调词的音乐性、表演性的同时，并称“亭鄣堡戍间事”与“闺情春怨之语”，更认为“酒酣耳热、忧时愤世之作，又如阮籍、唐衢之哭也。近世唯辛、陆二公，有此气魄”。可见，在固守“本色”的同时，对于抒发由现实触发的感情，表现时代精神，也有足够的肯定。刘克庄的《跋刘叔安感秋八词》进而认为词应兼得刚、柔之长，并寓芳草美人之旨：

间为乐府，丽不至亵，新不犯陈，借花卉以发骚人墨客之豪，托闺怨以寓放臣逐子之感。周、柳、辛、陆之能事，庶乎其兼之矣。

周、柳之词主于“缘情”，辛、陆之词入于“言志”，其外是“花卉”(芳草)、“闺怨”(美人)的“缘情”载体，其内是“骚人墨客之豪”，“放臣逐子之感”的“言志”核心，这不是《离骚》之旨又是什么?

二

至刘克庄所论，明确提出将芳草美人的《离骚》传统入于词，简练而精到的阐发，指出了词的创作指归。这一理论之由刘克庄来完成，自是缘于他所在的时代，在提供了足够的创作实践之后，理论的总结是适当其时。而我们之所以在《离骚》之外并列《九辩》而称“骚辩之旨”，并选择了这一论题，是基于这样一个事实：北宋的少量见出“骚情”之词，虽不无作者在政治斗争中失败的背景，但其基本面应是沦落之感、不遇之叹，与《离骚》“哀民生之多艰”远，却与《九辩》“贫士失职而志不平”为近。词至南宋，由于民族斗争的背景及相关的和战势力的消长，“民生多艰”之意或许无多，“恐皇舆之败绩”及引发的“美人迟暮”之感，却是显然异于北宋。另外，北宋虽不乏文人的从政意识及仕进机遇，但他们却以主要精力投入到经史、策论和诗文，即如苏轼之被看作是有意提高词之意格、品位的主帅，他对词的态度也决非其他文体可比，“诗余”、“小道”的意识是占据主位的。文各有体，自有分司，然而在文士染指日久之后，就会渐生变化，甚至会出现一些并非以余力作词、且以词名世的作者，至南宋时期，此种情况更甚。

闻一多先生曾说唐代文化是进士文化，此说显然是相对于六朝贵族而言的，因为自武则天至唐玄宗时期，文学科举进身的新兴阶级开始踏上政治舞台，北朝以来的传统旧士族逐渐“出局”。但我们也应看到另一个事实：河朔武夫与川、闽宦者对有唐一代影响至巨。只是到了宋代，才是推行重文轻武的国策，造就出真正的进士文化。比起唐代每次取士的二三十人来，北宋开科69次，取士总数61 000人，平均每年约360人，[①] 大量的布衣之士甚至成为宰辅大臣。这种不同于前代、且有近代色彩的文官政治，对士人有很大的感召力。“奋厉有当世志”(苏辙《东坡先生墓志铭》)，不仅是苏轼一人的怀抱，也几可涵盖北宋一代有志于从政的知识分子。但是，即使是仕至高官，在政治斗争中，也鲜有一帆风顺者。寇准决澶渊之盟，却被王钦若、丁谓所谗，一贬再贬；范仲淹有“三黜三光”之誉，他以“兴致太平”为目的而倡导改革，但庆历新政终致夭折。欧阳修为砥砺士人理想志节作出了榜样，“士亦因陋守旧，论卑而气弱。自欧阳子出，天下争自濯磨，以通经学古为高，以救时行道为贤，以犯颜纳说为忠”(苏轼《六一居士集

① 张希清.北宋贡举登科人数考[M].国学研究.北京：北京大学出版社，1994.

叙》),亦因受累于庆历新政,外任十余年。王安石得神宗支持,实行变法,终因反对派与皇族、后族、外戚的群起攻之,虽“负天下大名三十余年”,终不得已而罢相。苏轼“早岁使怀齐物志,微官敢有济时心”(《和柳子玉过陈绝粮》),一生政绩昭然,却为党争所累,一贬再贬。而元祐党案牵连之众,又使诸多著名文士受累……

柳诒徵《中国文化史》曰:“论史者恒以宋之党祸比于汉、唐,实则其性质大不相同。新旧两党各有政见,皆主于救国,而行其道特以方法不同、主张各异,遂致各走极端,纵其末流,不免于倾轧报复,未可纯以政争目之。而其党派分立之始,则固纯洁为国,初无私憾及利禄之见羼杂其间。此则士大夫与士大夫分党派以争政权,实吾国历史上仅有之事也。”①这是对宋代党争很公正的评价。某种意义上的“民主政治”之始,颇具近代色彩,然而比起汉、唐来,宋代却颇乏事功显赫的名相贤臣。较之前朝,他们有经世致用之幸,却又难以取得最终的政治成功。不过,有宋一代合文士与文臣为一身的诸多人物中,却在文学成就上远逾于前朝,词即其中的领域之一。

前面所论,认为王禹偁、寇准词中已有“骚辩之旨”的萌芽,应是一种推测、揣想。范仲淹因改革无成而有《剔银灯·与欧阳公席上分题》之作,诙谐行笔,调侃古人,醉发牢骚,我们却难以认为他的《苏幕遮》(碧云天)、《御街行》(纷纷坠叶)是借男女相思写君臣之难遇合,因为此时的词尚深受《花间》潜势力影响,而作者的情怀又可见于诗文。欧阳修作了这么多词,却难以见其在艳情、闲情之外的深意,曾慥还得以“当时小人,或作艳曲,谬为公词”为之回护。即如苏轼,似《卜算子》咏孤鸿一类作品,也极为少见。之所以如此,当与“词意识”密切相关,“小道”的观念不可能发生很大的改变。

又前面所引,如晏几道、贺铸的词,分得黄庭坚“《高唐》、《洛神》”,张耒“幽洁如屈宋”之评,还基于这样一个事实:他们不具备前述儒宗、名臣以至文豪的身份、地位,而是沉抑下僚,仅以词章名世。黄庭坚谓晏几道“未尝以沾世”,终又“陆沉于下位”,但其独有的“四痴”,俨然是早生的贾宝玉,其词之近于“高唐”、“洛神”,终在男女情缘一线,晏氏自谓“悲欢离合之事,如幻如电,如昨梦前尘,但能掩卷怃然,感光阴之易迁,叹境缘之无实也”(《小山词自序》),亦无悖惜时伤逝之旨。贺铸却有所不同,他是太祖孝惠后族孙,“豪爽精悍”,“仪观甚伟”,“少时侠气盖一座,驰马走狗,饮酒如长鲸”,又“书无所不读”(《中吴纪闻》引李邦直语),却出身武职,长期沉抑下僚。“幽洁如屈宋”,这里虽屈、宋并称,在贺铸,应是“宋”过于“屈”,因为除迟暮之意以外,方回词中多是类于《九辩》的贫士失职、志意不平、廓落羁旅、惆怅自怜,以及“独耿介而不随兮”,“宁处穷而守高”之意。由小晏而方回,“缘情”的内涵应是有所变化。

对于屈、宋与骚、辩的长短优劣,历代论家并无多大争议,他们多取扬前抑后的态度。而现代的学者,却有不同的看法。如闻一多先生就曾以其独到的文学史家意识和特出的艺术感觉作了如此的论定:“自《离骚》通过《九章》达到《九辩》这个阶段,可看出《楚辞》文学的进化史。《离骚》算是古代文学的煞尾,而《九辩》则是近代文学

① 柳诒徵.中国文化史[M].上海:东方出版中心,1988:519.

的起点，两者都在同一视程之内而没有碰头。《离骚》还在与音乐合作，《九辩》则扬长而去，《离骚》有自傲气，而《九辩》则为自怜；《离骚》有孤独感，而《九辩》则以领略孤独感为主，故有‘独申旦而不寐兮，哀蟋蟀之宵征’这样的诗句，如果加以比较，则《离骚》的孤独操守是伦理的，而《九辩》则是诗的。”显然，闻先生是以文学进化论的眼光来看待骚、辩之别的。我们这里无意于展开阐释闻先生所论，但是倘以明人陆时雍《读楚辞语》所云“举物态而觉哀怨之伤人，叙人事而见萧条之感候”相证，《九辩》的“自怜”和“领略孤独感”是将季节、物候、心绪、感受真正做到浑然一体了。杜甫《咏怀古迹》的“摇落深知宋玉悲”以“摇落”二字概括了宋玉对时代和个人遭际的感触，其“自怜”就颇有文学之提前“自觉”况味，其“领略孤独感”则又导“缘情”之先，这应是闻先生所说的“近代”之义。故而闻先生进而展开论其“领略”之长：“‘登山临水兮送将归’较《诗经·燕燕》‘瞻望弗及，伫立以泣’更富诗意，因为它不止于伤心，而是在诗句中对感情写出了体验与分析……古代诗人头脑中对别离情绪体验最深的，当推庄子和《九辩》的作者吧。”[①] 确实，除了作为“悲秋之祖”的意义外，《九辩》的登山临水、别离情绪，在宋词中也衍化为主要的题旨。倘如此理解，北宋词中有《九辩》遗意的就决非数人数词可限。

仅以被王灼否定的柳永为例，他颇多流连坊曲的纤艳之作，又擅写承平气象，但其羁旅行役之词，既有“渐霜风凄紧，关河冷落，残照当楼”（《八声甘州》）的“不减唐人高处”（苏轼语），更有“当时宋玉悲感，向此临水与登山”（《戚氏》），“楚客登临，正是暮秋天气”（《卜算子慢》）的体验，其词或不当“《离骚》寂寞千载后，《戚氏》凄凉一曲终”（《碧鸡漫志》引）之拟，易“骚”为“辩”，亦差可拟之。可以认为，《九辩》的悲秋原型精神确是延续、演化在柳永词中，他因仁宗“务本向道，深斥浮艳虚华之文”（吴曾《能改斋漫录》），负有才无行之名，一生辗转流落，官职低微，故颇多“未名未禄”、“经岁迁延”（《戚氏》）的“贫士失职”之不平，并多表自己“悲忧穷蹙兮独处廓”，“去乡离家兮徕远客”的遭遇，而“楚峡云归，高阳人散”（《倾杯》）等用语，也可窥见其“宋玉情结”。他人的作品，或未明言宋玉，“登山临水兮送将归”却是宋词中沿用不已的母题，其中有登临怀古之作，也不乏失职而志不平的贫士之叹。此类较多，就不作列举了。

三

“骚辩之旨”只是在南宋才真正实现由“辩”而“骚”的转移，并不期然而然地产生出一个表现此旨的创作群体，显然这是时代所造就的。

闻一多先生从文学发展史上肯定了由“骚”而“辩”的进步，固然不错，而我们之比较二者之异，却难以离异政治、伦理立场，要首先看到《离骚》“哀民生之多艰”区别于《九辩》“惆怅兮而私自怜”，屈原可以“忽忘身之贫贱”（《九章·惜诵》），宋玉却是“坎廪

① 郑临川.闻一多论古典文学[M].重庆：重庆出版社，1984：68–72.

兮贫士失职而志不平”，其为人与为己的不同，除“德”之高下外，又实是政治抒情诗与个人抒情诗的不同。由于我国历来的文学批评都受制于伦理型的政治文化，道德评判成为首要标准，“伦理的”《离骚》当然地位要高于“诗的”《九辩》。

对《离骚》这一千古名篇，两千多年来，已作出过种种不同的解读、阐释，不管其间有多少歧异，有一点是无法否定的，即：《离骚》是我国空前（且近于绝后）的长篇政治抒情诗。其作者屈原，胡适曾认为是“箭垛式的人物”，孙次舟又以之为“文学弄臣”，他们都无视《史记·屈原列传》所载的“为楚怀王左徒。博闻强志，明于治乱，娴于辞令。入则与王图议国事，以出号令；出则接遇宾客，应对诸侯”。正是有了这样的经历，才会有以诗抒发政治情怀之举。由于群小争妒进谗，“王怒而疏屈平”。既面对着国事的隐患，激起了深广的忧愤，又由于自己所受的不公遭遇，充满了难抑的怨怼，诗人政治家屈原，遂“疾王听之不聪也，谗谄之蔽明也，邪曲之害公也，方正之不容也，故忧愁幽思而作《离骚》”。司马迁曾为之感慨：“屈平正道直行，竭忠尽智以事其君，谗人间之，可谓穷矣！信而见疑，忠而被谤，能无怨乎？屈平之作《离骚》，盖自怨生也。”君国大事与个人遭遇密切相关，二者酝酿交融，使《离骚》成为伟大的政治抒情诗。

从文学的角度而言，《九辩》虽具闻先生所敏感发现的“近代”意义，有“领略孤独感”，“对感情写出了体验与分析”之长，但依传统的看法，《离骚》毕竟具有更高的地位。屈原“依《诗》而制《骚》”，将北方的政治理性与南方的巫术文化融为一体，其独到的艺术表现即如王逸《离骚序》所说：“依《诗》取兴，引类譬喻。故善鸟香草，以配忠贞；恶禽臭物，以比谗佞；灵修美人，以媲于君；宓妃佚女，以譬贤人；虬龙鸾凤，以托君子；飘风云霓，以为小人。”概言之，即“芳草美人”。这较之于《诗经》直接叙事的“歌食歌事”和较简单地以“比兴”抒情，无疑是很大的进步，其理性化为感性，善人之于美，幻中深蕴着真，将现实的斗争与诗人复杂的思想贯穿其中，正喻夹写，构成了巨大而完整的象征体系，给后人提供了极高的审美价值。刘勰《文心雕龙·辨骚》以其“典诰之体”、“规讽之旨”、“比兴之义”、“忠怨之辞”四者“同于风雅”，而“诡异之辞”、“谲怪之谈”、“狷狭之志”、“荒淫之意”四者“异于经典”。且不论为正统看法所拘，被理性观念所限，从而表现出认识上的不足，然而他所肯定的“比兴之义”虽“同于风雅”，实又大有发展。尤其是被视为“诡异之辞”的“托云龙，说迂怪，丰隆求宓妃，鸩鸟媒娀女”，“谲怪之谈”的“康回倾地，夷羿彃日，木夫九首，土伯三目”，更是以神话传说来驰骋想象。相较而言，《九辩》的末段虽有“愿赐不肖之躯而别离兮，放游志乎云中”的乘精气、骛诸神、骖白霓、历群灵、左朱雀、右苍龙、属雷师、通飞廉等诸般描写，但并非《离骚》贯穿全诗的叩阊阖、游春宫、求宓妃、见佚女、灵氛占卜、巫咸夕降，露出生硬的模仿之迹，缺乏融浑其中的南楚巫文化的艺术魅力。所以，在刘勰的心目中，尽管《离骚》有颇多异于经典之处，却无碍于“轩翥诗人之后，奋飞辞家之前”，远高于《九辩》而成为《诗经》之后、汉赋之前的艺术典范。

《离骚》中的“芳草美人”体现出美政理想与建功立业的参与意识的结合，又与“恐美人之迟暮”的生命意识相熔，形成了如同女子专一热恋般的政治热情。志浩行芳则是立身行事的追求，"芳草"渐成贞操、品行的象征、寓托，后世渐衍为"岁寒三友"、"四君子"。美人的盛年独处、遇合无期，芳草的遭受风霜、渐渐芜秽，又使自悲自悼之情产生出无限伤感。因此，《离骚》无论在情感力量、艺术审美抑或道德评判上，都给了后代以巨大的影响。

依司马迁的见解，《离骚》"上称帝喾，下道齐桓，中述汤、武，以刺世事。明道德之广崇，治乱之条贯，靡不毕见"。这样一首政治性长诗，又是屈原"睠顾楚国，系心怀王，不忘欲反，冀幸君之一悟，俗之一改也。其存君兴国，而欲反覆之，一篇之中，三致志焉"(《史记·屈原列传》)的满怀深情之作。其政治性、抒情性深刻影响了后人，历代诗人或都有从中汲取营养者，却终难创作出与之比肩的作品，这很可令人想起马克思的一个著名论断："困难不在于理解希腊艺术和史诗同一定社会发展形式结合在一起。困难的是，它们何以仍然能够给我们以艺术享受，而且就某方面说还是一种规范和高不可及的范本。"[①]《离骚》一方面是高不可及的范本，另一方面又给后人提供了"一种规范"，用朱自清先生在《诗言志辨》中所说，即四种"比体诗"：咏史(以古比今)、游仙(以仙比俗)、艳情(以男女比主臣)、咏物(以物比人)。对宋词而言，受四种"比体"中的两种——艳情和咏物——影响最大，南宋词人如辛弃疾，则四种几都可见。

前面曾说，北宋词中有所寄托者，其旨近于"辩"而远于"骚"，这固与词的创作观念有关，与作者兼有政事、文学的较高地位，可从他途分泄其情志有关，更与政治、时势有关。整个北宋朝，固因"守内虚外"，在对外的民族争端中造成了积弱以至积贫的态势，围绕着改革问题，形成了特有的党派政治，而党争的结果又造就出具有历史跨度的失落的一群。即使如此，有被贬的苦痛，有不遇的悲凉，却终无身家性命之虞。而靖康之变这一巨大的历史事件，粉碎了汴京的繁华梦。孟元老《东京梦华录》所说的青楼画阁、绣户朱帘、雕车竞驻、宝马争驰、金翠耀目、罗绮飘香、新声巧笑、按管调弦，霎时化为灰飞烟灭。徽、钦二帝及后妃、宗亲三千余人被掳北行。社稷丘墟，千村狐兔。由于金兵的劫掠，"东及沂、密，西至曹、濮、兖、郓，南至陈、蔡、汝、颍，北至河、朔，皆被其害。杀人如刈麻，臭闻数百里"(李心传《建炎以来系年要录》)。这一空前的民族灾难，在造就历史激变的同时，亦使词风大改。南渡后的数十年间，心怀故国，痛伤流离，感叹世变，抒发"黍离之悲"，甚而表达抗战愿望，成为词坛的主旋律。到辛弃疾的出现，终于真正改变了"词为小道"的面貌，使宋词焕发异彩，《离骚》"芳草美人"的传统才得到了真正的继承发扬。

稼轩词之所以能易"辩"为"骚"，当然与他的经历、素养、资质大有关系。以其门生范开所见，"公一世之豪，以气节自负，以功业自许，方将敛藏其用以事清旷，果何意于歌词哉？直陶写之具耳"。[②]刘克庄更深入其政见韬略和历史地位，认为他"北方骁勇自拔而归"，"著书本朝"，而"文墨议论尤英伟磊落。乾道、绍熙奏篇及所进《美芹十论》、上虞雍公《九议》，笔势浩荡，智略辐辏，有权书论衡之风。其策完颜氏之祸，论请

① 马克思.政治经济学批判[M]//马克思恩格斯选集.北京：人民出版社，1972：114.

② 范开.稼轩词序[M]//邓广铭.稼轩词编年笺注.上海：上海古籍出版社，1978：561.

绝岁币，皆验于数十年之后”[①]。这样一位出将入相的人物，却“当弱宋末造，负管、乐之才，不能尽展其用，一腔忠愤，无处发泄”，只能“悲歌慷慨，抑郁无聊之气，一寄之于词”（《词苑丛谈》引黄梨庄语）。以宋末刘辰翁之见，稼轩词之“牵《雅》、《颂》入郑卫”，缘于“斯人北来，喑呜鸷悍，欲何为者；而谗摈销沮，白发横生，亦如刘越石陷绝失望，花时中酒，托之陶写，淋漓慷慨，此意何可复道……为我楚舞，吾为若楚歌，英雄感怆，有在常情之外……”[②]这几位论者，或亲受其教，或去其时未远，故能论其世而知其人。刘辰翁所见，更道出稼轩所特有的、作为抗金义军领袖因“北来”而尤其萦念失地的故土情结。的确，辛弃疾非仅洞察“世事”，深知“治乱之条贯”，尤其与屈原“睠顾楚国，系心怀王”，“存君兴国”，“亦余心之所善兮，虽九死其犹未悔”的情怀相近，他有过人的文学才能，却少有诗文，一心以词作为“陶写之具”，近于屈原之于辞，故最能继承《离骚》精神、传统，如陈廷焯《白雨斋词话》所说，“气魄极雄大，意境极沉郁”，成为“词中之龙”。同时，又因近于屈原的“信而见疑，忠而被谤”，政绩昭然却难以久安其位，又两度落职，闲居达二十年之久，无从报国的忧愤使他与屈原同气相求，慷慨淋漓、纵横狂放之外，又“变温婉，成悲凉”（周济语），所作不乏“芳草美人”之篇。辛弃疾写道：“秋菊堪餐，春兰可佩，留待先生手自栽”（《沁园春》），明白无误地以屈原为榜样，追求志洁行芳。他深慨屈原之“兰珮芳菲无人问，叹灵均欲向重华诉”（《贺新郎》）。精神上的相通，使他以“我亦卜居者”的身份，“岁晚望三闾”（《水调歌头》），在“戏读《离骚》还痛饮”（《满江红·山居即事》）中与屈原发生共鸣，导向了文学的自觉追随。遂有用《离骚》体写《千年调》，用《天问》体写千秋词《木兰花慢》，还仿《离骚》、《九辩》写《山鬼谣》，这都是未见于前人的。源于《离骚》的咏史、游仙，在辛词中都有，尤多艳情（美人）、咏物（芳草）之作。

“美人”者如名篇《摸鱼儿》，“蛾眉曾有人妒”，“脉脉此情谁诉”，分别与“众女嫉余之蛾眉兮”、“国无人莫知我兮”相应，孝宗曾数召辛弃疾以问政询策，故长门买赋、佳期又误、难诉深情云云，亦有“伤灵修之数化”意味，全词的伤春、惜春，表现出“恐美人之迟暮”的用世之心，和“荃不察余之中情”的怨艾。再如《祝英台近·春晚》，所塑造的闺中妇，伤春惜春，其昵狎温柔、缠绵往复，亦令人从作者宦游无功、思家难归中，体会出“老冉冉其将至兮，恐修名之不立”之意。又如《汉宫春·立春》，其含义虽未必如周济所说的多句皆有所指，从作者闲放既久、无从报国的境遇，也令人想起“恐年岁之不吾与”的微意。

“芳草”者如《声声慢》咏红木樨，写此花从开元盛时到安禄山陷长安而大宴凝碧池，以其作为历史的见证，借花写人，寓徽、钦北人绝域之痛。《瑞鹤仙·赋梅》令人想起杜甫笔下翠袖倚修竹的佳人，梅花的形象中，流露出“举世无人见知”的寂寞。《喜迁莺·赵晋臣敷文赋芙蓉词见寿用韵为谢》，作于闲居瓢泉之时，词中不仅有脱化于《九歌·湘君》之句，而且“当日灵均，恨与君王别。心阻媒劳，交疏怨极，恩不甚兮轻绝。

① 刘克庄．辛稼轩集序[M]//邓广铭．稼轩词编年笺注．上海：上海古籍出版社，1978：562.

② 刘辰翁．辛稼轩词序[M]//邓广铭．稼轩词编年笺注．上海：上海古籍出版社，1978：564-565.

千古《离骚》文字，芳至今犹未歇。"更显见立意与《离骚》的关系。有些作品，"芳草"、"美人"交织一起，难作区分。而看似艳情之作，也因"比体"的传统，结合其世其人，可品味出其中的骚情雅意。

由于文学与时代密切相关，南宋词之遥承《离骚》，并非稼轩一人。如果说在南渡前期，是直面国变，词人饱尝颠沛流离之苦，多慷慨悲凉、直抒胸臆之作，到孝宗时期，"沉静中的回味"使之向比兴寄托发展，屈原就成为学习的榜样。张孝祥之所以被汤衡、陈应行赞扬，与其抗敌之志大有关系，泛湘江所作的《水调歌头》明确写道："制荷衣，纫兰佩，湘妃起舞一笑，抚瑟奏清商。唤起《九歌》忠愤，拂拭三闾文字，还与日争光。"陆游作为"亘古男儿"，在抗敌主张上与辛弃疾无异，但只有一卷词，与万首诗相去太远，却仍有《卜算子·咏梅》这样的"芳草"之篇以托物言志。陈亮是主张事功的"永康学派"领袖，却能以词略陈平生"经济之怀"，他既有"中兴露布"式的作品，人多以横放恣肆目之，但其《小重山》(碧幕霞绡一缕红)却满蕴"芳草美人"之意，"往事已成空，梦魂飞不到，楚王宫"，令人想起上《中兴五论》及孝宗皇帝三书而未回应之事。《水龙吟·春恨》、《虞美人·春愁》，都是借闺情写怨悱，亦多"美人迟暮"之意。他屡作的咏梅之词，也颇有以"芳草"写身世感触之意。被看作稼轩羽翼的刘过，多为淋漓跌宕之词，然而《贺新郎》(老去相如倦)却以"美人迟暮"的形式写"贫士失职"的悲凉，"辩"而"骚"出，颇饶深意。直至稍后的刘克庄，虽多"满心而发，肆口而成"之词，其《摸鱼儿·海棠》，可味出"芳草"不遇天幸之意，而《贺新郎·席上闻歌有感》则是以"美人"自喻操守之旨。

至宋末，雅词作者尤在咏物词中多有寄托，王沂孙更得清代论家推崇。由于时代已变，作者多为才士而非辛、陈式人物，所作自距《离骚》之旨甚远，但他们所擅长的仍是在"芳草"一侧的发扬。惟其如此，易代之作虽凄楚哀怨，却仍不失可贵的思想意蕴和动人的感情力量。

在本文开头，我们曾说：作为"诗余"的词，尊体的意识出现的比较晚，宋人如刘克庄所说只是偶见，直到清代才有较多、较系统的推尊词体之论。浙西词派的领袖朱彝尊说过："善言词者，假闺房儿女之言，通之于《离骚》、变雅之义，此尤不得志于时者所宜寄情焉耳。"[①] 常州词派的开山张惠言更在其著名的《词选序》中说："传曰：'意内而言外，谓之词。'其缘情造端，兴于微言，以相感动。极命风谣里巷，男女哀乐，以道贤人君子忧约怨悱、不能自言之情，低回要眇，以喻其致。盖《诗》之比兴，变风之义，骚人之歌，则近之矣。"这都是著名的代表性看法。而专以《楚辞》相拟的，则见于朱氏之前王士禛、邹祗谟选辑的《倚声初集》，此集中评陈子龙、陈维崧词，就有《楚辞》诸篇之拟。后来黄苏《蓼园词选》也屡以《楚辞》之意旨评宋词。至晚清，词论家沈祥龙遂在其《论词随笔》中写道："屈、宋之作亦曰词，香草美人，惊乎绝艳，后世倚声家所由祖也。故词不得楚骚之意，非淫靡即粗浅。"更是明确地将"词"通之于"辞"。

---

① 朱彝尊．陈纬云红盐词序[M]//曝书亭集．康熙四十八年刻本．

屈、宋相较，前者作品政治理性与巫术文化的完满结合，胜过了后者，尤其是“比兴之义”、“规讽之旨”与“忠怨之辞”，不仅给后来的“名儒博达之士”提供了“莫不拟则其仪表，祖式其模范”（王逸《楚辞章句序》）的目标与范式，更被政治伦理型文化的中国社会所接受。尽管屈原的“忠怨”有“怨怼”的一面，颇遭如班固这样的正统人士之责，以其“露才扬己”、“责数怀王，怨毒椒兰”，“亦贬挈狷洁景行之士”（《离骚序》），但他的“过情之怨”毕竟是与爱国忠君难以分开的，“哀怨起骚人”不仅以其思想、更以其情感得到后人足够的肯定与发扬。

宋词本是“诗余”、“小道”，尤其是“情”的专门园苑，诚如钱锺书先生所说：“爱情，尤其是在封建礼教眼开眼闭的监视之下那种公然走私的爱情，从古体诗里差不多全部撤退到近体诗里，又从近体诗里大部分迁移到词里。”[①]“缘情而绮靡”应是其主体。但是，爱情之外，起于冯延巳，发扬于晏、欧的伤春悲秋之作，以其感韶光、惜流年的生命意识，使词中之情多了“闲情”一脉。至《九辩》之旨入于词，发生了由“情”转为“志”的变化，使宋词亦具庄忌《哀时命》“志憾恨而不逞兮，抒中情而属诗”之义。显然，这是词的题材的又一次扩大。由于《九辩》“贫士失职而志不平”源于“余生之不时兮，逢此世俇攘”，虽具用世之心，却难于君臣遇合，这就使宋词中蕴涵此旨之作具有了特殊的时代意义。宋代士人普遍具有淑世情怀，重视文道关系，但这些本来并未入于词。北宋有了《九辩》的渐入，靖康的国变又使《离骚》之旨入于南宋词，这就不仅使“志”“情”难分，提高了词的意格、品位，亦使淑世精神、文道合一涵盖一切文体，辛弃疾更将宋词的发展推向思想性与艺术性相结合的高峰。

倘从“骚”、“辩”之旨的角度看待宋词的发展历程，我们很可以撇开婉约、豪放的老套路，并对尊奉南宋词的看法（如朱彝尊）赋予不仅是艺术性、风格学的新涵义。

（原载《文学遗产》2001年第1期）

① 钱锺书.宋诗选注[M].北京：人民文学出版社，1979：10.

论豪放词

一 阳刚、阴柔与豪放、婉约

"豪放"的源头实出于阳刚阴柔说。我国古代哲人以阴阳二分之共相看待宇宙之万殊，导致阳刚、阴柔观念的产生。由哲学而及于文艺，使风格学得以潜生并确立。

《周易》曾明确提出阴阳、刚柔的对立统一范畴，且有将二者结合而论之势。《说卦》云："观变于阴阳而立卦，发挥于刚柔而生爻。""分阴分阳，迭用柔刚，故《易》六位而成章。"而《周易》"经"的创作过程，首先就经历了阴阳概念产生这一阶段。"八卦"的创立，是"观物取象"的结果，其中的《乾》卦象征"天"，喻示"刚健"，《坤》卦象征"地"，喻示"柔顺"。"盈乎天地之间，无非一阴一阳之理"（《朱子大全·易纲领》）。《周易》这一认识，对古代中国人的思维特性具有普遍的涵括性和指导意义，入于文艺领域，就产生了与阴阳、刚柔密切相关的概念，成为美学以至文艺风格学的重要内容。

《尚书·虞书·舜典》除"诗言志，歌永言，声依永，律和声"这著名的十二字外，关于命夔典乐又有"直而温，宽而栗，刚而无虐，简而无傲"之说，似乎隐约可见涉及文艺的"刚""柔"说的出现。《左传·襄公二十九年》记载的季札观乐，在观乐知政的总体精神下，表现出以大为美的美学观，并相应地以辩证眼光初涉风格问题。如书中所载："为之歌《齐》，曰：'美哉！泱泱乎，大风也哉！表东海者，其大公乎？国未可量也。'""为之歌《秦》，曰：'此之谓夏声。夫能夏则大，大之至也，其周之旧乎？'为之歌《魏》，曰：'美哉，沨沨大国乎！大而婉，险而易行，以德辅此，则明主也。'""为之歌《大雅》，曰：'广哉，熙熙乎！曲而有直体，其文王之德乎？'"都可见对"大"的赞美。而就《左传》、《论语》、《孟子》、《庄子》等先秦典籍看，可见先秦时代的审美观似乎更重在"刚""大"一侧。

郑振铎曾认为，"汉代乃是诗思最消歇的一个时代"。[1]与之相关，汉代的文学思想主要表现在对诗、骚的解释、诠评。由于汉人重在对先秦典籍的整理、研究，经学笼罩下的美学、文艺学，很难禀承阳刚、阴柔之说绽出花朵。直到汉末刘劭《人物志》的出现，才改变品核公卿、裁量执政的清议之风，深入到人物的精神、才性，启发了魏晋"文气"说的产生。《后汉书》载孔融荐祢衡书，已有"飞辩骋辞，溢气坌涌"[2]之说。曹丕《典论·论文》在评论"建安七子"的"徐干时有齐气"，"应玚和而不壮，刘桢壮而不密，

---

① 郑振铎.中国俗文学史[M]//郑振铎全集.石家庄：花山文艺出版社，1998：37.

② 范晔.后汉书[M]//二十五史.上海：上海古籍出版社、上海书店，1986：1034.

孔融体气高妙"的同时,又发其著名的"文气"之论:"文以气为主,气之清浊有体,不可力强而致。"尽管他本人未加说明,但"清"者显然偏在阳刚,"浊"者偏在阴柔。后来刘勰所说的"才有庸俊,气有刚柔","风趣刚柔,宁或改其气","气以实志,志以定言,吐纳英华,莫非情性"①,沈约的"民禀天地之灵,含五常之德。刚柔迭用,喜愠分情",② 都是曹丕所论的继续阐发。

与文气说约略同时,魏晋的人物品评和山水赏会,也大体有区分刚柔之势。刘义庆《世说新语》所载的王武子、孙子荆"各言其土地人物之美":"其地坦而平,其水淡而清,其人廉且贞","其山嶵巍以嵯峨,其水泙渫而扬波,其人磊砢而英多",③ 是将人物与山水相联系,且有刚柔之大概。而在《世说新语·赏鉴》中亦有用"岩岩清峙,壁立千仞","谡谡如劲松下风"与"荀子秀出,阿兴清和"来评人的,《世说新语·容止》中的"濯濯如春月柳",则更见刚柔之别。同样,山水赏会中的"江山辽落,居然有万里之势","千岩竞秀,万壑争流",与"翳然林水"、"日月清朗"(见《世说新语·言语》),也显见不同。

风格学与文气说密切相关。对文学作风格的较详细区分,当始于刘勰,他在《文心雕龙·体性》中提出八体之分:典雅、远奥、精约、显附、繁缛、壮丽、新奇、轻靡。其后,唐代日本僧人遍照金刚《文镜秘府》之《论体》,唐僧皎然《诗式》之以十九字概括诗体,以及传为司空图的《二十四诗品》等,各有所论,宋代严羽的《沧浪诗话》继有发展,然而都可看作是刘勰所论的推衍。到了清人姚鼐,终于由博返约,以《易·系辞》"一阴一阳之谓道"为理论根据,明确地将众多的风格之分归纳为阳刚、阴柔二类。其《复鲁挈非书》云:"鼐闻天地之道,阴阳刚柔而已。文者,天地之精英,而阴阳刚柔之发也……其得于阳与刚之美者,则其文如霆,如电,如长风之出谷,如崇山峻崖,如决大川,如奔骐骥;其光也,如杲日,如火,如金镠铁;其于人也,如凭高视远,如君而朝万众,如鼓万勇士而战之。其得于阴与柔之美者,则其文如升初日,如清风,如云,如霞,如烟,如幽林曲涧,如沦,如漾,如珠玉之辉,如鸿鹄之鸣而入寥廓;其于人也,漻乎其如叹,邈乎其如有思,暖乎其如喜,愀乎其如悲。"④

豪放、婉约二辞进入文艺评论领域较晚,但用于评论人物则至迟已在南北朝,而二辞之从字源考释或语义探寻,亦有刚、柔之别在。

"豪"本指豪猪等动物身上的刺,亦指刚硬的长毛。如《山海经·北山经》云:"(谯明之山)有兽焉,其状如貆而赤豪。"故《说文》即以"豪"为豪猪项脊间如笔管状的长毛,段注以"豪俊"为其引申义。"鬣如笔管者",特征当然在"刚"。与之相对,《说文》释"婉"为"顺",自有"柔"意。而《左传·昭公二十六年》的"姑慈而从,妇听而婉",《左传·成公十四年》的"婉而成章",皆有宛转、和顺之意,不悖于"柔"。"放"之本义为"逐",后渐有

① 刘勰.文心雕龙注[M].北京:人民文学出版社,1958:506-507.

② 沈约.宋书[M]//二十五史.上海:上海古籍出版社、上海书店,1986:1831.

③ 徐震堮.世说新语校笺[M].北京:中华书局,1984:47.

④ 姚鼐.复鲁挈非书[M]//惜抱轩诗文集.上海:上海古籍出版社,1992:93-94.

恣纵、放任等义。而“约”之基本义项也从“缚”引申为俭约、约束等。“豪”、“放”二字连用以评人，较早地见于《魏书·张彝传》：“彝少而豪放，出入殿庭，步眄高上，无所顾忌。”①而“婉”、“约”连用之论人，可见于《世说新语·言语》“南郡庞士元闻司马德操在颍川，故二千里候之”一则的注。注中引《司马徽别传》：“时人有以人物问徽者，初不辨其高下，每辄言‘佳’……其婉约逊遁如此。”②张彝“步眄高上，无所顾忌”，司马徽“括囊不谈议”、“逊遁”，可见“豪放”与“婉约”之别，其基本点就在刚、柔，又益之以显、隐。若参之以杜甫《壮游》诗的“性豪业嗜酒，嫉恶怀刚肠”，和《新唐书·李邕传》的“邕资豪放，不能治细行”，③“豪放”又有“粗豪”的涵义。而从《国语》的“夫固知君王之盖威以好胜也，故婉约其辞，以从逸王志”，④到唐人张彦远《梁庾元威论书》的“（孔）敬通又能一笔草书，一行一断，婉约流利，特出天性”，⑤可见“婉约”之义已从卑顺宛转发展为细致柔美。

下面专就“豪放”一辞进入词学批评领域作一考察。《二十四诗品》，列有“豪放”一品，其比物取象如下：

> 观花匪禁，吞吐大荒。由道返气，处得以狂。天风浪浪，海山苍苍。真力弥满，万象在旁。前招三辰，后引凤凰。晓策六鳌，濯足扶桑。

郭绍虞所作《集解》云：“观花匪禁，即‘看竹何须问主人’之意，自见其放。吞吐大荒，即‘吞若云梦者八九，于其胸中曾不蒂芥’之意，自见其豪。”“由道返气，言豪气是集义所生，根于道，故不馁。处得以狂，言忘怀得失，才能自得，超于世，故无累。不馁无累，自近豪放。”当中四句，昭示意象，言其感受，皆不难理解。“前招三辰，后引凤凰”，足见手摘星辰、不可方物之豪气。最后两句，暗用《列子》一钓而连六鳌故事，又袭晋左思《咏史诗》“振衣千仞冈，濯足万里流”句意，且如杨廷芝《诗品浅解》云：“策六鳌，豪之至；濯扶桑，放之至。”⑥四十八字之中，“由道返气，处得以狂”的“言豪气是集义所生”，“不馁无累，自近豪放”，尤见新意，在注入孟子“养气说”内容同时，又回到曹丕“文气说”之初。至如以意象昭示境界，更便于我们对“豪放”的风格特征作总体性的理解、把握。

以“豪放”评词，恰是被目为北宋“豪放派”领袖的苏轼之创。他的《与陈季常》曰：“又惠新词，句句警拔，诗人之雄，非小词也。但豪放太过，恐造物者不容人如此快活。”⑦而对于苏轼词风格本身，论者亦多有“豪放”之评。首以“豪放”论苏词的是南宋初的曾

---

① 魏收.魏书[M]//二十五史.上海：上海古籍出版社、上海书店，1986：2333.

② 徐震堮.世说新语校笺[M].北京：中华书局，1984：36–37.

③ 欧阳修，等.新唐书[M]//二十五史.上海：上海古籍出版社、上海书店，1986:4741.

④ 徐元诰.国语集解[M].王树民，沈长云，点校.北京：中华书局2002：539–540.

⑤ 张彦远.梁庾元威论书[M]//法书要录.北京：人民美术出版社，1964：60.

⑥ 司空图.诗品集解[M].郭绍虞，集解.北京：人民文学出版社，1963：23–24.

⑦ 苏轼.与陈季常[M]//苏轼全集.上海：上海古籍出版社，2000：1761.

慥，他在绍兴辛未（1151年）曾以"豪放风流之不可及也"①评东坡词。到明人张綖，在其《诗余图谱·凡例》中，乃有"豪放"与"婉约"对举之论："词体大略有二：一体婉约，一体豪放。婉约者欲其词情蕴藉，豪放者欲其气象恢宏"，并云："子赡之作，多是豪放。"

近于豪放之意的评论甚多。胡寅《酒边集序》先言"文章豪放之士，鲜不寄意于此者"，然后才说苏轼"一洗绮罗香泽之态，摆脱绸缪宛转之度"，②自然应是"文章豪放之士"了。陆游、沈义父等人也以"豪放"论苏词。其实，即使不是明言"豪放"，也能充分意识到苏词风格与传统词作之别。如汪莘《方壶诗余自序》的词史三变说，即以"至东坡而一变，其豪妙之气，隐隐然流出言外"，论苏轼而有一"豪"字。③俞文豹《吹剑续录》所载东坡在玉堂时，发问于善讴之幕士，④据说这位善歌的幕士就是袁绹，他道出了苏词中最见雄壮、开阔意境的作品与柳词的区别，而这种区别，其实就是豪放与婉约的区别。刘辰翁云："词至东坡，倾荡磊落，如诗如文，如天地奇观。"⑤元好问《新轩乐府引》更明确而形象地道出了苏词"真有一洗万古凡马空气象"。时至今日，或许仍有论者从统计学的角度否定苏词"豪放"，但其立意和风格的创新，难道不是给词坛提供了前所未有的东西？元好问所论是具眼而又持平之见。到张綖为《诗余图谱·凡例》作按语，又从众多的风格类型挑出婉约与豪放，以之为词体之"大略"，而对二者的阐释则实为刚柔之别，他所说的"气象恢宏"偏于"大"，又如前所说，"大"者往往与"刚"相关；"词调蕴藉"虽偏在"蓄"、"约"，亦如前所云，常与"柔"密不可分。

由刘勰而至姚鼐，再转到张綖所论，对词的风格学探讨，应具有启示性。唐宋词"创调数百，列体盈千"，后世又继有发展，清代的词家、词作数，更远逾于宋，使得历来对著名词人风格的评价，林林总总，指不胜屈。举隅而言，清人陈廷焯所析唐宋词十四体，近人詹安泰的八种风格之论，就是对众多风格类型的归纳。但诚如严羽《沧浪诗话》既列诗之"九品"，又曰："其大概有二：曰优游不迫，曰沉著痛快。"⑥背后仍有阳刚、阴柔说之影响在。以此相拟相揆，无论是十四体还是八种风格，亦可返于张綖"一体婉约，一体豪放"的"词体大略有二"之分。虽实际上苏轼词并不"多是豪放"，而仅有少数可当此称，但因变革了词的传统风格，为词史提供了新的"这一个"，故就"大概"论其归属，也只能以苏词为"豪放"，而这，实际上就是回归于古老的阳刚阴柔说。

借助于由刘勰而至姚鼐的论述，对词的风格学探讨，应具有启示性。如果不是作社会学的、政治性的评判，流为简单、粗暴的论断，作非此即彼的取舍，我们不妨可对豪放的具体内涵作些分析，真正认识并合理地肯定豪放词的价值。

"豪放"作为两分法的"大概"、"大略"之一，首先就具有美学、风格学的意义。试取被目为"豪放"的词人作品看，足可证明之。如被认为导宋代豪放词先声的范仲淹

① 曾慥．东坡词拾遗跋[M]//施蛰存．词籍序跋萃编．北京：中国社会科学出版社，1994：61.
② 胡寅．酒边集序[M]//施蛰存．词籍序跋萃编．北京：中国社会科学出版社，1994：168-169.
③ 汪莘．方壶诗余自序[M]//施蛰存．词籍序跋萃编．北京：中国社会科学出版社，1994：270.
④ 俞文豹．吹剑录全编[M]．张宗祥，校订．上海：古典文学出版社，1958：38.
⑤ 刘辰翁．辛稼轩词序[M]//施蛰存．词籍序跋萃编．北京：中国社会科学出版社，1994：201.
⑥ 严羽．沧浪诗话校释[M]．郭绍虞，校释．北京：人民文学出版社，1961：7-8.

《渔家傲》，以塞下、寒秋、边声、千嶂、长烟、落日、孤城、羌管、严霜的诸般意象，一改花前月下、院落笙歌的传统题材，表现了守边御敌的抱负、情怀，营造出苍凉悲壮的意境，让人有慷慨生哀之感。苏轼的名篇《念奴娇》（赤壁怀古）自是关西大汉执铁板演唱之所宜。又如：

江汉西来，高楼下、葡萄深碧。犹自带、岷峨雪浪，锦江春色。（《满江红》）

堪笑兰台公子，未解庄生天籁，刚道有雌雄。一点浩然气，千里快哉风。（《水调歌头》）

我梦扁舟浮震泽，雪浪摇空千顷白。觉来满眼是庐山，倚天无数开青壁。（《归朝欢》）

其笔力之刚健排奡，造境之开阔雄奇，确令人有万斛泉源奔涌、挟海上风涛云气之感。苏词之中，既有游仙之作如"古来云海茫茫，道山绛阙知何处！""行尽九州四海，笑纷纷、落花飞絮"（《水龙吟》）的偏于"虚"，又有出猎之作如"老夫聊发少年狂，左牵黄，右擎苍，锦帽貂裘，千骑卷平冈"（《江城子》）的偏于"实"，二者都近于"雄"。而"路漫漫，玉花翻，云海光宽，何处是超然？"（《江城子》）"桂魄飞来，光射处、冷浸一天秋碧"，"水晶宫里，一声吹断横笛"（《念奴娇》），则偏于"清"，与著名的《水调歌头》"中秋词"相近。至如《定风波》的"谁怕？一蓑烟雨任平生"，"归去，也无风雨也无晴"，《浣溪沙》的"谁道人生无再少？门前流水尚能西！休将白发唱黄鸡"，则与《念奴娇》（赤壁怀古）共有一个"旷"字。无论是"雄"，是"清"，是"旷"，都差可以"豪放"概之。

与苏轼并称的辛弃疾，不但笔下的山水形象一改"杏花春雨江南"式的轻柔、幽美，而且健笔凌云，写得气势飞动。如《摸鱼儿·观潮上叶丞相》写潮水：

望飞来、半空鸥鹭，须臾动地鼙鼓。截江组练驱山去，鏖战未收貔虎。

《水调歌头·和王正之右司吴江观雪见寄》写下雪：

造物故豪纵，千里玉鸾飞。等闲更把、万斛琼粉盖玻璃。好卷垂虹千丈，只放冰壶一色，云海路应迷。

"三秋桂子，十里荷花"的西湖边，飞来峰并非一拳危石，《满江红·题冷泉亭》写道：

谁信天峰飞堕地，傍湖千丈开青壁。是当年、玉斧削方壶，无人识。

他移情于山,竟然是:

青山欲共高人语,联翩万马来无数。(《菩萨蛮·金陵赏心亭为叶丞相赋》)

叠嶂西驰,万马回旋,众山欲东。(《沁园春·灵山齐庵赋时筑偃湖未成》)

他泄狂于醉,竟然是:

昨夜松边醉倒,问松:"我醉何如?"只疑松动要来扶,以手推松曰:"去!"(《西江月·遣兴》)

当年的抗金形势:

汉家组练十万,列舰耸层楼。谁道投鞭飞渡,忆昔鸣髇血污,风雨佛狸愁。(《水调歌头·舟次扬州和人韵》)

自己的斗争经历:

醉里挑灯看剑,梦回吹角连营。八百里分麾下炙,五十弦翻塞外声。沙场秋点兵。马作的卢飞快,弓如霹雳弦惊……(《破阵子·为陈同父赋壮语以寄》)

由于主战而倍遭压抑,辛弃疾常以梦境、神话来解脱思想羁绊:

我志在寥阔,畴昔梦登天。摩挲素月,人世俯仰已千年。(《水调歌头·赵昌父七月望日……》)

甚至进而幻想:

乘风好去,长空万里,直下看山河。斫去桂婆娑,人道是清光更多。(《太常引·建康中秋夜为吕叔潜赋》)

可以认为,被视作"坡公少子"的辛弃疾,较坡公更"豪"更"放",也更接近姚鼐"其得于阳与刚之美者"的诸般形容。其他词家的豪放词虽不及稼轩抚时感事,慷慨悲歌,而有不可一世之概,较之"当行"之作,其总体风格却无疑偏在阳刚一侧。

二 风格即人

我国说文如其人，西方说风格即人，可见人的抱负、个性、学识等对风格具有决定性作用。

前面对“豪放”一辞作源流讨论时，曾涉张彝、李邕等人传记及杜诗所言，可见与人的性格密不可分。苏轼《与陈季常》首拈“豪放”评词，这个陈季常即陈慥，号方山子，苏轼《方山子传》谓其“少时慕朱家、郭解为人，闾里之侠皆宗之。稍壮，折节读书，欲以此驰骋当世。然终不遇”。其“少时使酒好剑，用财如粪土”，十九年前，“与余马上论用兵及古今成败。自谓一世豪士”，如今“庵居蔬食，不与世相闻”，虽洛阳故家“园宅壮丽与公侯等。河北有田，岁得帛千匹”，却“皆弃不取，独来穷山中”。[①]以陈慥如此为人，作“豪放太过”之词，恃其“诗人之雄”，自是偏于阳刚，与传统的“风云气少，儿女情多”的“小词”不同。

以苏轼词为豪放、豪妙或恢宏，也是取决于他的个性、资质、禀赋。胡寅论苏轼，有“逸怀浩气，超然乎尘垢之外”一语，与其说是接受者所感，不如说是苏轼本人真性情的自然发露，王若虚认为苏轼“雄文大手，乐府乃其游戏”，原因是“天资不凡，辞气迈往，故落笔皆绝尘耳。”[②]张綖论婉约、豪放之别且举苏轼、秦观为代表，明言：“然亦存乎其人。”清人李调元辨苏词之是否谐律，持“才大不肯受束缚”[③]之见。邓廷桢也认为：“东坡以龙骧不羁之才，树松桧特立之操，故其词清刚隽上，囊括群英。”[④]王鹏运则云：“北宋人词……唯苏文忠之清雄，敻乎轶尘绝迹，令人无从步趋。盖霄壤相悬，宁止才华而已？其性情，其学问，其襟抱，举非恒流所能梦见。”[⑤]所以，才具、节操、性情、学问、襟抱，是苏轼“天资不凡”加以后天修养的几个主要因素，其“辞气迈往”、“落笔绝尘”，是出于必然，也出于自然，是他人所难到的。

如对苏词之豪放作认真辨析，能真正称为豪放词仅是“以诗为词”的初期所作，如《江城子》（密州出猎）。黄州以后词，虽如《念奴娇》“赤壁”之外在笔力极其雄豪，有“天风浪浪，海山苍苍。真力弥满，万象在旁”之概，但其内在精神意旨已转为旷达。《二十四诗品·旷达》云：

> 生者百岁，相去几何。欢乐苦短，忧愁实多。如何尊酒，日往烟萝。花覆茅檐，疏雨相过。倒酒既尽，杖藜行歌。孰不有古，南山峨峨。[⑥]

---

① 苏轼．方山子传[M]//苏轼全集．上海：上海古籍出版社，2000:922.

② 王若虚．滹南诗话[M]//丁福保．历代诗话续编．北京：中华书局 1983：517.

③ 李调元．雨村词话[M]//唐圭璋．词话丛编．北京：中华书局，1986：1394.

④ 邓廷桢．双砚斋词话[M]//唐圭璋．词话丛编．北京：中华书局，1986：2529.

⑤ 王鹏运．半塘遗稿[M]//龙榆生．唐宋名家词选．上海：上海古籍出版社 1980：126.

⑥ 郭绍虞．诗品集解[M].北京：人民文学出版社，1963：41.

郭绍虞的注释有云:“人之生也不过百年……况此百岁中欢乐快意之时每苦其短少,而忧愁失意之日实觉其繁多。与其日绊于尘世之中,自投苦境,何如置一切于度外,手携一尊之酒,日往于飞烟带萝之地以自适乎?”其《浅解》则云:“花覆茅檐,瞻物色之华,乐安居之况;疏雨相过,有化机之感,无尘缘之牵。则无一时不乐也。”又云:“古,故也。有古,犹言自古皆死也。人孰不死,而惟南山峨峨,得以长存。悟得此理,则对欢乐不会苦其短,对忧愁亦不会嫌其多,乃真旷达矣。”[①] 以苏轼词与之对照,被认为是豪放者,其实更与旷达为近。如《定风波》(莫听穿林打叶声)更是郭绍虞所释的“与其日绊于尘世之中,自投苦境,何如置一切于度外”,是“倒酒既尽,杖藜行歌”的“旷达”。无论是《念奴娇》一类,还是《定风波》一类,外在表现不同,内在精神却是一致的,称之为“豪放”,不如说是于“旷达”更宜。

苏轼在黄州以后,仅一度入翰林,却很快又被牵累于党争,一再被贬,既然豪放由性格而定,苏轼虽性格开朗,但在远逐的生涯中亦无豪放之由,故只能以佛禅老庄成其旷达。所以,豪放与旷达二者都本属性格,但若用于风格的品鉴,虽都入《二十四诗品》之中,却豪放易于外现为风格,旷达则易于留在性格范畴内而难以被认作风格。

豪放之外,还有张炎的以“清丽舒徐”论苏词,俞彦更以豪放为贬义而说:“子瞻词无一语著人间烟火,此自大罗天上一种,不必与少游、易安辈较量体裁也。其豪放亦止‘大江东去’一词。何物袁绹,妄加品骘,后代奉为美谈,似欲以概子瞻生平。”[②]以“清丽”或“不食人间烟火”对比《二十四诗品》,其中《清奇》一品的“载瞻载止,空碧悠悠。神出古异,澹不可收。如月之曙,如气之秋”,[③]《飘逸》的“落落欲往,矫矫不群”,[④] 应该说是比较接近的。而且也比“豪放”更切合、更接近苏词的主体风格。

无论是豪放、旷达还是清丽、雄奇,抑或“大罗天上一种”,它们所共同的,都是“天资不凡”所体现出的“辞气迈往”,既然风格品鉴可以由多返约,回归于阳刚阴柔说,辨析苏词豪放而引起的多种风格之见,也应可作此返约之论。

再看与苏轼并称的辛弃疾。辛弃疾幼时,家乡就已沦陷,但他一直秉承儒家的夷夏观,具有强烈的民族意识,“登高望远,指画山河,思投衅而起,以纾君父不共戴天之愤”,曾两随计吏抵燕山,谛观形势。完颜亮南侵时,他二十二岁,“鸠众二千,隶耿京,为掌书记,与图恢复,共籍兵二十五万,纳款于朝”[⑤]。《宋史》本传载其与党怀英“始筮仕,决以蓍,怀英遇《坎》,因留事金;弃疾得《离》,遂决意南归”[⑥]。在耿京义军中,他追获窃印以逃的叛徒义端和尚,斩首归报。在他“奉表南归”时,叛徒张安国杀害耿京,他“赤手领五十骑,缚取于五万众中,如挟毚兔,束马

---

① 郭绍虞.诗品集解[M].北京:人民文学出版社,1963:41–42.

② 俞彦.爰园词话[M]//唐圭璋.词话丛编.北京:中华书局,1986:402.

③ 郭绍虞.诗品集解[M].北京:人民文学出版社,1963:30.

④ 郭绍虞.诗品集解[M].北京:人民文学出版社,1963:39.

⑤ 辛弃疾.美芹十论[M]//辛更儒.辛稼轩诗文笺注.上海:上海古籍出版社1995:1.

⑥ 脱脱,等.宋史[M]//二十五史.上海:上海古籍出版社,上海书店,1986:6547.

衔枚，间关西奏淮，至通昼夜不粒食。壮声英概，懦士为之兴起”，使得遇敌即逃的“圣天子”因此而“一见三叹息”①。南归后，辛弃疾在二十六岁时奏进《美芹十论》，后又上《九议》于宰相虞允文，还向朝廷上《论阻江为险须藉两淮》、《谏议民兵守淮》两疏，展现出他作为军事家的杰出战略思想。他曾派侦探深入金朝，根据所得情报，分析形势，上奏君相，提出“仇虏六十年必亡，虏亡则中国之忧方大”（周密《浩然斋意抄·镇江策问》）。南宋覆亡后，周密回顾辛弃疾的滁州奏议，感叹“惜乎斯人之不用于乱世”（同上）。韩侂胄发动开禧北伐失败后，有人认为辛弃疾曾参与论证而难辞其责，而程珌却在其《丙子轮对劄子》中既痛心于“百年教养之兵，一日而溃；百年葺治之器，一日而散；百年公私之盖藏，一日而空；百年中原之人心，一日而失”，却因曾亲聆辛弃疾关于论兵、用谍之见，自己又“至于淮甸，目击横溃”，而公正地认为“无一而非弃疾预言于二年之先者”。② 所以，刘克庄《辛稼轩集序》是从气节之士及战略家、政治家的角度论辛弃疾：

辛公文墨议论尤英伟磊落。乾道、绍熙奏篇及所进《美芹十论》、上虞雍公《九议》，笔势浩荡，智略辐凑，有权书衡论之风。其策完颜氏之祸，论请绝岁币，皆验于数十年之后。③

这样一位兼具政治、军事、经济才干的人物，因自身的特殊经历、背景，他最大的理想是：

道清都帝所，要挽银河仙浪，西北洗胡沙。回首日边去，云里认飞车。（《水调歌头·寿赵漕介庵》）

袖里珍奇光五色，他年要补天西北。且归来谈笑护长江，波澄碧。（《满江红·建康史致道留守席上赋》）

但是，他只能感叹：

起望衣冠神州路，白日销残战骨。叹夷甫诸人清绝。夜半狂歌悲风起，听铮铮阵马檐间铁。南共北，正分裂。（《贺新郎·用前韵送杜叔高》）

因“不念英雄江左老，用之可以尊中国”，他深知“休感叹，年华促。人易老，欢难足”，遂以古人自比，“叹当年、寂寞贾长沙，伤时哭”（《满江红》）。

---

① 洪迈.稼轩记[M]//辛更儒.辛稼轩诗文笺注.上海：上海古籍出版社 1995：267.

② 程珌.丙子轮对劄子[M]//辛更儒.辛稼轩诗文笺注.上海：上海古籍出版社 1995：270.

③ 刘克庄.辛稼轩集序[M]//施蛰存.词籍序跋萃编.北京：中国社会科学出版社，1994：200.

辛弃疾未能担起“西北洗胡沙”、“补天西北”之责，只能在地方任上频频转徙，却都能有所作为。他先后兴滁州、讨“茶寇”、治乡社、创“飞虎军”、救灾荒、论经界、议私盐，将所到之地治理得井井有条，可谓政绩昭然。他上《论盗贼札子》，分析致盗之由，体恤民困，建议修明政事、整顿吏治，表现出非凡的政治、经济才干与见解。但是，在以德衡人、为政宽缓的南宋，他却因行事雷厉风行、为政较猛，先因“奸贪凶暴”、“虐害田里”（《宋会要·职官·黜降官》）的罪名，被劾落职，后又因“残酷贪饕，奸赃狼籍”，也在复出后不久再度落职，被迫两度闲退，长达二十年之久。他不能作“狂者”的“进取”，只能在“狷者”的“有所不为”中，从庄子和陶渊明寻觅精神安慰，而又时有屈原式的思想搏击。

陈亮曾为辛弃疾写下这样的画像赞：

> 眼光有棱，足以照映一世之豪；背胛有负，足以荷载四国之重。出其毫末，翻然震动。不知须鬓之既斑，庶几胆力之无恐。呼而来，麾而去，无所逃天地之间；挠弗浊，澄弗清，岂自为将相之种！故曰：真鼠枉用，真虎可以不用，而用也者，所以为天宠也。①

刘辰翁更发论世知人之见：

> 斯人北来，喑呜鸷悍，欲何为者，而谗摈销沮，白发横生，亦如刘越石。陷绝失望，花时中酒，托之陶写，淋漓慷慨……②

出于对辛弃疾抱负、才具、境遇的理解，其门人范开作《稼轩词序》，有云：

> 器大者声必闳，志高者意必远。知夫声与意之本原，则知歌词之所自出。是盖不容有意于作为，而其发越著见于声音言意之表者，则亦随其所蓄之浅深，有不能不尔者存焉耳……公一世之豪，以气节自负，以功业自许，方将敛藏其用以事清旷，果何意于歌词哉，直陶写之具耳。③

将为人与词风的关系说得很透。而《词苑丛谈》亦引黄梨庄所论：

> 辛稼轩当弱宋末造，负管、乐之才，不能尽展其用。一腔忠愤，无处发泄，观其与陈同父抵掌谈论，是何等人物？故其悲歌慷慨、抑郁无聊之气，一寄之于其

---

① 陈亮.辛稼轩画像赞[M]//陈亮集.北京：中华书局，1987：114.

② 刘辰翁.辛稼轩词序[M]//施蛰存.词籍序跋萃编.北京：中国社会科学出版社，1994：201.

③ 范开.稼轩词序[M]//施蛰存.词籍序跋萃编.北京：中国社会科学出版社，1994：199.

词。今乃欲与搔头傅粉者比，是岂知稼轩者？[①]

可知淋漓、慷慨、发越、愤怨、抑郁、悲凉、放旷以致谐谑，均与其为人、胸襟、抱负、境遇以及时世密切相关，又可以由多返少而大体归于“豪放”二字。

苏轼的以诗为词，在当时还应者寥寥，连其门下之士亦持怀疑态度，谓之“要非本色”；而辛弃疾对词的更大突破、发展，却有不少的同道，其中被称为稼轩羽翼或附庸的，是陈亮与刘过。陈亮才气豪迈，议论风生，下笔数千言立就，有国士之目。由于上书欲激孝宗恢复之志，在廷交怒，所论不为当局重视，且多次遭受牢狱之灾。陈亮在给朱熹的信中自负其文：“堂堂之阵，正正之旗……推倒一世之智勇，开拓万古之心胸。”[②]《上孝宗皇帝书》指斥“今世之儒士”“低眉拱手以谈性命”，实“皆风痹不知痛痒之人”。[③]稼轩引其为同道，多次唱和，其词风岂非为人之所致？叶适谓之“每一章就，辄自叹曰：‘平生经济之怀，略已陈矣！’”[④]可见所作自与才子之词异。如刘熙载所说，从陈亮之词可见其与稼轩气节、怀抱、才具之合，情谊之深：“陈同甫与稼轩为友，其人才相若，词亦相似。同甫《贺新郎·寄幼安见怀韵》云：‘树犹如此堪重别。只使君，从来与我，话头多合。行矣置之无足问，谁换妍皮痴骨！但莫使伯牙弦绝。’其《酬幼安再用韵见寄》云：‘斩新换出旗麾别。把当时，一桩大义，拆开收合。据地一呼吾往矣，万里摇肢动骨。这话欛只成痴绝。’《怀幼安用前韵》云：‘男儿何用伤离别。况古来、几番际会，风从云合。千里情亲长晤对，妙体本心次骨。卧百尺、高楼斗绝。’观此则两公之气谊怀抱，俱可知矣。”[⑤]

至于刘过，陆游作为他的长辈，作《赠刘改之秀才》一诗有云：“有时大叫脱乌帻，不怕酒杯如海宽。”陈亮《赠刘改之》诗对其为人写得更详细：“刘郎饮酒如渴虹，一饮涧壑俱成空。胸中磊魂浇不下，时吐劲气嘘青红。刘郎吟诗如饮酒，淋漓醉墨龙蛇走。笑鞭列缺起丰隆，变化风雷一挥手。”这样一位“合骑快马健如龙，少年追逐曹景宗。弓弦霹雳饿鸮叫，鼻尖出火耳生风”的人物，确如陈亮所言：“安能规行复矩步，敛袂厌厌作新妇？”因“豪”而“放”，是很自然的事。

清代豪放词人以陈维崧为代表，作为阳羡词派的领袖，“荆溪故僻地”，“农民服田力穑，终岁勤动”，“山川秀杰之致，面挹铜峰之翠，胸涤双溪之流，宜其赋质淳逊，尘滓消融也”（均见蒋景祁《荆溪词初集序》）。他与此派词人同享“江山之助”。他又有独特的个性，诚如其弟序其词集时所说，在“家门鼎盛”时，是“意气横逸，谢郎捉鼻，麈尾时挥”，而“中更颠沛，饥驱四方”之变，使之“肝肠掩抑，一切诙谐狂啸，细泣幽吟，无不寓之于词”。朱彝尊认为他师法稼轩，“擅词场、飞扬跋扈，前身可是青兕？”（《迈陂塘·

① 徐釚．词苑丛谈[M]．唐圭璋，校注．上海：上海古籍出版社 1981：79.

② 陈亮．又甲辰秋书[M]//陈亮集．北京：中华书局，1987：339.

③ 陈亮．上孝宗皇帝书[M]//陈亮集．北京：中华书局，1987：9.

④ 叶适．书《龙川集》后．[M]//陈亮集．北京：中华书局，1987：532.

⑤ 刘熙载．艺概[M]．上海：上海古籍出版社，1978：111.

题其年题词图》）近人朱祖谋《彊村语业》卷三题云：“迦陵韵，哀乐过人多。跋扈颇参青兕意，清扬恰称紫云歌，不管秀师诃。”若谓“哀乐过人”与时代密切相关，“跋扈”则与其为人不可分了。故尔近人陈匪石《旧时月色斋词谭》认为陈维崧词“导源幼安”，“自然浑脱”，“然自关天分，非后人勉强可学”。

以上，举主要豪放派词人以见“人”与“文”的关系，可证豪放词风确实是“存乎其人”。刘熙载说：“苏、辛皆至情至性人，故其词潇洒卓荦……”[①] 近人蔡嵩云也说：

> 东坡词，胸有万卷，笔无点尘。其阔大处，不在能作豪放语，而在其襟怀有涵盖一切气象。若徒袭其外貌，何异东施效颦。东坡小令，清丽纡徐，雅人深致，另辟一境。设非胸襟高旷，焉能有此吐属。[②]

“文如其人”，非其人则难以为其文，若以为作“豪放语”就是学东坡、稼轩，所得也多在纸上奔腾而已。若无东坡、稼轩的胸襟、学问、性情，是无法得其词风的豪放与高旷的。

三　内容决定形式

豪放词以其阳刚区别于婉约词之阴柔，此种“大略”的不同，当然是受制于“内容决定形式”这一规律。词之渐成风气，当在中唐。而安史之乱不仅是唐朝、乃至封建社会由盛变衰的分水岭，也是时代精神与士人心态的转折点。由盛唐而中唐，文学的风会转移留下了显见的时代印记和历史投影。笔者曾衍李泽厚《美的历程》所论，认为：“晚唐五代词已将盛唐诗歌的马上功业、世间情怀，转换为闺房情思、宛转闲愁，积极、外向的艺术精神随之变为深细的审美体验和情感捕捉，词成为一种内倾型的‘心绪文学’。”[③] 如果要勘定诗词之界，“诗言志”、“词缘情”差可近之，而词之“缘情”，又是以爱情与闲情为大端。张炎以著名词人由宋入元，作《词源》而有总结宋词这“一代之文学”的意义在。其《赋情》一则云：“簸弄风月，陶写性情，词婉于诗。”婉者，柔也，诗词相较，其大概可见；加以“声出莺吭燕舌间”的独重女声，词作为音乐文学也必然入于阴柔一路。爱情、闲情、性情之外，可借苏轼《祭张子野文》所言，“微词婉转”又有“搜研物情，刮发幽翳”的题材倾向，仍是倾向于阴柔。

这里不宜于作词之流变史的描述、探讨，引明人的一段论断，颇可见对刚柔的取舍及对苏辛的看法。王骥德《曲律》卷四曰：“词曲不尚雄劲险峻，只一味妩媚闲艳，便称合作，是故苏长公、辛幼安并置两庑，不得入室。”[④] 而苏辛词之将妩媚闲艳的阴柔一改为雄劲险峻的阳刚，正缘于内容的变化。

---

① 刘熙载．艺概[M]．上海：上海古籍出版社，1978：110.

② 蔡嵩云．柯亭词论[M]//唐圭璋．词话丛编．北京：中华书局，1986：4910–4911.

③ 邓乔彬．唐宋词美学[M]．济南：齐鲁书社，1993：7.

④ 王骥德．曲律[M]//中国古典戏曲论著集成．北京：中国戏剧出版社，1959：179.

以苏辛为代表的豪放词，在题材、内容上有较大的开拓、变化，即以词"缘情"的表现感情角度言，亦约之有三端。

其一，抒发志向、襟抱，表现人生感触和兴亡之慨。

由于《花间集》的影响，长期以来形成了认识的误区，似乎早期词皆为香艳婉约之作，而敦煌藏经洞的发现，则使我们了解到唐代的敦煌曲子词，因具有边塞文化的背景，故如《望远行》(年少将军佐圣朝)、《生查子》(三尺龙泉剑)等，都表现了为国征战、建立功勋的志向。而如《郑郎子词》似是以琴自拟，以"何时得对明主弹。一弦弹却天下曲"，表达了愿以明主为知音的自售之意，以寄托志向。《定风波》二首，以扮演武士与儒士角色的问答体，表达了灭狼烟、定风波的决心和韬略为重的思想。以上这些，都堪称早期的豪放词。唐代文人词虽与宫廷的享乐文化相关，但如李白的《忆秦娥》(箫声咽)，登临怀古，悲凉跌宕之中不失盛唐气象。皇甫松词虽入《花间集》，却与"花间"主流有别，其《天仙子》(晴野鹭鸶飞一只)咏天台神女事，借题发挥，颇有"曲终人不见，江上数峰青"之远韵。即使是"花间"词人，亦有言志、咏怀或边塞之作。韦庄《喜迁莺》为进士及第而有"平地一声雷"，"争看鹤冲天"之句，孙光宪的《定西番》则以骑兵、边草、弯弓、残月、晓鸿画出了一幅边塞游骑的特写，不少"花间"词人都有怀古之作，感慨兴亡，自与艳情的情调、风格不同。李煜的后期词，为旧国覆亡及自身遭遇而叹惋，在悲慨痛楚之中仍如王国维所说是以气象胜："词至李后主而眼界始大，感慨遂深，遂变伶工之词而为士大夫之词。周介存置诸温、韦之下，可谓颠倒黑白矣。'自是人生长恨不长东'，'流水落花春去也，天上人间'，《金荃》、《浣花》能有此气象耶？"[①]

在苏轼之前，范仲淹被视作宋代豪放词的前驱，其名篇《渔家傲·秋思》表达了思家与卫国间的情感矛盾，给"香而软"的词苑带来了来了强劲的西北风，而《剔银灯·与欧阳公席上分题》则是"歪评"历史、戏说人生，反映了在变法失败后的情绪，若以"抑圣为狂"相看待，其背后仍是"先天下之忧而忧"的情怀。另一位改革家王安石以名篇《桂枝香》表其在怀古中针砭现实之意，其《浪淘沙令》(伊吕两衰翁)咏伊尹、吕尚分辅商王、周武，建立商、周二朝，显有君臣遇合、寄望于宋神宗支持而行变法大业的寄托。

至于苏轼，之所以被认为"指出向上一路，新天下耳目"，就缘于其词从传统的"缘情"向"言志"移位。如赠弟苏辙的《沁园春》的"有笔头千字，胸中万卷，致君尧舜，此事何难！用舍由时，行藏在我，袖手何妨闲处看"，就是较早的自言胸襟抱负之作，后又屡有所作。被贬黄州后，出入佛老，抒写情怀，常有任天而动的思想，对人生的感触趋于深沉，复饶理趣。王安石《桂枝香》以其"漫嗟荣辱"一洗五代旧习，开兴亡之慨的题材，经贺铸及跨越南北宋一批词人的继承、拓展，为辛弃疾及其一派所常作的此类作品奠定了基础，并一直延续到金元明清词。

其二，"情"的内涵从爱情、闲情向性情的推扩，向友情的转移，兼而向更广阔的生活及大自然的抒情。

---

① 王国维．人间词话[M]//蕙风词话·人间词话．北京：人民文学出版社，1960：197.

李商隐曾为杜牧写过《杜司勋》一诗："高楼风雨感斯文，短翼差池不及群。刻意伤春复伤别，人间唯有杜司勋。"这"伤春"、"伤别"四字，几可看作晚唐、五代、北宋词的主旋律。伤春兼及爱情意识和生命意识，造就了多表男欢女爱、满目"绮语"的现象，以及花前病酒、俯仰流年的诸多"闲情"流露。伤别亦重在爱情意识，若以江淹《别赋》"别虽一绪，事乃万族"的七种离别相衡，词中以恋人之别与游宦之别为多，且二者又密切相关。

自豪放词出现并渐成风气后，情况发生了变化。虽如晚清时沈祥龙所说："题有不宜于词者，如陈腐也，庄重也，事繁而词不能叙也，意奥而词不能达也。几见论学问、述功德而可施诸词乎？几见如少陵之赋《北征》，昌黎之咏石鼓而可以词行之乎？"① 然而诗词毕竟以抒发感情为职志，陈廷焯《白雨斋词话》卷八所说：

情有所感，不能无所寄。意有所郁，不能无所泄。古之为词者，自抒性情，所以悦己也。

这"自抒性情"既包括柳永的羁旅行役之作，又包括从范仲淹到王安石的政治性感慨。前者的"渐霜风凄紧，关河冷落，残照当楼"之见"唐人高处"，是在于境界之开阔，后者则见意格之提升。而由于北宋的政党政治，围绕着变法与主政，造成了贬谪文化的新发展，被贬的词人多有从表现一般的伤春悲秋到写出"当下"心绪的作品，或悲哀、沉痛、愤懑，或达观、自宽、解脱，使得词表"性情"有了新的体现。苏轼所作词，"如诗如文"，大大扩大了"情"的内涵与题材：悼亡见夫妻之情，赠弟见手足之情，相酬、怀念多见师友之情，他还深于乡情，又能随遇而安，对宦游之地、即使是被贬的伤心地，也爱之甚深，确能做到"尘心消尽道心平，江南与塞北，何处不堪行！"(《临江仙》)他热爱生活，钟情于山水，生活遭际、山川风物多入于词中，政治怀抱和身世感慨也流露其内，尤其是他能处逆境而能藉庄禅自解，表现了真正的性情，词，已成了"寄"情之所感、"泄"意之所"郁"的真正"自抒性情"之具。

苏轼之后的宋代词人，有贺铸"幽索如屈、宋，悲壮如苏、李"(张耒《东山词序》)的一面，有叶梦得的"能于简淡时出雄杰"(关注《题石林词》)，朱敦儒"摇首出红尘"，在表现闲适旷逸的生活上很有创获，张孝祥在关合时事而表其"迈往凌云之气"以外，又有"潇散出尘之姿，自在如神之笔"(陈应行《于湖词序》语)。至辛弃疾出，风情婉娈终于让出了位置，压倒古人而别开天地，自此，使以写男欢女爱、伤春悲秋见长的词，能容纳更广阔的社会生活，从外到国家、内为一己的更丰富、更多样的感情。

其三，表现了对祖国半壁河山沦陷的痛苦和中原人民的同情，对统治者奉行妥协政策的愤懑。

苏轼虽有开派之功，但即使是他的门人也多对其"以诗为词"不表认同。宋代豪放词的真正形成、发展是在宋室南渡时期。南渡词起自靖康事变，大体终于第二次绍

---

① 沈祥龙．论词随笔[M]//唐圭璋．词话丛编．北京：中华书局，1986：4050.

兴和议签订,实际上包括两阶段:南渡时期与南宋初期。而随着政治形势之变,南渡词也发生了变化,从初时较为单一的今昔对照、悲凉感慨,发展出主要有伤感、愤慨、避世、叹世等四类主要内容。而到了南渡之后,则因陆游、张孝祥,尤其是辛弃疾、陈亮等,为未能践行"恢复"大业,痛遗民的泪洒胡尘,自己的"平戎策"被弃如敝屣,甚而本人被投闲置散、身老山林而愤懑、悲慨,"陶写"于词中,使词有了更大的政治、社会容量和更深的思想、感情内涵。

受世换文移规律的支配,靖康之变造成了历史的激变,也以群体性的创作,造就出宋词的真正变革。而南渡词之所以表现出宋词的变化是因于时势,王鹏运道出相关背景和特点:

> 其身系乎长消安危,其人又系乎用与不用,用之而不终用之也。于是则悲天运,悯人穷,当变风之时,自托乎小雅之才,而词作焉。其思若怨悱而情弥哀,吁号幽明,剖通精诚,又不欲以为名也,于是则摧刚藏棱,蔽遏掩抑,所为整顿缔造之意,而送之以馨香芬芳之言,与激昂怨慕不能自殊之音声。盖至今使人读焉而悲,绎焉而慨伉,真洞然大人也,故其词深微浑雄,而情独多。①

上说既适用于观照以"四名臣"为代表的南渡初期词,也同样适用于探寻南渡之后的辛弃疾及辛派词出现之由,及其创作的特点与接受之所感,且道明了此派豪放词"悲"、"悯"、"激昂怨慕"、"深微浑雄而情独多",读之使人"慨伉"的特点。试摘历代论家对南渡以来词人的评价,即可见出词的"与时而变",这是最足以代表豪放词的特点所在。张元幹"慷慨悲凉,数百年后尚想其抑塞磊落之气"(《四库全书提要》语),岳飞词"千载后读之,凛凛有生气"(陈廷焯语),张孝祥"骏发踔厉,寓以诗人句法"(汤衡序),陆游词,"其激昂感慨者,稼轩不能过"(刘克庄语)。至于辛弃疾,更是慷慨悲歌,"敛雄心,抗高调,变温婉,成悲凉"(周济《宋四家词选序论》)。至辛词及与之羽翼的陈亮、刘过等,使豪放词得以真正成"派",别立一宗。

综观宋词发展的道路,苏、辛二人确实对豪放派的生成、发展贡献巨大,而这又尤见于他们作品在内容上的变化。

苏轼对词的题材广为开拓,"无意不可入,无事不可言"(刘熙载语),苏词之所"入"与所"言",确多前人所未到、未言,一般内容之外,从咏史、游仙、咏物到悦道、参禅,都或有发展,或有创造。苏轼的"以诗为词"开拓了词的题材,从而也提高了词的意格,改变了词的宗风,扩展了词的境界。这是苏轼将欧阳修诗文革新运动进而推之于词的领域,并因其文坛领袖的地位使这一革新产生了广泛而深远的影响,非但促使了元祐词风之变,而且影响了南渡词坛和金源词人。可以说,自苏轼起,词体始尊,改变了晚唐以来"小词"的"虽好却小"的地位,给儿女之情的传统园苑贯注进风云之气,

---

① 王鹏运.南宋四名臣词跋[M]//施蛰存.词籍序跋萃编.北京:中国社会科学出版社,1994:175.

为初步填平“诗庄词媚”的鸿沟打下了基础。

当然，更大的变化是辛弃疾。宋季江西词人赵文说：“渡江后，康伯可未离宣和间一种风气，君子以是知宋之不能复中原也。近世辛幼安，跌荡磊落，犹有中原豪杰之气。而江南言词者宗美成，中州言词者宗元遗山，词之优劣未暇论，而风气之异，遂为南北强弱之占，可感矣。”[①] 所说的“中原豪杰之气”，自是与佐欢侑觞、伤春悲秋的婉约词显著不同。本不愿成为“林下词客”的辛弃疾，却彻底挣脱了“诗馀”意识，将自己的抱负、功业、政见、气节、学识……都注入词中，是真正的事皆可入、意皆可言，留下六百多首词，成为两宋词人之冠。稼轩词尽管也有不少传统题材，但更是政治家、军事家之词，是英雄之词，如陈廷焯所说：“稼轩词仿佛魏武诗，自是有大本领、大作用人语。”[②]作为“陶写之具”，可见出作者英雄失路、不能作为的心路历程，是其精神、人格、思想、情感的全幅体现，以言志、载道、体物、缘情的综合功能，完全突破了“小道”、“诗余”的限制，也就全然不同于过去之词。器大声闳，志高意远，因之而“大声鞺鞳，小声铿锵，横绝六合，扫空万古，自有苍生以来所无”[③]。因为辛弃疾“率多抚时感事之作，磊落英多，绝不作妮子态”[④]，所以正如陈廷焯所说：“南宋而后，稼轩如健鹘摩天，为词坛第一开辟手。”[⑤]又说：“稼轩词上掩东坡，下括刘、陆，独往独来，旁若无人。”[⑥]“稼轩词如龙蛇飞舞，信手拈来，都成绝唱。词至稼轩，纵横博大，痛快淋漓，风雨纷飞，鱼龙百变，真词坛飞将军也。”[⑦]

总之，主要由于内容之变，使得豪放词起于苏轼的“无意不可入，无事不可言”，激变于南渡时期而大成于辛弃疾，即使是以正统眼光审视文学遗产的四库馆臣，亦承认其以“慷慨纵横，有不可一世之概”的“倚声家变调”，而“异军特起，能于剪翠刻红之外，屹然别立一宗，迄今不废”，[⑧] 形成了一个真正的豪放词派。

四　破体为词

由于苏轼与辛弃疾是豪放词的代表，故此处论破体为词，即论二家的以诗为词和以文为词。

文各有体，而苏轼却似对“体”的界域有所突破，王世贞就说过：“读子瞻文，见才矣，然似不读书者。读子瞻诗，见学矣，然似绝无才者。”[⑨] 可见苏轼对文以见学、诗以

① 赵文．吴山房乐府序[M]//青山集．四库全书本．
② 屈兴国．白雨斋词话足本校注[M]．济南：齐鲁书社，1983：98.
③ 刘克庄．辛稼轩集序[M]//施蛰存．词籍序跋萃编．北京：中国社会科学出版社，1994：200.
④ 毛晋．稼轩词跋[M]//施蛰存．词籍序跋萃编．北京：中国社会科学出版社，1994：202.
⑤ 陈廷焯．云韶集[M]//屈兴国．白雨斋词话足本校注．济南：齐鲁书社，1983：98.
⑥ 陈廷焯．云韶集[M]//屈兴国．白雨斋词话足本校注．济南：齐鲁书社，1983：98.
⑦ 陈廷焯．云韶集[M]//屈兴国．白雨斋词话足本校注．济南：齐鲁书社，1983：92.
⑧ 永瑢，等．四库全书总目[M]．北京：中华书局，1965：1816.
⑨ 罗仲鼎．艺苑卮言校注[M]．济南：齐鲁书社，1992：215.

见才是有“错位经营”倾向的。苏轼对于词的变革，正如陈师道所说：“退之以文为诗，子瞻以诗为词，如教坊雷大使之舞，虽极天下之工，要非本色。今代词手，惟秦七黄九尔，唐诸人不逮也。”① 李清照论词的文字，亦有谓苏轼词“皆句读不葺之诗尔”②之语，可见也看到了其中消息。所以，“以诗为词”是贬语而绝非褒词，但对苏轼来说，却是改造、发展词体的理论自觉。苏轼说：“清诗绝俗，甚典而丽。搜研物情，刮发幽翳。微词宛转，盖诗之裔。”③虽“清诗”之绝俗高于“微词”之宛转，但以词为“诗之裔”，无疑是对词为小道的提升。《与蔡景繁书》云：“颁示新词，此古人长短句诗也。得之惊喜，试勉继之。”④《与陈季常》则曰：“又惠新词，句句警拔，诗人之雄，非小词也。”⑤同样是苏轼赞赏“以诗为词”之语，前者的“古人长短句诗”，自非当今长短句歌词的柔靡婉转，而是如诗骚或汉魏乐府歌词中的长短句；后者的“警拔”而“雄”，亦非通常小词的风貌，所以，二者的“新词”都体现了体式为长短句，而内在与外现者却都近于诗的异质特点。最可见苏轼“以诗为词”自觉意识的，是《与鲜于子骏》：

> 忝厚眷，不敢用启状，必不深讶。所惠诗文，皆萧然有远古风味。然此风之亡也久矣。欲以求合世俗之耳目，则疏矣。但时独于闲处开看，未尝以示人，盖知爱之者绝少也。所索拙诗，岂敢措手，然不可不作，特未暇耳。近作小词，虽无柳七郎风味，亦自是一家。呵呵。数日前，猎于郊外，所获颇多。作得一阕，令东州壮士抵掌顿足而歌之，吹笛击鼓以为节，颇壮观也。写呈取笑。⑥

此书有三层意：从鲜于子骏所寄诗文谈起，认为其萧然可见的远古风味是不入世俗耳目的，所以只能“独于闲处开看”，仅宜己赏而不宜示人；然后回答鲜于氏索诗之请，既云其大作有“远古”之风，自己“岂敢措手”，又说不能不作，却因没有时间而未作；最后说，自己近作小词，虽无流行的柳永风味，却自是一家，特将数天前打猎郊外所得的一阕写呈，因壮观而与小词迥异，故以博一笑。

写出“无柳七郎风味”的“自是一家”之词，是凭借学习诗歌的“远古风味”，寄呈鲜于子骏的《江城子·密州出猎》，不是女郎檀口轻唱，而是令壮士抵掌顿足而歌，以击鼓吹笛为节的“壮观”之词，是“诗人之雄，非小词也”，故必然也“爱之者绝少”。所以，苏轼“以诗为词”的革新结果，即使他门下之人也未予赞赏。除陈师道以外，胡仔引《王直方诗话》又可见之：

---

① 陈师道．后山诗话[M]//何文焕．历代诗话．北京：中华书局，1981：309.

② 李清照．词论[M]//王学初．李清照集校注．北京：人民文学出版社，1979：195.

③ 苏轼．祭张子野文[M]//苏轼全集．上海：上海古籍出版社，2000：2021.

④ 苏轼．与蔡景繁[M]//苏轼全集．上海：上海古籍出版社，2000：1824.

⑤ 苏轼．与陈季常[M]//苏轼全集．上海：上海古籍出版社，2000：1761.

⑥ 苏轼．与鲜于子骏[M]//苏轼全集．上海：上海古籍出版社，2000：1754.

> 东坡尝以所作小词示无咎、文潜，曰："何如少游？"二人皆对曰："少游诗似小词，先生小词似诗。"①

词独重女音，"小词似诗"则与此相悖，故《吹剑续录》载：

> 东坡在玉堂，有幕士善讴，因问："我词比柳词何如？"对曰："柳郎中词，只好十七八女孩儿，执红牙拍板，唱'杨柳岸晓风残月'；学士词，须关西大汉，执铁板，唱'大江东去。'"②

苏轼对"以诗为词"是极为坚持的，这不仅包括其创作主张，也包括他以柳永、秦观为具体的竞争对手，而他不愿秦观学柳七词，则可见对门下也参与这一革新的期待。

既承认苏词"极天下之工"，又认为其"要非本色"，这"本色"究竟是什么？除合律可歌的倚声要求，以及语言风格以外，更主要的在于题材。张炎《词源》云："簸弄风月，陶写性情，词婉于诗。"正说出了这一特点。苏轼"以诗为词"的结果给北宋词坛带来了两大变化，且对整部词史具有非凡的意义，这就是：扩大了词的传统题材，使之从狭义的"缘情"文学向"言志"靠拢，提高了它的意格和境界；与此同时，变革了晚唐以来香艳、柔婉的主体风格，使词"无穷清新，不独寓以诗人句法，能一洗绮罗香泽之态也"。③所以，"花间为皂隶而耆卿为舆台"，正是"以诗为词"的结果。

刘熙载说："东坡词颇似老杜诗，以其无意不可入，无事不可言也。若其豪放之致，则时与太白为近。"④ 此说将苏词与杜诗相拟，是指对题材的开拓，而与李白相比，则在于风格的豪放、飘逸。此处先论苏词题材的"无意不可入，无事不可言"。

苏词在题材上有哪些开拓呢？主要是围绕着对"缘情"的突破，而表现在以下三个方面：

第一，情的内涵之扩大与转移。

苏词越过了涉妓的艳情，到伤春悲秋的闲情，转到了亲情与友情，又对因政党政治而起的宦情、羁情，作了深化的处理，且又移情于自然、人生、农村，使其词"缘情"的范畴大为扩大。

苏轼以前，词多涉艳情，苏轼集中虽亦不乏赠妓之作，却与传统写法不同，故有其"短于情"一说。其实苏轼的词不是泥于狭义的"艳情"，却是将"情"推之于亲朋，推之于生活和大自然。离情别绪、男欢女爱是词的传统题材，即如范仲淹、欧阳修、司马光这样的北宋名臣，也可从他们的词中窥见恋爱生活一面。但他们和其他词人一样，词

---

① 胡仔．苕溪渔隐丛话[M].北京：人民文学出版社，1962：284.

② 余文豹．吹剑录全编[M].张宗祥，校订．上海：古典文学出版社，1958：38.

③ 张宗橚．词林纪事[M]//张宗橚编，杨宝霖补正．词林纪事·词林纪事补正．上海：上海古籍出版社 1998：270.

④ 刘熙载．艺概[M].上海：上海古籍出版社，1978：108.

中所思所念者多是姬妾、歌妓、情人，却并未提及自己的妻子。只有苏轼将诗中传统的悼亡题材移至词的领域，他的《江城子·乙卯正月二十日夜记梦》，对亡妻王弗倾诉了真挚而深沉的感情。苏轼与弟苏辙有深厚的手足之情，除诗中常有表现外，词中如《沁园春》（孤馆灯青）、《水调歌头》（明月几时有），都表现了深厚的兄弟之情。苏轼词中，还可见师友情深，《西江月·平山堂》和《木兰花令·次欧公西湖韵》作期相隔十二年之久，但都表现了对欧阳修的无比尊敬之情。苏轼与朋友的感情甚笃，与杭州知州陈襄，与诗僧参寥皆过从甚密，与后者更是肝胆相照，故《八声甘州·寄参寥子》感慨“算诗人相得，如我与君稀”。他不仅在词中表达对朋友的相别、思念之情，而且激励意气，以为国功业期许，如“恨君不取契丹首，金甲牙旗归故乡”（《阳关曲·赠张继愿》），即其中最著者。

苏轼不仅深于亲情，而且深于乡情，钟情于宦游过的地方。“一纸乡书来万里。问我何年，真个成归计。”（《蝶恋花·京口得乡书》），“江汉西来，高楼下、蒲萄深碧。犹自带、岷峨雪浪，锦江春色。”（《满江红·寄鄂州朱使君寿昌》），都倾诉了对故乡的思念、热爱。“回首彭城，清泗与淮通。欲寄相思千点泪，流不到，楚江东”（《江城子·恨别》），这是将移知湖州，对即将离别的徐州充满了眷念之情。“坐见黄州再闰，儿童尽、楚语吴歌。山中友，鸡豚社酒，相劝老东坡”，“仍传语，江南父老，时与晒渔蓑”（《满庭芳》），这是去黄移汝的留别之作。黄州虽是作者贬谪之地，但与邻里朋友有极深的情谊，对此地亦难决舍。即使被贬海南，食芋饮水，仍以著书为乐，称道此地“春牛春杖，无限春风来海上”，“不似天涯，卷起杨花似雪花”（《减字木兰花·乙卯儋耳春词》）。

苏轼热爱生活，也钟情于大自然，并热情地描绘了农家生活画面，这些都为前人所未到。在苏轼词中，既有“北固山前三面水，碧琼梳拥青螺髻”（《蝶恋花》），“但空江、月明千里”（《水龙吟》），“一千顷，都镜净，倒碧峰”（《水调歌头》），“青山白浪，万重千叠”（《满江红》），“清溪无底，上有千仞嵯峨。画楼西畔，天远夕阳多”（《满庭芳》）的开阔、明快的画面；也有“半壕春水一城花，烟雨暗千家”（《望江南》），“纵纵，疏雨过，风林舞破，烟盖云幢”（《满庭芳》），“欹枕江南烟雨，杳杳没孤鸿”（《水调歌头》）的朦胧；还有“林断山明竹隐墙，乱蝉衰草小池塘。翻空白鸟时时见，照水红蕖细细香”（《鹧鸪天》），“桃李溪边驻画轮，鹧鸪声里倒清尊”（《浣溪沙》），“风压轻云贴水飞，乍晴池馆燕争泥”（《浣溪沙》）的隽秀。都是写物传神，触处生春。在苏轼以前，词人笔下也写过渔夫、村姑，但只有苏轼，才真正描绘了农家生活。他在徐州因至石潭谢雨所作的五首《浣溪沙》，不仅写了农民的群像，而且写了农事和民风，充满了浓郁的乡土气息，他之所以没有将农民写成隐士，没有一味赞叹“农家乐”，实与“使君元是此中人”一样，本有较真切的体验有关。

第二，由情而志的发展。

古代文体分工的意识很强，韵文之中，诗以言志，赋以体物，词以缘情，似是约定俗成之说，而苏轼的“以诗为词”，则又意味着给词赋予了言志的功能。

苏轼带有“言志”色彩的最早之词，似是自杭州赴密州途中寄赠其弟苏辙的《沁园春》，虽此时苏轼出京外任，政治上的挫折和行旅的艰难，也令他生出“世路无穷，劳生有限”之感，有“优游卒岁，且斗尊前”的消极，但回忆之中仍见当年的充满自信，洋溢着豪情，所表胸襟抱负为前人词中所罕见，预示着独树一帜的创作行将出现。

到密州之后，苏轼终于创作了“新天下人耳目”的作品，《江城子·密州出猎》与《水调歌头》（明月几时有）即其中代表。他虽在新法问题上与王安石政见不合，但主张加强国防的精神却与之一致，《江城子》借出猎表现得朝廷信任，效力疆场，抗拒西夏侵略的意愿，“遣冯唐”、“射天狼”亦《祭常山回小猎》诗中“圣朝若用西凉簿，白羽犹能效一挥”之意。苏轼之所以将此词寄给鲜于子骏，当是因其“壮观”而别开生面，而此词也确实在词史上有转变风气的意义。《水调歌头》所写是欢度中秋时怀想其弟，但又在明说热爱人生超过向往月宫同时，暗寓对朝廷政治斗争的关注及自己之志，下片从转入“兼怀子由”到自我宽慰、解脱，物理通于人情，以达观的态度看待人生。此词从屈原、李白及谢庄《月赋》脱化而出，翻出了全新的意境，指物喻事，以形象传递哲理造于极诣，开阖转折，递进自然，其清雄旷远，笔力、胸襟与境界均为前人所未到。

苏轼因“乌台诗案”被贬黄州后，对政治、人生、社会的态度发生了变化，且反映在词中。当他少年得志、意气风发之时，积极入世而崇儒，曾斥老庄哲学为“猖狂浮游之说”，[①] 批判禅宗“废学而徒思”。[②] 被贬黄州后，政治的险恶和生活的困顿，使他逐渐在佛老中找到了自我排遣之径，所作词在表达志向、怀抱、行藏、出处时，既有对无法展抒怀抱的深沉感慨，又能不为忧患所困，随缘自适。《定风波》（莫听穿林打叶声）表现了任天而动、随遇而安的思想。《浣溪沙》（山下兰芽短浸溪）则受到自然的启示，旷达坦荡、自作振拔。苏轼从佛老中汲取运用了其中“达”的思想，但他毕竟难以忘怀人生、功业，名作《念奴娇·赤壁怀古》就充分表现了他出入于儒家与道释，徘徊于入世与出世间的思想矛盾。

第三，由情而趣、道的提升。

苏轼词中所表现的不仅是情与志，还有士大夫文人的雅趣、情操，从事物中发现的理趣，超越人生苦难的风趣，还有对人生之觉悟，以悟道之心表达对现实中苦难的超越。

苏轼几经大起大落，由于抑郁失意，不免有消沉或故作旷达的时候，但他一生的主导精神仍是积极入世的，词中极少呻吟之声，而是充满了对生活的热爱与希望，并表现出士大夫的雅趣、情操。“寒食后，酒醒却咨嗟。休对故人思故国，且将新火试新茶。诗酒趁年华。”（《望江南·超然台作》）咨嗟后复振起向上，在诗酒新茶中寻找雅趣。在黄州时处境可谓艰难，却仍有夜行醉卧溪桥的兴致：“障泥未解玉骢骄，我欲醉眠芳草。”“解鞍攲枕绿杨桥，杜宇一声春晓。”（《西江月》）他固然赞美深院朱栏的盛宴，也以清茶野餐为乐：“雪沫乳花浮午盏，蓼茸蒿笋试春盘。人间有味是清欢。”（《浣

---

① 苏轼．韩非论[M]//苏轼全集．上海：上海古籍出版社，2000：714.

② 苏轼．大悲阁记[M]//苏轼全集．上海：上海古籍出版社，2000：900.

溪沙·从泗州刘倩叔游南山》)他对仕宦的沉浮无定自然深有感触,曾认为"事皆前定,谁弱又谁强?"却又鄙薄"蜗角虚名,蝇头微利",表现了快意人生的信条:"常对清风皓月,苔茵展、云幕高张。江南好,千钟美酒,一曲满庭芳。"诸多的宴赏、登临之作,都能消减宦情怅触,在表现出热爱生活的积极精神同时,也见其情趣,这与前人所作的或以淡淡忧愁妆点过于丰美的生活,或无节制地放纵欲念、显示单纯的享乐意识,确有很大不同。

苏轼虽说"尘心消尽道心平,江南与塞北,何处不堪行!"(《临江仙》)但黄州生活还是使他的思想发生了很大转变。他后来尽管在地方任上仍积极有为,然而已从以前的努力进取、议论风发,转为多作人生感慨,词风也更见超逸旷远,甚至充满理趣。既然"人生欲避风波险,一日风波十二时"(《鹧鸪天》),那就只能直面现实,从容应对,以定抗动,随缘自适,因此他的黄州词常见"禅机",而实际上是"悟道"的体现,并以此来超越苦难。《定风波》的"万里归来年愈少。微笑。笑时犹带岭梅香。试问岭南应不好?却道,此心安处是吾乡",表现了"不是风动,不是幡动,仁者心动"(《坛经·行由品》记惠能语)的"心安"思想,旷达之中兼饶哲理。"枝上柳绵吹又少,天涯何处无芳草"亦然,此词的"多情却被无情恼"(《蝶恋花》)更被评为"极有理趣"。[①]

苏轼"以诗为词",因题材及艺术表现之变,苏词也变更了词的主体风格。

词自诞生起,就以"缘情"为主。这"情",以艳情、爱情为大端,以闲情为辅。艳情、爱情或直抒,或托为闺情,都涉及女性,故有"男子而作闺音",[②]"雌声学语"[③]的特点,亦使词有绮艳的风格。闲情则多岁月不居、年光抛人之叹,不作直言,语求婉妙,故词又具有柔婉的特色。

苏轼能在沿袭传统同时注入新质:忧患意识和理想主义。他虽不能免俗,但由于"言志"色彩的增强,可以看到他的词以"清"破"艳",以"刚"破"柔",体现出主体风格的变革。

词的咏物之作偏在柔弱、娇艳的对象,多与"情"相关,而苏轼却在《卜算子》(缺月挂疏桐)中塑造了一个孤鸿的形象,且不论是否有《诗·考槃》的"贤者退而穷处"之意,但"自写在黄州之寂寞"[④]还是可以味出,黄庭坚谓之"语意高妙,似非吃烟火食人语",[⑤]正是看到了它的"清",显与前人咏物之"艳"不同,而其背后则是男女之情与忧患意识之别,亦即"情"、"志"之别。苏轼《贺新郎》中的榴花"半吐红巾蹙",无意与众芳争妍,"待浮花浪蕊都尽,伴君幽独",更见情怀高洁,"幽独"者带有理想主义色彩,透过榴花形象,可味出其怀才不遇之情。

咏物词尚如此,更不必说情景交融的抒怀之作了。"会挽雕弓如满月,西北望,射

---

① 魏庆之.魏庆之词话[M]//唐圭璋.词话丛编.北京:中华书局,1986:204.

② 田同之.西圃词说[M]//唐圭璋.词话丛编.北京:中华书局,1986:1449.

③ 刘辰翁.辛稼轩词序[M]//施蛰存.词籍序跋萃编.北京:中国社会科学出版社,1994:201.

④ 黄苏.蓼园词评[M]//唐圭璋.词话丛编.北京:中华书局,1986:3032.

⑤ 黄庭坚.跋东坡乐府[M]//豫章黄先生文集.四部丛刊本.

天狼”(《江城子》),“投笔将军因笑我,迂儒。帕首腰刀是丈夫”(《南乡子》),对从戎建功的向往,正来源于边患日亟的忧患意识。“我欲乘风归去,又恐琼楼玉宇,高处不胜寒”(《水调歌头》),“归去来兮,吾归何处? 万里家在岷峨”(《满庭芳》)的去从难适,正根源于政治斗争中的忧患意识。“此生此夜不长好,明月明年何处看”(《阳关曲》),“长恨此身非我有,何时忘却营营”(《临江仙》)的人生感慨,也导源于此。“诗酒趁年华”(《望江南》),“江南好,千钟美酒,一曲满庭芳”(《满庭芳》),这是他的生活理想。“有笔头千字,胸中万卷,致君尧舜,此事何难”(《沁园春》),这是他的政治理想。“问何事人间,久戏风波”,“青衫破,群仙笑我,千缕挂烟蓑”(《满庭芳》),这是他超脱危难的向往。忧患意识与理想主义之入于词,必然会突破传统,变革沿袭不已的主体风格。

由于苏轼对人生有其独特的思考与把握,才使他的词能有“清”与“刚”的风格特点。“对酒卷帘邀明月,风露透窗纱”(《少年游》),“夜阑风静欲归时,惟有一江明月碧琉璃”(《虞美人》),“明月如霜,好风如水,清景无限”(《永遇乐》),“淡云斜照着山明,细草软沙溪路马蹄轻”(《南歌子》),这都足见其“清”。苏轼也写情,不乏幽怨缠绵之语,但他不同于前人处,在以健笔写柔情。如“燕子楼空,佳人何在,空锁楼中燕”(《永遇乐》)、“美人怜我老,玉手簪金菊”(《千秋岁》),“莫恨黄花未吐,且教红粉相扶。酒阑不必看茱萸,俯仰人间今古”(《西江月》),“蓝桥何处觅云英,只有多情流水伴人行”(《南歌子》),不是溺于情中,而是柔中见刚。

作为大家,苏词的风格并不是单一的,刘熙载曾说:“东坡《定风波》云:‘尚馀孤瘦雪霜姿。’《荷华媚》云:‘天然地别是风流标格。’‘雪霜姿’、‘风流标格’,学坡词者便可从此领取。”①冯煦则指出苏词“刚亦不吐,柔亦不茹”,认为他有“树秦、柳之前旃”,“导姜、张之大辂”② 之功,从兼得刚柔上着眼。但什么最能体现出苏词的个性和独特创造呢? 张炎注目于他的“清”,称道他“清丽舒徐,高出人表”③,近代王鹏运在“清”之外,还见其“雄”,故以“清雄”、“轶尘绝迹”④称之。相沿相从的说法则是“豪放”。除《念奴娇·赤壁怀古》外,如“堪笑兰台公子,未解庄生天籁,刚道有雌雄。一点浩然气,千里快哉风”(《水调歌头》),“我梦扁舟浮震泽,雪浪摇空千顷白。觉来满眼是庐山,倚天无数开青壁”(《归朝欢》),“桂魄飞来光射处,冷浸一天秋碧”等,其意象的开阔雄奇,笔力的刚健排宕,确能使人有万斛泉源奔涌,挟海上风涛云气之感。

苏轼的“破体”除对主体风格有所变革外,在词的体制、语言上也颇有创新。他在词中始标题目,并擅作小序,甚至长达数百字,开后来姜夔善作词序之风,他还善为檃括、回文之作,可见其在体制上创新的一斑。在语言上,一变柳永之俚俗为典雅,从诗赋史传中多有吸收,接近口语又有所烹炼,在改变传统的绮艳、柔媚、错采镂金同时,创造出明丽、清新、朴素的语言风格。

---

① 刘熙载.艺概[M].上海:上海古籍出版社,1978:108.

② 冯煦.朱校东坡乐府序[M]//施蛰存.词籍序跋萃编.北京:中国社会科学出版社,1994:65.

③ 张炎.词源[M]//夏承焘,等.词源注·乐府指迷笺释.北京:人民文学出版社,1963:30.

④ 王鹏运.半塘遗稿[M]//龙榆生.唐宋名家词选.上海:上海古籍出版社,1980:126.

苏词也有些过直过率的地方，部分作品言理太多，或缺少情味，有些乃在作文字游戏。不过，比之其成就来，就仅是小疵而已。

苏轼对词的革新虽也有一些追随者，但他基本还是当时的一位"独行侠"，北宋词的豪放派并没有真正形成。南渡词才是因群体性的"破体"而转变了词风。那么，南渡词"破体"的主要涵义是什么呢？

第一，既将词的传统题材从花前月下、男欢女爱、相思离别，转到了表达自身的生存感受，对国家、民族命运的关切。在"为情造文"、表现真情实感同时，可谓是不自觉地拓展了词之"缘情"范畴，将"情"从狭义推之为广义，而援大事入词，则近于诗之"言志"。在词的范型选择上，明显倾向了苏轼以诗为词，而不是二晏、柳秦、大晟一派。

第二，与此同时，突破了起于"花间"、相沿于北宋、成于秦周的主流创作法，及其艺术特色，在改变了传统题材的同时，字面、章法等艺术性因素也被置于次要地位，正宗的轻、巧、小、曲、狭、丽、隐的特色、风格，也较多地变为重、拙、大、直、阔、朴、显。因此，在词的传统艺术表现手法、风格发生变化同时，也改变了"词性"，使之近于诗之境界，赋之直言。

第三，突破了徽宗朝经大晟词人所建立起的创作规范，尤其因靖康事变，大晟乐不传，伶人星散，与音乐密切相关的词遂有了脱离音乐的可能，这是南渡初期词"诗化"的音乐原因。"周、柳、万俟等之制腔造谱，皆按宫调，故协于歌喉，播诸弦管。"[①]却都因时势之变，抒发真情之需，发生了改变，会不同程度地被突破。

苏辛并称，苏的以诗为词虽对词体"破"之甚多，但诗与词二者还在韵文的范围内，还是近邻，因此，辛弃疾的以文为词则是更大程度的"破体"。

王国维曾将宋词比唐诗，将两朝的大诗人、词人一一对应，认为"南宋惟一稼轩可比昌黎"[②]，表面看来，辛弃疾的地位似乎不如王国维在另一场合所说"词中老杜"周邦彦，其实不然。撇开王国维论词尊五代北宋的观念不说，就杜与韩本身而言，由于杜甫跨越盛中唐，是承前启后的集大成诗人，韩愈却以变求新，创立了雄奇险怪的韩孟诗派，是以创造、变革来继承杜甫，厥功甚伟，故杜牧有"李杜泛浩浩，韩柳摩苍苍。近者四君子，与古争强梁"(《冬至日寄小侄阿宜诗》)之说。夏承焘对稼轩与韩愈之喻体会最深，所言最确。其《〈稼轩词笺〉序》云："李、杜以降，诗之门户尽辟矣。非纵横排奡，不能开径孤行为昌黎也。词至东坡，《花间》、《兰畹》，夷为九馗五剧矣。其突起为深陵奥谷，为高江急峡，若昌黎之于诗者，稼轩也。二子者，遭际胸襟无一同，而同其文术转迹之时会，乾淳、嘉泰之于词，犹诗之元和、长庆也。今观稼轩若题瓢泉之效《招魂》酌中秋之摹《天问》，与夫《沁园春》、《六州歌头》之赋齐庵对鹤语，铺张起伏，一综于汉赋，挈班、扬以侣秦、柳，固昌黎之遗则也。至如《兰陵王》之述梦、《贺新郎》之别弟，以及《哨遍》诸章之解《庄》，云谲波骇，千汇万态，尤尽乐章之至奇。喻之于坡，非犹《北征》之后，而有《南山》、《月蚀》耶。虽云身世境会，坡、稼本不尽同。而文事尚变，推演递

① 万树．词律·发凡[M].上海：上海古籍出版社，1984：14.

② 王国维．人间词话[M]//蕙风诗话·人间词话．北京：人民文学出版社，1960：251.

渐,固亦势运所必然。由是而后村,而须溪,浸假蜕《玉蝴蝶》、《最高楼》而为元曲,譬夫高山转石,不至地不止焉。耳食者乃诈然以旧格曩规绳稼轩,岂通变之见哉。"[1]

既然承认了将韩愈的以文为诗与稼轩的以文为词相比,那么稼轩词是如何以"文"相"破"的呢? 若不从前面论述苏轼词的内容着眼,不论题材、思想、感情、或志、趣、道之变,那么从语言、形式、技巧、章法、结构等艺术手段而言,主要有以下三点。

第一,以古文的语言入于词。

韩愈《进学解》自道渊源,可见语言之取径于古人。秦观《韩愈论》以其"钩列、庄之微,挟苏、张之辩,摭班、马之实,猎屈、宋之英,本之以《诗》《书》,折之以孔氏,此成体之文,韩愈之所作是也。"[2]这种集成自然也包括语言在内。而辛弃疾在突破了前人的以赋为词(如柳、周)、以诗为词(如苏轼)同时,语言材料也不限于唐诗、六朝小赋或李清照曾用的《世说新语》,而是"别开天地,横绝古今。论、孟、诗小序、左氏春秋、南华、离骚、史、汉、世说、选学、李杜诗,拉杂运用,弥见其笔力之峭"[3]。楼敬思更认为:"稼轩驱使《庄》、《骚》、经史,无一点斧凿痕,笔力甚峭。"[4]刘熙载也说:"稼轩词龙腾虎掷,任古书中理语、廋语,一经运用,便得风流,天姿是何复异!"[5]刘扬忠《辛弃疾词心探微》有"化辞赋古文的语言为词的语言"一段,据《詹安泰词学论稿》分析辛词修辞的九类,归纳为用经语、用子语、用史语、用文语、散文体之句调、以诗一章散文一段糅合成词等六类,说颇详,可参。[6] 韩、辛二人虽都运用古书成语,但又都追求自出己意,韩愈提倡"惟陈言之务去","师其意不师其辞",辛弃疾标榜"妙手都无斧凿瘢"(《浣溪纱》),他们都能做到这一点,这是极其不易的。

除多用经史子集的语言外,韩愈诗还多用虚词。钱锺书《谈艺录·诗用语助》一节,指出了昌黎诗用虚词与以文为诗之间的渊源:"盖周秦之诗骚,汉魏以来之杂体歌行……皆往往使语助以添迤逦之概"[7],"唐则李杜以前,陈子昂、张九龄使助词较夥。然亦人不数篇,篇不数句,多摇曳以添姿致,非顿勒以增气力。唐以前惟陶渊明通文于诗,稍引厥绪,朴茂流转,别开风格……唐人则元次山参古文风格,语助无不可用,尤善使'焉'字,'而'字……昌黎荟萃诸家句法之长,元白五古亦能用虚字,而无昌黎之神通大力,充类至尽,穷态极妍"[8]。他人用虚词"摇曳以添姿致",韩愈用虚词"顿勒以增气力",而这又是由陶渊明的"通文于诗"与元结的"参古文风格"而来。韩诗既如此,观其《南山》诗用五十一个"或"字所造成的力度,真有一句一顿之感,就决非摇曳迤逦之概了。

稼轩词亦如此:之、乎、者、也、而、于、其、乃、焉、哉、然、耳、矣……举凡古文中的

---

① 夏承焘.稼轩词笺[M]//夏承焘集:第8册.杭州:浙江古籍出版社、浙江教育出版社,1997:246.
② 秦观.淮海集笺注[M].徐培均,笺注.上海:上海古籍出版社,2000:751.
③ 吴衡照.莲子居词话一[M]//唐圭璋.词话丛编.北京:中华书局,1986:2408
④ 张宗橚.词林纪事[M]//杨宝霖.词林纪事·词林纪事补正.上海:上海古籍出版社,1998:668.
⑤ 刘熙载.艺概[M].上海:上海古籍出版社,1978:110.
⑥ 刘扬忠.辛弃疾词心探微[M].济南:齐鲁书社,1990:244-246.
⑦ 钱锺书.谈艺录[M].北京:三联书店,2001:206.
⑧ 钱锺书.谈艺录[M].北京:三联书店,2001:210.

虚词几乎都在其词中出现，而且也与韩诗用虚词一样，重在得顿勒之力。试读其"不恨古人吾不见，恨古人不见吾狂耳。知我者，二三子"(《贺新郎》)，"去卫灵公，遭桓司马，东西南北之人也。长沮桀溺耦而耕，丘何为是栖栖者"(《踏莎行·赋稼轩集经句》)，都能体会到这一点。尤其是《哨遍·秋水观》下片，更见"顿勒以增气力"：

> 噫。贵贱随时，连城才换一羊皮。谁与齐万物？庄周吾梦见之。正商略遗遍，翩然顾笑，空堂梦觉题秋水。有客问洪河，百川灌雨，湿流不辨涯涘。於是焉河伯欣然喜。以天下之美尽在己。渺沧溟望洋东视，逡巡向若惊叹，谓我非逢子，大方达观之家，未免长见犹然笑耳。此堂之水几何其？但清溪一曲而已。

第二，古文章法、句法的运用，使词变为散文化。

一般人多注意到韩诗结构抟控腾挪、拗折矫变的一面，其实另有一种是顺起顺接，较少诗歌的回荡停蓄，而有散文之恣肆劲直，或将诗歌高度浓缩的意象之跳跃，变为联贯、明白的叙述。至于句法，则多突破上二下三、上四下三的五七言诗传统句式及韵律，将与口语更接近的散文句法带进了诗中。韩愈散文化倾向最明显的诗，当数作于贞元十五年的《嗟哉董生行》，句式参差长短不齐，且音律节奏与当时诗歌截然不同，有些甚至无法用诗歌韵律吟诵，简直就是有韵的散文。这种古朴刚健的古文句法，打破了当时圆润流转诗风的均衡，虽然也有矫枉过正之嫌，但对矫正当时诗歌的纤弱之风无疑是有益的。

诗歌多为吟咏，而词则配乐歌唱，辛弃疾将古文章法句法引进词中，其改革的步伐更大。谭献《复堂词话》评其《汉宫春·立春》，是"以古文长篇法行之"[①]。无散文痕迹却运用了散文的结构方法，词意特别绵密。又如《贺新郎·别茂嘉十二弟》，其立意布局就颇见匠心：起言三鸟悲啼声中花落春归，渲染悲凉氛围，紧接点明题旨："算未抵人间离别。"再列举四桩辞家去国的史实：昭君辞汉主、戴妫别庄姜、李陵送苏武、荆轲别燕丹，展开了对历史悲剧场面的描写，而后猛然收归自身："谁共我、醉明月？"妙在亦古亦今，或佳人或壮士，既将历史和现实打成一片，又泯灭歌词分段的界限，王国维誉之为"章法绝妙，且语语有境界"[②]，陈廷焯则以其"沉郁苍凉，跳跃动荡，古今无此笔力"[③]，而推为稼轩词之冠。如果不是运以古文章法笔力，小词中展开如此大场面的历史悲剧描写是难以做到的。

第三，引入古文的对话、议论手段，形成了如议论文的浑浩之势。

以议论入诗，早在《诗经》、《离骚》中就已存在，两晋玄言诗更多议论。杜甫诗中亦有此倾向，五古或排律的议论尤多，如《咏怀五百字》、《北征》。而韩愈更将议论化发挥到极致，诗中的议论用得相当频繁且比重极大，如《荐士》诗前半部分，简直就是一部从周到唐诗歌发展史的概论。甚至于通篇用《荀子》的议论入诗的《君子法天运》，批判道

---

① 谭献.复堂词话[M]//介存斋论词杂著·复堂词话·蒿庵论词.北京：人民文学出版社，1959：26.

② 王国维.人间词话[M]//蕙风词话·人间词话.北京：人民文学出版社，1960：129.

③ 陈廷焯.白雨斋词话足本校注[M].屈兴国，校注.济南：齐鲁书社，1983：95.

教的《谢自然诗》和批判佛教的《送灵师》，犹如押韵的《原道》和《论佛骨表》。

在传统的以侑觞劝酒为主要功能的词中出现议论，从苏轼已经开始。辛弃疾生活在宋代理学的集大成时期，他与理学家交游颇多，尤以朱熹为最，未免受到理学思维的影响，稼轩本人尤好《庄子》，庄子的形象性说理及宋代理学诗，对其词的议论化显然起了很大作用，以致后来有"东坡为词诗，稼轩为词论"之说。试举其《新荷叶》下片：

> 能几多春？试听啼鸟殷勤。对景兴怀，向来哀乐纷纷。且题醉墨，似兰亭、列序时人。后之览者，又将有感斯文。

此词是对王羲之文的檃括，《兰亭集序》一方面是"仰观宇宙之大，俯察品类之盛，所以游目骋怀，足以极视听之娱，信可乐也"；而另一方面，则是在欣于所遇、怏然自足后，终于认识到"向之所欣，俯仰之间，已为陈迹"，人也"老之将至"，所以会有"死生亦大矣"之叹。稼轩为解人，岂无生死之悲？尤因此时被迫退隐林下，其建功立业之志与时岁不居的生命意识岂能不发生冲突？所以借上巳日的题目，表明对人生与生命的理解。其止酒赋《沁园春》云"杯汝来前"，是表戒酒之意愿，却虚拟与酒杯的对话，敷衍一篇议论文字，宋代陈模《怀古录》卷中即已指出："此又如《宾戏》、《解嘲》等作，乃是把古文手段寓之于词。"刘体仁也说："稼轩词'杯汝前来'，《毛颖传》也。'谁共我，醉明月'，《恨赋》也。皆非词家本色。"①前者全篇皆为对话，全篇皆为议论，亦全是散文句法，虽非倚声本色，但却新颖别致。《哨遍·秋水观》的檃括《庄子》文，纯为说理，篇幅既长，议论又多，尤具浑浩之势，自与一般之词大异，却仍有创体之功，对以"缘情"为本位的词来说，不失其特有的破体以说理之价值。

近人汪东《唐宋词选评语》云："苏、辛并为豪放之宗，然导源各异。东坡以诗为词，故骨格清刚。稼轩专力于此，而才大不受束缚，纵横驰骤，一以作文之法行之，故气势排荡。昔人谓东坡为词诗，稼轩为词论，可谓塙评。顾以诗为词者，由于诗境既熟，自然流露，虽有绝诣，终非当行，以文为词者，直由兴酣落笔，恃才自放，及其遒敛入范，则精金美玉，毫无疵类可指矣。"②此说一反前人之见，虽或为过誉，却是很值得注意的见解。

五 倚声与协律

元好问对苏轼改变词之宗风有全面的评价：

> 唐歌词多宫体，又皆极力为之。自东坡一出，情性之外不知有文字，真有"一洗万古凡马空"气象。虽时作宫体，亦岂可以宫体概之？人有言：乐府本不难作，从东坡放笔后便难作。此殆以工拙论，非知坡者。所以然者，《诗》三百所

---

① 刘体仁.七颂堂词绎[M]//唐圭璋.词话丛编.北京：中华书局，1986：619.

② 汪东.唐宋词选评语[J].词学：第二辑.上海：华东师范大学出版社，1981：81.

> 载小夫贱妇幽忧无聊赖之语，特猝为外物感触，满心而发，肆口而成者尔。其初果欲被管弦，谐金石，经圣人手，以与六经并传乎？小夫贱妇且然，而谓东坡翰墨游戏，乃求与前人角胜负，误矣！自今观之，东坡圣处，非有意于文字之为工，不得不然之为工也。坡以来，山谷、晁无咎、陈去非、辛幼安诸公，俱以歌词取称。吟咏情性，留连光景，清壮顿挫，能起人妙思。亦有语意拙直，不自缘饰，因病成妍者，皆自坡发之……①

我们可以注意文中所说的“东坡翰墨游戏”，“满心而发，肆口而成”，以及“坡以来，山谷、晁无咎、陈去非、辛幼安诸公，俱以歌词取称……亦有语意拙直，不自缘饰……”，在充分肯定的同时，实际上又已隐隐道出了豪放词与乐律不甚谐合的问题（虽“其初果欲被管弦”之问并非字面之意）。

对此，应作辨析，这里还是以“始作俑者”苏轼为例。苏轼以其所作转变词坛风气后，不少论家从词的“倚声”特质出发，多有以之不协音律的指责。“东坡词，人谓多不谐音律，然居士词横放杰出，自是曲中缚不住者。”②若谓此处所载的苏门弟子晁补之所言，尚是转述口气，且多回护之意，李清照所说，就显见不满了。她说：“至……苏子瞻，学际天人，作为小歌词，直如酌蠡水于大海，然皆句读不葺之诗尔。又往往不协音律。”③王灼与胡仔都称道苏词，王灼以“东坡先生非心醉于音律者”④辨之，胡仔则云：“子瞻自言，平生不善唱曲，故间有不入腔处，非尽如此。”⑤沈义父不似以上几位之概言之，而是作豪放、不豪放与协律、不协律的辨析，其《乐府指迷》云：“近世作词者不晓音律，乃故为豪放不羁之语，遂借东坡、稼轩诸贤自诿。诸贤之词，固豪放矣，不豪放处，未尝不叶律也。如东坡之《哨遍》、杨花《水龙吟》，稼轩之《摸鱼儿》之类，则知诸贤非不能也。”⑥这实际上是说，豪放词是不顾及音律的，而豪放词人所作的“不豪放”词，则“未尝不协律”。

从苏轼自己各词的自序看，他是会唱词、唱过词的。尽管他因具备多方面的才能而自谦“着棋、饮酒、唱曲”“三不如人”，论者亦信之，以其词“多不入腔，正以不能唱曲耳”⑦。但事实并非如此。他虽未必似《和致仕张郎中春昼》诗称道张先那样，“浅斟杯酒红生颊，细琢歌词稳称声”，但亦颇有就声律作词之举。《水调歌头》（昵昵儿女语）词序有云：“建安章质夫家善琵琶者，乞为歌词。余久不作，特取退之词，稍加檃栝，使就声律，以遗之云。”《哨遍》（为米折腰）词序亦云：“乃取《归去来词》，稍加檃栝，使就声

---

① 元好问．新轩乐府引[M]//姚奠中．元好问全集六．太原：山西古籍出版社 2004：764–765.

② 胡仔．苕溪渔隐丛话[M].北京：人民文学出版社，1962：253.

③ 李清照．词论[M]//王学初．李清照集校注．北京：人民文学出版社，1979：195.

④ 王灼．碧鸡漫志校正[M].岳珍，校正．成都：巴蜀书社，2000：37.

⑤ 胡仔．苕溪渔隐丛话[M].北京：人民文学出版社，1962：193.

⑥ 沈义父．乐府指迷[M]//夏承焘，等．词源注·乐府指迷笺释．北京：人民文学出版社，1963：75–76.

⑦ 陈正敏．遯斋闲览[M]//胡仔．苕溪渔隐丛话．北京：人民文学出版社，1962：284.

律。”而作《江城子》密州出猎词后，“令东州壮士抵掌顿足而歌之，吹笛击鼓以为节”，是为了区别于“柳七郎风味”，求“自是一家”，于协律一道并不能下简单的结论。李之仪《跋〈戚氏〉》一文，记叙了苏轼五十九岁时出任定州安抚使，席间有歌者唱柳永《戚氏》词，并请苏轼即席填写新词，“意将索老人之才于仓卒，以验天下之所向慕者。老人笑而颔之，邂逅方论穆天子事，颇摘其虚诞，遂资以应之。随声随写，歌竟篇就，才点定五六字尔。坐中随声击节，终席不间他辞，亦不容别进一语。临分曰：‘足以为中山一时盛事’”。[①] 苏轼之才于“随声随写，歌竟篇就”中可见，协律一事自无疑问。

由苏轼自己所言，以及他人所说，都可见苏轼于唱曲并非外行。《书彭城观月诗》有云，十八年前与弟苏辙观月彭城作此诗，“以《阳关》歌之。今复此夜，宿于赣上，方迁岭表，独歌此曲……”陆游也说：“世言东坡不能歌，故所作乐府词多不协。晁以道云：‘绍圣初，与东坡别于汴上。东坡酒酣，自歌《古阳关》。’则公非不能歌，但豪放不喜裁剪以就声律耳。”[②]叶梦得亦记有东坡在黄州与客饮江上，夜归而歌《临江仙》之事。[③] 他对《阳关三叠》的唱法，有极精到的考释。可见，苏轼之自谦唱曲“不如人”并非“不能”，据此而断苏词不协律，至少是论据不足的。宋代朱弁曾说：“章粢质夫作《水龙吟》咏杨花，其命意用事，清丽可喜。东坡和之，若豪放不入律吕。徐而视之，声韵谐婉，便觉质夫词有织绣工夫。”[④]可见，苏之咏杨花固然“若豪放”而实际上却“声韵谐婉”。

当然，苏轼词也确有“曲子中缚不住”的现象，陆游就指出了苏轼“但豪放不喜裁剪以就声律”的特点，词论家多有辨苏轼的名作《念奴娇·赤壁怀古》不谐音律者，就是一个显见例子。但诚如毛稚黄所言，这是“文自为文，歌自为歌，然歌不碍文，文不碍歌，是坡公雄才自放处”，“亦词家一法”。[⑤] 这又说明，“豪放”虽非与协律对立，却也偶有挣脱音律的现象。这样一来，如晁补之论苏轼的“自是曲子中缚不住者”，李调元说的东坡“才大不肯受束缚”，实又使协律问题回到了“风格即人”的论题上。清人万树曾为苏轼辩解：“人每谓坡公词不叶律，试观如此长篇(按，指《戚氏》)，字字不苟，何常不协乎？……奈何轻以失律讥之欤？”[⑥]但苏词又确有不协律现象，这就很容易令人想起苏轼及其它豪放词作者，在首先顾及词的内容时，常与前引《魏书·张彝传》的“步眄高上，无所顾忌”的为人特点相生发。所以，“不喜剪裁以就声律”是与其为人的“但豪放”密切相关、互为表里的。

对于“文自为文，歌自为歌，然歌不碍文，文不碍歌”，还是有必要作出进一步辨析，因为虽一般统言格律或音律，实际上曲子词的音乐与其文字的格律并非一码事，苏词的豪放正是“文自为文”与“歌自为歌”的分离，并不能做到“歌不碍文，文不碍歌”。

---

① 李之仪．跋《戚氏》[M]//姑溪居士全集．丛书集成初编本：301.

② 陆游．老学庵笔记[M]//宋元笔记小说大观．上海：上海古籍出版社，2001：3498.

③ 叶梦得．避暑录话[M]//宋元笔记小说大观．上海：上海古籍出版社，2001：2610–2611.

④ 朱弁．曲洧旧闻五[M]//宋元笔记小说大观．上海：上海古籍出版社，2001：2993.

⑤ 王又华．古今词论[M]//唐圭璋．词话丛编．北京：中华书局，1986：608.

⑥ 万树．词律[M]．上海：上海古籍出版社，1984：457.

苏轼"以诗为词",致力于拓宽词境、改变词风、推尊词体,将儒家"诗言志"的传统稼接入词,在词的传统创作领域里,泾渭分明地区别雅俗,并要求文士自觉在"雅"方站队。甚至在力所不逮的"创调"领域,也曾刻意择选雄壮豪迈的旋律,"倚声"以求文人词之"格调"、"骨力",以作示范。其所作被认为是豪放而"曲子中缚不住",对此应怎样深入地看待呢?尽管"以诗为词"、标举雅化或许可以取得曲子词的文学成就,但如果只求改辞,不考虑音乐的变化,这种努力也会带来弊端:用俗曲子的音乐作雅词,至少会导致偏离原曲调名本意的后果。与苏轼同时代的沈括即对这种现象颇有微辞。他在《梦溪笔谈》中说:"今声词相从,唯里巷间歌谣及《阳关》、《捣练》之类,稍类旧俗。然唐人填曲,多咏其曲名,所以哀乐与声尚相谐会。今人则不复知有声矣,哀声而歌乐词,乐声而歌怨词,故语虽切而不能感动人情,由声与意不相谐故也。"①

沈括所说,涉及两种可能。一种是:很多在唐代用以填词的曲子到北宋已经不复有声,宋人只好依前人旧制以格律摹写,直如今人之依宋词而填;另一种是:唐曲子在当时虽还沿续,但许多作者已不辨声情,致使新填之词与原来的曲调声情南辕北辙。虽能将词写得如诗一样极"切"合其所要表达的思想感情,但配上曲子一唱,却难以动摇人心。后一种情况,正恰可用来解释宋词留给后人最富争议的一个问题:同一词牌,不同作者所作,句式、平仄、用韵并无差别,居然可以填出多种不同题材风格之词。

苏轼的代表作《念奴娇·赤壁怀古》堪称这后一种情况的代表。《念奴娇》初为入声韵,见《全芳备祖·前集》卷十"杏花门"所录宋人沈唐词,沈词婉约悱恻,与苏词的雄浑迥异,而二词却句式、平仄、叶韵相同。由是观之,李清照《词论》纠弹苏轼并非无由。至少可以据此断定,苏轼填《念奴娇》应是在原曲已佚、无从倚声的情况下,只能依沈唐原作的平仄格律而为。然而依晁无咎所说,东坡"自是曲子中缚不住者",王灼盛赞其"指出向上一路",于是便"以诗人之句法"入词。此处的"句法"若解作句读之轻重缓急,则词体与诗体作法的本质区别自见:词之句读强弱须迎合曲拍强弱,而诗之句读强弱全由平仄格律而定,不与音乐直接相关。由是观之,沈括之说实是确凿可信。

据施蛰存考证,长短句在唐代是一种诗体,在宋代是词的本名。施著以韩偓《香奁集》为例,说明中晚唐时期,"长短句"这个名词所指的,是以五七言句法为主的一种新诗体。宋人并非不谙此理,苏轼刻意择雄迈之曲为有骨力之词,也是一种合理的尝试。但由于没有足够数量的合适歌曲,往往随意挪用旁曲造成无法协律的事实,如"《渔父词》以《鹧鸪天》歌之甚协律,恨语少声多"等,就是曲拍与词句不合的明证。这样的长短句,李清照给它命名为"句读不葺之诗",说明宋人治文体之严,以至于当时这还是一种不合规范不获承认的韵文体裁。②

对于陆游等人为苏轼的辩护,应怎样看呢?东坡能自歌古《阳关》,仅说明苏轼会唱歌,他唱的是"古《阳关》",歌曲歌词均是古人定好的,并非苏轼自己倚声而填。众所周知,唱歌与作词作曲根本是两码事,即使专业歌唱演员也大都不擅作词。苏轼确实

① 胡道静.新校正梦溪笔谈[M].北京:中华书局,1957:62.

② 施蛰存.词学名词释义[M].北京:中华书局 1988:6-10.

有《阳关曲》三首，但据其自序，这三首根本就是诗！诗的歌法，本来就是选诗以配乐，如何用来说明苏轼懂词乐呢？《江城子·密州出猎》一首，是用词的字数创作并断句的，苏轼在给鲜于侁信中说："令东州壮士抵掌顿足而歌之，吹笛击鼓以为节，颇壮观也。"在黄州时所作的《哨遍》序又说："陶渊明赋《归去来》，有其词而无其声……乃取《归去来词》，稍加檃括，使就声律，以遗毅夫。使家僮歌之，时相从于东坡，释耒而和之，扣牛角而为之节，不亦乐乎。"而根据《乐府杂录》的记载，唐教坊乐的主奏乐器，是丝竹二部。《江城子》之歌，其主要伴奏，居然是"顿足"的声音，直如"踏摇"，哪里是合乐部而歌呢！东坡也用到了笛和鼓，但他说得非常明确，那只是用作节的，亦即给歌曲打拍子。不论是笛还是鼓，用作节拍器，其音声必然是不连贯的，因此，东坡此《江城子》几近于徒歌。而《归去来辞》本来是古歌行体的诗，稍加檃括的意思，即按照《哨遍》的句式断句，这还是"以诗为词"的一贯作法。他让小仆人徒歌，自己把犁田的农具解下来，跟着作和声，还用手拍牛角打拍子，这不像是在合乐部而歌，倒很像汉代的相和歌了。他更误以为檃括词句即可"就声律"，说明他所说的"声律"，只是指唱歌时的句读长短而已。由此可见，苏轼是听过且会唱所填之曲的，但他的作词之法，只是逐句按前人作品的固定字数、平仄格式写成诗句，然后徒歌，就连改动个别拗口字使之协唱的记载都找不到。当然，前引李之仪记载苏轼即席填《戚氏》词一事当别论，因为"随声随写，歌竟篇就"是真正的"倚声"所填，是歌者与词人"互动"的结果，倘无歌者在旁歌之，只是苏轼自填，怕就难以做到如此按拍合律且又可歌了。苏轼的自创，多因不审词乐而不善变动字句的定式，使得本为"倚声"的歌词创作（一如今人歌曲之作词）失去了依"曲拍为句"的灵活性，变成了依字数为句，"豪放"一路遂走入了案头文学的"别格"。

有人以苏轼好鼓琴，曾倚声填《醉翁操》而认为他雅善知音。事实上，琴曲与散乐丝竹最大的区别就是，琴曲谱没有节拍，具体的旋律完全根据每个抚琴者自身的感受与审美而定。"大音希声"反映在琴的演奏上就是自由发挥，这是琴之所以成为文人雅玩的最主要原因。而教坊乐从唐朝开始，就有着较为固定的节拍，旋律也是相对固定的。苏轼所作《醉翁操序》，体现的是他的审美情趣，仔细阅读便不难看出，其中并没有一个字涉及琴的律制，以及怎样填词才能与琴声谐和的法度。因此，依据《醉翁操》断定苏轼熟知音律，也是没有根据的。

总之，从北宋中期起，词乐开始流于程序化，苏轼的"以诗为词"，是真正的"变伶工之词为士大夫之词"，这一路创作不"依曲拍为句"，脱离"倚声"。曲子词之"别格"从一开始就是按照诗法创作出来的案头文学，并不具备音乐文学的特质，这就是以"词为倚声"观照苏轼"以诗为词"的一种"别解"，也是对苏词"豪放"是否合乐的认识。所以，苏词的豪放，仍只能理解为"文自为文，歌自为歌"，与"歌不碍文，文不碍歌"还存在不小的距离。相比之下，婉约派的诸多著名词人，如晚唐的温庭筠，北宋的柳永、秦观、周邦彦，有多种风格的贺铸，南渡的李清照，都是精通乐律的词家，南宋的婉约派更被称为"格律派"，姜夔、史达祖、吴文英、周密、张炎亦都精通词乐、格律，且创调甚多，因而他们的创作得到了坚持"词为倚声"立场的论者的更多赞誉。而苏辛的继承者们，则多因“豪放”而在将词变为抒情诗同时，也同样背离了“倚声”的创作原则，当然也不被认定为词之正宗，不属于当行之作。

但是，苏词虽因豪放而导致一定程度的文乐分离，却又可以说是既顺应了宋词的发展态势，又以其所作开启了这一大势。为何这样说呢？因为自长短句的词诞生以来，实际上就存在着文人与乐工分离的现象，北宋词虽盛，但沈括就指出其时词多是声与辞不合，其甚者以至“哀声而歌乐词，乐声而歌怨词”，究其原因，当是“后之为乐者，文备而实不足。乐师之志，主于中节奏、谐声律而已”。[①] 沈义父亦曾论及：“前辈好词甚多，往往不协律腔，所以无人唱。如秦楼楚馆所歌之词，多是教坊乐工及闹井做赚人所作，只缘音律不差，故多唱之。求其下语用字，全不可读。”[②] 这种情况应不是宋末才有，比照沈括所论，可见是由来已久的。而张炎以周邦彦这样精于乐律的词人仍“于音谱且间有未谐”并感叹“可见其难矣。”[③]由于文人昧于乐，乐工又无文，为消除文人作词的障碍，王安石曾以古而反近：“古之歌者，皆先有词，后有声，故曰：‘诗言志，歌永言，声依永，律和声。’如今先撰腔子，后填词，却是永依声也。”[④]此说应是代表了诸多昧于词乐的文人对“音障”的不满和反抗。苏轼以前，只有柳永才因既精乐律、又与歌妓乐工密切合作，使长调大盛，但柳永因顺应歌与文的相谐，从俗乐而作俗词；而柳词本身则既有文人雅词，又有市井俗词，呈现兼跨两端、雅俗分流的二元现象。柳永以外，鲜见文人能从俗乐而作新词，而仍多令词之作。所以，苏轼的“以诗为词”成其豪放之作，内中多为长调，是以雅改俗之举。同时，又在词人与乐工分离的情况下，既能如元稹《乐府古题序》所说的“由乐以定词”，又不惧其难，大胆实践，主文而不主声，力图打开文人雅词的大门，这对于士大夫文人更多地介入长调创作，无疑是很好的榜样。虽说我们至今仍难以准确判断词乐分离的成因，但从结果来看，苏轼的豪放词应代表了词摆脱音乐的附属地位，成为独立文体的发展方向。

苏轼之后，有周邦彦及大晟词人文乐相谐的词作，也使得苏轼的词风未有很多的继承者。因靖康事变，大晟乐与传乐的伶人都云流星散，周、柳、万俟等人所制腔谱，不复播诸管弦，南渡词遂脱离了音乐。“发妙旨于律吕之中，运巧思于斧凿之外，平而工，和而雅。”[⑤]“所制诸调，不独音之平仄宜遵，即仄字中上、去、入三音亦不容相混。所谓分刌节度，深契微芒。”[⑥]都会不同程度地被突破。在逃难途中、深山之内，无酒宴丝竹，无歌女乐工，如何能做到词与乐相谐？或因一抒胸臆而无计工拙、不求美听，词已等同于诗，“豪放”自当与音乐、甚而是格律相远。

另一位豪放词大家辛弃疾，也并非不知音晓律。由他的词“万事一杯酒，长叹复长歌。”（《水调歌头·即席和金华杜仲高韵……》）“我病君来高歌饮，惊散楼头飞雪。”

① 沈括.新校正梦溪笔谈[M].胡道静，校注.北京：中华书局，1957：62.

② 沈义父.乐府指迷[M]//夏承焘，等.词源注·乐府指迷笺释.北京：人民文学出版社，1963：69.

③ 张炎.词源[M]//夏承焘，等.词源注·乐府指迷笺释.北京：人民文学出版社，1963：9.

④ 赵令畤.侯鲭录[M]//宋元笔记小说大观.上海：上海古籍出版社，2001：2091.

⑤ 黄昇.花庵词选·唐宋诸贤绝妙词选[M].北京：中华书局，1958：122.

⑥ 永瑢，等.四库全书总目[M].北京：中华书局，1965：1811.

(《贺新郎·同父见和再用韵答之》)即可知之。岳珂说:"稼轩以词名,每燕,必命侍妓歌其所作……既而又作一《永遇乐》……特置酒召数客,使妓迭歌,益自击节……"[①]这就很可见稼轩在审音度律上颇有精益求精的精神,而且足以说明豪放与协律并不相互排斥。但是,与苏轼的"曲子中缚不住"同理,稼轩词也多是"文自为文,歌自为歌"。

通过以上辨析,我们可以得出这样的结论:豪放词人并非所作皆不协音律,切不能简单对待,但又确实是常有不为音律所拘的现象。宋人朱弁曾说:"章楶质夫作《水龙吟》咏杨花,其命意用事,清丽可喜,东坡和之,若豪放不入律吕。徐而视之,声韵谐婉,便觉质夫词有织绣工夫。"[②]可见,苏之咏杨花固然"若豪放"而实际上却"声韵谐婉"。同样,辛弃疾写大题材的《永遇乐》固豪放却无碍妓之"迭歌"。因此,那些"酒边兴豪,即引纸挥笔,动以东坡、稼轩、龙洲自况"的人,"拊几击缶,同声附和,如梵呗、如步虚,不知宫调为何物"。[③]是不应让苏、辛来为他们负责的。

王世贞说:"自金、元入主中国,所用胡乐,嘈杂凄紧,缓急之间,词不能按,乃更为新声而媚之。"[④]这就是宋代以后"一代之文学"转移到元曲领域的主要原因。金、元之曲是北方"里巷歌谣"与"胡夷之曲"的结合,互为表里,易于流播,在元朝更取代了词而渐成一代之盛。虽然宋末的浙江词人多努力于词乐建设,但入元之后,新声更替,势不可挽,词遂成为案头文学而与音乐无关了。至于明词,论家多有文体互淆之见,以为明曲太文而似词,明词太俗而似曲,这又岂无音乐的原因?清代虽是词的复兴期,甚至有人以为清词不亚于宋词,但不可否认的是:从文乐结合、词为倚声的角度论,脱离了音乐的清词,即使是婉约之作,也难以乐律相求,更何况是豪放词了!

六　豪放词的发展与评价

词自起始之时已有豪放之作。唐代敦煌曲子中的边塞词,多见爱国的英雄壮语,即便是"花间"词,亦有牛峤、孙光宪等类于唐人《塞下曲》之词,唐五代文人词中,李白《忆秦娥》、李煜降宋后所作,则以"气象"胜。

北宋先后有范仲淹和王安石等词人,以《渔家傲·秋思》、《桂枝香》等作开宋词的苍凉悲壮、感慨深沉之风。苏轼拓展词境、变革词风,以他的文坛领袖地位,又热心提携后进,影响所及,造就了蔚为壮观的元祐词林。黄庭坚、秦观、晁补之、张耒、陈师道、毛滂、贺铸即是其中的主要人物,其中多人都或多或少受到了苏轼的影响,使得在他之后的北宋豪放词不再是一二作手之所为。北宋灭亡后,苏词的影响流播南北,无论是南宋还是同时的金朝,都延续了他的词风。宋室南渡后,先有向子諲、陈与义、叶梦得、张元幹等人之变,随即有张孝祥、陆游、陈亮、刘过、刘克庄等,都继承了苏轼以

① 岳珂.桯史[M]//宋元笔记小说大观.上海:上海古籍出版社,2001:4358-4359.
② 朱弁.曲洧旧闻[M]//宋元笔记小说大观.上海:上海古籍出版社,2001:2993.
③ 仇远.玉田词题辞[M]//张炎.山中白云词.北京:中华书局,1983:164.
④ 王世贞.曲藻序[M]//中国古典戏曲论著集成(四).北京:中国戏剧出版社,1959:25.

词言志咏怀的传统。尤其是辛弃疾，将“哀怨起骚人”、“愤怒出诗人”实践于自己的词作中，且前有先行，后有继者，造就了真正的豪放词派，使之能与姜夔、史达祖、吴文英等人所代表的格律派并行而争胜。此后直到宋亡时的刘辰翁、文天祥，也迸发出与周密、王沂孙、张炎不同的声音。相应的理论阐发，则先后有王灼、曾慥、胡仔、胡寅等人对苏轼词的肯定、揄扬，以及范开、刘克庄、刘辰翁等人对辛弃疾词的理解、赞誉。

由于金朝地处北方，山川、气候、生活、风俗都与南方不同，本为南方文学的词，因北方的“江山之助”而渐生“北风”，加之苏学盛于北，苏词的豪放雄奇与“深裘大马之风”相融，遂开金源之盛，吴激、蔡松年、赵秉文、完颜璹、折元礼等，多有豪放词的佳作。因遭逢国变，段克己、段成己昆仲之词常见黍离之悲，元好问更在词中寄托陆沉之痛，悲慨有力、沉郁顿挫，可显见对豪放词创作的自觉意识。就金朝的词学理论言，也明显可见对苏轼及豪放派的推崇。如王若虚对人谓苏轼“短于情”的辨析，肯定了苏轼作为高人逸士的情感与雅趣，他的“天资不凡，辞气迈往”，以及以诗为词的变革。至于元好问对苏轼及豪放派的评价，前面已引，兹不赘述。

元朝虽以曲为一代之盛，但是词的创作仍在继续，由于海内混一，南宋与金持续不断的爱国词创作也逐渐消歇。词乐不传，北曲大兴，原来尤重女声、长于艳情的词，转移到了曲的领域，词失去“应歌”而多“男子闺音”的代言功能，作为案头文学，真正成为了文士的抒情诗。而因元朝统治者对汉文化的接受远非金朝可比，民族压迫、歧视持续甚久，“九儒十丐”的社会形成了特殊的生存环境，使得文人词创作发生了显见的题材转移。无论是婉约派所长的艳情词，抑或豪放派所作的爱国词，在元人的笔下，都渐消踪影，代之以隐逸词、山水词大兴，而这二者又与怀古有着天然的联系，终成元词内容的鼎足之分。元代隐逸词的旷达、平淡，山水词的健劲雄浑、气势磅礴，怀古词的掩抑低回、悲凉伤恸，确与宋代有别。至于理论对创作的导向，则可见刘将孙《胡以实诗词序》对“情性”的重视，刘敏中序张养浩《江湖长短句》对苏辛地位的肯定。

明代之初，刘基、陶安、高启等因元末动乱、志在天下而有慷慨激烈、风劲骨健之词。而前因朱元璋、朱棣实行文化专制政策，大兴文字狱，进而推行特务统治；后因君主贪图享受，耽于逸乐，致使宦官擅权、厂卫横行，文人动辄得咎，精神大受戕害；加以王学左派倡自然人性，在程朱理学长期压抑下大力反弹。故此，词人多沉浸于醇酒妇人，词作亦多写闺闼侧艳。直到明末及南明时期，才因国势飘摇、身历动乱而有名臣志士如孙承宗、卢象升、张煌言、屈大均、陈子龙、夏完淳等人或壮烈激越或沉痛悲抑之作。明代的词论普遍“主情”，因认为声色发乎情性、由于自然，男女之情自然是为词之所倡，即如陈子龙，也认为词为体纤弱、为境婉媚，故不宜于“慨”“亢”之情。但是，在明人讨论较多的正变问题上，亦有主流以外的声音，如俞彦就推尊苏轼之词，陈霆尤重张孝祥、辛弃疾、文天祥、白朴等人的伤时怀古之作。

清朝是词的中兴期，既因于这一朝代的文化集成，又因于词的抒情功能大为发扬。清词极盛，就地域性的词派和群体言，清初有云间派及其馀响，有西泠十子、柳州词派、京师词坛、岭南三家，有广陵、毗陵、梁溪词人群，更大的流派是以陈维崧为首的阳羡派，稍后则有朱彝尊所创的浙西派；清中叶浙派继盛，清初诸派之词风或继续发展，或流衍、变化为新派，随即兴起以张惠言、周济为先后领袖的常州词派逐渐取代了浙西派的地位，持续直至近代。就词人而言，前有吴伟业、毛奇龄、曹尔堪、王士禛、彭孙遹、龚鼎孳、"京华三绝"（曹贞吉、顾贞观、纳兰性德）等；中有浙派的厉鹗、王昶，以及郑燮、蒋士铨、黄景仁等；后有龚自珍、蒋春霖、项鸿祚、谢章铤、谭献等；晚近则有王鹏运、文廷式、朱孝臧、郑文焯、况周颐、王国维等。此外，清代的词人中，尚有一枝成就甚高的女词人队伍。前期的鼎革之际，后期的外来侵略，都激起强烈的民族意识，豪放（包括雄浑、悲慨、怨愤、沉痛等）词风得以赓续发扬，甚而超越宋代，众多词人都突破了"艳科"之限，留下了豪放、阳刚的名篇，尤其是出现了存词1 600首、被视作"青兕"后身的陈维崧，为整个豪放词史留下了浓重的笔墨。以至于近代的蒋兆兰能综观宋以来豪放词的发展流程，高度肯定了陈维崧的贡献："宋代词家，源出于唐五代，皆以婉约为宗。自东坡以浩瀚之气行之，遂开豪迈一派。南宋辛稼轩，运深沉之思于雄杰之中，遂以苏、辛并称。他如龙洲、放翁、后村诸公，皆嗣响稼轩，卓卓可传者也。嗣兹以降，词家显分两派，学苏、辛者，所在皆是。至清初陈迦陵，纳雄奇万变于令慢之中，而才力雄富，气概卓荦。苏、辛派至此可谓竭尽才人能事……"①

历代的评论家们对豪放词是如何认识、评价的呢？我们择要以观之。

词自诞生之初，就确乎存在不同于诗的"体性"特征。敦煌曲子词虽反映生活面较广，风格较多样，但作为文人词结集的"花间"词就以"柔丽"为宗，张炎《词源》所说的"簸弄风月，陶写性情，词婉于诗"，其实就是对"花间"潜势力的认可。因此，苏轼的豪放词出，陈师道、李清照皆持异议，李之仪则非针对性地作感慨："长短句于遣词中，最为难工，自有一种风格，稍不如格，便觉龃龉。"② 尽管胡寅、王灼、胡仔、陆游、刘辰翁、王若虚、元好问等宋金论家都推崇东坡词，但直到明清时期，仍然难以扭转传统的看法。如张綖，虽承认婉约、豪放为词体"大略"，却又认为"以婉约为正"。王世贞说："之诗而词，非词也。之词而诗，非诗也。言其业，李氏、晏氏父子、耆卿、子野、美成、少游、易安至矣，词之正宗也。温、韦艳而促，黄九精而险，长公丽而壮，幼安辨而奇，又其次也，词之变体也。"③ 此说置苏轼于整个词史而论之，显然是坚持诗词各有疆界，反对"以诗为词"的，故以九人为词之正宗，五人为词之变体，苏轼的"丽而壮"偏在气象恢宏的阳刚一侧，显然不合于婉约的正宗词风。王士禛欣赏的是苏轼的婉约词而非豪放："枝上柳绵，恐屯田缘情绮靡，未必能过。孰谓坡但解作大江东去耶，髯直是轶伦绝群。"④ 贺裳也说："苏子瞻有铜琶铁板之讥，然其浣溪沙春闺曰：'彩索身轻常趁燕，红窗睡重不闻莺'，如此风调，令十七八女郎歌之，岂在'晓风残月'之下。"⑤这些都说明人们心目中以婉约为正的观念是多么根深

① 蒋兆兰．词说[M]//唐圭璋．词话丛编．北京：中华书局，1986：4632.

② 李之仪．跋吴思道小词[M]//姑溪居士全集．丛书集成初编本：310.

③ 王世贞．艺苑卮言[M]//唐圭璋．词话丛编．北京：中华书局，1986：385.

④ 王士禛．花草蒙拾[M]//唐圭璋．词话丛编．北京：中华书局，1986：680.

⑤ 贺裳．皱水轩词筌[M]//唐圭璋．词话丛编．北京：中华书局，1986：696–697.

蒂固。对南宋豪放词代表辛弃疾的评价，同样如此。即如辛派后劲的刘克庄，在称道稼轩“大声鞺鞳，小声铿鍧，横绝六合，扫空万古”的同时，还要强调“其秾纤绵密者，亦不在小晏、秦郎之下”。直到近人夏承焘评辛词，仍看到“肝肠如火”、“色笑如花”的两面。辛的豪放词数量远过于苏，更见悲歌慷慨、激扬奋厉，后人尚不忘其昵狎温柔之作，可见论者对词的独特体性是多么看重。

俞平伯说：“词在最初已走着一条狭路，此后历南唐两宋未尝没有豪杰之士自制新篇，其风格题材每轶出《花间》的范围，但其为‘诗客曲子词’的性质却没有改变，亦不能发生有意识的变革。《花间》的潜势力依然笼罩着千年的词坛。”①既如此，以婉约为正、豪放为变，且崇正抑变的观念，就成了论词的主调之成因。南宋王炎说：“今之为长短句者，字字言闺阃事，故语懦而意卑。或者欲为豪壮语以矫之。夫古律诗且不以豪壮语为贵，长短句命名曰曲，取其曲尽人情，惟婉转妩媚为善，豪壮语何贵焉。”②这是一段颇具代表性的话。明清时仍多持这种观点而申其抑扬之见。如何良俊《草堂诗余序》云：“乐府以皦迳扬厉为工，诗余以婉丽流畅为美……如周清真、张子野、秦少游、晁叔用诸人之作，柔情曼声，摹写殆尽，正词家所谓当行、所谓本色者也。”③王士禛《倚声初集序》更明确作了正、变的区分：“诗余者，古诗之苗裔也。语其正，则璟、煜为之祖，至漱玉、淮海而极盛，高、史其大成也；语其变，则眉山导其源，至稼轩、放翁而尽变，陈、刘其馀波也。”④沿传统的正变观审视词史，正、变之分实又含褒贬之意。彭孙遹的判断可谓言简意赅：“词以艳丽为本色，要是体制使然”，⑤可见“诗庄词媚”的观念是多么牢固！

尽管传统眼光、势力是如此，论家们却毕竟看到了豪放词的独特贡献，并承认其历史地位。颇具权威性的《四库全书总目提要》之评苏、辛词，堪称持平之见。其《东坡词提要》云：“词自晚唐五代以来，以清切婉约为宗。至柳永而一变，如诗家之有白居易。至轼而又一变，如诗家之有韩愈，遂开南宋辛弃疾等一派。寻源溯流，不能不谓之别格，然谓之不工则不可。故今日尚与《花间》一派并行，而不能偏废。”⑥《稼轩词提要》云：“弃疾词慷慨纵横，有不可一世之概，于倚声家为变调，而异军特起，能于剪翠刻红之外，屹然别立一宗，迄今不废。”田同之不从“体制”而就“性情”论词之“本色”，能突破传统的正变观：“填词亦各见其性情，性情豪放者，强作婉约语，毕竟豪气未除；性情婉约者，强作豪放语，不觉婉态自露。故婉约自是本色，豪放亦未尝非本色也。”⑦沈祥龙则从词之内容、题材言婉约、豪放之所宜：“词有婉约，有豪放，二者不可偏废，在施之各当耳。房中之奏，出以豪放，则情致绝少缠绵。塞下之曲，行以婉约，

① 俞平伯．唐宋词选释[M]//俞平伯全集．石家庄：花山文艺出版社，1997：152.
② 王炎．双溪诗余自序[M]//施蛰存．词籍序跋萃编．北京：中国社会科学出版社，1994：302.
③ 何良俊．草堂诗余序[M]//施蛰存．词籍序跋萃编．北京：中国社会科学出版社，1994：670.
④ 王士禛．倚声初集[M]//邹祗谟，王士禛．续修四库全书第1729册：164.
⑤ 彭孙遹．金粟词话[M]//唐圭璋．词话丛编．北京：中华书局，1986：723.
⑥ 永瑢，等．四库全书总目[M]．北京：中华书局，1965：1808–1809.
⑦ 田同之．西圃词说[M]//唐圭璋．词话丛编．北京：中华书局，1986：1455.

则气象何能恢拓。苏、辛与秦、柳，贵集其长也。”[①]所说极为通达。

近代以来，词虽因史而变、能真成周济所说的“词亦有史”，却仍难超越常州派区正变、崇比兴的观念，与诗界的同光体相似，词界“学梦窗者几半天下”（吴梅语），于是，先后有梁启超、王国维、胡适、胡云翼等大力弘扬稼轩词及豪放派。六十年前，确立了评价古代文学的人民性、现实主义标准，则渐使婉约与豪放的风格之争，变为了失当的逆流、主流之辨，终致“文革”结束后、新时期的词学研究竟然是始于对这一问题的重新认知。本来，苍松翠柏与丛篆幽花是各有其美，双峰并峙、二水分流有何不可？对于词的豪放与婉约不妨作如是观。本着这一认识，十一年前，笔者与门下诸生写成《豪放词萃》一书，深得教学相长之乐。今又蒙上海交大出版社不弃，约写本书。全书所选之词由刘兴晖、谷卿作注，经本人审订。本篇前言系本人撰写，并汲取了赵晓岚、周韬所论，在此一并说明并表感谢。我们衷心希望读者能喜欢本书，恳切期待读者的批评。

（原载《豪放词三百首》，为该书前言，上海交大出版社2012年出版）

① 沈祥龙.论词随笔[M]//唐圭璋.词话丛编.北京：中华书局，1986：4049.

宋代的俗词

通常有诗庄、词媚、曲俗一说，曲体之俗似无疑问（其实明人传奇亦多雅制，汤沈之争实有雅俗之别），而诗之庄与词之媚，则很难作出雅俗的判断。不过，从文体的发展看，似乎一直都存在雅俗的抉择与归向问题，以宋词言，雅词应是大端，但俗词也不少，本文主要择黄庭坚、秦观、辛弃疾、蒋捷四家而论之。

一

词起于宫廷，王世贞《艺苑卮言》论其渊源云："盖六朝诸君臣，颂酒赓色，务裁艳语，默启词端，实为滥觞之始。""务裁艳语"本应偏雅，却由于文乐互为表里，在词体真正生成的盛唐，此时燕乐之盛，使之由兼备雅俗向偏之于俗发展。丘琼荪说：

> 燕乐是雅俗兼施的，上自郊庙朝廷之所谓"雅"，下至陌头里巷之所谓"俗"。其中有中原乐，有边疆民族乐，也有外族乐；有歌，有舞；有新，有旧；应用的范围既很广泛，性质和内容又较复杂。事实上，典礼中用得少，日常娱乐，尤其是广大的民间用得多。一切民间乐曲，可称无一不在燕乐范围之中，所以"燕乐"二字，在唐以后便成为俗乐的代名词了。①

虽说唐五代的文人词尚多雅制，但此期的民间词则多趋于俗。王重民说，敦煌曲子词主要写"边客游子之呻吟，忠臣义士之壮语，隐君子之怡情悦志，少年学子之热望与失望，以及佛子之赞颂，医生之歌诀，莫不入调。其言闺情与花柳者，尚不及半"②。其作者多为乐工歌妓、商贾游子、征人思妇、工匠医师、僧人隐士，以及文人学士等，具有显见的民间性、群众性。其作品的最主要特点就是朱祖谋所说的"朴拙"，赵尊岳《云谣集杂曲子跋》仅言《云谣集》：

> 此三十首，或出于歌楼酒人之口吻，或即为伎家操索之群工，见有旧谱，为撰新歌，率意取男女爱悦伤离惜别之情事，纬之以音节，被之于歌筵。推其用心，正不在文字之求工，而务合于管色。乃此不必求工之作，有天籁以传其至情，有风会以范其文字，适以近俗之便，遂极行远之长。一时闻者既加激赏，阅世久远，更令读者惊其朴茂，争相著录，此固为当日作者之所不及料也。①

① 丘琼荪．燕乐探微[M]．隗芾，辑补．上海：上海古籍出版社，1989：5.

② 王重民．敦煌曲子词集·叙录[M]．北京：商务印书馆，1956：17.

任二北概言全部敦煌曲子词：

> 从敦煌曲之内容、作者、修辞、体制各方面看，俨然汉魏之相和歌辞也。由汉魏相和歌辞，到明清小曲，在取材与修辞上，竟有确切一贯之处，赖敦煌曲之居间，遂尔明显证实。此乃我国民间文学史上，以前未发现之现象，颇耐寻味。
>
> 敦煌曲内容之反战争者，与盛唐反战争之诗篇，作用无殊；而质朴、生动处，或尤过之。因此，二者之写作可能同时；而此种有声之辞，广被于当时之民间里巷，乃至传入宫廷甲第之中，较文人所作之徒诗、哑诗，流行更广，力量尤大，价值自高。②

五代的西蜀、南唐，以及北宋前期文人词，所走的不是敦煌曲子一路。只有仁宗时的柳永，因一度留恋汴京，沉迷青楼，市井文化使其词具有“骫骳从俗”特点，与作为主流的士大夫词迥异，尽管柳词亦具“宋玉情结”，不乏“唐人高处”，但人们更认可的是其俚俗。其词具有极大的受众，甚至远传西夏，“凡有井水饮处，皆能歌柳词”，因此可以说，柳永词是北宋由雅返俗的重要代表，标志着否定之否定规律主导下本阶段词发展的完成。

作为士大夫雅文化代表的苏轼，针对柳永之变而有意于别树旗帜，明确表达了对秦观学柳词的不满。与此同时，他一方面汲取柳永慢词之长，另一方面则“以诗为词”以提高意格。苏轼的“诗人之词”，人多以之“要非本色”，难得普遍认同，但由于其文坛领袖的地位及号召力，亦对其门下及当时的词人产生了一定影响。

苏门诸子对苏轼革新词体看法不一，对词人词作的评价也不同，可总体上对词的诗化都有不同程度的接受，尤其是黄庭坚，非但在诗歌创作上与苏轼并称，而且在词作上也有近于苏轼“以诗为词”之处。不过，正如论诗的“夺胎换骨”、“点铁成金”一样，黄庭坚为词也多方师承，且能自出面目，体现出雅俗结合、变化甚多的特点。苏籀评说苏门俊彦，首论山谷：“黄太史纤秾精稳，体趣天出，简切流美，能中之能，投弃锜斧，有佩玉之雍容。”③而同出苏门者则所见歧异，如陈师道在认为苏轼“以诗为词”“要非本色”同时，以“今代词手唯秦七、黄九”，④ 而晁补之却以黄庭坚“间作小词，固高妙，然不是当行家语，是著腔子唱好诗”。⑤

平心而论，黄庭坚词中的佳者，如刘熙载所说，是“用意深至，自非小才所能办”，⑥其中不乏刻意学苏词之处。如《念奴娇》(断虹霁雨)与《水调歌头》(瑶草一何碧)二首都可见苏轼“以诗为词”的清雄豪壮之风。有的虽非显学苏轼，却在“以诗为词”上具

① 赵尊岳．金荃玉屑·读词杂记[J]．同声月刊，1942，1(10)：94．

② 任二北．敦煌曲初探[M]．上海：上海文艺联合出版社，1954：19．

③ 苏籀．书三学士长短句新集后[M]//双溪集．北京：中华书局，1985：152．

④ 陈师道．后山诗话[M]//何文焕．历代诗话．北京：中华书局，1981：309．

⑤ 吴曾．能改斋漫录[M]．上海：上海古籍出版社，1979：469．

⑥ 刘熙载．艺概[M]．上海：上海古籍出版社，1978：108．

有一致性。如《水调歌头》(落日塞垣路),非仅境界开阔,气氛苍凉,而且具有咏史诗的针砭意旨与冷隽的讽刺手法,句法亦与诗歌为近。

唐诗丰润而意境圆融,宋诗瘦劲而长于理趣,而宋诗的这一面貌,又与黄庭坚颇有关系。王灼以山谷词学东坡"韵致得七八",主要指其沿苏轼"以诗为词"一路,而结果则是因其诗而成其词的特殊风格。明人张綖在对比黄、秦时拈出:"陈后山云:'今之词手,惟有秦七、黄九。'谓淮海、山谷也。然词尚丰润,山谷特瘦健,似非秦比。"[①]王世贞则对几位词坛大家评论道:"温韦艳而促,黄九精而险,长公丽而壮,幼安辨而奇,又其次也,词之变体也。"[②] 合张綖与王世贞之见,山谷词的风格可概括为瘦健精险四字。因为词尚丰润,山谷与之异趣,故又被认为是桀骜不驯。陈廷焯即云:"黄鲁直词,乖僻无理,桀傲不驯;然亦间有佳者。"[③] 此类词如《醉落魄》(陶陶兀兀),表休争名利、忘怀忧乐,当学白居易、谢安携妓而游之意,而写法与一般的词大异,其警世式的语言,说理与示象的结合,加以入声字的运用,都很见"险"而"劲",确令人有桀傲不驯之感。《渔家傲》组词,也是说理之作,毛晋认为是"借题棒喝,拈示后人","岂其与桃叶、团扇斗妖艳耶"[④]。录二首:

> 三十年来无孔窍,几回得眼还迷照。一见桃花参学了。呈法要,无弦琴上单于调。　　摘叶寻枝虚半老,拈花特地重年少。今后水云人欲晓。非玄妙,灵云合破桃花笑。

> 忆昔药山生一虎,华亭船上寻人渡。散却夹山拈坐具。呈见处,系驴橛上合头语。　　千户垂丝君看取,离钩三寸无生路。蓦口一桡亲子父。犹回顾,瞎驴丧我儿孙去。

前一首演《景德传灯录》卷一一福州灵云志勤禅师三十年见桃悟道一事,后一首演《五灯会元》卷五华亭船子和尚事。此组词确与以缘情为当行本色的词大异,"借题棒喝,拈示后人",显见精奇、险劲,宜于以"桀傲不驯"评之。葛兆光认为,禅宗在语言学上具有显著转变的特点:"……是经典中的书面语言被生活中的日常语言所替代,生活中的日常语言又被各种特意变异和扭曲的语言所替代,这种语言又逐渐转向充满机智和巧喻的艺术语言……最后,中国特殊的知识语境与社会背景,又使这一思想领域内的宗教语言,逐渐演变成了文学中的语言艺术与语言游戏……"[⑤] 这正是悦禅的文人诗文由雅而俗的原因之一,对黄庭坚的《渔家傲》组词亦可如此观照。

---

① 张綖.淮海居士长短句跋[M]//施蛰存.词籍序跋萃编.北京:中国社会科学出版社,1994:74.

② 王世贞.艺苑卮言[M]//唐圭璋.词话丛编.北京:中华书局,1986:385.

③ 屈兴国.白雨斋词话足本校注[M].济南:齐鲁书社,1983:623.

④ 毛晋.山谷词跋[M]//施蛰存.词籍序跋萃编.北京:中国社会科学出版社,1994:87.

⑤ 葛兆光.中国思想史[M].上海:复旦大学出版社,2004:92-93.

宋人论山谷词，尚未言其俚俗，而如李清照之谓其“尚故实而多疵病”，则未得其实，直到散曲经元明两代发展，才在清代有人指出山谷词近于俳狎，与柳永并开曲体之先。如刘体仁云：“柳七最尖颖，时有俳狎，故子瞻以是呵少游。若山谷亦不免，如‘我不合太㨥就’类，下此则蒜酪体也。”①郑方坤《论词绝句》云：

随风柳絮剧颠狂，浅淡梅妆体自香。纵笔俳谐怪黄九，早将院本露春光。

其原注进而说：“山谷情至之语，风雅扫地。又多阑入俚词，殆为北曲兆先声矣。”②李调元《雨村词话》也有“山谷词酷似曲”之说，且作例举。试看山谷之《渔家傲》：

踏破草鞋参到老，等闲拾得衣中宝。遇酒逢花须一笑。重年少，俗人不用嗔贫道。　　是处青旗夸酒好，醉乡路上多芳草。提着葫芦行未到。风落帽，葫芦却缠葫芦倒。

再如《卜算子》，设问而自答，多用口语：

要见不得见，要近不得近。试问得君多少怜，管不解、多于恨。　　禁止不得泪，忍管不得闷。天上人间有底愁，向个里、都谙尽。

《步蟾宫》更见语言俚俗：

虫儿真个恶灵利，恼乱得、道人眼起。醉归来、恰似出桃源，但目断、落花流水。　　不如随我归云际，共作个、住山活计。照清溪，匀粉面，插山花，算终胜、风尘气味。

《江城子》因用口语、叠句而极其生动：

新来曾被眼奚搐。不甘伏，怎拘束。似梦还真，烦乱损心曲。见面暂时还不见，看不足、惜不足。　　不成欢笑不成哭。戏人目，远山蹙。有分看伊，无分共伊宿。一贯一文跷十贯，千不足、万不足。

《归田乐引》同样是多用口语而作代言：

对景还销瘦。被个人、把人调戏，我也心儿有。忆我又唤我，见我，嗔我，天

① 刘体仁.七颂堂词绎[M]//唐圭璋.词话丛编.北京：中华书局，1986：622.
② 郑方坤.蔗尾诗集[M]//孙克强.唐宋人词话.郑州：河南文艺出版社，1999：288.

甚教人怎生受。 看承幸厮勾，又是尊前眉峰皱。是人惊怪，冤我忒撋就。拚了又舍了，一定是这回休了，及至相逢又依旧。

有的是俗事与俗语兼到，如《鼓笛令·戏咏打揭》：

酒阑命友闲为戏，打揭儿、非常愜意。各自输赢只赌是。赏罚采、分明须记。 小五出来无事，却跋翻和九底。若要十一花下死，管十三、不如十二。

柳永俗词所写为俗事，黄庭坚亦如此，且其用俗语者远多于柳永。如《千秋岁》由叙述转为最后女子的俗语自道：

世间好事，恰恁厮当对。乍夜永，凉天气。雨稀帘外滴，香篆盘中字。长入梦，如今见也分明是。 欢极娇无力，玉软花欹坠。钗罥袖，云堆臂。灯斜明媚眼，汗浃瞢腾醉。奴奴睡，奴奴睡也奴奴睡。

对于山谷词的俚俗，宋翔凤从柳永俗词的"便于伎人传唱"说起，而认为山谷"尤俚绝，不类其诗，亦欲便歌也"。[①] 此说应是在理的。由于当时诗人之词已经与妓人之词脱离，黄庭坚亦如柳永，其词也明显分为雅俗二类，如果说其雅词带有其诗的特点，则其俗词近于后出之曲。因为山谷词的雅俗分野太显著，山谷又身为士大夫，而非柳永的市井行径，故其俗词多为后人所不受。谢章铤称其较柳七的尖颖、俳狎更甚，"于俳狎中更见鹘突"，[②] 而刘熙载则说他"故以生字俚语侮弄世俗，若为金、元曲家滥觞"。[③]

秦观是最为本色当行的词人之一，一直得到较高的评价。晁补之《评本朝乐章》说："近世以来，作者皆不及秦少游。"[④]张炎亦云："旧有刊本《六十家词》，可歌可诵者，指不多屈。中间如秦少游、高竹屋、姜白石、史邦卿、吴梦窗，此数家格调不侔，句法挺异，俱能特立清新之意，删削靡曼之词，自成一家，各名于世。"[⑤]此外的五家仅秦观为北宋人，馀皆南宋。直到张惠言创常州词派，其《词选序》仍将秦观列入文质兼备、最高等级的八人之中。秦观词因其俊逸清新、和婉醇正，故能情韵兼胜。而实际上秦词也有近于黄庭坚的俚俗之处。陈廷焯即指出："少游名作甚多，而俚词亦不少，去取不可不慎。"[⑥]

此处不论秦观情韵兼胜的雅词，而录其俚俗之作。《满园花》：

---

① 宋翔凤.乐府馀论[M]//唐圭璋.词话丛编.北京：中华书局，1986：2499.

② 谢章铤.赌棋山庄词话[M]//唐圭璋.词话丛编.北京：中华书局，1986：3323.

③ 刘熙载.艺概[M].上海：上海古籍出版社，1978：108.

④ 吴曾.能改斋漫录[M].上海：上海古籍出版社，1979：469.

⑤ 张炎.词源[M]//夏承焘，等.词源注·乐府指迷笺释.北京：人民文学出版社，1963：9.

⑥ 屈兴国.白雨斋词话足本校注[M].济南：齐鲁书社，1983：68.

一向沉吟久。泪珠盈襟袖。我当初不合苦挪就。惯纵得软顽，见底心先有。行待痴心守，甚捻着脉子，倒把人来僝僽。 近日来非常罗皂丑，佛也须眉皱。怎掩得众人口？待收了孛罗，罢了从来斗。从今后，休道共我，梦见也、不能得勾。

《河传》：

恨眉醉眼，甚轻轻觑着，神魂迷乱。常记那回，小曲阑干西畔。鬓云松、罗袜刬。 丁香笑吐娇无限，语软声低，道我何曾惯。云雨未谐，早被东风吹散。闷损人、天不管。

《品令》二首：

幸自得。一分索强，教人难吃。好好地、恶了十来日。恰而今、较些不？
须管啜持教笑，又也何须肐织。衠倚赖、脸儿得人惜，放软顽、道不得。

掉又惧。天然个品格，于中压一。帘儿下、时把鞋儿踢，语低低、笑咭咭。
每每秦楼相见，见了无门怜惜。人前强、不欲相沾识。把不定、脸儿赤。

秦观还有《调笑令》“十首并诗”，以一诗一词相间，每首咏一事，共咏十事。当时在汴京流行《调笑转踏》，王国维《宋元戏曲考》据吴自牧《梦粱录》云：“北宋之转踏，恒以一曲连续歌之。每一首咏一事，共若干首则咏若干事。”①秦观此组作品显然是受到民间乐曲的影响，或为艺人演唱之求而作，虽语言不俗，所采用的形式，却是行于瓦肆的民间技艺。

黄庭坚具有强烈的革新意识，他对宋诗的贡献自不待言，就雅俗结合而言，也继续梅尧臣所说，并出以形象的比喻：“盖以俗为雅，以故为新，百战百胜，如孙、吴之兵，棘端可以破镞，如甘蝇、飞卫之射，此诗人之奇也。”②他还说：“……渊明之拙与放，岂可为不知者道哉……说者曰：若以法眼观，无俗不真；若以世眼观，无真不俗。渊明之诗，要当与一丘一壑者共之耳。”③而所云：“作诗正如杂剧，初时布置，临了须打诨，方是出场。”④更可见黄庭坚在诗歌创作中对俗文学的杂剧的学习、汲取。他的诗也常先说些难以理会的话，再着意挑明，类似于杂剧手法，或禅宗说法。这种写法，确能收到以奇破常的效果，一创自己的面貌。

---

① 王国维．宋元戏曲考[M]//王国维遗书：第15册．上海：上海古籍书店，1983：27.
② 黄庭坚．再次韵杨明叔小序[M]//豫章黄先生文集．四部丛刊本．
③ 黄庭坚．题意可诗后[M]//豫章黄先生文集．四部丛刊本．
④ 孔平仲．谈苑[M]//宋元笔记小说大观．上海：上海古籍出版社，2001：2273.

同样，秦观也对俗文学颇感兴趣，喜记载野闻，据其《逆旅集序》云，因所集“虽有先王之余论，周孔之遗言，而浮屠老子、卜医梦幻、神仙鬼物之说猥杂于其间”，引起人家的质疑。对此，他辩解道：“仆，野人也，拥肿是师，懈怠是习，仰不知雅言之可爱，俯不知俗论之可卑。偶有所闻，则随而记之耳，又安知其纯与驳耶？然观今世人，谓其言是，则矍然改容，谓其言信，则适然以喜，而终身未尝信也。则又安知彼之纯不为驳，而吾之驳不为纯乎？”①其实，“仰不知雅言之可爱，俯不知俗论之可卑”只是托词，对野闻的兴趣，真实见出了秦观对俗文学的态度。故其词亦如黄庭坚，也有俚俗之作。

黄秦虽皆有俗词，但黄多而秦少，且黄词更见俚俗，其打诨插科、俳狎俚艳之作能一脱文人情调而见感情直切，颇有谐趣，有生新活泼之貌，易于为下层所传唱，当是其所长。但也因以俗为雅而过犹不及，太追求新奇而用生僻的方言、俗语，反而使语言生硬、表意难明，其特殊的俚俗手法，也落入艰涩、凑逗之弊。所以，诸多论者的批评都是较为正确的。

二

陈师道为江西诗派“三宗”之一，但诗词之名却不称。晁补之的词与苏轼较近，故王灼云：“晁无咎、黄鲁直皆学东坡，韵致得七八。”②毛晋跋其词曰：“无咎虽游戏小词，不作绮艳语。”③在苏门四学士、六君子之外，还有与苏轼相交，或受教于苏轼的词人，如：李之仪、赵令畤、毛滂、王安中，以及僧人仲殊、惠洪，但他们在词史上的地位都不太高。

北宋后期词人中当以贺铸、周邦彦的艺术成就最高。贺为北宋名家，黄庭坚《寄贺方回》诗云：“少游醉卧古藤下，谁与愁眉唱一杯？解道江南断肠句，只今惟有贺方回。”至于周邦彦，陈郁说：“二百年来乐府独步，贵人学士市儇妓女，知美成词为可爱。”④陈廷焯更认为：“词至美成，乃有大宗。前收苏、秦之终，复开姜、史之始，自有词人以来，不得不推为巨擘。后之为词者，亦难出其范围。”⑤

贺、周所作多雅词，而宋徽宗时期，除颂圣贡谀的大晟词外，谐谑词也颇盛。哲宗“绍述”后，官僚集团内部斗争愈加激烈，徽宗时期政治更加腐败，逢迎者得宠，直言者遭殃，作谐谑词遂成为一种发泄的途径。另外，宋徽宗虽有很高的文艺修养，却耽淫乐、好俗艳，擅长淫媟谑浪之语者，很能得其欢心，蔡京之子蔡攸，先后官至宰相的王黼、李邦彦，都以“善谑”著称，因此，词之向俗的方向发展，确实又有君主

---

① 秦观．逆旅集序[M]//徐培均．淮海集笺注．上海：上海古籍出版社，2000：1258.

② 岳珍．碧鸡漫志校正[M].成都：巴蜀书社，2000：34.

③ 毛晋．琴趣外篇跋[M]//施蛰存．词籍序跋萃编．北京：中国社会科学出版社，1994：90.

④ 陈郁．藏一话腴：外编卷上[M].四库全书本．

⑤ 屈兴国．白雨斋词话足本校注[M].济南：齐鲁书社，1983：74.

所好的原因。

《中吴纪闻》卷六载，宣和初，“俄有旨令士人结带巾，否则以违制论。士人甚苦之”，故有谑词《结带巾》之作：

> 头巾带，谁理会？三千贯赏钱新行条制。不得向后长垂，与胡服相类。法甚严，人尽畏，便缝阔大带向前面系。和我太学先辈，被人叫保义。[①]

同卷《朱氏盛衰》则，说朱勔主持花石纲事大肆扰民害民，其败后，有人作谑词云：

> 做园子，得数载，栽培得那花木，就中堪爱。特将一个保义酧劳，反做了今日殃害。　　诏书下来索金带，这官诰看看毁坏。放牙笏便担屎担，却依旧种菜。

又云：

> 叠假山，得保义，幞头上带著百般村气。做模样偏得人憎，又识甚条制。今日伏惟安置，官诰又来索气。不如更叠个盆山，卖八文十二。[②]

《中吴纪闻》又云：“徽宗即位，下诏求直言”，结果廷对时陈直言者，“唱名日，有旨驳放”，还被卫士击落数齿。因“时上书及廷试直言者俱得罪”，京师遂传谑词《滴滴金》：

> 当初亲下求言诏，引得都来胡道。人人招是骆宾王，并洛阳年少。　　自讼监官并岳庙，都一时闲了。误人多是误人多，误了人多少。[③]

谐谑词属于俗词，上引《中吴纪闻》嘲朱勔的二首，调名已佚，应是同一调，二词格律不同，对照之下，可见此类俗词多衬字之用，类于敦煌曲子词。至于谐谑词的俚言俗语、巧比妙喻、透辟尖新，也在艺术上成为了元曲的先导。

在靖康事变中，从上到下都饱尝颠沛流离之苦，从感情到观念都发生了很大的变化，从而也影响到文艺创作。因国变家亡，此期之词自难继续浅斟低唱、花前月下的传统，也无法推敲字面、钻研声律，既突破了狭义的“缘情”，又难顾其倚声而唱的性质，使得被大晟词人所规范过的词风，不期然而然地向苏轼的“以诗为词”转化。后又渐生雅词一派：“南渡初以至光、宁，士大夫涉笔诗余者。标尚如此，略如诗有江西派。然石湖、放翁，润以文采，要为乐而不淫，以自别为诗人旨格。曾端伯乐府雅词，

① 龚明之．中吴纪闻[M]//宋元笔记小说大观．上海：上海古籍出版社，2001：2917.

② 龚明之．中吴纪闻[M]//宋元笔记小说大观．上海：上海古籍出版社，2001：2916.

③ 龚明之．中吴纪闻[M]//宋元笔记小说大观．上海：上海古籍出版社，2001：2894.

是以此意裁别者。白石老人,此派极则,诗与词几合同而化矣。"①在这一过程中,又出现了辛弃疾一派。辛弃疾是词中之龙,所作多如自己所云:"我辈从来文字饮,怕壮怀激烈须歌者。"(《贺新郎》)但另有一类,则属谐谑之词,如论者谓:"在辛稼轩的词集里,俳谐体或带有俳谐意味的词约有六十来首,占其词总数的十分之一左右。"②

辛弃疾的门生范开曾说,稼轩"苟不得之于嬉笑,则得之于行乐;不得之于行乐,则得之于醉墨淋漓之际"。③张炎《词源》亦云稼轩词"非雅词也,于文章馀暇,戏弄笔墨为长短句之诗耳"。④张炎从词之雅正观念批评稼轩词的出格、变调,范开则欲强调其师的"意不在作词"而只作为"陶写之具",旨在表现其气之所充的英爽豪迈,话说过了头,却造成对"以毕生精力注之"⑤的辛词的误解,以至于周辉亦云:"稼轩乐府,辛幼安酒边游戏之作也。词与音协,好事者争传之",以为"一时戏谑,风调不群"。⑥可这又毕竟让人从一个角度看到了辛词多俳谐体的现象。

王国维说:"诗人视一切外物,皆游戏之材料也。然其游戏,则以热心为之。故诙谐与严重二性质,亦不可缺一也。"⑦"诙谐"而"以热心为之",或"诙谐"而不失其"严重",应是稼轩俳谐词的真意,其中不乏"抑圣为狂,寓哭于笑"⑧之作。如《卜算子·齿落》:

> 刚者不坚牢,柔时难摧挫。不信张开口角看,舌在牙先堕。　已缺两边厢,又豁中间个。说与儿曹莫笑翁,狗窦从君过。

由年老体衰、发脱齿落的自然生理现象,引出"刚者不坚牢,柔时难摧挫"的感叹,但这并非如理学家谈性理。联系他另一俳谐词《千年调·蔗庵小阁名曰卮言,作此词以嘲之》,可见对自己不合时宜的自嘲同时,更是对现实中众生相的讥刺:

> 卮酒向人时,和气先倾倒。最要然然可可,万事称好。滑稽坐上,更对鸱夷笑。寒与热,总随人,甘国老。　少年使酒,出口人嫌拗。此个和合道理,近日方晓。学人言语,未曾十分巧。看他们,得人怜,秦吉了。

《沁园春·将止酒,戒酒杯使勿近》更是嬉笑怒骂皆成文章的谐谑名作:

> 杯汝来前,老子今朝,点检形骸。甚长年抱渴,咽如焦釜;于今喜睡,气似奔

---

① 沈曾植.菌阁琐谈[M]//唐圭璋.词话丛编.北京:中华书局,1986:3613.
② 刘扬忠.唐宋俳谐词叙伦[J].词学:第十辑.上海:华东师范大学出版社,1992:65.
③ 范开.稼轩词序[M]//施蛰存.词籍序跋萃编.北京:中国社会科学出版社,1994:199.
④ 张炎.词源[M]//夏承焘,等.词源注·乐府指迷笺释.北京:人民文学出版社,1963:32.
⑤ 谢章铤.赌棋山庄词话[M]//唐圭璋.词话丛编.北京:中华书局,1986:2444.
⑥ 周煇.清波别志[M].四库全书本.
⑦ 王国维.人间词话[M]//蕙风词话·人间词话.北京:人民文学出版社,1960:243.
⑧ 李渔.闲情偶寄[M]//李渔全集:第3册.杭州:浙江古籍出版社,1991:20.

雷。汝说:"刘伶,古今达者,醉后何妨死便埋。"浑如此,叹汝于知己,真少恩哉!

更凭歌舞为媒。算合作、人间鸩毒猜。况怨无小大,生于所爱;物无美恶,过则为灾。与汝成言:"勿留亟退,吾力犹能肆汝杯。"杯再拜,道:"麾之即去,招亦须来。"

其谐谑词固有对世道的讥讽,也有现实生活的情趣,或善意的嘲谑。如《浣溪沙·赠子文侍人名笑笑》:

侬是嵚崎可笑人。不妨开口笑时频。有人一笑坐生春。　　歌欲颦时还浅笑,醉逢笑处却轻颦。宜颦宜笑越精神。

《糖多令》:

淑景斗清明,和风拂面轻。小杯盘同集郊坰。著个轿儿不肯上,须索要、大家行。　　行步渐轻盈,行行笑语频。凤鞋儿微褪些根。忽地倚人陪笑道:真个是、脚儿疼。

《王孙信·调陈萃叟》:

有得许多泪。又闲却、许多鸳被。枕头儿、放处都不是。旧家时、怎生睡。　　更也没书来,那堪被、雁儿调戏。道无书、却有书中意。排几个、人人字。

《品令·族姑庆八十,来索俳语》:

更休说,便是个住世观音菩萨。甚今年容貌八十岁,见底道、才十八。　　莫献寿星香烛,莫祝灵龟椿鹤。只消得把笔轻轻去,十字上、添一撇。

稍后于辛弃疾的风雅词派,主要词人是姜夔、史达祖、吴文英,宋末则有周密、王沂孙、张炎。这些词人,既擅词笔,又精音律,承袭北宋乐府流风,复亦参究周邦彦等人的技法、风格而有变化发展。多系"发乎情,止乎礼义"(《诗大序》),"气和而不促,辞稳而不浇"(谢章铤《赌棋山庄词话》),不直言,多寄托,温柔敦厚,中正和平。于是,在严辨宫商,深于措意,慎于落笔的基础上,一方面与"如诗如文"的苏轼,"用经用史"的辛弃疾画清了界限,另一方面则在异于苏的逸怀浩气和辛的偾张驰骤同时,尤将辛派词人的伉直叫嚣导向"怨悱而不乱"。以姜、史、吴为代表的前期风雅派自无俚俗之作,以宋季浙江词人为主的风雅派后期词则更是追求艺术的典雅精工,以刘辰翁、文天祥为代表的江西词派可看作是辛派爱国词的后劲,亦不见创作俗词,论此期俗词,不能不关注上述两派之外的蒋捷。

蒋捷是宋季重要词人,毛晋谓:"竹山词语语纤巧,真《世说》靡也。字字妍倩,真六朝隃也。”[1]《四库全书总目》则说:“其词练字精深,调音谐畅,为倚声家之矩矱。间有故作狡狯者。”[2]刘熙载甚而誉之为“长短句之长城”。[3]但冯煦认为“其全集中,实多有可议者”,[4]指其词旨鄙俚与好用俳体为病。陈廷焯以其词“多不接处”,“未尝无笔力,而理法气度全不讲究。是板桥、心余辈所祖,乃词中左道”,以之为“外强中干”。[5]至唐圭璋《读词札记》,论之甚当:“竹山小词,极富风趣,诗中之杨诚斋也。如‘红了樱桃,绿了芭蕉’,及‘才卷珠帘,却又晚风寒’,固已传诵人口。他如《摘花词》……情景宛然,逸趣横生。至《卖花人》词,则有一首《昭君愁》,亦明白如话。”[6]

杨万里的诗,重活法,尚自然,新鲜泼辣,善于“生擒活捉”,“死蛇弄活”,出入于江西与晚唐,尤长于表现山水风物,而作为“诚斋体”,最主要特点当是“趣”与“俗”。唐先生所说的“极富风趣”、“逸趣横生”、“明白如话”等,就近于这两点。上面所举《一剪梅·舟过吴江》、《梅花引·荆溪阻雪》,都在“明白如话”上体现出“俗”。至于风趣、逸趣,如:“挂牵牛数朵青花小。秋太淡,添红枣。”(《贺新郎·秋晓》)“楼儿忒小不藏愁。几度和云飞去觅归舟。”(《虞美人·梳楼》)“据我看来何所似,一似韩家五鬼。又一似、杨家风子。”(《贺新郎·乡士以狂得罪,赋此饯行》)皆可见之。竹山与诚斋的时代不同,处境有别,但却能以闲适或诙谐对待生活中的苦难,出之于词中。如《少年游》:

> 枫林红透晚烟青,客思满鸥汀。二十年来,无家种竹,犹借竹为名。　春风未了秋风到,老去万缘轻。只把平生,闲吟闲咏,谱作棹歌声。

以宜兴望族出身,又是宋代末科进士,蒋捷却在宋亡后落入艰难处境,二十年来一直过着贫穷的生活,“无家种竹,犹借竹为名”,拿自己所号的“竹山”跟自己调侃,真可谓悲中之笑。《贺新郎·兵后寓吴》:

> 深阁帘垂绣。记家人、软语灯边,笑涡红透。万叠城头哀怨角,吹落霜花满袖。影厮伴、东奔西走。望断乡关知何处,羡寒鸦、到着黄昏后。一点点,归杨柳。　相看只有山如旧。叹浮云、本是无心,也成苍狗。明日枯荷包冷饭,又过前头小阜。趁未发、且尝村酒。醉探枵囊毛锥在,问邻翁、要写《牛经》否?翁不应,但摇手。

宋亡,元兵攻占了蒋捷的家乡宜兴及常州、苏州一带,不久又占领了临安,蒋捷为衣食奔走各地,此词就是他自写生存状态的流浪者之歌。最后数句的醉探毛锥,为谋

---

① 毛晋.竹山词跋[M]//施蛰存.词籍序跋萃编.北京:中国社会科学出版社,1994:367.
② 永瑢,等.四库全书总目[M].北京:中华书局,1965:1822.
③ 刘熙载.艺概[M].上海:上海古籍出版社,1978:112.
④ 冯煦.蒿庵论词[M]//介存斋论词杂著·复堂词话·蒿庵论词.北京:人民文学出版社,1959:70.
⑤ 屈兴国.白雨斋词话足本校注[M].济南:齐鲁书社,1983:114.
⑥ 唐圭璋.读词札记[M]//词学论丛.上海:上海古籍出版社,1986:648.

生之具尚在而庆幸，但又因以进士欲为邻翁写《牛经》而不售，诙谐中让人读出了带泪的苦笑。

竹山毕竟不是诚斋，其生活境遇也难以让其多有风趣和逸趣，因而说其词近于诚斋，当主要在于“俗”，而且这“俗”既见语言的通俗，更具如同元曲的俗趣。如《柳梢青·游女》：

学唱新腔。秋千架上，钗股敲双。柳雨花风，翠松裙褶，红腻鞋帮。 归来门掩银釭。淡月里、疏钟渐撞。娇欲人扶，醉嫌人问，斜倚楼窗。

形容游女诸语，皆纤巧、妍倩、尖新，虽工丽却趣味近于俚俗，这不是宋季风雅词清疏雅远的风致，而是元曲的风味。再看《绛都春》：

春愁怎画。正莺背带雪，酴醿花谢。细雨院深，淡月廊斜重帘挂。归时记约烧灯夜。早拆尽、秋千红架。纵然归近，风光又是，翠阴初夏。 娅姹。嚬青泫白，恨玉佩罢舞，芳尘凝榭。几拟倩人，付与兰香秋罗帕。知他坠策斜拢马。在底处、垂杨楼下。无言暗拥娇鬟，凤钗溜也。

这位女子的春愁和拈酸吃醋，实出于对所爱者的爱，相思之由也在于此。此词虽多系女子心理活动的刻画，但不仅以其叙述性、情节性近于戏曲小段，而且在用语上兼有元曲中工丽派与本色派的特点，对其特殊用语，许昂霄《词综偶评》、况周颐《蕙风词话续编》都曾为之讨论。笔者以为，不仅是“娅”“也”二字，以“嚬青泫白”状女子的皱眉流泪，也不是词的用法，而是曲的尖新之处。

尤其《霜天晓角》极具散曲风味：

人影窗纱，是谁来折花？折则从他折去，知折去、向谁家？ 檐牙，枝最佳。折时高折些。说与折花人道：须插向、鬓边斜。

此词不仅有别于词的主观“缘情”惯路，运用了客观摹写、表现人物活动和心理的写法，人物的对话颇具戏曲代言体色彩，而且语言近于口语，极其通俗，节奏轻快，应是作者有意学习当时新兴散曲的结果。即使是竹山的代表作《虞美人·听雨》，也具有曲味：

少年听雨歌楼上。红烛昏罗帐。壮年听雨客舟中。江阔云低、断雁叫西风。
而今听雨僧庐下。鬓已星星也。悲欢离合总无情。一任阶前、点滴到天明。

此词以听雨为主线，贯穿起三个生活断面，分写青年的欢乐，中年的奔波，到老年的流浪，最后用“悲欢离合总无情”来总括，在忧患余生的今昔对比中，概括了自己的一生。谢章铤云：“蒋竹山《声声慢·秋声》、《虞美人·听雨》，历数诸景，挥洒而出，比之稼轩《贺新凉》(绿树听啼鴂)阕。尽集许多恨事，同一机杼，而用笔尤为崭新。”①稼轩发扬其“以文为词”之长，用了赋的铺排手法，而竹山“用笔崭新”却是展现断片、场景，近于现代的电影手法，具有戏剧性。因为此词在语言和形象组织上都有近于元曲之处，故王闿运《湘绮楼评词》云：“此是小曲。”②

郑骞对宋元间的风会转移，以及竹山词在这一转变中的地位与作用，所论甚当，兹引以作结：

> 元初人词，如刘秉忠《藏春乐府》、张弘范《淮阳词》、刘因《樵庵词》及凤林书院《草堂诗余》所收诸作，其佳处皆在排比铺叙，层层襞积，而能以流转之气，深沉之思运之，开阖变化，不伤板滞。后来散曲杂剧，皆用此法。竹山为宋遗民，隐居不出，风节似尚高于玉田、碧山；其词却是元调，与南宋面目不同。盖风会所关，有不期然而然者。仇远、张翥辈仍宗南宋末流，遂致索然无生气，此亦所谓“违天不祥”。陈廷焯《白雨斋词话》痛贬竹山，每失过当。③

（原载《风清骨峻——庆祝祖保泉教授90华诞论文集》，人民出版社2009年10月出版）

① 谢章铤.赌棋山庄词话[M]//唐圭璋.词话丛编.北京：中华书局，1986：3379.

② 王闿运.湘绮楼评词[M]//唐圭璋.词话丛编.北京：中华书局，1986：4294.

③ 郑骞.成府谈词[J].词学：第十辑.上海：华东师大出版社，1992：157.

词人词作论

飞卿词艺术平议

温庭筠，字飞卿，不仅是与李商隐齐名的晚唐诗人，而且亦以词著称。飞卿之前，词以里巷俗曲入于文士之手，只是偶一为之。至飞卿，所作既多，创调亦众，且开《花间》一派，经五代之侧艳，衍余绪而为周（邦彦）、吴（文英）密丽一宗。但是，对飞卿词历来毁誉不一，不仅对其题旨意蕴的认识每有歧异，对其艺术成就的评价亦大相径庭。清代常州词派对飞卿词扬之过甚，而近代自王国维以来，却又似抑之过低。新中国成立后有过探讨温词艺术特征的专文，不乏灼见真知，但由于当时种种原因，未及进一步深入。为此，本文略陈管见，不当之处多有，祈识者有以教之。

一

我国的诗、词、绘画（山水画）虽有言志、缘情、体物的不同侧重，但都以主观的志意情思之发抒为主，可谓重在“表现”，而区别于以客观的现实生活反映为主的戏曲、小说，而后者，可谓重于“再现”。因而，其艺术创造的归旨亦有不同，前者重在意境，后者重在典型。

常州词派的开山张惠言《词选序》以温庭筠词“义有隐幽”，曾谓温词的《菩萨蛮》“篇法仿佛《长门赋》”，有“美人香草”之意。常州派后劲陈廷焯甚至说：“飞卿《菩萨蛮》十四章，全是变化‘楚骚’，古今之极轨也。”①赞至无以复加的程度。近代论者对此多有辩驳，所谓“寄托深意”云云，当系子虚乌有。他的浅斟低唱之中，更多的是颓废和赏玩，温词的思想内容，也仅多对妇女的同情而已。

但是，不少论家之评飞卿词，却又往往失之过偏，对其艺术性估价过低。如王国维《人间词话》说：“‘画屏金鹧鸪’，飞卿语也，其词品似之。”俞平伯先生在《清真词释》中则说：“《花间》美人如仕女图，而《清真词》中之美人却仿佛活的。”这“仕女图”之说与“画屏金鹧鸪”差近，虽言飞卿词有“精妙绝人”之长，但却缺乏生命。至如李冰若评温词为之具体论道的“以一句或二句描写一简单之妆饰，而其下突接别意，使词意不贯，浪费丽字，转成赘疣”（《花间集评注》，见《栩庄漫记》）则以飞卿词无任何意境可言了。我们说，飞卿词在思想意义上固无太高的价值，但在艺术上却有独到之处，这主要就表现在创造意境的途径和组织形象的方法两方面，以下分别言之。

先从主观创作的角度窥其创造意境的独特途径。

---

① 陈廷焯．白雨斋词话：[M]//唐圭璋．词话丛编．北京：中华书局，1986：3778.

关于意境，近年来探讨甚多，倘言其内涵，最为简切的就是主观情意与客观物境的有机结合。而情景二端，又是“情为主，景为宾”，[①]取决于情的温度和烈度，又造成了意境的三种类型，“上焉者，意与境浑，其次或以意胜，或以境胜”（王国维《人间词话乙稿序》），即“意与境浑”者，“意胜于境”者，和“境馀于意”者。近读叶嘉莹教授的《温庭筠词概说》，谓飞卿词特色有二：一则多为客观之作，一则多为纯美之作，这“客观”、“纯美”，[②]就道出了温词境余于意的特点，所见确是精到的。我认为，倘欲申足其意，当可在造就这种意境特点的途径上，再作一番研讨。而其途径，又大致有三。

第一，诱情因素的强化。

综观飞卿词，给人最明显的印象就是景物描绘和渲染的多而细致，然而，飞卿词之写景是否仅仅是写景而已呢？否！“一切景语皆情语”，飞卿词中大量的写景状物之辞，是起了诱情因素的强化作用的。

试举几例。如《菩萨蛮》：

> 牡丹花谢莺声歇，绿杨满院中庭月。相忆梦难成，背窗灯半明。　翠钿金压脸，寂寞香闺掩。人远泪阑干，燕飞春又残。

> 夜来皓月才当午，重帘悄悄无人语。深处麝烟长，卧时留薄妆。　当年还自惜，往事那堪忆。花露月明残，锦衾知晓寒。

这两首《菩萨蛮》的结构颇相似，都写了多个画面：前一首，在牡丹正谢，莺声不闻，绿杨满院，月照中庭之时，香闺门掩，灯光半明，女主人公因忆念所爱者而难于成眠，翠钿压脸，双泪阑干。后一首，皓月临空，重帘悄悄，麝烟缭绕，女主人公同样因忆念而无眠，在这留着自己眉黛口脂的“薄妆”的卧榻上，直看到明月残灭、露上花梢、锦衾生凉的拂晓。前者莺歌暂歇、月照中庭之时，正应促成好梦，但因怀人念远，却敏感地从绿肥红瘦的景物中领悟到大好春光渐逝，而深感春闺寂寞，以至玉泪横斜，久久无寐。后者帘幕低垂，香烟依依，同是静谧安恬的环境，亦因追忆而悼惜自己的青春，而两眸炯炯地迎来破晓之时。所以，从两词看，牡丹、莺声、绿杨、庭院、香闺、灯火、飞燕、明月、重帘、麝烟、花露，所写景物甚多，但这些景物并非只为堆砌，而是构成完整意境不可或缺的部分，而其貌似繁冗正是为了使之成为诱情因素的强化。牡丹花谢，莺声消歇，本来已易于成为联想青春消逝的触媒，绿杨依依之时，正是春光大好之日，但心上人不在身边，这垂杨又令人自然生出唐人最为常见的折柳送别之意，而明月的“闺中只独看”，当然更使人萌生离愁了，至于晓燕双飞，岂不更叫人深味孤单之苦？长夜漫漫，卧之既久，月上中天，才悟午夜，帘幕悄寂，麝烟袅袅，诱发了对往事的追忆。而美好的早晨，只有残月花枝，寒生绣被，映衬着难以期待的团圆热望。所以，在

① 吴乔．围炉诗话[M]．清借月山房汇钞本．

② 叶嘉莹．温庭筠词概说[M]//迦陵论词丛稿．上海：上海古籍出版社，1980：18–21.

温庭筠笔下，景物描绘的雕镂之笔，正是起着“物色之动，心亦摇焉”（《文心雕龙·物色》）的作用，通过诱情因素的强化，在“神会于物，因心而得”（王昌龄《诗格》）的过程中，使之能做到虽不言情（或不多言情）而情自见。

在飞卿笔下，“池上海棠梨，雨晴红满枝”、“杏花含露团香雪，绿杨陌上多离别”、“花落子规啼，绿窗残梦迷”、“杨柳又如丝，驿桥春雨时”、“雨后却斜阳，杏花零落香”（以上《菩萨蛮》）、“兰露重，柳风斜，满庭堆落花”（《更漏子》）、“似带如丝柳，团酥握雪花，帘卷玉钩斜”（《南歌子》）等句，都是以精工摹绘的图画，在淡淡哀愁之中，强化了情感的诱发，融合并生发出色彩缤纷的离思和闺怨。

第二，主次事物的倒转。

飞卿词不仅使人有境馀于意之感，而且在造境写景之时，又有主次事物倒转的特点，倘味之不深，确有“浪费丽字，转成赘疣”的看法。如《归国遥》：

> 香玉，翠凤宝钗垂簏簌。钿筐交胜金粟，越罗春水绿。　　画堂照帘残烛，梦余更漏促。谢娘无限心曲，晓屏山断续。

此词写了一个盛妆美人，在画堂残烛照帘、夜深梦醒之时，听到伴她孤眠而又促她无眠的更漏声，挨过了“梦余”的下半夜，随着晓色渐见，“谢娘”的心事如同断断续续的屏山一样逶迤伸展。其题旨是闺居女子对外出男子的思念，但显言者仅“谢娘无限心曲”一语，而以绝大部分篇幅写景状物，而且环境渲染之笔又少于服饰描写之句，词的上片全用来写女子的首饰之华贵和服装的艳丽：头上戴的是香玉、翠凤、宝钗，簏簌下垂，钿筐、交胜这些首饰上缀着状如金粟的金星，越地的绫罗制成的衣服如同春水般碧绿。这一来，确实是主次事物倒转，给人以头脚不称之感，这样写来，对创造意境有何用意呢？“女为悦己者容”，可谓人之常情常理，但此女独处闺中，未免“谁适为容”之叹，所以，整个上片之独描写服饰，正在于反衬她的孤寂之苦，正是以似失平衡的结构布局来传递失去平衡的精神状态，在金碧辉煌、雍容华贵的氛围中反挑出浸染悲愁的意境，使人同情“谢娘”的境遇。

写物重于写景的主次倒转之笔，往往具有某种象征性或暗示性，从而使意境深化和拓展。且看《菩萨蛮》：

> 蕊黄无限当山额，宿妆隐笑纱窗隔。相见牡丹时，暂来还别离。　　翠钗金作股，钗上蝶双舞。心事竟谁知？月明花满枝。

全词唯最后“月明花满枝”一句可算写景，而“蕊黄无限当山额”，“翠钗金作股，钗上蝶双舞”，则为写“妆”与“饰”之笔。“相见牡丹时，暂来还别离”，可见所爱者来去匆匆，当此“月明花满枝”的花好月圆、美景良辰之时，“钗上蝶双舞”对于独居之女，可谓以象征意义之笔作反衬之用了。

此外，又如《南歌子》：

手里金鹦鹉，胸前绣凤凰。偷眼暗形相。不如从嫁与、作鸳鸯。

短短几句，极其生动地描画出刺绣女的形象：手里绣着鹦鹉，齐胸绣着绣床上的凤凰，但这巧手女却心有别用，正偷眼打量着年轻小伙，生出了效法鸳鸯之念。"鹦鹉"、"凤凰"连用，似有"赘疣"之嫌，但读至尾，才知是用以引出"鸳鸯"，回溯前面，写物之词对题旨之出，实已起了暗示的作用。

第三，动静形态的映衬。

动静形态相映衬之用于造境，目的仍在于达意，如李白诗"两岸猿声啼不住，轻舟已过万重山"，就是在这种映衬中表达遇赦东下的轻快心情。在飞卿词中，亦可以看到此法的应用。如《更漏子》：

柳丝长，春雨细，花外漏声迢递。惊塞雁，起城乌，画屏金鹧鸪。　　香雾薄，透帘幕，惆怅谢家池阁。红烛背，绣帘垂，梦长君不知。

此词以静为基调，但其中"惊塞雁，起城乌。画屏金鹧鸪"三句，动静相映，成为全篇关纽。在这微雨的春夜，更漏声中，女主人公又难以成眠了，塞雁惊飞，城乌盘旋，这闻更声而惊起的鸟，当然也牵动了孤眠人的心。此处，突接以"画屏金鹧鸪"一句，张惠言《词选》解道："三句言欢戚不同。"此处的雁飞乌啼，实是"月风吹露屏外寒，城上乌啼楚女眠"（李贺《屏风曲》）之意，征雁啼鸦与行者（征战、经商或做官在外）作伴，而画屏金鹧鸪则与居者相依，行者自苦，居者亦无乐可言，对着这春雾透过帘幕的凄迷景象，背对红烛，绣帘低垂，惆怅转深，相思愈长。所以，这三句的动静映衬，将景激发为情：吹皱一池春水，底事本不干卿，但她却腾踔万象，难澄一心，以至极静的外景变成极动的内情。塞雁、城乌与画屏金鹧鸪的相映同列，非但不是突兀难解，而且可见丰富的意蕴，成为极富于生发性的画面。

又如《菩萨蛮》的下片："绣衫遮笑靥，烟草粘飞蝶。青琐对芳菲，玉关音信稀。"其中"绣衫遮笑靥"是人的动态，"烟草粘飞蝶"是物的动态，而"青琐对芳菲"，却是静态，坐在青色琐窗之内，面对绣衫掩脸的行人和芳草之上的蝶舞双双，由这一片阳春芳菲景象中，所体味出来的只有"玉关音信稀"的苦况，因而这样的动静映衬对照，是主题渐出的极好铺垫。这类例子，飞卿词中颇多，兹不再赘了。

综上三点，我们又可以作出这样的概括：飞卿词创造意境的妙诀在于现境为意，化景为情，亦即化景物为情思，它不是情与景二原质的虽经融合，但仍能显示较为均等的各自迹象，而是先以景掩蔽了情，后可见情由景出。固然，李白诗的"落叶聚还散，寒鸦栖复惊"，李商隐诗的"凤尾香罗薄几重？碧文圆顶夜深缝"等类幽寂、深微的境界，实已开温词风气之先，但都是以境显意，以景衬情。即便飞卿本人的著名诗句

“鸡声茅店月，人迹板桥霜”，以全无虚词连接的画面转换传达羁旅之情，但毕竟有“客行悲故乡”，“因思杜陵梦”的显见且又分量均等的抒情之句。只是到了自己的词里，温飞卿才造就出细腻、曲折、精巧、微妙、艳丽的“词境”，才以“客观”和“纯美”之笔，呈现出词的独特面貌。就诗来说，“温、李齐名，然温实不及李”，但就词而言，“李不作词，而温为《花间》鼻祖，岂亦同能不如独胜之意耶？”（王士禛《花草蒙拾》）上面所言，即是飞卿“独胜”之处。

二

次从客观欣赏的立场探其组织形象的特殊方法。作为整体的意境，是通过个别、具体的形象串缀组织而展现的。飞卿词组织形象的方法颇为特殊，约之亦有三点。

第一，主于印象。

中唐以后的文艺，已是“走进更为细腻的官能感受和情感彩色的捕捉追求中”。[①]飞卿词将官能感受和情感捕捉突出发展为写印象。

写感觉和印象，在杜甫诗中已不乏其例，范晞文《对床夜语》说：“老杜多欲以颜色字置第一字，却引实事来。如‘红入桃花嫩，青归柳叶新’是也。不如此，则语既弱而气亦馁。”此说固然不错，但侧重于感觉，以自己的印象加深读者的印象，则更似是根本原因。这种情况，到李贺、李商隐诗中，则更为普遍了。

如李贺《雁门太守行》，用黑云、白日、金甲、紫土、红旗等浓重色彩显示和渲染了兵临城下的氛围，给人以强烈的印象和感受。又如《巫山高》中的“古祠近月蟾桂寒，椒花坠红湿云间”，用“近月”形容其高，以“蟾桂寒”的逼真感觉又加重之，更以“湿云”写出高处雨意的感受。

与李贺的强烈、明晰风格不同，李商隐的写感觉、印象是轻柔、朦胧的。如聚讼纷纭的《锦瑟》，庄周蝶梦、望帝杜鹃的意象就是怅触无端、理想如烟、恍惚情思的印象。而沧海月明、鲛珠如泪、蓝田日暖、良玉生烟，则更为渺茫，更不着迹象，却更能凭藉联想唤起迷惘的感觉，虽朦胧而不淡远，虽迷离而又可感。

写印象之在飞卿笔下，运用得更为普遍和纯熟。如《菩萨蛮》：

> 小山重叠金明灭，鬓云欲度香腮雪。懒起画蛾眉，弄妆梳洗迟。　　照花前后镜，花面交相映。新帖绣罗襦，双双金鹧鸪。

张惠言《词选序》以此词为“感士不遇”，甚至谀为“‘照花’四句，《离骚》‘初服’之意”。而俞平伯《读词偶得》则认为“旨在写艳”，“‘双双金鹧鸪’，此乃暗点艳情”。至李冰若，则以其“雕镂太过”而陈述两可之见：“谀之则为盛年独处，顾影自怜；抑

① 李泽厚.美的历程[M].北京：文物出版社，1981：155.

之则侈陈服饰，搔首弄姿。”（《栩庄漫记》）为何认识有此歧异呢？原因在于此词重在写印象，而不重于境与意脉的联系。此词写的是美人晨起梳妆一事。“小山”指屏山，“重叠”写出了曲折，“金明灭”三字则将初日东升，流光四照，画屏溢彩，金碧生辉，或明或灭的情景作了侧重于印象的形容。次句写美人，鬓发如云，香腮如雪，“欲度”二字，较之“掩”、“盖”等词，更可见娇懒之感。在下片“照花前后镜”的“打反镜”梳妆过程中，以“花面交相映”，写出了人面如花的印象，而“新帖绣罗襦”上的“双双金鹧鸪”，则在递进描绘之中，更使人感受到服饰的精美。此词题旨虽可从“双双金鹧鸪”反衬女主人公形单影只上窥得，但传递这种自怜之情的，当更赖于从字面上获得的娇懒无聊印象。

另一首《菩萨蛮》由于更是以印象传意，尤为难懂：

水精帘里颇黎枕，暖香惹梦鸳鸯锦。江上柳如烟，雁飞残月天。　藕丝秋色浅，人胜参差剪。双鬓隔香红，玉钗头上风。

此词文字虽短，却是“止”、“行”、“送”三部曲。首二句写了自己歇息之地：此处有透明的水晶帘，有明洁的玻璃枕，还有绣着鸳鸯的锦被，倘言这些华贵之物尚未给人较深的印象，那么，“暖香惹梦”四字则申足其意了。在他一梦醒来，准备乘舟而去之时，外面正是江清月残，杨柳如烟，鸿雁高飞。在这春晨时光，“她”来作别送行了，作者不描画她的容貌，却通过写服饰展现了女主人公不远不近的形象：她穿着近于纯白的藕合色淡淡衣衫，双鬓簪花，头上戴着花胜，玉钗袅娜。而且，这种种服饰并不以通常的描形绘状来表达，却抓住印象最强烈的几处来写：藕色的衣衫，参差剪成的人胜，隔着笑靥、簪于双鬓之上的花儿又香又红，头上的玉钗在春风中摇曳，正是作者《咏春幡》诗“玉钗风不定，香步独徘徊”的意境。正因为此处是这样美好，“她”又具有这等情韵风度，虽不言离之而去的情怀惆怅，但“江上柳如烟，雁飞残月天”已流露了淡淡哀愁。词中作用于视觉嗅觉的种种印象是个别的，而不像一般诗词那样具有一气连贯的意脉，且不说仔细玩味后求知其思想意蕴的价值如何，就美感作用来说，却是不容抹煞的。俞平伯先生说得好：“帘内之情秾如斯，江上之芊眠如彼。千载以下，无论识与不识，解与不解，都知是好言语矣。”（《读词偶得》）

第二，重在直觉。

法国文艺理论家丹纳说过：“艺术的目的是表现事物的主要特征，表现事物的某个凸出而显著的属性，某个重要观点，某种主要状态。”[①]这主要特征、状态和显著的属性往往获之于美感直觉中的强烈印象。在飞卿词中，就是写印象重直觉，不重理性，这是又一特点。如《蕃女怨》：

① 丹纳．艺术哲学[M].北京：人民文学出版社，1981：23.

碛南沙上惊雁起，飞雪千里。玉连环，金镞箭，年年征战。画楼离恨锦屏空，杏花红。

此词如不作细探，难免有物候不符、季节舛错之感。其实，这正是由于重在直觉，以直觉摄取了事物的主要特征和显著属性，以致显得有违于理性。沙漠上惊雁飞起，正是北国千里雪飘之时，塞上苦寒之地的战争年年不断，“玉连环，金镞箭”正是给人印象最深的战马、武器。在闺中人这里，初春已到，杏花正红，可是悠悠离恨，充溢画楼，锦屏正空。词人以惊雁、飞雪、玉连环、金镞箭这些直观的景、物写边塞，以画楼、锦屏、杏花等印象较深的景物来传递离恨，既着眼征人，又着眼闺中，以空间的大跳跃写出两地季节的相异和怨战的相同。在境象中主要以直觉含蓄见意，仅“年年征战”一语具有较充分的理性。又如前面所引的《归国遥》，所写的是女子对外出男子的思念。上片状其服饰的“垂簏簌、“胜金粟”、“春水绿”都是直观的印象，下片则可谓类于“碧窗斜月霭深晖，愁听寒螀泪湿衣。梦里分明见关塞，不知何路向金微。”（张仲素《秋闺思》）的思绪延续。但诗中是以“愁听寒螀”、“见关塞”和“向金微”的形象传递了思念之情，此词却仅以“晓屏山继续”一句的直觉印象写了“谢娘”思绪起伏的“无限心曲”。上片所写的华丽服饰，是以顾影自怜来反衬这一“心曲”，但在王昌龄诗中，“凝妆”的结果是出之以“悔教夫婿觅封侯”的理念活动，此词却是以直觉来传递。

飞卿词的这种特点，在其短章中尤可见到。如《荷叶杯》：

镜水夜来秋月，如雪，采莲时。小娘红粉对寒浪，惆怅，正相思。

全篇共23字，一写月，一写人。因作者目光所注在于采莲，故写秋月先出之以“镜水”二字，此二字与“如雪”都是直觉印象，而“红粉”与“寒浪”的一暖一冷的直觉对比，则为“惆怅”、“相思”作了极好的铺垫。

第三，成于联想。

飞卿词中的画面，常因频频变换而显得松弛，实有待于自觉的美感联想来贯串，使个别的画面形成完整的意境，在欣赏中求得其意旨。联想本是审美感受中常见的心理现象，诗词创作中的“触景生情”就是一种联想。但由于飞卿词中的“境”已从山水移至庭园楼阁，因而，写境亦不同于盛唐诗那样视野开阔，那样将客观的创作过程中的“以小观大”变为主客观结合的创作结果的“以大观小”，“诗境”往往是一幅深远广阔的画面，“词境”却是一个一个小画面的转换。温词由于常常不是着力于完整逼真的形象描摹，而是注重于印象的传递，因而，积极的美感联想，是化零为整、变境为意的重要中介，通过这种诗意情感的联想，才能联系感性的物象，化景物为情思，并最终回归于理性。

试看其《诉衷情》：

莺语，花舞，春昼午，雨霏微。金带枕，宫锦，凤凰帷。柳弱燕交飞，依依。辽阳音信稀，梦中归。

这首词的写境极似电影镜头，甚至近于电影剧本的用语。作者先写室外，这是春天鸟啼花放的早晨景象，转而又至中午，细雨霏霏。然后，转写室内金带枕、宫锦、凤凰帷等华丽陈设，接着又从室内看到室外"燕交飞"的景象。"辽阳音信稀，梦中归"的显豁情思之结语，是前面景物触动诱发的结果，而用此逆溯，前面的景物则又可化为情思。作者在此词中就是以美感联想来沟通三组景物的印象，从而传递意境相类的"斜凭绣床愁不动，红绡带缓绿鬟低。辽阳春尽无消息，夜合花前日又西"（白居易《闺妇》）意旨，并让人进一步体味出反战的理性主题。

又如《菩萨蛮》：

竹风轻动庭除冷，珠帘月上玲珑影。山枕隐浓妆，绿檀金凤凰。　两蛾愁黛浅，故国吴宫远。春恨正关情，画楼残点声。

这类作品虽造境时形象较直接、可感、浑成，而不是因以写印象为主而显得貌似破碎、凌乱，但着重于以美感联想来求得意境完整，则仍是其特色。

飞卿词既不同于唐人律绝句少意多的含蓄，亦不同于宋词长调言长意深的要眇，它们体式短，但境象转换多，在转换之中，就靠美感联想来沟通，维系和增加容量，且在容量积聚的过程中化景为情。以美感联想来联接画面转换，可以由更丰富的感性内容，产生新的表象，正如电影那样，"两个蒙太奇镜头的对列不是二数之和，而更像二数之积"。[①] 作为古典文学，飞卿词并未越出古典美学范畴，但与电影蒙太奇亦有相通之处。

张惠言评温庭筠词的"深美闳约"四字尽管未必十分恰当，然而仅以"精妙绝人"（刘熙载语）和"句秀"（王国维语）称之，则稍嫌皮相。周济说他"下语镇纸"固亦太过，但"神理超越，不复可以迹象求矣。然细绎之，正字字有脉络"（《介存斋论词杂著》）之评，却是知人之言。正由于飞卿词沟通了诗画之界，化景物为情思，以特殊的观物法侧重于表现感觉效果，以主于写印象来造境达意，以致后人在用传统眼光欣赏之时难于理解，或则厚诬，或则轻负，多有所失。

作为古人，温庭筠以突变的步子走得太快了一点，前修未逮，后出转精，词不以飞卿为冠冕，至宋朝才成为"一代之文学"，当是公允的看法。但是，作为婉约词的奠基人，温庭筠的地位和影响是不可抹煞的。

（原载《社会科学战线》1984年第4期）

① 爱森斯坦.蒙太奇在1938[M]//爱森斯坦论文选.北京：中国电影出版社，1982：349.

风云气少　儿女情多
——温庭筠词浅尝

在中国文学史上，有一本著名的词集《花间集》，编选者是五代后蜀人赵崇祚，收录了十八位词人的五百首作品。因为词作的题材、风格相近，故被后人称为“花间派”。十八家中，多为蜀人，或曾在蜀作官、生活，其中最早的词人，就是被称为“花间鼻祖”的温庭筠。

温庭筠生活于多事之秋的晚唐。面对日落西山、气息奄奄的唐王朝，杜牧有“平生五色线，愿补舜衣裳”（《郡斋独酌》）的自许，李商隐亦有“君前剖心肝”，“叩头出鲜血”（《行次西郊作一百韵》）的忠忱。但是，前者长期沉沦下僚，后者处在党争的夹缝中，忧谗畏讥，长被压抑。由于仕途蹭蹬，难伸壮志，对现实的不平就化为消闲享受，沉迷声色，这就是“兼济”不得时的“独善”的畸形表现，此诚如李泽厚同志在《美的历程》中所指出：“时代精神已不在马上，而在闺房；不在世间，而在心境。”①温词就是这一时代精神的产物。

温庭筠一直被看成“能逐弦吹之音，为侧艳之词”的轻薄才子和无行文人。其实，他是一个很有抱负，希望用世的人，他在《过陈琳墓》诗中写到：“词客有灵应识我，霸才无主始怜君”，表示了异代同悲之感，但是，他的一生却是“未能鸣楚玉，空欲握隋珠”（《百韵》）。由于恃才傲物，他对权相令狐绹并非一味干谒求荐，却对其结党营私、炙手可热和才识匮乏，颇多讥讽。因而，他虽才思敏捷，长于诗赋辞章，却因得罪了令狐绹，而被有司以“科场为人假手”的理由摒于科举门外，且屡试不第，淹蹇终生。于是，他就更以狎妓豪饮的“无行”，来表现自己的愤世嫉俗。负“士行尘杂，不修边幅”之谤的温庭筠，曾漫游江淮间，所得钱帛，多为狎邪所费。冶游狎妓之时，想起自己屈己干人，以求仕进的生活，实与妓女相类，因而，对这些被侮辱被损害的女性，他往往充满真诚的同情，甚至将自己的身世之感，揉入了表现她们的生活和感情的词作中。在长期浪迹江湖的生活中，温庭筠所见并非不广，但是，“狂歌于漏舟之中”的时风，造就了“家家之香径春风，宁寻越艳；处处之红楼夜月，自锁嫦娥”（欧阳炯《花间集叙》）的词风。温庭筠所作词多为应歌之需，所以笔下多与女子有关：庭园楼阁、服饰陈设、姿容身影；感情则以相思离别为多：既有贵妇、商妇、妓女的离愁别恨，也有征人思妇的忆念、悲欢。他的词可谓艳丽至极，但并不轻浮，虽不无抒情意味，但却难以见到自

---

① 李泽厚．美的历程[M].北京：文物出版社，1981：155.

己的炽热的感情，因此，清朝词论家周济曾评曰：“飞卿酝酿最深，故其言不怒不慑，备刚柔之气。”(《介存斋论词杂著》)

夕阳黄昏的政治形势，难展抱负的个人遭遇，使温庭筠走上了声色自娱的道路。视词为花前柳下、娱宾遣兴工具的世俗眼光，在诗词之间划下了楚河汉界，形成了“诗庄词媚”的不同畛域，温庭筠以他砌玉雕琼、镂金错彩之笔，造就了“词为艳科”的第一批作品。温词的内容尽管并非齐梁宫体诗的继续，不是如有些人所痛加贬抑的色情文学，但“类不出乎绮怨”(刘熙载《艺概》)之评，却是深中其题材狭窄，缺乏社会意义的痼疾。

以“香而软”为主要特征的温词，价值不在其思想内容，而在于艺术技巧。

首先，温庭筠最善于以多彩多姿的背景、场景描写，来表现较单一的题材，在富丽精工的具有象征性的雕镌、铺陈中，造就含蓄深隐的抒情意境。

温词的《握兰集》三卷及《金荃集》十卷早已失传，从收录其作品最多的《花间集》(收六十六首)看，所表现的都是闺情、宫怨一类题材，以其最著名的《菩萨蛮》十四首看，就可看成一首。但是，若对之仔细品尝体味，则又如观赏颐和园长廊的彩画，我们会为他的善写同中之异而折服。十四首菩《菩萨蛮》中，有旭日初照，画屏溢彩，弄装梳洗，花面交映；有宝帘美枕，暖香鸳锦，江柳残月，美人服饰；有蝶舞金钗，月满花枝；有海棠带雨，烟草飞蝶；有杏花含露，玉钩翠幕；有柳丝袅娜，芳草萋萋，香烛成泪，花落鸟啼……笔下的境界极为优美。有些内容、主旨极相近的作品，表现方法却很不同。如《菩萨蛮》其八、其九：

牡丹花谢莺声歇，绿杨满院中庭月。相忆梦难成，背窗灯半明。　翠钿金压脸，寂寞香闺掩。人远泪阑干，燕飞春又残。

满宫明月梨花白，故人万里关山隔。金雁一双飞，泪痕沾绣衣。　小园芳草绿，家住越溪曲。杨柳色依依，燕归君不归。

这两首都写佳人离思，都写到明月、相忆、流泪、杨柳、飞燕，但前者是贵妇闺怨，富贵味、脂粉气较浓，后者是宫女思家，小园、越溪，较富野趣。前者是月光撩动无眠者的思念，后者是大雁双飞引起孤寂感；前者的燕飞春残暗示了盛年独处、、虚度青春的怨艾，后者的燕归杨柳则明说了离人难归。

温词给人的第一个印象是雕镂满眼，但深入作品后就可体会到，词中繁多的背景、场面描写，多是作为人物内在感情的外感因素，以此造就含蓄深隐的抒情意境。如《菩萨蛮》(小山重叠)，上片写了贵妇的懒于梳妆，下片的“照花前后镜”，从画面交映中，暗点出青春易逝，红颜难久之意，而“双双金鹧鸪”的绣罗襦，则进而衬出人的孤单，至此，我们就可深感下片并非堆砌，而是对上片懒于梳妆的必要补充，可以看到女主人公对“女为悦已者容”的失望，因而抒情意境确是含蓄深隐的。此类例子，温词中颇多，难以一一列举了。

其次，温词具有“化景物为情思”的特点，通过词中意象的自然融合，给人昭示了易感而难言的美。

温词多表现相思离别之情，但并无直接抒情之笔，而是用“化景物为情思”的手法，将客观写景转化为主观抒情。如《更漏子》：

> 柳丝长，春雨细，花外漏声迢递。惊塞雁，起城乌，画屏金鹧鸪。　　香雾薄，透帘幕，惆怅谢家池阁。红烛背，绣帘垂，梦长君不知。

在春夜微雨的更漏声中，女主人公难以成眠，寒雁惊起，乌鸦盘旋，想起爱人在外自有行旅之苦，而画屏金鹧鸪，伴着自己独宿，可见思妇的抑郁寡欢。春雾透过幕帘，红烛洒泪，绣帘低垂，不言离情而离情自现。温词的“化景物为情思”，常杂置意象，任其自然融合，昭示易感难言之美。如《菩萨蛮》（水晶帘里）一首，从室内的水晶帘、玻璃枕的明洁，暖香鸳被的温馨，写到室外的江上柳烟，燕飞残月，下片着意从服饰上描写了一个女子，她所穿的衣衫，所戴的的花胜，双鬓簪着花，头上玉钗在风中袅娜。词中难见完整的意脉，却忽而陈设，忽而风景，忽而服饰，以至被人讥为“雕绘满眼，羌无情趣”。其实，此词先写自己的歇息之地，次写自己在月残将晓之时，将拂柳登舟而行，再写了“她”来相送。这种杂置意象的写法，旨在调动读者欣赏时的积极思维，使之见仁见智，各有所得。词中美景柔情并到，确有易感难言之美。

温词的“化景物为情思”，有时是以客观景物来暗示主观心情，如前所说的“照花前后镜”，“双双金鹧鸪”之类。有时，则从主观感觉上着重渲染客观景物，以达抒情效果。如《菩萨蛮》（南园满地），通过满园堆絮，清明微雨，雨后斜阳，杏花零落，直到“无聊独倚门”，在复叠渲染中，表现了思妇百无聊赖的心情。而《更漏子》中写梧桐滴细雨的“一叶叶，一声声，空阶滴到明”，则更似以特写镜头做主观感觉的渲染。

除以上的主要特征外，温词还人别有声律上舒徐婉转与繁音促节的不同面貌。前者如《菩萨蛮》十四首、《更漏子》六首、《酒泉子》四首、《南歌子》七首等，不仅辞藻秾丽，熏香掬艳，而且声律、音节轻重得当，和婉轻柔。后者如《河传》三首，《荷叶杯》三首等，不仅意象频转频接，句式参差变化，而且转韵较多，繁音促节，抑扬变化，表现出另一种声律美。

总之，温庭筠词和整部《花间集》都是时代风尚和文学风气的反映，“风云气少，儿女情多”可谓总的特点。思想价值不高，艺术价值却可适度肯定或借鉴。

（原载《文科月刊》1984年11期）

东坡词简论

苏轼是罕见的文艺全才，他对词用力较少，创获却多，并有其独到的贡献。胡寅《酒边词序》云："眉山苏氏，一洗绮罗香泽之态，摆脱绸缪宛转之度，使人登高望远，举首高歌，而逸怀浩气，超然乎尘垢之外，于是《花间》为皂隶，而柳氏为舆台矣。"王灼《碧鸡漫志》亦谓："东坡先生非心醉于音律者，偶尔作歌，指出向上一路，新天下耳目，弄笔者始知自振。"尽管历朝文士对东坡词争议很多，但对他在词创作上的贡献和词史上的地位却都无法否定，《四库全书提要》说："词自晚唐五代以来，以清切婉丽为宗，至柳永而一变，如诗家之有白居易。至轼而又一变，如诗家之有韩愈，遂开南宋辛弃疾等一派。寻源溯流，不能不谓之别格，然谓之不工则不可。故今日尚与《花间》一派并行，而不能偏废。"其诗人之拟是否允当，这里且置不论，最后结论是几乎所有论家都接受的。

一

北宋政权在统一中国之后，使战争得以平息，经济迅速繁荣，出现了近百年的太平局面。城市的繁华促使了教坊竞作新声，士大夫的宴饮享乐则使文士竞制新词，在继承了五代的享乐风尚同时，宋词同样因侑酒助觞、娱宾遣兴而呈现极为兴盛的景象。经晏殊、欧阳修、张先，尤其是柳永的努力，北宋前期词较晚唐五代更进一层，又拓一境。晏殊所作的温润秀洁，和婉鲜明，善写心理活动；欧阳修的疏隽深婉，既得庄雅，又见冶艳；张先的色彩艳丽，善于炼句，兼有含蓄与发越；晏几道的情感深挚，措词婉妙，耐人寻味，都有独到之处。柳永更因仕途遭挫，失意无聊，流连坊曲，吸收俚言俗语，倚民间曲调填制大量慢词，成为教坊新腔，广为传唱。柳永不仅使北宋令词转变为格局开张、繁音促节的慢词；而且使花前月下的惯见题材转向羁旅行役、城市风物，开拓了词境；他善于形容，工于铺叙，长于白描，词意妥帖，音律谐婉，都为他人所未到。但是，柳永虽有发展慢词、初拓词境之功，却终因其"长于纤艳之词，然多近俚俗"（黄昇《花庵词选》），"惟绮罗香泽之态，所在多有，故觉风期未上耳"（刘熙载《艺概》），而并未真正转变北宋词风。

担起这一大任的就是苏轼。苏轼转变北宋词风的关键所在，正是陈师道《后山诗话》所说的"以诗为词"四字。陈师道说："子瞻以诗为词，如教坊雷大使之舞，虽极天下之工，要非本色。"《苕溪渔隐丛话》后集卷三三所载李清照论词的文字，亦有谓苏轼词"皆句读不葺之诗尔"之语，可见李清照也看到了其中消息。既承认其"极天下之工”，又认为其“要非本色”，这“本色”究竟是什么？除合律可歌的语言风格外，更主要的在于题材，由宋入元的张炎在《词源》中写道：“簸弄风月，陶写性情，词婉于诗。”正说出了这一特点。苏轼“以诗为词”的结果给北宋词坛带来了两大变化，且对整部词史具有非凡的意义，这就是：扩大了词的传统题材，使之“无意不可入，无事不可言”（刘熙载《艺概》），使词从狭义的“缘情”文学向“言志”靠拢，提高了它的意格和境界；与此同时，变革了晚唐以来香艳、柔婉的主体风格，使词“无穷清新，不独寓以诗人句法，能一洗绮罗香泽之态也”（《词林纪事》引楼敬思语）。

在苏轼之前，虽间有一二言志、怀古之词，如范仲淹《渔家傲》抒发戍边的情怀，有悲壮苍凉之风；王安石《桂枝香》以词论政，抒兴亡之感，有深沉的意境，但未成风气。苏轼有意全面扩大词的题材，“以诗为词”成了他的自觉行动。尽管遭人讥议（如陈师道），甚至连门人（如晁补之、张耒）也不理解，如《王直方诗话》载：“东坡尝以所作小词示无咎、文潜曰：‘何如少游？’二人皆对曰：‘少游诗似词，先生词似诗。’”然而苏轼却坚持以此转变词风，一方面有意在柳永外另辟蹊径，另一方面则多方肯定以诗为词。他在写成著名的《江城子·密州出猎》一词后，曾在《与鲜于子骏（侁）书》中说：“近却颇作小词，虽无柳七郎风味，亦自是一家，呵呵。”在后来词作更盛之后，更欲与柳永争胜，《吹剑录》载：“东坡在玉堂日，有幕氏善歌，因问：‘我词何如耆卿？’对曰：‘郎中词，只好十七八女子，执红牙板，歌“杨柳岸晓风残月”；学士词，须关西大汉，绰铁板，唱“大江东去”。’”他对门人虽很宽容，却不欲他们学柳永之语，《高斋诗话》载：“少游自会稽入都，见东坡。东坡曰：‘不意别后，公却学柳七作词!’少游曰：‘某虽无学，亦不如是。’东坡曰：‘销魂当此际，非柳七语乎？’”他论秦观词就“犹以气格为病，故常戏云：‘山抹微云’秦学士，‘露花倒影’柳屯田。”（《避暑录话》卷三）将柳、秦并称。在《东坡续集》卷五中，可以找到苏轼赞赏以诗为词之语。《与蔡景繁书》云：“颁示新词，此古人长短句诗也。得之惊喜，试勉继之。”《答陈季常书》则曰：“又惠新词，句句警拔，诗人之雄，非小词也。”“《花间》为皂隶，柳氏为舆台”之形成，正在于“以诗为词”。

苏轼的“以诗为词”开拓了词的题材，提高了词的意格，改变了词的宗风，扩展了词的境界。这是苏轼将欧阳修诗文革新运动进而推之于词的领域，并以文坛领袖的地位使这个革新产生了广泛而深远的影响，非但促使了元祐词风之变，而且影响了南渡词坛和金源词人。可以说，自苏轼起，词体始尊，改变了晚唐以来“小词”的“虽好却小”的地位，给儿女之情的传统园苑贯注进风云之气，初步填平了“诗庄词媚”的鸿沟，使二者能得以并称。

二

苏轼对词的题材开拓表现在什么地方呢？

其一，抒发了自己的志向、襟怀，表达了深沉的人生感慨。

苏轼初入仕途时，“奋厉有当世志”，但由于先后与新旧党的矛盾，使他既失败于元丰，又失意于元祐，仅两次在朝而长期外任。在朝之时，由于先后与王安石的变法派和司马光守旧派的矛盾，使他注重于政治而非文学。而熙宁、元丰和元祐、绍圣的两次外任，却是苏轼文学创作得到很大发展的时期，他的词的创作，就开始于熙宁年间。

苏轼初登词坛，就显示出“以诗为词”的创作倾向，所作的赠别、纪游诸作，已与传统词作的幽怨、缠绵不同，显得较为开阔、俊爽、深沉。如赠别杭州知州陈襄的一组词，就与前人浓艳、纤仄的风格异趣：“湖山信是东南美，一望弥千里。使君能得几时来？便使尊前醉倒更徘徊。”（《虞美人·有美堂赠述古》）“回首乱山横，不见居人只见城。谁似临平山上塔，亭亭，迎客西来送客行。”（《南乡子·送述古》）桐庐七里濑纪游的《行香子》：“一叶舟轻，双桨鸿惊。水天清影湛波平。鱼翻藻鉴，鹭点烟汀。过沙溪急，霜溪冷，月溪明。　　重重似画，曲曲如屏。算当年虚老严陵。君臣一梦，今古空名。但远山长，云山乱，晓山青。”所呈现的也是清新、俊逸、疏宕之风。而带有“言志”色彩的最早词作，似是自杭州赴密州途中寄赠其弟苏辙的《沁园春》了。此词下片写道：“当时共客长安，似二陆初来俱少年。有笔头千字，胸中万卷，致君尧舜，此事何难！用舍由时，行藏在我，袖手何妨闲处看。身长健，但优游卒岁，且斗尊前。”充满了自信，洋溢着豪情，其胸襟抱负为前人词中所罕见，预示着独树一帜的创作行将出现。

到密州之后，苏轼终于创作了“新天下人耳目”的作品，《江城子·密州出猎》与《水调歌头》“中秋词”即其中代表。《江城子》上片写出猎的狂态，“左牵黄，右擎苍”，“千骑卷平岗”，其气势与迅捷，令人惊叹。下片更袒露了“酒酣”后的胸襟：“持节云中，何日遣冯唐？会挽雕弓如满月，西北望，射天狼！”作者虽在新法问题上与王安石政见有所不合，但主张加强国防的精神却与王安石一致。这里，他借出猎表现希望得到朝廷信任，效力疆场，抗拒西夏侵略的意愿。全词叙事、抒情、言志、寄望结合得天衣无缝，可与《祭常山回小猎》一诗相发明，“遣冯唐”、“射天狼”亦即诗中“圣朝若用西凉簿，白羽犹能效一挥”之意。此词成后，苏轼写信给鲜于子骏，谓此词“令东州（指密州）壮士抵掌顿足而歌之，吹笛击鼓以为节，颇壮观也”。别开生面，在词史上有转变风气的意义。《水调歌头》所写是欢度中秋时怀想其弟，但所表达的远不止此。上片从望月生出奇想，随着思绪的升落，在矛盾中表达了对人生的热爱超过对月宫的向往，这是明言；对朝廷政治斗争的关注，则是暗语。下片从转入“兼怀子由”到自我宽慰、解脱，物理通于人情，以达观的态度看待人生。此词从屈原、李白以及谢庄《月赋》中脱化而出，将较单纯的发问、感慨，翻出了全新的意境，意象开阔，包蕴深广，指物喻事，以形象传递哲理造于极诣，开阖转折，递进自然。尽管内蕴之意并未明言，但论家多欣赏其中托意，并称道其“以不犯本位为高”，“尤觉空灵蕴藉”（刘熙载《艺概》卷四）。苏轼此词，清雄旷远，笔力、胸襟与意境均为前人所未到，故有“画家大斧皴，书家擘窠体”之誉（卓人月《古今词统》），《苕溪渔隐丛话·后集》卷三九谓“中秋词，自东坡《水调歌头》一出，余词尽废”，都非虚语。

苏轼因“乌台诗案”被贬黄州后，对政治、人生、社会的态度发生了变化，这种变化也反映在词中。当他少年得志、意气风发之时，是积极入世崇儒的，曾斥老庄哲学为

“猖狂浮游之说”(《韩非论》),批判禅宗“废学而徒思”(《大悲阁记》)。由于阅历渐深,感叹宦海升沉,世情冷暖,思想渐变。被贬黄州后,政治的险恶和生活的困顿,使他逐渐在佛老中找到了一些自我遣闷的想法。他自陈在安国寺“焚香默坐,深自省察,则物我相忘,身心皆空”(《黄州安国寺记》)的体验。但他毕竟不能忘怀国事,仍望有补于世,长期所受的儒学入世教育使他不能真正遁世而去。黄州所作词,在表达志向、怀抱、行藏、出处时,就既有对无法展抒其怀抱的深沉感慨,同时又能不甚为忧患所困,随缘自适。

《定风波》就表现了任天而动的思想。此词前结:“谁怕?一蓑烟雨任平生。”与后结:“归去,也无风雨也无晴。”《浣溪沙》的“谁道人生无再少?门前流水尚能西,休将白发唱黄鸡”,都表明了旷达坦荡、随遇而安的思想。苏轼从佛老中汲取运用了其中“达”的思想,有时确能做到心胸豁达。但他毕竟难以忘怀人生、功业,名作《念奴娇·赤壁怀古》就充分表现了他出入于儒家与道释,徘徊于入世与出世间的思想矛盾。词之起句“大江东去,浪淘尽、千古风流人物”即能笼罩全篇,总括了对宇宙、人生的认识。继而面对江山,回忆历史,笔底展现了昔日的风云与豪杰。“故国神游,多情应笑我,早生华发”。从怀古转为抒写己怀,由三十四岁即建立破曹功业的周瑜,拍合抱负难展、贬谪他乡、年近半百早生华发的自己。不过,即景生悲之后,又能自我排遣:“人生如梦,一尊还酹江月。”似这样的追怀历史、抒写情怀、描摹风物之作,写得如此履险如夷、举重若轻,将复杂丰富的思想写得如此具体生动,在词史上可谓少见。

黄州生活使苏轼的思想发生了很大转折。虽然他后来在地方任上仍积极有为,但已从以前的努力进取、议论风发,转为多作人生感慨。词风更见超逸旷远,甚至充满理趣。他在离黄州移汝州时所作的《满庭芳》写道:“归去来兮,吾归何处?万里家在岷峨。百年强半,来日苦无多。”“当此去,人生底事,来往如梭”,和在颍州所作的《木兰花令》,感慨“佳人犹唱醉翁词,四十三年如电抹”,尚有消极倾向,但《定风波》的“万里归来年愈少,微笑,笑时犹带岭梅香。试问岭南应不好?却道,此心安处是吾乡”,则是表现了一种比较平静的“心安”思想(《坛经·行由品》记惠能语:“不是风动,不是幡动,仁者心动。”),旷达之中兼饶理趣。《蝶恋花》的“枝上柳绵吹又少,天涯何处无芳草”也一样,此词语句“多情却被无情恼”曾被《诗人玉屑》所引《词话》评为“极有理趣”。

其二,表现了对亲朋的情谊,对生活的热爱,对自然的赞美。

苏轼以前,词多涉艳情,苏轼集中虽亦不乏赠妓之作,却与传统写法不同,故有人谓其“短于情”,但陈师道却说:“呜呼!风韵如东坡,而谓不及于情,可乎!彼高人逸士,正当如是,其溢为小词,而闲及于脂粉之间,所谓滑稽玩戏,聊复尔尔者也。若乃纤艳淫媟,入人骨髓,如田中行、柳耆卿辈,岂公之雅趣也哉!”(王若虚《滹南诗话》引)这真是知人之言。苏轼并不“短于情”,但他的作品不是泥于狭义的“艳情”,却推之于亲朋,推之于生活和大自然,这是他对词的题材的又一开拓。

离情别绪、男欢女爱是词的传统题材,即使如范仲淹、欧阳修、司马光这样的北宋名臣,也可从他们的词中窥见恋爱生活一面。但他们和其他词人一样,词中所思所念者多是姬妾、歌妓、情人，却并未提及自己的妻子。只有苏轼将传统的悼亡诗这种题材移至词的领域，他的《江城子·乙卯正月二十日夜记梦》，对亡妻王弗倾诉了真挚而深沉的感情。起头数句，谓妻子虽死十年，仍难忘怀，由于王弗死后初殡于京都西郊，后又迁葬祖籍，而苏轼此时知密州，故有“千里孤坟，无处话凄凉”之叹。下片承“不思量，自难忘”生发开来而述梦，写得情致缠绵，非常感人。最后再应开头，申足“此情绵绵无绝期”之意。词中思致深挚，构思、运笔，曲折顿宕，愈见真切生动。

苏轼与弟苏辙有深厚的手足之情，除诗中常有表现外，词中也不乏佳篇。前引《沁园春》、《水调歌头》即常被后人称道。

苏轼词中，还可见师友情深。《西江月·平山堂》和《木兰花令·次欧公西湖韵》作期相隔十二年之久，但都表现了对欧阳修的无比尊敬之情。前者称道欧公的文章诗词：“十年不见老仙翁，壁上龙蛇飞动。”“欲吊文章太守，仍歌杨柳春风。”后者倾注了深切的怀念：“佳人犹唱醉翁词，四十三年如电抹。”“与予同是识翁人，唯有西湖波底月。”酬赠友人之作更多，他与杭州知州陈襄感情甚深，送别的《菩萨蛮》、《南乡子》：“今夜残灯斜照处，荧荧，秋雨晴时泪不晴。”正道出别情之真挚。他与诗僧参寥过从甚密，《八声甘州·寄参寥子》以“记取西湖西畔，正春山好处，空翠烟霏”忆念游踪；“算诗人相得，如我与君稀”，见知己之深情。他不仅在词中表达对朋友的相别、思念之情，而且激励意气，以为国功业期许，如“恨君不取契丹首，金甲牙旗归故乡”(《阳关曲·赠张继愿》)，即其中最著者。

苏轼不仅深于亲情，而且深于乡情，钟情于宦游过的地方。“一纸乡书来万里。问我何年，真个成归计？回首送春拚一醉，东风吹破千行泪”(《蝶恋花·京口得乡书》)、“江汉西来，高楼下、蒲萄深碧。犹自带、岷峨雪浪，锦江春色。君是南山遗爱守，我为剑外思归客”(《满江红·寄鄂州朱使君寿昌》)，都倾诉了对故乡的思念、热爱。“隋堤三月水溶溶，背归鸿，去吴中。回首彭城，清泗与淮通。欲寄相思千点泪，流不到，楚江东”(《江城子·别徐州》)，这是将移知湖州，离别徐州时所作，充满了眷念之情。“坐见黄州再闰，儿童尽、楚语吴歌。山中友，鸡豚社酒，相劝老东坡”，“仍传语，江南父老，时与晒渔蓑”(《满庭芳》)，这是去黄移汝的留别之作。黄州虽是作者贬谪之地，但与邻里朋友有极深的情谊，对此地亦难舍决。即使被贬海南，食芋饮水，仍以著书为乐，称道此地“春牛春杖，无限春风来海上”，“不似天涯，卷起杨花似雪花”(《减字木兰花·乙卯儋耳春词》)。

苏轼一生几经大起大落，由于抑郁失意，不免有消沉或故作旷达的时候，但他一生的主导精神仍是积极入世的，词中极少呻吟之声，而是充满了对生活的热爱与希望。上元节在密州曾因“火冷灯稀”而怀念“灯火钱塘三五夜”，遂有“寂寞山城人老也”之叹，但对“击鼓吹箫，却入农桑社”的别具情趣，仍怀爱意(《蝶恋花·密州上元》)。“寒食后，酒醒却咨嗟。休对故人思故国，且将新火试新茶。诗酒趁年华”(《望江南·超然台作》)。咨嗟后又复振起向上。在黄州处境可谓艰难，他却尚有夜行醉卧溪桥的兴致：“障泥未解玉骢骄，我欲醉眠芳草。”“解鞍欹枕绿杨桥，杜宇一声春晓。”

(《西江月》)他曾说:“尘心消尽道心平,江南与塞北,何处不堪行!”(《临江仙》)固然赞美深院朱栏的盛宴,也以清茶野餐为乐:“雪沫乳花浮午盏,蓼茸蒿笋试春盘。人间有味是清欢。”他对仕宦的沉浮无定自然深有感触,曾认为“事皆前定,谁弱又谁强”?但又鄙薄“蜗角虚名,蝇头微利”,表现了快意人生的信条:“常对清风皓月,苔茵展、云幕高张。江南好,千钟美酒,一曲《满庭芳》。”诸多的宴赏、登临之作,都能消减宦情怅触,表现出热爱生活的积极精神,这与前人所作的或以淡淡忧愁妆点过于丰美的生活,或无节制地放纵欲念、显示单纯的享乐意识,确有很大不同。

苏轼热爱生活,也钟情于大自然,并热情地描绘了农家生活画面,这些都为前人所未到。在苏轼词中,既有“北固山前三面水,碧琼梳拥青螺髻”(《蝶恋花》)、“但空江、月明千里”(《水龙吟》)、“一千顷,都镜净,倒碧峰”(《水调歌头》)、“青山白浪,万重千叠”(《满江红》)、“清溪无底,上有千仞嵯峨。画楼西畔,天远夕阳多”(《满庭芳》)的开阔、明快的画面,也有“半壕春水一城花,烟雨暗千家”(《望江南》)、“纵纵,疏雨过,风林舞破,烟盖云幢”(《满庭芳》)、“欹枕江南烟雨,杳杳没孤鸿”(《水调歌头》)的朦胧,还有“林断山明竹隐墙,乱蝉衰草小池塘。翻空白鸟时时见,照水红蕖细细香”(《鹧鸪天》)、“桃李溪边驻画轮,鹧鸪声里倒清尊”(《浣溪沙》)、“风压轻云贴水飞,乍晴池馆燕争泥”(《浣溪沙》)的隽秀,都是写物传神,触处生春。在苏轼以前,词人笔下也写过渔夫、村姑,但只有苏轼,才真正描绘了农家生活。他在徐州因至石潭谢雨所作的五首《浣溪沙》,不仅写了农民的群像,而且写了农事和民风,充满了浓郁的乡土气息。词中既有对“老幼扶携收麦社,乌鸢翔舞赛神村”的赞美,也有对煮茧、缫丝的描绘,还有“捋青捣麨软饥肠”、“牛衣古柳卖黄瓜”的真实写照。苏轼之所以没有将农民写成隐士,没有一味赞叹“农家乐”,实与“使君元是此中人”一样,本有较真切的体验有关。

苏轼对词的题材开拓并不限于以上这些,从咏史、游仙、咏物到悦道、参禅,或有发展,或有创造,“无意不可入,无事不可言”,苏词之所“入”与所“言”,确多前人所未到未言。苏轼对词的开拓之功是值得大书特书的。

三

苏轼对词的主体风格的变革表现在什么地方呢?

要阐说这一问题,应先明确在苏轼以前词的主体风格是什么?前面说过,词自其诞生起,就属于“缘情”的文字。这“情”,以爱情为大端,以闲情为辅。爱情或直抒己情,或托为闺情,都涉及女性,故有“男子而作闺音”(田同之《西圃词话》),“雌声学语”(刘辰翁《辛稼轩词序》)的特点,因而就使词具有绮艳的风格。闲情则多岁月不居、年光抛人之叹,不作直言,语求婉妙,故词又具有柔婉的特色。

北宋自立国以来,统治者就对将相臣僚采取优赐厚养的政策,宋太祖在“杯酒释兵权”时,对石守信说:“人生如白驹过隙,所以好富贵者,不过欲多积金钱,厚自娱乐,使子孙无贫乏尔”,并以“多置歌儿舞女,日夕饮酒相欢,以终天年”相劝(《宋史纪事本末》卷二)。“侑觞”之词所表现出来的,无非是沉湎女色与享乐意识。

苏轼所处时代既已不同于宋初的承平时期,他的胸襟、学养与境遇也使他在词的创作中,能在沿袭传统之外注入新的东西,这就是忧患意识和理想主义。《东坡乐府》中赠妓之作亦不少,说明苏轼在“应歌”时未能免俗,但由于“言志”色彩的增强,可以看到他的以“清”破“艳”,以“刚”破“柔”,体现出主体风格的变革处。

前面论题材开拓时,实已涉及风格之变,我们不妨再看同类题材的作品。先看咏物之作。五代及北宋前期的咏物词多与“情”相关,如牛峤《梦江南》二首:“含泥燕,飞到画堂前。占得杏梁安稳处,体轻唯有主人怜,堪羡好因缘。”“红绣被,两两间鸳鸯。不是鸟中偏爱尔,为缘交颈睡南塘,全胜薄情郎。”欧阳修《望江南》:“江南蝶,斜日一双双。身似何郎全傅粉,心如韩寿爱偷香,天赋与轻狂。　微雨后,薄翅腻烟光。才伴游蜂来小院,又随飞絮过东墙,长是为花忙。”而苏轼却在《卜算子》中塑造了一个孤鸿的形象:“缺月挂疏桐,漏断人初静。谁见幽人独往来,飘渺孤鸿影。　惊起却回头,有恨无人省。拣尽寒枝不肯栖,寂寞沙洲冷。”同是托物寓意,但立意与格调大异。黄庭坚《山谷题跋》谓《卜算子》“语意高妙,似非吃烟火食人语”,正是看到了它的“清”。且不论词中是否有《诗·考槃》的“贤者退而穷处”之意,但“自写在黄州之寂寞”(黄苏《蓼园词选》)还是可以味出,而且“惊起”、“有恨”、“寂寞”等语及全词意境,都流露出与牛峤、欧阳修所作有明显不同,即基于沉湎女性之“情”与忧患意识之“志”。

苏轼之前有些人的咏物词,也并非写“情”,而是立意较高的,但毕竟缺乏苏词的深层涵义。如林逋和梅尧臣都写过咏草词,林作是《点绛唇》:“金谷年年,乱生春色谁为主?余花落处,满地和烟雨。　又是离歌,一阕长亭暮。王孙去,萋萋无数,南北东西路。”梅作是《苏幕遮》:“露堤平,烟墅杳。乱碧萋萋,雨后江天晓。独有庾郎年最少,窣地春袍,嫩色宜相照。　接长亭,迷远道。堪怨王孙,不记归期早。落尽梨花春又了,满地残阳,翠色和烟老。”二词均从《楚辞·招隐士》“王孙游兮不归,春草生兮萋萋”衍化而来,境界虽不低,但除伤别与年光之叹外,少其他深意。苏轼咏榴花的《贺新郎》却不然,其下片写道:“石榴半吐红巾蹙。待浮花浪蕊都尽,伴君幽独。浓艳一枝细看取,芳心千重似束。又恐被秋风惊绿,若待得君来向此,花前对酒不忍触。共粉泪,两簌簌。”词中的榴花“半吐红巾蹙”,无意与众芳斗妍,“待浮花浪蕊都尽,伴君幽独”,更见情怀高洁,确与“乱生春色”、“萋萋无数”、“乱碧萋萋”的芳草不同,“幽独”者正带有一种理想主义色彩,透过榴花形象,可味出其怀才不遇之情。

咏物词尚如此,更不必说情景交融的抒怀之作了。“会挽雕弓如满月,西北望,射天狼”(《江城子》)、“投笔将军因笑我,迂儒。帕首腰刀是丈夫”(《南乡子》)等对从戎建功的向往,正来源于边患日亟的忧患意识。“我欲乘风归去,又恐琼楼玉宇,高处不胜寒”(《水调歌头》)、“归去来兮,吾归何处?万里家在岷峨”(《满庭芳》)等的去从难适,正根源于政治斗争中这种忧患意识。“此生此夜不长好,明月明年何处看”(《阳关曲》)、“长恨此身非我有,何时忘却营营”(《临江仙》)等的人生感慨,也导源于此。“诗酒趁年华”(《望江南》),“江南好,千钟美酒,一曲《满庭芳》”(《满庭芳》),这是他的生活理想。“有笔头千字，胸中万卷，致君尧舜，此事何难”（《沁园春》），这是他的政治理想。“问何事人间，久戏风波？”“青衫破，群仙笑我，千缕挂烟蓑”（《满庭芳》），这是他超脱危难的向往。忧患意识与理想主义之入于词，必然会突破传统，变革沿袭不已的主体风格。

由于苏轼对人生有其独特的思考与把握，才使他的词能有“清”与“刚”的风格特点。“对酒卷帘邀明月，风露透窗纱”（《少年游》），“夜阑风静欲归时，惟有一江明月碧琉璃”（《虞美人》），“明月如霜，好风如水，清景无限”（《永遇乐》），“淡云斜照着山明，细草软沙溪路马蹄轻”（《南歌子》），这都足见其“清”。非但与《花间词》不同，而且与“朱粉不深匀，闲花淡淡春”（张先《醉垂鞭》）、“重头歌韵响铮琮，入破舞腰红乱旋”（晏殊《玉楼春》）、“寸寸柔肠，盈盈粉泪”（欧阳修《踏莎行》）、“罗衣著破前香在，旧意谁教改”（晏几道《虞美人》）、“翠眉开，娇横远岫，绿鬓弹，浓染春烟”（柳永《玉蝴蝶》）等都迥异。与“艳”相关的是“柔”，如：“花若胜如奴，花还解语无”（张先《菩萨蛮》）、“念兰堂红烛，心长焰短，向人垂泪”（晏殊《撼庭秋》）、“脉脉横波珠泪满，归心乱，离肠便逐星桥断”（欧阳修《渔家傲》）、“绣帏人念远，暗垂珠露，泣送征轮”（韩缜《风箫吟》）、“记得小蘋初见，两重心字罗衣，琵琶弦上说相思”（晏几道《临江仙》）、“脉脉人千里，念两处风情，万重烟水”（柳永《卜算子》）等，都柔情似水。苏轼也写情，不乏幽怨缠绵之语，但他不同于前人处，在以健笔写柔情。如“燕子楼空，佳人何在，空锁楼中燕”（《永遇乐》）、“美人怜我老，玉手簪金菊”（《千秋岁》）、“莫恨黄花未吐，且教红粉相扶。酒阑不必看茱萸，俯仰人间今古”（《西江月》）、“蓝桥何处觅云英，只有多情流水伴人行”（《南歌子》），不是溺于情中，却乃柔中见刚。

什么最能体现出苏词的个性？张炎注目于他的“清”，称道他“清丽舒徐，出人意表”（《词源》），近代王鹏运在“清”之外，还见其“雄”，故以“清雄”、“轶尘绝迹”（《半塘遗稿》）称之。相沿相从的说法则是“豪放”。司空图《诗品》曾列“豪放”为二十四品之一，并以“观花匪禁，吞吐大荒”、“天风浪浪，海山苍苍。真力弥满，万象在旁”形容之。首以“豪放”论苏词的是绍兴年间的曾慥，他在《东坡词拾遗》中说：“豪放风流，不可及也。”陆游也有此说。明人张綖，乃有“豪放”与“婉约”对举之论：“词体大略有二：一婉约，一豪放。盖词情蕴藉，气象恢宏之谓耳”（王又华《古今词论》引），并云：“子瞻之作，多是豪放。”（《诗馀图谱》）这一看法，后人多所接受。苏词的豪放风格，正是气象恢宏的体现，虽然《东坡乐府》中“天风浪浪，海山苍苍”的作品并不多，但却代表了变革之处和作为“这一个”的本质。除《念奴娇·赤壁怀古》外，如“江汉西来，高楼下、蒲萄深碧。犹自带、岷峨雪浪，锦江春色”（《满江红》）、“堪笑兰台公子，未解庄生天籁，刚道有雌雄。一点浩然气，千里快哉风”（《水调歌头》）、“我梦扁舟浮震泽，雪浪摇空千顷白。觉来满眼是庐山，倚天无数开青壁”（《归朝欢》）等，其意象的开阔雄奇，笔力的刚健排宕，确能使人有万斛泉源奔涌，挟海上风涛云气之感。

作为大家，苏词的风格并不是单一的，通观《东坡乐府》，既有“古来云海茫茫，道山绛阙知何处”、“行尽九州四海，笑纷纷、落花飞絮”（《水龙吟》）游仙之作的雄奇，又有“路漫漫，玉花翻，云海光宽，何处是超然”（《江城子》）的清越，它们与《念奴娇·赤壁怀古》的豪放诸作,《水调歌头》中秋词的超旷诸作,属于阳刚之类。而《水龙吟》杨花词的婉约缠绵,《贺新郎》咏榴花的明媚鲜妍,《蝶恋花》“花褪残红青杏小”的蕴藉,诸多赠妓之作的纤艳,则构成另一种阴柔之美。张耒《东山词序》称道贺铸词“盛丽如游金、张之堂,妖冶如揽嫱、施之袪,幽索如屈、宋,悲壮如苏、李”,苏轼词风格之多样,更在贺铸之上。冯煦为朱祖谋注《东坡乐府》作序,就指出苏词“刚亦不吐,柔亦不茹”的特点,并认为他有“树秦、柳之前旃”,“导姜、张之大辂”之功,这正是从兼得刚柔上着眼的。

苏轼除对词的主体风格有所变革外,在词的体制、语言上也颇有创新。他在词中始标题目,并首创小序,甚至长达数百字,开后来姜夔善作词序之风,他还善为檃栝、回文之作,可见其在体制上创新的一斑。在语言上,他一变柳永之俚俗为典雅,从诗赋史传中多有吸收,接近口语又有所烹炼,在改变传统的绮艳、柔媚、错采镂金同时,创造出明丽、清新、朴素的语言风格。

自然,苏词也有些过直过率的地方,部分作品言理太多,或缺少情味,有些乃在作文字游戏。不过,比之巨大成就来,就仅是小疵而已。

由于苏轼的拓展词境、变革词风,以他的文坛领袖的地位,又热心提携后进,影响所及,造就了蔚为壮观的元祐词林。黄庭坚、秦观、晁无咎、张耒、陈师道、毛滂、贺铸即是其中的主要人物。北宋灭亡后,苏词的影响流播南北。南渡词人中,如向子禋、陈与义、叶梦得、张元幹,直到张孝祥、陆游、陈亮、辛弃疾,都继承了苏轼以词言志咏怀的传统,成为南渡词坛的主流。由于苏学盛于北,苏词的豪放雄奇与“深裘大马之风”相融,开金源之盛,蔡松年、赵秉文、元好问是其中代表。直到金与南宋灭亡,苏轼词的影响依然未减。

苏词“指出向上一路,新天下耳目,弄笔者始知自振”,苏轼对词坛的建树与贡献是永存的。

(原载《苏东坡文集导读》,巴蜀书社1990年6月出版)

秦观"词心"析论

据《宋史》本传载，秦观"少豪隽，慷慨溢于文词。举进士，不中。强志盛气，好大而见奇。读兵家书，与己意合"。但是，正如传中所言，"见苏轼于徐，为赋《黄楼》。轼以为有屈、宋之才。又介其诗于王安石，安石亦谓清新似鲍、谢"。著名的前辈欣赏的还是他的文学才能。苏轼赏其赋，王安石赏其诗，而秦观最擅者还是词。《四库全书总目·淮海词提要》认为："观诗格不及苏黄，而词则情韵兼胜，在苏黄之上。"以秦词胜于苏词，虽未必皆得人人首肯，但秦本人的词胜于诗文，则并无争议。

秦观的词，颇负时誉。陈师道《后山诗话》在认为韩愈以文为诗、苏轼以诗为词，"虽极天下之工，要非本色"的同时，论定"当今词手，惟秦七、黄九"。叶梦得《避暑录话》卷三曾对秦词的"本色"有所阐发，即"语工而入律，知乐者谓之作家歌"，因此能"元丰间盛行于淮楚"。胡仔《苕溪渔隐丛话》卷三三更进而引晁补之语："鲁直词不是当家语，自是著腔子唱好诗。"并为之判断："二公在当时，品题不同如此。"而《能改斋漫录》更引晁氏语："近世以来作者，皆不及秦少游。"明确分出了秦、黄的高下。晁与陈师道同出苏门，有词集《晁氏琴趣外篇》，在作词上较陈氏内行，所说也更为"到位"。所以，秦观的词是真正"当行""本色"之作。苏轼尽管以秦观词的气格为病，用"山抹微云秦学士"戏之，但从《苕溪渔隐丛话》前集卷四二引《王直方诗话》看，东坡以所作词示晁补之、张耒，曰："何如少游？"就可以看出，在他心目中，秦观词的地位究竟如何了。

如果说苏门文士及宋代其他论家对秦观词的评价，还只是着眼于词的体性特点而肯定秦词；至清人所论，在充分肯定其词本色、婉美、辞情相称、含蓄、以韵胜，并以之为婉约词主要代表的同时，又有以寄托、沉郁言之者，且评价颇高。而在近代的评价中，有一说别具深意，但未见深入探讨者，此即对少游"词心"的独到发现。鉴于此，特为拈出并作阐发。

一

在所有对秦观词的评论中，笔者认为"词心"一说最值得注意。此说出于乔笙巢，[①]而为冯煦、陈廷焯所接受、阐述，最能发秦词之秘。

冯煦《宋六十一家词选例言》说：

---

① 据冯煦《宋六十家词选序》云，其本人十五岁即从宝应乔笙巢游，故陈廷焯将词心说归于乔笙巢名下。

少游以绝尘之才，早与胜流，不可一世；而一谪南荒，遽丧灵宝，故所为词，寄慨身世，闲雅有情思，酒边花下，一往而深，而怨悱不乱，悄乎得《小雅》之遗；后主而后，一人而已。昔张天如论相如之赋云："他人之赋，赋才也；长卿，赋心也。"予于少游之词亦云：他人之词，词才也；少游，词心也。得之于内，不可以传。虽子瞻之明儁，耆卿之幽秀，犹若有瞠乎后者，况其下耶？[①]

《白雨斋词话》卷六引作乔笙巢所论：

乔笙巢云："少游词，寄慨身世，闲雅有情思，酒边花下，一往而深，而怨诽不乱，悄乎得《小雅》之遗。"又云："他人之词，词才也，少游，词心也。得之于内，不可以传，虽子瞻之明俊，耆卿之幽秀，犹若有瞠乎后者，况其下耶?"此与庄中白之言颇相合，淮海何幸，有此知己。[②]

卷八：

东坡、稼轩、白石、玉田，高者易见，少游、美成、梅溪、碧山，高者难见。而少游、美成尤难见。美成意余言外，而痕迹消融，人苦不能领略。少游则义蕴言中，韵流弦外，得其貌者，如鼹鼠之饮河，以为果腹矣，而不知沧海之外，更有河源也。乔笙巢谓："他人之词，词才也；少游词心也。"可谓卓识。[③]

以乔笙巢、冯煦之见，词心应本于才，却又高于才。秦观本具"绝尘之才"，贬谪的经历成就了他闲雅而情深、怨悱而不乱之词，使之所现的词心超越了他人的词才。其次，词心颇类于《庄子·天道》所说的"应于心"，"口不能言，有数存焉其间"，是"得之于内，不可以传"，具有显著的独特性，能自悟而不能传人。我国古代以心为五脏之首，为人体器官之主宰。如《素问·灵兰秘典论》所说："心者，生之本、神之变也。"而以"词心"论秦观，亦不妨以"生之本，神之变"相求，即淮海词的生命之本、神理之变，体现为特有的"词心"。冯煦认为，有此词心，秦观词高于苏轼、柳永。陈廷焯虽未许秦观为最高，而"义蕴言中，韵流弦外"二语，却可看作他在肯定冯煦词心说的同时，又依稀由外而内地道出了"词心"有待抉发之意。

其实，乔笙巢、冯煦所说的词心，一在于真切的深情，二在于难以移易的独特性。"一谪南荒，遽丧灵宝"，是说秦观遭贬而使心灵大变，神情大损（旧题班固《汉武帝内传》云："灵者，神也，宝者，精也"），而其词的"寄慨"，"有情思"，"一往而深"，"怨悱不乱"，且为"后主而后，一人而已"，都在于真情、深情。而"得之于内，不可以传"，

① 冯煦．蒿庵论词[M]//介存斋论词杂著·复堂论词·蒿庵论词．北京：人民文学出版社，1959：60.

② 陈廷焯．白雨斋词话[M].北京：人民文学出版社，1959：149.

③ 陈廷焯．白雨斋词话[M].北京：人民文学出版社，1959：202.

则谓其词系内心真情的外现，无此情即无此词，非技巧之可传，才能之可养，具有鲜明的个性。

对于词心出于真情，况周颐有独到的体会。《蕙风词话》卷一论曰：

> 吾听风雨，吾览江山，常觉风雨江山外有万不得已者在。此万不得已者，即词心也。而能以吾言写吾心，即吾词也。此万不得已者，由吾心酝酿而出，即吾词之真也，非可强为，亦无庸强求。视吾心之酝酿何如耳。①

“词心”出于“万不得已”之情，可见况氏对于真情实感的强调。尽管我国历来重视文学的政教功能，但即使对于“诗言志”这一诗论“开山纲领”的阐释，任何论者都不能无视感情问题。如班固在《汉书·艺文志》中说：“《书》曰：‘诗言志，歌咏言。’故哀乐之心感，而歌咏之声发。诵其言谓之诗，咏其声谓之歌。”《春秋公羊传·宣公十五年》后汉何休《解诂》亦谓：“男女有所怨恨，相从而歌。饥者歌其食，劳者歌其事。”分别强调的是“哀乐之心”和“有所怨恨”。后来唐人孔颖达为《诗大序》作《正义》，以情释“志”，表达了官方的权威意见：“言作诗者，所以舒心志愤懑，而卒成于歌咏。故《虞书》谓之‘诗言志’也。包管万虑，其名曰心；感物而动，乃呼为志。志之所适，外物感焉。言悦豫之志则和乐兴而颂声作，忧愁之志则哀伤起而怨刺生。”刘勰《文心雕龙》以儒家思想为本，故以《原道》、《征圣》、《宗经》开头，但《征圣》有云：“志足而言文，情信而辞巧。”《宗经》亦云：“义既极于性情，辞亦匠于文理。”《情采》篇更认为：“故情者文之经，辞者理之纬；经正而后纬成，理定而后辞畅，此立文之本源也。”白居易的诗论以强调理性节制著称，其《与元九书》仍说：“感人心者，莫先乎情。”且将诗定义为“根情，苗言，华声，实义”。“言志”之诗既如此，“缘情”的词当然更以情为本。

秦观的词，从宋人起，就颇多以情相取者。李清照在其著名的词论中认为：词“别是一家，知之者少”，而秦观就属于“知之者”之一，但又认为：“秦即专主情致，而少故实，譬如贫家美女，虽极妍丽丰逸，而终乏富贵态。”且不论她的评价高低如何，“专主情致，而少故实”，确实是抓住了根本的。秦词的“情”，宋高宗时已有人指出其性质，如楼钥《黄太史书少游海康诗题跋》有载：“祭酒芮公赋《莺花亭》诗，其中一绝云：‘人言多技亦多穷，随意文章要底工？淮海秦郎天下士，一生怀抱百忧中。’尝诵而悲之……”②“一生怀抱百忧中”七字，可谓很好的概括。当然，秦词中还有一个重要内容，就是王灼《碧鸡漫志》卷二中所说：“少游屡困京洛，故疏荡之风不除。”对秦词的“穷”“忧”，冯煦特地指出“一谪南荒，遽丧灵宝”，以至“所为词寄慨身世”，成就其特殊的“词心”。至于“专主情致”，则应包括那些屡被人道及的“艳语”。两者之中，尤其是前者，更应是“万不得已”者。

“风雨江山外”的“万不得已”者，即少游特殊的“词心”。冯煦认为秦观是“后主而

① 况周颐.蕙风词话[M]//蕙风词话·人间词话.北京：人民文学出版社，1960：10.

② 徐培均.淮海居士长短句[M].上海：上海古籍出版社，1985：294.

后，一人而已”，就是着眼于“寄慨身世”，而对于真情的肯定，中西皆莫能外，丹麦文学史家勃兰兑斯在《十九世纪文学主流·流亡文学》引言中曾说过，文学史就其深刻的意义来说，是研究人的灵魂，是灵魂的历史，文学作品所表现的是人的感情和思想。我们也不妨将秦观的“词心”看作构成宋代词史感情和思想、灵魂的历史的重要组成部分。

冯煦、陈廷焯论秦观之以“词心”相取，应是对他“这一个”的肯定。

秦观的祖父曾在南康为官，叔秦定亦曾任会稽尉、江南东路转运判官，又知濠州，但因秦观十五岁就丧父，虽与母一起随祖、叔生活，衣食无虞，其感情深处却很难说没有留下丧父的阴影。由于宋代推行重文抑武政策，文人多有远大志向，秦观也不例外。尽管他熟读经史，又习兵书，长于为文，熙宁元丰间二次应举，皆不中。元丰元年，他谒苏轼于彭城，写《黄楼赋》，以文才见赏于苏。元丰二年（1079年），苏轼徙知湖州，恰因他赴会稽探望祖、叔，陪同苏轼行至吴兴，使苏对他有了更多的了解。至苏轼坐乌台诗案，后贬黄州，他不避嫌疑，多有问候。元丰五年（1082年），他因苏轼之劝而再应试，不中。虽得苏轼向王安石推荐，并得王氏对其诗文的赞誉，却直到元丰八年（1085年），才考中进士，开始步入仕途。

秦观在淹留场屋十多年之后，一旦为官，即卷入了党争之中。神宗死，年幼的哲宗继位，高太后听政，废除新法，史称“元祐更化”，新党被逐出朝，旧党重新执政。可是，朝中很快就分为洛、蜀两党，秦观是苏门中人，自被目为蜀党，屡遭洛党排斥。后得范纯仁推荐，才得充馆职，次年进京，为秘书省校对黄本书籍。不久，被任为秘书省正字，又因洛党人士反对，连带引起对苏轼兄弟的攻讦，被免去正字。至元祐八年（1093年），秦观再度被升为正字，继又充编修官，参与修《神宗实录》。不久，高太后死，哲宗亲政，重任新党，旧党失势。秦观在出为杭州通判的赴任途中，就因御史刘拯告其与黄庭坚增损《神宗实录》之罪，被贬为监处州酒税。在处州年余，虽无过失，仍以写佛书获罪，再贬郴州。在郴州一年，编管横州，然后再徙雷州。这样，他从浙江到湖南，再到广西，终至天涯之地。新继位的徽宗在元符三年（1100年）下赦令，苏轼自海南量移廉州，与之见了一面。随即秦观也被放还，北行至藤州时，溘然逝于华光亭，终年仅五十二岁。

青少年时代的秦观，性格“豪隽”、“慷慨”、“强志盛气”，但十多年场屋之困，已使之英气渐销。步入仕途给了他希望，尽管如《王直方诗话》所载：“秦少游为黄本，钱穆父为户部，皆居于东华门之堆垛场。少游春日尝以诗遗穆父云：‘三年京国鬓如丝，又见新花发故枝。日典春衣非为酒，家贫食粥已多时。’穆父以米二石送之。”[①]但《诗话总龟》仍有此载：“秦少游晚出左掖门，有诗云：‘金雀觚稜转夕晖，飘飘宫叶堕秋衣。出门尘涨如黄雾，始觉身从天上归。’识者以为少游作一黄本校勘，而炫耀如此，必不远到。”[②]而这正说明了秦观此时豪气尚存。《王直方诗话》对秦观意气盛衰的变化，曾举其所作诗以明之：

---

① 郭绍虞．宋诗话辑佚[M]．北京：中华书局，1980：73.

② 郭绍虞．宋诗话辑佚[M]．北京：中华书局，1980：36.

秦少游始作蔡州教授，意谓朝夕便当入馆，步青云之上，故作《东风解冻诗》云："更无舟楫碍，从此百川通。"已而久不召用，作《送张和叔》云："大梁豪英海，故人满青云；为谢黄叔度，鬓毛今白纷。"谓山谷也。说者以为意气之盛衰一何容易。①

从中可见秦观其人情绪的易于因境遇而涨落。

秦观有豪气，却由于受苏轼知遇之恩，他身不由主地被卷入了党争之中，非但是"久不召用"，而且接二连三的打击接踵而至，遂使性情大变。

被贬处州时，他作了《千秋岁》词，流露出很深的悲慨。再贬而过衡阳，将此词抄呈太守孔毅甫，孔以之过悲而恐其将不久于人世。大约作于绍圣四年春郴州旅舍的《踏莎行》是秦观的又一名作。王国维《人间词话》评其四、五两句曰："少游词境最凄婉，至'可堪孤馆闭春寒，杜鹃声里斜阳暮'，则变为凄厉矣。"这"凄厉"二字，实又点出了他情感世界的剧变。可当他尚未从"郴江幸自绕郴山，为谁流下潇湘去"那种类于"在山泉水清，出山泉水浊"的内省中解脱时，他又遭遇了新事。《曲洧旧闻》载："秦少游自郴州再编管横州，道过桂州秦城铺。有一举子，绍圣某年省试下第归，至此见少游南行事。遂题一诗于壁曰：'我为无名抵死求，有名为累子还忧。南来处处佳山水，随分归休得自由。'至是少游读之，泪涕雨集。"②"有名为累"的感触，一经点醒，少游竟不能化解，反而触动伤心事，为之大恸，此时之性格、情绪确较早年大不相同，其递降的历程清晰可见。

冯煦大概是能本着"了解之同情"作论世知人之语，其《宋六十一家词选例言》说：

淮海、小山，真古之伤心人也。其淡语皆有味，浅语皆有致，求之两宋词人，实罕其匹。

后来王国维《人间词话》进一步比较秦、晏，认为小山"矜贵有余"，实际是看到了秦观这一"伤心人"毕竟不同于贵公子出身的晏几道。恐怕这也与李清照以秦观"终乏富贵态"之说暗合。

为什么只将"古之伤心人"许之于秦观，而同样因党争而被贬的苏轼、黄庭坚，为什么不当"伤心人"之称呢？这里恐怕有两个原因。

其一，就政治境遇造就的身世之感而言，由于秦观与苏黄思想素养的不同，进而影响了性格、感情，并扩大了差距，使其迁谪之词充满了哀情苦思。

其二，就个人经历的"艳情"而言，秦观久困场屋，非但不能同苏轼的早达相比，而且是"苏门四学士"中最晚中进士的，因此，他寄迹青楼，又颇为用情，故而在词中留下了不少伤心语。

---

① 郭绍虞.宋诗话辑佚[M].北京：中华书局，1980：28.

② 苏轼，等.仇池笔记(外十八种)[M].四库笔记小说丛书本.上海：上海古籍出版社，1992：314.

这两者,使秦观具有难以移易的独特性,加之“一往而深”的感情,遂造就其特有的“词心”。

下面分而论之。

二

先论第一点。

苏轼少年得志,他《沁园春》词中的“当时共客长安。似二陆初来俱少年。有笔头千字,胸中万卷。致君尧舜,此事何难!”正是当时胸襟的写照。但除了嘉祐、治平间初入仕途时期外,他两次在朝,两次外任,后来一贬再贬。在他意气风发、积极从政之时,从治世的角度出发,他一心崇儒,攘斥佛老,曾在《韩非论》中斥老庄哲学为“猖狂浮游之说”,在《大悲阁记》中批评禅宗“废学而徒思”。但在经历了乌台诗案、被贬黄州之后,他深尝了环境险恶、生活困顿的滋味,遂常往安国寺焚香默坐,深自省察,又去天庆观修道家养生术,自此对禅宗和老庄思想大感兴趣。在后来生活的种种坎坷中,他多能以佛道思想看穿忧患,以随缘自适的人生态度作自我调节,应付复杂多变的社会政治环境。应该说,从苏轼三次被贬所作的《到黄州谢表》、《到惠州谢表》、《到昌化军谢表》来看,所表达的感情一次比一次沉痛、悲伤。但他确又是努力以庄禅思想来消释,这种自我调节、化解,在他的许多诗文中都可见之。所以刘克庄《后村诗话》后集卷一有此说:“坡公海外笔力,益老健宏放,无忧患迁谪意。”陆游《老学庵笔记》有一则很有趣的记载:“吕周辅言:东坡先生与黄门公南迁,相遇于梧、藤间。道旁有鬻汤饼者,共买食之。粗恶不可食。黄门置箸而叹,东坡已尽之矣。徐谓黄门曰:‘九三郎,尔尚欲咀嚼耶?’大笑而起。”①以苏轼美食家的秉性,却如此能屈能伸,在他人恐怕是难以做到的。

再看黄庭坚。黄庭坚一生中曾遭两次文字之祸:一是因修《神宗实录》事,同秦观一样获罪,被贬为涪州别驾、黔州安置;二是因作《承天院塔记》被诬以“幸灾谤国”,除名编管宜州。十年之中,一直在流放中度过。但据《黄山谷年谱》卷首的《豫章先生传》所载:当他听闻责授涪州别驾、黔州安置后,“命下,左右皆泣,公色自若,投床大鼾”。至黔后,“以登阅文墨自娱,若无迁谪意”。而获宜州谪命,身向瘴乡之时,他还在《过洞庭青草湖》一诗中写道:“我虽贫至骨,犹胜杜陵老。忆昔上岳阳,一饭从人讨。行矣勿迟留,蕉林追獦獠。”一方面想昔日,以自己的处境尚强于杜甫而自慰,另一方面想未来,并不因与土著相逐而烦恼。他的一首《青玉案·至宜州次韵上酬七兄》下片写道:“忧能损性休朝暮,忆我当筵醉时句。渡水穿云心已许。晚年光景,小轩南浦,同卷西山雨。”可见处境虽难仍不失乐观。之所以能够如此,与他的庄禅修养大有关系。黄庭坚不同于苏轼的以随遇而安的态度来自我抑制悲观情绪,化解矛盾,超越现实,而是以不变应万变,庄子《大宗师》“安时而处顺,哀乐不能入也”的思想、禅宗“无念为宗,无住为本”的原则,真正化成了他的处世哲学。有此真正的庄禅修养,他

---

① 陆游.老学庵笔记[M].历代史料笔记丛刊本.北京:中华书局,1979:12、13.

才能以坦然的态度度过十年的流放生涯。

对秦观与苏、黄的比较,《冷斋夜话》有一段话说得极好:

少游调雷凄怆,有诗曰:"南土四时都热,愁人日夜俱长。安得此身如石,一时忘了家乡。"鲁直谪宜,殊坦夷,作诗云:"老色日上面,欢情日去心。今既不如昔,后当不如今。""轻纱一幅巾,短簟六尺床。无客白日静,有风终夕凉。"少游钟情,故其诗酸楚;鲁直学道休歇,故其诗闲暇。至于东坡《南中诗》曰:"平生万事足,所欠惟一死。"则英特迈往之气,不受梦幻折困,可畏而仰哉!①

这里的对比可看出,苏轼虽经众多磨难,庄禅思想使他能看穿忧患,随缘自适,却未销尽其早年"奋厉有当世志"的"奋厉"本色,故能"有英特迈往之气";黄庭坚安时处顺、无念无住的庄禅修养使他的诗自然流露出坦夷、闲暇的情调;而秦观却因难以摆脱现实中的诸多烦恼,"钟情"而所作诗"凄怆""酸楚"。

在面对人生忧患时,秦观无疑不具备苏、黄豁达、泰然的态度,他的"考试成绩"差得很远。但是,正是这种"钟情"的资质、特性,使之成为"情种",具备他人所难到的"词心",从而也使他的词作能比苏、黄更见以情动人,且逾于同时代的其他词人。

我们不妨沿着他的被贬路线,看看他的心路历程与灵魂悸动。

被汲古阁本《淮海词》题作《洛阳怀古》的《望海潮》,实非写洛阳,而是为汴京而写的感旧之作。此词作于绍圣元年(1094年)春,系新党再起、旧党失势之时,秦观被贬而即将离京。词云:

梅英疏淡,冰澌溶泄,东风暗换年华。金谷俊游,铜驼巷陌,新晴细履平沙。长记误随车。正絮翻蝶舞,芳思交加。柳下桃溪,乱分春色到人家。　西园夜饮鸣笳。有华灯碍月,飞盖妨花。兰苑未空,行人渐老,重来是事堪嗟!烟暝酒旗斜。但倚楼极目,时见栖鸦。无奈归心,暗随流水到天涯。

起三句写初春景色,"暗换年华"四字,语带双关,兼及政局之变。从第四句到第十四句,上下片贯通,皆写旧游之欢,尤其西园夜饮的文酒之会,更为作者所恋恋不已。可惜好景不长,"兰苑未空,行人渐老",时空的飞跃、转换,带出"重来是事堪嗟",今昔对照显然。最后的倚楼所见和归心之去,传递出的是无奈的情绪。无奈尽管无奈,毕竟此时尚未尝迁谪之苦,所以词中流露出的主要还是感慨和怅惘。

被贬处州时,他的《千秋岁》词在回忆当年欢会时,抒发了很深的感慨和忧愁,已从去年的惆怅转为悲怆:

① 苏轼,等.仇池笔记(外十八种)[M].四库笔记小说丛书本.上海:上海古籍出版社,1992:251.

水边沙外，城郭春寒退。花影乱，莺声碎。飘零疏酒盏，离别宽衣带。人不见，碧云暮合空相对。　忆昔西池会，鹓鹭同飞盖。携手处，今谁在？日边清梦断，镜里朱颜改。春去也，飞红万点愁如海。

当他再贬而经过衡阳时，呈此词给太守孔毅甫，孔深以其过悲而担忧，并为之劝解。《独醒杂志》记云："秦少游谪古藤，意忽忽不乐。过衡阳，孔毅甫为守，与之厚。延留待遇有加。一日，饮于郡斋，少游作《千秋岁》词。毅甫览至'镜里朱颜改'之句，遽惊曰：'少游盛年，何为言语悲怆如此！'遂赓其韵以解之。居数日别去，毅甫送之于郊。复相语终日。归谓所亲曰：'秦少游气貌大不类平时，殆不久于世矣。'未几果卒。"① （按，这里的"作《千秋岁》词"，应是录处州之作）。以孔毅甫眼中所见，可看出秦观两遭贬谪后的身心变化。

待到再贬郴州，秦观作了《踏莎行》词，虽将《千秋岁》的直抒换为比兴，没有"愁如海"之类的字眼，内心深处却依然郁结难解。此词的上片营造出一个凄迷的暮春境界，而起头"雾失楼台，月迷津渡，桃源望断无寻处"三句，连下"失"、"迷"、"无"三字，透出了词人心中的渺茫之感，黄苏《蓼园词选》认为："雾失月迷，总是被谗写照。"可谓深获其心。至如王国维所说的从"凄婉"到"凄厉"，更是敏感地指出了他内心感情、精神境界的递降。到郴州贬所约一年，又有《阮郎归》之作：

湘天风雨破寒初，深沉庭院虚。丽谯吹罢小单于，迢迢清夜徂。　乡梦断，旅魂孤，峥嵘岁又除。衡阳犹有雁传书，郴阳和雁无。

此词作于除夕之时，换头两句虽淡犹浓，令人想起迁谪者的形只影单与平常人合家守岁的强烈对比。且大雁南飞只至衡阳，郴州更在衡阳之南，连传书都不能。难怪明沈际飞《草堂诗馀正集》卷一仅以"伤心"二字评之。

当是作于哲宗元符三年（1100年）在雷州贬所的《江城子》写道：

南来飞燕北归鸿，偶相逢，惨愁容。绿鬓朱颜重见两衰翁。别后悠悠君莫问，无限事，不言中。　小槽春酒滴珠红，莫匆匆，满金钟。饮散落花流水各西东。后会不知何处是？烟浪远，暮云重。

当年正月，哲宗崩，徽宗即位，五月下赦令，迁谪者多内徙。苏轼量移廉州，过雷州，与秦观会面。少游作此词时，苏年六十四，秦五十二，"两衰翁"之说，于苏或不为过，于己则可见贬谪岁月之摧残至深了。"别后悠悠"三句，堪称"大音希声"，而欲说还休的深衷，怕与多年来的罪人生涯不无关系，仅"惨愁容"三字就可见出作者这些年精神上

① 曾敏行．独醒杂志[M]//清波杂志（外八种）．四库笔记小说丛书本．上海：上海古籍出版社影印，1992：91.

所受的折磨了。

秦观的迁谪之词，多系自己“万不得已”之情的倾诉，这确与苏轼有很大的不同。苏轼被贬，固然也发出“人生如梦，一尊还酹江月”(《念奴娇》)的感叹，但毕竟能以任天而动的态度对待忧患，从“门前流水尚能西”悟出“谁道人生无再少”的哲理，将自己的精神境界作了“休将白发唱黄鸡”(《浣溪沙》)的提升；又能从大自然的风雨中作出对人生挫折的了悟，以“回首向来萧瑟处，也无风雨也无晴”(《定风波》)自勉。他还借王巩的歌女之语，写下“试问岭南应不好？却道，此心安处是吾乡”(《定风波》)。在赞美歌女性格的同时，也表现出自己旷达的情怀。苏轼并非短于情，而是善于以理化情，使自己得到解脱。这样的以词表达理趣与哲思，可见苏轼开阔的心胸，也可以使读者得到教益，况且哲学的境界也差可看成文学的最高层次；但是，就词“缘情”的本位而言，就文学作品所具备的兴发感动之力而言，秦观的迁谪之词，能以其特有的“词心”之真情发露，却得到了特有的认可，冯煦等人所论，足以证之。

三

再论第二点。

苏轼兄弟嘉祐进士，黄庭坚治平进士，张耒熙宁进士，均当二十多岁，晁补之元丰初进士，亦仅二十七岁。只有秦观久困场屋，直到元丰八年(1085年)三十七岁时才中了进士。这一个十年以上的“时间差”，不仅在秦观心中留下了仕途蹭蹬的隐隐伤痕，而且一如词坛先辈温庭筠、柳永那样，他也有不少因失意而寄迹青楼的“艳迹”。

秦观自己在《送刘贡父舍人》诗中说：“观也本诸生，早与世参商。方枘不量凿，交亲指为狂。”这一“狂”字，应是秦观很准确的自画像。据《侯鲭录》载：“东坡在徐州送郑彦能还都下，问其所游，因作词云：‘十五年前，我是风流帅。花枝缺处留名字。’记坐中人语，尝题于壁。后秦少游薄游京师，见此词，遂和之。其中有‘我曾从事风流府’。公闻而笑之。”[①]可见苏、秦都并不讳言自己的“风流”，而实际上当然秦观更甚。《王直方诗话》有云：“参寥言旧有一诗寄少游。少游和云：‘楼阁过朝雨，参差动霁光。衣冠分禁路，云气绕宫墙。乱絮迷春阔，嫣花困日长。平康何处是？十里带垂杨。’孙莘老读此诗至句末，云：‘这小子又贱相发也。’”[②]可见时人对他的“贱相”颇为了解。《侯鲭录》又载：“少游《题大年小景》四首：‘本自江湖客，宦游何苦心。因君小平远，还我旧登临。’又云：‘公子歌钟里，何曾识渺茫。唯应斗帐梦，曾入水云乡。’又云：‘晓浦烟笼树，晴江水拍空。烦君添小艇，画我作渔翁。’又云：‘岛外云峰晚，沙边水树明。想当挥洒就，侍女一时惊。’”[③]从中颇见他的山水情、江湖心。而实际上，他是很迷恋城市生活的，与妓女的交往应是重要的原因。其词《梦扬州》自称“酬妙舞清歌”，不少作

① 苏辙，等.龙川略志(外十七种)[M].四库笔记小说丛书本.上海：上海古籍出版社影印，1991:362.

② 郭绍虞.宋诗话辑佚[M].北京：中华书局，1980:34.

③ 苏辙，等.龙川略志(外十七种)[M].四库笔记小说丛书本.上海：上海古籍出版社影印，1991:367.

品都是寄迹青楼，与歌妓相恋的自况，足可证之。《苕溪渔隐丛话》对陶渊明及秦观的自作挽辞有所比较，并发表了不同于苏轼的见解："渊明自作挽辞，秦太虚亦效之。余谓渊明之辞了达，太虚之辞哀怨……东坡谓太虚'齐死生，了物我，戏出此语。'其言过矣。此言惟渊明可以当之；若太虚者，情钟世味，意恋生理，一经迁谪，不能自释，遂挟忿而作此辞。"[①]这"情钟世味，意恋生理"八字，可谓知人之言。而这人世之味、生活之理，是应包括城市生活、青楼情味在内的。

陈师道所撰的《淮海居士字序》曾记秦观语："往吾少时，如杜牧之强志盛气，好大而见奇；读兵家书，乃与意合，谓功誉可立致，而天下无难事。"明人张綖《秦少游先生淮海集序》认为，他的策论"灼见一代之利害，建事揆策，与贾谊、陆贽争长"。而实际上，只能是书生空论，他无法实现宏伟的志向，只能得杜牧"赢得青楼薄幸名"一面。他的《满庭芳》（晓色云开）下片："多情，行乐处，珠钿翠盖，玉辔红缨。渐酒空金榼，花困蓬瀛。豆蔻梢头旧恨，十年梦、屈指堪惊。"就是这种杜牧式扬州生活的自我写照。

今传《淮海词》中约有一半属爱情题材。其中如《八六子》：

> 倚危亭，恨如芳草，萋萋刬尽还生。念柳外青骢别后，水边红袂分时，怆然暗惊。　　无端天与娉婷，夜月一帘幽梦，春风十里柔情。怎奈向、欢娱渐随流水，素弦声断，翠绡香减，那堪片片飞花弄晚，濛濛残雨笼晴。正销凝，黄鹂又啼数声。

《满庭芳》：

> 山抹微云，天连衰草，画角声断谯门。暂停征棹，聊共引离尊。多少蓬莱旧事，空回首，烟霭纷纷。斜阳外，寒鸦万点，流水绕孤村。　　销魂，当此际，香囊暗解，罗带轻分。谩赢得青楼，薄幸名存。此去何时见也，襟袖上，空惹啼痕。伤情处，高城望断，灯火已黄昏。

都可见感情真挚、萦念甚深的特色。前者先写独倚危亭思念离别已久的女子，回忆分手时的情景，"怆然暗惊"一句，陡然回到现实，使别恨骤增。换头三句写当时与"娉婷"的欢情，可惜好景不长，"素弦声断"数句，不是直接言情，却得幽约怨悱之致，而飞花、残雨，是凄迷的心绪化为形象，结尾情从景出，悠然不尽。词中的"恨"、"念"、"怆然"、"惊"、"怎奈"、"那堪"诸语，可见出这是"万不得已"的情感自然、真实的流露，不是"词心"，又是什么？后者的"蓬莱旧事"指与一歌妓相恋之事，对这一恋情，少游实难忘怀。《草堂诗馀隽》卷四眉批写道："回首处斜阳远眺，情何殷也！伤情处黄昏独坐，情难遣矣！"很准确地道出了少游内心情感的殷切、伤痛、难以排遣。又评曰："少游叙旧事有寒鸦流水之语，已令人赏目赏心。至下襟袖啼痕，只为秦楼薄幸，情思迫

① 胡仔.苕溪渔隐丛话[M].北京：人民文学出版社，1962：20–21.

切。”“赏目赏心”是言其美感作用，“情思迫切”四字则又是落在情上，而这些感情倘非“万不得已”，又何必作此倾诉？这不是“词心”的自然流露又是什么？

又如《水龙吟》（小楼连苑横空）的下片，写别后情怀：“玉佩丁冬别后。怅佳期、参差难又。名缰利锁，天还知道，和天也瘦。花下重门，柳边深巷，不堪回首。念多情、但有当时皓月，向人依旧。”由别后想重逢，又为因追逐名利、与心上人分别而矛盾、痛苦，不堪回首往事，终又移情于当时的明月。只要我们以心灵贴近心灵，就不难体会他“古之伤心人”的情怀。秦观写此词时，系由蔡州教授任调入京供职秘书省，为功名利禄而不得不与情人分手，词中真实地表现了难分难舍的情感，谁能说不是感动多于责备呢？

在词史上，往往将柳永与秦观并称，但倘对照二人，秦观确无柳永所作的那种色情意味和“词语尘下”的面貌。即如涉及对女性作正面描写的，也并非仅止外貌、体态，不是只重自己的观感，而常是设为对方之想，仍重在思念之情。如《南歌子》：

> 香墨弯弯画，燕脂淡淡匀。揉蓝衫子杏黄裙，独倚玉阑无语点绛唇。　　人去空流水，花飞半掩门。乱山何处觅行云？又是一钩新月照黄昏。

另一首《南歌子》：

> 玉漏迢迢尽，银潢淡淡横。梦回宿酒未全醒，已被邻鸡催起怕天明。　　臂上妆犹在，襟间泪尚盈。水边灯火渐人行，天外一钩残月带三星。

写与情人的离别，兼及自己与对方，己之伤离见之于“怕天明”而厌鸡声，而换头两句的妆印与啼痕，又传递出对方更大的痛苦，最后的以景结情使离情别绪摇漾不绝。就写离别的词而言，后来能与之相比的，大概只有周邦彦的《蝶恋花》（月皎惊乌栖不定）了。因为他能“以我心换你心”，故而“始知相忆深”，颇能为对方设想，表现女子的相思之情。如《减字木兰花》：

> 天涯旧恨，独自凄凉人不问。欲见回肠，断尽金炉小篆香。　　黛蛾长敛，任是春风吹不展。困倚危楼，过尽飞鸿字字愁。

这种想对方之所想的立场移易，又见出特别的体贴，“代言”的意味流露出“词心”的推己及人。

秦观的不少爱情词，常如周济所说，是“将身世之感，打并入艳情”，二者酝酿交融，感人尤深。如《风流子》（东风吹碧草），作于由汴京贬往杭州之时。上片有云“寸心乱，北随云黯黯，东逐水悠悠”，表现出离京欲行时纷乱的心情。下片写道：

青门同携手，前欢记、浑似梦里扬州。谁念断肠南陌，回首西楼。算天长地久，有时有尽；奈何绵绵、此恨难休。拟待倩人说与，生怕人愁。

宦游的失意既如此，被贬南行，又不得不与情人分手，“回首西楼”之时，自是生出绵绵长恨，难怪见春色而情烦恼、寸心乱了。黄苏《蓼园词选》虽以寄托说错认词旨为“念京中旧友”，却又能很正确地指出其“情致浓深，声调清越”的特点，并认为“真能奕奕动人者矣”。至如绍圣三年(1096年)自处州贬徙郴州、途经潇湘时所作的《阮郎归》，论者以为可能是抒发与长沙艺妓分别之情。词云：

潇湘门外水平铺，月寒征棹孤。红妆饮罢少踟躇，有人偷向隅。 挥玉箸，洒真珠，梨花春雨余。人人尽道断肠初，那堪肠已无！

下片先写女子的悲伤，最后关合自己，断肠而又无肠可断，其意翻进而折转，将迁谪之人身不由己的痛苦，既失去自由又失去爱情的强烈感受，表现得非常动人。诚如明人杨慎批《草堂诗馀》所说：“此等情绪，煞甚伤心。秦七太深刻矣！”

陈师道《淮海居士字序》曾记秦观将己字从太虚改为少游之由：他原期望自己能“回幽夏之故墟，吊唐晋之遗人，流声无穷，为计不朽，岂不伟哉”？“于是字以太虚，以导吾志”。但后来发生了变化：“今吾年至而虑易，不待蹈险而悔及之。愿还四方之事，归老邑里如马少游，于是字以少游，以识吾过。”[①] 这种由进而退、由平天下而归乡里的变化，实际上表明了秦观已从少不更事到了解世情，可是他终因党争之累，连归老邑里的愿望都未能实现。我们可以不必认真对待他关于军政大事的策论，而那些“多出一时之兴，不自甚惜，故散落者多”的词作，[②] 却留下了“古之伤心人”心理、灵魂的记录。对他“万不得已”的“词心”，我们应以“了解之同情”去熨帖之，才不会满足于孰为高低、何当取舍的简单评判。

（原载《文学遗产》2004年第4期）

① 徐培均.淮海居士长短句[M].上海：上海古籍出版社，1985：267.

② 徐培均.淮海居士长短句[M].上海：上海古籍出版社，1985：268.

简论李之仪的当涂词

李之仪(1047年—1117年),字端叔,号姑溪居士,沧州无棣(今属山东)人,后徙楚州山阳(今江苏淮安)。神宗熙宁六年(1073年)进士。宋哲宗绍圣初,苏轼之定州,辟为管勾机宜文字。后以元祐党籍贬惠州。徽宗崇宁二年(1103年),因代作范纯仁《遗表》,过于鲠直而忤蔡京,被逮入京,次年编管太平州,居姑熟(今当涂)。如吴芾《姑溪居士前集序》所云:"古来文士居此邦(按,指当涂)而卓然有声于世者,惟李太白、郭功父与端叔三人。"李之仪在政和三年(1113年)被除名勒停,徙唐州(治所在今河南泌阳)之前,居姑熟逾十年,其自号姑溪居士,可见对当涂生活的重视,所以,李之仪对于当涂,确实有特殊的意义。朝花而夕拾,李之仪卒于政和七年,故姑熟时期已是其生活的晚年,也是其文学创作的收获期;诗穷而后工,他在姑熟属被"编管"身份,以晚年而穷途,其文学创作亦在此时迸发光芒。所以也可以说,马鞍山虽未留下李之仪的治绩,却成就了李之仪的文学。

李之仪《姑溪居士集》计前集五十卷,《后集》二十卷,《四库提要》云:"是编前集五十卷,为乾道丁亥吴芾所辑,并为之序……后集二十卷,不知谁编,然《文献通考》已著录,则亦出宋人手矣。之仪在元祐、熙宁间,文章与张耒、秦观相上下,王明清《挥麈后录》称其尺牍最工,然他作亦皆神锋俊逸,往往具苏轼之一体,盖气类渐染,与之化也。其诗名稍不及黄、陈,论者因苏轼题其诗后有'暂借好诗消永夜,每逢佳处辄参禅'句,遂以为讽其过于僻涩。今观集中诸诗,虽魄力雄厚不足敌轼,然大抵轩豁磊落,实无郊、岛钩棘艰苦之状。"今读《姑溪居士集》,知李之仪不仅擅长诗文尺牍,于书画的创作及鉴赏亦很见水平、品位。难以在一篇短文中全面论述李之仪的文学成就,而因本人最近正在撰写《唐宋词艺术发展史》,通读《姑溪词》,始知其中佳作甚多,而尤多于姑熟时期,故拟对其姑熟词作一简论。

一

李之仪善于属文,为苏轼所知,元祐八年(1093年)九月,苏轼出帅中山,辟李之仪掌机宜文字。次年闰四月,苏轼谪岭南,李之仪于时历枢密院编修官,通判原州,元符中,监内香药库,御史论其为东坡客,不可任京官,诏停废。吴芾《姑溪居士前集序》辨其为人曰:"或谓端叔晚节锐于进取,有所附丽。虽若可疑,然《范忠宣公遗表》极于鲠切诋斥,不顾一时用事者,欲置忠宣之子于理。端叔慨然自列,谓实出其手。既而公所为忠宣《行状》复出,由是得罪南迁,废锢终身,曾不少悔。其勇于义若此,讵可以微瑕掩之哉!”所以,李之仪既因与苏轼交而入元祐党籍,又因范纯仁遗表事而得罪南迁,其出处大节固无可议,“曾不少悔其勇于义”更令人赞叹。李之仪的《代范忠宣公遗表》有云:“伏望皇帝陛下清心寡欲,约已便民,达孝道于精微,扩仁心于广远,深绝朋党之论,详察邪正之归,搜抉幽隐,以尽人材,屏斥奇巧,以厚风俗,爱惜生灵,而无轻议边事,包容狂直,而无易逐言官。”虽为代作,但又何尝不是李之仪自己对宋徽宗的劝谏。宋徽宗由向太后作主立为皇帝,当时的宰相章惇曾以“端王轻佻,不可以君天下”相告诫,但向太后不听,端王即位后,她权同处分国事,不久卒。徽宗即位未久,很快就打破向太后并用新旧派的局面,改元崇宁,以示继承父兄大业之意。他焚毁元祐法,打起恢复新法的旗号,却另有所谋,擢升蔡京,九月下诏中书,开始对新旧派都实行大清算,定文彦博、苏轼、秦观等一百三十多人为奸党,徽宗御书并勒石于端礼门,或贬或降有五百余人之多。徽宗与蔡京沆瀣一气,在对旧党进行打击迫害同时,又将新党中的章惇、曾布也列为打击对象。下诏毁司马光等人的画像,《资治通鉴》因有神宗御制序言才免于被毁,三苏及秦观、黄庭坚的文集被毁禁。徽宗为旧党所立,却极力打击旧党,蔡京力抬王安石,又打着维护新法的旗号,却拼命打击新党。二人如此密切的配合,就是披着新政的外衣,以求建立惟命是从的统治机构。在党争被压下之后,蔡京即提出“丰亨豫大”的口号,以尽情享受博徽宗的欢心。所以《代范忠宣公遗表》强烈的针对性,如何能不忤蔡京?“端叔慨然自列,谓实出其手”,又需多大的勇气!

但是,耿耿忠言,换来的却是被捕、审讯,及被编管太平州。如此遭遇,怎能不令人悲恸,却又因有所顾忌而尤为难言。因此其在当涂所作词,常见难抑的悲情。

《玉蝴蝶》作于崇宁三年编管太平州后。词有小序:“九月十日,将登黄山,遽为雨阻,遂饮弊止。陈君俞独不至,已而以三阕见寄,辄次其韵。”词云:

> 坐久灯花开尽,暗惊风叶,初报霜寒。冉冉年华催暮,颜色非丹。搅回肠、蛩吟似织,留恨意、月彩如摊。惨无欢。篆烟萦素,空转雕盘。　何难。别来几日,信沉鱼鸟,情满关山。耳边依约,常记巧语绵蛮。聚愁窠、蜂房未密,倾泪眼、海水犹悭。奄更阑。渐移银汉,低泛帘颜。

《姑溪居士前集》卷二有《次韵秦处度同登黄山》诗:“艰生缧绁余,特尔脱魑魅。殊方窟飘蓬,未免游戏事。眼力到毛发,抉剔尽奇秘。邂逅平生欢,笑语当歌吹。曲环岂人谋,明灭殆天吏。慰我云烟期,有腼鸿鹄志。百年一瞬尔,幸此半日地。聊摅广莫心,无作雍门泪。”又有《庄居值雨偶得十诗示秦处度》,录其中三首:“累日雨不止,风高如作寒。三分虽过二,忽忽便向阑。一身百忧集,况可计先欢。不见是无闷,念此聊自宽。”“平生三四友,一一人中英。况逢不世主,唾手可太平。参差十年间,契阔而死生。相见复何语,但有泪如倾。”“死生固可嗟,一谪辄不返。君恩非不深,奈尔道路远。反初不忍歌,折臂信能遣。已矣何足论,幸子真人眼。”处度为秦观之子秦湛,字处度。前一首尚见自我安慰之意,而后面一组则或因念及秦观与自己的遭遇,雨中起情,未免沉痛。由于此时秦观已逝四年，面对故人之子，自难忘故人，故诗中所抒发之情很见沉重。词同样也是悲凉沉痛的气氛。上片以灯花、初霜、落叶、寒霜、蛩吟、月晕、篆烟，构成了一幅声色俱备的秋夜图。下片倾诉别意，“聚愁窠、蜂房未密，倾泪眼、海水犹悭”，二喻之比拟愁苦，不亚于著名的李煜词句：“问君能有几多愁，恰似一江春水向东流。”

《怨三三·登姑熟堂寄旧游，用贺方回韵》当作于崇宁五年春。词云：

清溪一派泻揉蓝。岸草毵毵。记得黄鹂语画檐。唤狂里、醉重三。 春风不动垂帘。似三五、初圆素蟾。镇泪眼廉纤。何时歌舞，再和池南。

崇宁四年，贺铸判太平州，冬天，遇李之仪，二人共赋《怨三三》词，据词意，当在次年春。宋人作此调，仅贺铸与李之仪，无其他作者，当是贺铸自度曲。此词上片写清溪、岸草、黄鹂，一片好景。下片当是转写佳人，春风吹不开垂帘，好似十五夜的月亮，可是眼中之泪如廉纤小雨而下，何时才能再为之歌舞呢？词中有费解之处，而明丽的春景反衬“泪眼廉纤”，则见此时此地的心情。

《满庭芳·八月十六夜，景修咏东坡旧词，因韵成此》，也作于此年：

一到江南，三逢此夜，举头羞见婵娟。黯然怀抱，特地遣谁宽。分外清光泼眼，迷混漾、无计拘拦。天如洗，星河尽掩，全胜异时看。 佳人，还忆否，年时此际，相见方难。谩红绫偷寄，孤被添寒。何事佳期再睹，翻怅望、重迭关山。归来呵，休教独自，肠断对团圆。

因词中开头的“一到江南，三逢此夜”，可知是作于崇宁五年。到当涂三年，又值中秋之时，可自己却羞见婵娟，因为“黯然怀抱”，故愁闷难以遣去。“十五的月亮十六圆”，故云“分外清光泼眼，迷混漾、无计拘拦。”天空一碧如洗，银河也被月光所掩，朗月全然胜过他时所见。下片写对月怀人，而转从佳人落笔，此时此情，全为实感，因为自己正是与之相隔重叠关山。最后劝其归来而其情甚切，作者的真情亦于此可见。

《蓦山溪》一首亦应作于姑熟：

晚来寒甚，密雪穿庭户。如在广寒宫，惊满目、瑶林琼树。佳人乘兴，应是得欢多，泛新声，催金盏，别有留心处。 争知这里，没个人言语。拨尽火边灰，搅愁肠、飞花舞絮。凭谁子细，说与此时情，欢暂歇，酒微醺，还解相思否。

上片写晚来下雪，看到这如同月宫之中的瑶林琼树美景，应是乘兴奏乐饮酒，不放这好景轻去。过片却以“争知这里，没个人言语”立转，烤火拨灰、百无聊赖的词人只觉得大雪如飞花舞絮，只能搅人愁肠。能有谁可以诉说此时之情，在微醺之中，暂歇其欢，来了解相思之意呢？被编管中的孤独，及其内心的痛苦，于此能见之。

李之仪在姑熟所作词，有些难定作年，内心的愁苦常有流露。如《临江仙·登凌歊台感怀》：

偶向凌歊台上望，春光已过三分。江山重迭倍销魂。风花飞有态，烟絮坠无痕。　　已是年来伤感甚，那堪旧恨仍存。清愁满眼共谁论。却应台下草，不解忆王孙。

凌歊台为当涂名胜，南朝宋武帝曾在此建避暑离宫，李白曾有《凌歊台》诗，写其胜概。此词上片写景：偶然登山远眺，春光已经过去了三分，山重水复之中，难见家乡，令人消魂。风吹着花飞而有态，柳絮却飘坠却无痕，此二句或有比兴之义，一飞一坠，当指他人的升迁，自己的被逐。下片抒情：已经是年来很是伤感，更何况旧恨犹存，此二句当理解为作者对旧时所遭受的打击未能忘怀，又加上新愁，当然更令人不堪。满眼所见皆是清愁，却有谁可与相论呢？春草绿时，应是王孙归日，可自己被编管此地，何时可归呢，故云“却应台下草，不解忆王孙”。较之上首的直说，此词用了比兴，委婉其辞，不得已而为之，却很耐人寻味。

《忆秦娥·用太白韵》亦在当涂所写，且此词标明用李白《忆秦娥》韵，可证北宋时期李白此词已经流传，胡应麟以之为伪作一说，可不攻自破。词云：

清溪咽。霜风洗出山头月。山头月。迎得云归，还送云别。　　不知今是何时节。凌歊望断音尘绝。音尘绝。帆来帆去，天际双阙。

清溪当指作者此时居处的姑熟溪，秋日清溪水声如咽，霜风洗净天宇，山头升起的月亮尤见明亮，迎送彩云，如同故人之情。为客他乡，竟然不知如今是什么时候，登凌歊台望断远方而音尘已绝，只见天门山如天际双阙，江上是帆来帆去的不断来往。词中虽未明言乡思与愁闷，但云归云别则反兴自己的被编管定居于此，帆来帆去而自己却不能来去，心中的愁苦是不难体会的。“天际双阙”的另一义当是远望中不可得见的宫阙，由此而可见作者的“恋阙”之情。

《临江仙·景修席上再赋》用同一韵，应是同时所作，仍见其愁闷之情：

难得今朝风日好，春光佳思平分。虽然公子暗招魂。其如抬眼看，都是旧时痕。　　酒到强寻欢日路，坐来谁为温存。落花流水不堪论。何时弦上意，重为拂桐孙。

《江神子》当是在当涂与故人相逢后所写：

今宵莫惜醉颜红。十分中。且从容。须信欢情，回首似旋风。流落天涯头白也，难得是，再相逢。　　十年南北感征鸿。恨应同。苦重重。休把愁怀，容易便书空。只有琴樽堪寄老，除此外，尽蒿蓬。

词劈头就说今宵应尽兴一醉，因为欢情不久，回头想来就像旋风一样过去了，如今自己流落天涯，头发都白了，真是难得的再次相逢。过片感叹十年来如南北的征鸿，你我应有相同的体验（言外之意是如今自己定居于此了，却又并非所愿），且不要似殷浩被废后整天用手指在空中写"咄咄怪事"四字（事见《世说新语·黜免》），还是寄意琴樽，在音乐与酒中打发岁月，否则除此之外就只有蒿蓬荒草了。词中虽以颓放易悲凉，但内心之愁苦仍然难去。

《蓦山溪·少孙咏鲁直长沙旧词，因次韵》借次韵之作寄托己情：

青楼薄幸，已分终难偶。寻遍绮罗间，悄无个、眼中翘秀。江南春晚，花发乱莺飞，情渐透。休辞瘦。果有人相候。　　醉乡路稳，常是身偏后。谁谓正欢时，把相思、番成红豆。千言万语，毕竟总成虚，章台柳。青青否。魂梦空搔首。

黄庭坚的《蓦山溪》（鸳鸯翡翠）系赠衡阳妓陈湘，作于崇宁三年（1104年），李之仪以旧词称之，当作于此词数年之后。上片说分手而终难再逢，寻遍绮罗丛中，再难见女中翘楚，在此暮春三月、江南草长、杂花生树、群莺乱飞之时，情深而人瘦，果然有人相候。下片的"把相思、番成红豆"，或因王维诗而取其南国之意，所言皆成虚，是因此时处境，使所约难践。最后用韩翃诗意，表相逢之难。以此时作者已入老年，当无少时情怀，当是借情事而寄其被编管而无自由之怨。

二

李之仪于崇宁元年（1102年）编管太平州时，已是六十二岁的老年人。其《姑溪自赞》有云："蒿目以游于世，铁心以践其志。有时端委以即事，忽尔卖针而买醉。岂所谓逆行、顺行，莫测者欤？盖得之自是不得，是以听天命而已。"又，《李伯时画〈姑溪濯足图〉赞》曰："濯余足兮寒泉，振余衣兮古丘，洞胸中之滞碍，眇云散而水流，识此行之非祸，乃造物之予休。"再，《董曼老画〈姑溪〉赞》："野老形容，公子刷砑。谓俗则数珠挂于臂上，谓生则髭须满于颔下。以我为牛则为之牛，以我为马则为之马。不妨随俗流通，何必分真辨假。"前者的听天由命，后者泯是非、等贵贱的庄子思想，都显然呈现。李之仪在当涂所作词，也表现了他的心境，其中固然有如上面之多言愁苦，但也有努力于从不幸中力求自解，甚而在苦难中振拔而起者。

在到当涂之后，其词能编年者当以崇宁元年（1102年）当年所作的《清平乐·听杨姝琴》为最早，其词云：

> 殷勤仙友。劝我千年酒。一曲履霜谁与奏。邂逅麻姑妙手。　　坐来休叹尘劳。相逢难似今朝。不待亲移玉指，自然痒处都消。

《清平乐·再和》云：

> 当时命友。曾借邻家酒。旧曲不知何处奏。梦断空思纤手。　　却应去路非遥。今朝还有明朝。谩道人能化石，须知石被人消。

杨姝为当涂歌妓，崇宁元年六月，黄庭坚知当涂仅九天，曾作《好事近·太平州小妓杨姝弹琴送酒》一词，李之仪到此地已在此后，与黄庭坚不相值，此词亦作于六月之后。而李之仪另有《和张文潜赠杨姝》诗：

> 草草声名等漏卮，相逢佳处暂舒眉。我方击节聊乘兴，君可忘忧莫见疑。

由诗中的"忘忧"、"暂舒眉"可见当时李之仪的心情，而杨姝所弹者为《履霜操》，故"麻姑妙手"，"不待亲移玉指，自然痒处都消"，不仅是对其琴技的赞美，更因此曲"履霜"之旨，能使其在削职被编管时，还能"乘兴"振起。再和的同调词，其下片"却应去路非遥。今朝还有明朝。谩道人能化石，须知石被人消"也应是从琴声中得到的启示，不因目前的境遇而消沉。

崇宁二年（1103年），李之仪再作《浣溪沙·为杨姝作》：

> 玉室金堂不动尘。林梢绿遍已无春。清和佳思一番新。　　道骨仙风云外侣，烟鬟雾鬓月边人。何妨沉醉到黄昏。

《浣溪沙·再和》：

> 依旧琅玕不染尘。霜风吹断笑时春。一簪华发为谁新。　　白雪幽兰犹有韵，鹊桥星渚可无人。金莲移处任尘昏。

"林梢绿遍"可见已是春末之时，在"清和佳思"中体会到了春日中忘忧而露出的些微喜意，云外之侣与月边之人相伴，不妨沉醉而直到黄昏。而作者之屡写杨姝，固然与其"白雪幽兰犹有韵，鹊桥星渚可无人。金莲移处任尘昏"之美有关，但更当缘于与这样的歌妓为伴，能听到如此的琴声，真令人深感"依旧琅玕不染尘"，人的精神也能如白雪幽兰般的纯洁。

《蓦山溪·采石值雪》作于崇宁三年（1104年），据《续资治通鉴长编拾遗》卷二十三所载，崇宁三年四月，编管人李之仪太平州居住，不得擅到阙下。六月，列名刻石于元

祐党籍。此词作于崇宁三年(1104年)冬至过采石时。词云:

> 蛾眉亭上,今日交冬至。已报一阳生,更佳雪、因时呈瑞。匀飞密舞,都是散天花,山不见,水如山,浑在冰壶里。　　平生选胜,到此非容易。弄月与燃犀,漫劳神、徒能惊世。争如此际,天意巧相符,须痛饮,庆难逢,莫诉厌厌醉。

词之上片交代地点、时间,因冬至之日,故曰“已报一阳生”,当此时又逢下雪,应是冬天的瑞雪,雪中一片浑茫,就像在冰壶一样。下片自我安慰:平时要选胜登临,到此地都不是容易之事,李白弄月,温峤平乱,燃犀照灭水族,都发生在采石矶,如今自己也来到这里,应该是天意安排,所以,不应难过,而要为与古人相逢而痛饮庆贺。是无奈呢?还是乐观?值此大雪之时而面对大江,壮丽的景色亦会令己移情,虽词中以李白弄月、温峤燃犀都是“漫劳神、徒能惊世”,对文才与功业的评价见于“漫”“徒”二字之中,但词中还是以到此登临而感是天意安排,痛饮的颓放中仍不失其乐观。李之仪《采石三题》有《捉月亭》诗,有云:“我昔扬帆下庐阜,落帆采石春欲暮。江南江北只见山,欲识锦袍无问处。夜深明月来青天,天水茫茫月连雾。想见扁舟捉月时,江心见月如相遇。醉魂不制月可捉,捉得便将天外去。”故“平生选胜,到此非容易”,“争如此际,天意巧相符”不是虚语。

《鹧鸪天》显然作于被编管之时:

> 收尽微风不见江。分明天水共澄光。由来好处输闲地,堪叹人生有底忙。心既远,味偏长。须知粗布胜无裳。从今认得归田乐,何必桃源是故乡。

此词上片因大江的天水澄光美景,发出感慨:这样的好地方正应是人们休闲之地,可叹的是人生忙碌,而未能感受。下片说如今来到此地,心既已远,对人生滋味的感受偏觉悠长,如今虽是被编管之身,但正如粗布衣服亦胜于无衣,对人生应感到满足。如今自己已入老年,劳碌大半生,如今不是享受归田之乐吗?何必要桃花源才是故乡呢!李之仪作为苏轼之客,亦受苏轼影响,但词中自我排解,不是借助老庄,而是得之于陶渊明,词中过片出于陶诗《饮酒》的“心远地自偏”却反用之。词中的“天水共澄光”出谢灵运咏孤屿诗,而过片及结尾皆出陶渊明。

采石蛾眉亭为当地名胜,李之仪《天门谣·次韵贺方回登采石蛾眉亭》为登临此亭,揽胜而写。贺铸原作是:

> 牛渚天门险。限南北、七雄豪占。清雾敛。与闲人登览。　　待月上潮平、波滟滟。塞管轻吹新阿滥。风满槛。历历数、西州更点。

李之仪次韵之作云:

> 天堑休论险。尽远目、与天俱占。山水敛。称霜晴披览。　　正风静云闲、平潋滟。想见高吟名不滥。频扣槛。杳杳落、沙鸥数点。

蛾眉亭筑于牛渚矶上，是宋神宗时太平州知州张瓌所建，登之可眺西南方的天门山，年久将圮，后得重修，贺铸在赴官江夏时途径当涂，恰逢此亭竣工，参加了落成典礼，并写有《蛾眉亭记》。贺铸原词《天门谣》本名《朝天子》，系据内容而更名，此词登临怀古，想象月上潮平之时，细数远处传来金陵更鼓之声的情景。

李之仪此词写登亭眺览之见：长江天堑且休论其险，在此地远眺，山与江就占满了天空，天门之险可见。山束水势，故一"敛"字下得极好，霜晴之时，天高宇旷，最宜于披览。下片说：正是风静云闲之时，大江无浪，波光潋滟，想到贺铸的高吟，果然不是浪得虚名，频频扣槛而歌，见远处落下了沙鸥数点。此词立意与贺铸原作不同，是写登临所见，而无怀古之意，笔下虽不见对山水的具体描写，然而在虚写中得其大势，平和、开阔、远韵悠悠，是李白《望天门山》之后又一写此地胜景的佳作。

李之仪有两首《朝中措》似也是在当涂所作，虽微见悲凉，却不消沉。其一题为《樊良道中》，词云：

> 败荷枯苇夕阳天。时节渐阑珊。独泛扁舟归去，老来不耐霜寒。　　平生志气，消磨尽也，留得苍颜。寄语山中麋鹿，断云相次东还。

此词一开始就展现了秋日夕阳之景，败叶枯荷，时节阑珊，独自泛舟归去，深感老来之难耐寒冷，而这种寒冷之感，既是自然的，也是人生的。过片点明平生志气已经消磨殆尽，只留得一副苍老的容颜。还是寄语山中的麋鹿吧，断云不会永远飘零，终会渐次东还的。这应是被编管却怀返乡之信念之体现。

《朝中措·望新开湖有怀少游，用樊良道中韵》是怀念秦观之作：

> 新开湖水浸遥天。风叶响珊珊。记得昔游情味，浩歌不怕朝寒。　　故人一去，高名万古，长对孱颜。惟有落霞孤鹜，晚年依旧争还。

李之仪与秦观交往颇深，秦观死于藤州，年仅五十二岁。李之仪《祭秦少游文》在追思之中，表达了很深的怀念之情："呜呼，少游，子不可得而见矣！而子之平生，未尝一日忘于胸次也。想像展转，一嚬一笑，拱揖步骤，折旋俯仰，至于眉须肤发已来，历历可数可袭，如扶携倾倒、论难抑扬之际也。昼而思，夜则往往发于梦寐，不在扁舟江湖之上，即并辔阙廷之下，与委蛇班列之中，或相与追逐樽俎之地也。"词中突出了"昔游情味"，而"浩歌不怕朝寒"，则可见当时的豪气。如今故人已去，留下万古高名，与我的孱老容颜相对，此中是否亦有党累不害高名，而以之自励之意呢？结句含蕴很广：王勃在去交趾的途中溺水而死，却不害其高名远播，秦观死于广西藤州，与王勃死地较近,故"落霞与孤鹜齐飞"的名句可兼用二人,而"晚年依旧争还"则兼及秦观的名声,以及自己的意愿,却说得较活较虚。李之仪的《东坡挽词》写道:"从来忧患许追随,末路文词特见知。肯向虞兮悲盖世,空惭赐也可言诗。炎荒不死疑阴相,汉水相招本素期。月堕星沉岂人力,辉光他日看丰碑。"以此诗亦可证其词旨。

李之仪《跋吴师道小词》论词而颇有体会:

长短句于遣词中最为难工,自有一种风格,稍不如格,便觉龃龉。唐人但以诗句而下,用和声抑扬以就之,若今之歌《阳关》是也。至唐末,遂因其诗之长短句而以意填之,始一变以成音律,大抵以《花间集》中所载为宗,然多小阕。至柳耆卿始铺叙展衍、备足无余,形容盛明,千载如逢当日。较之《花间》所集,韵终不胜。由是知其为难能也。张子野独矫拂而振起之,虽刻意追逐,要是才不足而情有余,良可佳者。晏元宪、欧阳文忠、宋景文则以其余力游戏,而风流闲雅,超出意表,又非其类也。嚼味研究,字字皆有据,而其妙见于卒章,语尽而意不尽,意尽而情不尽,岂平平可得彷佛哉!

吴芾《姑溪居士前集序》云:"昔二苏于文章少许可,尤称重端叔,殆与黄鲁直、晁无咎、张文潜、秦少游辈颉颃。"李之仪之词,自不逮秦、黄,或可与晁、张相抗衡。而笔者之所以专论其当涂词,不仅相信言为心声,验证穷而后工之论;更感到李之仪与当涂相互的重要:李之仪在此地完成了他作为文学家与词人的成就,而当涂则因为他而可继续李白在此地的影响。李之仪虽在文学史上难以与李白并肩,但今天我们在这里共同纪念,也很可以将这异代的二李,看作是月与星的交辉。

(原载《李之仪研究论文集》,黄山书社2008年10月出版)

驿骑苏秦间

——陆游词风格及成因浅议

陆游有“小李白”之称，在南宋诗坛上的地位可见。其词名亚于诗，也是不争的事实。笔者认为，古人以之与稼轩相拟之论，今人归之于“豪放”阵营，视为辛派重镇，多因出于对辛、陆同道及同志的认可，并因其诗而同化；就风格而言，《放翁词》的主体确如杨慎《词品》所言：“纤丽处似淮海，雄快处似东坡。”而《四库全书提要》所论最为允当：“平心而论，游之本意，盖欲驿骑于二家之间，故奄有其胜，而皆不能造其极。要之，诗人之言，终为近雅，与词人之冶荡有殊。其短其长，故具在是也。”本文拟就这一现象及原因作一阐发，以就教于方家。

一　近雅与冶荡——半苏半秦的“徐妃”面

我们先看《放翁词》“雄快处似东坡”的“近雅”。

宋人论苏轼词，当推胡寅、王灼之言最为著名。胡寅在《酒边词序》中说：“眉山苏氏，一洗绮罗香泽之态，摆脱绸缪宛转之度，使人登高望远，举首高歌，而逸怀浩气，超然乎尘垢之外，于是《花间》为皂隶，而柳氏为舆台矣。”王灼《碧鸡漫志》则曰：“东坡先生非心醉于音律者，偶尔作歌，指出向上一路，新天下耳目，弄笔者始知自振。”无论是“一洗绮罗香泽之态，摆脱绸缪宛转之度”，抑或“指出向上一路，新天下耳目”，都道出了苏轼革新词风之功。而转变北宋词风的关键，就在于“以诗为词”四字。正如陈师道《后山诗论》所说：“子瞻以诗为词，如教坊雷大使之舞，虽极天下之工，要非本色。”类似的说法，又见于《苕溪渔隐丛话》后集卷三三所载李清照论词的文字，文中谓苏轼“学际天人，作为小歌词，直如酌蠡水于大海，然皆句读不葺之诗耳”。但正是这“要非本色”的“以诗为词”，给北宋词坛带来了两大变化，且对整部词史具有非同寻常的意义：既扩大了词的传统题材，使之“无意不可入，无事不可言”，① 使词从狭义的“缘情”文学向“言志”发展，提高了词的意格，拓展了它的境界，又变革了晚唐以来由《花间集》所奠定的柔媚、香艳传统，使“本色”的词的主体风格发生了很大变化。

苏轼有意于扩大词的题材，“以诗为词”成为自觉行动。他在《与蔡景繁书》中说：“颁示新词，此古人长短句诗也。得之惊喜，试勉继之。”《答陈季常书》亦曰：“又惠新

---

① 刘熙载．艺概[M]．上海：上海古籍出版社，1978：108.

词，句句警拔，诗人之雄，非小词也。”称许他人与用于自勉相同，他在写成著名的《江城子·密州出猎》后，曾在《与鲜于子骏（侁）书》中说：“近却颇作小词，虽无柳七郎风味，亦自是一家，呵呵。”他的“以诗为词”尽管连门人也不理解，如《王直方诗话》载：“东坡尝以所作小词示无咎、文潜曰：‘何如少游？’二人皆对曰：‘少游诗似词，先生词似诗。’”苏轼却坚持这一方向，有意于柳、秦之外另辟蹊径。他“以诗为词”，在初登词坛时已显端倪，所作赠别、纪游之作，已能见出开阔、俊爽、深沉，不同于前人此类作品的纤仄、秾艳、缠绵。而自杭州赴密州途中寄弟苏辙的《沁园春》，更是表现胸襟抱负之作，充满了诗的“言志”色彩。到密州后，以《江城子·密州出猎》和《水调歌头》“中秋词”为代表，“新天下人耳目”的作品，终于展示出自己独特的面貌。苏轼因“乌台诗案”而被贬黄州后，对政治、社会、人生的态度发生了很大变化，所作词，既表达了难展怀抱的深沉感慨，又能以随缘自适的态度化解忧患，《定风波》（莫听穿林打叶声）、《浣溪沙》（山下兰芽短浸溪）和《念奴娇·赤壁怀古》堪为此中代表。黄州生活使苏轼思想发生了很大变化，他在后来的地方任上虽仍欲积极有为，但已将早年的努力进取、议论风发转为多作人生感慨，在超旷之中尤见理趣。综其一生所作，可以认为：自苏轼起，词体始尊，才真正改变了晚唐以来“虽好却小”的“小词”地位，“儿女情”的传统园苑注入了“风云气”，使“诗庄词媚”的隔阻得以沟通，非但促使了元祐词风的变化，而且对南渡词坛及金源词人产生了深远的影响。

陆游之继承苏轼“以诗为词”传统，有其必然的原因。陆游降生那年，金兵南侵，父陆宰在军事紧急关头，被劾免去军粮转运官之职，携家流亡至寿春。陆游六岁时，随父避居东阳，九岁回到山阴，颠沛流离的生活，使他从小就懂得对民族敌人的仇恨。陆宰为人正直，南渡后，所交皆为爱国的气节之士，陆游后在《跋傅给事帖》中自谓“亲见当时士大夫相与言及国事，或裂眦嚼齿，或流涕痛哭，人人自期以杀身翊戴王室”。他还说：“某生于宣和末……及先君坐御史徐秉哲论罢，南来寿春，复自淮徂江，间关兵间，归山阴旧庐，则某稍长矣。一时贤公卿与先君游者，每言及高庙盗环之寇、乾陵斧柏之忧，未尝不相与流涕哀恸，虽设食，率不下咽引去。先君归，亦不复食也。”[①]少年时代所受的爱国主义形象教育可见一斑。陆游十八岁从曾几学诗文，曾几是爱国诗人，所受熏陶可以想见。尽管后来陆游真正从事抗敌救国工作只有南郑从戎的短暂时间，但抗敌御侮、恢复失地却是在他心中萦绕一生的情结。梁启超《读陆放翁集》写道：“诗界千年靡靡风，兵魂销尽国魂空。集中什九从军乐，亘古男儿一放翁。”钱锺书《宋诗选注》肯定了这是清末“痛心国势的衰弱，愤恨帝国主义的压迫”时，读者“极亲切的体会”，“极热烈的赞扬”。又指出：“要‘从戎’，要‘上马击贼’，能够‘慷慨欲忘身’或者‘敢爱不赀身’，愿意‘拥马横戈’、‘手枭逆贼清旧京’。这就是陆游的特点，他不但写爱国、忧国的情绪，并且声明救国、卫国的胆量和决心。”虽然“从军乐”只是泛说，但钱氏所说，确是陆游诗中的主旋律。梁启超另一诗又云：“辜负胸中十万

---

① 陆游．跋周侍郎奏稿[M]//陆游集·渭南文集．北京：中华书局排印本，1976.

兵，百无聊赖以诗鸣。谁怜爱国千行泪，说到胡尘意不平！”陆游的“以诗为词”，就是偏重于“意不平”、“千行泪”的诸多作品。

《放翁词》中，近于“从军乐”的作品极少。三十九岁时，陆游以枢密院编修官兼编类圣政所检讨官出为镇江府通判，次年二月到任，十月初，陪知镇江府事方滋登北固山多景楼，所作《水调歌头》，或差近之。词中云：“鼓角临风悲壮，烽火连空明灭，往事忆孙刘。千里曜戈甲，万灶宿貔貅。”这是回忆三国分立前孙、刘联军共抗曹兵，欲激发抗御强敌的勇气。下片从“使君宏放，谈笑洗尽古今愁”引出“襄阳登览”的羊祜，“名与江汉流”，以劝勉方滋。全词在苍凉中不乏豪迈，开陈亮、稼轩咏多景楼之先。四十八岁时，陆游应四川宣抚使王炎之邀，到南郑任职，七月十六晚登上南郑内城西北的高兴亭，遥望终南山，写下《秋波媚》词。上片的“悲歌击筑，凭高酹酒，此兴悠哉”是写此地，下片的“灞桥烟柳，曲江池馆，应待人来”是写彼地。失地期待收复，作者雄心可见。然而，同年九月，王炎就被召回临安，随即被免职，陆游也同其他幕府中人一样散去。不久，改除成都安抚司参议官，陷于文书及地方事务中，又转徙蜀州、嘉州、荣州等地，再难伸展抗敌复国之志。此后，他虽曾被邀至范成大镇蜀时的幕中，也曾在离开川陕后任职于福建、江西、浙江，但更长时间却是投闲农村，以至终老山林，再无亲赴前线、杀敌立功的机会。因而，他的词更多的是表达报国无门、壮志难酬的悲愤。

《放翁词》中，表达“意不平”的有《感皇恩》：

> 小阁倚秋空，下临江渚。漠漠孤云未成雨。数声新雁，回首杜陵何处。壮心空万里，人谁许。　　黄阁紫枢，筑坛开府。莫怕功名欠人做。如今熟计，只有故乡归路。石帆山脚下，菱三亩。

这是离蜀归前所作，壮心空许，愤激强抑，闲淡中深蕴着不平。又有离南郑入蜀后所作的《蝶恋花》，其下片：“江海轻舟今已具。一卷兵书，叹息无人付。早信此生终不遇，当年悔草《长杨赋》。”在成都所作《汉宫春·初自南郑来成都作》，其下片：“何事又作南来，看重阳药市，元夕灯山？花时万人乐处，欹帽垂鞭。闻歌感旧，尚时时流涕尊前。君记取、封侯事在，功名不信由天。”从中都可见壮志难酬的感喟、抑郁。

随着岁月的流逝，不平之意亦酿成失路英雄的泪水。淹留西川之时，陆游写过《鹊桥仙·夜闻杜鹃》，此词下片云：“催成清泪，惊残孤梦，又拣深枝飞去。故山犹自不堪听，况半世、飘然羁旅！”《离骚》有句：“恐鹈鴂之先鸣兮，使夫百草为之不芳。”词中秉其岁月蹉跎之感，借物寓言，“孤梦”与“清泪”自是分量不轻。著名的《诉衷情》更使人感到这“千行泪”如铅珠灌顶：

> 当年万里觅封侯，匹马戍梁州。关河梦断何处，尘暗旧貂裘。　　胡未灭，鬓先秋，泪空流。此身谁料，心在天山，身老沧洲。

平心而论，陆游词“雄快处似东坡”者不多，因为表现“从军乐”的甚少，但其“意不平”之作，却是“诗人之言，终为近雅”，是苏轼“以诗为词”精神的赓续发扬。曾慥《东坡词拾遗跋》谓苏轼“江山秀丽之句，樽俎戏剧之词，搜罗几尽矣”。陆游曾说：“建炎以来，尚苏氏文章，学者翕然从之，而蜀士尤盛。亦有语曰：‘苏文熟，吃羊肉；苏文生，吃菜羹。’。”[①]陆游作为饱学之士，岂能不熟苏文？不受其影响？而他在《跋东坡帖》中所说的：“公不以一身祸福，易其忧国之心，千载之下，生气凛然，老臣烈士所当取法也。”更见出对东坡忧国之心的继承之志。而陆游更因时世之变及个人抱负，“江山”、“樽俎”都赋予了抗敌御侮、收复失地的新含义，无论是表雄心、抒愤怨，皆使词移就于诗，而多“言志”色彩。

乾道辛卯年（1171年），汤衡与陈应行分别为张孝祥词写成《张紫微雅词序》和《于湖先生雅词序》。汤序说：“唐末词人，非不美也。然粉泽之工，反累正气。东坡虑其不幸而溺乎彼，故援而止之，惟恐不及。其后元祐诸公，嬉弄乐府，寓以诗人句法，无一毫浮靡之气，实自东坡发之也。于湖紫微张公之词，同一关键……所谓骏发踔厉，寓以诗人句法者也。”陈序也谓张孝祥词“至于托物寄情，弄翰戏墨，融取乐府之遗意，铸为毫端之妙词”。都有释“雅化”为“诗化”之意。较之张孝祥，放翁词在“寓以诗人句法”、“融取乐府之遗意”同时，更见《诗》之“六义”的“雅”，即《诗大序》所说的“大”（“言天下大事，形四方之风”）和“正”（“雅者，正也，言王政之所由废兴也”）的特点，这可谓是对放翁词“诗人之言，终为近雅”的特定意义的理解。

然而，陆游的百余首词中，又可见“纤丽处似淮海”的“词人之冶荡”之半面。试看在汤衡、陈应行为张孝祥词成序的次年，陆游赴成都途中作于葭萌驿的《清商怨》：

> 江头日暮痛饮，乍雪晴犹凛。山驿凄凉，灯昏人独寝。　　鸳机新寄断锦，叹往事，不堪重省。梦破南楼，绿云堆一枕。

政治失意，独眠于山驿，有此梦破南楼、绿云堆枕的济以艳情，其实更令人看到陆游为人和性格的真实性、立体化。《乌夜啼》更纯为艳情之作，风流旖旎不减《花间》：

> 金鸭余香尚暖，绿窗斜日偏明。兰膏香染云鬟腻，钗坠滑无声。　　冷落秋千伴侣，阑珊打马心情。绣屏惊断潇湘梦，花外一声莺。

又《临江仙·离果州作》：

> 鸠雨催成新绿，燕泥收尽残红。春光还与美人同。论心空眷眷，分袂却匆匆。
> 只道真情易写，那知怨句难工。水流云散各西东。半廊花院月，一帽柳桥风。

---

① 陆游．老学庵笔记[M].《津逮秘书》本．

《水龙吟·荣南作》的下片：

花落月明庭院，悄无言、魂销肠断。凭肩携手，当时曾效，画梁栖燕。见说新来，网萦尘暗，舞衫歌扇。料也羞憔悴，慵行芳径，怕啼莺见。

《沁园春》的上片：

一别秦楼，转眼新春，又近放灯。忆盈盈倩笑，纤纤柔握，玉香花语，雪暖酥凝。念远愁肠，伤春病思，自怪平生殊未曾。君知否，渐香消蜀锦，泪渍吴绫。

《一丛花》：

尊前凝伫漫魂迷，犹恨负幽期。从来不惯伤春泪，为伊后、滴满罗衣。那堪更是，吹箫池馆，青子绿阴时。　　回廊帘影昼参差，偏共睡相宜。朝云梦断知何处，倩双燕、说与相思。从今判了，十分憔悴，图要个人知。

《隔浦莲近拍》上片：

飞花如趁燕子，直度帘栊里。帐掩香云暖，金笼鹦鹉惊起。凝恨慵梳洗。妆台畔，蘸粉纤纤指。宝钗坠。

这些作品，虽"荡"者不多，"冶"者却不少，正如李清照评秦观词时所说的"专主情致"(《苕溪渔隐丛话》后集卷三三引)，亦如刘熙载《艺概·词概》之评《淮海词》"得《花间》、《尊前》遗韵，却能自得清新"。

总之，在陆游之前，虽也有贺铸的"盛丽如游金、张之堂，妖冶如揽嫱、施之袪，幽洁如屈、宋，悲壮如苏、李"，[①]张元幹的"长于悲愤"和"极妩秀之致"，[②]叶梦得的妙龄词"婉丽绰有温、李之风，晚岁落其华而实之，能于简淡时出雄杰"，[③]但似陆游的几是半苏半秦，各得徐妃半面之妆，并无阶段性的不同倾向者，却近于仅见。

二　诗化与诗余——半苏半秦的风格成因

严格说来，苏轼的"以诗为词"在北宋并未得到足够的回应，而"靖康之耻"却激起了南渡词坛的强烈变化，前引评论张元幹、叶梦得之语，都可见截然不同的风格之成

① 张耒．东山词序[M].《彊村丛书》本．

② 毛晋．芦川词跋[M]//张元幹．芦川词．上海：上海古籍出版社，1991：243.

③ 关注．题石林词[M]//施蛰存．词籍序跋萃编．北京：中国社会科学出版社，1994：134.

因，正在于横截两宋历史的“靖康之变”，以“缘情”为本位的词不期然而然地向“言志”移位，词的诗化成为一时的必然。向子𬤇编己作为《酒边词》，且分为《江南新词》与《江北旧词》两卷，胡寅《题酒边词》认为他“退江北所作于后，而进江南所作于前。以枯木之心，幻出葩华，酌玄酒之尊，弃置醇味”。而这进退之举，正关合时世之变，是词由“情”而“志”的“诗化”表现。其他词人，虽未必有向子𬤇的进退己作一事，但精神却是一致的。

到陆游生活的时代，已非巨变乍临时的痛彻心肺：“心折。长庚光怒，群盗纵横，逆胡猖獗。欲挽天河，一洗中原膏血。两宫何处？塞垣只隔长江，唾壶空击悲歌缺。万里想龙沙，泣孤臣吴越。”（张元幹《石州慢》）可是每一个系念中原的人，又岂不为“洙泗上，弦歌地，亦羶腥”（张孝祥《六州歌头》）深感愤懑？陆游一生都不忘抗敌救国、恢复失地的大计，他固然在报国无门的情况下，才“蹭蹬乃去作诗人”，且“忠君爱国之心，愤郁不平之气，恢复宇宙之念，往往发之于声诗”（明代黄漳《书陆放翁先生诗卷后》）。与诗相比，他的词数量也少得多，然而，却带着南渡以来词坛“诗化”之余势，又以之分泄诗中情怀，《放翁词》必然是继承苏轼的路线。由《渭南文集》卷二八的《跋东坡七夕词后》，可以看出这种学习“豪苏”而非“腻柳”的自觉：“昔人作七夕词，率不免有珠栊绮疏惜别之意。惟东坡此篇，居然是星汉上语，歌之曲终，觉天风海雨逼人。学诗者当以是求之。”这里的“东坡此篇”“七夕词”，指《鹊桥仙·七夕送陈令举》，而跋语中的“学诗者”之“诗”，当是“词”之误，“当以是求之”则是勉于人又用以自勉之语。

由陆游的诗歌创作思想，也可折射他的作词之旨。陆游早年从江西派入手，曾拜曾几为师，而曾是韩驹的弟子，韩、曾两人都是江西诗派中人，因而也有人认为陆游是江西派正传。陆游《赠应秀才》说：“我得茶山（曾几）一转语，文章切忌参死句。”可见其渊源所自。然而又诚如《四库总目提要》所说：“游诗法传自曾几，而在《吕居仁集序》，又称源出居仁，二人皆江西派也。然游诗清新刻露，而出以圆润，实能自辟一宗，不袭陈、黄之旧格。”之所以能自辟一宗，是由于他在创作实践中逐步脱江西派主要靠书本、学问的影响，尤其在川陕的生活中，山川之助与抗敌激情更成了创作的真源。他曾为幼子学诗示以径路：“我初学诗日，但欲工藻绘。中年始少悟，渐若窥宏大……诗为六艺一，岂用资狡狯？汝果欲学诗，工夫在诗外。”①诗外之工首在社会生活，他曾写过：“法不孤生自古同，痴人乃欲镂虚空。君诗妙处吾能识，正在山程水驿中。”②

这也可用于观照他自己的诗。郭绍虞先生在《中国文学批评史》中这样论述陆游之变江西宗风：“自得与自然，本是江西诗人与道学家论诗之共同之点。而他则循此做去，兼有两方面的长处，去了江西诗人的纯艺术论和道学家的唯心论，于是结合时代，接触现实，也就别创诗格，转与江西作风不相类似了。”③他的作词，又何尝不是如此呢？

① 陆游．示子遹[M]//陆游集·剑南诗稿八．北京：中华书局排印本，1976.

② 陆游．题庐陵萧秀毓秀才诗卷后[M]//陆游集·剑南诗稿．北京：中华书局排印本，1976.

③ 郭绍虞．中国文学批评史[M]．上海：上海古籍出版社，1979：255.

《渭南文集》卷三〇有陆游的两篇《跋〈花间集〉》。其一曰："《花间集》皆唐末五代时人作。方斯时，天下岌岌，生民救死不暇，士大夫乃流宕如此，可叹也哉！或者亦出于无聊故耶？笠泽翁书。"其二曰："唐自大中后，诗家日趣浅薄。其间杰出者，亦不复有前辈闳妙浑厚之作，久而自厌，然梏于俗尚，不能拔出。会有倚声作词者，本欲酒间易晓，颇摆落故态，适与六朝跌宕意气差近，此集所载是也。故历唐季五代，诗愈卑，而倚声者辄简古可爱。盖天宝以后，诗人常恨文不逮，大中以后，诗衰而倚声作。使诸人以其所长格力施于所短，则后世孰得而议？笔墨驰骋则一，能此不能彼，未易以理推也。开禧元年十二月乙卯，务观东篱书。"前一则，感慨"天下岌岌，生民救死不暇"的唐末五代之时，却从《花间集》中看到"士大夫及流宕如此"。纵然是"亦出于无聊"，沉迷于醇酒、妇人，丢弃应负的社会责任，终是士大夫所不该走的道路。后一则可看出陆游赞赏以"新变"求"代雄"的文学发展观，"适与六朝跌宕意气差近"，"倚声者辄简古可爱"，都是对词的肯定。前者贬，后者褒，其实并不矛盾，内容虽是"流宕"，新体却自有其长，"使诸人以其所长格力施于所短，则后世孰得而议"？既是感慨唐五代词人之枉费才力，又指出了长短互济的应走之路。历史已不能改写，《花间》"流宕"的事实俨然，但是，今日又当"天下岌岌"之时，为免后世之议，以靖国难、救生民为己任的陆游，又岂能不"结合时代，接触现实"，别创"词格"，转与传统词风不相类似？

于是，就有诸如登北固山多景楼作《水调歌头》，登南郑高兴亭作《秋波媚》等较为少见的"从军乐"作品及前引诸多"意不平"、"千行泪"之词。即如《鹧鸪天》的"家住苍烟落照间，丝毫尘事不相关。斟残玉瀣行穿竹，卷罢黄庭卧看山"的闲适，仍难掩"老却英雄似等闲"的感喟。另一《鹧鸪天》的"歌缥缈，橹呕哑，酒如清露鲊如花"的自如自在中，也流露出"只将渔钓送年华"的无奈。纵使如另一《鹧鸪天·葭萌驿作》下片："慵服气，懒烧丹。不妨青鬓戏人间。秘传一字神仙诀，说与君知只是顽。"《破阵子》的"眼底荣华元是梦，身后声名不自知"，其二的"看破空花尘世，放轻昨梦浮名。蜡屐登山真率饮，筇杖穿林自在行。身闲心太平"，还有另五首《渔父》，可视作刘师培所说的"道家之词"①。但正如刘氏同则文字所说："剑南之词屏除纤艳，清真绝俗，逋峭沉郁，而出之以平淡之词，例以古诗，亦元亮、右丞之匹。"这种"道家之词"正是"兼济天下"而不得，只能"独善其身"，仍无违诗之"言志"传统。

陆游以诗之所长格力施于词之所短，严格说来，并未得苏轼"豪放"、"雄快"的一面，即使是冯煦《六十一家词选例言》所评的"逋峭沉郁"，也主要是对"稼轩风"同道的认同，以之评陆游的诗更为合适。刘师培"道家之词"的看法未免以偏概全，然而毛晋"超爽"②、刘熙载"安雅清澹"③之评合观之，放翁词主要是继承苏轼"清旷"一面。作为"清雄"的苏轼与"沉郁"的辛弃疾之间的过渡人物，陆游上不能如苏之"以诗为词"，下不能如辛之"以文为词"，"蹭蹬乃去作诗人"的陆游毕竟只是以余力为词，"以其所长

① 刘师培.论文杂记[M].上海：朴社，1928：59.

② 毛晋.放翁词跋[M]//施蛰存.词籍序跋萃编.北京：中国社会科学出版社，1994：223.

③ 刘熙载.艺概[M].上海：上海古籍出版社，1978：111.

格力施于所短”，终未能使自己成为词坛大家。

即使是大诗人的陆游，“亘古男儿一放翁”，也有闲适的一面，钱锺书《宋诗选注》说他“咀嚼出日常生活的深永的滋味，熨帖出当前景物的曲折的情状”，“像《红楼梦》第四十八回里香菱的摘句，像旧社会里无数客堂、书房和花园中挂的陆游诗联都是例证。就此造成了陆游是个‘老清客’的印象”。[①]诗如此，词也必然如此。词虽“诗化”，毕竟又是“诗余”，何况诗词体性不同，又何以要“化”得不见词味呢？《渭南文集》卷二八有《跋后山居士长短句》一则：“唐末，诗益卑，而乐府高古工妙，庶几汉魏。陈无己诗妙天下，以其余作辞，宜其工矣。顾乃不然，殆未易晓也。”前三句与跋《花间集》的看法一致，而评陈师道的“宜其工”却“顾乃不然”，可见在“诗化”之外，又有对李清照“别是一家”之说的认同。何况，《渭南文集》卷一四还有这样一篇自题《长短句序》：“雅正之乐微，乃有郑卫之音，郑卫虽变，然琴瑟笙磬犹在也。乃变而为燕之筑、秦之缶、胡部之琵琶箜篌，则又郑卫之变矣。风、雅、颂之后，为骚、为赋、为曲、为引、为行、为谣、为歌，千余年后，乃有倚声制辞，起于唐之季世。则其变愈薄，可胜叹哉！予少时汩于世俗，颇有所为，晚而悔之。然渔歌菱唱，犹不能止，今绝笔已数年，念旧作终不可掩，因书其首以识吾过。淳熙己酉炊熟日，放翁自序。”此序作于1189年，是年陆游六十五岁，虽有“晚而悔之”一语，却仍早于跋东坡七夕词、跋后山长短句及跋《花间词》第二篇第三跋。尽管将这五篇跋语对照看有不尽统一之处，但总体精神却是一致的。“一代之文，每与一代之乐相表里”，[②]在对《花间集》作跋及跋陈师道词时，陆游局部地承认了“倚声作词”之“简古可爱”，“高古工妙”，在艺术性上承认了词的文学进化；而自题《长短句序》却是对“文乐相表里”历史的宏观描述，“其变愈薄”的总括性论断，体现为崇古意识下的“递降”观。这里，既带着绍兴十二年（1142年）鲖阳居士《复雅歌词序略》的“观乐知政”、溺夷音而荒政的观点的历史投影，又表现出在传统的“正变”观笼罩下难改对于词之“浇薄”本质的认识。因而才有悔少作而终不可掩，书之而言过之举。

诚然，《长短句序》有屈从于理学昌盛的背景，或系不得已而言之，然而，《放翁词》既然给人又留下“纤丽处似淮海”的印象，且非止在于风格，其内容亦有与《花间》及柳、秦相近的“冶荡”，“汩于世俗”，“晚而悔之”及“以识吾过”云云，就不能仅看成是虚与委蛇之辞了。既然陆游的诗在从戎击贼、慷慨忘身、恢复之志至死不衰以外，又能给人留下类似“老清客”的另一面印象，他的词又不似陈亮之“陈述经济之怀”，辛弃疾之作“陶写之具”，“诗化”的程度有限，且主位毕竟在诗，作词之“汩于世俗”，正是对“缘情”潜势力的顺从，让人窥见这“纤丽”、“冶荡”的半面，就不足为奇了。

如果说，陆游以“一个飘零身世，十分冷淡心肠”（《朝中措·梅》）自况，这“冷淡心肠”成为“道人之词”的基础，且以类于稼轩的“超爽”以补苏轼之“雄快”（“雄快”也只是苏轼的一方面，“清旷”更应是主调），那么，“叹名姬骏马，尽付杜陵，苑路豪客”（《望梅》。亦可借拟其词：“骏马”是他的“诗化”的“言志”之作，而“名姬”则属对“缘情”旧

① 钱锺书.宋诗选注[M].北京：人民文学出版社，1989：170.

② 吴梅.中国戏曲概论·明总论[M]//吴梅戏曲论文集.北京：中国戏剧出版社，1983：142.

苑的认同。“驿骑于苏秦之间”并非陆游之本意，而是创作的结果，这也反映出“因”“革”之间的两难心态，这样，也必然造就出“奄有其胜，而皆不能造其极”，“其短其长，故具在是”的结果。因而，作为词人的陆游，就只能是苏、辛间的过渡人物，冯煦以为“求之有宋诸家，无可方比”，[①] 显然是言过其实了。

（原载《杭州大学学报》1998年第3期）

① 冯煦．六十一家词选例言[M]//介存斋论词杂著·复堂词话·蒿庵论词．北京：人民文学出版社，1984：67．

论姜夔词的清空

——姜词艺术析论之一

姜夔是南宋的重要词人。黄昇称其“词极精妙，不减清真，其高处有美成所不能及”(《花庵词选》)。清代浙西词派崛起后，姜夔更被奉为“词中之有白石，犹文中之有昌黎也”(《词林纪事》引许昂霄语)、“词家之有姜石帚，犹诗家之有杜少陵”(宋翔凤《乐府余论》)。姜夔词何以能获得如此高的评价？陈廷焯说：“顿挫之妙，理法之精，千古词宗，自属美成；而气体之超妙，则白石独有千古，美成亦不能至。”(《白雨斋词话》卷二)可见，姜夔词以其“气体”同周邦彦的“理法”争胜，以其独特的艺术个性和风格开宗立派。概言其最主要的特征，就是区别于周邦彦、吴文英“质实”的“结体于虚”(陈锐《褎碧斋词话》)，用张炎的话来说，就是清空。

一

何谓“清空”？张炎说：

> 词要清空，不要质实。清空则古雅峭拔，质实则凝涩晦昧。姜白石词如野云孤飞，去留无迹；吴梦窗词如七宝楼台，眩人眼目，碎拆下来，不成片段。此清空、质实之说。(《词源》)

张炎言“清空”即是“古雅峭拔”、“野云孤飞，去留无迹”，使人“点”而难“悟”。清代浙西派着眼意格，取张炎“古雅”、“骚雅”之评，称道姜词“醇雅”(汪森《词综序》)，“为三百篇之苗裔”(王昶《春融堂集》)，但对“清空”一语，几乎未曾道着。常州派主将周济对姜夔虽每多贬抑之词，但其所说的“白石脱胎稼轩，变雄健为清刚，变驰骤为疏宕”(《宋四家词选序论》)，这“清刚”、“疏宕”倒是近于“清空”之说。

谈姜夔词的“清空”，必须从作品的意境来作分析。意境包括意——诗人主观的感情、思想、意趣、理想和境——外界的客观景象事物。在作者，意境就是主观的情、意和客观的物、境的契合，是二者的有机统一；在读者，意境就是通过对境象的体味、思索和感触到的意蕴。

言姜夔词意境的“清空”，可将其意之“清”和境之“空”分开作两方面的分析。我们知道，要创造出意境，必然要凭借诗人感受和表达的两方面能力，“一曰受，二曰作”。[①] 无论是“受”还是“作”，都渗透着人的主观能动。诗人的感受能力，受着他的思想、性格、情趣、修养的制约，而他的表达能力，除上述要素外，还决定于他的才能、技巧。

诚然，艺术的审美活动不出于理念，而多出于直觉，但我国古代所说的文如其人，外国所说的风格即人，都道出了人的思想、品格、感情对文艺创作的决定作用。姜夔词的意“清”，首先是他为人的狷洁清高所决定的，是他的思想感情和人格的体现。

淳熙间，姜夔识萧德藻，德藻对其诗才十分赏识，以侄女妻之，携之同寓湖州。萧德藻是重名节、有品德的穷诗人，杨万里在淳熙《荐士录》中称他“文学甚古，气节甚高，其志常欲有为，其进未尝苟合”，姜夔与其朝夕相处，自不能不与之相似。以后，经萧德藻介绍，姜夔得谒见杨万里，又得杨万里引见范成大，与杨、范二人皆交游。杨万里、范成大都是德行甚高的诗人政治家，对姜夔，他们从生活上关心，到文学上奖掖，他们的为人也对姜夔产生了影响。此外，叶适、朱熹、辛弃疾等重节操、有正义感的志士，也以朋辈身份影响了姜夔。姜夔精于诗，长于词，深于乐，通赏鉴，工翰墨，才情学问均高，此时，次等文人尚曳裾侯门，以文字干谒公卿，但他却甘于清苦的生活。在依之十年的张鉴卒后，他旅食浙东、嘉兴、金陵间，死时贫不能殡，得吴潜之力才能下葬。他的同代人说：“白石道人气貌若不胜衣，而笔力足以扛百斛之鼎，家无立锥，而一饭未尝无食客，图史翰墨之藏，汗牛充栋，襟怀洒落，如晋、宋间人。”（陈郁《藏一话腴》）由此可见，姜夔不是乞食豪门的无行文人，而是胸襟狷洁、为人耿介的清高之士。

姜夔存词80余首，感慨时事、抒写身世的有10数首，交游酬赠的有10数首，眷怀恋人的有近20首，其余多为咏物纪游之作。我们不妨从这几类作品中看其“清”的特点。他的《点绛唇·丁未冬过吴淞作》可谓咏怀言志的代表作：

> 燕雁无心，太湖西畔随云去。数峰清苦，商略黄昏雨。　　第四桥边，拟共天随住。今何许，凭栏怀古，残柳参差舞。

此词以燕子的春来秋去、鸿雁的秋来春去而“索物起兴”（冬天本无燕雁），颇有自况味。过片二句，以追随天随子（陆龟蒙）为愿，道出了主题。

姜夔为人、写诗都学陆龟蒙，其词中不求仕宦、浪迹江湖之意随处可见。如“何时共渔艇，莫负沧浪烟雨”（《清波引》）、“高柳垂阴，老鱼吹浪，留我花间住”（《念奴娇》）、“鲈鱼应好，旧家乐事谁省”（《湘月》）等都是。

我们知道，姜夔曾于宋宁宗庆元三年进《大乐议》及《琴瑟考古图》于朝，庆元五年（1199年）又上《圣宋铙歌十二章》，得到“免解与试礼部”的优待，却仍不及第。所以，他的“沉思只羡天随子，蓑笠寒江过一生”（《三高祠》）并非虚语。这种用世不得而以隐居为志的“清”气，在宋词人中除朱敦儒外，确为少见。此其意“清”之一。

---

① 鲁迅．儗播布美术意见书[M]//鲁迅全集．北京：人民文学出版社，1981：45.

交游酬赠之作，最易流露甜俗气，姜夔之作却不然。姜曾依张鉴十年，与其酬唱颇多，其中《阮郎归》二首即是为张鉴贺寿之词，词写道：

> 红云低压碧玻瓈，惺忪花上啼。静看楼角拂长枝，朝寒吹翠眉。　休涉笔，且裁诗，年年风絮时。绣衣夜半草符移，月中双桨归。

> 旌阳宫殿昔徘徊，一坛云叶垂。与君闲看壁间题，夜凉笙鹤期。　茅店酒，寿君时，老枫临路歧。年年强健得追随，名山游遍归。

这两首寿词，除“茅店酒，寿君时”，“年年强健得追随”显有祝贺之意以外，却难以见到任何媚态，只有共觅清幽、咏诗赏字、月下泛舟、茅店沽酒的情趣，和远却红尘的悠然风致。在《石湖仙·寿石湖居士》这一以歌颂范成大功业为主的作品中，都仍以范蠡、张翰、陆龟蒙这“千古三高”拟之，在以隐士许人同时，亦有自许之味。此其意“清”之二。

再看其纪游之作《鹧鸪天·正月十一日观灯》：

> 巷陌风光纵赏时，笼纱未出马先嘶。白头居士无呵殿，只有乘肩小女随。
> 花满市，月侵衣，少年情事老来悲。沙河塘上春寒浅，看了游人缓缓归。

这首词写临安元宵前试灯夜之游。全词不写都城的华丽富贵，即使是沙河塘这样的繁华地区，亦只用“春寒浅”三字，不写花灯的金碧辉煌，却只写了一轮冷月，至于赏灯的富人，“‘笼纱未出马先嘶’，七字写出华贵气象，却淡隽不涉俗”（况周颐《蕙风词话》卷三）。可见，作者笔下的临安灯夜，只是自己清静恬淡心情的返照。他的纪游词都近于这种格调，“笛里关山，柳下坊陌”（《霓裳中序第一》）、“暗柳萧萧，飞星冉冉，夜久知秋信”（《湘月》）、“燕燕飞来，问春何在，唯有池塘自碧”（《淡黄柳》）、“酒醒明月下，梦逐潮声去”（《玲珑四犯》）等，都呈现出清幽淡远之致。姜夔的咏物词，无论所咏是梅花还是他物，都显得冷然隐秀。此其意“清”之三。

沈祥龙在《论词随笔》中说：“白石诗云：‘自制新词韵最娇。’‘娇’者，如出水芙蓉，亭亭可爱也。徒以嫣媚为娇，则其韵近俗矣。试观白石词，何尝有一语涉于嫣媚？”爱情词最易入于嫣媚，但姜夔一洗《花间》、北宋的侧艳，他的言情之作，确能做到俗处能雅。

姜夔青年时往来江淮间，曾有合肥情遇，其集中怀念情人的词共19首。其中固然有“湿红恨墨浅封题”，“漂零客，泪满衣”（《江梅引》）这样刻至难忘之情，但总的说来，非但有别于柳永“知何时，却拥秦云态？愿低帏昵枕，轻轻细说与”（《浪淘沙慢》）、“镇相随、莫抛躲，针线闲拈伴伊坐”（《定风波》）的俚俗，也不同于周邦彦“拼今生、对花对酒，为伊泪落”（《解连环》）、“眷恋雨润云温，苦惊风吹散”（《拜星月慢》），甚至出以“天便教人，霎时厮见何妨”（《风流子》）一类直词快语的深挚执着。姜夔的怀人词是以健笔写之，以淡语出之：

别后书辞，别时针线，离魂暗逐郎行远。淮南皓月冷千山，冥冥归去无人管。（《踏莎行》下片）

恨入四弦人欲老，梦寻千驿意难通，当时何似莫匆匆。（《浣溪沙》下片）

卫娘何在，宋玉归来，两地暗萦绕。摇落江枫早，嫩约无凭，幽梦又杳。（《秋宵吟》下片节录）

西窗夜凉雨霁，叹幽欢未足，何事轻弃？问后约、空指蔷薇，算如此溪山，甚时重至？（《解连环》下片节录）

这些词，既非绮靡无力，亦非显豁俚俗，而是流露出幽远绵邈的风情。此其意“清”之四。

由上可见，姜夔词中无论是咏怀、酬应、咏物，还是写恋情，都可见醇雅峭拔、清婉窈眇、空淡深远的特点，亦即“以清虚为体”（《白雨斋词话》卷三）。要而言之，就是一个“清”字。

在姜夔词里，作为构成意境的另一部分——景象事物，确有“空”的特点。要说明这点，不妨将“质实”典型的吴文英词与之对照。且看吴文英《惜黄花慢》的上片：

送客吴皋，正试霜夜冷，枫落长桥。望天不尽，背城渐杳，离亭黯黯，恨水迢迢。翠香零落红衣老，暮愁锁、残柳眉梢。念瘦腰，沈郎旧日，曾系兰桡。

此词写的是在“枫落吴江冷”之夜作别友人。头三句点明事、时、地，“离亭”、“恨水”二句明显带着作者的主观感情，“翠香”二句进而以秋天的残荷败柳来加重之，然后由物返人，以因离愁而消瘦的沈约自况。一系列频转频接的景象事物，都是为了作离愁的“量”的渲染积累，意欲倾诉内心情感并达之于人，主旨很单纯。

姜夔词却很不同。试举《琵琶仙》为例：

双桨来时，有人似旧曲桃根桃叶。歌扇轻约飞花，蛾眉正奇绝。春渐远，汀洲自绿，更添了几声啼鴂。十里扬州，三生杜牧，前事休说。　又还是、宫烛分烟，奈愁里、匆匆换时节。都把一襟芳思，与空阶榆荚。千万缕、藏鸦细柳，为玉尊、起舞回雪。想见西出阳关，故人初别。

从此词小序可知，这是作者与萧德藻之侄萧时父在吴兴载酒春游时的“感遇成歌”。此词首句“双桨来时”直入画船游春之所遇，破空而来，与他词的借景渐引不同。“有人似旧曲桃根桃叶”，所遇的两位船上女郎竟似自己合肥情遇的故人（桃叶为晋王献之妾，妹名桃根，姜夔合肥所遇歌女，疑为姐妹二人，可参看夏承焘先生的《白石怀人词考》）。“歌扇”二句，先写其态，后写其貌，正因其相似，故谓“奇绝”。此四句的因遇而怀，本可勾起一串回忆，但作者不言所遇的似是而非，却转而写景：“春渐远，汀洲自绿，更添了几声啼鴂。”时逝春远，洲绿鴂啼，旧游不堪回首，桃叶桃根亦必难再逢，接着以“十里扬州，三生杜牧，前事休说”，道破了沉痛之意。过片承上结“前事休说”翻出，“又还是”一转，“宫烛分烟”，又值此时令，又见此风景，“奈愁、里匆匆换时节”，其意再转，年光似水，去而不回，非不可说，实无从说。一襟芳思，无以排遣，念空阶榆荚生而又落，不能自主，情以付之无情之物亦无所萦怀了，然而，此实不得不付与之，更加深“前事休说”的苦味。榆荚辞枝，带去旧情，杨柳飘扬，又起新愁，念当日别筵所见，情思又起，想起“西出阳关无故人”之句，旧情排遣不去，欲不怀想却又不得不怀想，其枨触旧事之意绪，真是难以泯灭。

这首词开头不是纡徐而道，却是直写所见，结尾才言初别，即作收住，于全首都见“借景现情”之笔用得极其经济。再从其形象组织来看，头四句人景相浑，由“见”而“触”，“春渐远”三句，以景见情，“十里扬州”，借典言情，说出主旨。换头重在以景写时，榆荚柳丝，均为情景交炼之笔，怀念之情弃而复拾，欲罢不能。下片檃栝了唐人咏柳的三诗，其中“宫烛分烟”用韩翃，“空阶榆荚”用韩愈，“西出阳关”用王维，但明示杨柳形象的仅最后几句，且“宫烛分烟”见其时，“空阶榆荚”见其思，至“西出阳关”才见其难忘之意。总之，它是以回环跌宕之笔作多角度的“点”笔写意，虽然表现的是深长绵邈的感情，但出现于词面的景象事物却有“疏”而“空”的特点，“全在情景交炼，得言外意”（《词源》），不同于吴文英的“密”而“实”的从一线频频渲染，以积聚其量。

姜夔词中景象事物之“空”，还可在与质实派的同调、同题材作品作比较中看出。分录吴文英的《鹧鸪天·化度寺作》和姜夔的《鹧鸪天·元夕有所梦》。吴词：

> 池上红衣伴倚阑，栖鸦常带夕阳还。殷云度雨疏桐落，明月生凉宝扇闲。
> 乡梦窄，水天宽，小窗愁黛淡秋山。吴鸿好为传归信，杨柳阊门屋数间。

姜词：

> 肥水东流无尽期，当初不合种相思。梦中未比丹青见，暗里忽惊山鸟啼。
> 春未绿，鬓先丝，人间别久不成悲。谁教岁岁红莲夜，两处沉吟各自知。

两首都是怀人之作。从吴词中可见，词人此时自居于杭州化度寺，而爱人则在苏州阊门，他设想对方因思念自己，以致“小窗愁黛淡秋山”，因而希望吴鸿速去传递自己即将回来的“归信”。此词中，“杨柳阊门，其去姬所居也，全神注定，是此一句。吴鸿归信，言已亦将去此间矣，眼前风景何有焉”（陈洵《海绡说词》）！上片四句不是实见之景，而是缘情所布，然而红衣（荷花）尚得倚伴翠阑，栖鸦还带夕阳，雨落疏桐，凉生宝扇，时光逝去了，自已与爱人却还是分离，所以，这虚设之景并非赘笔，而是为下片的思归作铺垫。出现在词面上的水池、荷花、翠阑、栖鸦、夕阳、云雨、梧桐、明月、宝扇，使景象事物紧紧相连。

姜词则不然，这首通过感梦来怀人的作品与吴词很不相同。词上片先点明当年事由——种相思，和情遇之地——合肥。肥水无尽，重见难期，梦境中久别而逢的故人仅依稀可见，尚不如丹青之明晰，山鸟惊梦，梦亦难留，连一温旧情的虚幻机缘都失去了。下片言未及春天，难以相会，而鬓丝已见，老之将至（时姜夔四十余岁，距合肥初遇二十余年），人间久别，本更应悲痛，但此处以“人间别久不成悲”的淡语出之，为的是让结句翻出难忘的深意：岁岁灯夜，两地沉吟，互相怀念。这首感梦而作的词与吴词的“缘情布景”不同，用的是“即事述景”，词中的景象事物仅肥水、丹青、山鸟、红莲（灯）数端而已，足见其情景交融之中以情为主，以景为辅，景象事物十分空疏。

由上可见，质实派是以相犯、相叠的笔法使丽景秾情合沓而至，层层渲染，处处铺垫，以取“实”来积蓄其势，在繁复密匝、沉著坚实的描叙中以景现情、情景相生。而姜夔的“清空”却是以相避的笔法，以用“虚”求情景相间，在欲擒故纵、宕开复回之中，有疾有徐，洁而不腻，显得官止神行，虚灵无滓。总之，前者紧而不结，后者松而不散。

词中意境，虽可分而言之，但又终不可分，因为它毕竟是意和境、情与景的融混契合，而非简单相加。那么，作为完整的意境，姜词的“清空”应如何理解呢？姜夔为人清高，“天之气清，人之品格高者出笔必清”（孙麟趾《词径》），在“心炼”和“出笔”的创作过程中，选择与“清”情相应的景象事物，取其神理特征，“空诸所有”（刘熙载《艺概》），“不著色相”，用清超之笔，辞意相当地构成完整的意境，这种意境非但“骨理清，体格清，辞意清”（沈祥龙《论词随笔》），而且空灵浑涵，而不是板滞凝涩，这就是“清空”。

二

何以能得“清空”？先引《人间词话》中的一段话：

> 诗人对于宇宙人生，须入乎其内，又须出乎其外。入乎其内，故能写之；出乎其外，故能观之。入乎其内，故有生气；出乎其外，故有高致。美成能入而不出。白石以降，于此二事皆未梦见。

对宇宙人生，只有理解了，才能反映、表现它们，理解得深刻，才能反映得深刻，只有“入”得深，才能深刻理解世界，把握生活的发展变化和人物的性格心理，因而“入乎其内，故能写之”，“入乎其内，故有生气”，是不难理解的。然而，“入”而还要“出”，才能有思考的余地，洞察事物的整体，而且将利害得丧置于一旁，观而写之，而得其“高致”。

我国诗歌历来重在抒情，词尤甚，所以，要表现情感就要兼能入而受之和出而味之，前者是感受情感，重在主观，后者是回味情感，重在客观。绝对的“入”或“出”、绝对的主观或客观都是没有的，多数诗人词人、诗和词都或重主观，或重客观，重主观的以意胜，重客观的以境胜。以周邦彦论，王国维的说法有一定道理，周词是表现“入”，表现情感的感受为多，故曰“能入而不出”。“白石以降，于此二事皆未梦见”，则未免深负姜夔了，其实，姜词是以表现“出”、表现情感的回味为多。

重在感受，必然“入”而近，感受强烈，形象必然较密，色彩较鲜明，亦即是密丽的。姜夔的一生，伴着衣食的牵羁困扰和难以淡忘的家国之忧，他不是方外之人，但是，他以陆龟蒙自许，浪迹江湖，寄情山水，出世之想多于入世之念。清幽淡泊的情怀驱动其创作，在沉静中回味，心境安谧平和，在自我与情趣、意象之间，拉开了距离，以致“远人无目，远树无枝，远山无石，远水无波”（王维《山水论》），就不滞于景象事物的细部作迫近的形、色的描绘，而是遗貌取神，得清空之致。

除“出”“入”于宇宙人生这一原因之外，意境还同词人的审美情趣有关，而审美情趣则又决定于人品、性格和修养。以辛弃疾言，他有将相之才，怀济世之志，既理解生活，又能描写生活，作品既有深情、生气，又有高格、高致，既沁人心脾，又豁人耳目。他胸襟博大，感情强烈，意念崇高，审美情趣多在热烈壮美的事物，词中的景物常带有他丰富的想象和外射的感情而呈雄壮、飞动的气势。而当他壮志难伸之时，则见“敛雄心，抗高调，变温婉，成悲凉”（《宋四家词选序论》），呈现沉郁顿挫之貌。但无论前者后者，辛词表现出的是与传统婉约词相悖的壮美感。

周邦彦、吴文英等人，以写个人遭际、身世为多，他们都工于言情体物，“入”多于“出”，尤长于表现感情的感受，状难状之物，言难言之情，词中的景象事物常带有作者的主观抒情色彩，在动态中见婉丽娇柔的幽美感。

姜夔既不同于辛，亦不同于周、吴，他不像辛弃疾那样想积极有为，施展才力，也不像周、吴那样过多感叹自己的身世恋情。他虽深于情，但更见宁静多于纷扰的心境，这种旷达清幽的情怀和喜欢静穆悠远的审美情趣，使他对客观世界常作审美静观，下笔写词，则“如瘦石孤花，清笙幽磬”（郭麐《灵芬馆词话》卷一），呈现清空旷远的面目。

如果说，“出”多于“入”，回味情感多于感受情感，以及审美情趣等还只是一般性原因，那么，通过以诗法为词，以重神甚于重形来求形神统一，则是造成姜词清空意境的直接原因。

顾恺之论画曾有“以形写神”之语，即以写形的手段达于写神之目的。其实，何止是画，我国古代一切文艺都以形神兼备作为理想的创作，因为没有神，就不能抓住事物的最根本特征，无从现出其生生活力，就不能创造出真正的艺术品，没有形，则神无以附。但在具体创作过程中，形神二者并非并重，或重形，以形求形神统一；或重神，以神求形神统一。前者重在写实，在形似的基础上传神；后者重在写意，在形似的基础上遗貌得神。

以词来说，北宋的周、秦直至南宋的史达祖、吴文英，都是正宗的婉约派，是偏于以形求形神统一的一派。而姜夔，则在某些方面得苏、辛神髓，变而在婉约中另开清空一脉，偏于以神求形神统一。因为“诗人之词，源于齐梁乐府之‘靡’，五七言绝句之‘逸’。‘靡’者渐成词之‘婉约’，‘逸’者渐成词之‘空灵’”，[①] 所以，对周、姜二派的形、神侧重观，不妨作一番溯祖探源。

六朝是我国文艺发展史上一个极重要的阶段，是一个由质转文体现为追求形似的时期。从建安时代的“以情纬文，以文被质”改变了汉代质胜于文的风气起，幻想多于写实，闳伟多于纤巧的传统的史官文化特征开始逆转，表现最明显的造型艺术——绘画，开始由诫世示后的历史故事壁画和人神鸟兽相混的装饰画向写实性发展。晋室南渡之后，江南的自然风景使豪门士族流连忘返，山水画开始出现，顾恺之虽有“以形写神”之说，但在创作实践上还是处于追求形似的初级阶段。如宋宗炳等人就倡导“以形写形，以色貌色”，直至齐谢赫才以“气韵生动”作为“六法”之首，且主要还是对人物画而言。只是到唐代，才真正开始追求形神并到，出现了李思训、王维、吴道子等山水名家，到五代北宋，更臻成熟，创造了斧劈皴和披麻皴，形成荆关、董巨、李郭三大流派。

我国诗歌虽远比绘画成熟得早，但也与绘画情况颇为相似。汉诗尚质，建安开始重文，六朝诗歌缺乏重大社会题材的作品，但在形式上进步很大，由古转律，渐趋华美，丽辞密藻，刻意雕琢，“搜索艳题，一时闺阁传闻，辄形楮墨”（胡应麟《诗薮》外编卷三），其总的审美精神诚如刘勰所说：“自近代以来，文贵形似。”（《文心雕龙·物色》）此说愈演愈烈：“诗至于宋，性情渐隐，声色大开。”（沈德潜《说诗晬语》）“齐梁间诗，彩丽竞繁，而兴寄都绝”（陈子昂《与东方左史虬修竹篇序》）。在这种艺术风气熏染下，从宋谢灵运的“故尚形似”（钟嵘《诗品》上），经齐谢朓的“撰造精丽，风华映人”（王世贞《艺苑卮言》卷四）、梁江淹的“颇能修饰”（沈德潜《古诗源》卷一三）、何逊的“探景每入幽微”（陆时雍《诗镜总论》），直至陈阴铿的“琢句抽思，务极新隽；寻常景物，亦必摇曳出之，务使穷态极妍，不肯直率”（陈祚明《采菽堂古诗选》卷二九），可谓崇尚和追求形似已趋其极。

唐代承六朝已臻成熟的形似，开始向神似阶段发展。画家张璪提出“外师造化，中得心源”（《历代名画论》），已从“外”的“境”和“内”的“意”作两方面阐述，表明了主客浑融的要求。张彦远更进一步说：“象物必在于形似，形似须全其骨气。骨气，形似，皆本于立意而归乎用笔。”（《历代名画论》）其中的“立意”含有作者的主观之意，骨气则见重于事物神理，经过“心炼”的过程，对“境”有所取舍，借于“用笔”的技巧，在追求形似之中，表达神髓。

画论既如此，诗论则更为成熟。皎然《诗式》曰：“虽欲废巧尚直，而思致不得置；

---

① 任中敏．词曲通义[M].北京：商务印书馆，1931：4.

虽欲废词尚意，而典丽不得遗”，明显包括意和词结合的思想，他提出“取境”问题，并要“假象见意”，又说“诗情缘境发”，已将“象”和“意”、“境”和“情”综为一体。王昌龄在论诗的“物境”时说：“神之于心，处身于境，视境于心，莹然掌中，然后用思，了然境象，故得形似。”（《诗格》）将“意”与“境”、“神”与“形”及神以统形、形中见神的关系说得很透辟。经过众多诗人的努力，唐诗已从六朝的刻意形似、有境无意或境余于意，发展到形神兼备、意境浑融，尤其是绝句，更见含蓄蕴藉，清新隽永，确有“境生于象外”（刘禹锡《董氏武陵集记》）的特点。

导源于六朝诗的宋代正统婉约词，是以重形来求形神统一的。

早期婉约词既出于齐梁乐府之“靡”，“自南朝之宫体，扇北里之倡风”（欧阳炯《花间集序》），自然立意不高，骨气较弱，用笔涉于媚俗，其文字在形似上更为着力。这一派词，在温韦时代就是“香而软”（孙光宪《北梦琐言》），“熏香掬艳，眩目醉心”（况周颐《历代词人考略》卷五），经五代、南唐，至北宋慢词盛行后，描形绘影更见功夫。然而，在“靡”的同时，宋词确已不同花间词的“状物描情，每多意态”（沈雄《古今词话》引），而是吸取唐诗形神兼备之长，如柳永，既“旖旎近情”（《四库全书提要·乐章集提要》），又有“唐人佳处”（苏轼评柳永《八声甘州》语，载《侯鲭录》）。秦观虽“妍丽丰逸”（《苕溪渔隐丛话》引李清照语），又“能以韵胜”（《词林纪事》引楼敬思语）。婉约词到周邦彦手里，不唯音律“拗怒之中，自饶和婉，曼声促节，繁会相宜，清浊抑扬，辘轳交往”（王国维《清真先生遗事》），而且能充分运用离合、虚实、钩勒、加倍写法，比兴寄托应用得浑化无痕，并善于融化唐人诗句和六朝小赋，驱遣语言，铸造意境，所谓“玉艳珠鲜”（彭孙遹《金粟词话》）、“柳欹花亸之致”（贺裳《皱水轩词筌》），是不足以言其根本的，“言情体物，穷极工巧”（王国维《人间词话》）则庶几道出了周邦彦在求形似之中追逐神理的特点。

从唐人五七言绝句之“逸”流出的姜夔词，是重于神韵的，也就是说，是遗貌得神以求形神统一的。

本来，文艺创作服从形象思维规律，在“心炼”过程中就对事物有所芟除、删汰，所以，在创作过程中，应该善于概括，要“以少总多”，才能做到“物色虽繁，而析辞尚简”，“物色尽而情有余”（《文心雕龙·物色》）。谢赫谈绘画六法，首言“气韵生动”，此气韵即指画中人物栩栩如生的活力，添毫点睛，皆是表达这种活力的传神之笔，因之，“析词尚简”，首要表其气韵。以诗言，司空图从倡“思与境偕”（《与王驾评诗书》），到突出“离形得似”（《诗品·形容》），“超以象外，得其环中”（《诗品·雄浑》），再到“不著一字，尽得风流”（《诗品·含蓄》），以求“象外之旨”，则可见对“神”的强调。

宋初的梅尧臣论诗曾有“必能状难写之景，如在目前，含不尽之意，见于言外，斯为至矣”（欧阳修《六一诗话》引）之语。苏轼兼工诗画书法，他所说的“味摩诘之诗，诗中有画；观摩诘之画，画中有诗”（《摩诘蓝田烟雨图》），更见倡导“象外之旨”于艺术皆通。严羽以禅喻诗，谓“盛唐诗人惟在兴趣，羚羊挂角，无迹可求。故其妙处莹彻玲珑，不可凑泊，如空中之音，相中之色，水中之月，镜中之象，言有尽而意无穷”（《沧浪诗话·诗辨》)。可知至宋代,已从唐的形神并重发展到更重神似,更讲含蓄。

姜夔本是江西派诗人,但他却入于江西而又出之。江西派开山黄庭坚曾说“自作语最难”,认为诗歌创作要“不易其意而造其语”,“窥入其意而形容之”(惠洪《冷斋夜话》引黄语),这就是“夺胎换骨”。从《白石道人诗集自序》可知,姜夔曾力学黄庭坚,“三熏三沐,师黄太史氏”,但“居数年,一语噤不敢吐,始大悟学即病,顾不若无所学之为得,虽黄诗亦偃然高阁矣”(《自序》一),他因“大悟学即病”,“故向也求与古人合,今也求与古人异”(《自序》二)。他认为风会所限,“余之诗盖未能进乎此也”,虽未明言欲于词上创新,但结合其《诗说》看其词,则可见在词苑另辟蹊径之意。郭绍虞先生认为,“在江西诗派以后,在《沧浪诗话》以前,可以看出诗论转变之关键的,应当推姜夔《白石道人诗说》了”,并说:“姜氏论诗,见到此而未能进乎此;姜氏论词,不必见到此,而可说已能进乎此。谢章铤《赌棋山庄词话》欲以其诗说改为词论,就是这个道理。”①这一见解,确是体会至深之言,在姜夔词中,确可见《诗说》的主张已付诸实践。

姜夔在《诗说》中指出:“陶渊明天资既高,趣旨又远,故其诗散而庄,淡而腴,断不容作邯郸步也。”认定陶诗是先于六朝形似之风的空谷足音,是极高的境界。他又说:“语贵含蓄。东坡云‘言有尽而意无穷’者,天下之至言也……句中有余味,篇中有余意,善之善者也。”以求神韵、重含蓄为长。姜夔不止求于“工”,而求达于“妙”,然而何为“妙”呢?他说:

> 诗有四种高妙,一曰理高妙,二曰意高妙,三曰想高妙,四曰自然高妙。碍而实通,曰理高妙;出自意外,曰意高妙;写出幽微,如清潭见底,曰想高妙;非奇非怪,剥落文采,知其妙而不知其所以妙,曰自然高妙。

他追求的是要创作出不同流俗、出人意外、清幽微妙而又自然的意境。他所说的“韵度欲其飘逸”,“意格欲高,句法欲响……句意欲深欲远,句调欲清欲古欲和”,则进一步明确了这种意境的特点。

总之,姜夔的尚神似,重含蓄,标举高妙,并以韵度飘逸、语言不俗、句意深远、句调清和来求之,则可见其创作思想是不事摹绘,不尚工细,不落言筌,善于抓事物特征,摄取神理,让作品有比字面更广阔的包孕,有言外余音。这一切,统之以意趣高远,就是他本人虽未明言,但却是努力追求的“清空”。

白石词意境之“清空”根源于其诗。夏承焘先生说:白石绝句的风格“于江西派清劲爽朗中,兼有晚唐诗绵邈蕴藉的风神”。②这种风神得之于上窥唐诗之后,将盛唐绝句的英爽俊逸和晚唐绝句的空濛淡远熔于一炉。姜夔善作七绝,不仅是《除夜自石湖归苕溪》十首“有裁云缝雾之妙思,敲金戛玉之奇声”,其余作品,也甚得陆龟蒙的神髓。这种七绝的蕴藉潇洒,加以他多年所熟悉的江西派的瘦硬爽健,入于其词,就成

① 郭绍虞.中国文学批评史[M].上海:上海古籍出版社,1979:258-259.

② 夏承焘.论姜夔词[J].文学研究,1957,(1):60.

了一种不同于周柳的“神”。

然而，欲创造“清空”的意境，除“本于立意”，还要“归于用笔”，这就牵涉到章法结构和遣词用语。

关于章法，他说：

> 小诗精深，短章蕴藉，大篇有开阖乃妙。
>
> 波澜开阖，如在江湖中，一波未平，一波已作。如兵家之阵，方以为正，又复是奇；方以为奇，忽复是正。出入变化，不可纪极，而法度不可乱。

他词中的小令，一如其诗，确是精深蕴藉。他的长调，即以前列《琵琶仙》为例，确有开阖之妙，并足见一波未平，一波已作。这种回环跌宕、波澜起伏、矫变灵动的笔法，联结了景象事物的神理，“如野云孤飞，去留无迹”确是很好的形容。

关于用语，他说：

> 一家之语，自有一家之风味。
>
> 难说处一语而尽，易说处莫便放过。僻事实用，熟事虚用。说理要简切，说事要圆活，说景要微妙。

姜词的语言，“一家之风味”很浓，诚如夏承焘先生所说：“五代北宋人多以中晚唐诗的辞汇入词……后来周邦彦多用六朝小赋和盛唐诗，渐有变化，但还是因多创少；只有白石用辞多是自创自铸……意境格局都和北宋词人不同；其生新刻至之笔，分明出于江西诗法。白石一方面用中晚唐诗修正江西派，另一方面又用江西诗修正五代北宋词；以修辞这一端来说：他从用唐诗成语辞汇走向用宋诗的造句铸辞，也是他的词风特征之一。”[①] 姜词确不乏“说景微妙”之句，“数峰清苦，商略黄昏雨”（《点绛唇》）、“波心荡，冷月无声”（《扬州慢》）、“千树压、西湖寒碧”（《暗香》）等，都可见这一特点，在体味“微妙”的同时，确能品出其中的“清”味。至于用事说理等，因与“清空”关系不大，故论述从略了。

由以上分析可见，姜词的独特风貌除与他的人生态度、审美情趣，以及善于表达感情回味有关外，还取决于他以重神求形神统一的美学观，取决于他变革了词“变愈甚遂不能复合于诗”（汪昶《春融堂集》）的状况，以诗法为词（不同于苏轼扩大词的题材，提高词的意格的“以诗为词”），形成词的新的表现手法。姜词以意境清空为自己作品的主要标识，区别于周、吴，形成“南渡以来，双峰并峙”（陈锐《袌碧斋词话》）的局面。其后，甚至被清代浙派奉为“最为杰出”（朱彝尊《词综·发凡》），“舞箾至于九变，而词之能事毕矣”（汪森《词综序》）！

---

① 夏承焘.论姜夔词[J].文学研究，1957，(1)：62.

姜词的“清空”远承唐人绝句的风格，又融入江西诗派的神韵，以其含蓄和清俊经得起体会寻味，这固然是它的长处。然而，其致命的弊病就在其虽长于表现个人感受和抒情状物，却短于写重大的题材(白石晚年与辛弃疾唱和之作又当别论，且此时基本已失“清空”之貌了)，而且其情思较远，易流于空泛，其意境较隐，易入于朦胧。因而，少嗜倚声，而“年逾五十，始识康庄”的周济就深有体会地说：“吾十年来服膺白石，而以稼轩为外道，由今思之，可谓瞽人扪籥也。稼轩郁勃，故情深；白石放旷，故情浅；稼轩纵横，故才大；白石局促，故才小”(《介存斋论词杂著》)，他将辛、姜二家对照，即使不言胸襟抱负，仅情、才二端，姜都在辛下，如果说周济对姜词所作的艺术分析尚不免门户之见，那么上面的说法，却是公允持平之论。由于本文仅立足于对“清空”作艺术分析，倘综言其利弊得失，当另列专题了。

总之，作为一个有独特风格的词人，姜夔在艺术上留给后人的东西是值得珍惜的。为了批判地继承遗产，并给我们今天的创作作借鉴，总结其艺术经验和技巧手法，将是一件不无意义的事。

(原载《文学遗产》1982年第1期)

论姜夔词的骚雅

——姜词艺术析论之二

姜夔以“清空”造成其词作的主要艺术特色，开派于南宋。然而，“清空”并不能概括姜词艺术的全部，为此，张炎又有“不惟清空，又且骚雅”（《词源·清空》）的补充。后人沿袭其说，对此多有论及，虽每中肯綮，却语焉不详。为此，不辞谫陋，拟专文再论“骚雅”，以求方家匡谬。

一

“骚雅”所指为何？当先看张炎所论。他说：

簸弄风月，陶写性情，词婉于诗；盖声出莺吭燕舌间，稍近乎情可也。若邻乎郑、卫，与缠令何异也？①

词欲雅而正，志之所之，一为情所役，则失其雅正之音。（《杂论》）

可见，张炎反对词之言情邻于郑、卫，近于缠令之体，求不粗鄙、不庸俗，不忘志之所之，不为情之所役。在他看来，“骚雅”既别于周邦彦的“软媚”、“意趣却不高远”（《杂论》），要“屏去浮艳，乐而不淫，是亦汉、魏乐府之遗意”（《赋情》）；而且又有别于“辛稼轩、刘改之作豪气词”，“于文章余暇，戏弄笔墨为长短句之诗”（《杂论》）。

张炎的学生陆辅之在《词旨》中，将“周清真之典丽，姜白石之骚雅，史梅溪之句法，吴梦窗之字面”作为作词极则。清初汪森就张炎所评周、柳的“软媚”和辛、刘的“豪气词”，进一步指出他们“言情者或失之俚，使事者或失之伉”，而“鄱阳姜夔出，句琢字炼，归于醇雅”（《词综序》），以姜夔作为纠正“俚”、“伉”的楷模。

时运交移，文体代变，兴于唐而盛于宋的词虽长期被目为“诗余”，但作为“缘情”文学的阵地，实际上与“言志”的诗，“载道”的文并行不悖，鼎足而三。词是最善于言情体物的，在敦煌曲子时代，“缘情”尚是广而深的，言闺情与花柳尚未成主流，文人学士染指既久，“自后郑卫之声日炽，流靡之变日烦”（李清照论词语，见《苕溪渔隐丛话》

① 引自张炎《词源·赋情》，以下凡出该书者，只注章节名。

卷三三),以至"家家之香径春风,宁寻越艳;处处之红楼夜月,自锁嫦娥"(欧阳炯《花间集序》),使之成为"艳科"。

承袭《花间》传统,使词沿着艳体发展,艺术成就最高的当推周、柳。

柳永的词,"具浑沦之气"(宋翔凤《乐府余论》),"自有唐人妙境"(彭孙遹《金粟词话》),但因"绮罗香泽之态,所在多有"(刘熙载《艺概》),其"俚词"意格低,"颇以俗为病"(《四库全书提要·乐章集提要》)。周邦彦词雅俗并到,"二百年来以乐府独步,贵人学士,市儇伎女皆知美成词为可爱"(陈郁《藏一话腴》),但意格仍失之软媚,有些作品情趣之低下并不亚于柳永。因而,王国维曾说:"永叔、少游,虽作艳语,终有品格,方之美成,便有淑女与倡伎之别"(《人间词话》卷上)。周、柳之后,更有未得其长,只得其短者,等而下之,流为"俚词"。

转变绮靡词风的是苏轼,他"一洗绮罗香泽之态,摆脱绸缪宛转之度"(胡寅《题酒边词》),开豪放的新声。靖康之变,二帝掳北,中原大地,沦于敌手,江淮之间,竟成边地,爱国主义思潮给词坛贯注了新意,二张高歌于前,稼轩长吟于后,使"缘情"而至于靡的宋词向言志咏怀、抒郁泄愤方向发展。辛词无意与周、柳争斗秾纤,"率多抚时感事之作,磊落英多,绝不作妮子态"(毛晋《稼轩词跋》),但由于"《论》、《孟》、《诗小序》、左氏《春秋》、《南华》、《离骚》、《史》、《汉》、《世说》、选学、李杜诗,拉杂运用"(吴衡照《莲子居词话》),以至有"词论"之诮,"掉书袋"之病。加以"群乐其豪纵而效之,乃至里俗浮嚣之子,亦靡不推波助澜,自托辛、刘,以屏蔽其陋"(冯煦《〈宋六十家词选〉例言》),逐渐使没有稼轩性情怀抱而徒袭其貌者,流入叫嚣一路,成为"伉词"。

苏、辛一派,尽管历久不衰,但常被目为"别格"。从李清照指出词"乃知别是一家",并以协律、高雅、浑成、铺叙、典重、故实作为要求,南宋末周密选《绝妙词选》,只取稼轩三首,以及沈义父论词揭橥"音律欲其协","下字欲其雅","用字不可太露","发意不可太高"(见《乐府指迷》)的四标准,可见婉约派是懂得文各有体、各擅胜场的。到张炎之时,宋词时代已结束,为总结这"一代之文学",他"嗟古音之寥寥,虑雅词之落落"(《〈词源〉原序》),拈出"骚雅"一词,求雅正之音。姜夔一生"虽终身草莱,而风流气韵足以标映后世。当乾淳间俗学充斥,文献湮替,乃能雅尚如此"。[①]其词之成为雅词的旗帜就是必然的了。

"骚雅"之倡,不忘"志之所之",不欲"为情所役",欲纠"言情或失之俚"的倾向,使之向"言志"靠拢;同时,又要纠言志抒怀过度,"使事或失之伉"之偏,使词不忘本位,固守"缘情"之苑,不至入于诗文一路。然而,"骚雅"的确切内涵当为何指呢?

"骚"出《楚辞》,"雅"出《诗经》,骚雅并称,当先言其本义。"雅"的本质是:在同于"风"之"主文而谲谏"的基础上,具有大("言天下之事,形四方之风")和正("雅者,正也,言王政之所由废兴也"(均见《诗大序》))的特点。《离骚》之作,是由于君暗政败,群小盈朝,微言不可感,贬责不足惧,"屈平疾王听之不聪也,谗陷之蔽明也,邪曲之害公

① 曾陈.白石道人歌曲[M]//夏承焘.姜白石词编年笺校.上海:上海古籍出版社,1981:189.

也，方正之不容也，故忧愁幽思而作”（《史记·屈原传》）。可见，“骚”虽是出于怨愤而归于自慰，但其“陈尧舜之耿介，称汤武之祗敬”的“典诰之体”，“讥桀纣之猖披，伤羿浇之颠陨”的“规讽之旨”，“虬龙以喻君子，云蜺以譬谗邪”的“比兴之义”，以及“每一顾而掩涕，叹君门之九重”的“忠怨之辞”，却是“同于风雅者也”（《文心雕龙·辨骚》）。因之，骚、雅合称，揆之作品，就要求立意言天下大事，言王政废兴，但其规讽之旨和忠怨之辞，在艺术表达上要出以“比兴之义”。

以上所释，可能已出张炎首言姜词“骚雅”的本义，但朱彝尊所说“其辞愈微，而其旨益远”，“假闺房儿女之言，通之于《离骚》变雅之义，此尤不得志于时者所宜寄情焉耳”（《陈纬云红盐词序》，《曝书亭集》卷四十），则与之相近。常州派虽与浙派畛域不同，然而张惠言在《〈词选〉序》中所说“其缘情造端，兴于微言，以相感动，极命风谣里巷男女哀乐，以道贤人君子幽约怨悱，不能自言之情，低回要眇，以喻其致。盖《诗》之比兴，变风之义，骚人之歌，则近之矣”，此亦不与朱说相左。尤其是被张惠言称为“渊渊乎文有其质”的宋词八家中，就有姜夔一家，可见浙、常二家所论基本上是合于上述“骚雅”之义的。

辛弃疾及其同道的词，固是言天下大事、王政废兴，不无规讽之旨、忠怨之辞和比兴之义，但为何当不得“骚雅”之评呢？这是由于“骚雅”还受着“诗教”的制约，带着“温柔敦厚”的影响和折光。

孔颖达这样解释“温柔敦厚”：

> 温谓颜色温润，柔谓情性和柔。《诗》依违讽谏，不指切事情，故云温柔敦厚是《诗》教也。（《经解篇》）

朱自清先生着眼于《诗》与《礼》、《乐》的关系，全面而剀切地指出：

> “温柔敦厚”是“和”，是“亲”，也是“节”，是“敬”，也是“适”，是“中”。这代表殷、周以来的传统思想。儒家重中道，就是继承这种传统思想。①

《诗》之“发乎情，止乎礼义”固然不背“温柔敦厚”之主旨，《骚》兼有“国风好色而不淫，小雅怨悱而不乱”，大要仍合于“温柔敦厚”。

“骚雅”既与“温柔敦厚”有如此密切的血缘关系，但与姜夔对词的见解和作词究竟又有什么关系呢？

每一文学思想都是一定社会思潮的反映。南宋道学盛行，道学家在主张“文以载道”的同时，亦倡“诗以言志”，于是重振诗教成为势之必然。除重申“温柔敦厚”之旨外，张栻、朱熹都又益以“思无邪”一语的引申发挥。

---

① 朱自清．诗言志辨[M].北京：北京古籍出版社，1957：123.

姜夔很受道学家的影响。道学家以“兴”观诗，姜夔在《诗说》中亦云“三百篇美刺箴怨皆无迹，当以心会心”，与道学家所倡的优游玩味颇合。“美刺箴怨皆无迹”正是“温柔敦厚”的结果，“《风》《雅》之规，典则居要，《离骚》之致，深永为宗”（胡应麟《诗薮·内编》卷一），典则与深永结合的“骚雅”之风；其基本特征是合度中节。《正义》说“诗”曰：“诗有三训：承也，志也，持也。作者承君政之善恶，述己志而作诗，所以持人之行，使不失坠，故一名而三训也。”钱锺书先生指出：

> 然说“志”与“持”，皆未尽底蕴……《诗纬含神雾》云“诗者，持也”，即“止乎礼义”之“止”；《荀子·劝学》篇曰“诗者，中声之所止也”，《大略》篇论《国风》曰“盈其欲而不愆其止”，正比“止”也。非徒如《正义》所云“持人之行”，亦且自持情性，使喜怒哀乐，合度中节，异乎探喉肆口，直吐快心。《论语·八佾》之“乐而不淫，哀而不伤”；《礼记·经解》之“温柔敦厚”，《史记·屈原列传》之“怨诽而不乱”；古人说诗之语，同归乎“持”而“不愆其止”而已。陆龟蒙《自遣诗三十首·序》云，“诗者，持也，持其情性，使不暴去”；“暴去”者，“淫”、“伤”、“乱”、“愆”之谓，过度不中节也。①

姜夔受道学家影响，又私淑陆龟蒙，其《诗说》中所说“喜词锐，怒词戾，哀词伤，乐词荒，爱词结，恶词绝，欲词屑。乐而不淫，哀而不伤，其惟《关雎》乎”？与“合度中节”十分熨帖。

因为姜夔的诗论实是其词论，所以他词作的“骚雅”与传统“诗教”的“温柔敦厚”、“思无邪”密切相关，抑扬中乎节，缠绵合乎情，十分合度中节。谓予不信，以实证之。

先看姜词编年的第一首《扬州慢》：

> 淮左名都，竹西佳处，解鞍少驻初程。过春风十里，尽荠麦青青。自胡马窥江去后，废池乔木，犹厌言兵。渐黄昏、清角吹寒，都在空城。 杜郎俊赏，算而今、重到须惊。纵豆蔻词工，青楼梦好，难赋深情。二十四桥仍在，波心荡、冷月无声。念桥边红药，年年知为谁生。

此词上片从“名都”、“佳处”说起，而以“空城”作结，极见繁华的古城兵后景象。“过春风十里，尽荠麦青青”正是“彼黍离离”之意，“城春草木深”之象，虽未直言人民离散，屋宇残破，但这些感时哀世之意自可从言外得知。自高宗建炎三年，金人初犯扬州大肆劫掠之后，十数年前，又两度被扰，正所谓“‘犹厌言兵’四字，包括无限伤乱语，他人累千百言，亦无此韵味”（陈廷焯《白雨斋词话》卷二）。“渐黄昏，清角吹寒，都在空城”，词意一转，前言“厌兵”，此处“清角”犹闻军声，可叹的是上无抗金北伐之意，下无同仇

---

① 钱锺书.管锥编：第一册[M].北京：中华书局，1979：57.

敌忾之兵，黄昏中的清角声只响在空城，意旨固然沉痛，出语却委婉温柔。“空城”二字结上启下，总冒下片之意：唐时杜牧分司扬州，有“豆蔻梢头”、“青楼薄倖”之诗，如能重来，当惊其荒芜至此，亦难赋深情了。昔日繁华有如烟逝，只有未毁于兵燹的二十四桥伴着一弯冷月，桥边红药虽然年年开花，但已是无主而生了。白石写此词时，距金人最后一次侵扰扬州已有十余年，但国家尚元气未复，可见其感慨之深。邓廷桢说：“其时临安半壁，相率恬熙。白石来往江淮，缘情触绪，百端交集，托意哀丝，故舞席歌场，时有击碎唾壶之意。”（《双砚斋词话》）可谓深知姜夔，以意逆志，点出其词“周京离黍之感”，识其“骚雅”之处。

除《扬州慢》外，《凄凉犯》的上片：“绿杨巷陌秋风起，边城一片离索。马嘶渐远，人归甚处，戍楼吹角。情怀正恶，更衰草寒烟淡薄。似当时、将军部曲，迤逦度沙漠。”这也是写这种“黍离”之感的，但除用“边城”指合肥，显见沉痛之外，词中感慨国无其人，危亡可惧，伤时闵乱的主旨，表达得“伊郁中饶蕴藉”，“特感慨全在虚处，无迹可寻”（《白雨斋词话》卷二）。再以《词源》所称道的“不惟清空，又且骚雅”的《淡黄柳》来说，倘无小序的“巷陌凄凉，与江左异，唯柳色夹道，依依可怜”数语，读者是很难理解在“边城”合肥写成的此阕，其结句“燕燕飞来，问春何在，唯有池塘自碧”的惆怅，除怀人外，究竟还有何意？

姜夔这类表达兴亡之感的作品与辛弃疾及其同调有很大不同。如张元幹《贺新郎·送胡邦衡待制赴新州》上片的“梦绕神州路。怅秋风、连营画角，故宫离黍。底事昆仑倾砥柱，九地黄流乱注？聚万落千村狐兔。”慷慨激越，将国势殆危描述无尽。又如刘克庄亦写扬州的《沁园春》，虽属其集中的婉约之作，但词中的“闾里都非，江山略是，纵有高楼莫倚栏”，较之《扬州慢》的“废池乔木，犹厌言兵”，其今昔对比的感喟要直切得多，其借景现情的“沉吟处，但萤飞草际，雁起芦间”与“波心荡冷月无声”相较，也有显隐之别。至于辛弃疾的“长安父老，新亭风景，可怜依旧！夷甫诸人，神州沉陆，几曾回首”（《水龙吟·为韩南涧尚书寿》），与白石的骚雅作风更是大相径庭。

如果说姜夔在《扬州慢》等作中“言天下之事”的“忠怨之辞”确是表达得中正和平的话，那么，他“主文而谲谏”的“规讽之旨”，则更为温润柔顺。且看《翠楼吟》：

> 月冷龙沙，尘清虎落，今年汉酺初赐。新翻胡部曲，听毡幕元戎歌吹。层楼高峙，看槛曲萦红，檐牙飞翠。人姝丽，粉香吹下，夜寒风细。　此地，宜有词仙，拥素云黄鹤，与君游戏。玉梯凝望久，叹芳草萋萋千里。天涯情味，仗酒祓清愁，花销英气。西山外，晚来还卷，一帘秋霁。

从小序可知，此词成于淳熙丙午年冬（孝宗淳熙十三年），时值武昌安远楼落成，白石此作点明“度曲见志”，不妨作一简析。

楼称“安远”，先为之正名。“月冷龙沙，尘清虎落，今年汉酺初赐”，龙沙指匈奴所居沙漠地带，虎落系为防边而设的工事，如今龙沙月冷，虎落尘清，可见兵戈已罢，“今年汉酺初赐”指高宗庆八十寿，赐内外军一百六十万缗，天下饮酒大乐一事。从这三句中，可见宋金言和，边境相安，真合于此楼“安远”之名。四、五句写宴会乐曲之盛，六、七、八句写安远楼之壮，九、十、十一句写营妓之丽。可见，上片在赋景之中，紧切“安远”之名，将“安远”之题申足。换头就本地风光，融化崔颢黄鹤楼诗以发议论，“拥素云黄鹤，与君游戏”，优哉游哉中寓毡幕歌吹而有升仙之想，但“玉楼凝望久，叹芳草萋萋千里”，复坠回实地，芳草千里，长安不见，天涯情味油然而生。“仗”字勾勒兜转，酒祓“白云千载空悠悠”之清愁，花销“长安不见使人愁”之英气，既承上片“汉酺”、“姝丽”，又归入此楼落成之本题。“西山外”宕开一转，用晚晴秋霁的明朗气氛区别于斜阳烟柳的使人断肠，以示珍重前途，劝勉作楼人之意。

此时，虽是宋金言和，但北氛正恶，当权者自谓承平，空言安远，满朝文恬武嬉，宴安鸩毒，白石胸中，原有泾渭，但此词气和而不促，辞稳而不浇，仅出以微讽，“感慨全在虚处”，让人努力搜求才能隐约得其意旨，连陈廷焯在极力称道“意味深厚，是白石最高之作”时，都说“此词应有所刺，特不敢穿凿求之”（《白雨斋词话》卷二）。“骚雅”固“骚雅”矣，但较之稼轩慷慨淋漓、驰骤顿宕之作来，其思想意义未免“隔”之甚也。

二

欲造就“骚雅”之风当然要首言立意，但更离不了用笔之曲折，所以，“骚雅”之与艺术关系最密者，当为“比兴之义”。

“比兴”和“言志”、“诗教”同胎共生，正由于此，它从来就不只是作为修辞手法的譬喻，而是与政治教化的“风刺”、“谲谏”紧密相连：“比，见今之失，不敢斥言，取比类以言之。兴，见今之美，嫌于媚谀，取善事以喻劝之。”（郑玄《周礼·太师注》）比兴之于《诗》自是“六义”之二，在《骚》又进而“依诗制骚，讽兼比兴”（《文心雕龙·比兴》），比物托事，兼而有之。但“炎汉虽盛，而辞人夸毗，诗刺道丧，故兴义销亡”（同上）。汉乐府“感于哀乐，缘事而发”，多直抒胸臆和叙事之作，至《古诗十九首》及建安、黄初，比兴又得重振。中经六朝诗于体物、形似上用力的一度低落，陈子昂倡导建安风骨和“兴寄”之后，比兴终在唐诗中结出硕果，到了词里也见发展。

主流为“缘情”的词，从它产生之日起，就宜于抒发人生细腻曲折的感情意绪，故其立意命篇，设色选声都力求细致柔美。诗以句少意多，境界阔大为主要特征，词则事繁难叙，意奥难达，思深而境狭。诚如王国维所说：“词之为体，要眇宜修。能言诗之所不能言，而不能尽诗之所能言。诗之境阔，词之言长。”（《人间词话》）这种既狭又深之境，要眇宜修之体，最适于比兴的应用，“诗有赋、比、兴，词则比、兴多于赋。或借景以引其情，兴也；或借物以寓其意，比也。盖心中幽约怨悱，不能直言，必低徊要眇以出之，而后可感动人”（沈祥龙《论词随笔》）。真是“诗亡词乃盛，比兴此焉托，往往欢娱工，不如忧患作”（纳兰容若《填词诗》）。

姜夔以诗法为词，是自觉或不自觉地将词所擅长的“缘情”、“体物”向“言志”靠拢，使三者有机结合在完整而统一的艺术形式中，他所凭借的主要艺术手段就是比兴。因而，姜词的骚雅是与比兴互为表里的。

比兴之在白石词中，已不仅仅是“借物以寓其意”，“借景以引其情”，因这种比兴在宋词中实在不乏其例。姜词比兴的艺术特色和价值，重在以“比方于物”的“比”求“托事于物”的“兴”（此为郑玄释“比兴”语，见《周礼·太师注》）。

《毛诗》中的兴诗共116篇，然而“兴”为何物，则未能讲清，“发端”和“譬喻”其实都难足“兴”义，还是清人陈奂在《诗毛氏传疏》中讲得好：

> 盖好恶动于中而适触于物，假以明志谓之兴……凡托草木鸟兽以成言者，皆兴也。赋显而兴隐，比直而兴曲。

如仅着眼于“比喻”之意，则比、兴之别在于“比显而兴隐”（《文心雕龙·比兴》），其“隐”和“曲”就体现在“兴之为用，触物以起情，节取以托意，故有物同而感异者，亦有事异而情同者”（黄侃《文心雕龙札记》语）。[①]

综上说，“兴”实是“触物起情”之后，“托事于物”，“节取托意”来“假以明志”，因而较之“比”来曲而且隐，因而以“兴”观词当不忘言外之意。说“言外之意”，又有含蓄与寄托之辨，由姜词的“清空”可见其含蓄，由“骚雅”则可见其寄托。

以词志感寄慨，并不始自姜夔，但其寄托之作与“温柔敦厚”紧密相关，却是开了宋季周密、王沂孙、张炎一宗。

在姜夔之前，苏轼的咏物词《卜算子》以孤鸿自比，“自写在黄州之寂寞”，“语语双关，格奇而语隽”（黄苏《蓼园词选》），辛弃疾《摸鱼儿》“斜阳以喻君”（许昂霄《词综偶评》），“画檐蛛网”“指张浚、秦桧一流人”（王闿运《湘绮楼词选》），寄托自己的一腔忠愤。二者都有关政事，前者抒写被贬黄州孤凄落寞的一己情怀，后者感慨君臣宴安，北伐难图的济世之志。但苏词的“考槃”之意未免由讽刺而“激诡”（王若虚《滹南诗话》语）（鲖阳居士及张惠言均有此说，分别见《类编草堂诗馀》引《复雅歌词》及张惠言《词选》。又：《诗序》谓《考槃》系刺卫庄公“不能继先公之业，使贤者退而穷处”。辛词更是“词意殊怨”（罗大经《鹤林玉露》卷四），都不合于“温柔敦厚”之旨。因此，姜夔遂以“其流落江湖，不忘君国，皆借托比兴于长短句寄之”的寄托之作，被过誉为“词家之有姜白石，犹诗家之有杜少陵，继往开来，文中关键”（宋翔凤《乐府余论》）。

姜夔词集中，常有以咏物来寄托身世之感的作品，如《侧犯·咏芍药》，作者自谓“谁念我，鬓成丝，来此共尊俎”，以芍药的由初而盛，由盛而衰，喻自己一生，用“寂寞刘郎，自修花谱”感叹志慨。成于开禧三年的八首咏梅《卜算子》更是自己一生落寞的

---

① 范文澜．文心雕龙注[M]．北京：人民文学出版社，1978：603．

深沉惆怅。但是，姜夔常能超越感士不遇的个人身世不幸，在咏物词中抒发家国之感。如《虞美人·赋牡丹》：

西园曾为梅花醉，叶剪春云细。玉笙凉夜隔帘吹，卧看花梢摇动一枝枝。
娉娉袅袅教谁惜，空压纱巾侧。沉香亭北又青苔，唯有当时蝴蝶自飞来。

此词以唐明皇、杨贵妃在牡丹亭对酒赏花，忘怀国事，致使鼙鼓惊破歌舞，马嵬流血，君王掩面的史实为骨，借古言今，对造成南渡偏安的局面深感可叹，全篇语淡情长，足见其温柔敦厚的面目。

最能以寄托体现“骚雅”之风的，当推咏梅名篇《暗香》、《疏影》，前者触物而兴感，后者托物以寄情，连甚不称许姜词的周济都叹服其“寄意题外，包蕴无穷，可与稼轩伯仲”（《介存斋论词杂著》）。但是历来评论者见仁见智，甚多异义，在此亦不妨献上一得之愚。录二词：

旧时月色，算几番照我，梅边吹笛。唤起玉人，不管清寒与攀摘。何逊而今渐老，都忘却春风词笔。但怪得竹外疏花，香冷入瑶席。　　江国。正寂寂。叹寄与路遥，夜雪初积。翠尊易泣，红萼无言耿相忆。长记曾携手处，千树压西湖寒碧。又片片、吹尽也，几时见得。

苔枝缀玉，有翠禽小小，枝上同宿。客里相逢，篱角黄昏，无言自倚修竹。昭君不惯胡沙远，但暗忆、江南江北。想佩环、月夜归来，化作此花幽独。　　犹记深宫旧事，那人正睡里，飞近蛾绿。莫似春风，不管盈盈，早与安排金屋。还教一片随波去，又却怨、玉龙哀曲。等恁时、重觅幽香，已入小窗横幅。

先说《暗香》。此词上片为身世之慨。当年戴月夜游，梅边吹笛，不畏清寒，与玉人同摘，可见年轻时赏梅情事之美好。如今年老，已忘却春风词笔，但这竹外稀疏的梅花，将冷香吹入瑶席，又唤起自己对往事的追忆，在赏梅之时，渐生今昔不同之感。下片承上片身世之慨引而申之，兴出家国之感。“东阁官梅动诗兴，还如何逊在扬州”（杜甫《和裴迪》）。如今何逊渐老，不在扬州，却想到“江国”，可是不思汴州的杭州？“正寂寂”，可有朝廷昏昧、国中无人之意？“寄与路遥”，暗用陆凯诗：“折梅逢驿使，寄与陇头人。江南无所有，聊赠一枝春。”“路遥”本已音讯隔绝，“夜雪初积”不是北国之境吗？这梅花可是寄给北掳绝漠、身陷荒寒的二帝、后妃？“夜雪初积”，天晴难盼，南归无期，故饮翠尊而难咽易泣，见红萼而无言相忆。至此，家国之感勒住，又以“长记曾携手处，千树压西湖寒碧”之想与开头呼应，“又片片、吹尽也，几时见得”则落实在梅花的始盛今衰。全篇在身世之感中打入时势之慨，是咏梅又非专咏梅，非咏梅又处处写梅,在不即不离的词句中,见其感慨时世时所持的不怨不怒之旨。

若说《暗香》尚是身世之感易见,时势之慨难寻,《疏影》则家国之恨明显为多。

《疏影》首句“苔枝缀玉”,既写出苔梅风神,又点出题面。“翠禽”二句,使赵师雄迁罗浮见花神之事(见曾慥《类说》卷一二引《异人录》),“客里相逢”三句,明用林逋咏梅诗和杜甫《佳人》诗,暗用苏轼“竹外一枝”句,状梅之清高芳洁。自“昭君不惯胡沙远”至上结,则是所谓“徽钦遗恨”:徽宗《燕山亭·北行见杏花》有“天遥地远,万水千山,知他故宫何处?怎不思量,除梦里有时曾去”之句,被掳至北地后又有《眼儿媚》之作:“花城人去今萧索,春梦绕胡沙。家山何处?忍听羌管,吹彻《梅花》。”“梦里有时曾去”,“春梦绕胡沙”在《疏影》这几句中得以落实,但因词在咏梅,故出以昭君的女性形象,这对宗室后妃不是十分贴切吗?过片“犹记深宫旧事”,上承“昭君”句,“飞近蛾绿”使寿阳公主梅花点额事,“早与安排金屋”云云,实是就后妃被劫掠的痛史,对当局发出应以此为殷鉴,早作护惜的劝谏,否则当花随波去、人入大漠之时,就只能在“玉龙哀曲”的笛声中吹出惜花的《梅花三弄》,在“小窗横幅”的画中寻觅梅花的幽香了。此词句句说梅,但又句句说人,真正做到了“材富则约以用之,语陈则新以用之”(《白石道人诗说》)。正因为其言近指远,包蕴无穷,故评者各有会心。

此二词作时,距靖康之变已六十年,本不必重提旧事,但因为“南渡以后,国势日非,白石目击心伤,多于词中寄慨”(《白雨斋词话》),因而在曾北使金国的重臣范成大的席上,有翠尊之泣,红萼之忆,“昭君”之语和“深宫”之叹。这种家国之感和讽谏之意却是“寄情遥远,所谓怨深文绮,得风人温厚之旨”(郑文焯《郑校白石道人歌曲》)。前人评姜夔词曰:“其旨远,其词文,托物比兴,因时伤事,即酒食游戏,无不有《黍离》周道之感,《蒹葭》周礼之思,与《诗》异曲同而其工。且清婉窈眇,言者无罪,听者泪落,有如陆氏文圭所云者。因为三百篇之苗裔,无可疑也。”(王昶《春融堂集》)“盖意愈切则辞愈微,屈、宋之心,谁能见之,乃长短句中复有白石道人也。”(宋翔凤《词雅序》,见《乐府余论》)一言“三百篇之苗裔”,一言“屈、宋之心”,可见姜夔比兴寄托的咏物之作的“骚雅”之风究竟为何了。

由于姜词既以“清空”见含蓄,又以“骚雅”见寄托,所以其言外之意极难搜求,不但《暗香》、《疏影》有“沮石湖(范成大)隐遁”(原话见张惠言《词选》)、“恨偏安”(宋翔凤《乐府余论》)、“暗指南北议和事”(蒋敦复《芬陀利室词话》)、“伤心二帝蒙尘”(郑文焯《郑校白石道人歌曲》),以及“怀念合肥情人”(见夏承焘《白石怀人词考》所附《暗香疏影说》)等说的歧异。即以咏蟋蟀的《齐天乐》,亦有“伤二帝北狩”(宋翔凤《乐府余论》)和“周京离黍”(邓廷桢《双砚斋词话》)的不同看法。因此,姜夔的寄托之作能运用艺术手段塑造形象,使之有广阔包孕,并诱发读者联想,固是长处,但义无定指,词难达诂,以致形成理解上的歧异、混乱,亦是其短,更不必说被这种“骚雅”之风制约得合度中节、不怨不怒的家国之慨和讽谏之意,能否达于天听,启发民众了。

经吴文英《宴清都·连理海棠》等作的过渡,到南宋遗民周密、王沂孙等人作的《乐府补题》,分咏龙诞香、白莲、莼、蟹、蝉,以寓家国之感,形成了滥觞于白石咏梅的“骚雅”传统。写成这些寄托之作固有世换文移的历史原因，并造就了新的风格流派，但表义含混和题材狭窄是其大弊，何况这微弱的声音只能是“亡国之音哀以思”了。

姜夔以诗法为词，创造了“清空”的风格。并使缘情以至俚俗的婉约词向“志”靠拢，引向“好色而不淫”一路，又使言志以至伉直的豪放词回到“缘情”本位，拉向“怨悱而不乱”之途，造成了“骚雅”的独特风貌。

“骚雅”在立意上带着“言志”和“诗教”的影响，在用笔上借助于比兴寄托，对此，我们虽不能给予高于苏辛的评价。但是，对姜夔本人所说的“作诗求与古人合，不若求与古人异；求与古人异，不若不求与古人合而不能不合，不求与古人异而不能不异”（《诗集自序》），则可以颔首称是。

“观稼轩词，知为豪杰；观白石词，知为才人”（《白雨斋词话》卷二），词品有高低，性情不可强，白石晚年作词有意开拓掘深，屡效稼轩，多有和作，在思想上有所进步，但却失去了作为姜词特征的“清空”、“骚雅”。惟其清空、骚雅才是姜夔，倘若玫瑰花和紫罗兰放出同样的香味，宋词只有稼轩一人的面目，那么就不成其为“一代之文学”，而只是“一人之文学”了。

研究宋词的丰富遗产，对姜夔一类作家，完全应该作出适度的肯定。

（原载《文学评论丛刊》二十二辑，中国社会科学出版社1984年11月出版）

梦窗词艺术初论

宋词和唐诗一样，其后期创作确是盛极难继，此时的词人为能写出传世之作，就着力在艺术上创新，以造成自己作品独特的面貌。吴文英就是其中有代表性的一个。

对吴文英的评价，历来分歧很大。与他同时的尹焕说："求词于吾宋，前有清真，后有梦窗，此非焕之言，天下之公言也。"(《花庵词选》引)宋末的张炎则说："梦窗如七宝楼台，眩人眼目，碎拆下来，不成片段。"(《词源》)后人或褒或贬，各有其论。

以作品数量论，宋代著名词人中，梦窗词仅次于稼轩词，吴、辛的生活时期相去不远，但二人经历不同，词风迥异。辛弃疾有兼济恢复之志，出将入相之才，吴文英奔走权门，终生布衣，前者是"大声鞺鞳，小声铿鍧"(刘克庄《后村诗话》)的钟鼓，后者却像"病翼惊秋，枯形阅世"(王沂孙《齐天乐》)的秋蝉。因此，由人品、气格看，吴文英当然不得入大词人之列。但因其突出的艺术特色，仍使之不失为独具风格的重要词人。

本文拟归纳前人有得之见，对梦窗词的艺术特色作一分析，以就教于专家读者。

一 潜气内转 运意深远

吴文英的大半生以词章曳裾侯门，所交游的吴潜、贾似道、史宅之诸人，都是显贵，自己却潦倒一生，以布衣终。杨铁夫考其事迹，谓"以其才华，何至不获隽，殆不乐科举也"。[①] 可见，吴文英科举仕进的观念很淡薄。他以清客的身份作了很多应酬投赠之篇，也写了些慨叹祖国沦亡的慷慨悲凉之作，但梦窗四稿中最有文学价值、最能充分显示其艺术特色的，是表现爱情、感喟人生的那些篇章。

吴文英生活在宋宁宗庆元至宋理宗景定年间。此时，金困于内政，无力南侵；宋习于偏安，无心北伐。小规模战争虽时有发生，但对时局牵动不大。统治阶级苟且偷生的风气影响了文学，南宋词坛一度轰鸣回响过的稼轩声音微弱衰歇了，流行的是表现别恨离愁、陶醉于自然风景和发泄伤感情绪的婉约词。风云气少，儿女情多。梦窗词就是这个时代的产物。

品格决定词格，风格体现性格。刘大櫆《论文偶记》说："行文之道，神为主，气辅之……然气随神转，神浑则气灏，神远则气逸，神伟则气高，神变则气奇，神深则气静……"神决定气，气体现神。这也可通于诗词。若拟之宋词人，辛弃疾属神浑气灏型，苏轼属神伟气高型，姜夔近神远气逸型，而吴文英则近于神深气静型，是典型的婉约派。

---

① 夏承焘.唐宋词人年谱[M].北京：中华书局，1961：483.

在宋代重要词人中，吴文英是地位最低而又倾全力写词的“纯粹”词人。他生活圈子较狭，足迹未出江浙。吴越的青山绿水陶冶了他的性情。他在杭州与一湘人女子相识，在苏州同居，后又在杭州分手。对这个遣妾的怀念始终牵着他的心，这种感情蓄得深，藏得久。他倾全身心作词，遵循自己的创作原则：“发意不可太高”，“用意不可太露”（见沈义父《乐府指迷》）。所以，内容决定了他词作的风格，而他的风格又特别能充分表现这些内容。这样，就使吴文英区别于豪放派词人，且在婉约派中表现出独特的创作个性。

文学创作需要形象思维，文学的鉴赏也需要形象思维。大多数词人思路易于循迹，形象与主题的关系清晰可见。吴文英则不然。他的词往往表面意义与内在意义有较大距离，题旨藏得深，其中消息难以从字面透露，但是，内在精神又始终维系着不断更换的形象。这种独特之处往往使作品和欣赏者之间造成较大距离。所以，王国维《人间词话》非但称之为“隔”，而且说：“梦窗之词，余得取其词中之一语以评之，曰：‘映梦窗，凌乱碧。’”然而，理解此中三昧的词论家却正欣赏这一点，他们把这称之为“潜气内转”。

“潜气内转”一词，曾见于繁钦《与魏文帝笺》：“车子年始十四，能喉啭引声，与笳同音……潜气内转，哀音外激……凄入肝脾，哀感顽艳。”梦窗词就有这种“潜气内转，哀音外激”的特点。但这里的“气”应理解为主题思想，而不仅是语言的气势风貌。梦窗词的“潜气内转”大致有以下几个特点。

（一）主观抒情，意在言外

王国维《人间词话》说：“词以境界为最上，有境界则自成高格。”《人间词乙稿序》又说：“其次或以意胜，或以境胜。”吴文英的词，大抵意胜于境，是“有我之境”，是“以我观物，物皆著我色彩”、“造境”颇多的作品，是典型的主观抒情之作。

宋代理学流行，诗基本上走入言理而不言情的路，抒情就成了词的专业。苏、辛的词兼有言志和言情之作，而吴文英的词，除少数在政治上有所讽喻（如《八声甘州》的游灵岩山，《贺新郎》的偕吴潜看梅）或抒发对祖国沦亡的感慨外，绝大部分都是写个人身世和怀人的纯粹言情之作。而且，他不是沿袭其他词人的因景生情或较单纯的情景交融的途径，而是以抒主观之情为主线，贯穿全篇，舍弃传统的写实手段，糅合“言在此而意在彼”的寄托手法及象征手段，写出气潜于内、音激于外的蓄之很深的作品。试看他的《花犯·郭希道送水仙索赋》：

小娉婷清铅素靥，蜂黄暗偷晕，翠翘欹鬓。昨夜冷中庭，月下相认。睡浓更苦凄风紧。惊回心未稳。送晓色、一壶葱蒨，才知花梦准。　湘娥化作此幽芳，凌波路，古岸云沙遗恨。临砌影，寒香乱，冻梅藏韵。熏炉畔、旋移傍枕，还又见、玉人垂绀鬓。料唤赏、清华池馆，台杯须满引。

这首词的第一韵是明写花，暗写人，用人的形象来写花，写花却像是写人。第二韵点明第一韵是梦境中与人相遇。第三韵写梦醒之后，早晨果见水仙，梦人而见花，应准夜梦。下片展开想象：第一韵写水仙是湘娥所变，她凌波而来的路，而今是古岸云沙，伴着遗恨，暗示了难言的隐情。第二、三韵写水仙神韵及花似玉人，见花又如见人。最后一韵回到送花人身上（朱孝臧《梦窗词小笺》：集中《花犯》郭希道送水仙词有“清华池馆”语，清华疑即希道），以敷衍其索赋之题。

表面上，这是一首咏物词，细玩词意，却实是怀人之作。为什么有“古岸云沙遗恨”呢？从“湘娥”、“玉人垂绀鬓”联系其《琐窗寒·玉兰》中所写的“绀缕堆云”的汜人（事出唐沈亚之《湘中怨词》，绀缕指美发），“蛮腥未洗”的“骚畹”，“南天”的湘中，那么，水仙花是“湘娥化作此幽芳”的意思就十分清楚了。这样一来，“昨夜冷中庭，月下相认”的“才知花梦准”，实是对湘人去姬不绝如缕的思念。反复回环地赋水仙，是怀念遣妾的抒情。从表面看来，是客观的咏物，实际上，是主观的抒情，在曲折变化的形象和情景交换中，跃动着“潜气内转”的灵魂。

（二）词旨隐蔽，取径曲折

豪放派词人的作品，大多词旨显豁，苏、辛的有寄托之作，联系身世背景，也多可索解。至于婉约派词人，虽各具面目，其作品或意在言内，或意内言外，或意在言外，但隐约之题旨亦不甚难求。而吴文英的词，却是意思极为隐蔽，取径极其曲折的。如《风入松·邻舟妙香》一词：

> 画船帘密不藏香，飞作楚云狂。傍怀半卷金炉烬，怕暖销、春日朝阳。清馥晴熏残醉，断烟无限思量。　凭阑心事隔垂杨，楼燕锁幽妆。梅花偏恼多情月，慰溪桥、流水昏黄。哀曲霜鸿凄断，梦魂寒蝶幽飏。

从字面看来，邻舟的香烟飘入，似与楚云、朝阳、楼燕、梅花、溪桥、霜鸿、寒蝶难于联系起来，确似不知所云，极为费解。然而，只要细读，还是可以找到它的脉络：邻舟的妙香进入梦中，香易燃尽，成为金炉中的灰烬，云承托着朝阳，烟消云亦散，怕朝阳亦逝，但因“晴熏”，日尚未消，香烟将断未断，余香尚在。香烟梦境都在将断而仍续之时，人在迷朦和清醒之间，朦胧中，想起楼隔垂杨，燕锁幽妆，可见佳人已去。月影梅花、溪桥流水，往日的温情都成为过去的事，像秋鸿一样飞走了，而伴着回忆往事的今情，却像寒蝶一样随着自己飘飏。

这首词的上片写香入梦中，香不可久，梦亦难留。下片是思量往事，触动今情，徒增烦恼。联系吴文英的身世和其他作品，可知这首词也是为怀去姬而作的。对她的怀念，几乎无时无处不在。在恍惚迷离的梦境中，由于香烟的飘入，又勾起无限思量。但除“思量”一词外，纯借写客观之物（多不是眼前所见的）来写主观之情，取径的曲折，使人难以直接感触、把握，只能从其经历、身世体味出词旨来。

(三) 缘情布景,时空转换

北宋词以就景叙情为多,如柳永、秦观,南宋渐开即事叙景一途,如稼轩、白石。吴文英词多为意胜于实的主观抒情,所以,另走缘情布景的道路。这就形成时空转换自由的特点。

吴文英之前的词人,作品中的时间推移和空间转换都很自然,易于循迹。如柳永,善写羁旅行役,极工铺叙,但其词中时空变化较为单调。至秦观,变化渐多。到了周邦彦,又有了更大发展,其时空变化的技巧比柳永高明多了。

吴文英的词,时空转换交替极为频繁、复杂多变。除《琐窗寒·玉兰》、《齐天乐·登禹陵》这类长调外,小令、中调都具此特色。试看《点绛唇》:

> 时霎清明,载花不过西园路。嫩阴绿树,正是春留处。　　燕子重来,往事东流去。征衫贮、旧寒一缕,泪湿风帘絮。

此词也是为思去姬而作。词中首言清明,不知是今是昔,至"往事",才知是追思与去姬邂逅于清明之日,而西园则为故居。"春留"衬人去,始知"嫩阴绿树"、"燕子"云云都是缘情所布之景,是想象之物,而非眼前所见。燕子重来,往事东流,既将上片追思作结,又微露感慨。最后三句点明眼前清明自己的孤凄:泪湿飞絮,只有"征衫"贮着"旧寒一缕"。在这里,景随情迁,时与情易,转换极为自由。

况周颐《蕙风词话》这样评价梦窗词:"即其芬菲铿丽之作,中间隽句艳字,莫不有沉挚之思,灏瀚之气,挟之以流转。令人玩索而不能尽,则其中之所存者厚。沉著者,厚之发见乎外者也。""灏瀚之气"未必尽当,可是,沉挚之思随气挟之以流转,词意玩索难尽,确实道出了特点。沈祥龙《论词随笔》说:"《说文》:'意内而言外曰词。'词贵意藏于内,而迷离其言以出之,令读者郁伊伧怏,于言外有所感触。"梦窗词是最典型的意藏于内而迷离其言以出之的作品。如果把握住潜气内转、运意深远,就会加深对其"言外"之"内意"的理解,就不会有零乱眩目之感,并首肯其浑成。

二　绵密曲折　空际转身

张炎在《词源》中,第一次确定了婉约词两大流派的分野,他说:"词要清空,不要质实;清空则古雅峭拔,质实则凝涩晦昧。"后人作婉约词,或尊姜、张的清空,或尚周、吴的质实,双峰并峙,二水分流,达数百年之久。

吴文英是典型的质实派,他的词在结构章法上与疏宕清空的姜夔很不一样,是绵密质实的。诚如陈锐在《袌碧斋词话》中所说:"白石拟稼轩之豪快,而结体于虚。梦窗变美成之面貌,而炼响于实。"吴文英对去姬的感情是深厚的,这"厚",就是况周颐所说的"沉挚之思",是"出乎致密之外,超乎致密之上,别有沉著之一境也"(《蕙风词话》卷二),就是吴梅所说的“正在超逸之中,见沉郁之思”(《词学通论》)。吴文英对祖国的爱是深沉的(如《贺新郎·陪履斋先生沧浪看梅》和《宴清都·连理海棠》等作都有所流露)。深沉、沉厚与密是同存的,厚思出之以密词。此外,构思运意的潜气内转,又必以沉著拗怒的手法出之。所以,“密”之外,还有“曲”的特点。

与其他善作中长调婉约派词人相较,梦窗词有柳永细密之处,而无其平叙之病;有周邦彦曲折之长,而更为绵密;与史达祖多角度的回环描写相较,梦窗词更多纵向的曲折。

(一) 染多于点

“词有点,有染”(刘熙载《艺概》)。“点染”一词本是画家术语,中国传统的水墨画往往将画的主体用点笔或清晰的线条出之,背景用染笔出之。词论家借用这一术语来表示词中主旨和烘托渲染的关系。

清空一派的词,气脉疏宕,点笔颇多。平叙之词,往往点染不甚分明。梦窗词的密,常表现在染多于点,即层层渲染,多方烘托,所以字面形象显得绵密质实。

吴文英写词,常用点提起一篇,醒明主旨,用染渲染环境,制造气氛。如《惜黄花慢》,开头的“送客吴皋”是点,以下“试霜夜冷,枫落长桥。望天不尽,背城渐杳,离亭黯黯,恨水迢迢。翠香零落红衣老,暮愁锁、残柳眉梢”。从霜、夜、枫、桥、天、城、亭、水、荷、柳作多角度渲染,用景烘托情,一片密语如频拉的镜头,在更换的景物中,离情别绪自然流出。又如其长240余字的名篇《莺啼序》,全词组织了众多的形象,追思悼亡,深情无限。陈洵《海绡说词》曰:“‘望’字远情,‘叹’字近况,全篇神理,只消此二字。”可见,在作为词眼的两字以外,其余多为濡染之笔,其开阖变化,是因为“眼”动而身随。

(二) 勾勒工妙

“勾勒”也是中国画的技法,亦叫双钩法,画家画竹木草树勾出枝叶茎干后再设色,谓之勾勒。用勾勒之笔写词,能分清疏密,使形象鲜明。吴文英的词常有工妙的勾勒之笔。

《珍珠帘》开头几句:“蜜沉烬暖萸烟嫋,层帘卷、伫立行人官道。麟带压愁香,听舞箫云渺。”“蜜沉”伏第三句的“愁香”,“烟嫋”伏第四句的“云渺”,“麟带”写旧意,“舞箫”写今情。这几句从听到贵人家箫鼓声,引出对去姬的怀念,旧意、今情的“麟带压愁香,听舞箫云渺”,两边勾勒对题旨渐出是极好的铺垫,也由于这工妙的勾勒之笔,使词藻堆砌,词章绵密。

勾勒之笔对词意转折往往很有作用。如《六丑·壬寅岁吴门元夕风雨》一词,上片全写昔日无风雨的元夕繁盛景象,下片用“过眼年光,旧情尽别”作勾勒,风雨闲闲带出,着重表现天时人事之感,故国平居之思,这笔勾勒是不可少的。吴词的勾勒之笔,使词意在绵密中能分清经纬,使所写事物有明晰形象。这与姜夔的重在气韵不同,也不似史达祖的用笔易逞尖巧。他的功夫较近于周邦彦。

（三）离合得法

梦窗词的曲折见意和时空转换自由，颇仗其离合之得法。诗词的写作，固然要合，要扣紧题意，但一味泥煞本题，并非高手，有合有离，才能蕴藉隽永。读梦窗词，常令人激赏其离合的高明之处。试看《三姝媚·过都城旧居有感》：

> 湖山经醉惯。渍春衫，啼痕酒痕无限。又客长安，叹断襟零袂，涴尘谁浣？紫曲门荒，沿败井、风摇青蔓。对语东邻，犹是曾巢、谢堂双燕。　春梦人间须断。但怪得当年。梦缘能短。绣屋秦筝，傍海棠偏爱，夜深开宴。舞歇歌沉，花未减、红颜先变。伫久河桥欲去，斜阳泪满。

此词过故居而思故国，感慨良多。开头三句，是作者晚年的自我形象，次三句是重过杭州的慨叹，下六句在直赋中夹用刘禹锡诗中典故，从时光流逝中感叹兴亡。总之，上片是渐引而合。下片起三句宕开而说，“绣屋”三句追溯以往，“舞歇”三句将时间浓缩，感叹流年易逝，这六句与词旨乍离乍合，最后二句，收回其意，在“斜阳泪将满”中，含不尽之味。

梦窗词常常是看起来似离题旁涉，实际上四面盘旋，仍然紧扣主题。这些作品，在离中能见变宕，在合中联贯情绪，在曲折中体现主题。吴文英既不像柳永那样细密联合，辞余于意而笔尚未休，也不似史达祖的咏物之作，虽尽态极妍，多端变化，而只有清新尖巧之感。梦窗词虽质实绵密，但因有离合纵送之妙，所以仍不失耐人体味之处。

（四）转折有致

吴词重主观抒情，时空转换自由，情、景、真、幻、物、我、古、今常熔于一炉，所以起语多变。其起，有以景起、有以情起、有以典起，有实起、有虚起，有的顿入，直述本题，有的渐引，先言他物。其语，有以景语情、有以情语情、有情景同语、有在绕回中醒明本旨，有在宕开中转出别意。

词是积字成句，合句为篇。起语之多变，使开合变化多端，加以点染、勾勒、离合的运用，必然导致整篇的多变。如常山之蛇，击首尾应，击尾首应，全身皆动，转折必多。

王又华《古今词论》曾引毛稚黄语：“长调如娇女步春，旁去扶持，独行芳径，徙倚而前，一步一态，一态一变。”梦窗词往往在频频转折中见其“娇女步春”的特色。如《扫花游》（水云共色）一词，陈洵在《海绡说词》中说：“‘水云共色’，正面空处起步；‘章台春老’，侧面实处转步；‘山阴夜晴’，对面宽处歇步；‘偏地梨花’，复侧面空处回步。以下步步转，步步歇，往复盘旋，一步一境。换头五字，贯彻上下，通体浑融矣。”

吴词有一般人常用的明转，如《祝英台近·除夜立春》，从上片“剪红情，裁绿意，花信上钗股。残日东风，不放岁华去”的人家守岁之乐，转入自己的守岁之愁：“有人添烛西窗，不眠侵晓，笑声转新年莺语。”吴词还有一般人不常用的暗转，如《霜叶飞·重九》的“纵玉勒、轻飞迅羽，凄凉谁吊荒台古”，写的是重九日怀想宋武帝重阳登项羽阅兵的戏马台，转接自己的“记醉踏南屏，彩扇咽寒蝉，倦梦不知蛮素”。从前人凭吊英雄阅兵地的壮怀，暗转入自己的才人之思：对在西湖边与佳人幽会的怀念。

梦窗词从明转中见曲折，在暗转中见幽邃，因为转折有致，所以含蓄能留，无一泻无余之病，又有蛇灰蚓线之妙。除通常的转折外，梦窗词由于绵密质实，常带来堆垛之病。为此，常用骤转、突接、逆挽、翻转等法来以疏济密。这一章法结构特点，就是周济所说的“梦窗每于空际转身”（《介存斋论词杂著》）。

缘情布景所造成的时空转换自由，有如频换频接的电影镜头，有景语较多的特点，而“情以景幽，单情则露；景以情妍，独景则滞”（沈雄《古今词话》）。吴文英作词，常在滞实的句子后，骤转入情语，以挽回灵气。如《齐天乐·会江湖诸友泛湖》，通过一系列景多于情的描写，将泛湖之举、眼中所见、心中之思写得淋漓尽致。在读者甚感滞重之时，用“平芜未剪”勾勒止住，趁浮想联翩的空际，用“怕一夕西风，镜心红变”来作突转，使泛湖之乐中透出的淡淡哀愁骤然凝聚，奔涌而出“望极愁生，暮天菱唱远”，既避去了芜累痴重之病，又结于虚实之间，颇饶隽永之味。

梦窗词的“空际转身”常见于换头处，如《夜合花》（柳暝河桥），上片的“词韵窄，酒杯长，剪蜡花，壶箭催忙。共追游处，凌波翠陌，连棹横塘”。一串景语，颇感滞实，词外之意此时本可接入下意，却偏偏不入，使其在空中荡漾，以形成“转身”的“空际”。过片换头用“十年一梦凄凉”来突接，时间陡转，感情直下，既见词意，又得跌宕之致。

梦窗词还注意抒情主题笼罩下的频转。如《澡兰香·淮安重午》，其下片为想象中的因情设景：“薰风燕乳，暗雨槐黄，午镜澡兰帘幕。”一连串的丽辞密藻造出的是幽美而略带哀愁的意境。接着，趁空转身：“念秦楼，也拟人归，应剪菖蒲自酌”，点出欲归不得的主题，然后又是一转：“但怅望一缕新蟾，随人天角。”在情景交融中作结，深情自现。

梦窗词以其独到的“空际转身”本领，能在质实绵密的词章中造出周尔墉所说“于逼塞中见空灵”（《周评〈绝妙好词〉》）的境界，这是吴文英的高明处。

此外，梦窗词字句藻绘富艳，格律精工，写人情物态穷极工巧，长于比、深于兴，用典博丽，使事僻远，在研炼上很有特色，但本文只谈其最主要特点，次要者暂置不论。

梦窗词长处可见，缺点也毋庸讳言。因为“潜气”会转于晦涩，绵密易入于堆垛；藻绘太甚反而淹没了真情；对字句研炼太过，难免有刻削之弊；由于内容的限制，更有文秀质羸之感，而成为“狭而深”的典型。“篇篇长吉，阅者生厌；篇篇梦窗，亦难悦目”（孙麟趾《词径》）。生活面小、题材狭窄，确实带来了致命的弊病，纵有“令无数丽字一一生动飞舞，如万花为春”（《蕙风词话》）的本领，也无法与苏、辛并驾。而且，欣赏者颇感“其失在用事下语太晦，人不可晓”（《乐府指迷》），望难而却步。

（原载《齐鲁学刊》1983年第1期）

浅论姜、张词风之异同

清初以朱彝尊为首的浙西词派兴盛百年之久，言词力斥淫鄙粗滥，标举清空骚雅，以姜夔、张炎为旗帜，形成“家白石而户玉田”的局面，姜、张并称一直为后人所沿袭。近年论姜、张词风的专文已渐多，但比较二人异同者则似尚未见。为此，草成此文，希能承教于专家和读者。

一

姜、张有“双白”之称（姜词集名《白石道人歌曲》，张集名《山中白云词》），但二人生活和创作期却相去百年之久。

姜夔主要生活在隆兴和议之后，他一生布衣，依人为食，却守贫守节，潦倒终生。张炎是功臣之后，宋室沦亡，他成为难民、遗民，北游元都又失意南归，终于草莱。二人虽所处时代不同，但情怀相近。人称姜夔“风流气韵，足以标映后世。当乾、淳间，俗学充斥，文献湮替，乃能雅尚如此，洵称豪杰之士矣”（陈撰《玉几山房听雨录》）。而《四库全书提要·山中白云提要》亦称道张炎“所作往往苍凉激楚，即景抒情，备写其身世盛衰之感，非徒以剪红刻翠为工”。二说虽不免溢美之处，但姜、张二人的人品、词格都不算低，也确是事实。

风格即人。姜、张都是清高之士，故所作清空骚雅，“清者，不染尘埃之谓；空者，不著色相之谓”（沈祥龙《论词随笔》）。姜夔无辛弃疾的激愤和郁勃，张炎无王沂孙的哀恸和幽咽，二人共有的是“旷”（张炎以悲中之旷为多），风云之气既少，儿女之情亦淡，幽深旷远是二人共有的特点。具体说来，姜、张词风格有何共同点呢？大致可从四方面来看。

（一）清刚稳健

沈祥龙《论词随笔》说：“白石诗云：‘自制新词韵最娇。’‘娇’者，如出水芙蓉，亭亭可爱也。徒以嫣媚为娇，则其韵近俗矣。试观白石词，何尝有一语涉于嫣媚。”确实，姜夔词一洗花间、北宋婉约词的软媚侧艳，即使是言情之作，也能做到“俗处能雅”。姜夔曾在合肥与善弹琵琶的姊妹歌女相爱，写相思恋情的篇章在白石词中不算少，但是，他基本上能做到语不涉俗。如《鹧鸪天·元夕有所梦》：

肥水东流无尽期，当初不合种相思。梦中未比丹青见，暗里忽惊山鸟啼。

春未绿，鬓先丝。人间别久不成悲。谁教岁岁红莲夜，两处沉吟各自知。

比一比周邦彦的："最苦梦魂，今宵不到伊行。问甚时说与、佳音密耗，寄将秦镜，偷换韩香；天便教人，霎时厮见何妨！"（《风流子》）风格显然不同。周词情深意切，以致语不免俗，姜词情淡意远，语语不俗。至于其"淮南皓月冷千山，冥冥归去无人管"（《踏莎行》），则更是以健笔写柔情，丝毫不入于俚俗。

再看张炎的《台城路》，这是一首回忆旧游之作，词下片云：

欢游曾步翠窈。乱红迷紫曲，芳意今少。舞扇招香，歌桡唤玉，犹忆钱塘苏小。无端暗恼。又几度流连，燕昏莺晓。回首妆楼，甚时重去好？

这是回忆十八年前的临安旧游，当然，由于岁月流逝，洗去了不少感情的痕迹，但是，我们不妨将其与吴文英著名的《莺啼序》对照一下。吴词也是回忆多年前的恋情，而在他看来，一切都历历在目："暗点检、离痕欢唾，尚染鲛绡。亸凤迷归，破鸾慵舞。殷勤待写，书中长恨，蓝霞辽海沉过雁，漫相思、弹入哀筝柱。伤心千里江南，怨曲重招，断魂在否？"虽亦往事已矣，但真挚的深情，还是那样强烈，染有"离痕欢唾"的鲛绡之类未能免"俗"的爱情信物，在张炎词里似是难于找到。张炎的"惊嗟！十年心事，几曲阑干，想萧娘声价"（《渡江云》），与吴文英的"黄蜂频扑秋千索，有当时纤手香凝"（《风入松》）相比，风格显然不同：前者远，情淡语雅；后者近，深情痴语。

汪森在《词综序》中说："西蜀南唐而后，作者日盛。宣和君臣，转相矜尚，曲调愈多，流派因之亦别。短长互见，言情者或失之俚，使事者或失之伉。鄱阳姜夔出，句琢字炼，归于醇雅。"郭麐在《灵芬馆词话》中称："姜、张诸子，一洗华靡，独标清绮，如瘦石孤花，清笙幽磬。"都道出了姜、张词气骨清劲，稳健而醇雅的特点。

（二）清超疏宕

如果说姜、张词在内容上力避俚俗，写情之作亦能洗去侧艳，那么，他们在句法结构上的共同点就是清超疏宕。

周、吴之词，都工于言情体物，力求形神兼备，他们用笔既多回环的描写，又多纵向的曲折，喜用烘托、渲染、勾勒之笔和折进、翻转、透过等法，所以，词章结构显得绵密质实（尤其是吴）。

姜、张之词，重神尤重于貌，追求的是清远的美，所以，用疏快之笔触颇多，语言洗炼，不甚追求回环曲折，讲究的是风神，所以，结构上显得清超疏宕。如姜夔的《点绛唇·丁未冬过吴淞作》：

燕雁无心，太湖西畔随云去。数峰清苦，商略黄昏雨。第四桥边，拟共天随住。今何许？凭阑怀古，残柳参差舞。

首二句写燕雁随云而飞，次二句写黄昏中酝雨的山峰，换头二句缅怀天随子(陆龟蒙)，最后三句以景结情。写燕雁之随云，实是自比浪迹江湖，这是一动。“数峰清苦”，景带人情，静中微动。写天随，实是写自己，怀古即是伤今。这样一首小词，包孕颇多，但用笔疏宕，词意跳跃转换而出，意境苍凉。

又如张炎的《清平乐》：

> 候蛩凄断，人语西风岸。月落沙平江似练，望尽芦花无雁。　　暗教愁损兰成，可怜夜夜闲情。只有一枝梧叶，不知多少秋声！

首二句写声：从近处的秋虫到远处的人语。后二句写景：江、月、芦花，一片秋色。换头二句自喻兰成(庾信)，表其闲愁无际。结二句写因落叶而知秋，无穷的感叹。词既写景，又写情，情景结合，意境悲凉，用笔颇为疏宕。

姜、张词的清超疏宕可在同吴文英的比较中看出。吴文英的小令虽较其长调疏快，但仍比姜、张绵密。如《浣溪沙》：

> 门隔花深旧梦游，夕阳无语燕归愁。玉纤香动小帘钩。　　落絮无声春堕泪，行云有影月含羞。东风临夜冷于秋。

陈洵《海绡说词》云：“此篇全从张子澄‘别梦依依到谢家’一诗化出，须看其游思飘渺、缠绵往复处。”此说可谓一语破的。唐代张泌《寄人》写道：“别梦依依到谢家，小廊回合曲阑斜。多情只有春庭月，犹为离人照落花。”此诗是将别后相思之情寄给所思者，所写为梦境，同样，吴词也是写“梦游”。但诗中所涉的景象事物仅小廊、曲阑、月、花，而词中却是门、花、夕阳、燕、玉纤、小帘钩、落絮、泪、行云、月、东风等；而这些紧紧相连之物，都是带着作者情思的意象，也正是这多般意象，才更足以表其“游思飘渺、缠绵往复处”。梦窗其他作品，如《鹧鸪天·化度寺作》、《祝英台近》等，也具有同样特点。

(三) 清丽淡雅

周、吴词的语言以秾艳热烈为特色，而姜、张则是清丽淡雅，笔下绝少浮烟浪墨，正是：“以玉田配白石，正以其得淡远之趣。”(张文虎《舒艺室杂著剩稿》)

周邦彦的《玉楼春》，极见写景的浓烈色彩：

> 桃溪不作从容住，秋藕绝来无续处。当时相候赤栏桥，今日独寻黄叶路。
> 烟中列岫青无数，雁背夕阳红欲暮。人如风后入江云，情似雨余粘地絮。

全词一气流贯，善用比兴，但更以色彩鲜明为主要特点。短短八句中，红(桃、赤栏、夕阳)、黄(黄叶)、白(秋藕、柳絮)、青(山岫)、灰(入江云)，色色鲜明。吴文英的作品亦与周邦彦相仿，如《澡兰香·淮安重午》的上片：

盘丝系腕，巧篆垂簪，玉隐绀纱睡觉。银瓶露井，彩箑云窗，往事少年依约。为当时曾写榴裙，伤心红绡褪萼。黍梦光阴，渐老汀州烟蒻。

五色的丝绒，精巧的纸花，天青色的纱帐，银瓶，彩扇，榴裙，红绡。虽未直写其色，但都可感知其交相辉映的斑斓色彩。

姜、张词的语言则是另外一种色调。如姜夔《念奴娇》的上片：

闹红一舸，记来时尝与鸳鸯为侣。三十六陂人未到，水佩风裳无数。翠叶吹凉，玉容销酒，更洒菰蒲雨。嫣然摇动，冷香飞上诗句。

泛舟赏荷，船入藕花莲叶之中，本是极绚丽的色彩，但在姜夔笔下，却是水佩风裳，翠叶吹凉，冷香阵阵，呈现的是淡素雅致之色。

张炎的《南浦·春水》，是青年时心境佳时之作，然而，"鱼没浪痕圆，流红去、翻笑东风难扫。荒桥断浦，柳阴撑出扁舟小。回首池塘青欲遍，绝似梦中芳草"，也是清丽素净的色彩。

言情之词，周、吴与姜、张的语言也很不相同。"月皎惊乌栖不定，更漏将残，辘轳牵金井。唤起两眸清炯炯，泪花落枕红绵冷"（周邦彦《蝶恋花》），写爱人分手；"绣屋秦筝，傍海棠偏爱、夜深开宴。舞歇歌沉，花未减、红颜先变"（吴文英《三姝媚》），感慨时光流逝，都见感情很浓，语言色彩清晰、强烈。

"纵豆蔻词工，青楼梦好，难赋深情。二十四桥仍在，波心荡、冷月无声。"（姜夔《扬州慢》）对照扬州今昔，良多感慨，但出语较淡。"空自觉、围羞带减，影怯灯孤。常疑即见桃花面，甚近来、翻笑无书？书纵远，如何梦也都无?"（张炎《渡江云》）分手许久，只言"翻笑无书"、"无梦"。

可见，姜、张之词感情较淡，语言色彩也朦胧、淡远。

（四）清空旷远

姜、张以清超的句法、清丽的语言，造成了作品清空旷远的境界。张炎《词源》评姜夔"如野云孤飞，去留无迹"，戈载《七家词选》评为"清气盘空"。陈廷焯《白雨斋词话》称其"清虚骚雅"，"以清虚为体，而时有阴冷处"，都道出了姜夔词境界清空的特点，"如月之曙，如气之秋"，是很形象的说明。

对张炎，戴表元在《剡源集》中称："不唯高情旷度，不可亵企，而一时听之，亦能令人忘去穷达得丧所在。"刘熙载《艺概》说："张玉田词清远蕴藉、凄怆缠绵。"所评近于姜夔。先著说："与白石并有中原者，后起之玉田也。"（《词洁》）充分肯定了二人的相同之处。

历来称诗庄而词媚，姜、张则在周邦彦典丽雅正的基础上，发展出"清空"的雅词，开宗立派，衣被后人。

二

姜、张并称，以“清空”的总体风格区别于周、吴的“质实”。但是，他们二人并不完全一致，下面，分别论述二人风格的相异之处。

（一）姜硬语盘空，疏中见险；张返虚入浑，一气卷舒

姜夔兼工诗词，早年为诗，纯学江西派，后转而上窥唐人，极得陆龟蒙的风神。但其为词，却是以江西诗法入词，用瘦硬之笔来纠花间以降的软媚痴肥。此外，“白石脱胎稼轩，变雄健为清刚，变驰骤为疏宕”（周济《〈宋四家词选〉目录序论》），脱胎稼轩又师而变之，再结合以江西诗法，在创作方法上，另开一径。

夏承焘先生说：白石“把江西派的内在美（神味）和它的创格铸辞法融入新体文学的词里来，遗貌更远，取神乃奇”。[①] 姜夔独特的创作法在风神、笔法、创格、铸辞上都有体现。

姜夔词讲究神、韵，不甚求形，所以，其作品常有貌远神奇的特点。如“数峰清苦，商略黄昏雨”，（《点绛唇》）“幽寂，乱蛩吟壁，动庾信清愁似织”，（《霓裳中序第一》）“西窗又吹暗雨，为谁频断续，相和砧杵”（《齐天乐》）等，都体现出这一特点。

姜夔作词，用的是瘦硬笔法，因瘦见结构之疏，因硬见章法之奇。前面例子颇多，不一一列举了。

江西诗派提倡学韩（愈）、杜（甫）、孟（郊）、张（籍），喜创拗律。律诗的体制不同于歌行的一气联贯或转折相连，其跳跃性颇大，组织形象较疏；而且，律之为拗，则又见“险”的特点。所以，姜夔借助江西诗法来创格，就于疏中见险。而且，这“险”不仅见于布局，还又见于字句：江西派讲究“字响”，这种响，在词里是“声之得者又有三：曰清、曰脆、曰涩。不脆则声不成，脆矣而不清则腻，清矣而不涩则浮”（包世臣《月底修箫谱序》）。姜词喜用仄声韵，尤喜入声，就有这“清”、“脆”、“涩”的特点。

周邦彦作词，善于融化、檃栝唐诗入句，喜用六朝小赋语入词。辛弃疾则经、史、传、诸子都能自由驱遣。姜夔自创新路，另铸词句，他词中的语言既有晚唐陆龟蒙的绵邈风神，又有宋诗的语汇。邓廷桢看出了这一点，故称其“硬语盘空，时露锋芒”（《双砚斋词话》）。其“豳诗漫与，笑篱落呼灯，世间儿女”（《齐天乐》），“正岑寂，明朝又寒食”（《淡黄柳》），“树若有情时，不会得青青如此”（《长亭怨慢》）等，都可见硬语盘空。张炎虽学姜夔，但他学的是“清空”二字，他并不以诗法为词，而是返回词法为词的途径。

江西派标榜“格高”、“句活”、“字响”，姜夔为词，就奉之而行。张炎的词，虽格调也较高，但逊于姜；其句法没有姜的“活”、“险”；其用字铸辞并不专门师法姜夔。所

① 夏承焘．论姜夔词[J]．文学研究，1957，(1)：62.

以，张词在清空中没有姜词的硬、活、皱、涩，而是“润”、“滑”，“返虚入浑，不啻嚼蕊吹香”（邓廷桢《双砚斋词话》）。而楼敬思更说得形象，称其“一气卷舒，不可方物，信乎其为山中白云也”（《词林纪事》引）。当然，张炎未能有姜夔的奇思奇意，结构和词意都较平，有“滑易”之病，甚至换笔不换意。这些，都将在下面再详细论述。

以下试从作品看二人的不同。姜夔的《长亭怨慢》下片：

> 日暮，望高城不见，只见乱山无数。韦郎去也，怎忘得、玉环分付。第一是、早早归来，怕红萼无人为主。算空有并刀，难剪离愁千缕。

首三句，远望高城，抒自己愁怀离恨。“韦郎”二句，写别时所约，但眼下无法相逢。“第一”二句，述所约之言，“怕红萼”句，惜花实是惜人，所约记得愈清，离情就愈苦。结二句，意谓离愁难剪，意进一层。总之，写得幽涩跌宕，能几处入意，又能转出，最终结于“离愁”上。再看张炎的《声声慢·北游答曾心传惠诗》下片：

> 客里依然清事，爱窗深帐暖，戏拣香筒。片霎归程，无奈梦与心同。空教故林鹤怨，掩闲门、明月山中。春又小，甚梅花、犹自未逢？

首三句，写客中无事，颇觉情怀温馨。“片霎”二句，梦中所见，心中所思，全为“归”字。“空教”二句，由思归而想及故园情景。结二句谓客地春迟，梅未著花，怀念江南，总收怀归之意。词意紧扣思归，循迹自然，语言流转，结构圆润浑成。

（二）姜清虚超妙，神韵兼到；张学步姜、史，兼有兼逊

在词的思想内容与表达方式的关系上，姜、张亦有不同。

姜、张的不少篇章，都有寄托，王昶《春融堂集》就称道：“后惟姜、张诸人以高贤志士，放迹江湖，其旨远，其词文，托物比兴，因时伤事，即酒席游戏，无不有黍离周道之感，与诗异曲同其工。”但是，即使同是有寄托之作，姜、张风格亦不一致。

陈廷焯《白雨斋词话》卷二说：“南渡以后，国势日非，白石目击心伤，多于词中寄慨，不独《暗香》、《疏影》二章发二帝之幽愤，伤在位之无人也。特感慨全在虚处，无迹可寻，人自不察耳……即比兴中亦须含蓄不露，斯为沉郁，斯为忠厚……白石郁处不及碧山，而清虚过之。”这段议论是很精到的，它指出了姜夔写词“感慨全在虚处，无迹可寻”；寄托“含蓄不露”、“沉郁”、“清虚”的特点。

如果联系周济所说的：“词非寄托不入，专寄托不出”（《〈宋四家词选〉序论》）和“有寄托，则表里相宜，斐然成章”，“无寄托，则指事类情，仁者见仁，智者见智”（《介存斋论词杂著》），那么，结合周、陈二人之说，姜夔词的寄托正是非但能入，而且能出，从“有寄托”达到了“无寄托”阶段，亦即从有专指的初级阶段，达到了无专指的“仁者见仁，智者见智”的更典型、更无痕迹的寄托高级阶段。

这种“感慨全在虚处，无迹可寻”的寄托，可以从其咏物词中见到，在寄托感慨的同时，呈现出清虚超妙、神韵俱到的风格。

如著名的《疏影》一词，是咏梅而寄托君国之忧的名篇。“苔枝缀玉”，仅此一句，就传苔梅的风神。“篱角黄昏，无言自倚修竹”，“想佩环月夜归来，化作此花幽独”，足见清虚的风韵。但是，此词的实意，却是落在虚处：“此盖伤心二帝蒙尘，诸后妃相从北辕，沦落胡地，故以昭君托喻，发言哀断……至下阕藉《宋书》寿阳公主故事，引申前意，寄情遥远。所谓怨深文绮，得风人温厚之旨也。”（郑文焯《郑校白石道人歌曲》。所以，虽不甚推崇姜词的周济，对此也说：“寄意题外，包蕴无穷，可与稼轩伯仲。”（《介存斋论词杂著》）

姜夔所作，即使是单纯的咏物，亦重传神而不重写貌，这正与史达祖相反（史虽也写神，但总离不了态），因此，贺裳曾不平地说：“常观姜论史词，不称其‘软语商量’，而赏其‘柳昏花暝’，固知不免项羽学兵法之恨。”（《皱水轩词筌》）

再看张炎的咏物词，则是有迹可寻的“非寄托不入”了。如《解连环·孤雁》上片：

楚江空晚。怅离群万里，恍然惊散。自顾影、欲下寒塘，正沙净草枯，水平天远。写不成书，只寄得、相思一点。料因循误了，残毡拥雪，故人心眼。

词中几乎句句作比，全篇亦系比体。头三句，叙事抒情，写雁而自叙离群之恨。“自顾影”二句，自画己像，并描绘了无所栖息的社会环境。“写不”二句，合雁飞成字、雁足传书为一，传一点相思：即“料因循”三句以苏武残毡拥雪比文天祥等人。

词中的孤雁，既有形，又有神，这种形象的描摹得力于学史达祖，这种神的传达得力于学姜夔。但是，张炎的兼学姜、史，却兼有而兼逊。

张炎有寄托之词，几乎句句作比，句句有指（如《绮罗香·红叶》、《满庭芳·小春》），留有寄托的痕迹，所以，陈廷焯称他“能雅不能虚，能清不能厚”，真可谓的评。

（三）姜即事述景，野云孤飞；张就景抒情，把缆放船

如何组织作词的两种主要材料——情和景，姜、张亦有不同的调遣法。周济说：“北宋词多就景叙情，故珠圆玉润，四照玲珑；至稼轩、白石，变而为即事叙景，使深者反浅，曲者反直。”（《介存斋论词杂著》）

稼轩、白石是否使深者反浅，曲者反直，可置而不论，但白石仿稼轩，走即事叙景一路，却是“由北开南”之举。白石词中，如《八归》：“想文君望久，倚竹愁生步罗袜。归来后，翠尊双饮，下了珠帘，玲珑闲看月。”用文君之事来言情，又借景映衬，甚得深宛流美之致。又如《江梅引》，这是滞留梁溪，诣淮南而不得，梦思而述志之作。词中“见梅枝，忽相思”，是用卢仝《有所思》中“相思一夜梅花发，忽到窗前疑是君”之典，而缘之述景：“几度小窗幽梦手同携?”“俊游巷陌，算空有、古木斜晖”。

因为即事述景可以不拘于眼前所见，能够虚设，又藉以疏宕之笔，所以，姜夔词有

词意灵动的特点，野云孤飞，难求着落。陈廷焯说："美成词于浑灏流转中，下字用意，皆有法度；白石则如白云在空，随风变灭，所谓各有独至处"（《白雨斋词话》卷二）。可见，周、姜二人都严于守律，不因袭前人，能变、能化，但周邦彦是"变中能守"，姜夔是"守中能变"。

张炎不学稼轩、白石的即事述景，也不效法清真、梦窗的缘情布景，他仍返回即景抒情的故道。因而，在结构上较为循规蹈矩，较少变化，但是，却能避去缘情布景带来的时空转换自由，以至晦涩难明之弊，词意易于循迹，结构珠圆玉润。

相比之下，张炎是比较保守的，所以，他终缺少开阖手段和自由驱遣语言、材料的本领，虽圆润浑成，却难以有出人意表的跌宕、转折。所以，周济评他"才情诣力亦不后诸人，终觉积谷作米，把缆放船，无开阔手段"（《介存斋论词杂著》）。

即以其名篇来说，亦未免此病。如《高阳台·西湖春感》：

接叶巢莺，平波卷絮，断桥斜日归船。能几番游？看花又是明年。东风且伴蔷薇住，到蔷薇、春已堪怜，更凄然，万绿西泠，一抹荒烟。　当年燕子知何处？但苔深韦曲，草暗斜川。见说新愁，如今也到鸥边。无心再续笙歌梦，掩重门、浅醉闲眠。莫开帘，怕见飞花，怕听啼鹃。

起三句，叙景。"能几番游"，文情突变，悲抑可见。"东风"二句，赋而比：春不可留，国亦难保。"更凄然"三句，与起句呼应，景中见情。换头用刘禹锡《乌衣巷》典，见山河破败的荒凉之态。"见说"二句以鸥自喻，但难于陶然忘机。后五句以漠然忘情写不能忘情。

这首词固然写得很好，如陈廷焯就说："郁之至，厚之至。"但是，总觉得步步相趋，虽有转折，却少跌宕，因为离不了即景抒情，虽能妙用比兴，却难有惊人之致。

所以，张炎回到就景言情之途，固有其明白流畅的长处，但因不能甩手开阖，自由驾驭，而是小心翼翼，把缆放船，所以笔换而意犹未换，只见旧意层深，却不见新意转出，因而作品难有足够的魅力。

将张炎的"把缆放船"对照周、吴的缘情布景，更可见其不足。如周邦彦的《拜星月慢》（夜色催更），先写欢情，换头处加倍跌宕，然后点明是追思，接而转述眼前："念荒寒，寄宿无人馆，重门闭，败壁秋虫叹。"虽是写个人的羁旅闲愁，但因得益于追思和衬跌写法，却给人以强烈的对比印象，颇能感人。吴文英将周邦彦的写法发展得更为操纵如意，来去自由，能很好地为抒情服务。

（四）姜滑处能留，结处多虚；张疏处能密，结处较实

姜夔词在结构上有滑处能留的特点。"何谓留？意欲畅达，词不能住，有一泻无余之病，贵能留住，如悬崖勒马。"（孙麟趾《词径》）

史达祖的咏物词，有清新俊逸、一气流转的长处。姜不同于史，他的写景咏物之作往往在流转至于滑易之处，使之皱而能留。

如《齐天乐》，既写蟋蟀，又写听者，庾郎、思妇，各写其吟《愁赋》之声和机杼声，以之与秋蛩的"私语"、"哀音"相应。正是"蟋蟀无可言而言听蟋蟀者"，"赋水不当仅言水，而言水之前后左右"（见贺裳《皱水轩词筌》）。所以，这里应用的是"夹写法"，夹写人、虫以求词意能留，且包蕴较广。

除用夹写外，姜夔还有离合、转折等法来求"留"。如短短的《浣溪沙》：

> 雁怯重云不肯啼，画船愁过石塘西，打头风浪恶禁持。　　春浦渐生迎棹绿，小梅应长亚门枝，一年灯火要人归。

首句写雁不愿飞，状己之不愿去。次句写船，船着己色，亦带离愁。第三句写风浪之恶，更使人难行。上片是"离"的写法，且从多角度来写。下片转入"归"，是"合"的写法："春浦"句，谓迎棹盼归。"小梅"句，家中一景，花亦候人。最后，逼出一个"归"字。全篇只有六句，在一气流转中能皱能留。

张炎词在结构上虽也有清超疏宕的特点，但因不甚换意，合多离少，较少转折，所以，常是疏处见密。如《南楼令》：

> 风雨客殊乡，梧桐傍小窗。甚秋声、今夜偏长？暗忆旧时歌舞地，谁得似、牧之狂？　　茉莉拥钗梁，窝云一枕香。醉瞢腾、多少思量？明月半床人睡觉，听说道、夜深凉。

上片：异乡作客，桐叶秋声，以至失眠。失眠中回忆起过去自已贵公子生活的岁月。"杜牧"是自况之词。下片：睡梦中思量起所爱之人。醒来后只见月光照床，只闻窗外语声。又回到"殊乡"，与开头呼应。全词循着一条思路，从一个角度来写，有合而无离，后面是前面的自然发展，而不是"逼出"或"翻跌出"，所以，词章虽见清疏，但因意思较单纯，所以又在疏中见密。张炎大多数作品都有这样的特点。

词以景起，是几成定律的。但其结处，却常有不同。姜夔词有结在虚处的特点。"淮南皓月冷千山，冥冥归去无人管"（《踏莎行》），这是在情景交融中作结，结在虚空而耐人寻味之处。"念桥边红药，年年知为谁生"（《扬州慢》），以情结景，感慨苍凉，一片空濛。"燕燕飞来，问春何在？惟有池塘自碧"（《淡黄柳》），以景结情，惘然混茫，情无着处。

张炎的词，却是结得较实。"前度刘郎归去后，溪上碧桃多少"（《南浦·春水》），虽有感喟，却无空濛之感。"书纵远，如何梦也都无"（《渡江云》），也问得比较实在。"待去隐，怕如今、不似晋时"（《声声慢》），所指甚为明确。

总之，姜之结在虚处，不是明指，常转出别意；张之结在实处，常是明指，多能加深本旨。

辛弃疾沿苏轼之绪，姜夔变周邦彦之貌，在豪放、婉约两大派中由北开南，自立门户。南宋豪放派虽追随苏、辛，但因没有苏、辛的胸襟才识，其末流走入叫嚣狂怪一路，已失苏、辛旨味。所以，在艺术上，婉约派有因有革，更能开宗立派：姜夔之后，吴文英由南追北，与周邦彦同属“密丽”一派；吴文英之后，张炎反吴的质实，力学姜夔，与之同成“清空”一派。

清代的阳羡、浙西、常州三派词，其源头分别为苏、辛、姜、张、周、吴，这三派中，尤以浙、常二派影响为大。周、吴、姜、张的孰优孰劣，实可不必深究，如果撇开门户之见，都可师法其长。“词至白石，疏宕极矣，梦窗辈起以密丽争之；至梦窗而密丽又尽矣，白云以疏宕争之；三王之道若循环，皆图自树之方，非有优劣；况人之才质限于天，能疏宕者不能密丽，能密丽者不能疏宕；片玉善言羁旅，白云善言隐逸。”（张祥龄《词论》）。此说对疏、密两派都无轩轾，真可谓持平之论。

（原载《中文自学指导》1996年第6期）

周密及其《绝妙好词》

《绝妙好词》是周密编纂的一部南宋词集。

周密(1232年—1298年),字公瑾,号草窗、蘋洲,又号四水潜夫、弁阳老人、弁阳啸翁。其先济南人,为齐望族,曾祖周秘官御史中丞,随高宗南渡,始居吴兴。祖父周珌曾任刑部侍郎、大理寺卿,赠少傅。父周晋,曾宰富春,监衢州,知汀州。周密青少年时代侍父于闽及浙之衢州、柯山、鄞江等地,三十岁为临安府幕僚,三十二岁沿檄宜兴,督毗陵民田,三十四岁为两浙运司掾,四十三岁为丰储仓检察。前此一年,蒙古兵相继陷樊城、襄阳。此后一年,贾似道兵败被贬循州,继而被杀漳州。元兵入建康,左丞相留梦炎遁,文天祥起兵勤王,周密为义乌令。宋亡,周密弁阳家破,离湖州,终身寓杭。端宗崩,帝昺立,迁厓山,继而元兵破厓山,帝昺蹈海,赵宋政权彻底覆亡,周密时年四十九岁。他自谓"余行年五十,已觉四十九年之非",怀遗民之痛,相继写成《癸辛杂识》《志雅堂杂钞》《齐东野语》《武林旧事》等。宋亡后,其好友如陈允平、赵孟頫皆不固晚节,而周密则与坚持民族气节的邓牧、谢翱交游,《四库全书》关于邓牧《伯牙琴》的提要云:"牧与谢翱、周密等友善,二人皆抗节遁迹者……密放浪山水,著《癸辛杂识》诸书,每述宋亡之由,多追咎韩、贾,有《黍离》诗人'彼何人哉'之感。"王行题其画像卷曰:"宋运既徂,吴有三山郑所南先生,杭有弁阳周草窗先生,皆以无所责守而志节不屈著称……二先生姿韵虽殊,要皆介然特立,足以增亡国之光者矣。"其大节可见。

周密体貌豪伟秀逸,有飘飘迈俗之气。书学欧、柳,善画梅竹兰石,富收藏,有书四万二千余卷,及三代以来金石之刻一千五百余种,兼工诗乐文章。夏承焘《周草窗年谱·附录》考其著述为三十一种,并断之为:"现存者十三、已佚者十,疑为后人裁篇别出,不甚可信者,另列存疑目附后,凡八种。"除《齐东野语》多记南宋史事,可称野史巨擘外,《癸辛杂识》网罗宋元间人物琐事、见闻杂言;《武林旧事》追想临安昔游,亦可补正史所载之缺;《浩然斋雅谈》考证经史、评论文章诗词;《云烟过眼录》鉴赏书画古器,亦为周氏重要著作。

周密擅诗,四十三岁以前所作结集为《草窗韵语》,晚年又成《弁阳诗集》。马廷鸾《碧梧玩芳集》一五《题周公谨弁阳集》云:"公谨上世为中兴名臣,家弁阳,迩京师,开门而仕,则跬步市场之上;闭门而隐,则俯仰山林之下。其所交皆承平诸王孙,觞咏流行,非丝非竹,致足乐也。而今也乃与文士弄笔墨于枯槎断崖之间,骚客苦吟于衰草斜阳之外,乐之极者,伤之尤者乎?"知人论世,可见其前后期创作之不同。

周密于词为南宋一大家。其父周晋工词,母章氏,参知政事章良能女,亦解翰墨。周密家学渊源,又从精于音律之紫霞翁杨缵学词,后结吟社于西湖杨氏环碧园,先后与吴文英、陈允平、李彭老、李莱老、王沂孙、张炎等著名词人交游，词艺愈精。词集名《蘋洲渔笛谱》，一名《草窗词》，编次不一，所收大体相同。周密词曾得杨缵赏识，王棣跋其《征招》、《酹江月》云："昔登霞翁之门，翁为余言草窗乐府妙天下，因请其所赋观之，不宁惟协比律吕，而意味迥不凡，《花间》、柳氏，真可为舆台矣。翁之赏音，信夫。"清代周济在《介存斋论词杂著》中称"公谨敲金戛玉，嚼雪盥花，新妙无与为匹"。戈载《七家词选》则赞其词"尽洗靡曼，独标清丽，有韶倩之色，有绵渺之思，与梦窗旨趣相侔，二窗并称，允矣无忝。其于律亦极严谨，盖交游甚广，深得切劘之益"。

近人刘毓盘指出："两宋词人，每以奸人为进退。"又说："贾似道当国，尤好词人。廖莹中能词，以司出纳矣；罗椅能词，以荐登其门矣；翁孟寅能词，则赠以数十万矣；郭应酉能词，则由仁和宰擢官告院矣；张淑芳能词，理宗欲选妃，则匿以为妾矣。八月八日，为其生辰，每岁四方以词为寿者以数千计，复设翘材馆，等其甲乙，首选者必有所酬。吴文英亦与之游，集中有寿贾相《宴清都》、《木兰花慢》二词。"①趋附者中，绝无周密。宋亡后，他对词友的晚节不固深感惋惜，对他们的出仕多有劝阻。

周密虽生于宋末，但由于世胄公子的身份，前期词却难以见到对政事的感喟，多系湖山游赏、伤春悲秋、闲情闺思、咏物题画的内容，亦有酬酢应景、即席分题之作。在清雅的风物、闲雅的生活中，展现出一种高雅的格调。其中也有少量作品感怀现实、萦念国事，在预感到南宋小朝廷朝不保夕的同时，也为自己的难有作为而感慨抑塞。元兵攻陷临安后，周密弁阳家破，他身历离乱，词作也转向现实。《三姝媚·送圣与还越》、《献仙音·吊雪香亭梅》、《探芳讯·西泠春感》等作，都流露出黍离之悲、兴亡之感，《一萼红·登蓬莱阁有感》更被陈廷焯评为"苍茫感慨，情见乎词，当为草窗集中压卷。虽使清真、方回、白石、梅溪诸家为之，亦不能毫厘相过"。宋端宗景炎三年(1278年)，胡僧杨琏真伽发会稽宋帝后六陵，暴尸弃骨。次年，周密与王沂孙、李彭老、张炎、仇远、唐珏、王易简等14人，分咏龙涎香、白莲、莼、蝉、蟹诸题，编为《乐府补题》。厉鹗《论词绝句》写道："头白遗民涕不禁，补题风物在山阴。残蝉身世香莼兴，一片冬青冢畔心。"其以冬青故事说"补题"，虽仅指唐珏一人，但实际上是寄托亡国之痛的集体之作。诚如夏承焘先生在《周草窗年谱》的《附录二·乐府补题考》中所说："王、唐诸子，丁桑海之会，国族沦胥之痛，为自来词家所未有；宋人咏物之词，至此编乃别有其深衷新义。"而周密在宋亡所作之词，常得遗民的广泛唱和，感怀君国，多有寄托，让人能窥见宋末元初知识分子的情感和灵魂。

戴表元《剡源文集》八《周公谨弁阳诗序》云："公谨少年诗流丽钟情，春融雪荡，翘然称其材大夫也；壮年典实明赡，睹之如陈周庭鲁庙遗器，蔚蔚然称其博雅多识君子也；晚年展转荆棘霜露之间，感慨激发，抑郁悲壮，每一篇出，令人百忧生焉，又乌乌然称其为累臣羁客也。"若移评其词，亦可谓大体适当。

周密不仅是与王沂孙、张炎齐名的宋末大词人，而且是重要的选家，辑有《绝妙好

① 刘毓盘.词史[M].上海：上海书店出版社，1985：122-124.

词》一书。《绝妙好词》专收南宋词人的作品，始自张孝祥，终于仇远，共一百三十二家，录词近四百首。其中个别作者，如蔡松年、仇远，被分别视作金、元作家，但仍可认为此书是南宋词的专门选本。是书编选甚严，选词十首以上的，为姜夔、史达祖、吴文英、周密、王沂孙五家，而辛弃疾只选三首，由此可见编选的择向背后自有明确标准。张炎在《词源》卷下说："近代词人用功者多，如《阳春白雪》集，如《绝妙词选》，亦自可观，但所取不精一；岂若周草窗所选《绝妙好词》之为精粹。"这"精一"、"精粹"，实在一"雅"。柯煜序此书云："山玉川珠，供其采撷，蜀罗赵锦，藉彼剪裁"，"秀远为前此所无，规矩实后来之式"。可见其取之既精，又为南宋以来"复雅"潮流之自然结果，是周密张雅词之帜并昭示范式之一大举措。正如朱彝尊在《书绝妙好词后》中所写："词人之作，自《草堂诗馀》盛行，屏去激楚阳阿，而巴人之唱齐进矣。周公谨《绝妙好词》选本虽然全醇，然中多俊语，方诸《草堂》所录，雅俗殊分。"当然，《绝妙好词》体现出周密醇雅风流的审美择向，以清词丽句为主体，正如焦循《雕菰楼词话》所说："皆同于己者，一味轻柔润腻而已。"但也有少数例外者，如施岳《水龙吟》之慷慨悲歌，丁宥《水龙吟》之凄厉呜咽，刘澜《庆宫春》之硬语盘空等，皆可视为其中之别调。由于此书编定于作者晚年，家国巨变使周密能在一定程度上突破原来的选录标准，将抒写亡国之恨、风格苍凉凄楚或沉郁顿挫的作品收入，以致柯煜序中有"人间玉碗，阙下铜驼，不无荆棘之悲，用志黍离之感"的评语。

《绝妙好词》所选词年代最晚者，是卷六张炎的《甘州·饯草窗西归》，此词成于元成宗元贞元年(1295年)，周密时年六十四岁。周密卒于大德二年(1298年)，可推知是书当编定于卒前二、三年间。编成不久，版片已毁，张炎在《词源》卷下赞其"精粹"之后，接着写道："惜此板不存，恐墨本亦有好事者藏之。"可见在元时已难得，其流传未广可以想见。明朝三百年，词家亦未寓目。清初黄虞稷编《千顷堂书目》，《绝妙好词》见于该书目之卷三十二，作八卷，而今传本七卷，故疑有残阙。清康熙初，朱彝尊编《词综》，犹未及见。虞山钱氏述古堂藏《绝妙好词》一旧钞本，系绛云楼故物，题作"弁阳老人辑"，未著周密姓名。故钱遵王在跋语中说："或曰'弁阳老人'即周草窗，未知然否？"尚疑之未决。嘉善柯煜(南陔)与钱遵王有戚谊，于康熙二十三年(1684年)从钱氏处录得，与从父寓匏及兄弟辈订其缺误，刻以行世。朱彝尊跋云："从虞山钱氏钞得，嘉善柯孝廉南陔重锓之。作者百三十有二人，第七卷仇仁近残阙，目亦无存，可惜也。"今检《绝妙好词》七卷，前六卷每卷多则三十人，少则十一人，每卷录词均逾五十首，而第七卷仅四人，居末的仇远仅二首，可见钱氏旧本亦非完璧。《千顷堂书目》作八卷，则所佚为一卷有余。

《绝妙好词》的柯煜刻本未知刻于何时，至康熙三十七年(1698年)，钱塘高士奇重刻一本，因此本每卷第一行下有"清吟堂重订"字，故称清吟堂高氏刊本。柯、高二本，亦似流传未广，厉鹗在康熙六十一年(1722年)十二月九日写跋语，谓"近时购之颇艰"，经"吴丈志上掇残帙以赠，仅得二卷。又借于符君幼鲁，属门人录成"，始"为完好"。至雍正三年(1725年)，有群玉书堂项氏刻本，项絪序，每卷末有勘定人姓氏。又有陆钟辉本，似乾隆初所刻。

乾隆十三年(1748年),厉鹗因谒选县令入京,途经天津,寓查为仁(莲坡)水西庄数月。查雅好倚声,正为《绝妙好词》作笺注,"不独诸人里居出处十得八九,而词中之本事,词外之佚事,以及名篇秀句,零珠碎金,攟拾无遗"(厉鹗《绝妙好词笺序》)。厉氏与之有同好,兴望洋之叹同时,又增入己得,助成其事,竟然不入京谒选。次年夏,书成,而莲坡病故。乾隆十五年(1750年)春,其子善长、善和将是书名之曰《绝妙好词笺》而付梓,此即宛平查氏澹宜书屋刊本。自此,查、厉合笺本通行,而《绝妙好词》原本不复重刻。

高士奇刻本各卷的作者,皆依先号、次姓名、后字之体例,其总目于人名下均注出选录词数。查、厉笺本则仅有姓名,而字号出现于小传中,总目人名下之选录词数皆删去。钱遵王在其《述古堂藏书》题词中曰:"卷中词人,大半予所未晓者。"可见作者中不甚知名者颇多。又曰:"此本又经前辈细看批阅,姓氏下各朱标其出处里第,展玩之,心目了然。"但高刻本并未将这些内容刻入。查、厉笺本附以小传,远较钱氏钞本详赡。且词后辑附宋元人著述,凡关于词之本事、佚闻,及诸家评论,并其人之著名篇什、隽秀字句,皆收入其中。为此,《四库全书总目提要》评之曰:"所笺多泛滥旁涉,不尽切于本词,未免有嗜博之弊。"但又认为:"宋词多不标题,读者每不详其事,如陆淞之《瑞鹤仙》、韩元吉之《水龙吟》、辛弃疾之《祝英台近》、尹焕之《唐多令》、杨恢之《二郎神》,非参以他书,得其原委,有不解为何语者。其疏通证明之功,亦有不可泯者矣。"其实非止于此,笺注中所涉,非仅有助于疏通证明,对知人论世或以广见闻,亦甚有助益。

道光年间,余集又以见录于周氏他书而未入《绝妙好词》者,撮录而成《续钞》一卷。其后,徐楙又以余氏所搜未尽,又补续一卷。二者合为《绝妙好词续钞》之上、下卷,或作《原续》与《又续》。余、徐二氏之辑,出之于《浩然斋雅谈》、《癸辛杂识》、《齐东野语》、《武林旧事》诸著,均周密所作,故原、又二续基本上是秉依周氏原旨。道光八年(1828年),徐楙重刻《绝妙好词笺》,将此续钞二卷附于后。同治十一年(1872年),会稽章氏又以此本重刻,使之流布甚广。

诚如《四库全书总目提要》所云,《绝妙好词》"去取谨严,犹在曾慥《乐府雅词》、黄昇《花庵词选》之上。又,宋人词集,今多不传,并作者姓名亦不尽见于世,零玑碎玉,皆赖此以存,于词选中,最为善本"。经朱彝尊、柯煜叔侄昆季、高士奇、查为仁、厉鹗、余集、徐楙诸家校订,渐臻完善,然仍不乏字句异同处。光绪年间,郑文焯著有《绝妙好词校余》一卷,附刻于其《冷红词》后,可补前贤之不逮。

据我们看来,《绝妙好词》除明显的风格特征外,全书似无统一的编辑体例。它既不按作者生卒、仕历或里居编排,也不据词调编列,颇有《箧中集》特点。集中所列词,有少数作者与今流行本(如《全宋词》)不同,如卷二刘仙伦《霜天晓角》写峨眉亭一词,通常认为是韩元吉所作;同卷李泳《清平乐》(乱云将雨),一般认为是李莆的作品。

书中调名亦有与流行本不同者。如《续钞》中李彭老《惜红衣》(水西云北),今本调作《壶中天》;同卷章谦亨《玉楼春·守岁》,今本调作《步蟾宫》。有些调名,文字与今略异,如卷三李肩吾《抛毬乐》,今本作《抛球乐》。有些词,原作者盖本于贺铸《东山乐府》"寓声"遗意,如卷二张揖《疏帘淡月》一阕,本"寓桂枝香",《山渐青》乃"寓长相思",但原书无"寓×××"之字,遂使一般读者不知其调名。

关于词的题或序,原书或不录,如卷二姜夔《疏影》、《扬州慢》、《玲珑四犯》等,仅有调而无序,或作节录,又如姜夔《法曲献仙音》,在《白石道人歌曲》中题云:"张彦功官舍在铁冶岭上,即昔之教坊使宅。高斋下瞰湖山,光景奇绝。予数过之,为赋此。"而此书节为"张彦功官舍"。

(《绝妙好词译注》一书《前言》,有删节,上海古籍出版社2000年12月出版)

论碧山词的寄托

一

清代的词论家对碧山词都评价甚高，最为称道的就是词中的“君国之忧”。尤其是陈廷焯，更将碧山推为“词坛三绝”之一，他说：“词法之密，无过清真；词格之高，无过白石；词味之厚，无过碧山；词坛三绝也。”甚至认为：“以碧山较之，觉白石犹有未能免俗处。”(《白雨斋词话》卷二)他认为王沂孙可与诗圣杜甫相拟：

少陵每饭不忘君国，碧山亦然。然两人气质不同，所处时势又不同。少陵负沉雄博大之才，正值唐室中兴之际，故其为诗也悲以壮。碧山以和平中正之音，却值宋室败亡之后，故其为词也哀以思。推而至于《国风》、《离骚》，则一也。(《白雨斋词话》卷二)

然而，不知是讳言其身世，抑或确实不明其仕历，评论时多有“论世”之语，却无“知人”之言。而近人则据《绝妙好词笺》所引《延祐四明志》载语，对王沂孙人品的看法，产生了很大的分歧。刘毓盘《词史》认为：“《延祐四明志》曰：至元中，官庆元路正。与《乐府补题》宋遗民之说不合。周密赠以《踏莎行》词，有‘清平梦远沉香北’句。张炎悼以《洞仙歌》词，有‘门自掩、柳发离离如此’句。似生平未尝一出也。”[①]而胡适《词选》则力斥常州派以王词多“君国之忧，黍离之悲”的见解，原因在于“王沂孙曾做元朝的官，算不得什么遗民遗老”。新中国成立后出版的胡云翼《宋词选》也认为“王沂孙是宋末失节的词人之一，这就注定了他的词不可能像杜甫那么深切地感时伤世”。

其实，若以王沂孙出为学正之为仕元，从而将他逐出宋遗民之列，并执此大加訾议，否认其家国时世之悲慨，是未免太简单粗暴了。诚然，《延祐四明志》为王沂孙同时代人袁桷所撰，当为可信，但清代著名学者全祖望曾论及王应麟被召为山长事，认为“山长，非命官，无所屈也”。以山长、学正俱为司儒之职，与厕立伪朝者不同(可参看全祖望《鲒埼亭集外编·宋王尚书画像记》)。因而，就难怪吴则虞先生谓胡适“彼昏不知，直斥为降志事仇”了。[②]

胡适《词选》称王沂孙为“花蝴蝶”，并说：“这样一只花蝴蝶，遭际亡国之变，有点感慨，如《高阳台》一词所表示，那是很自然的。我们正不必去深求什么微言大义。”王沂孙是否“花蝴蝶”，当观其文而知其人，至若是否其中有微言大义，却是有深求之必要。

王沂孙才秀人微，姓氏不著于史乘，诗文尽佚，仅存词六十余首。碧山词集名《花

① 刘毓盘. 词史[M]. 上海：上海书店出版社，1985：119.

② 吴则虞. 词人王沂孙事迹考略[J]. 文学遗产(增刊)：第七辑.

外集》,是有意区别于《花间集》的。他的创作态度是严肃的,“花蝴蝶”作“花外”词,于情理不通,这一“雅谥”也为碧山所不受。

诚然,王沂孙与周密、张炎等都是南宋风雅词风的继承者,他们前半生确是过着诗酒酬酢的生活,所作“流丽钟情,春融雪荡”(戴表元《剡源文集》八《周公瑾弁阳诗集序》)。但他们毕竟目睹国亡,身经离乱,世情所染,使词风趋于深沉、哀婉,以至凄厉。诚如刘永济先生所说:“情志之蓄愤益深,发而为言,婉而弥哀,放而弥痛。中仙、玉田之托物寓情,则其流也。”[①]而中仙与玉田相较,前者更以“婉而弥哀”的“托物寓情”的咏物词见长,其感情寄寓与政治喻托也更值得探讨。

碧山《花外集》中,咏物词约近六分之四,这些咏物词不同于描形摹态的单纯咏物之作,而是藉比兴施之于物,以寄托自己的情志。

作为艺术手法,“比”的基本意义在于“取象”的以物比物;“兴”的基本意义则在于“发端”兼“取义”的借物寓意。《文心雕龙·比兴》对二者有很好的解释:

> 故比者,附也;兴者,起也。附理者切类以指事,起情者依微以拟议。起情故兴体以立,附理故比例以生。
>
> 夫比之为义,取类不常:或喻于声,或方于貌,或拟于心,或譬于事。
>
> 观夫兴之托谕,婉而成章,称名也小,取类也大。

综以上所言,“切类指事”和“依微拟议”,通过取类来比义,进而托谕,则比与兴可合而言之了。因而,刘勰又将比兴作为一个完整的概念,并说:

> 诗人比兴,触物圆览。物虽胡、越,合则肝胆。拟容取心,断辞必敢。(范文澜《文心雕龙注》卷八)

刘勰所谓“拟容取心”,就是以通过描摹、拟取物象,来表达所摄取的事理、情志。这样一来,“比兴”就与“寄托”紧密结合,且几成同义词了。

然而,“拟容取心”的比兴,是属于通过“拟”、“取”而借物言志的寄托,因而人们多对此着眼于与政教(家国)、怀抱(个人)相关的“志”。如谢章铤《赌棋山庄词话》说:“香草美人,《离骚》半多寄托;朝云暮雨,宋玉最善微言。识曲得真,是在逆志。因噎废食,宁复知音?”近人吴梅《词学通论·绪论》更明言道:“所谓寄托者,盖借物言志,以抒其忠爱绸缪之旨。‘三百篇’之比兴,《离骚》之香草美人,皆此意也。”

值得注意的是,以上这样理解“寄托”,还不能说是完整的。这在于刘勰自己在论比兴时,就未能讲明兴义,以致后人在由比兴而论寄托时,也带上了这种先天性的缺陷。黄侃《文心雕龙札记·比兴第三十五》极敏锐地看到、论到这点:

---

① 刘永济.词论[M]上海:上海古籍出版社,1981:57.

题云比兴，实侧注论比，盖以兴义罕用，故难得而繁称。原夫兴之为用，触物以起情，节取以托意，故有物同而感异者，亦有事异而情同者，循省六诗，可榷举也。

黄氏举《诗经》诸例，以明“物同而感异”与“事异而情同”，其实都是分析其政治喻托。但黄氏前论兴之为用，从“触物以起情，节取以托意”两端而言，后又以“取义差在毫厘，会情在乎幽隐”以应之。这样，在借物言志之外，又作了“起情”、“会情”的重要补充，使“寄托”成为完整的概念。

词与生俱来即以“缘情”而有别于“言志”之诗，且后人所论，又以“意内言外”为“词教”，因此，词之寄托所别于诗者，深微幽隐之外，当为用情之深。周济《宋四家词选目录序论》所论的“非寄托不入，专寄托不出”，就看到“情”作为内驱力的作用：

赋情独深，逐境必寤，酝酿日久，冥发妄中，虽铺叙平淡，摹缋浅近，而万感横集，五中无主。

况周颐《词学概论》则就“无寄托出”而进一步发挥：

所贵乎寄托者，触发乎弗克自已，流露于不自知，吾为是词而所寄托者出焉，非因寄托而为是词也。

况氏所言“触发乎弗克自已”，其实即周氏“赋情独深”之注脚，“流露于不自知”亦与“逐境必寤”近。二氏所论，道出了情的作用，情深则能储兴而成，触物而作，虽有托意而非强为，造就“能出”之境。

明乎“义”、“情”二端，兼顾“借物言志”与“赋情独深”，才能论碧山词之寄托。

二

《花外集》中，颇多触物兴感之作，其中多有作者的身世之悲，如《水龙吟·落叶》“晓霜初著青林”。陈廷焯《白雨斋词话》卷二特勾出此词中“渭水风生，洞庭波起，几番秋杪。想重崖半没，千峰尽出，山中路，无人到”数句，谓其：“笔意幽冷，寒芒刺骨。其有慨于厓山乎?”厓山为帝昺蹈海之处，若以词中有厓山之慨，似过于拘泥而入于比附了。其实，从宋玉《九辩》以来，就因败叶而兴摇落之悲，后人“寻味前言，吟讽古制”（王昌龄《诗格》），“悲落叶于劲秋”（陆机《文赋》），几成思维定势。由词中“望中故国”及“望吾庐甚处”见，作者当在他乡。因客居在外，见寒霜初降，落叶纷纷，触发出一腔秋情，可谓自然。词中的“渭水风生”是否忆及朋友，“洞庭波起”是否思念所爱，我们无法证以本事，但下片的“题红”似涉后者，“飞鸿”又似有传书友朋之意。即使不管其义之所指，而“山中路，无人到”却是故家难回，故人难见，纵不言“望吾庐甚处”，也会为这“乱影翻窗，碎声敲砌”的落叶生愁了。固然，厓山之慨难以指实，悯时伤乱之旨却不难味之，但“前度题红杳杳，溯宫沟、暗流空绕”数句，借范摅《云溪友议》载卢渥应举时，临御沟而得宫女题诗之红叶一事，以抒旧日美好情事不堪追忆之感，因而就叶落悲秋而再兴红叶题诗之憾，寄寓身世之悲当是词中重点。

又如《绮罗春·红叶》“玉杵余丹”。诚然，词中“流水荒沟”、“秋苑斜阳”未尝不可看成以状故国，但作为题咏红叶的完整形象，则无疑是由红叶而触发出的身世之慨。起三句谓裴航成仙后遗下玉杵余丹，李后主绘画后剩下之色彩，将吴江孤枫重染，使之猩红如血。接着说，红叶并不长久，正如美人红颜易凋一样，“怨啼秋暮”使脂粉飘落，虽绛唇微注，风韵犹存，然绿鬓轻凋，毕竟徐娘已老，而“旧梦”与“新恨”，又岂非产生在今昔的境遇变化中？上语三句承上旧梦、新恨、自伤迟暮之“退”，“进”而以经新霜而色愈红，犹堪怜、招妒以自况。换头紧承上意，纵摇落渐少，西风老色，尚要争妍，此处赞美红叶亦是自赞。“二月残花”二句化用杜牧《山行》诗意。“重认取”数句，融化了红叶题诗的典故，人世沧桑的感慨中，将身世之叹织入于时世之感，倍觉深厚。最后以景语情，有余不尽之中更觉凄婉哀怨。此词之成，显是作者酝酿日久之情，适触之于红叶，借而发之，咏物之中，使人有事异而情同之感。

以上两阕，虽为咏物，却又抒情，由于是触物兴感，自然而生，愁思混茫之中，虽难以指实托意，但环绕落叶与红叶，却构成完整的形象和意境，可见作者面目，体味其身世之悲。

在另一些作品中，虽也是触物兴感，但所兴者却侧重在家国之慨。如《水龙吟·牡丹》(晓寒慵揭珠帘)。前引《水龙吟·落叶》为写秋，此阕《水龙吟·牡丹》为写春，理应况味不同。然碧山此作，仍是浸染悲愁，因为在抒发惜春之情中别有怀抱。起头的“晓寒”二句，写晨起时即关心院中牡丹是否已开。“玉栏”三句，既以院中玉栏、绿柳、和风映衬牡丹之鲜妍，又令人有李白《清平调》“沉香亭北倚栏干”之想。“国色”三句转而正面写牡丹形象，以“微酣”、“乍染”写出初开之状，为传神之笔。但作者并不从初开而想其盛开之繁艳，却掉转而跌落：“自真妃舞罢，谪仙赋后，繁华梦、如流水。”当年唐明皇赏牡丹而对妃子，太真善舞，实为解语之花，太白天才，《清平调》援笔立就，但乐极生悲，“渔洋鼙鼓动地来，惊破霓裳羽衣曲”，一代繁华即付逝水。过片转写“家家芳事”，在人人皆喜牡丹的风气中，竟然“买栽无地”。与其如此繁盛，还不如生在水边竹际，与幽人相对，伴之饮酒，伴之醒醉。最后三句生发开去，由牡丹而想到最盛此花的洛中，但并非向往魏紫姚黄的雍容华贵，却以萧条冷落之笔，写出盛时难久，繁华易逝。我们虽不知此词作于何时，但从“真妃舞罢”，“繁华梦，如流水”，以及“怕洛中、春色匆匆，又入杜鹃声里”等句看，似当在宋亡之前，因此，与其说是向统治者示警，还不如说是以敏感的心灵发为谶语。在牡丹初开之时，不写对盛时富艳的向往，却担心春色难久，这正是国势日下之时的自然感慨，触于不自知，发于不能已，不是身世之感，而是家国之慨。

又如《眉妩·新月》(渐新痕悬柳)。此词曾被张惠言《词选》评道：“此喜君有恢复之志，而惜无贤臣也。”说得过于肯定，但“有恢复之志”一语，则道出了宋廷尚未完全覆亡的时代特点，联系词意看，是可信的。首三句以“渐”字领起，写新月缓缓升起。

新月虽新，但已有团圆端倪，“深深拜”三字则传递出殷切盼望团圆之情。“画眉未稳”承新月而实写，“素娥”、“离恨”则逐渐关合人间憾事（暗用李商隐《嫦娥》诗）。接着又回到新月题面，以“银钩”挂“宝帘”赋之。下片明显转出托意：玉斧难补金镜，则金瓯尚缺；河山难以整治，太液池虽在，清景谁赋？昔日“太液池边看月时，好风吹动万年枝”，如今故宫凄凉，池苑荒废，长夜漫漫，盛衰对照，哀感难驱。虽月圆可得，但国土沦丧，老尽桂影，真使人憾恨无穷。

牡丹的盛衰，月亮的圆缺，本身就易于引起对国势、人世变化的联想，触物而兴感，可谓极其自然。至于作者将这种感触写入词中，则是一个逆向的“节取以托意”的过程。读者从文字的昭示中，能通过“事异而情同”的联想，感受到作者寄托其中的思想意蕴，知人论世，循迹以求，无论是身世之悲还是家国之慨，都不难看到。

但是，碧山咏物词的主流，且最为人称道的是借物言志、以寓家国之慨的作品。如周济《介存斋论词杂著》就称道“中仙最多故国之感”，陈廷焯《白雨斋词话》则云：“碧山咏物诸篇，固是君国之忧。时时寄托，却无一笔犯复，字字贴切故也。”“时时寄托”、“字字贴切”正是这类借物言志、切类指事之作的特点。读此类作品，有别于前面触物兴感诸例。陈廷焯指出了其中关键：

> 《词选》云：“碧山咏物诸篇，并有君国之忧。”自是确论。读碧山词者，不得不兼时势言之，亦是定理。或谓不宜附会穿凿，此特老生常谈，知其一不知其二。古人诗词，有不容穿凿者，有必须考镜者，明眼人自能辨之。（《白雨斋词话》卷二）

我们不妨“兼时势言之”，考察碧山所作。这类作品中最值得注意的就是《乐府补题》诸篇。《乐府补题》之作，实与杨琏真伽发掘会稽的宋帝六陵有关。周济首言唐珏赋白莲系为此而作，但未详考。夏承焘先生爰寻诸书，考证精详，认为这一咏物集子“为自来词家所未有，宋人咏物之词，至此编乃别有其深衷新义”。《乐府补题》所咏物凡五：龙涎香、白莲、蝉、莼、蟹，结合宋陵被发事，夏先生认为“大抵龙涎香、莼、蟹以指宋帝，蝉与白莲则托喻后妃”。[①] 碧山无咏蟹之篇，咏莼的《摸鱼儿》难见他意，因而论家多以其《天香·龙涎香》析其喻指宋帝之托意。碧山集中又有咏蝉的《齐天乐》二首，咏白莲的《水龙吟》二首，其中咏蝉者迹象较显，论家多以之析宋后之喻托。对《天香》、《齐天乐》二首，叶嘉莹教授分析甚详，兹不再赘。这里仅想就其“字字贴切”之处，辨明“时时寄托”之意，并无个人新见，仅特地勾出，加以强调罢了。

关于杨琏真伽发宋陵事，周密《癸辛杂识》和陶宗仪《辍耕录》均有载，其中说到理宗尸被出棺，因口含夜明珠，尸身被倒悬树间以沥取水银，如此三日夜，竟失其首。因而碧山赋龙涎香，就寓因此事而生的悲哀。龙涎香出自龙口，龙是皇帝的象征，因而《天香》词中的“骊宫夜采铅水”，采龙涎与取理宗口内夜明珠，尤其是沥取水银，完全

---

① 夏承焘．唐宋词人年谱[M]．北京：中华书局，1961：377.

可以诱发联想。而"铅水"一语,又可从李贺诗句"忆君清泪如铅水"想到亡国之痛,意蕴十分丰富。因此,我们就不难理解,为什么龙涎香被制成是"化作断魂心字",又为什么全词笼罩着那么沉重的悲哀了。此外,夏承焘先生说:"一缕萦帘翠影,依稀海山云气。或疑是指厓山覆亡事,非咏六陵……补题诸家咏六陵,皆不限于六陵,或故意乱以他辞;其寄慨亡国,涉及厓山,尤情所应有。"(《周草窗年谱》附录《乐府补题考》)[①]由此观之,非仅"海山云气",如"孤峤"、"层涛"、"槎风"等语,虽不应逐句比附,但也可看作是某种暗示了。

由于处在政治高压之下,"时时寄托"、"字字贴切"其实是难以真正做到的,"观《杂识》(按,指周密《癸辛杂识》)续集上,记梁栋莫仑诗狱,元初文网之密可知。补题托物起兴,而又乱以他辞者,亦犹林景熙冬青之诗,必托为梦中之作也"(《周草窗年谱》附录《乐府补题考》)。[②] 因此,只能以细心寻绎来求索托意,而词中真意毕竟难掩,总能洞见其"贴切"之处。如《齐天乐》之咏蝉,端木埰曾为之逐句解释、比附,这种猜谜式的求取托意固不足取,但他认为"宫魂"字"点出命意",则可谓有见。"宫魂"典出《古今注》:"齐王后忿而死,尸变为蝉,登庭树嘒唳而鸣,王悔恨,故世名蝉曰齐女也。"宋陵被掘,后妃墓不免,联系齐后死而为蝉之典,"一襟余恨宫魂断"之命意可知。《古今注》又载魏文帝宫人"莫琼树乃制蝉鬓,缥缈如蝉",能梳成状如蝉翼的发型,故词中有"为谁娇鬓尚如许"句。联系《癸辛杂识》所记宋陵被发后,一村翁于孟后陵得一髻,发长六尺余之事,以及谢翱所作《古钗叹》的"白烟泪湿樵叟来,拾得慈献陵中髻,青长七色光照地,发下宛转金钗二",托意自明。此外,"铜仙铅泪"、"移盘去远",与《齐天乐》之"铅水"同出李贺《金铜仙人辞汉歌》,但更可以史证之,史载:"仍命伯颜就遣宋内侍王埜入宫,收宋国衮冕、圭璧、符玺及宫中图籍、宝玩、车辂、辇乘、卤簿、麾仗等物。"(陈邦瞻《宋史纪事本末》卷一〇七《元伯颜入临安》)岂非"辞汉"之哀?至如语尾的"谩想薰风",又岂非借古逸"南风之薰兮,可以解吾民之愠兮;南风之时兮,可以阜吾民之财兮"。抒发怀想宋代盛时之痛?

除《天香》、《齐天乐》二首与宋陵帝、后坟被掘有关外,其余作品亦可见托意。如《水龙吟·白莲》二首的"抱凄凉、月中难认","望海山依约,时时梦想,素波千顷";"翠云遥拥环妃,夜深按彻霓裳舞","太液荒寒,海山依约,断魂何许",若说前者尚觉宽泛,后者"太液"故宫之荒寒、厓山之"依约",岂非实指?"真妃"、"环妃"之喻白莲,又岂非以唐喻宋?余如《庆宫春·水仙花》的"岁华相误,记前度、湘皋怨别。哀弦重听,都是凄凉,未须弹彻"。"国香到此谁怜,烟冷沙昏,顿成愁绝。""试招仙魄,怕今夜、瑶簪冻折。携盘独出,空想咸阳,故宫落月。"《水龙吟·海棠》的"叹黄州一梦,燕宫绝笔,无人解,看花意"。陈廷焯认为当指王清惠,亦非无据。碧山以人拟花,对照临安城破后随三宫被俘北去元都的诸多嫔妃,"空想咸阳"、"燕宫绝笔"等语,均非泛设。

借物言志、切类指事,以寄家国之慨,固是碧山词之一种类型。但碧山所作,可指

① 夏承焘.唐宋词人年谱[M].北京:中华书局,1961:382.

② 夏承焘.唐宋词人年谱[M].北京:中华书局,1961:379.

实为切何类、指何事者并不很多。而且有些作品往往将国家之慨与身世之叹结合在一起，触物兴感与借物言志难分，可看成碧山词寄托的又一种类型，如《齐天乐·萤》(碧痕初化地塘草)。上片主于赋物。“碧痕初化”为萤之初生，以下状其光，言其飞，“误我残编”句关合自己，并用车胤囊萤夜读事。下片转为抒情。以“幽恨”带出“汉苑”、“秦陵”，再益以“千古凄凉不尽”，亡国之恨已见其中。“何人为省？”谓知此恨者只有秋萤，实以萤自比，而萤之孤凄冷落，即自己身世之喻。家国之慨与身世之感浑然一体。

再如《庆清朝·榴花》(玉局歌残)。此词起三句即写了衰残之象，“负却薰风”似寓有未能效力于南宋之意，这“入户飞红”堪当人怜。然后，回忆了榴花盛时情景，“舞裙”、“蜡珠”、“缃彩”即其色泽、形象之拟。过片以跳跃性的联想伸展开去，自杨妃死后，“旧家殿阁”的繁盛不存，如同“扫地”而“春空”了。明皇与杨妃牵动了一个时代的兴亡，由唐而宋，藉联想而托意渐见。殿阁已旧，春天已矣，朱幡护花亦无必要。落英无人理会，但“负却薰风”的榴花竟能残存于西风时，“尚余数点，还剩春浓”，还在努力留住春光。此词既是触物兴感，又见托物寄意。榴花既可作为春光(国势)的象征，而欲留春光的精神则又可看成是忠于宋室之士(包括作者)，故此张惠言《词选》所说的“此言乱世尚有人才，惜世不用也”，并非没有道理。

总之，碧山词所寄托者虽有或侧重于身世之感，或侧重于家国之慨的“情”、“志”之别，途径则有或触物抒感，或借物言志，或二者结合之别，但也难以绝对划分。亡国之音固然低沉，“由衷之言”却并不浮伪，“词史”之谓或许太过，全盘否定则太轻率、粗暴了。

三

碧山咏物词的寄托有什么特点呢？综前人所论，似可归纳为三。

第一，胸次恬淡，中正和平。

从前面所引作品看，碧山词是感情低黯而深挚的，外表显示出平静的哀恸。试读李后主的“多少泪，断脸复横颐。心事莫将和泪说，凤笙休向泪时吹，肠断更无疑！”(《望江南》)“胭脂泪，留人醉，几时重？自是人生长恨水长东！”(《乌夜啼》)等作，虽同为亡国之音，但与碧山的“欲寄故人千里，恨燕支太薄，寂寞春痕”(《一萼红》)。“想边鸿孤唳，砌蛩私语。数点相和，更著芭蕉细雨。避无处。这闲愁、夜深尤苦。”(《扫花游》)相较，前者激切、炽烈、直放悲声，后者平静、敛约、潜气内转。与同时代的刘辰翁相比，也有“中锋突进”与“着力不多”之别。即与词友张炎相较，蕴藉、缠绵为二人共有，但张逊王之深远、妍和，王逊张之苍凉、清畅。周济《介存斋论词杂著》说过：

> 感慨所寄，不过盛衰：或绸缪未雨，或太息厝薪，或己溺己饥，或独清独醒，随其人之性情、学问、境地，莫不有由衷之言。见事多，识理透，可为后人论世之资。诗有史，词亦有史，庶乎自树一帜矣。

除学问、境地外，造就碧山词寄托的独特性者，正是性情。辛弃疾感慨国事而又结合自身遭际的《摸鱼儿》，其“蛾眉曾有人妒”，“玉环飞燕皆尘土”，虽“赤心人少甘语”，但《蓼园词选》就认为“辞意似过于激切”。刘克庄《贺新郎》的“回首望侯门天远。我有平生《离鸾操》，颇哀而不愠，微而婉。聊一奏，更三叹”，言自己不愿同流合污之怀抱，却未能真正做到“微而婉”。二人词中寄托之不同于碧山，除时势、境地外，更在于性情。陈廷焯《白雨斋词话》论“沉郁”的一段话，可以看作注脚：

所谓沉郁者，意在笔先，神余言外。写怨夫思妇之怀，寓孽子孤臣之感。凡交情之冷淡，身世之飘零，皆可于一草一木发之。而发之又必若隐若见，欲露不露，反复缠绵，终不许一语道破。匪独体格之高，亦见性情之厚。

这里所说的沉郁，已将风格与寄托合为一体，而他所说的“沉郁”的特点，在碧山词中完全可以印证。“匪独体格之高，亦见性情之厚”，造就出碧山词“沉郁”的特点。但诚如本文开头时所引陈廷焯关于杜甫与碧山相较的那段文字时所说，二人的“沉郁”是极不相同的。

宋亡前的拳拳之心，宋亡后的故国之思，是碧山“性情厚”的主要表现，但由于时代、身份、性格、襟抱诸原因，使之不是郁勃充沛，闳中肆外，而是“胸次恬淡，故黍离麦秀之感，只以唱叹出之，无剑拔弩张习气”（周济《宋四家词选目录序论》）。陈廷焯更结合时势、个性言：

碧山以和平中正之音，却值宋室败亡之后，故其为词也哀以思。（《白雨斋词话》卷二）

孔子以“思无邪”论《诗》，邢昺《论语注疏》释道：“诗之为体，论功颂德，止僻防邪，大抵皆归于正，于此一句可以当之也。”其实如结合孔子所说的“《关雎》乐而不淫，哀而不伤”（《论语·八佾》），“思无邪”正是重视“中和之美”的思想体现。《论语集解》引孔安国说：“乐不至淫，哀不至伤，言其和也。”孔子提倡以合度中节求毋失其正，毋伤其和，因而“和平中正”实是“温柔敦厚”的诗教之延伸。因而，碧山之“哀”不同于后主之“伤”，其“微婉”也有异于辛派词人之“激切”。既延“诗教”余绪，又合较为软弱的士大夫、文人口味，碧山词之在乾嘉以来，因常州词派尊词体而被推举，在清末更被赞誉，也就不足怪了。“不得中行而与之，必也狂狷乎！狂者进取，狷者有所不为也。”（《论语·子路》）如果说碧山合于“中道”，则稼轩近“狂”，白石近“狷”，陈廷焯之以碧山为最高，也自有他的道理了。

胸次恬淡与和平中正是密切相关的，二者本应互为因果，但碧山本性并非恬淡，他是奉行“中道”而“只以唱叹出之”，故“恬淡”是见于外者，深厚才是内里。这是需要辨明的，否则并非真知碧山。

第二，性灵中出，追琢中来。

沈祥龙《论词随笔》说：

咏物之作，在借物以寓性情。凡身世之感，君国之忧，隐然蕴于其内，斯寄托遥深，非沾沾焉咏一物矣。如王碧山咏新月之《眉妩》，咏梅之《高阳台》，咏榴之《庆清朝》，皆别有所指，故其词郁伊善感。

沈氏道出了碧山词“借物以寓性情”的特点。然而，这种寄寓通过什么途径呢？不妨看看况周颐《蕙风词话》卷五所论：

以性灵语咏物，以沉著之笔达出，斯为无上上乘。

咏物如何始佳……题中之精蕴佳，题外之远致尤佳。自性灵中出佳，从追琢中来亦佳。

况氏虽反对“呆寄托”，以“触发乎弗克自已，流露于不自知”的寄托为贵，但“辞”必须通过“达”之一径，“自性灵中出”者为“以性灵语咏物”，“从追琢中来”者则“以沉著之笔达出”。词中寄托，大体有以上两类，而碧山词之寄托，则具有“性灵中出”与“追琢中来”相结合的特点。

当然，真正“流露于不自知”是难称为寄托的，而“触发乎弗克自已”，作者“自性灵中出”，读者读之几不见迹象者，可看成前一类。如苏轼《卜算子》的孤鸿形象，辛弃疾《青玉案·元夕》的佳人形象，前者“自写在黄州之寂寞”（黄蓼园语），后者“自怜幽独，伤心人别有怀抱”（梁启超语），正是情感难已，触物而发，出自性灵。难以一一指实，亦不必一一指实，空灵蕴藉之中，却不能否认其托意。

碧山咏物词虽未到上述苏、辛词之境，但他以善感善觉之心，遇可感可觉之境，亦能在性灵流露的同时，精心构思、组织形象，将“性灵中出”与“追琢中来”统一在一起，达到较高的成就。《花外集》以咏物为主，而咏物中又多有寄托，碧山才秀人微，又无藏山传人之想，本不必多作门面语，以大言欺人，因而其寄托确是性灵的流露。“看来碧山为词，只是忠爱之忱，发于不容已，并无刻意争奇之意，而人自莫及，此其所以为高。”（陈廷焯《白雨斋词话》卷二）如此论碧山，可谓知人。因此，碧山对落叶、红叶、新月、秋蝉、流萤等，常怀“感时花溅泪，恨别鸟惊心”之情，情因物感，出之自然。但诚如薛砺若《宋词通论》所说：“碧山生当异族势力完全统御着中国的时代，敢怒不敢言……因此，他和南唐后主能直接抒写自己的亡国恨又不相同。——盖久处积威之下，与后主乍失南面之尊，易于奋激不同也。”① 故在后主为直抒胸臆，碧山却要“追琢中来”。张炎《词源》说：

诗难于咏物，词为尤难。体认稍真，则拘而不畅；摹写差远，则晦而不明。要

① 薛砺若.宋词通论[M].上海：上海书店出版社，1985：320.

须收纵联密,用事合题。

对于有寄托的咏物词来说,除“收纵联密”、讲求离合之外,还要如刘熙载《艺概》所说:

词深于兴,则觉事异而情同,事浅而情深。

这样一来,碧山词的“追琢”除常用的譬喻、比拟外,还要以幻化、象征、暗喻等手法,来“节取以托意”,使之“深于兴”,试看咏蝉的又一首《齐天乐》(绿槐千树西窗悄)。上片以人写蝉,然而“饮露身轻,吟风翅薄”又分明是蝉的特征,有收有纵,不即不离;下片以蝉寄慨,“空忆斜阳身世”、“余音”、“断魂”,事异情同,凄切之至。词是咏蝉,但蝉是人之幻化,难怪周济认为“此身世之感”了。再如《无闷·雪意》,所用是象征手法,词以雪意象征亡国的现实。《眉妩·新月》的新月本身,就可谓国土难圆的象征。至于碧山词中常出现的骊宫、太液、铜仙、铅泪、宫魂、移盘、真妃、罗袜、汉苑、秦陵等语,都是以用典来作暗喻,以见寄托。

碧山词尽管有以上的幻化、象征、暗喻等种种“追琢”,但毕竟是真正出自性灵,为情造文,而未变为雕琢。故戈载《七家词选》评道:

中仙之词运意高远,吐韵妍和。其气清,故无沾滞之音。其笔超,故有宕往之致。

可见虽是“追琢中来”,毕竟未成“沾滞之音”,导致“拘而不畅”,“有宕往之致”而非“晦而不明”。

第三,餍心切理,言近指远。

寄兴深微之作,本易行于衰世。宋之季世,元朝虎吻垂于北疆,统治者却仍然漏舟狂歌,非但不纳忠谏,而且防民之口甚于防川,作词而掩抑其辞实成为一时习尚。宋亡之后,面对新朝的政治高压,为避时忌,更易入于婉转低回,深隐要眇。碧山青年时期多与朋辈唱和越中,诗酒弦管,实也是不得有为而为之。国亡之后,眷怀故国,不便明言又不忍不言,遂以词托物寄意,言其黍离麦秀之悲。

清人论词,多言寄托,尤以常州词派最力。张惠言《词选序》论道:

传曰:“意内而言外,谓之词。”……感物而发,触类条鬯,各有所归,非苟为雕琢曼辞而已。

张氏首从立意上尊词体,以“意内言外”倡寄托,认为词之感物而发,应义有所归。沈祥龙《论词随笔》对“意内言外”四字有很好解释:

词贵意藏于内，而迷离其言以出之，令读者郁伊怆快，于言外有所感触。

这样理解“意内言外”则近于寄托了。读者可从“外言”的表层义探知“内意”的深层义，此即刘熙载“语浅而情深”之意。但是，钱锺书先生曾为之辨析：

夫“言外之意”，说诗之常，然有含蓄与寄托之辨。诗中言之而未尽，欲吐复吞，有待引申，俾能圆足，所谓“含不尽之意，见于言外”，此一事也。诗中所未尝言，别取事物，凑泊以合，所谓“言在于此，意在于彼”，又一事也。①

“言此意彼”是寄托的真正特点，与刘熙载“事异情同”之说近。但对碧山咏物词的寄托，无论是“意内言外”，还是“言此意彼”，都未能道出其独特个性。相较之下，周济《宋四家词选目录序论》所说的“碧山餍心切理，言近指远”，则庶几近之。

碧山词之寄托不似苏轼《水调歌头》“中秋词”、《卜算子》，不是结合政治情况感叹自己的穷通出处，亦非周邦彦《六丑》的“自叹年老远宦，意境落寞”（黄苏《蓼园词选》），甚至不同于他的挚友张炎以《解连环·孤雁》悲慨身世。碧山词固有个人悲愁之寄，但个人境遇与国家命运息息相关，而且更多的、更主要的是关切国事，是寄托亡国之痛，所以是真正的“指远”。然而题面所在，却多为花鸟卉木、风雪雨露，词中意象也多为轻灵细小之物，不似辛弃疾的“斫去桂婆娑”（《太常引》），“青山遮不住”（《菩萨蛮》），“汗血监车”、“千里骏骨”（《贺新郎》），堪称“言近”。只有感时伤世之旨才称得上“指远”，只是中正和平才出以“言近”，符合其性情、学问、境地，否则与其襟抱不类，则为狂怪之言。

从“言近指远”怎样达于“餍心切理”呢？碧山既对国事深怀忧虑，宋亡后则无比悲恸，又以其敏感的心灵去感受周围环境，移情于物，使内心情感与所咏之物融合无间，正是“怨慕幽思，本诸忠厚，而运以顿挫之姿，沉郁之笔”（《白雨斋词话》卷二），达到“声容调度，一一可循”（周济语）的境地。不浮泛，不游离，既不空廓，又不拘泥，读其词非仅能得所咏事物之形神，且能感触体味其中情理。在透过了使事用典的隔膜后，即之愈久，味之愈深。至其托兴深微之处，虽一时难明意旨，但因其难已之情亦使读者深受感染，诵读思索中，不难体会其深沉郁积、曲折盘旋之力。

写来“切理”，既不失形、神，又用事合题，切中事理，不忘大旨；读来“餍心”，既非字比句附，寸步不移，又非神龙无迹，感发与思索并到，情之体验与理之品味俱至。

碧山词之寄托虽有以上的特点，形成独特的面目，在词史上占据应有的一席，但其不足处亦不必讳言。非仅题材单一，而且多为寄托之作，亦必然带来弊病。早在南朝之时，钟嵘就在《诗品序》中指出：

若专用比兴，则患在意深，意深则词踬。

① 钱锺书.管锥编：第一册[M].北京：中华书局，1979：108.

"言近指远"固有其长,但意深、辞踬,倘未经诠释,一般人难以达到"餍心切理"之境,也就难以形成感发之力。黄侃在《文心雕龙札记》中说:

若乃兴义深婉,不明诗人本所以作,而辄事探求,则穿凿之弊固将滋多于此矣……苟览者恍惚难明,则感动之功不显……虽当时未必不托物以发端,而后世则不能离言而求象。由此以观,用比者历久而不伤晦昧,用兴者说绝而立致辩争。

读碧山词而论家歧见互出,当根源于此,现代论者之不喜碧山,亦根源于此。至于对亡国之音的"哀",可以就论世而不必贬斥过甚,但似陈廷焯所见,则未免揄扬过甚了。

总之,碧山词有自己的特点,也有显见的缺点,倘能正视他所处时代的政治状况,知人论世,还是有不少值得肯定之处。相对于倚红偎翠之作,相对于南渡初的滑稽词,及后世的淫词、鄙词、游词,"词有碧山,而词乃尊"(陈廷焯《白雨斋词话》卷二)之评,恐怕亦非太过。

(原载《词学》第10辑,华东师范大学出版社1993年6月出版)

《弹指词》浅尝

顾贞观是清初的重要词人之一，广之而与陈维崧、朱彝尊有"三绝"之目，狭之亦与曹贞吉、纳兰性德为"京华三绝"。但是，顾氏生前所负时誉与身后之评却存在较大反差。诸洛为顾氏《弹指词》写序时说："同时有携先生新词至朝鲜者，馆人窃诵焉。翼日，儒服者人人来谒，同声乞词，尽以畀之，后日必一至，备致款曲礼仪，坚恳将来片语单辞必为邮寄。""出口转内销"后，声誉更隆。[①] 但是，经过近三百年的历史沉淀，如同顾贞观身后的梁溪词人群难于与阳羡词派、浙西词派相抗，顾氏的地位、影响亦远逊二派之宗主陈维崧、朱彝尊。即使在"京华三绝"中，也去纳兰甚远，至多与曹贞吉争先。《弹指词》几乎被历史遗忘了！ 近代的词论大家如陈廷焯、谢章铤、况周颐虽然并未冷落之，但就我管见所及，七十年来的词学研究中，尚未见一篇论述顾氏的专文。顾氏尝道："吾词独不落宋人圈禬，可信必传。"[②]世换文移，宗风屡变，文学作品的传与不传有着诸多原因，本文无意对此探究。然而，"必传"的信念是否自视过高所致？ 有无道理？ 这里仅作一浅尝，意在补阙。

一　"极情之至"

雍正甲辰年(1724年)，杜诏(1666年—1736年，字紫纶，号云川，又号浣花词客)为《弹指词》作序。序中云：

> 夫《弹指》与竹垞、迦陵埒名。迦陵之词，横放杰出，大都出自辛、苏，卒非词家本色；竹垞神明乎姜、史，刻削隽永，本朝作者虽多，莫有过焉者。虽然，缘情绮靡，诗体尚然，何况乎词？彼学姜、史者，辄屏弃秦、柳诸家，一扫绮靡之习，品则超矣，或者不足于情。若《弹指》则极情之至，出入南北两宋，而奄有众长，词之集大成者也。

---

①《词苑萃编》卷一八载："康熙十七年，吴江吴孝廉兆骞，因丁酉科场事，久戍宁古塔，将《菊庄词》及成容若《侧帽词》，顾梁汾《弹指词》三本，与骁骑校带至会宁地方。有东国会宁都护府记官仇元吉，前观察判官徐良崎见之，用金一饼购去，仍各题一绝于左……徐良崎题《弹指》、《侧帽》二词云：'使车昨渡海东偏，携得新词二妙传。谁料晓风残月后，而今重见柳屯田。'以高丽纸书之，仍令骁骑带回中国，遂盛传之。新城王侍郎阮亭有'新付春雪咏，蛮檄织弓衣'之句。"

② 诸洛．弹指词序[M]//张秉戍．弹指词笺注．北京：北京出版社，2000：546.

杜诏先后师事顾、朱，对两位老师，他在此序中自道实所师承：

> 予少好填词，每为吾师所矜许。后遇竹垞先生，复窃闻其绪论，乃摩挲白石、梅溪之间，词体为之稍变。而生平瓣香，实在《弹指》。

在前面一段话中，杜诏指出了迦陵、竹垞的源流所自，从“当行”、“正宗”的观念出发，“横放杰出，大都出自辛、苏”的陈维崧，当然“卒非词家本色”；相较而言，“刻削隽永”、“一扫绮靡之习”的朱彝尊，既以词之所擅的“缘情”为本，又提高了词之“品”，当然应在陈维崧之上。将竹垞与《弹指》比，前者“或者不足于情”，后者“极情之至”，高下自明。以《弹指》“出入南北两宋，而奄有众长，词之集大成者”，或因私淑而推许太过，但“极情之至”的评价却是颇为适当的。

杜诏以“极情之至”评《弹指词》，与顾贞观的论词观点相一致。

况周颐《蕙风词话续编》录有顾贞观论词的一序一书，从中可见顾氏的“主情”观。该书卷一云：“国初锡山侯氏《刻十名家词》，有顾梁汾序一首，论词见地绝高。”这一篇序，既不见于江阴金武祥粟香室重刻本，亦未载史馆本顾集，况周颐所录者，尤以后半段值得珍视：

> 今人之论词，大概如昔人之论诗。主格者其历下之摹古乎？主趣者其公安之写意乎？迩者竞起而宗晚宋四家，何异牧斋之主香山、眉山、渭南、遗山？要其得失，久而自定。余则以南唐二主当苏、李，以晏氏父子当三曹，而虚少陵一席，窃比于钟记室独孤常州之云。总让亦园之不执己，不徇人，不强分时代，令一切矜新立异者之废然返也。

“摹古”之“主格”，“写意”之“主趣”，均未得其正，“宗晚宋四家”亦非其途。“余则以南唐二主当苏、李，以晏氏父子当三曹”，这既是传统的尊古意识之下的观照，又是“主情”的佐证，谁能说诗中的苏李、三曹和词中的二主、三晏，不是“缘情”的代表？顾贞观许之以“亦园主人高情逸韵，摆落一切，顾于长短句，独有玄赏”，又指出《十名家词》之刻，可见“亦园之不执己，不徇人，不强分时代”，认为此举“令一切矜新立异者之废然返也”。这样“不执己，不徇人，不强分时代”的论词、选词态度，当以出于性灵、抒发真情为标准，谓予不信，从顾贞观的书信与道及的陈聂恒《栩园词弃稿》可证之。

《蕙风词话续编》卷二载：

> 《艺文志》”词曲类“，陈聂恒《栩园词弃稿》四卷，佚。按《栩园词弃稿》，曩余得于海王村，镂版精绝，前有顾梁汾先生书，于词学盛衰之故，慨乎言之。

此信言清初词之作及发展变化，可不录，而信末所云：“故余之于词，不能无感。而于栩园实不能无望。”却值得深味。况周颐指出：

> 栩园词格在《饮水》、《弹指》之间。蚤岁抱安仁之戚，有《金缕曲》十阕。梁汾题云：“人因慧极难兼福，天与情多却费才。”

这“安仁之戚”及“天与情多”既是梁汾惺惺相惜之由，又道出了“在《饮水》、《弹指》之间”的“栩园词格”之底蕴。

顾贞观之以情论词已如上述，下面不妨对他“极情之至”的词作一番巡礼。

李佳《左庵词话》论清人词，举十七人所作之句为“恰是词中绝妙语”，打头的就是顾贞观词：“古今来，一例断肠回首。”倘以此涵括《弹指词》的“极情之至”，还是大体恰当的。

《词苑萃编》卷一八《纪事》引《词苑丛谈》曰：

> 金粟顾梁汾舍人，风神俊朗，大似过江人物。无锡严荪友诗：“曈曈晓日凤城开，才是仙郎下直回。绛蜡未消封诏罢，满身清露落宫槐。”其标格如许。

其风神、标格“大似过江人物”，而“过江人物”之重情，亦是一个普遍特性。《世说新语·言语》所载：“卫洗马初欲渡江，形神惨顇。语左右云：‘见此茫茫，不觉百端交集。苟未免有情，亦复谁能遣此。’”就极具代表性。通观《弹指词》，不乏“未免有情”、“百端交集”之作，其“极情之至”者，更是“断肠回首”之篇。

这些作品，大体可分为两类：言志抒怀与恋情、友情。

二　言志抒怀之作

梁汾喜作《金缕曲》，亦最擅之，《丙午生日自寿》的此调之作，是他言志抒怀的代表作。录全词：

> 马齿加长矣。向天公、投笺试问，生余何意？不信懒残分芋后，富贵如斯而已。惶愧煞、男儿堕地。三十成名身已老，况悠悠、此日还如寄。惊伏枥，壮心起。　直须姑妄言之耳。会遭逢、致君事了，拂衣归里。手散黄金歌舞就，购尽异书名士。累公等、他年谥议。班范文章虞褚笔，为微臣、奉敕书碑记。槐影落，酒醒未？

丙午年是康熙五年（1666年），顾贞观虚龄三十。“三十而立”，作者却发马齿徒增之慨以起篇，“三十成名身已老，况悠悠此日还如寄”，这就难怪要“向天公、投笺试问，生余何意”了！“生余何意”是萦系心中、挥斥不去之念，凝聚着两千多年来封建知识分子“修齐治平”的理想重压，想到曹操《短歌行》“老骥伏枥，志在千里”的虽老而不堕其志，就更反衬出自己"而立"而未立之凄惶了。下片是他"姑妄言之"的陈述志向：待"致君尧舜上"之事了结后，就是"功成身退"的"拂衣归里"，散黄金，看歌舞，购异书，交名士，而皇帝不忘己功，亦命以班固、范晔之文，虞世南、褚遂良之笔来为之书写碑记。就在这一年，顾贞观应举顺天府而得中，擢为秘书院典籍，但"姑妄言之"的致君功业、谥议立碑之愿并未能实现，四十八岁时终于"拂衣归里"，读书终老。此词末句一作"千载下，有生气"，或为丙午原作，但"槐影落，酒醒未"？却以化用淳于棼"南柯一梦"，将自寿言志之初衷，导入梦回酒醒之虚幻，回应"生余何意"之问，更见凄惶而饶冷峻，当是作者晚年所自订，其沧桑感并非"千载""生气"可比。

"马齿加长"之慨，"生余何意"之问，是特定的"而立"之年的直抒。悠悠岁月，人生如寄，理想与现实的反差只能使人壮心消磨，言志抒怀就更多地化为年光之叹。《烛影摇红·立春》就是这样一首颇具代表性的作品：

> 负却韶光，十年眼冷花丛里。玉笙寒彻梦惊回，著处东风矣。犹是当时春意。渐病酒，怀人天气。樊川愁寂。绕榻茶烟，鬓丝吹起。　残雪无多，莫教容易成流水。琼瑶留伴落梅魂，共做冰壶贮。再入茅堂燕子，应问我，别来何似?君看池畔，照影婆娑，树犹如此。

不负韶光之心，树犹如此之叹，又转化为借寿人而自言其志。《金缕曲》之一云："第二泉如镜山如绮。拚岁月，此中寄。""人生适意为佳耳。莫空过、持螯时节，听鹂天气。"

当然，"晏坐聊为风月主，纵游时作湖山客"的"须信人生行乐耳"(《满江红·题安苍崖行乐图》)，自无"向天公、投笺试问，生余何意"的沉重与惶惑，言志抒怀而见"极情之至"者，还推梁汾的登临怀古之作。《金缕曲·秋暮登雨花台》是此类作品中的代表：

> 此恨君知否？问何年、香消南国，美人黄土。结绮新妆看未竟，莫报诸军飞渡。待领略、倾城一顾。若使金瓯常怕缺，纵繁华千载成虚负。琼树曲，倩谁谱?
>
> 重来庾信哀难诉。是耶非、乌衣朱雀，旧时门户。如此江山刚换得，才子几篇词赋。吊不尽、人间今古。试上雨花台上望:但寒烟衰草秋无数。听嘹唳，雁行度。

词中以"此恨君知否"发问，总领全篇，六朝金粉的南京城，演出过多少"香消南国，美人黄土"的历史悲剧!如果说"结绮新妆"与"诸军飞渡"之类的对照，尚是动态的演示，那么经"琼树曲，倩谁谱"的过渡后，下片就转为由古入今的静静深思了。"重来庾信"的自拟，很容易令人想起著名的《哀江南赋》，朱雀桥边、乌衣巷口，刘禹锡曾以之感慨兴亡，今日所见的"旧时门户"是耶非耶?"如此江山刚换得，才子几篇词赋"，这一感慨是强烈的，"吊不尽、人间今古"，更流露出历史的凝重感。雨花台上，登高能赋，"寒烟衰草"四字曾见于王安石的名篇《桂枝香·金陵怀古》中，这里衍为"秋无数"，包举更广，雁行嘹唳，结情于景，使人又回应起句，作“此恨君知否”之想。

《石州慢·御河为漕艘所阻》亦是《弹指词》中值得注意的一篇，谭献在《箧中词》有“贫士失职”之评。此词上片以“满身风露”的“扣舷孤客”，表其“不如归去”，“钓丝莫负秋江碧”之愿，自剖“悔乘槎踪迹”之心。下片由言志转与怀古相融：

> 凄绝！无端阅遍，战垒遗屯，邮亭败壁。只得几行宫柳，似曾相识。琵琶响断，那须月落回船，曲终始下青衫滴。晓镜待重看，有霜华堪织。

战垒遗屯、邮亭败壁之上，凝聚着历史的重压，只有宫柳依然，拂水飘绵，送人行色。谭献点出了词中“怆怳圹悢兮去故而就新，坎廪兮贫士失职而志不平，廓落兮羁旅而无友生”（宋玉《九辩》）的思想蕴涵，却未及“无端阅遍”的历史陈迹，而正是由此而生的怀古之意，使一己的“惆怅兮而私自怜”（宋玉《九辩》），向更为深广的思想提升。“凄绝”二字，绾结上下片，联系起心迹与历史，琵琶响断，青衫滴泪，霜华堪织的“极情之至”，使人看到了“为情造文”的感情力度。

正如顾贞观在《满江红·和毛会侯汴梁怀古》中所说：“何必江南，堪痛哭、六朝遗迹。”时至清初，面对丰厚的历史积累，“漫凭高，历历数沧桑，空沾臆”者决不在少数。相较而言，如此词“铜驼荆棘”，“朱仙镇，陈桥驿”，“且醉金梁桥上月，休寻蓴绿堂前石”，《台城路·梳妆台怀古》的“有瑶岛琼花，未随流水”，“三阁传笺，六宫润笔，少个青莲应制”的长调铺排，实不逮其小词、中调的思深义永，情韵悠长。

这里，既有沧桑之感所引发的现实枨触，又有登临所见激起的壮心与眼泪。前者如《清平乐·薄暮上怀柔城，望红螺山一带，旧边墙也》：

> 烟光上了，天淡孤鸿小。一派角声听渐杳，吹冷西风残照。　　平安火映谯楼，旌旗半卷城头。写入屏山几曲，乡心历乱边愁。

严格来说，词中并无怀古之意，但西风残照之下，谯楼旌旗之前，又积聚着多少代边士与诗人的喟叹“乡心历乱边愁”，既是作者此时情怀，又相沿着历史的沧桑。后者如《夜行船》（郁孤台）：

> 为问郁然孤峙者，有谁来，雪天月夜？五岭南横，七闽东距，终古江山如画。百感茫茫交集也！憺忘归、夕阳西挂。尔许雄心，无端客泪，一十八滩流下。

若谓当年辛弃疾的《菩萨蛮·书江西造口壁》是写及郁孤台，表自己抗战雄心遭到阻遏的感兴名篇，此词亦五百年后一劲敌。雪天月夜的登临，夕阳西挂的眺望，本不必深究，其时雄心与客泪，身世之悲与兴亡之感的交织，使之“情极”而沉重无比。

《青玉案》更是《弹指词》中的名篇：

天然一帧荆关画。谁打稿，斜阳下？历历水残山剩也。乱鸦千点，落鸿孤咽，中有渔樵话。　登临我亦悲秋者。向蔓草平原、泪盈把。自古有情终不化。青娥冢上，东风野火，烧出鸳鸯瓦。

五代后梁的荆浩及其学生关仝，画史上并称"荆关"，以画北方山水著称。夕阳之下，本已悲凉，水残山剩，更增愁绪。"乱鸦千点"为所见，"落鸿孤咽"为所闻。而上结的"渔樵话"，自然令人想起杨慎感慨三国历史的"白发渔樵江渚上，惯看秋月春风"，"青山依旧在，几度夕阳红"，但夕阳之下山水之"残"、"剩"，其背后应是多少争逐、兵燹啊！"登临我亦悲秋者"，每为士人所共有。"向蔓草平原、泪盈把"，由悲秋、悲己而悲人、悲世。"自古有情终不化"是直言，正所谓"愈朴愈厚"之笔。这"终不化"之情，以青娥冢上之土为喻，在东风野火之中，"野土千年怨不平，至今烧作鸳鸯瓦"（温庭筠《懊恼曲》）点染出无穷之意，较之一时之"泪盈把"，更有深长无尽之情感。

《青玉案》的"自古有情终不化"，虽受限于"水残山剩"、"蔓草平原"，但仍具宽泛的涵藏。梁汾有些作品，或非"极情之至"，却可窥见特定的情感指向。他在《金缕曲·纪檗子征君话旧有感》一词中，道出了"倦眼摩挲双阙望，铅泪铜盘偷泫"，"更何人，痛哭三朝典？天宝话，舌频剪"之意，这是诗词中特定的意象和话头。以此而观《愁倚阑令·昌平道中》，就可见言近指远的特点了。词曰：

云幂幂，水溅溅，草如烟。行近十三陵，下路敢挥鞭。　细柳新，蒲乍绿，玉鱼金碗依然。一骑捧香寒食日，忆当年。

明十三陵，过去是禁地，易代之后，"下路敢挥鞭"，自非昔比。柳新蒲绿，可知人事代谢？杜甫《诸将》有句："昨日玉鱼蒙葬地，早时金碗出人间。"玉鱼、金碗皆殉葬之物，杜诗用《两京新记》及《搜神记》卢充事，以玉鱼、金碗寓广德元年吐蕃入关发陵之恨，王嗣奭《杜臆》卷六指出其"借汉以伤时"之旨。词中的"玉鱼金碗依然"自非陵寝遭掘，但虽淡犹浓之中，"一骑捧香寒食日，忆当年"又岂非特定的"伤时"之意？此时明倾覆虽久，康熙"盛世"已成，但顾贞观并不会淡忘祖、父殉节，叔乙酉起义死难之恨，在特定的昌平道上、十三陵前的环境中，也会难以掩抑凭吊前朝的情怀。

三　恋情与友情之作

顾贞观写及恋情之词不少。对照《弹指词》卷上的《沁园春》"粉蝶乌啼"及卷下据此而改的《洞庭春色》"楼锁葳蕤"，似可一窥他的隐情。二词的上结均为"心期在，休教结子（后者为"且休教结子"），辜负重来"，上下片的文字亦无多大差别。但二者换头显见不同：前者是"欢娱总随流水，尚依然，位置没点尘埃"。后者是"无端绿阴遍地，那复向、旧处徘徊”？这就能让人窥出杜牧名作《叹花》的“绿叶成阴子满枝”之意，可见当年所爱，已适他人。由此而观之，梁汾不乏冶情之作亦适不足怪。

梁汾的《八声甘州·端午》似隐约道出了这一恋情的来由：

当日芙蓉湖上，正水嬉初期，杜牧空留。忽催归暮雨，小泊近朱楼。最难忘、风灯零乱，乍隔船、惊见几回头。伤离绪，綵千结、嘱付亲收。

我们知道，杜牧《叹花》系缘于游湖州、观水嬉，识民间女，而留下十年来娶之约，后十四年出为湖州刺史，女已嫁人生子，故惆怅而作。此虽借以言之，却恰与“休教结子”、“绿阴遍地”相印证。

考证梁汾的恋情，不异于窥其隐私，我们还是专注于他所营造的气氛和塑造的形象，并体味他的作品的“极情之至”。

梁汾既善于营造朦胧的气氛，如《浣溪沙》：

不是图中是梦中，非花非雾隔帘栊。窄衫低髻镇相同。　　清脆铃声檐鸽夜，悠飏灯影纸鸢风。此时携手月溟濛。

《虞美人影》：

消得几行清泪雨，一片冷云飞去。且共离魂语，留他伴过沉烟缕。　　倚遍回廊都不是，不是梦儿行处。毕竟春难住，断肠花落相思树。

又善作质直、真切的表述，如《南乡子》尚较婉转：

只影妒双栖，落尽梁间燕子泥。待到东南新月上，烟低。无奈疏窗只向西。
珍重语柔荑，能得楼头几度携？曾是别来相望处，凄迷。草暗天涯柳暗堤。

《凤凰台上忆吹箫》下片就转为自问后的迂妄之举：

鳒鳒。何曾比目，向百尺竿头，断送枯鲇。想当初崖蜜，知为谁甜？挑取罗巾袖口，将往字、细啮重挦。拼狼藉，墨痕清泪，小印红钤。

《鹊踏枝》从自己之直抒，及于拟想对方：

扑尽流萤花底露。消息沉沉，银汉应难渡。容易一来堪再误，楼头剩有三通鼓。　　何夕能将今夕补？遣鸩为媒，翻把青鸾阻。闷别兰膏谁与诉？知他也只和衣卧。

离别相思历来是词之大宗，顾贞观写来仍有出新之处。如《七娘子》：

小屏风上山无数，就中只问西江路。指点孤舟，水村烟渡。还愁梦里行来误。　一程程递相思铺，一更更漏离魂鼓。说向天涯，今宵最苦。怕伊憔悴还休诉。

“小屏风上山无数”为“多”，“就中只问西江路”为“一”，更为执着的是：指点舟行的路线，为免梦里寻来的误走。较之姜夔《踏莎行》的“离魂暗逐郎行远”之“感梦”，这一“说梦”更见痴情，更是出新。下片“一程程”、“一更更”二句，既见用叠字之妙，且前者为空间的远拓，后者为时间的催逼，织就更深重的离愁。在蓄满而待发之中，却又“怕伊憔悴还休诉”，此份体贴之心，非深于情者不具。

将别是如此深情款款，别后又如何呢？《唐多令》写道：

双泪滴花丛，一身惊断蓬。尽当年、剩月零风。虚把玉颜临镜也，浑不似、旧时红。　笺粉研芙蓉，金窠小篆封。恨书回，忒杀匆匆。别有心情难寄与，凭说，欲归鸿。

别时是泪滴花丛，剩月零风，别后为相思所困，红颜渐凋。既回忆别时，又拟想对方，待将相思付与书信后，却“恨书回，忒杀匆匆”，为何有这种矛盾的感情呢？只缘“别有心情难寄与”。这种似悖常理的逆转，较之吴文英《鹧鸪天》“吴鸿好为传归信”的正写，更见情深。

顾贞观自信“吾词独不落宋人圈禶”，其《菩萨蛮》多少可见温庭筠的影响。如：

颇黎枕滑春云卸，残红犹自明兰炧。好梦觉来疑，归时说与伊。　微霜吹玉猊，何处停征棹。相隔只吴关，曲屏无限山。

又此调之“南音至接所寄桂花忽忽成梦”：

夜深丛桂飘香雪，有人私语凭肩立。莫倚玉阑干，人间风露寒。　残妆犹在臂，小别千年矣。密约誓他生，此生无那情。

虽不似前二者的偏在客观描写，或有代言况味，但抒情仍较为节制。他的真正“不落宋人圈禶”，甚者不学步唐人者，当推那些感触尤深、愈朴愈厚之作。若谓《苏幕遮》的“才话分携，已做天涯梦”、“醒时衾，还独拥。约略离亭，人远鸡声送”，《鹧鸪天》的“往事惊心碧玉箫，燕猜莺妒可怜娇”、“搴恨叶，摘情条，旧时眉眼旧时腰”之类，尚多少难脱前人蹊径，亦可移作他人之所感、所言；似《真珠帘》之所抒情，就可见出于肺腑。此词下片：

> 别久心期轻负，为深怜痛惜，越添僝僽。十载绮罗，情付昨宵残酒。谁道酒醒都是恨，只刬地晓风杨柳？知否？古今来，一例断肠回首！

这就难怪《左庵词话》摘句评词时，将此结句论定为“绝妙语”了。

再看《弹指词》的友情之作。

作为晚明东林党领袖顾宪成的曾孙，顾贞观颇具人望，亦多笔墨之交。仅以词言，他曾与兄顾景文及同里严绳孙、安璿等结“云门社”；《赌棋山庄词话》卷七亦载姜宸英所说壬戌（康熙二十一年，1682年）灯夕，与顾贞观及陈其年（维崧）、严荪友（绳孙）、朱锡鬯（彝尊）、吴汉槎（兆骞）同饮花间草堂并赋词事；《蕙风词话》卷五亦据《宜兴志·侨寓传》作此引录：“梁汾尝访陈其年于邑中，泊舟蛟桥下。吟词至得意处，狂喜，失足堕河。一时传为佳话。”于此可见其为人之本色，推之而可见重交情。

梁汾对朋友“极情之至”的作品，当首推寄吴兆骞“以词代书”的《金缕曲》。

吴兆骞，吴江人，与陈维崧、彭师度有“江左三凤凰”之称，长而主盟“复社”。顺治十四年（1657年）“科场案”发，吴兆骞被责四十板，家产籍没，与父母兄弟妻子一并流徙宁古塔（今黑龙江安宁县），谪戍长达二十四年。顾贞观与吴兆骞交情最笃，为援救好友，不惜置曾祖以来数代气节于不顾，选择了与兄景文不同的道路，踏上仕途，龚鼎孳称誉于朝，权相明珠延为上客。贞观曾恳求明珠，使吴兆骞得以赦还关内，但未得获准，遂以词代书，“寄吴汉槎宁古塔”。词曰：

> 季子平安否？便归来、平生万事，那堪回首！行路悠悠谁慰藉？母老家贫子幼。记不起、从前杯酒。魑魅搏人应见惯，总输他、覆雨翻云手。冰与雪，周旋久。
>
> 泪痕莫滴牛衣透。数天涯，依然骨肉，几家能够？比似红颜多命薄，更不知今还有。只绝塞、苦寒难受。廿载包胥承一诺，盼乌头马角终相救。置此札，君怀袖。

> 我亦飘零久。十年来，深恩负尽，死生师友。宿昔齐名非忝窃，试看杜陵消瘦。曾不减、夜郎僝僽。薄命长辞知己别，问人生、到此凄凉否？千万恨，为兄剖。
>
> 兄生辛未吾丁丑。共些时、冰霜摧折，早衰蒲柳。词赋从今须少作，留取心魂相守。但愿得、河清人寿。归日急翻行戍稿，把空名料理传身后。言不尽，观顿首。

首句以春秋时吴国贤公子季札（延陵季子）称兆骞，不仅与姓氏、排行合，而且才德可追，就更为其遭遇一掬同情之泪。次句言即便归来，亦不堪回首，更何况未归，这就更令人悯之、憾之了。远在悠悠关外，母老家贫子幼，如此境况，又怎记得起从前的杯酒论文呢？杜甫《天末怀李白》有句"魑魅喜人过"，《贫交行》又有"翻手作云覆手雨，纷纷轻薄何须数"，用入词中，既有挚友的深切关怀，更有难抑的不平和激愤。下片反用汉时王章夫妻牛衣对泣事，以虽处天涯，却得骨肉团聚相劝，真是勉慰兼至！申包胥救楚，燕太子丹做人质要求回国，被秦王以乌头白、马生角拒之，二典合用可见梁汾援手救助的决心。"置此札，君怀袖"，更是凭证。

第一首就对方运辞，第二首发自己感慨。十年飘零，"深恩负尽，死生师友"，低回自责，尤见沉痛。李杜齐名，杜甫《长沙送李十一衔》有句"李杜齐名真忝窃"，《容斋随笔》谓后汉李固、杜乔，又李云、杜众，又李膺、杜密，皆称李杜。词中反用，自比杜甫为李白之长流夜郎而消瘦，却难减对方所受痛苦。顾贞观有丧妻之痛，[①]加以知己远别，故自问"到此凄凉否"？换头说年龄，辛未为崇祯四年(1631年)，丁丑为崇祯十年(1637年)，据词前小序可知，此二词作于丙辰(1676年)冬，不惑之年，却同样早衰，少作词赋，心魂相守，当是保养之要。河清人寿，得以归老家园，归日可期，行戍诗稿必传，但生前长期受苦，身后亦"空名"而已，一"空"字，真沉痛至极！

二词作时，距"科场案"发的顺治十四年已有十九年之久，距"廿载包胥承一诺"仅一年了，明珠未允顾贞观之请，二首《金缕曲》却深深打动了明珠之子纳兰性德。顾贞观在词后有一附注，当写于兆骞、容若逝后：

> 二词容若见之，为泣下数行。曰："河梁生别之诗，山阳死友之传，得此而三。此事三千六百日中，弟当以身任之，不俟兄再嘱也。"余曰："人寿几何？请以五载为期。"恳之太傅，亦蒙见许，而汉槎果以辛酉入关矣。附书志感，兼志痛云。

辛酉入关，距丙辰果真五年。《蕙风词话》卷五引《梁溪诗钞》小传注："兆骞既入关，过纳兰性德所，见斋壁大书'顾梁汾为吴汉槎屈膝处'，不禁大恸。"感慨"昔人交谊之重如此！"这两首词以词代书，首尾一贯，从"季子平安否"的问候，到"言不尽，观顿首"的具名结尾，可谓一气流转，二词同一韵部，更为不易。形式的创造仅是其表，真情实感才是其里。诚如谢章铤《赌棋山庄词话》卷七所云：

> 浓挚交情，艰难身世，苍茫离思，愈转愈深，一字一泪。吾想汉槎当日，得此词于冰天雪窖间，不知何以为情！后来效此体者极多，然平铺直叙，率觉嚼蜡，由无深情真气为之干，而漫云以词代书也。

陈廷焯《白雨斋词话》卷三批评顾贞观"不悟沉郁之妙"，但又充分肯定此二词：

> 只如家常说话，而痛快淋漓，宛转反覆，两人心迹，一一如见。虽非正声，亦

---

① 《弹指词》卷下有《金缕曲》(悼亡)。

千秋绝调也。

二词纯以性情结撰而成，悲之深，慰之至。丁宁告戒，无一字不从肺腑流出。可以泣鬼神矣！

陈廷焯以“意在笔先，神余言外”，“发之又必若隐若现，欲露不露，反复缠绵，终不许一语道破”来释其“沉郁”之旨，当然以顾贞观二词“非正声”。但他毕竟承认“纯以性情结撰而成”之作“可以泣鬼神”，“亦千秋绝调”，正说明顾词真情实感的移情之力。

丙辰年，纳兰二十二岁，一见顾贞观则引为知己，《弹指词》卷下附有纳兰相赠的《金缕曲》，就有“不信道、竟逢知己”语。顾贞观次原韵之作，以杜甫念李白诗化入词中，言纳兰援救吴兆骞事：“不是世人皆欲杀，争显怜才真意。”并以侯嬴与信陵君拟自己与纳兰之交：“歌残击筑心逾醉。忆当年、侯生垂老，始逢无忌。”吴兆骞生还三年后病卒，次年纳兰性德亦以三十一岁亡故。梁汾《桃源忆故人·容若构一曲房属藕渔书其额曰鸳鸯社》言短意长地表达了悼友的深情：

千金一刻三春夜，转眼水流花谢。已觉都成梦话，只是伤心也。　分明有恨如何写？判得今生暂舍。还拟他生重借，领袖鸳鸯社。

《弹指词》的压卷之作是《大江东去·魏荆州亮采世兄招集黄鹤楼，蒋驭鹿、朱悔人、华子山诸君同赋坡公原韵》，词后附记云：

呜呼！容若已矣，余何忍复拈长短句乎？是日狂醉，忆桑榆墅有三层小楼，容若与余昔年乘月去梯、中夜对谈处也。因寓此调，落句及之。

在登黄鹤楼，望大江东去，想及东坡“浪淘尽、千古风流人物”的名句时，他却难泯对纳兰的思念：

谁道兰蕙多情，一般芳草渡，萋萋争发。别有凭阑无限意，不受潮痕磨灭。万里空明，年时曾照取、镜中颜发。等闲孤负、第三层上风月。

这“落句及之”的“等闲孤负、第三层上风月”，不仅在于“桑榆墅”是纳兰专为顾贞观构筑的樽酒论文之所，更是“惭愧王孙图报薄”的再无可报、可对，“一人知己”已矣，故“余何忍复拈长短句乎”?(《金缕曲·酬容若见赠，次原韵》)

四 铲削浮艳，舒写性灵

《词苑萃编》卷八《品藻》录有顾贞观评论他人词作的几段话：

《折柳》诸作，极清婉妍秀之致，较《浣红居词》，体格又一变矣。

浣花风流蕴藉，词如其人，丽而则，清而峭，晏、周之流亚也。

可见他以"清婉妍秀"论词，极知此为词之体性特征，但又树起"丽而则"、"清而峭"的辩证的论词标准。体性、风格似尚在次，他读纳兰性德词，首重其情：

容若词，一种凄惋处，令人不能卒读，人言愁我始欲愁。

顾贞观与纳兰性德为知己，论词与选词的观点、标准有很大程度的一致性。纳兰有《填词诗》，其中有句：

诗亡词乃盛，比兴此焉托。往往欢娱工，不如忧患作。冬郎一生极憔悴，判与三闾共醒醉。美人香草可怜春，凤蜡红巾无限泪。芒鞋心事杜陵知，只今惟赏杜陵诗。

二人不仅唱和最多，而且共同选有《今词初集》二卷。此书选录清朝建立后三十年间180余位词人的作品，刻于康熙十六年(1677年)。鲁超在序中说："容若旷世逸才，与梁汾持论极合，采集近时名流篇什"，"期与诗家坛坫并峙古今"。书后有毛际可跋文，指出：

是选主于铲削浮艳，舒写性灵。采四方名作，积成卷轴，遂为本朝三十年填词之准的。

这"铲削浮艳，舒写性灵"八字，亦可移作《弹指词》之评。其言志抒怀及写爱情、友情者已如上述，我们且看顾作的另两大类：羁旅行役与咏物之作。

顾贞观以康熙初年入京，不久即诗名大噪，擢秘书院典籍。康熙十年(1671年)春落职归里。五年后再度入京，馆相国明珠家。纳兰性德卒，还里，构积书岩，读书终老。但在《弹指词》中，却可读到不少羁旅行役之作。

山程水驿，一直是诗词之大端，仅以宋词言，柳永就大得论者首肯。顾贞观所作，多言真情实感，故能自出机杼。《贺新凉·用辛稼轩韵代别》过片数语，可概括其所作：

行矣天边风露冷，汉时关偏隔秦时月。幽怨重，写瑶瑟。

天边风露荡起羁情离思，秦月汉关更激发怀古之情、历史意识，因之其写入“瑶瑟”的“幽怨”，较之“佳人颙望”更见厚重，而极少尖纤。

《石州慢·御河为漕艘所阻》为行旅中之抒怀，前已论及。在写及将离及别后，《弹指词》亦不乏佳篇。如《酹江月》，上片作前后盘旋，多方渲染：

珍重流莺传语道：怜取长条休折。带绾同心，丝缠续命，一寸肠千结。那能此际，眼看真个离别。

下片将妻子的叮咛告语，及自己“隐”与“仕”的矛盾，付之于不得已的分别时刻：

才唱罢《骊驹》，兰舟待解早，催归亲切。君便承恩侬易老，须记瓣香星月。范蠡湖头，梁鸿宅畔，准拟成三绝。临歧试问：欢期在甚时节？

顾贞观也能作清婉妍秀，风流蕴藉之词，如《浣溪沙》数首，多就闺中“居者”拟想“行者”，不失为“男子作闺音”的佳作。其中如“自别檀奴百事嫌，恼人蟢子下重檐，更无心绪莫开帘”，“拣尽钗梳浑不是，抛残弦索拟如何，日来天气困人么？”“为写眉图传小影，拟烧心字试沉香，雨丝萦断九回肠”等，都情、态生动。但真正具有撼人心魂之力者，仍是那些“舒写性灵”之作。如《醉春风·临洛客舍》：

禁漏莲花碎，玉堂清似水。而今荒店听鸡鸣，醉醉醉。月淡藜床，烟低土銼，一番憔悴。　　向壁余灯穗，照人孤影背。不如梦也不逢欢，睡睡睡。争忍寒更，教他湿尽，冷红残翠。

这种荒郊野店中的真实感受，如同词中“醉醉醉”、“睡睡睡”的叠字一样，拙朴之中自饶浑厚。又如《菩萨蛮·晦夜端州道中》上片：

苍梧水落羚羊峡。危樯欲渡愁云压。肠断岭猿鸣，南来第一声。

同调的客中送客之作“送当如弟入秦时客临汾”：

秋空倚剑人何处？羁心远挂咸阳树。陇水咽残星，黄河西畔行。　　几多乡泪滴，一夜关山笛。谁按小伊州，清霜入鬓流。

若谓前者尚侧重在旅愁，后者则羁心、乡泪与黄河、陇水、关山、清霜融浑交织，使人感受到关山与历史相凝聚，古人范式与今人遭际相结合的重压。即便不涉如此广阔的时空，亦可见真情实感是性灵的舒写。如《菩萨蛮·早发星轺驿是太行山绝顶处》：

> 山城半夜催金柝，酒醒孤馆灯花落。窗白一声鸡，枕函闻马嘶。 门前乌柏树，霜月迷行处。遥忆独眠人，晓寒惊梦频。

仅题中“是太行山绝顶处”数字，就使人感到非人人可到，故非人人可写，词之本色、纯真，就是“铲削浮艳，舒写性灵”的实践。

当然，在近千年的创作积淀中，到如顾贞观“消受水驿山程，灯昏酒冷，梦儿中叨絮。儿女心肠英雄泪，抵死偏萦离绪”（《百字令·瓯东苦雨和陆吴州夫子韵》），“别母情怀恶，将维气力微”（《南柯子·慰我兼贫病》），“醉浅愁仍结，寒深梦却还”（《南柯子·古锦余香湿》）的表达，虽为自己的所感所言，是真情而非浮伪，但仍难留给人全新的印象。出新确非易事，但顾贞观在表达性灵、抒发真情时，仍可见不落前人窠臼之处。如《忆秦娥·大庾岭》下片：

> 塞鸿不度乡书隔。红梅关上思家客。思家客。江南魂梦，岭南消息。

不但从地理特征言塞鸿不度，还以空间的大飞跃，作言简意赅的离绪表达。尤其《字字双·闽客谣》，丝毫不见类型化的情绪和沿袭不已的意象，读之令人难忘：

> 烟岚泼翠山复山。雪浪卷空滩复滩。车船算缗关复关。琴剑羁游难复难。

张德瀛《词征》卷六评曰：

> 《字字双》，唐王丽真所制调，明陈元明步趋王作，不失累黍。顾梁汾《闽客谣》赋是调……一字一泪，能使征人逐客，读之泫然。

这也证明纳兰所说的“往往欢娱工，不如忧患作”，当是与顾贞观的共同体会。

下面再论顾贞观的咏物词。

南宋以来，咏物一直是词的创作大宗。到康熙十八年（1679年）“博学鸿词科”殿试，朱彝尊得以特授翰林院检讨，名重京师之后，将宋末遗民的《乐府补题》广为流布，引起“辇下诸公”纷纷唱和，咏物词成为一时之尚，并造成了词风的很大改变。朱彝尊作为清初大词人，浙西词派的领袖，对清词的发展自有其独到的贡献，但因《乐府补题》之倡，并销蚀、置换其家国、身世之慨，堆砌典实，逞才斗巧，其领导咏物词的新潮流实在难以让人首肯。谢章铤曾批评盲目追随朱氏之弊，《赌棋山庄词话》卷七云：

余尝怪今之学金风亭长者，置《静志居琴趣》、《江湖载酒集》于不讲，而心摹手追，独在《茶烟阁体物》卷中，则何也？夫咏物南宋最盛，亦南宋最工。然傥无白石高致，梅溪绮思，第取《乐府补题》而尽和之，是《方物略》耳，是《群芳谱》耳，便谓超凡入圣，雄长词坛，其不然欤。

在同一则中，他又充分肯定了顾贞观的咏物词：

梁汾咏寒柳《临江仙》云："西风着意做繁华。飘残三月絮，冻合一江花。"又云："永丰西畔即天涯。白头金缕曲，翠黛玉钩斜。"咏梅《浣溪沙》云："冻云深护最高枝。"又云："一片冷香惟有梦，十分清瘦更无诗。待他移影说相思。"剔透玲珑，风神独绝，诚咏物雅令也。比之排比嫩辞，襞积冷典，相去岂不万万哉。

我们不必对朱彝尊与顾贞观作孰为长短之较，但应该承认谢章铤所说极中肯綮。

正在朱彝尊扬帜辇下，从者极众之时，顾贞观明显地置身于趋时者的阵营之外。朱氏《水村琴趣序》曰："予尝持论小令当法汴京以前，慢词则取诸南渡，锡山顾典籍不以为然也。"在梁汾的咏物词中，确可看到他所倡的"不执己，不徇人，不强分时代"的创作态度，及谢章铤所称誉的"剔透玲珑，风神独绝"之处。如《虞美人·蜀茶》的"个人偷眼隔窗纱，映出月中根叶雪中花"，"分明玉茗堂深处，小立垂垂树"；《临江仙·并蒂莲》的"一篙轻碧众香浮，月艳淡于秋"，"金粉飘残，野塘清露，各自悔风流"，均类于谢氏所称赏者。而遍翻《弹指词》，也的确未见续《乐府补题》之作。但是，"剔透玲珑，风神独绝"并非梁汾咏物词的主导面，不"排比嫩辞，襞积冷典"，正是"铲削浮艳，舒写性灵"的体现。

历来咏柳之作甚多，梁汾固有如谢章铤称道的《临江仙》之"风神独绝"，又有素朴而满注深情的《双红豆·柳》：

风一丝，雨一丝，不系行人只系思，唤他杨柳枝。　　萍是伊，絮是伊，眼眼眉眉生别离，章台无见期。

他咏秋海棠的《剪湘云》不乏"剔透玲珑"，却又令人生出联想，寻其托意，下片云：

谁念补屋牵萝，卖珠回去。正袖薄天寒，风韵凄楚。小鬟凌波铅泪滴，剪破湘云一缕。向西窗密约美人蕉，和影儿私语。

他咏梅的《雨中花》亦"风神独绝"，然是花是人？又实不可分：

容易幽窗开似雪，耐多少、五更霜月？背地无憀，经年有恨，并向花心咽。

不如冷雨相摧折，料无分软红疼热。玉管谁知？石肠空赋，又一番轻别。

他有一组词，分咏姚湾杏、鹅湖菱芡、西施庄玫瑰、水仙祠下柳、浒溪桃、东庭桂、藕荡莲、顾山山茶等，是十足的《方物略》、《群芳谱》，却无逞才斗巧，挦扯饾饤之弊。观其词后补注，每每感受到对家乡风物的纯朴之情。如《孤雁儿·照黛阁藤花》后注：

阁为西山杨氏家园第一胜处，有紫藤数株，络石凌霄，覆满如幄，不计其为何代物也？

《添字浣溪沙·姚湾杏》后注：

湖边山下居民无不种杏者，而姚湾尤盛，傍崖有两石仙，衣冠甚伟，过者肃然起敬。

《南浦·西施庄玫瑰》后注：

庄在夹城，世传鸱夷入五湖时居此，向以牡丹得名，今所见者，玫瑰而已。

《渔家傲·浒溪桃》后注：

溪甚曲，桥甚低，泛小舟行村落间，如在画中，满溪花片，自清明至四月不绝。

皆分别与词之“十围溜雨剩霜皮，犹带六朝烟锁”；“七十二峰螺黛影，上花梢”，“望逐晴波浮绛雪，行沾暮雨晕红潮。谁与石仙相对赏？有山樵”；“愿从今唤作，苎萝村里，一种旧桑麻”，“曲水平桥通宛转，船头响细春潮浅。小泊村扉争吠犬，人不见，落红如织渔罾眼”相映带、相结合。可见作者虽咏物，亦写其性灵，表其对家乡与历史的挚爱与感受，故摒弃浮艳，朴素如瓜棚豆架，而不必凭藉嫩辞、冷典精心堆砌七宝楼台。

《弹指词》中，有咏花木、茶、果、鹰、雁、砚等作，却绝无《茶烟阁体物集》内以女子五官、身体为吟咏对象之类作品。[①] 不仅格调较高，而且确如梁汾自己所言：

尝见谢康乐“春草池塘”梦中句，曰：“吾于词曾至此境。”[②]

---

① 丁绍仪《听秋声馆词话》卷一九载顾贞观为康熙初禁裹足而作之《浣溪沙》，下片：“六寸圆肤原有致，一钩纤影待重量。春愁稳载莫轻飏。”集中未载。从词中亦可见崇尚自然的精神，全无浙派恶亵习气。

② 诸洛．弹指词序[M]//张秉戌．弹指词笺注．北京：北京出版社，2000：546.

是以自然清新为归。谢章铤对浙派咏物词的批评,堪称击中要害。《赌棋山庄词话》卷九:

宋词三派,曰婉丽,曰豪宕,曰醇雅,今则又益一派曰饾饤。宋人咏物,高者摹神,次者赋形,而题中有寄托,题外有感慨,虽词实无愧于六义焉。至国朝小长芦出,始创为征典之作,继之者樊榭山房。长芦腹笥浩博,樊榭又熟于说部,无处展布,借此以抒其丛杂。然实一时游戏,不足为标准也。

这样,他对照朱、顾,明作轩轾,自有其理在,亦自有其识在。的确,"铲削浮艳,舒写性灵"即使不难于言志咏怀、恋情友情之作,却难于咏物,特拔于浙西宗风之外的梁汾咏物词,在那特定的历史时期,可谓弥足珍贵。

五 余 论

顾贞观的部分词作,难入以上几类题材,却不失为佳作者不少。如龙榆生《近三百年名家词选》收入的《南乡子·捣衣》:

嘹唳夜鸿惊,叶满阶除欲二更。一派西风吹不断,秋声。中有深闺万里情。片石冷于冰,两袖霜华旋欲凝。今夜戍楼归梦里,分明。纤手频呵带月迎。

谭献《箧中词》评曰:"清空若拭。"其实,词之境或清空,词之情却质实,在前人屡屡为之的题材上,写出如此真挚的深闺与戍楼两地之情,非自具深情不可。他既可为历史人物的女性,发出由衷的赞美,如《木兰花慢·憩孔雀庵其旁为马湘兰故居》:

有燕骨千金,楚魂九畹,姓字余香。

又可为现实中不幸的女性长歌当哭。《声声令·松陵吴汉槎夫人出关令妹昭质以孤孀远送芝麓龚公盛称为缟綦义烈因赋此词并寄汉槎》写道:

香笺晚坐,翠黛朝弯,燕霜那忽点云鬟。伯劳飞燕,禁骨肉、恁摧残。盼九天、为妾赐环。 甚日生还?酒泉郡,玉门关。燕颔小妹上书难。麻衣似雪,泪潸潸,背人弹,本意儿身作木兰。

吴兆骞远谪宁古塔,妻子相随,居孀之妹上书乞减兄罪而未获,顾贞观既有乌头马角相援之诺,又对此惨烈一幕难抑其情,不由自主地由自抒己怀而移入代言,诚感人肺腑。

《弹指词》的"极情之至",既关人事,亦及风景。顾贞观不但以一组咏物词表达对家乡风物之挚爱,他笔下的江南四时景色,也蕴涵真情,故清婉妍秀之中自有生香真色。如《画堂春》:

> 湔裙独上小渔矶,袜罗微溅春泥。一篙生绿画桥低,昨夜前溪。　　回首楝花风急,催归暮雨霏霏。扑天香絮拥凄迷,南北东西。

四首《望江南》更是充满情趣的四季通景屏:

> 江南好,燕子乍来时。屡唤不应挑笋约,欲成还改护兰诗,风日助相思。
>
> 江南好,清簟坐潇湘。梅雨生憎调黛湿,麦秋偏爱洗头凉,小立焙茶香。
>
> 江南好,秋水晚平桥。千顷绿沉菱叶雨,十分香散藕花潮,人倚木兰桡。
>
> 江南好,寒掩小窗纱。积雪红垂天竹子,微泉碧注水仙芽,幽事属谁家。

为省篇幅,长调不引录了。

杜文澜《憩园词话》卷二有这样一个判断:

> 国朝词人最工律法者,群推纳兰容若、顾梁汾、周稚圭三家。

当然,此说未必能为他人接受。徐珂《近词丛话》认为:吴伟业之后,"继起者有前七家,后七家,前十家,后十家之目"。顾贞观即"前七家"之一,徐珂评其"考声选调,吐华振响,浸浸乎薄苏、辛而驾周、秦"。但是,尚应推谢章铤所言最合实际。《赌棋山庄词话》卷七以之与吴兆骞并称:"《秋笳》之诗,《弹指》之词,固是骚坛二妙。"又谓:

> 顾梁汾短调隽永,长调委宛尽致,得周、柳精处。

诸洛《弹指词序》既转述梁汾"可信必传"的自信,又指出"昔弥勒弹指,楼阁门开,善财即见百千万亿弥勒化身,先生以斯名集,殆自示其苦心孤诣、超神入化处"。《清史稿》卷四八四《文苑传》说:顾贞观"诗自定集仅五言三十余篇,清微婉笃,上晞韦、柳,而世特传其词,与维崧及朱彝尊称词家三绝"。但是,顾贞观身后在词坛的名望为何与其生前自信不符呢?这一问题的背后,有着复杂的原因,本文无意于对此探讨,仅引录几段话,以一窥其中消息。

《蕙风词话续编》卷二录有顾贞观给陈聂恒书：

自国初辇毂诸公，尊前酒边，借长短句以吐其胸中。始而微有寄托，久则务为谐畅。香岩、倦圃，领袖一时。唯时戴笠故交，担簦才子，并与燕游之席，各传酬和之篇。而吴越操觚家闻风竞起，选者、作者，妍媸杂陈。渔洋之数载广陵，实为斯道总持。二三同学，功亦难泯。最后，吾友容若，其门第才华，直越晏小山而上之。欲尽招海内词人，毕出其奇，远方骎骎，渐有应者，而天夺之年，未几，辄风流云散…… 虽云盛极必衰，风会使然。然亦颇怪习俗移人，凉燠之态，浸淫而入于风雅，为可太息。假令今日，更得一有大力者起而倡之，众人幡然从而和之，安知衰者之不复盛邪？

这里，既道出了纳兰性德"欲尽招海内词人"，却"天夺之年"，未能成为词坛领袖的根本原因，而"习俗移人"，更因浙派之成，纳兰、梁汾之"性灵"遂被"茶烟"的"体物"所掩。至如陈廷焯《白雨斋词话》卷三所论：

顾华峰词全以情胜，是高人一著处。至其用笔亦甚圆朗。然不悟沉郁之妙，终非上乘。

这是他由浙派转向常州派后的认识，他的"沉郁"有着常州派特定的崇尚比兴寄托之内涵，故有此说。顾贞观既无陈维崧苏辛式的雄深雅健、潇洒卓荦，又无纳兰性德的哀感顽艳，前被浙西之"体物"及醇雅所掩，后被常州之"比兴"、"寄托"所抑，之所以被冷落也就很自然了。

朱孝臧《彊村语业》卷三题曰：

云海约，明镜已秋霜。但愿生还吴季子，何曾形秽汉田郎？归老有纻塘。

尚不见态度分明。夏承焘《瞿髯论词绝句》说得极好：

销魂季子玉关情，冰雪论交万里程。何必楼台美金碧，至情言语即天声。

兹以此作结。

（原载《艺文述林·古代文学卷》，上海文艺出版社1996年11月出版，又刊于台湾研究院文哲研究所编《词学研讨会论文集》，1996年6月初版）

词论研究

张炎《词源》的雅化理论

若谓词之诗化是借助于词体之外，词之雅化则是立足于词体之内。“雅词”创作的兴起，使理论上对雅词的倡导、阐释，成为南宋词论不可忽视的一个组成部分。

较早提出雅词之说的是曾慥《乐府雅词序》（绍兴十六年，1146年）。曾慥，字端伯，自号至游子，晋江（今属福建）人。序中说：

> 余所藏名公长短句，裒合成篇，或后或先，非有诠次。多是一家，难分优劣，涉谐谑则去之，名曰《乐府雅词》。九重传出，以冠于篇首，诸公转踏次之。欧公一代儒宗，风流自命，词章幼眇，世所矜式。当时小人，或作艳曲，谬为公词，今悉删除。凡三十有四家，虽女流亦不废。

此序值得注意者有二：一是“雅词”的定义、标准，二是在这一标准下如何看待欧阳修词。关于前者，“涉谐谑则去之”，对“艳曲”“今悉删除”，由此可见，闺阃、香奁者托体不尊，逞慧、尚巧者庸俗浅陋，都不入雅词之列。关于后者，欧阳修以“儒宗”之尊作艳词，其实正是欧阳炯之后文人双重人格的体现，但论者多作曲意回护，如陈振孙《直斋书录解题》就说：“欧阳公词多有与《花间》、《阳春》相混，亦有鄙亵之语厕其中，当是仇人无名子所为也。”曾慥看到了“儒宗”作“艳词”的厉害关系，故亦释之为“小人谬为公词”，以求解释圆满，又不降低标准。

此后，关注《石林词跋》（1147年）和曾慥《东坡词拾遗跋》（1151年），亦都有以雅论词之意。前者称叶梦得“晚岁落其华而实之，能于简淡时出雄杰，合处不减靖节、东坡之妙，岂近世乐府之流哉！”偏重于风格。后者谓苏轼“江山秀丽之句，樽俎戏剧之词，搜罗几尽矣”，则侧重在内容。艳、谑之作无疑难入大雅之列。王灼《碧鸡漫志》不仅在卷一以“中正则雅，多哇则郑”，从音乐上论雅郑之别，而且在书中屡发扬苏抑柳之见，其实就是尊雅贬俗之意。王灼此书卷二有论李清照的文字：“作长短句，能曲折尽人意，轻巧尖新，姿态百出，闾巷荒淫之语，肆意落笔，自古缙绅之家能文妇女，未见如此无顾忌也。”亦未离异崇雅标准。

当然，最全面、深刻阐述南宋前期雅化理论的，当推鲖阳居士的《复雅歌词序略》。其文云：

> 孟子尝谓“今之乐犹古之乐”。论者以为今:之乐，郑、卫之音也，乌可与《韶》、《夏》、《濩》、《武》比哉！孟子之言，不得无过。此说非也。

《诗》三百五篇，商、周之歌词也，其言止乎礼义，圣人删取以为经。周衰，郑、卫之音作，诗之声律废矣。汉兴，制氏犹传其铿锵。至元、成间，倡乐大盛，贵戚、五侯、定陵、高平外戚之家，淫侈过度，至与人主争女乐，而制氏所传，遂泯绝无闻矣。《文选》所载乐府诗，《晋志》所载《砀石》等篇，古乐府所载其名三百，秦汉以下之歌词也。其源出于郑、卫，盖一时文人有所感发，随世俗容态而有所作也。其意趣格力，犹以近古而高健。更五胡之乱，北方分裂，元魏、高齐、宇文氏之周，咸以戎狄强种，雄踞中夏，故其讴谣，淆糅华夷，焦杀急促，鄙俚俗下，无复节奏，而古乐府之声律不传。

周武帝时，龟兹琵琶工苏祇婆者，始言七均，牛洪、郑译，因而演之，八十四调始见萌芽。唐张文收、祖孝孙讨论郊庙之歌，其数于是乎大备。迨于开元、天宝间，君臣相与为淫乐，而明宗尤溺于夷音，天下薰然成俗。于是才士始依乐工拍弹之声，被之以辞，句之长短，各随曲度，而愈失古之"声依永"之理也。温、李之徒，率然抒一时情致，流为淫艳猥亵不可闻之语。

吾宋之兴，宗工巨儒文力妙天下者尊，犹祖其遗风，荡而不知所止，脱于芒端，而四方传唱，敏若风雨，人人歆艳，咀味于朋游尊俎之间，以是为相乐也。其韫骚雅之趣者，百一二而已。以古推今，更千数百岁，其声律亦必亡无疑。

属靖康之变，天下不闻和乐之音者，一十有六年。绍兴壬戌，诞敷诏音，弛天下乐禁。黎民欢忭，始知有生之快，讴歌载道，遂为化国。由是知孟子以"今乐犹古乐"之言，不妄矣。

鲖阳居士姓名失考，但这篇序在南宋词学批评领域具有重要地位。序作于绍兴十二年(1142年)，比上述诸序均早，而且正当朝廷"弛天下乐禁"之初，起了号召天下，倡导风雅的重要作用。其主要观点是：

第一，从我国韵文发展"文乐相表里"的规律出发，以"乐与政通"的传统观点，追述我国音乐的发展、流变，由词而上溯《诗经》，以期恢复风雅传统。

词是"曲子词"、"歌词"，自然与乐相关，《复雅歌词序略》的大部分篇幅都用在论乐上。我国历代的韵文，除汉赋和六朝骈文外，确如吴梅《中国戏曲概论》所说："一代之文，每与一代之乐相表里。"[①] 而鲖阳居士之论乐，意义并不在于就乐论乐，而是沿袭季札"观乐知政"的传统，本着《乐记》"乐与政通"的精神，有着更深远的目标。

《左传·襄公二十九年》记述了吴公子季札请观周乐的事，体现出由乐知政的精神。《乐记》更云："是故治世之音安以乐，其政和；乱世之音怨以怒，其政乖；亡国之音哀以思，其民困。声音之道，与政通矣。""审乐以知政，而治道备矣。"周朝大兴礼乐，所本是"礼以节外，乐以和内"的精神，立足点在社会伦理道德，推而则进之为社会政治，二者又是密切相关的。

---

① 吴梅．中国戏曲概论[M]//吴梅戏曲论文集．北京：中国戏剧出版社，1982：142.

在鲖阳居士看来,《诗》是"止乎礼义"的,而周衰之时,郑、卫之音作,主乎"淫"。汉朝兴起后,"制氏纪其铿锵,叔孙定其容典。于是武德兴于高祖,四时广于孝文"(《文心雕龙·乐府》),但至西汉后期元帝、成帝期间,制氏所传雅乐声律泯绝,"淫侈"之乐又起。汉、魏、两晋乐府虽源出郑、卫,但"文人有所感发,随世俗容态而有所作",正是班固所说"感于哀乐,缘事而发"的精神,故可作"意趣格力,犹以近古而高健"之评。东晋以后,"戎狄强种,雄踞中夏",其乐"鄙俚俗下"。由北周至唐,燕乐大兴,开元、天宝间,"淫乐"、"夷音"大盛,依曲制词,成"淫艳猥亵"之作。北宋仍宗唐风,"荡而不知所止"。

从以上论述音乐的源流发展看,可以得出这样的结论。周衰而主"淫"的郑、卫之声作,汉兴而犹存雅乐,元、成之世"淫侈"之乐起,终致哀帝、平帝之衰,王莽篡政而西汉亡,汉、魏、晋乐府虽出郑、卫,却言政而非淫。唐虽至开元而极盛,却因君臣溺于淫乐、夷音而有安史之乱,北宋虽有较久繁荣,终因宣和的大晟府之盛而招致靖康之变。文中虽未明言安史与靖康之乱,但确乎贯注着"乐与政通"的精神。既是这样,倡导"复雅",就力求体现出"以乐干政"的功能,在改革衰靡词风同时,要移风易俗,于政事有所裨益。

从鲖阳居士论音乐的流变又可看出:古乐兴于商周而亡于北朝,今乐起于后周而盛于唐宋,前者为雅乐,后者为燕乐,古今乐分属不同系统,但他在对孟子所说"今之乐犹古之乐"的非议进行驳难时,推原演变之迹,由词而上溯《诗经》,是立足于对词恢复风雅传统的期许。这就是词不应只是花前月下、男欢女爱之作,而应如《毛诗序》所说:"风,风也,教也;风以动之,教以化之。""雅者,正也,言王政之所由废兴也。"

第二,对胡乐、夷音的鄙视和排斥,表现出鲜明的民族意识,总结溺夷音而荒政的历史教训,以"复雅"求宋词与国事的中兴。

《复雅歌词序略》在论及北朝音乐时说:"更五胡之乱,北方分裂……故其讴谣,淆糅华夷,焦杀急促,鄙俚俗下,无复节奏。"在论及后周、隋、唐音乐时,一方面道及"今乐"的起源,另一方面对"淫乐"、"夷音"流露出明显的鄙视之意,对"愈失古之'声依永'之理"极为不满。

其实,正是"胡乐"与"夷音"使我国音乐得到很大发展。郭茂倩《乐府诗集》说:"两汉已后,世有制作……魏歌辞不一见,疑亦用汉辞也。""晋武受命,百度草创,泰始二年,诏郊庙明堂礼乐权用魏仪,遵周室肇称殷礼之义,但使傅玄改其乐章而已。""宋文帝元嘉中……大抵依昉晋曲,是则宋初又仍晋曲也。南齐、梁、陈,初皆沿袭。"可见魏晋以来的代代相因,使颂德美容雷同一响,不能体现出创造精神。反之,自张骞通西域以来,胡乐传入长安,李延年更造新声二十八解,给汉乐注入新鲜血液。而北朝讴谣,因多与军旅生活相伴,实为雄劲刚猛、悲凉古拙之音,与江南的柔婉绮丽适成对照。

郑译因龟兹琵琶立七均十二律之调,虽在当时见沮而"议寝",但诚如《辽史·乐志》所说:"郑译得西域苏祗婆七旦之声,求合七音八十四调之说。由是雅俗之乐,皆此声矣。"[①] "盖乐自郑译而后,乃一大变更,《周官》同律无论矣……唐宋以来之雅乐及

① 凌廷堪.燕乐考原[M]//哈尔滨师范大学中文系古籍整理研究室.燕乐三书.哈尔滨:黑龙江人民出版社,1986:6.

燕乐宫调字谱，皆琵琶之遗声也心。”[①] 这是“胡夷之乐”影响华夏文明的一个坚证。在唐代音乐极为繁荣的同时，随着燕乐之兴盛，使“倚声填词”渐起。

胡乐、夷音对中古音乐和文学的繁荣，无疑有极大的推助力，开元、天宝之际，朝野倾倒于西域文化与音乐，亦非均止于“淫”，从词之初兴，到“温、李之徒”，亦非只作“淫艳猥亵不可闻之语”。那么，鲖阳居士对外来音乐的鄙视、排斥，除了说明他具有复古意识之外，更证明了在女真贵族占领了中原，掳去二帝，破坏了汉族文化、音乐之后，他难以泯灭对北人、胡乐的仇恨，流露了强烈的民族意识。同时，安史之乱的起因虽较复杂，但李隆基耽于淫乐而荒政无疑是重要原因，形象地说，确如《长恨歌》所写的：“缓歌慢舞凝丝竹，尽日君王看不足。渔阳鼙鼓动地来，惊破霓裳羽衣曲。”尽管靖康不同于天宝，但宋徽宗执政的宣和年间，确实是君臣沉迷于声色，与当年李隆基“溺于夷音”、“天下薰然成俗”相仿佛。《复雅歌词序略》对于李隆基的批判，又何尝不是对赵佶的批判？而且，文中谓“宗工巨儒”虽“文力妙天下”，却“祖其遗风，荡而不知所止”，形成“敏若风雨，人人歆艳，咀味于朋游尊俎之间，以是为相乐”的普遍风气，虽未明言对晏、欧等人的批评，实也有难辞其咎之意。其针对“温、李之徒”的“淫艳猥亵”，而《复雅歌词》所辑又迄于宣和之季，确有总结历史教训，并以“复雅”求重振词风之衰，求国事中兴之意。这样，其意义确又逾于音乐、文学本身了。作者为之欢欣和期待的“黎民欢忭，始知有生之快，讴歌载道，遂为化国”，又以孟子“今乐犹古乐”之言呼应开头而作结，其涵盖之广，企盼之切，足可证前说。

曾慥、王灼、鲖阳居士等人之后，词的雅化理论继有发展。较早的有为张孝祥词所写的二序：汤衡《张紫微雅词序》和陈应行《于湖先生雅词序》，二者都写于乾道辛卯年(1171年)。汤序写道：

> 夫镂玉雕琼，裁花剪叶，唐末词人，非不美也。然粉泽之工，反累正气。东坡虑其不幸而溺乎彼，故援而止之，惟恐不及。其后元祐诸公，嬉弄乐府，寓以诗人句法，无一毫浮靡之气，实自东坡发之也。于湖紫微张公之词，同一关键……衡尝获从公游，见公平昔为词，未尝著稿……所谓骏发踔厉，寓以诗人句法者也。自仇池仙去，能继其轨者，非公其谁也哉？

除对“粉泽之工，反累正气”的批评与鲖阳居士所论相近外，又指出张延苏绪的传承关系，这样，“无一毫浮靡之气”，“骏发踔厉，寓以诗人句法”，实是将“雅化”释为“诗化”，将词之柔美导向诗之刚美了。

陈序则谓：

> 紫微张公孝祥……至于托物寄情，弄翰戏墨，融取乐府之遗意，铸为毫端之

① 凌廷堪.与阮伯元侍郎书[M]//哈尔滨师范大学中文系古籍整理研究室.燕乐三书.哈尔滨：黑龙江人民出版社，1986：111.

妙词……所作长短句凡数百篇，读之泠然洒然，真非烟火食人辞语。予虽不及识荆，然其潇散出尘之姿，自在如神之笔，迈往凌云之气，犹可以想见也。

这里，除在内容上以“托物寄情，弄翰戏墨，融取乐府之遗意”以明“雅”的内涵外，又以“潇散出尘之姿，自在如神之笔，迈往凌云之气”，进一步道出于湖雅词的风格特点和艺术特色，较汤序更形丰富、深入。

在汤衡、陈应行序《于湖词》三十年后，又有张镃为史达祖写《梅溪词序》。张镃(1153年—1211年)，字功甫，号约斋，凤翔(今属陕西)人，世居临安(今浙江杭州)。其序云：

《关雎》而下三百篇，当时之歌词也。圣师删以为经，后世播诗章于乐府，被之金石管弦，屈、宋、班、马由是乎出。而自变体以来，司花傍辇之嘲，沉香亭北之咏，至与人主相友善，则世之文人才士，游戏笔墨于长短句，间有能瑰奇警迈，清新闲婉，不流于訑荡污淫者，未易以小伎言也……盖生之作，辞情俱到，织绡泉底，去尘眼中，妥贴轻圆，特其余事……有瑰奇警迈，清新闲婉之长，而无訑荡污淫之失，端可以分镳清真，平睨方回，而纷纷三变行辈，几不足比数……生满襟风月，鸾吟凤啸，锵洋乎口吻之际者，皆自漱涤书传中来，况欲大肆其力于五七言，回鞭温韦之途，掉鞅李杜之域；跻攀风雅，一归于正，不于是而止。

此序虽专为史达祖而发，但因为史达祖与姜夔、吴文英同为风雅词派领袖，故在评述史词之时，实又道出了对风雅词特点的认识。序中亦从“三百篇”论起，由“变体”而及词，指出词虽文人才士的“游戏笔墨”，但又“不流于訑荡污淫”，这实为“雅者，正也”之意，所以“未易以小技言乜”。由乐府之变而上溯《诗经》，得其“正”而不流于淫，游戏笔墨亦非小技。这里，重意格、尊词体二义兼到了。这是从“意”的方面言“雅”。就“辞”的方面言，“辞情俱到，织绡泉底，去尘眼中，妥贴轻圆”，“有瑰奇，警迈，清新闲婉之长”，对艺术之评所言甚丰、甚切，较之前引评张孝祥词的“骏发踔厉”来，转变极为明显。

值得注意的是，张镃并非孤立地论史词，而以之同周邦彦、贺铸、柳永相较，为什么会作这一比较呢？因为王灼《碧鸡漫志》卷二已早立此题了。该书卷二曰：

前辈云：“《离骚》寂寞千年后，《戚氏》凄凉一曲终。”《戚氏》，柳所作也。柳何敢知世间有《离骚》，惟贺方回、周美成时时得之。贺《六州歌头》、《望湘人》、《吴音子》诸曲，周《大酺》、《兰陵王》诸曲最奇崛。或谓深劲乏韵，此遭柳氏野狐涎吐不出者也。

周邦彦为人与柳永有相似处，《宋史》本传称其“疏隽少检，不为州里推重”。但他并非只是风流才士，他拥戴新法，得神宗赏识却被高太后外放。然而强焕序其《片玉词》时，称“待制周公，元祐癸酉春中为邑长于斯，其政敬简，民到于今称之者，固有余爱”。至于贺铸，张耒《东山词序》早就称道其“幽索如屈宋，悲壮如苏李”的一面，《离骚》之说，不能简单地看作所拟不伦。张镃以史达祖“分镳清真，平睨方回”，认为柳永不足以相比，正是王灼所说之重提。这样，“雅”则见“骚”’实又上承鲖阳居士言“骚雅之趣”，下启其曾孙张炎之以“骚雅”评词了。

此序最后所说的“回鞭温韦之途，掉鞅李杜之域；跻攀风雅，一归于正”，亦极有深义。以温韦而李杜，由词而诗，诗词界限已泯；跻攀风雅，一归于正，词由“诗馀”而上升，归的终在于风雅之“正”。尽管史达祖词在思想内容上得人称道较少(邓廷桢《双砚斋词话》曾评其咏物词有寄托)，周邦彦词也实难与《离骚》并提，但张镃所论，对词之雅化理论可谓颇有建树。他所树的楷模，已非东坡、于湖，不是将词“外化”为诗，而是将诗“内化”入词。他倡导瑰奇、警迈、清新、闲婉的风格，既立足于“词性”，又有借于诗，颇见丰富多样，对艺术技巧亦有所总结。较之《复雅歌词序略》的“述往事，思来者”，已从倡导转为深入探讨。因此，《梅溪词序》在南宋前期的鲖阳居士与南宋末期的张炎之间，是值得重视的一篇词学论文。

由于南宋中期以后，姜夔、史达祖、吴文英的风雅词派取代了辛弃疾一派的地位，词论中所树榜样、标的不同，“雅化”与“诗化”进一步划清了界限。

成于嘉定元年(1208年)的汪莘《方壶诗馀自序》尚称：

> 余于词，所爱喜者三人焉：盖至东坡而一变，其豪妙之气，隐隐然流出言外，天然绝世，不假振作。二变而为朱希真，多尘外之想，虽杂以微尘，而其清气自不可没。三变而为辛稼轩，乃写其胸中事，尤好称渊明。此词之三变也。

但更多论者却转为尚雅：既非“俗”，又非“豪”。成于上序二年之后的詹傅《笑笑词序》堪称代表。序中云：

> 遁斋先生(按，即郭应祥)……穷窥其措辞命意，若连冈平陇，忽断而后续；其下语造句，若奇葩丽草，自然而敷荣……近世词人如康伯可，非不足取，然其失也诙谐；如辛稼轩，非不可喜，然其失也粗豪。惟先生之词，典雅纯正，清新俊逸，集前辈之大全，而自成一家之机轴。

一面否定了“谐”之失于滑稽，另一面否定了“庄”之失于粗豪。而所尚的“典雅纯正，清新俊逸”，正是明确的、新的雅词标准，在措词命意、语造句方面，也自有其特色。

对南宋词之雅化理论作出总结，且对后世有较大影响的，当推张炎的系统著作《词源》。

张炎(1248年—1320年)，字叔夏，号玉田，又号乐笑翁，凤翔(今属陕西)人，寓居临安(今浙江杭州)。《词源》成书较晚，约在元成宗大德年间，距南宋之亡约二十年，但由于张炎在宋时已成名,《词源》又是对宋词的总结,故仍列入南宋时期论述之。

《词源》分上下二卷,上卷论乐,是音律论;下卷论词,是创造论。而创作论之中,“雅正”与“清空”实为基石。此处先论其雅正理论。

张炎在《词源》的序言中,开门见山就道出“雅正”:“古之乐章、乐府、乐歌、乐曲,皆出于雅正。”这四者名异而义同,都指合乐可唱之诗。张炎从配乐唱诗出发,追述了词的历史。他自隋唐“声诗间为长短句”始,超越了漫长的北宋阶段,而特地提出崇宁年间立大晟府和周邦彦使“其曲遂繁”的功绩。论及周邦彦,张炎既指出其“浑厚和雅”之长,又指出“而于音谱,且间有未谐”之短。他虽推尊周邦彦,同时又指出:“作词者多效其体制,失之软媚,而无所取。此惟美成为然,不能学也。”下面又说:

> 中间如秦少游、高竹屋、姜白石、史邦卿、吴梦窗,此数家格调不侔,句法挺异,俱能特立清新之意,删削靡曼之词,自成一家,各名于世。作词者能取诸人之所长,去诸人之所短,精加玩味,象而为之,岂不能与美成辈争雄长哉!

“特立清新之意,删削靡曼之词”,有破有立,树起了雅词的标准;“取诸人之所长,去诸人之所短”,有去有取,昭示了努力的道路。张炎以“生平好为词章,用功四十年”的过来人身份,“嗟古音之寥寥,虑雅词之落落”,继而在正文的全面论述中,对雅化理论作了全面、深入的探讨。

张炎言“雅”,亦言“雅正”,但最值得注意的是:他并非仅重复前所论,而是提出了一个新概念,确立了一个新标:骚雅。

“骚雅”二字,鲖阳居士在《复雅歌词序略》中已提到:“其韫骚雅之趣者,百一二而已。”然语焉不详。张炎之祖张镃在论史达祖词时,虽所言较详,亦未涉“骚雅”。《词源》中却屡言“骚雅”:

> 白石词如《疏影》《暗香》《扬州慢》《一萼红》《琵琶仙》《探春》《八归》《淡黄柳》等曲,不惟清空,又且骚雅,读之使人神观飞越。

> 如陆雪溪《瑞鹤仙》……辛稼轩《祝英台近》……皆景中带情,而有骚雅。

> 美成词……以白石骚雅句法润色之,真天机云锦也。

那么,“骚雅”的确切内涵是什么呢?不妨就张炎自己所论,并辅以他对作品的评判,作一探究。

《词源·赋情》云:

> 簸弄风月,陶写性情,词婉于诗。盖声出莺吭燕舌间,稍近乎情可也。若邻

乎郑、卫,与缠令何异也!……若能屏去浮艳,乐而不淫,是亦汉、魏乐府之遗意。

《杂论》云:

词欲雅而正,志之所之,一为情所役,则失其雅正之音。耆卿、伯可不必论,虽美成亦有所不免。如"为伊泪落",如"最苦梦魂,今宵不到伊行",如"天使教人,霎时相见何妨",如"又恐伊,寻消问息,瘦损容光",如"许多烦恼,只为当时,一饷留情",所谓淳厚日变成浇风也。

康、柳词亦自批风抹月中来。"风月"二字,在我发挥,二公则为"风月"所使耳。

由上可见,言情而"稍近乎情",要不忘"志之所之",不能"为情所役"、"为风月所使",要"屏去浮艳,乐而不淫",切忌走上"邻乎郑、卫"、"淳厚日变成浇风"之路,要划清与柳永、康与之的界限。这是"雅""正"的第一义。

《杂论》中又说:

辛稼轩、刘改之作豪气词,非雅词也,于文章余暇,戏弄笔墨为长短句之诗耳。

尽管他推重过辛弃疾的作品,却又从总体上将辛、刘之作断作"豪气词,非雅词也",可知"雅"、"正"的第二义是:雅词非豪气词,非"戏弄笔墨为长短句之诗"。

张炎以上所言的"雅"、"正"确很全面,但并非他的独得之秘,因为生活在他之前百年,甚至年龄还稍长于辛弃疾的王炎,就已在《双溪诗馀自序》中说过类似的话:

今之为长短句者,字字言闺阃事,故语懦而意卑。或者欲为豪壮语以矫之。夫古律诗且不以豪壮语为贵,长短句命名曰曲,取其曲尽人情,惟婉转妩媚为善,豪壮语何贵焉?不溺于情欲,不荡而无法,可以言曲矣。

因而,张炎的贡献不在对雅正的阐释,而在于进而所推出的"骚雅"。

"骚雅"的新意何在?张炎自己语焉不详,《词源》中仅两处可窥见消息:一是称道姜夔《疏影》等词"不惟清空,又且骚雅";二是谓陆淞《瑞鹤仙》、辛弃疾《祝英台近》"皆景中带情,而有骚雅"。在后一则中继而有这样的解释:"故其燕酣之乐,别离之愁,回文、题叶之思,岘首、西州之泪,一寓于词。"

我们知道,姜夔的《疏影》、《暗香》非仅止于咏梅,清人如张惠言、周济、蒋敦复、郑文焯等,都指出其有"二帝之愤"、"盛衰之感"、"风人比兴之旨"。《扬州慢》更是感慨江淮之乱,《一萼红》以下诸词,虽以抒写身世之感为主,但"荡湘云楚水,目极伤心"(《一萼红》),"最可惜、一片江山,总付与啼鴂"(《八归》),又岂无家国之慨?即如《淡黄柳》

起句的“空城晓角”四字，写出作为“边地”的合肥的凄清，亦蕴有作者对国事的忧愤。陆淞是陆游的兄弟辈，《瑞鹤仙》一词，陈鹄《耆旧续闻》曾说是为侍姬盼盼作，但清人王闿运在《湘绮楼词选》中讥此说“不顾文理”，“本事之附会，大要如此”；董毅《续词选》更正面谓是“刺时之言”。辛弃疾《祝英台近》从表面看也是闺怨词，但张惠言、谭献都以其别有寄托，黄苏《蓼园词选》更分析了它的“借闺怨以抒其志”。其实，这二者机抒相近，后人所言寄托，当不是子虚乌有。

特别值得注意的是，张炎所提到的“岘首、西州之泪”，前者指羊祜事，后者指谢安事，由二事而及“骚雅”，实具深意。羊祜于三国末年在魏任相国从事中郎，与荀勖共掌机密。晋立，封钜平侯，都督荆州军事达十年之久。他一面筹划灭吴，一面收买江汉及吴人之心，后举杜预以自代。死后，南州百姓为之罢市巷哭，其部属在其平时流息之岘山建碑立庙，杜预命名为“堕泪碑”。谢安少有重名，却屡辟不起，后为尚书仆射，领吏部，加后将军，一心辅晋，时人拟为王导。苻坚攻晋时，任征讨大都督，与侄谢玄破符秦大兵于淝水。谢安曾游金陵西州门，羊昙从游，谢安卒后，羊昙醉中重经此地，为之恸哭。由于羊祜、谢安都是安邦定国、克敌制胜的伟人，这“岘首、西州之泪”是确难与“燕酣之乐，别离之愁，回文、题叶之思”等观的。

作为循王张俊之后，张炎对宋亡的感受应比别人更强烈。舒岳祥以八十高龄写了《赠玉田序》，谓其“未脱承平公子故态，笑语歌哭，骚姿雅骨，不以夷险变迁也”。然而，接着又发“其楚狂与？其阮籍与？其贾生与？其苏门啸者与？”之问，道出其不平。《四库全书总目提要》更明确说道：“炎生于淳祐戊申，当宋邦沦覆，年已三十有三，犹及见临安全盛之日，故所作往往苍凉激楚，即景抒情，备写其身世盛衰之感，非徒以剪红刻翠为工。”陈廷焯《云韶集》对张炎词颇多分析、推许，俞陛云《玉田词选释》对其君国之感与身世之叹的笺证，尤多深味有得之言。

夏承焘先生在《唐宋词人年谱》中论及《乐府补题》时曾说：“观《杂识》续集上，记梁栋莫仑诗狱，元初文网之密可知。《补题》托物起兴，而又乱以他辞者，亦犹林景熙冬青之诗，必托为梦中之作也。”① 可以推断，张炎正是在文网甚密之时，以“准风月谈”的名义而倡以“骚雅”，却又不得不隐约其辞。

那么“骚雅”深意何在呢？

“骚”出《楚辞》，“雅”出《诗经》，前人对二者言之甚多。据《诗大序》说，“雅”的本质是：在同于“风”之“主文而谲谏”的基础上，具有“大”（“言天下之事，形四方之风”）和“正”（“雅者，正也，言王政之所由废兴也”）的特点。至于《离骚》之作，起于君暗政败、群小盈朝的楚国，微言不可感，贬责不足惧，“屈平疾王听之不聪也，谗陷之蔽明也，邪曲之害公也，方正之不容也，故忧愁幽思而作”（《史记·屈原贾生列传》）。“骚”虽是出于怨愤而归于自慰，但据刘勰在《文心雕龙·辨骚》中在分析，其“陈尧舜之耿介，称汤武之祗敬”的“典诰之体”，“讥桀纣之猖披，伤羿浇之颠陨”的“规讽之旨”，“虬龙

① 夏承焘.唐宋词人年谱[M].上海：上海古籍出版社，1979：378.

以喻君子，云霓以譬谗邪”的“比兴之义”，以及“每一顾而掩涕，叹君门之九重”的“忠怨之辞”，“观兹四事，同于风雅”者也”。除“典浩之体”可不论，“骚”、“雅”之合称，揆之作品，就要求立意上言天下大事，言王政废兴，但其规讽之旨和忠怨之辞，在艺术表达上要出以“比兴之义”。

张炎不仅以“骚雅”发展和深化了雅化理论，而且推出了体现骚雅精神的词人姜夔。对此亦应由人而及理论，对“骚雅”的内涵作进一步认识。

柳永、康与之“为风月所使”，周邦彦“失之软媚”，固然难以当得“骚雅”二字，但是，辛弃疾及其同道之词，却是言天下大事、王政废兴，不无规讽之旨、忠怨之辞和比兴之义，却为何也难入“骚雅”之列呢？这是由于“骚雅”还受着“诗教”的制约，带着“温柔敦厚”的影响和折光。

孔颖达《礼记·经解》这样解释“温柔敦厚”：

> 温，谓颜色温润；柔，谓情性和柔。《诗》依违讽谏，不指切事情，故云：温柔敦厚是《诗》教也。

朱自清先生着眼于《诗》与《礼》、《乐》的关系，全面而剀切地指出：

> “温柔敦厚”是“和”，是“亲”，也是“节”，是“敬”，也是“适”，是“中”。这代表殷、周以来的传统思想。儒家重中道，就是继承这种传统思想。[①]

《诗》“发乎情，止乎礼义”固然不背“温柔敦厚”之主旨，《骚》兼有“国风好色而不淫，小雅怨徘而不乱”，大要仍合于“温柔敦厚”。

“骚雅”既与“温柔敦厚”有如此密切的血缘关系，但与姜夔对词的见解和作词又有什么联系呢？

每一文学思想都是一定社会思潮的反映。南宋道学盛行，道学家在主张“文以载道”的同时，亦倡“诗以言志”，于是，重振诗教成为势之必然。除重申“温柔敦厚”之旨外，张栻、朱熹都又益以“思无邪”一语的引申发挥。

姜夔很受道学家的影响。道学家以“兴”观诗，姜夔在《诗说》中亦云“‘三百篇’美刺箴怨皆无迹，当以心会心”，与道学家所倡的优游玩味颇合。“美刺箴怨皆无迹”正是“温柔敦厚”的结果，“风雅之规，典则居要，《离骚》之致，深永为宗”（胡应麟《诗薮·内编》卷一），典则与深永结合的“骚雅”之风，其基本特征是合度中节。《正义》说“诗”曰：“诗有三训：承也，志也，持也。作者承君政之善恶，述己志而作诗，所以持人之行，使不失坠，故一名而三训也。”钱锺书先生指出：

① 朱自清.诗言志辨[M].北京：北京古籍出版社，1956:9.

然说“志”与“持”，皆未尽底蕴……《诗纬含神雾》云：“诗者，持也”，即“止乎礼义”之“止”；《荀子·劝学》篇曰：“诗者，中声之所止也”，《大略》篇论《国风》曰：“盈其欲而不愆其止”，正此“止”也。非徒如《正义》所云“持人之行”，亦且自持情性，使喜怒哀乐，合度中节，异乎探喉肆口，直吐快心。《论语·八佾》之“乐而不淫，哀而不伤”，《礼记·经解》之“温柔敦厚”，《史记·屈原列传》之“怨诽而不乱”；古人说诗之语，同归乎“持”而“不愆其止”而已。陆龟蒙《自遣诗三十首序》云：“诗者，持也，持其情性，使不暴去”；“暴去”者，“淫”、“伤”、“乱”、“愆”之谓，过度不中节也。①

姜夔既受道学家影响，又私淑陆龟蒙，其《诗说》中所说的“喜词锐，怒词戾，哀词伤，乐词荒，爱词结，恶词绝，欲词屑。乐而不淫，哀而不伤，其惟《关雎》乎？”与“合度中节”十分熨帖。

再看姜夔所作。《扬州慢》所含的“无限伤乱语”，仅出以“犹厌言兵”四字，意旨沉痛，出语温柔。《凄凉犯》虽也有悯乱伤时之旨，却表达得“伊郁中饶蕴藉”，“特感慨全在虚处，无迹可寻”（陈廷焯《白雨斋词话》卷二）。可以说，他作品中凡“言天下之事”的“忠怨之辞”，都表达得中正和平。同样，如《翠楼吟》这一“度曲见志”之作，对当权者自谓承平，空言“安远”有所讥刺，但气和而不促，辞稳而不浇，仅出以微讽，陈廷焯虽极称其“意味深厚，是白石最高之作”，但同时又说“此词应有所刺，特不敢穿凿求之”（《白雨斋词话》卷二）。由此可见，其“主文而谲谏”的“规讽之旨”同样出以温润柔顺。即使以与“骚雅”互为表里的“比兴之义”言，同样是合度中节、不怨不怒。如咏梅名篇《暗香》与《疏影》，作于曾北使金国的重臣范成大席上，前者在身世之感中输入时势之慨，后者在抒发“徽钦遗恨”的基础上，对后妃被劫的痛史作“安排金屋”的早做护惜之劝谏。翠尊之泣，红萼之忆，“昭君”之语和“深宫”之叹，所表的家国之感和讽谏之意，确是“寄情遥远，所谓怨深文绮，得风人温厚之旨已”。②

且不说辛弃疾诸多的泄郁抒愤、慷慨纵横之作，即如《摸鱼儿》的美人芳草，善用比兴，仍被认为“词意殊怨”（陈廷焯《白雨斋词话》卷一），“辞意似过于激切”（黄苏《蓼园词选》），就更不必说陈亮“可作中兴露布读”和刘过粗豪放肆之作了。

至此，可对“骚雅”作结论了。“骚雅”之倡，是欲令作词不忘“志之所之”，不能“为情所役”，要纠“言情或失之俚”的倾向，使之向“言志”靠拢；同时，又要纠言志抒怀过度，“使事或失之伉”之偏，使词不忘本位，固守“缘情”之苑，不至入于诗文一路。“骚雅”之义在于作品立意不忘天下大事，但在艺术上要出以比兴寄托，继承《离骚》“芳草美人”的传统，取曲而不取直，取温柔敦厚而不取强烈激切。

这样的理论之产生，固与元初文网方张的形势有关，但也确实更合词之体性，较之刘克庄《跋刘叔安感秋八词》所云“丽不至亵，新不犯陈，借花卉以发骚人墨客之豪，

① 钱锺书. 管锥编：第一册[M]. 北京：中华书局，1979：57.

② 龙榆生. 唐宋名家词选[M]. 上海古籍出版社，1980：274.

托闺怨以寓放臣逐子之感”，并无二致。近代论者如沈祥龙，在《论词随笔》中也说：“情欲其缠绵，其失也靡；韵欲其飘逸，其失也轻；气欲其动宕，其失也放。”其实，这正是“骚雅”论的延伸与发挥。

在雅化理论的指导下，《词源》在风格技巧理论上也颇有创获。张炎树立起鲜明的风格标准：清空。书中云：

> 词要清空，不要质实。清空则古雅峭拔，质实则凝涩晦昧。姜白石词如野云孤飞，去留无迹；吴梦窗词如七宝楼台，眩人眼目，碎拆下来，不成片段。此清空质实之说。

吴文英的“质实”是以相犯、相叠的笔法使丽景浓情合沓而至，层层渲染，处处铺垫，以取“实”来积蓄其势，在繁复密匝、沉著坚实的描叙中，以景现情、情景相生。同时，往往因欲“不露”、“避直”，用“代字”、“代语”过多，而显得过于奥博、板滞，陷入晦涩之境。而姜夔的“清空”却是以相避的笔法，以用“虚”求情景相间，在“心炼”和“出笔”的创作过程中，选择与“清”情相应的景象事物，取其神理特征，写来欲擒故纵，有疾有徐，洁而不腻，不著色相，显得官止神行，虚灵无滓。“词要清空，不要质实”，且对举姜、吴，褒贬分明，《词源》所树立、推尊的风格标准极其明确。

在张炎看来，“清空”不是孤立的，除“不惟清空，又且骚雅”之外，“意趣”亦是形成清空风格的一个主要因素。他说：“词以意为主，不要蹈袭前人语意。”并举苏轼中秋词《水调歌头》、夏夜《洞仙歌》，王安石金陵《桂枝香》，姜夔《暗香》、《疏影》诸词，以明“清空中有意趣”之意，其实，“意趣”除自出新意之外，还有“雅”的含义。

姜夔固是体现“清空”风格的典范，除清空之外，《词源》在评述词人短长之时，也对“清丽”表示赞赏，可看作未到清空而仅次于清空的风格标准。张炎对辛、刘的“豪气词”不满，对康、柳的“为风月所使”也不满，甚至对周邦彦“意趣却不高远”也有微词。但他却称道苏轼诸作“清丽舒徐，高出人表”，连檃栝《归去来辞》的《哨遍》，也有“精妙”之誉，可见他不首肯苏轼之“雄”，却赞赏其“清”。秦观与苏轼风格大异，《词源》仍称道其词“清丽中不断意脉”，着眼点当在其丽中之“清”，而非周邦彦的丽中之“媚”。

关于创作技巧，《词源》下卷固然也谈及音律，然仅《杂论》中的第一则，是教人以入门渐进之道，可不论。涉及创作论的可分作法与题材两部分。前者有制曲、句法、字面、虚字、用事，令曲，及《杂论》中三则，共计九则。后者有咏物、节序、离情，以及《杂论》中论寿词一则，共四则 。

大体说来，《词源》与《乐府指迷》虽有尊姜夔与尊周、吴之别，但创作论颇为相近，相较而言，《词源》的长处在于论述更为详明。

首先是《词源》对全局性的创作过程，对不同形式、题材的作法，要较《乐府指迷》论述周详。如《乐府指迷》论长调作法仅寥寥数语，而《词源》首则论制曲云：

作慢词，看是甚题目，先择曲名，然后命意；命意既了，思量头如何起，尾如何结，方始选韵，而后述曲。最是过片，不要断了曲意，须要承上接下……词既成，试思前后之意不相应，或有重叠句意，又恐字面粗疏，即为修改；改毕，净写一本，展之几案间，或贴之壁，少顷再观，必有未稳处，又须修改；至来日再观，恐又有未尽善者；如此改之又改，方成无瑕之玉。

对择调、命意、布局、选韵、述曲、过片，以至修改诸多环节，言之甚详。《乐府指迷》论作小令，只云："小词只要些新意，不可太高远，却易得古人句，同一要炼句。"《词源》专列令曲一则：

词之难于令曲，如诗之难于绝句，不过十数句，一句一字闲不得。末句最当留意，有有余不尽之意始佳。当以唐《花间集》中韦庄、温飞卿为则。又如冯廷巳、贺方回、吴梦窗亦有妙处。

言令词难作之理，末句如伺求佳，以何人为则，何人可称妙，以至列举例句，前人与近人对令词态度等，远较《乐府指迷》明确、周详。在《杂论》中，张炎又进一步阐明大词、小词的关系及作法：

大词之料，可以敛为小词；小词之料，不可展为大词。若为大词，必是一句之意引而为两三句，或引他意入来捏合成章，必无一唱三叹。

余如关于句法、字面、虚字、用事，关于咏物、寿词，都较《乐府指迷》丰富、周密。且在《乐府指迷》未涉及的语句工与宽、和韵之作、节序、离情等，《词源》均有独到之见。

其次是《词源》不但与人规矩，且教人巧，故举例甚多，授人可谓虚实并到。书中举姜夔词九例，周邦彦、苏轼、吴文英、史达祖等人，也被举甚多。通过名篇名句，可起示范作用，诚如张炎在此书原序中所说："作词者能取诸人之所长，去诸人之所短，精加玩味，象而为之，岂不能与美成辈争雄长哉！"学画从临摹开始，作词的"象而为之"亦不失为入门之径。

总之，《词源》以"清空"为标帜的风格技巧理论都是服务于"雅化"目的，是通往彼岸的津梁，实不容忽视。

从"复雅"之倡到"骚雅"之论，南宋词的雅化理论呈现出很清晰的发展脉络。对作为"终端"的"骚雅"，确应肯定它的地位，"晚派鄱阳策异勋，'清空"骚雅'两平分。赵家天破无完垒，日暮伤心作殿军。"（莲僧题江宾谷《山中白云词疏证》）标举姜夔而又言骚雅，张炎更应是宋代词论的殿军。

（原载《中国词学批评史》，中国社会科学出版社1994年7月出版）

沈义父《乐府指迷》的作法技巧理论

北宋时，黄庭坚喜言诗法，最著名的就是“夺胎换骨”和“点铁成金”。到南宋时期，江西派诗人犹传诗法之衣钵。关捩皆一，悟性不同，备因其“悟”而各有所得。若谓能自具面目，自成风格，由江西入复由江西出，其中最著者莫若陆游与姜夔。相较而言，陆游诗名虽高于姜夔，但所重在“诗外”功夫；姜夔言诗法，有其独到之处，且以其诗法通之于词，又是风雅派词人的领袖。由诗及词，使姜夔成为南宋言风格技巧理论的第一位词论大家。

谢章铤《赌棋山庄词话》卷十二有《白石诗说》一节，以姜夔诗说为词说，极有见地。兹引录如下：

白石道人为词中大宗，论定久矣。读其说诗诸则，有与长短句相通者。节录一二于左，略以鄙意注之，而传诸同志焉。无怪予之附会也。

韵度欲其飘逸，其失也轻。（词嫌重滞，故浑厚宏大诸说，俱用不著。然使其飘逸而轻也，则又无绕梁之致，而不足系人思 。）

雕刻伤气，敷衍露骨。若鄙而不精巧，是不雕刻之过。拙而无委曲，是不敷衍之过。（此即疏密相间之说也。故白石字雕句刻，而必准之以雅。雅则气和而不促，辞稳而不浇，何患其不精巧委曲乎。）

僻事实用，熟事虚用。（“那人正睡里，飞近蛾绿”，此即熟事虚用之法。）

说景要微妙。（微妙则耐思，而景中有情。“寒鸦数点，流水绕孤村”，“杨柳岸、晓风残月”，所以脍炙人口也。）

短章酝藉，大篇有开阖乃妙。（不蕴藉则吐露，言尽意尽，成何短章；无开阖则板拙，周草窗之词或讥之为平矣。）

委曲尽情曰曲。（竹垞赠钮玉樵曰：“吾最爱姜、史，君亦厌辛、刘，亦以其径直不委曲也。”）

语贵含蓄。句中无余字，篇中无长语，非善之善者也。句中有余味，篇中有余意，善之善者也。（填词有一定字数，但使填毕读之，短不可增，长不可节，已极洗伐操纵功夫矣。若余味余意，则词家率不留心，故讲之为尤难。）

体物不欲寒乞。（今之搜讨冷僻者，其去寒乞亦无几矣，而奈何自以为淹博哉！）

一曰理高妙，二曰意高妙，三曰想高妙，四曰自然高妙。（自然高妙，词家最重，所谓本色当行也。）

对谢章铤的引、注，其实还可以作些补充。在《白石道人诗说》中，不仅能看到关于章法、语言之见，还可以见出对风格、意境的精到见解。而这一切，又都能通之于词。关于章法，他说：

作大篇，尤当布置：首尾匀停，腰腹肥满。多见人前面有余，后面不足；前面极工，后面草草。不可不知也。

波澜开阖，如在江湖中，一波未平，一波已作。如兵家之阵，方以为正，又复是奇；方以为奇，忽复是正。出入变化，不可纪极，而法度不可乱。

关于语言，他说：

难说处一语而尽，易说处莫便放过；僻事实用，熟事虚用；说理要简切，说事要圆活，说景要微妙。多看自知，多作自好矣。

一家之语，自有一家之风味。如乐之二十四调，各有声韵，乃是归宿处。模仿者语虽似之，韵亦无矣。鸡林其可欺哉！

关于风格，他说：

陶渊明天资既高，趣诣又远，故其诗散而庄、澹而腴，断不容作邯郸步也。

沉著痛快，天也。自然与学到，其为天一也。

关于意境、意格同字句的关系，他说：

意中有景，景中有意。

意出于格，先得格也；格出于意，先得意也。吟咏情性，如印印泥，止乎礼义，贵涵养也。

意格欲高，句法欲响，只求工于句、字，亦末矣。故始于意格，成于句、字。句意欲深、欲远，句调欲清、欲古、欲和，是为作者。

姜夔认为：“不知诗病，何由能诗？不观诗法，何由知病？”他不仅知诗病，讲诗法，而且由诗而词，在创作上极有特色。他以尚神似、重含蓄、标举高妙自求之，并以韵度飘逸、语言不俗、句意深远、句调清和为尚，不事摹绘，不尚工细，不落言诠，善抓特征，摄取神理，并统之以意趣高远，造就出独特的“清空”意境。一方面传授弟子（如张辑）以法，另一面又以创作实践为后人（如张炎）总结词法提供了榜样。

“尤杨范陆四诗翁，此后谁当第一功？新拜南湖为上将，更差白石作先锋。”[①]若谓在诗论上，姜夔是江西诗派和严羽之间的过渡人物，在追求、讲授词的技巧、风格上，却真正不失为“先锋”。诚如郭绍虞先生评《白石道人诗说》所云：“所以姜氏论诗，见到此而未能进乎此；姜氏作词，不必见到此，而可说已能进乎此。”[②]

在姜夔以诗法推之于词的同时，不少论者则通过对某些词人的评价，在风格技巧论上有所总结。

范开、刘克庄等人为辛弃疾词作序，在言及艺术之时，尚多注目于风格。而在对周邦彦等词人作序时，就对艺术技巧多有论及。张镃在《梅溪词序》中称道史达祖词“辞情俱到”、“妥贴轻圆”，“有瑰奇、警迈、清新、闲婉之长”。强焕《题周美成词》以“模写物态，曲尽其妙”，总结周邦彦词描写技巧之长。刘肃序陈元龙集注《片玉集》这样论道：“周美成以旁搜远绍之才，寄情长短句，缜密典丽，流风可仰，其征辞引类，推古夸今，或借字用意，言言皆有来历，真足冠冕词林。”对周词的技巧、语言、风格，有更为准确、详明的总结。陈振孙《直斋书录解题》又从另两个方面总结：“美成词多用唐人诗檃栝入律，混然天成。长调尤善铺叙，富艳精工，词人之甲乙也。”对周邦彦词艺术技巧的分析、评论更为完整。

南宋人对北宋词不乏评论，其中涉及柳永、苏轼、秦观、周邦彦数家最多，而在艺术技巧上认真总结，当以对周邦彦的评论为最。陈郁《藏一话腴》说：“美成自号清真，二百年来以乐府独步，贵人、学士、市侩、妓女，皆知美成词为可爱。”其实美成词不仅在于有广泛的读者（听众）面，还在于周词于音律最严谨，于法度最深细。王国维《清真先生遗事》将其拟为“词中老杜”，着眼点正在于“先生之词，文字之外，须兼味其音律”，又云：“今其声虽亡，读其词者犹觉拗怒之中，自饶和婉，曼声促节，繁会相宣，清浊抑扬，辘轳交往。两宋之间，一人而已。”随着推尊苏、辛的诗化理论之退潮，周邦彦的被重新发现，正是风格技巧理论占据上风的明证，而对音律的重视，则又推出了杨

① 杨万里．进退格寄张功甫姜尧章[M]//诚斋集．四部丛刊影印本．

② 郭绍虞．中国文学批评史[M]．上海：上海古籍出版社，1979：259．

缵的《作词五要》。

周密《浩然斋词话》云:"杨缵字继翁,号守斋,又称紫霞,本鄱阳洪氏恭圣太后侄杨石之子。麟孙早夭,遂祝为嗣……洞晓律吕,尝自制琴曲二百操。又常云:'琴一弦,可以尽曲中诸调。'当广乐合奏,一字之误,公必顾之。故国工乐师,无不叹服,以为近世知音无出其右者。"杨缵有《圈法周美成词》一书,久佚,所谓"圈法",当指旁记乐谱。据张炎《词源》言:"周草窗、施梅川、徐雪江、奚秋崖、李商隐,每一聚首,必分题赋曲。但守斋持律甚严,一字不苟作,遂有《作词五要》。观此,则词欲协音,未易言也。"《作词五要》如下:

> 第一要择腔。腔不韵,则勿作,如《塞翁吟》之衰飒,《帝台春》之不顺,《隔浦莲》之寄煞,《斗百花》之无味是也。
>
> 第二要择律。律不应月,则不美,如十一月调须用正宫,元宵词必用仙吕宫为宜也。
>
> 第三要填词按谱。自古作词,能依句者已少,依谱用字者,百无一二。词若歌韵不协,奚取焉!或谓善歌者,融化其字则无疵,殊不知详制转折,用或不当,即失律,正、旁、偏、侧,凌犯他宫,非复本调矣。
>
> 第四要随律押韵。如越调《水龙吟》、商调《二郎神》,皆合用平、入声韵。古词俱押去声,所以转折怪异,成不祥之音。昧律者反称赏之,是真可解颐而启齿也。
>
> 第五要立新意。若用前人诗词意为之,则蹈袭无足奇者。须自作不经人道语,或翻前人意,便觉出奇;或只能炼字,诵才数过,便无精神,不可不知也。更须忌三重四同,始为具美。

这"五要"之中,前四则的择腔、择律、按谱、押韵,均属音律范围,仅第五则谈立意,在音律之外。可见杨缵论词重点之所在。早在北宋末年,李清照论词已有"乃知别是一家,知之者少"之说,并对比诗文与词之别:"盖诗文分平侧,而歌词分五音,又分五声,又分六律,又分清浊轻重。"她对北宋主要词人都有指责,却唯独不涉周邦彦,恐怕原因正在于周邦彦是真正的音律专家。张炎《词源》卷下序云:"迄于崇宁,立大晟府,命周美成诸人讨论古音,审定古调,沦落之后,少得存者。由此八十四调之声稍传;而美成诸人又复增演慢曲、引、近,或移宫换羽,为三犯、四犯之曲,按月律为之,其曲遂繁。"直至近人邵瑞彭《周词订律序》仍说:"尝谓词家有美成,犹诗家有少陵,诗律莫细乎杜,词律亦莫细乎周。观夫千里次韵以长谣,君特依声而操缦,一字之微,弗爽累黍,一篇之内,弗紊宫商,良由宋世大晟乐府创自庙堂,而词律未造专书,即以清真一集为之仪埻，后之学者，所宜遵循勿失者也。”

周邦彦之后，南宋词人之精于音律者首推姜夔。他于宋宁宗庆元三年(1197年)作《大乐议》及《琴瑟考古图》进于上。两年后，又上《圣宋铙歌十二章》，得“免解”待遇。姜夔词深得音律之妙，宋赵与訔跋其词嘉泰刊本云：“歌曲特文人余事耳，或者少谐音律。白石留心学古，有志雅乐，如《会要》所载，奉常所录，未能尽见也。声文之美，概具此编。”清人陈撰自跋刊本也说：“南宋词人，浙东西特盛……而审音之精，要以白石为谐极。”吴衡照《莲子居词话》论及姜夔自制曲注旁谱十七调时说：“白石此谱，有折有掣，折高半格，掣低半格，于毕曲处尤兢兢不苟。足见当时词律之细。”

杨缵的《作词五要》继承了周邦彦、姜夔以来严于持律的精神，以音律为创作的首要技巧，他本人创作的“一字不苟作”，更是身体力行。宋季在浙的词人组成词社，以杨缵为首，多受其音律之教。周密于景定四年(1263年)穷六日之力，作《木兰花慢》西湖十景词十首，得杨缵协律的指导，词序云：“遂相与订正，阅数月而后定。是知词不难作，而难于改；语不难工，而难于协。”正是受杨缵教益的体会。张炎之精于音律，亦源于杨缵所教，陆文圭《词源后跋》云：“西秦玉田张君著《词源》上下卷，推五音之数，演六律之谱，按月纪节，赋情咏物，自称得声律之学于守斋杨公、南溪徐公。”可见，宋季论词以音律为先，作词亦守律甚严，都与杨缵《作词五要》和传授声律之学有关。

由于姜夔、杨缵等人对音律的重视，使宋末论词多着眼于“可歌”。不仅是王棣《草窗词跋》称道周密所作“不宁惟协比律吕，而意味迥不凡”，仇远《玉田词题辞》言之更详：“世谓词者诗之余，然词尤难于诗。词失腔犹诗落韵，诗不过四五七言而止，词乃有四声五音均拍重轻清浊之别，若言顺律舛，律协言谬，俱非本色。或一字未合，一句皆废，一句未妥，一阕皆不光彩，信戛戛乎其难。又怪陋邦腐儒，穷乡村叟，每以词为易事，酒边豪兴，即引纸挥笔，动以东坡、稼轩、龙洲自况，极其至四字《沁园春》、五字《水调》、七字《鹧鸪天》、《步蟾宫》，拊几击缶，同声附和，如梵呗，如《步虚》，不知宫调为何物，令老伶俊娼，面称好而背窃笑，是岂足与言词哉！”即使是辛派后劲的刘克庄也说：“然长短句当使雪儿、啭春莺辈可歌，方是本色。”“余谓君当参取柳、晏诸人，以和其声。”[①]至此，足可见《作词五要》的意义和影响了。

经过南北两宋诸多词人的创作实践，尤其是姜夔、吴文英等风雅派词人对风格、技巧的不懈追求，至宋末，终有沈义父的《乐府指迷》和张炎的《词源》应运而生，为南宋词论，尤其是艺术理论，打上了句号。因为上节已论及《词源》，故此处专门评析《乐府指迷》。

沈义父，字伯时，一字时斋，震泽(今江苏吴县)人。以赋领乡荐，为南康军白鹿洞书院山长，好程、朱之学。宋亡后，隐居不仕，以遗民终。著有《时斋集》《遗世颂》《乐府指迷》，前二书失传，《指迷》附于陈晦伯《花草粹编》卷首，得以保存。

《乐府指迷》共二十九则，其首则《论词四标准》实为全书之纲，而此四标准实又出

---

① 刘克庄.翁应星乐府序[M]//后村先生大全集.四部丛刊本.

于吴文英。沈义父与吴文英唱酬，得其词法之传。对其所传，沈氏概括为四条：

> 音律欲其协，不协则成长短之诗；
> 下字欲其雅，不雅则近乎缠令之体；
> 用字不可太露，露则直突而无深长之味；
> 发意不可太高，高则狂怪而失柔婉之意。

第一则言词须协律，若音律不协，形式虽为长短句，却似诗而非词。这是划清其左邻，“上不似诗”，从李清照到杨缵都坚持这一条，这是从音乐性上强调词的体性，是词之本位的首要标准。第二则言作词须雅，不雅就近于缠令这种俚曲，体格卑下。这是划清其右邻，“下不似曲”，是承南渡以来倡导雅词之风尚，有其历史沿袭性。第三则言用字不可太露，太露就必然粗疏，不够含蓄，难以咀嚼品味。这是反对词作“放”、“露”，而倡“约”的见解。第四则言发意不可太高，发意太高则见狂怪、叫嚣，有失清人常说的“意内言外”之旨。这是反对词作“狂怪”，而倡“婉”的见解。后面三则是从文学性上强调词的体性，即以雅驯、婉约为标准，当然是对“诗裔”和俚俗都不满的本位论。

这四则既是吴文英所传，就可看成是吴词家法。由于“梦窗深得清真之妙”，实又是传周邦彦衣钵之论。近人吴梅《乐府指迷笺释序》云：“沈氏词学，固得诸翁、吴昆季。又云：‘凡作词当以清真为主。’又云：‘梦窗深得清真之妙。’是明以君特接武清真。近半唐、彊村辈，揭橥正鹄，历梦窗以达清真，实胎原于沈氏。”①可见沈义父实为晚清所倡“由吴希周”论的始作俑者。

在标举了论词四标准后，《乐府指迷》通过择评宋代词人得失，确立周邦彦为作法、技巧、风格之正鹄，以明为词之道。《乐府指迷》言：

> 凡作词，当以清真为主。盖清真最为知音，且无一点市井气，下字运意，皆有法度，往往自唐、宋诸贤诗句中来，而不用经史中生硬字面，此所以为冠绝也。学者看词，当以《周词集解》为冠。

清真词所以冠绝正在于体现出“四标准”：“最为知音”，则可使“音律欲其协”；“且无一点市井气”，就能“下字欲其雅”；“下字运意，皆有法度，往往自唐、宋诸贤诗句中来，而不用经史中生硬字面”，则可免“太露”、“直突”和“太高”、“狂怪”之病，得“深长之味”和“柔婉之意”。

再看其他词人：柳永、康与之虽有协律和句法之长，却因“鄙俗语”而难臻“雅”境。姜夔清劲知音，却因“未免有生硬处”，而未得“柔婉之意”。吴文英“深得清真之妙”，本应为周氏正传，但因为研炼过深，琢语幽邃，故“用事下语太晦”，“露”固为病，

① 张炎，沈义父．词源注·乐府指迷笺释[M]．夏承焘，校注．蔡嵩云，笺释．北京：人民文学出版社，1963：90.

“晦”亦是病，终未到清真功力。施岳（号梅川）有知音协律、出语雅淡之长，却又有染教坊之习，间有俗气之短，未得“雅”之真髓。同样，孙惟信也因“雅正中忽有一两句市井语”，诚如《柳塘词话》所说“情至之语，又开一种俳调也”，故使沈义父有“可惜”之叹。通过评论得失，清真词更在比较之中确立了地位。

《乐府指迷》其余二十二则多谈技巧，可大体分为音律论和创作论两大部分。后者又可细分为章法结构、字句、题材、创作途径四部分。下面作一评析。

关于音律论，共计七条，顺序为：押韵，去声字，可歌之词，豪放与叶律，腔以古雅为主，句中韵，词腔。其论押韵云：

押韵不必尽有出处，但不可杜撰。若只用出处押韵，却恐窒塞。

所谓“出处”，无非运用熟语、典故，欲求都有出处当非易事，若出自杜撰，必失其自然，韵亦不稳妥，只用出处押韵，必然窒息无碍。应该说，在词韵宽于诗韵的情况下，倘一韵不妥，全篇减色，上述意见兼顾内容与形式，不失为公允。《乐府指迷》有专论“去声字”一则，极为有见：

腔律岂必人人皆能按箫填谱？但看句中用去声字，最为紧要。然后更将古知音人曲，一腔三两只参订，如都用去声，亦必用去声。其次如平声，却用得入声字替。上声字最不可用去声字替。不可以上、去、入尽道是侧声便用得，更须调停参订用之。

能按箫填谱者极少，若不能审音用字，则与律违。沈氏以上说法是教人人方便之门。清初万树《词律·发凡》对去声字的见解即源于沈氏，并有进一步说明。近人龙榆生《词曲概论》下篇第一章，更从和谐与拗怒的辩证关系再言此题，颇有新得。关于韵，《乐府指迷》尚有一则专论句中韵，目的在于提请注意：“歌时最要叶韵应拍，不可以为闲字而不押。”

关于“腔”，也是音律论的组成部分。《指迷》计有二则：“腔以古雅为主”和“词腔”。前者对民间乐工改换古谱不满，倡以“清真及诸家目前好腔为先”。后者强调词腔所在，即均拍所在，凡韵逢腔，凡韵应拍。二者都从词之可歌上立论。

《乐府指迷》对于音律的见解，从歌唱的角度立为二则：“可歌之词”和“豪放与叶律”。前者从文士不重律，乐工不重文，谈文乐分离现象，尤对乐工俗唱不满。后者批评了不晓音律而托豪放的现象，指出东坡、稼轩“不豪放处，未尝不叶律”，深责学豪放不得却只得不叶律之时病，深为有理。

音律论重在音乐性，创作论则重在文学性。关于章法结构，计有四则：起句，过处，结句，大词小词作法。现将它们引录于下：

大抵起句便见所咏之意,不可泛入闲事,方入主意。咏物尤不可泛。

过处多是自叙,若才高者,方能发起别意,然不可太野,走了原意。

结句须要放开,含有余不尽之意,以景结尾最好。如清真之"断肠院落,一帘风絮",又"掩重关,遍城钟鼓"之类是也。或以情结尾亦好。往往轻而露,如清真之"天便教人,霎时厮见何妨",又云"梦魂凝想鸳侣"之类,便无意思,亦是词家病,却不可学也。

作大词,先须立间架,将事与意分定了。第一要起得好,中间只铺叙,过处要清新。最紧是末句,须是有一好出场方妙。小词只要些新意,不可太高远,却易得古人句,同一要炼句。

可以认为,《乐府指迷》关于起、结、过片的看法,多有一定道理,后人对此常有推衍发挥。如况周颐《蕙风词话》、沈祥龙《论词随笔》对起句和过片有更周详的见解。《乐府指迷》关于结句之见及前面所举例都不错,但由于沈氏过于推尊"雅",认为虽周邦彦亦未免以情结尾时有"轻而露"之病,可见无视真情之弊。

关于对大词、小词作法,沈氏亦颇有见地。"立间架"即布局,"分定事意"即确立题旨和材料,布局时自应分定。起、结、过片是关键所在,长调的铺叙之功亦不容忽。乔吉的"凤头、猪肚、豹尾"说与此颇合,小词近于天籁,"新意"极重要。无论长调、小令,炼句都很重要。沈氏所论,对创作甘苦不乏体会,自非空泛之言。

关于字句,《乐府指迷》列出数则:字面,炼句下语,造句,等等。摘录前三则:

要求字面,当看温飞卿、李长吉、李商隐及唐人诸家诗句中字面好而不俗者,采摘用之……

炼句下语,最是紧要。如说桃,不可直说破桃,须用"红雨"、"刘郎"等字……往往浅学俗流,多不晓此妙用,指为不分晓,乃欲直捷说破,却是赚人与耍曲矣。如说情,不可太露。

遇两句可作对,便须对。短句须剪裁齐整。遇长句,须放婉曲,不可生硬。

字面要"好而不俗",即"下字能雅",周邦彦、吴文英词之字面,多从温庭筠、李商隐、李贺诗中来,前人多有证之,兹不赘。关于炼句下语不宜直说,是以蕴藉深婉为倡,"如说情,不可太露",不为无理。但是,此则可信而不可泥,若拘于仅此一途,亦为不确。后来王国维《人间词话》认为"意足则不暇代,语妙则不必代",确乎更为可取。关于造句,“遇两句可作对,便须对”,是体现奇偶相生以见章法之变的原则,所言在理。短句为一字、二字、三字句,在词中常为转折之肯綮,有顿挫之妙,故应剪裁齐整。长句为八字、九字、十字句,欲求婉曲,在于传递有余不尽之意。此外,沈氏关于词中用虚字之见,亦是有得之谈。

就题材而言,《乐府指迷》列有三则:咏物用事,咏花卉及赋情,寿曲。第一则强调咏物词要顾及“提调”和“印证”,既不能太窄,又不能太宽。相较之下,张炎《词源》所说的“体认稍真,则拘而不畅;模写差远,则晦而不明”,更为准确精到。第二则在论及咏花卉及赋情时,表明了“略用情意”,反对“多流淫艳之语”的主旨,这正是尚“雅”之见。但是,“如只直咏花卉,而不着些艳语,又不似词家体例,所以为难”。这就是不忘词为“缘情”文学,对“艳语”又要掌握适度的辩证看法。对此,后人多有以比兴寄托表风人之旨的创作见解,较沈说又深一层。为情赋曲,应宛转回互,否则非率则俗。所列“怎”、“恁”、“奈”、“这”、“你”这些“词家语”,如运用适当,可增其宛转,但用之过多,则易入率、俗,故宜于斟酌。第三则专言寿词,南宋寿词极多,试检稼轩集中,其数就极可观,沈氏之见在于以甜俗、谀美相戒。

关于创作途径,《乐府指迷》中亦有三则:赋词初填熟腔,用事使人姓名,咏物忌犯题字。第一则为初学词者指示途径,后二则与“用字不可太露”的“语句须用代字”,同一意义。

《乐府指迷》固然说“凡作词当以清真为主”,其实直接所传者当为梦窗家法,吴梅在《乐府指迷笺释序》中指出“吴词同于沈说者”四端,详加比照,足令人信。此外,吴梅还以梦窗词“潜气内转,上下映带,有天梯石栈之巧”,来证沈氏“宛转回互”之说。并云:“虽谓此书为阐明吴词家法,亦无不可也。”实为洞悉内里的具眼之见。

蔡嵩云在《乐府指迷笺释·引言》中说:“《词源》论词,独尊白石。《指迷》论词,专主清真。张氏尊白石,以其古雅峭拔,特辟清空一境;沈氏主清真,则以其合乎上揭四标准也。由此可见宋末词风,除稼轩外,可分二派:导源白石,而自成一体者,东泽、竹山、中仙、玉田诸家,皆其选也;导源清真,而各具面目者,梅溪、梦窗、西麓、草窗诸家,皆其选也。降及清初,浙派词人,家白石而户玉田,以清空骚雅为归。其实即宋末张氏所主张之词派。迄清中叶,常州派兴,又尊清真而薄姜、张,以深美闳约为旨,其流风至今未替。”① 对宋末词坛双峰并峙、二水分流的创作派别和理论要义,分析归纳得极为正确,且对其源流、影响也阐述得非常精到。

“文变染乎世情,兴废系乎时序”,从南渡初期发扬苏轼“词为诗裔”精神的“诗化”,经高宗“中兴”倡导“复雅”后的“雅化”,到宋末精研音律、技巧、风格,南宋词作和词论确是关乎世情与时序。时序转换,世情变迁,词论也不能不转不变,对它们的高下、轻重似不必作出判断,对它们的贡献和价值,却应该认真总结。

(原载《中国词学批评史》,中国社会科学出版社1994年7月出版)

① 张炎,沈义父.词源注·乐府指迷笺释[M].夏承焘,校注.蔡嵩云,笺释.北京:人民文学出版社,1963:41.

诗化理论在南宋的发展

随着靖康之变，汴京的繁华成为旧梦，南渡词人们一改昨日宗风。在经过约二十年的创作兴盛后，南宋词论的发展终于找到了重新认识苏轼"以诗为词"这一契机。

王灼《碧鸡漫志》大概是南宋时期最早肯定苏轼创作道路、风格的著作。王灼(生卒年不详)，字晦叔，号颐堂，遂宁(今属四川)人。此书开始集稿于乙丑冬，写成在己巳春，即绍兴十五年(1145年)到绍兴十九年(1149年)之间。此书卷二云：

> 东坡先生以文章余事作诗，溢而作词曲，高处出神入天，平处尚临镜笑春，不顾侪辈。或曰："长短句中诗也。"为此论者，乃是遭柳永野狐涎之毒。诗与乐府同出，岂当分异？若从柳氏家法，正自不分异耳(此句似应作"正身分异耳")。

王灼肯定了苏轼"不顾侪辈"的勇气，以为"诗与乐府同出"，对在诗词间硬划江淮不满。尤其是他指出了苏轼在词坛上的开拓之功和创新意义：

> 长短句虽至本朝盛，而前人自立，与真情衰矣。东坡先生非心醉于音律者，偶尔作歌，指出向上一路，新天下耳目，弄笔者始知自振。

接着，他批评了这样一种现象：

> 今少年妄谓东坡移诗律作长短句，十有八九不学柳耆卿则学曹元宠，虽可笑，亦毋用笑也。

"东坡先生非心醉于音律者"，王灼可谓知人。陆游《老学庵笔记》有这样一则记录："世言东坡不能歌，故所作乐府词多不协。晁以道云：'绍圣初，与东坡别于汴上。东坡酒酣，自歌古《阳关》。'则公非不能歌，但豪放不喜裁剪以就声律耳。"同样，深知音律的王灼，所肯定的正是苏轼"指出向上一路，新天下耳目"的创作精神。正因为这样，他对虽是"俊语"而"失在轻浮"，"如刻削通草人，都无筋骨"，"滑稽无赖语"，"虽脱村野，而声态可憎"的"都下富儿"等深致不满。

王灼对苏轼的赞誉并不是孤立的声音。绍兴辛未年(1151年)。曾慥在《东坡词拾遗跋》中也说：

> 东坡先生长短句……江山秀丽之句，樽俎戏剧之词，搜罗几尽矣。传之无穷，想象豪放风流之不可及也。

胡仔《苕溪渔隐丛话》亦举东坡词之杰出者：

> 皆绝去笔墨畦径间，直造古人不到处，真可使人一唱而三叹。

而综观词史，又拈出柳、苏二家，且将苏轼推举至无以复加的，则是胡寅。胡寅（1098年—1156年）字明仲，建宁崇安（今属福建）人。其为向子諲《酒边词》所写序言有云：

> 词曲者，古乐府之末造也……唐人为之最工者。柳耆卿后出，掩众制而尽其妙，好之者以为不可复加。及眉山苏氏，一洗绮罗香泽之态，摆脱绸缪宛转之度，使人登高望远，举首高歌，而逸怀浩气超然乎尘垢之外。于是《花间》为皂隶，而柳氏为舆台矣。

但是，这些直观式的概言、评论，多是从苏词的创作成就和社会效果出发的。从对苏词的浅层评论开始，论者们逐渐深入到内里，对"词为诗裔"的理论内涵，渐有较完整、深刻的论述。

如果说，李清照和王灼对宋词、苏词的歧见，是产生在对音律的认识上，那么，南宋诸多论家则渐从文学意义上去探讨词的诗化理论之实质。

李清照固以高雅、浑成、典重、铺叙、故实诸标准评词，但其从李八郎能歌，到评述北宋诸家后所说的五音、五声、六律、清浊轻重，可见她的论词之本是音律论。而王灼，却将音律置于次位。

南宋初期的郑刚中，论词已通之于诗。郑刚中（1089年—1154年）字亨仲，婺州金华（今属浙汀）人。他在《乌有编字》中说：

> 长短句亦诗也。诗有节奏，昔人或长短其句而歌之，被酒不平，讴吟慷慨，亦足以发胸中之微隐。

胡寅《酒边词序》也从源与流的角度论诗词关系，他说：

> 词曲者，古乐府之末造也。古乐府者，诗之傍行也。诗出于《离骚》、《楚词》，而《离骚》者，变风变雅之怨而迫、哀而伤者也。其发乎情则同，而止乎礼义则异。

针对作词者的"鲜不寄意于此者，随亦自扫其迹，曰谑浪游戏而已"，他高度赞扬苏轼词的意义，而"一洗绮罗香泽之态，摆脱绸缪宛转之度，使人登高望远，举首高歌”，正是对突破“诗庄词媚”的藩篱，使词的精神向诗的境界靠拢之肯定。他进而对向子諲“步趋苏堂而哜其胾”，“退江北所作于后，而进江南所作于前，以枯木之心，幻出葩华”大加赞誉，可见“逸怀浩气”固然值得称道，但“怨而迫”、“哀而伤”者，仍与诗相通。

到宋孝宗淳熙年间，对“词为诗裔”的探究与论述，显得更形深入。

陈鬒和詹傚之为曹冠《燕喜词》所写的两篇序，堪称代表。陈鬒说：

> 春秋列国之大夫，聘会燕餐，必歌诗以见意。诗之可歌尚矣。后世阳春白雪之曲，其歌诗之流乎？沿袭至今，作之者非一。造意正平，措词典雅，格清而不俗，音乐而不淫，斯为上矣。高人胜士，寓意于风花酒月，以写夷旷之怀，又其次也。

他对苏轼和秦观加以比较：

> 歌赤壁之词，使人抵掌激昂，而有击楫中流之心。歌《哨遍》之词，使人甘心淡泊，而有种菊东篱之兴。俗士则酣寐而不闻，少游情意妩媚，见于词则秾艳纤丽，类多脂粉气味。至今脍炙人口，宁不有愧于东坡耶？

曹冠本非著名词人，陈氏评之曰：“寥寥百余年，继坡仙之作，非公而谁？”亦为太过，但序中所言，其实是贬“媚”褒“庄”之见，而这正是“词为诗裔”的重要内涵。

詹傚之序《燕喜词》更谓：

> 窃尝玩味之，旨趣纯深，中含法度。使人一唱而三叹，盖其得于六义之遗意，纯乎雅正者也。

以“六义”、“雅正”论词，文末又言“有助于教化”，可见已将词等同于诗了。

西晋陆机在《文赋》中有“诗缘情而绮靡”之说，但真正离异了“诗言志”精神而至于“绮靡”，当在梁、陈“宫体”盛行的时代。明人王世贞在《艺苑卮言》中说：“盖六朝诸君臣颂酒赓色，务裁艳语，默启词端，实为滥觞之始。”作为“缘情”文学的词，确实是很难与“绮靡”、“艳语”、“颂酒赓色”划清界限的，因而，“诗化”理论的鼓吹者力图将“情性”导向道德、礼义，使作词能从“谑浪游戏”成为“立言”以至“立德”之举。最具有典型意义的是曾丰为黄公度所写的《知稼翁词集序》，此序先追述历史，从乐归礼义的观点，判明商周之“颂”与汉代之“歌”的区别。接着，他以苏轼词虽文章之余绪，却犹有以道德合，具体分析了《卜算子》“触兴于惊鸿，发乎情性也，收思于冷洲，归乎礼义也”。由苏轼而及黄公度，从道德、礼义的角度大加推许：

> 大抵清而不激，和而不流，要其情性则适，揆之礼义而安。非能为词也，道德

之美，腴于根而盎于华，不能不为词也。

无独有偶，大诗人陆游在淳熙己酉年（1189年）为自己词集作序时，也从贬抑郑、卫之音的“立德”角度，表其晚悔少作之意：

雅正之乐微，乃有郑、卫之音。郑、卫虽变，然琴瑟笙磬犹在也。及变为燕之筑，秦之缶，胡部之琵琶箜篌，则又郑、卫之变矣。风、雅、颂之后，为骚、为赋、为曲、为引、为行、为谣、为歌，千余年后，乃有倚声制辞，起于唐之季世。则其变愈薄，可胜叹哉！予少时汩于世俗，颇有所为，晚而悔之。然渔歌菱唱，犹不能止。今绝笔已数年，念旧作终不可掩，因书其首以识吾过。

由于南宋长期苟安江南，处于内忧外患不断的时代，“道德”、“礼义”之说不应是泛泛之谈，词论家或就词论词，或由词而诗，都将批判的矛头指向《花间集》。陆游《渭南文集》卷三十有《跋花间集》两篇，其一从风会之变论唐季五代诗衰词盛之由，其二却是痛诋《花间集》：

《花间集》皆唐末五代时人作。方斯时，天下岌岌，生民救死不暇，士大夫乃流宕如此，可叹也哉！或者亦出于无聊故耶？

陆游对“少时汩于世俗”作“晚而悔之”的反省，正在于中年的剑南生涯使他难忘国事，他之批判唐末五代士大夫的“流宕”、“无聊”，又何尝没有现实意义呢？直到宋末林景熙，仍从批判《花间集》人手，从“尊体”角度言词，将词论引向传统的诗论。他在《胡汲古乐府序》中说：

唐人《花间集》，不过香奁组织之辞，词家争慕效之，粉泽相高，不知其靡，谓乐府体固然也。一见铁心石肠之士，哗然非笑，以为是不足涉吾地。其习而为者，亦必毁刚毁直，然后宛转合宫商，妩媚中绳尺，乐府反为情性害矣。乐府，诗之变也，诗发乎情，止乎礼义，美化厚俗，胥此焉寄，岂一变为乐府，乃遽与诗异哉？

“岂一变为乐府，乃遽与诗异哉？”非异即同，林氏关于词的见解，真是最彻底的诗化了。

与流宕、无聊、粉泽相高截然相反，是以词陈“经济之怀”，作“陶写之具”，前者是陈亮自言之辞，后者是人评辛弃疾之语。

陈亮是一位主张“推倒一世之智勇，开拓万古之心胸”[①]的杰出人物，他修王霸之

---

① 陈亮．又甲辰答（朱熹）书[M]//龙川文集．北京：商务印书馆，1937.

学，大倡功利主义。叶適在《龙川文集序》中说：“同甫微言，十不能解一二。”何谓“微言”呢？叶適《书龙川集后》说：

（亮）有长短句四卷，每一章就，辄自叹曰：“平生经济之怀，略已陈矣！”余所谓“微言”，多此类也。

以陈亮的政论来读其词，颇多相通、可证之处；反之，陈亮的不少词，也有政论意味。

南宋词论之向“诗化”发展，又以对辛弃疾词的评价，对苏辛的传承、发展的论断为新的标识，达到新的高度。这一过程从淳熙直抵宋末。

淳熙戊申年（1188年），辛弃疾门人范开写了《稼轩词序》。序说：

器大者声必闳，志高者意必远。知夫声与意之本原，则知歌词之所自出。是盖不容有意于作为，而其发越著见于声音言意之表者，则亦随其所蓄之浅深，有不能不尔者存焉耳。

器大声闳，志高意远，发其胸中所蓄而为词，这正是范开对辛词的看法，那么，辛弃疾的“志”与“意”何在？所蓄为何呢？他又说：

公一世之豪，以气节自负，以功业自许，方将敛藏其用以事清旷，果何意于歌词哉？直陶写之具耳。

从中可见，稼轩词不是表现空泛的“道德”、“礼义”，而是结合恢复失地之大业的“气节”、“功业”的“陶写之具”。

生活期比辛弃疾晚约半个世纪的刘克庄，也写了一篇《辛稼轩集序》。刘克庄（1187年—1269年），字潜夫，号后村居士，莆田（今属福建）人。他本着“知人论世”的精神，就“辛公文墨议论尤英伟磊落”，追述辛弃疾过人的军事、政治见解，为未能“行其说而尽其才”，“遂置中原于度外”而深致悲慨。在先言气节、功业之后，刘克庄又说：

世之知公者，诵其诗词，而以前辈谓有井水处皆倡柳词，余谓耆卿直留连光景、歌咏太平尔；公所作大声鞺鞳，小声铿鍧，横绝六合，扫空万古，自有苍生以来所无。其秾纤绵密者亦不在小晏、秦郎之下。

在这里，不仅全面论述稼轩词的风格，而且从内容上划清了稼轩与柳永的界限。稼轩词之所以是“自有苍生以来所无”，正在于其抚时感事的精神、气节、功业之感喟。

宋末的刘辰翁，亦有《辛稼轩词序》一篇。刘辰翁（1232年—1297年），字会孟，号须溪，庐陵（今江西吉安）人。序中说：

斯人北来，喑呜鸷悍，欲何为者；而谗摈销沮，白发横生，亦如刘越石。陷绝失望，花时中酒，托之陶写，淋漓慷慨，此意何可复道。而或者以流连光景，志业之终恨之，岂可向痴人说梦哉？

更道出了稼轩词中的不平之鸣。

因为“词为诗裔”始自苏轼，而到辛弃疾才真正将“缘情”之词作为“言志”的“陶写之具”，故不少论者都指出苏、辛的传承关系。范开《稼轩词序》说：

世言稼轩居士辛公之词似东坡，非有意于学坡也，自其发于所蓄者言之，则不能不坡若也。

这是从“蓄”、“发”关系之同而言的。刘辰翁《辛稼轩词序》则说：

词至东坡，倾荡磊落，如诗如文，如天地奇观，岂与群儿雌声学语较工拙；然犹未至用经用史，牵雅颂入郑卫也。自辛稼轩前，用一语如此者必且掩口。及稼轩横竖烂熳，乃如禅宗棒喝，头头皆是；又如悲笳万鼓，平生不平事并尽卮酒，但觉宾主酣畅，谈不暇顾。词至此亦足矣……嗟乎，以稼轩为坡公少子，岂不痛快灵杰可爱哉！……稼轩胸中今古，止用资为词，非不能诗，不事此耳。

东坡词的“如诗如文”，稼轩词的“用经用史”，正是后人“东坡为词诗，稼轩为词论”的先声。刘辰翁又用“牵雅颂入郑卫”，以言稼轩对于东坡的发展，而且，稼轩非不能诗，但他“胸中今古，止用资为词”。这样，稼轩词较之东坡，自是再拓境界，更进一层。而诸家所论，又进而涉及境界塑造与美学风范。范开、刘克庄都较全面地谈到辛词的风格，在肯定其“端庄杂流丽，刚健含婀娜”[①]的同时，更推崇其阳刚之美，刘辰翁以“岂与群儿雌声学语较工拙”，自托知音。这些，都是对诗化理论的进一步深化与发展。

词作为“诗之裔”虽在南宋有具体、深入之见，但“诗化”并不等于化为诗了。陈模《论稼轩词》曰：“近时作词者只说周美成、姜尧章等，而以稼轩为豪迈，非词家本色。潘紫岩牥云：‘东坡为词诗，稼轩为词论。’此说固当，盖曲者曲也，固当以委曲为体；然徒狃于风情婉娈，则亦不足以启人意。回视稼轩所作，岂非万古一清风也哉。”[②]这一见解恐怕更得人首肯，刘辰翁所论只能是应者寥寥。为什么呢？因为人们只能有限地承认词近诗处，不满意“徒狃于风情婉娈”，词毕竟“固当以委曲为体”，对“词诗”、“词论”感到难以接受。在多数人看来，“以一国之事，系一人之本”，“言天下之事，形四方之风”，只能

① 苏轼.次韵子由论书[M]//苏轼诗集，中华书局，1982。

② 邓广铭.稼轩词编年笺注[M].上海古籍出版社，1978。

是诗，而不能是词。所以，在辛弃疾的时代之后，词的诗化理论并不向“言志”转移，也并不一味贬斥“雌声”，推崇阳刚，仍是不出“男子作闺音”的传统，使“缘情”与“言志”相结合，肯定抒发情性，推尊有所寄托。刘克庄就是南宋后期这一理论的代表。

在刘克庄以前，已见此论端倪。罗泌《六一词跋》尚是主于为情辩护：“情动于中而形于言，人之常也。《诗》三百篇，如俟城隅、望复关、标梅实、赠芍药之类，圣人未尝删焉，陶渊明《闲情》一赋，岂害其为达，而梁昭明以为白玉微瑕，何也？”尹觉为赵师侠《坦庵词》所题，已渐见以情为本、情志合一的倾向。他说：

> 词，古诗流也。吟咏情性，莫工于词。临淄、六一，当代文伯，其乐府犹有怜景泥情之偏，岂情之所钟，不能自已于言耶？坦庵先生……人见其模写风景，体状物态，俱极精巧，初不知得之之易，以至得趣忘忧，乐天知命，兹又情性之自然也。

这里，非但省略了诸多流变的环节，而且不似陆游那样以愈变愈下、愈降愈薄的观点论词，却以词为“古诗流”，肯定词之地位。继而，又以“吟咏情性”“莫工于词”，对词作进一步推尊。如果说他以晏殊、欧阳修之词证情之不能自已，坦庵词的“模写风景，体状物态”尚属赋物范畴，那么“得趣忘忧，乐天知命”的“情性之自然”，则确是折中于言志与缘情之间，合二者而为一了。

对此，刘克庄在他的《黄孝迈长短句序》中指出：

> 为洛学者崇性理而抑艺文，词尤艺文之下者也，昉于唐而盛于本朝。秦郎“和天也瘦”之句，脱换李贺语耳，而伊川有亵渎上穹之诮。岂惟伊川哉？秀上人罪鲁直劝淫，冯当世愿小晏损才补德。故雅人修士相戒不为。或曰鲁庵亦为之，何也？余曰：议论至圣人而止，文字至经而止。“杨柳依依”，“雨雪霏霏”，非感时伤物乎？“鸡栖”、“日夕”、“黍离”、“麦秀”，非行吊古乎？“熠耀宵行”，“首如飞蓬”，非闺情别思乎？宜鲁庵之为之也。鲁庵已矣，子孝迈，年英妙，才超轶……未有能极古今文章变态节奏而得其遗意如君者。昔孔氏欲其子为《周南》、《召南》，而不欲其面墙。它日，与人歌而善，必使反之，而后和之。盖君所作原于“二南”，其善者虽夫子复出，必和之矣。乌得以小词而废之乎？

此序讲到北宋三位词人：晏几道、秦观、黄庭坚，他们都作艳词，而遭到道学家或卫道者的贬斥、讥诮。刘克庄以“文字至经而止”，援《诗经》以证“闺情别思”的合法性；又以“议论至圣人而止”，援孔子教子为《周南》、《召南》之语，以证不能以小词而废之理。全序是立足于为词之“缘情”辩护的。

刘克庄关于词的见解，并不止于争得“情”的合法性。他在《翁应星乐府序》中又说：

> 君忽贻书，抄所作长短句三十余阕寄余。其说亭鄣堡戍间事，如荆卿之歌，渐

离之筑也。及为闺情、春怨之语，如鲁女之啸，文姬之弹也。至于酒酣耳热，忧时愤世之作，又如阮籍、唐衢之哭也。近世惟辛、陆二公有此气魄，君其慕蔺者欤？

此中，可谓“情”、“志”兼到了。但是，刘克庄并不以此为止境。他在《跋刘叔安感秋八词》中，全面而具建设性地陈述了词应立足本位而诗化的见解。文中说：

长短句昉于唐，盛于本朝。余尝评之：耆卿有教坊丁大使意态；美成颇偷古句，温、李诸人困于挦扯。近岁放翁、稼轩，一扫纤艳，不事斧凿，高则高矣，但时时掉书袋，要是一癖。叔安刘君落笔妙天下，间为乐府，丽不至亵，新不犯陈，借花卉以发骚人墨客之豪，托闺怨以寓放臣逐子之感。周、柳、辛、陆之能事，庶乎其兼之矣。

对温、李、柳、周的批评姑且不论，辛、陆虽高，但“掉书袋”于词不宜。他所认可的是“丽不至亵，新不犯陈，借花卉以发骚人墨客之豪，托闺怨以寓放臣逐子之感”，要兼得周、柳、辛、陆之长而去其短。“丽不至亵”即扬雄“诗人之赋丽以则”之意，“新不犯陈”即韩愈“惟陈言之务去”之意，“花卉”、“闺怨”皆词之长，借之、托之，可见不欲离异“缘情”之体，而“骚人墨客之豪”、“放臣逐子之感”却有关政教大事，是以“言志”为内核的。至此可见，刘克庄并非一味推崇词之豪放、雄劲，倡以“用经用史”，“如诗如文”，而是倡导如上的“诗化”而不离本位的道路。而这样一条道路正是能被普遍接受的道路。

刘克庄在《题汤埜孙长短句》中又说：

坡、谷亟称少游，而伊川以为亵渎，莘老以为放泼。半山惜耆卿谬其用心，而范蜀公晚喜柳词，客至辄歌之。余谓坡、谷，怜才者也。半山、伊川、莘老，卫道者也。蜀公感熙宁、元丰多事，思至和、嘉祐太平者也。今诸公贵人，怜才者少，卫道者多，二君（按，指黄孝迈、汤埜孙）词虽工，如世不好何？然二君皆约而在下，世故忧患不入其心，姑以流连光景、歌咏太平为乐，安知他日无蜀公辈人，击节赏音乎？

在此，既有“怜才”与“卫道”之辨，又因“卫道者多”、“世不好”之时同情才人，但又指出“世故忧患不入其心，姑以流连光景、歌咏太平为乐”的严重缺憾。在此，确可见刘克庄所论不失为公允，且堪为前述序跋所阐理论之佐证。在刘克庄逝后不久，南宋亦亡，而正是宋室覆灭前后的国难家仇，又再度激起词人和词论家的忧患意识，由宋末而入元，词论的光芒当是属于刘辰翁、刘将孙父子了。

（原载《中国词学批评史》，中国社会科学出版社1994年7月出版）

郭麐《词品》析论

清代于词的批评之学建树最多，择其代表性学说，先后有浙西词派朱彝尊的尚醇雅、法南宋、推姜张，常州词派张惠言的尊词体、崇比兴、区正变，周济的倡词史、重寄托、言出入，谭献标举折中柔厚，陈廷焯尤重沉郁温厚，晚近的临桂况周颐以“重拙大”为论词之基石，海宁王国维以境界说为自己所独得。相较而言，常州、临桂等词人，更重在题旨、意格，而浙西派和王国维，则更重艺术。笔者以为，在以上诸家外，尚应重视词品之说，而郭麐的《词品》既以“品”为名，且先于以“三品说”为核心的刘熙载《词概》，惜未得足够重视，故专文论之。

一

在郭麐的《词品》之前，已有明人杨慎的《词品》。《词品》源于《诗品》，而钟嵘《诗品》为首出之作，其本名《诗评》，见于《梁书·钟嵘传》、《隋书·经籍志》，而后者已有二名：“《诗评》三卷，钟嵘撰，或曰《诗品》。”可见隋唐时代据此著之名而作性质认定，以“品”、“评”二字为同义或近义。《四库全书总目提要》曾指出此著在我国文学批评史上的地位，该书卷一百九十五诗文评类小序云：

> 文章莫盛于两汉。浑浑灏灏，文成法立，无格律之可拘。建安、黄初，体裁渐备。故论文之说出焉，《典论》其首也。其勒为一书传于今者，则断自刘勰、钟嵘。勰究文体之源流，而评其工拙；嵘第作者之甲乙，而溯厥师承。为例各殊。至皎然《诗式》，备陈法律，孟棨《本事诗》，旁采故实。刘攽《中山诗话》、欧阳修《六一诗话》，又体兼说部。后所论著，不出此五例中矣。

钟嵘《诗品序》有云：“轻欲辨彰清浊，掎摭利病……至斯三品升降，差非定制，方申变裁，请寄知音耳。”因此，他作《诗品》，目的在通过品评而“辨彰清浊，掎摭利病”，至于品第之确定及其升降，“差非定制”，还是谦称要有待于真正的知诗者。此著主旨是“第作者之甲乙，而溯厥师承”，而后世如唐人殷璠《河岳英灵集》、高仲武《中兴间气集》，都可见《诗品》“第甲乙”、“溯师承”的影响。

另一著名的《诗品》是《二十四诗品》，近年来学界多已否定此系司空图所作，以之本出于元后期的《诗家一指》，直到明末天启、崇祯间才有郑鄤、毛晋、钱谦益称之为

《二十四诗品》。[①]若如此，此著当产生在杨慎生活期之后，故杨慎《词品》之以“品”为名，应出于、近于钟嵘《诗品》。杨慎《词品》成于谪戍云南之时，虽周逊《刻词品序》因“品”而申神、妙、能三品之意，而实际上，其内容多为考察调名缘起，记载词人故实，诠释词中用语，兼及名物训诂，虽有品评作品的内容，却引录多而评论少。

对《二十四诗品》，郭绍虞先生有“所作重在体貌诗之风格意境”[②]的准确概括。从性质到编排都明确学习《二十四诗品》的是郭麐《词品》。论述并评价此著，当从浙西词派的流变及郭麐本人的词学思想说起。

如果说后出的常州词派重在尊体重意，强调比兴寄托，标举柔厚沉郁，力求内容意旨与艺术表现达到高度谐合；那么浙西词派则从朱彝尊创立之时起，就显示出偏在艺术追求的特点，且在该派的发展中不断予以发展、修正。朱彝尊词论的核心是醇雅说，针对长期受《草堂诗馀》影响所造成的明词淫哇之习，他编选《词综》的目的就是力求“一洗《草堂》之陋”，为此，他崇尚姜夔，《词综·发凡》明确宣称“填词最雅无过石帚”，《黑蝶斋词序》亦云“词莫善于姜夔”，其自作则“不师秦七，不师黄九，倚新声、玉田差近”（《解佩令·自题词集》）。由于他的倡导，一时形成了“浙西填词者，家白石而户玉田”的局面。作《词综序》的汪森，实际上是浙西词派的理论代表，他驳斥了“诗降为词”的“诗余说”，主张“尊体”，并从齐言杂言之变与倚声合乐的角度寻找历史依据，然而他在论述词的源流时，较朱彝尊更尊南宋，根本不提北宋词，这样就必然带来了创作取径的褊狭。

浙西词派的中期代表是厉鹗与王昶。厉鹗论词仍本朱彝尊的醇雅说，尤其藉溯源之举而将“雅”与《诗经》的大小雅相联系[③]，在此点上可谓合朱、汪而为一。“雅正”或“醇雅”说虽确立了姜夔、张炎为典范，然而对姜、张词的艺术特点，朱、汪二氏实际上都未能道出，厉鹗出于自己之所嗜，在论诗品画时，屡以“清”言之取之，对于词，则揭出姜夔的“清妙秀远”[④]，张炎的“秀笔溯清空”[⑤]，核心仍在于一个“清”字。他还对朱、汪的师法前人过于褊狭，言词史而拟于画派，谓“画家以南宗胜北宗。稼轩、后村诸人，词之北宗也；清真、白石诸人，词之南宗也”[⑥]。这样，就在姜夔以外，又以周邦彦与之相并，且明确宣称：“南宗词派，推吾乡周清真，婉约隐秀，律吕谐协，为倚声家所宗。”[⑦]从知音协律与风格手法，确立了词的两个重要艺术标准。王昶一仍汪森之将词溯源于《诗》，却又从诗乐离合与正变之辨两个角度，深化了尊体之论，宣称：“词乃《诗》之苗裔，且以补

① 陈尚君.《二十四诗品》真伪之争与唐代文献考据方法[M]//汉唐文学与文献论考.上海：上海古籍出版社，2008.

② 郭绍虞.诗品集解·续诗品注·序[M].北京：人民文学出版社，1963.

③ 厉鹗.群雅词集序[M]//樊榭山房文集.四部丛刊本.

④ 厉鹗.白石道人歌曲[M]//夏承焘.姜白石词编年笺校.上海：上海古籍出版社，1981:170.

⑤《论词绝句十二首》其七：“玉田秀笔溯清空，净洗花香意匠中。羡杀时人唤春水，源流故自寄闲翁。”引自《樊榭山房诗集》卷七，四部丛刊本。

⑥ 厉鹗.张今涪红螺词序[M]//樊榭山房文集.四部丛刊本.

⑦ 厉鹗.吴尺凫玲珑帘词序[M]//樊榭山房文集.四部丛刊本.

《诗》之穷……以为今之词即古之《诗》，即孔颖达之谓长短句。”①王昶不似厉鹗之并提周、姜，甚而以周邦彦为词家宗祖，由于“一生专师竹垞”，②他进一步推衍朱彝尊独尊南宋的主张，认为柳永、周邦彦辈，尚“不免杂于俳优。后惟姜、张诸人，以高贤志士，放迹江湖，其旨远，其词文，托物比兴，因时伤事，即酒食游戏，无不有《黍离》周道之感，与《诗》异曲而同工……为三百篇之苗裔，无可疑也”。③因为他所称者仅在高人雅士，故虽尊南宋，却并未属意关怀国事、陶写襟怀的稼轩、后村等“北宗”一派。

浙西词派历百年之盛，至乾隆后期已衰象频现，吴锡麒与郭麐遂负起了振衰之责。吴锡麒虽仍主雅正观念，以“情欲其幽，而韵欲其雅”为“词之道”，斥淫哇与伧楚，④在《陶凫香红豆树馆词序》中，以“清而能婉，丽而不佻”为“得大雅之遗音，传南宋之正轨”，⑤所言词境偏在清幽雅致一侧，词情较宽，却与国事无涉，但他却通过修正朱彝尊之说，以求浙派的新生。他既否定了朱彝尊以词宜于宴嬉逸乐、歌咏太平之见，发扬欧阳修论诗所持“穷而后工”之论，而“吾谓词尤甚”（见《张渌卿露华词序》）；又以惟尊姜张是取径过窄，阐发词有两派之见而颇有辩证精神：

> 词之派有二：一则幽微要眇之音，宛转缠绵之致，戛虚响于弦外，标隽旨于味先，姜、史其渊源也。本朝竹垞继之，至吾杭樊榭而其道盛。一则慷慨激昂之气，纵横跌宕之才，抗秋风以奏怀，代古人而贡愤，苏、辛其圭臬也。本朝迦陵振之，至吾友瘦桐而其格尊。然而过涉冥搜，则缥缈而无附；全矜豪上，则流荡而忘归……一陶并铸，双峡分流，情貌无遗，正变斯备。⑥

郭麐少吴锡麒二十多岁，是真正负起重振浙派之责的词人，如蒋敦复《芬陀利室词话》卷一所说：“浙派词，竹垞开其端，樊榭振其绪，频伽畅其风。”郭麐对朱彝尊称赏甚多，也标举雅词，自是浙派中人。但是，他能正视“倚声之学今莫盛于浙西，亦始衰于浙西”（《绿梦庵词序》）的事实，指出在浙派词中存在的“浅”、“薄”、“意不逮”之蔽，以为厉鹗尤其不能辞其咎。他认为浙派之病根在于“性灵不存，寄托无有”（《梅边笛谱序》），认为无论是诗文还是词，都应出自心灵。《无声诗馆词序》提倡“写其心之所欲出”，“取其性之所近”；《灵芬馆杂著序》自谓“自其心出而书于手”，《桃花潭水词序》亦有“自抒其襟灵”之说，《红花诗序》、《灵芬馆词话》等，都贯注了这一精神。《灵芬馆词话》卷二还专立《词妖》一则：

> 倚声家以姜、张为宗，是矣。然必得其胸中所欲言之意，与其不能尽言之意，

① 王昶．国朝词综自序[M]//春融堂集．嘉庆丁卯刻本．
② 谢章铤．赌棋山庄词话[M]//唐圭璋．词话丛编．北京：中华书局，1986：3321．
③ 王昶．姚茝汀词雅序[M]//春融堂集．嘉庆丁卯刻本．
④ 吴锡麒．屈弢园竹沪渔唱序[M]//有正味斋骈体文续集．嘉庆戊辰刻本．
⑤ 吴锡麒．陶凫香红豆树馆词序[M]//有正味斋骈体文续集．嘉庆戊辰刻本．
⑥ 吴锡麒．董琴南楚香山馆词钞序[M]//有正味斋骈体文续集．嘉庆戊辰刻本．

而后缠绵委折，如往而复，皆有一唱三叹之致。近人莫不宗法雅词，厌弃浮艳，然多为可解不可解之语，借面装头，口吟舌言，令人求其意恉而不得。此何为者耶。昔人以鼠空鸟即为诗妖，若此者，亦词妖也。

郭麐认识到"一代有一代之作者，一人有一人之独至"(《与汪楯庵论文书》)，各人自有其性情，自有其境遇，也必然自有其不同的创作，因此，他引申出由"适性"而"通变"的认识。他在《与霁青论文书》中说："递沿而递变……此文章流别一定之理。"《灵芬馆词话》开头就论词的四派，虽仍以姜、张为绝代之才，却也为苏轼、辛、刘留下座次，一反传统，不作崇"正"抑"变"之论：

词之为体，大略有四：风流华美，浑然天成，如美人临妆，却扇一顾，花间诸人是也。晏元献、欧阳永叔诸人继之。施朱傅粉，学步习容，如宫女题红，含情幽艳，秦、周、贺、晁诸人是也。柳七则靡曼近俗矣。姜、张诸子，一洗华靡，独标清绮，如瘦石孤花，清笙幽磬，入其境者，疑有仙灵，闻其声者，人人自远。梦窗、竹屋，或扬或沿，皆有新隽，词之能事备矣。至东坡以横绝一代之才，凌厉一世之气，间作倚声，意若不屑，雄词高唱，别为一宗。辛、刘则粗豪太甚矣。其余幺弦孤韵，时亦可喜。溯其派别，不出四者。①

《灵芬馆词话》卷一有《凌廷堪论词》一则，驳斥其所见，在比较朱彝尊与厉鹗所作词时，以之有兼收众体与专学姜张之别：

近见凌仲子论词云："词以南宋为极，能继之者竹垞。至厉樊榭则更极其工，后来居上。北曲填词以关汉卿诸人为至，犹词家之有姜、张……"其言累数百，余不能尽记，且于此道无深解，不敢强为之说……至谓樊榭胜竹垞，鄙意大不谓然。樊榭论词绝句云："偶然燕语人无语，心折小长芦钓师。"愚谓竹垞小令固佳，即长调纡馀宕往中，有藻华艳耀之奇，斯为极至。即小令中佳者，亦未必惟此语为可心折也。大抵樊榭之词，专学姜、张，竹垞则兼收众体也。②

浙西派到郭麐而始将词的大门打开，路径拓宽，无论是四体之说，还是以区别专学姜张与兼收众体来判定朱彝尊、厉鹗的高下，都是对浙西派创作主张的根本撼动。"四体"自较南北宗说更为丰富，兼收众体更指出了创作的方向，为此，从风格学上对词作深入探讨，对郭麐来说，实是逻辑的必然。

① 郭麐.灵芬馆词话[M]//唐圭璋.词话丛编.北京：中华书局，1986：1503.
② 郭麐.灵芬馆词话[M]//唐圭璋.词话丛编.北京：中华书局，1986：1508–1509.

二

郭麐《词品》是仿《诗品》而作，是词史和词学批评史上第一篇全面、系统品评词的风格意境的美文，见于《词学集成》卷八，题为《郭频伽词品十二则》。其小序云：

> 余少耽倚声，为之未暇工也。中年忧患交迫，廓落鲜欢，间复以此陶写，入之稍深。遂极玩百家，博涉众趣，虽曰小道，居然非粗鄙可了。因弄墨余闲，仿表圣《诗品》，为之标举风华，发明逸态。以其途较隘，止得表圣之半，用以轩翥六义之后，奋蜚四声之余，亦犹贤于博弈。①

既然是"仿表圣《诗品》"，当先言之。此著是"用象征的手法来形容抽象的风格……他这样说明诗的风格，不脱不粘，既不会教人死于句下，执着以求，同时也不致说得迷离恍惚，教人无从领会……尽管《诗品》所讲的是诗的各种风格，而王渔洋特别于《诗品》中指出'不着一字，尽得风流'二语，也不能算是无所见的"②。《诗品》所列二十四品是：

> 雄浑、冲淡、纤秾、沉着、高古、典雅、洗炼、劲健、绮丽、自然、含蓄、豪放、精神、缜密、疏野、清奇、委曲、实境、悲慨、形容、超诣、飘逸、旷达、流动。

许印芳《二十四诗品跋》认为，其采用的是"分题系辞"、"比物取象"方法，使人能"目击道存"，作者不重说理，而用比喻象征的手段，主于描绘诗歌的风格、意境，部分兼及表现手法、艺术功能，《四库全书总目提要》谓之"所列诸体毕备，不主一格"，甚当。

郭麐经历了"少耽倚声，为之未暇工"，"中年忧患交迫，廓落鲜欢，间复以此陶写，入之稍深"的过程，对词这种体式有了充分的理解和创作实践，加以"极玩百家，博涉众趣"，自然也拓展了浙派前人对词的风格意境的认识与认定，故能有《词品》之作。《灵芬馆词话》论词的四派，所用也是"标举风华，发明逸态"的方法，《词品》更将四派扩为十二品，但由于郭麐体会到诗、词终究有别，故"以其途较隘，止得表圣之半"，十二品分别是：

> 幽秀、高超、雄放、委曲、清脆、神韵、感慨、奇丽、含蓄、逋峭、秾艳、名隽。

若将《词品》与《诗品》相对照，可以发现，二者之间有显著的相沿性，表现有三：

---

① 见嘉庆丁卯本《灵芬馆杂著》卷二。《论语·阳货》："不有博弈者乎？为之犹贤乎己。""博"：六博。"奕"：围棋。

② 郭绍虞．诗品集解·续诗品注·序[M]．北京：人民文学出版社，1963.

《词品》所立之“品”有与《诗品》完全相同者，即“委曲”、“含蓄”二目；因为词“其途较隘”，故所立品名中，似有将《诗品》的二品合而为一者，如“高超”得之于《诗品》中的“高古”与“超诣”，“雄放”实为“雄浑”“豪放”之合；因诗词同为韵文、血缘较近，加以诗先词后，故《词品》的各品命名，有显然是仅仅改动《诗品》一字者，如“奇丽”之于“绮丽”，“秾艳”之于“纤秾”，“感慨”之于“悲慨”。因此，《词品》中为郭麐所独创者，实为五品：幽秀、清脆、神韵、遒峭、名隽。

将相沿性的三种表现作一深入分析，却又可见出其间的不同。

第一，品名虽同，而所状之用语异，体现出不同的创作思想，或兼及对诗词美学性格、艺术特性有别的认识。

《诗品》的“委曲”是：

> 登彼太行，翠绕羊肠。杳霭流玉，悠悠花香。力之于时，声之于羌。似往已回，如幽匪藏。水理漩洑，鹏风翱翔。道不自器，与之圆方。

此品所拟意象众多，表达的皆为“似往已回，如幽匪藏”，是“委曲”的形象之现，而最后的“道不自器，与之圆方”八字，则透出了尚“自然”的创作思想，说出了之所以“委曲”，是因于“随物赋形”。而《词品》的“委曲”却是：

> 芙蓉初花，秋水一半。欲往从之，细石凌乱。美人有言，玉齿将粲。徐拂宝瑟，一唱三叹。非无寸心，缱绻自献。若往若还，岂曰能见。

虽“若往若还”与“似往已回”几无分别，亦为“委曲”之解，但无论是花之初、水之半、美人有言、将粲玉齿之未始，宝瑟徐拂、一唱三叹的余音，重点所表的是“骄马弄衔而未行，粲女窥帘而欲出”，那种欲吐却吞、又最富生发、最见包孕的词之特点，既体现了词所具有的特性，又兼及继承传统的诗不尚直言、说透，而以隐约含蓄为高的创作思想。

《诗品》的“含蓄”是：

> 不著一字，尽得风流。语未涉难，已不堪忧。是有真宰，与之沉浮。如绿满酒，花时返秋。悠悠空尘，忽忽海沤。浅深聚散，万取一收。

杨廷芝《诗品浅解》解“含蓄”之意：“含，衔也；蓄，积也。含虚而蓄实。”而“不著一字，尽得风流”八字实际上已尽“含蓄”之意，故翁方纲《神韵论》以“不着一字”是“函盖万有”。“如渌满酒，花时返秋”，前者的渟蓄之态，后者的将开又闭，状含蓄为最确；浮尘与浮沤，一在天空而悉归笼罩，一在大海而气积其中，亦含蓄之义。孙联奎《诗品臆说》解释最后二句：“浅深，竖说；聚散，横说：皆题外事也。万取，取一于万，即不著一字;一收,收万于一,即尽得风流。”甚当[①]。既讲含蓄,又强调“真宰”主于内,文辞现于外,与之共沉浮,自有庄子思想的渊源,在二十四品中是重要的创作论。

《词品》中的“含蓄”是:

好风东来,幽鸟始哢。阳春在中,万象皆动。一花未开,众绿入梦。口多微词,如怨如讽。如闻玉管,快作数弄。望之邈然,鹤背云重。

多为对含蓄的拟状形容,相较而言,并非郭麐重要的创作思想,也未及《诗品》对含蓄解释、说理之透彻。

第二,《词品》立品的命名,虽似将《诗品》中的二品合一,但实质有异。

《诗品》的“高古”是:

畸人乘真,手把芙蓉。泛彼浩劫,窅然空踪。月出东斗,好风相从。太华夜碧,人闻清钟。虚伫神素,脱然畦封。黄唐在独,落落玄宗。

杨廷芝释名曰:“高则俯视一切,古则抗怀千载。”孙联奎则说:“高对卑言,古对俗言。”“黄唐”指黄帝与唐尧,郭绍虞先生说:“抗怀千载,当然不偶世俗,亦惟有抱此玄妙宗旨以终身已耳。”[②]

“超诣”是:

匪神之灵,匪机之微。如将白云,清风与归。远引若至,临之已非。少有道契,终与俗违。乱山乔木,碧苔芳晖。诵之思之,其声愈希。

杨廷芝云:“超,卓也。诣,进也。”孙联奎说:“超诣,谓其造诣能超越寻常也。”[③]神谓心神,机谓天机,超诣之境与“神”“机”无关,白云清风,飘然无迹,可望而不可即,天然胜景,亦非人力可到。

《词品》的“高超”是:

行云在空,明月在中。潇潇秋雨,泠泠好风。即之愈远,寻之无踪。孤鹤独唳,其声清雄。众首俯视,莫穷其通。回顾薮泽,翩若蜚鸿。

“即之愈远,寻之无踪”即《诗品·超诣》的“远引若至,临之已非”,然而诸如“行云在空,明月在中”,“孤鹤独唳,其声清雄。众首俯视,莫穷其通。回顾薮泽,翩哉飞

① 郭绍虞.诗品集解·续诗品注[M].北京:人民文学出版社,1963:21–22.

② 郭绍虞.诗品集解·续诗品注[M].北京:人民文学出版社,1963:10–12.

③ 郭绍虞.诗品集解·续诗品注[M].北京:人民文学出版社,1963: 37.

鸿”,都落在“高”之境界,虽亦“超越寻常”,却无“抗怀千载”之旨。

再看《诗品》的“雄浑”:

> 大用外腓,真体内充。反虚入浑,积健为雄。具备万物,横绝太空。荒荒油云,寥寥长风。超以象外,得其环中。持之非强,来之无穷。

“雄”即至大至刚,“浑”即浑成自然,见于外在的浩大之“用”,源于存在于内的真实之“体”,体精用宏,自达到雄浑之境。油云、长风,即自然界所呈现的雄浑境界。超乎迹象,适得环中,即“返虚入浑”。最后二句谓持之而不勉强,来之无穷无量,是再概言雄浑。

“豪放”:

> 观花匪禁,吞吐大荒。由道返气,处得以狂。天风浪浪,海山苍苍。真力弥满,万象在旁。前招三辰,后引凤凰。晓策六鳌,濯足扶桑。

内里为“豪”,外现为“放”,郭绍虞先生说:“观花匪禁,即‘看竹何须问主人’之意,自见其放。吞吐大荒,即‘吞若云梦者八九,于其胸中曾不蒂芥’之意,自见其豪。”“由道返气,言豪气是集义所生,根于道,故不馁。处得以狂,言忘怀得失,才能自得,超于世,故无累。不馁无累,自近豪放。”① 其余皆为“豪放”之境的形象演绎。

《词品》的“雄放”是:

> 海潮东来,气吞江湖。快马斫阵,登高一呼。如波轩然,蛟龙牙须。如怒鹘起,下盘浮图。千里万里,山奔雷驱。元气不死,乃与之俱。

如果说“雄浑”兼顾“外腓”与“内充”,“豪放”亦能析为内在之“豪”与外现之“放”,那么此处的“雄放”则主于外在,是用客观的、带有强烈动感的事物以状雄放的风格,仅最后的“元气”与“真体内充”、“由道返气”相关。

第三,改动《诗品》一字者,自有明显的“血缘”关系,然而所言境界却并不相近,且可见出作者对诗词体性之异有自己的认识。

《诗品》有“绮丽”:

> 神存富贵,始轻黄金。浓尽必枯,淡者屡深。雾馀水畔,红杏在林。月明华屋,画桥碧阴。金尊酒满,伴客弹琴。取之自足,良殚美襟。

---

① 郭绍虞.诗品集解·续诗品注[M].北京:人民文学出版社,1963:23.

《词品》有“奇丽”：

> 鲛人织绡，海水不波。珊瑚触网，蛟龙腾梭。明月欲堕，群星皆趋。凄然掩泣，散为明珠。织女下目示，云霞交铺。如将卷舒，贡之太虚。

二者都以“丽”为共同点，但后者的鲛人织绡、珊瑚触网、织女下示等，较之前者，更见其“奇”；而前者的红杏在林、月明华屋、画桥碧阴、金樽酒满等，则更见为“绮”。以“奇丽”言词品，可见已在“风流华美，浑然天成，如美人临妆，却扇一顾”这一“丽”的基础上，隐约透出了对梦窗之辈“皆有新隽”、人之于“奇”的认识。

《诗品》的“纤秾”与《词品》的“秾艳”，《诗品》的“感慨”与《词品》的“悲慨”，虽具有相沿性，却同中更见其异，体现出诗词体性之别，下面再论。

三

《词品》虽是《诗品》的仿作，却自有其创造性。先看《词品》立目源于《诗品》且用语相近者。

虽然郭麐认识到词的途径较诗狭隘，故《词品》之品目仅得《诗品》之半，但是，两相对照，可以发现《词品》所立之“品”有出于艺术风格范围之外者，此即《感慨》：

> 人生一世，能无感焉。哀来乐往，云浮鸟仙。铜驼巷陌，金人岁年。铅华迸泪，鹍鸡裂弦。如有万石，入以肺肝。夫子何叹，唯唯不然。

尽管《诗品》有《悲慨》一品，与《感慨》一字之差，然而《悲慨》是：

> 大风卷水，林木为摧。适苦欲死，招憩不来。百岁如流，富贵冷灰。大道日丧，若为雄才。壮士拂剑，浩然弥哀。萧萧落叶，漏雨苍苔。

《感慨》所体现的是郭麐“写其心之所欲出”（《无声诗馆词序》），“必得其胸中所欲言之意”（《灵芬馆词话》卷二），以词“陶写”、表达性灵的创作思想。以“人生一世，能无感焉”开头，从自己的真实体验出发，定下该“品”之基调，以下所说都重在自己对人生、历史所生真情的认识、感慨，重在主观一侧的真实体验，而“铅华迸泪，鹍鸡裂弦。如有万石，入以肺肝”，更见真情的沉重分量。对照而言，《悲慨》虽也有“百岁如流，富贵冷灰”的主观体会，却更重在客观，从开头的“大风卷水，林木为摧”，到结尾的“萧萧落叶，漏雨苍苔”，无论是自然意象，还是人文意象，都主于示有形以表无形，展示了“悲慨”的种种表现，无悖于表现风格意境之旨。

《感慨》亦为一字之差，却表现出作者对词的独特体性的认识。《诗品》有“纤秾”：

采采流水，蓬蓬远春。窈窕深谷，时见美人。碧桃满树，风日水滨。柳荫路曲，流莺比邻。乘之愈往，识之愈真。如将不尽，与古为新。

《词品》有“秾艳”：

杂组成锦，万花为春。五酝酒酽，九华帐新。异彩初结，名香始薰。庄严七宝，其中有人。饮芳食菲，摘星抉云。偶然咳唾，名珠如尘。

前者所示流水、远春、美人、碧桃、水滨、柳阴、流莺等意象，如杨振纲《诗品解》引《皋兰课业本原解》所云：“此言纤秀秾华，仍有真骨，乃非俗艳。”①而后者的杂组成锦、万花为春、五酝酒酽、九华帐新、异彩初结、名香始薰、饮芳食菲，摘星抉云等，却重心落在“艳”字。前者多见于大自然中，亦有自然之态。而“秾艳”所列诸象却多人工之所为，亦为富贵者生活之享受，有论者以“富贵气”为词之特点，② 此则可证。

《诗品》虽“重在体貌诗之风格意境”，却仍有探求作法的体会，形象地表达创作理论的内容。如“洗炼”中的“如矿出金，如铅出银。超心炼冶，绝爱缁磷。空潭泻春，古镜照神”，固然是“洗炼”的形象表述，但又何尝不是创作方法、过程的体会？“自然”中的“俯拾即是，不取诸邻。俱道适往，著手成春”，“真与不夺，强得易贫”；“含蓄”的“不著一字，尽得风流”，“浅深聚散，万取一收”；“缜密”的“是有真迹，如不可知。意象欲生，造化已奇”，近于对创作过程的体会，而“语不欲犯，思不欲痴”则明言“语”与“思”，直接从思考与表达上用一字立论。“实境”虽多此类境界的形象展示，但“取语甚直，计思匪深。忽逢幽人，如见道心。”也是前者再言“语”与“思”，后者的“忽逢”、“如见”则兼及营造之得与所得时的心理体会。尤其“委曲”与“形容”二品，多为创作论。“委曲”是：

登彼太行，翠绕羊肠。杳霭流玉，悠悠花香。力之於时，声之於羌。似往已回，如幽匪藏。水理漩洑，鹏风翱翔。道不自器，与之圆方。

“形容”是：

绝伫灵素，少回清真。如觅水影，如写阳春。风云变态，花草精神。海之波澜，山之嶙峋。俱似大道，妙契同尘。离形得似，庶几斯人。

相对而言，《词品》于创作理论总结较少。然而，我们应注意的是：《词品》以“比物取象”的方法，所“标举”之“风华”，对词之“逸态”有独到的“发明”。

第一，十二品之中，专立“清脆”一品，可见出郭麐对诗为徒诗、词为“歌诗”的界

① 郭绍虞．诗品集解·续诗品注[M]．北京：人民文学出版社，1963：7.

② 杨海明．唐宋词美学[M]．南京：江苏教育出版社，1998.

定,是对词为“倚声”这一特质的揭示、认识。其用语均为对声音“清”与“脆”的形容:

美人满堂,金石丝簧。忽击玉磬,远闻清扬。韵不在短,亦不在长。哀家一梨,口为芳香。芭蕉洒雨,芙蓉拒霜。如气之秋,如冰之光。

“美人满堂,金石丝簧”既概言了声音“清脆”的特质,又应是词从文人笔端回返于歌女伎人之唱奏,“芭蕉洒雨,芙蓉拒霜”则以自然物象再作形容。“忽击玉磬”之所听,“哀家一梨”之所品,“通感”所得皆在一“脆”字,而最后的“如气之秋”、“如冰之光”则再次强调了“清”。

第二,“幽秀”、“遒峭”二品亦为郭麐所创,据此可知,较之诗的宽阔、雄奇境界,词从总体上显得较为窄隘、曲折。

画家戴熙曾以诗词之别论画:

画有诗人之笔,词人之笔。高山大河,长松怪石,诗人之笔也。烟波云岫,路柳垣花,词人之笔也,旖旎风光,正须词人写照耳。①

郭麐《词品》中多有拟状“烟波云岫,路柳垣花”者,尤其是“幽秀”:

千崖巉巉,一壑深美。路转峰回,忽见流水。幽鸟不鸣,白云时起。此去人间,不知几里。时逢疏花,娟若处子。嫣然一笑,目成而已。

若将此品所描摹的意象、境界与下说对照,可见相似之处:

野君(徐士俊)与余论:诗如康庄九逵,车驱马骤,易为假步。词如深岩曲径,丛筱幽花,源几折而始流,桥独木而方渡,非具骚情赋骨者未易染指。②

缪钺先生曾以“文小”、“质轻”、“径狭”、“境隐”论词之特性,③ 以上二说,岂非是对“境隐”、尤其是“径狭”的形象说明?可见,虽《词品》小序所说的“其途较隘”,已能见出郭麐虽对浙派前贤惟师姜张、或兼及清真大为拓展,却仍认识到词的创作径路较诗歌为隘,故特立此品。

再看“遒峭”:

清霜警秋,微月白夜。其上孤峰,流水在下。幽鸟欲穷,乃见图画。惬心动

---

① 戴熙.习苦斋题画[M]//.俞剑华.中国古代画论类编(修订本).北京:人民美术出版社,1998:998.

② 沈雄.古今词话[M]//唐圭璋.词话丛编.北京:中华书局,1986:1035.

③ 缪钺.论词[M]//诗词散论.上海:上海古籍出版社,1982.

目，喜极而怕。跌宕容与，以观其鎛。翩然将飞，尚复可跨。

“逋峭”同“庯峭”，本义为山岩屋势的倾斜曲折状，借作形容人物或文笔之有风致。《魏书·温子升传》：“尝诣萧衍客馆受国书，自以不修容止，谓人曰：‘诗章易作，逋峭难为。’”《词品》中的“逋峭”，所示意象多为曲折、深坳的本义，应是郭麐对词之体性特征的认识。

“幽秀”与“逋峭”虽可分而释之、析之，却又不能截然分开，俞平伯先生综观词的发展，认为文人词本应有两条发展道路，却终于走上“狭深”一路，[①] 而“幽秀”与“逋峭”二品，实即主要是“狭深”之义。论者多认为词以曲折为高：

小令须突然而来，悠然而去，数语曲折含蓄，有言外不尽之致。[②]

小令如此，长调更是：

如娇女步春，旁去扶持，独行芳径，徙倚而前，一步一态，一态一变。[③]

直到王国维，仍以“诗之境阔，词之言长”论诗词之别，境阔者自不必说，言长者岂非有“幽秀”、“逋峭”之意？

论述了以上十品，《词品》尚有出于《诗品》之外的神韵、明隽二品，由于“神韵”明显受到王士禛“神韵说”的影响，拟后面再论，兹先看十二品的最后一品“明隽”：

名士挥麈，羽人礼坛。微闻一语，气如幽兰。荷雨夜歇，松风夏寒。之子何处，秋山槃槃。万籁俱寂，惟鸣幽湍。千漱万咽，奉君一丸。

笔者以为，此品应是作为浙西派的郭麐对该派所奉、所本的认同与强调。《灵芬馆词话》开头的四派之说有云：“姜、张诸子，一洗华靡，独标清绮，如瘦石孤花，清笙幽磬，入其境者，疑有仙灵，闻其声者，人人自远。”两相对照，用语与拟境都十分相似，郭麐以“明隽”置于《词品》之末，似以之为“定海神针”，这也应是对其作为浙派殿军的理解。

再看“神韵”：

杂花欲放，细柳初丝。上有好鸟，微风拂之。明月未上，美人来迟。却扇一顾，群妍皆媸。其秀在骨，非铅非脂。眇眇若愁，依依相思。

① 俞平伯.唐宋词选释[M].北京：人民文学出版社，1979：8.

② 沈祥龙.论词随笔.[M]//唐圭璋.词话丛编.北京：中华书局，1986：4050.

③ 唐圭璋.词话丛编[M].北京：中华书局，1986：609.

“神韵说”为清初诗坛盟主王士禛所创。此前，明“后七子”的诗论已渐逗消息。如谢榛《四溟诗话》卷一以“婉而有味，浑而无迹”与“涉于理路，殊无思致”言唐宋诗之别；王世贞《艺苑卮言》卷一认为“法极无迹，人能之至，境与天会，未易求也”，都可看作是神韵说的先声。王士禛受到绘画的启发，在《芝廛集序》中，从南宗画的“古澹闲远，而中实沉着痛快”，引出了神韵诗的相同特点。但是，一如司空图之重视“韵味”却偏好“澄淡”，严羽之强调“兴趣”却爱“悠游不迫”，王士禛虽标举“沉着痛快”，却更倾心于“古澹闲远”，针对后七子尚唐诗、言格调而流为肤廓，又鉴于宋诗理过其辞之弊，“于是以大音希声，药淫哇锢习”①而揭橥神韵。笔者以为，神韵诗既与南宗画有关，二者间可沟通者当有三：借物写心与抒发情性，形似为末与意在言外，虚静得雅韵与伫兴成天然。②郭麐《词品》的“神韵”，无论是“杂花”的“欲放”，“细柳”的“初丝”，以及“明月未上，美人来迟”，均多“希声”及“伫兴”之意，而“渺渺若愁，依依相思”则近于“言外”、“雅韵”，“其秀在骨，非铅非脂”，重在内质与天然，皆与王士禛的“神韵”合。可见，郭麐以“神韵”为词之一品，不仅是受到王士禛神韵说的影响，也应有以诗正词，同是“药淫哇锢习”之意，此亦不失浙西派尚醇雅之初旨，也可看出厉鹗以南北宗说论词论画在方法论上的影响。

余　论

《诗品》的二十四品除了属近于作法的理论概括外，从风格、意境而言，基本上可以分为阳刚、阴柔、古雅三类，如基本属于刚性美的有雄浑、劲健、豪放、悲慨；属于柔性美的有纤秾、绮丽，另“精神”一品的“明漪绝底，奇花初胎。青春鹦鹉，杨柳楼台”，亦近于此。作者似乎最倾心于古雅一类，二十四品中属于或近于此类的就有冲淡、高古、典雅、自然、疏野、清奇、超诣、飘逸、旷达等。相比之下，《词品》的十二品虽力图仿此，却因词本身的题材与体性，难以形成这样的格局，故对于郭麐来说，“以其途较隘”，是他自己从创作和鉴赏、研究的实践中得出的认识和结论，而“止得表圣之半”，则确实是对词的风格意境少于、隘于诗的准确认识。后来杨伯夔又作《续词品》十二（实为十一）品：

轻逸、独造、凄紧、微婉、闲雅、高寒、澄澹、疏俊、疏瘦、精炼、灵活。

虽有所补充、发展，却未及《词品》准确，又未免显得力绌而见拼凑之迹。

清代与《二十四诗品》并非一路的是袁枚的《续诗品》，其小序云：“余爱司空表圣《诗品》，而惜其只标妙境，未写苦心”，可见，袁枚虽倡性灵，《续诗品》却将宗旨转为表述写作之苦心。故钱锺书先生说：“……袁之属词虽仿司空，而谋篇命意出于陆机《文

① 丁福保.清诗话[M].上海古籍出版社，1978：163.

② 邓乔彬.有声画与无声诗[M].上海：上海社会科学院出版社，1993：300–213.

赋》及《文心雕龙》之《神思》、《定势》、《熔裁》等篇。”①《续诗品》的各品是：

崇义、情思、博习、相题、选材、用笔、理气、布格、择韵、尚识、振采、结响、取径、知难、葆真、安雅、空行、固存、辨微、澄滓、斋心、矜严、藏拙、神悟、即景、勇改、著我、戒偏、割忍、求友、拔萃、灭迹。

江顺诒作《续词品》，自谓：“昔随园补诗品三十二首，谓前人祇标妙境，未写苦心，特为续之。(诒)于词品，亦同此论，因仿其意得二十首。”二十(实为十九)则是：

崇意、用笔、布局、敛气、考谱、尚识、押韵、言情、戒亵、辨微、取径、振采、结响、善改、著我、聚材、去瑕、行空、妙悟。

《续词品》虽较郭、杨的各十二品为多，却是袁枚《续诗品》的路子，主于表作词之用心与词法，于风格意境论并无新的发明。谢章铤认为，《词品》与《续词品》之作，“拘牵为二十四则，此如老杜秋兴，偶得八韵，而和者必如数以取盈，不敢有所增减，胶柱鼓瑟，可笑孰甚”。此于《续词品》或批评甚当，而以之“源流正变，都无发明”，则持论过苛，以为“固不必品，且亦不能品”②，当是无所作为之见了。

(原载《文艺理论研究》2009年第6期)

① 钱锺书. 管锥编：第三册[M]. 北京：中华书局，1979：1184.

② 谢章铤. 赌棋山庄词话[M]//唐圭璋. 词话丛编. 北京：中华书局，1986：3476.

论刘熙载的《艺概·词概》

清代中叶之后，词学批评能不为浙西、常州两派所限，有较高理论水准，产生过较大影响的，当首推刘熙载的《艺概·词概》。刘熙载(1813年—1881年)，字伯简，号融斋，晚号寤崖子，江苏兴化人。道光间进士，官至广东提学使。晚年主讲上海龙门书院。有《游艺约言》、《昨非集》等。沈曾植《菌阁琐谈》云："止庵而后，论词精当，莫若融斋。涉览既多，会心独远，非情深意超者，固不能契其渊旨。而得宋人词心处，融斋较止庵，真际尤多。"沈氏此言，指出了刘熙载在治词上的根柢和创获，但对其"精当"、"渊旨"、"真际"却未作剖析。若以刘熙载与浙、常两派相较，可以明显看到其间不同：浙派倡"醇雅"，是为纠正明词淫滥尖巧之失，虽有重立意之旨，却更偏重风格、技巧；常派标举比兴寄托，是为救治浙派末流"淫"、"鄙"、"游"之失，推尊词体，重在意格；《艺概》以"词品"为核心，在论列自唐至金元的重要词人时，别创较系统的艺术论，形成了独特的理论体系。可以认为：《艺概·词概》特立于浙、常二派之外，是《人间词话》诞生前的最重要的近代词学批评著作。

《词概》的核心是词品说。

通观《词概》，在语录体、评点式的文字中，直接涉及词品者并不多，且在不同场合具有不同涵义。如其中一则云："词品喻诸诗，东坡、稼轩，李、杜也；耆卿，香山也；梦窗，义山也；白石、玉田，大历十才子也；其有似韦苏州者，张子野当之。"[①]这里所说的"词品"，主要是艺术风格，并兼及在词坛、词史上的地位，对东坡、稼轩、耆卿、梦窗之评可称稳洽。其余数则所言之"词品"，则显为"品位"之意，其中有泛说的，如："绮语有显有微。依花附草之态，略讲词品者亦知避之，然或不著相而染神，病尤甚矣。""描头画角，是词之低品。盖词有全体，宜无失其全；词有内蕴，宜无失其蕴。"又有特指的，如："周美成词，或称其无美不备。余谓论词莫先于品。美成词信富艳精工，只是当不得个'贞'字。是以士大夫不肯学之，学之则不知终日意萦何处矣。"最值得注意的是融斋所提出的词之三品说：

> "没些儿媻姗勃窣，也不是峥嵘突兀"，"管做彻元分人物"，此陈同甫《三部乐》词也。余欲借其语以判词品：词以"元分人物"为最上，"峥嵘突兀"犹不失为奇杰，"媻姗勃窣"则沦于侧媚矣。

---

① 以下引文凡不注明出处者，均出于刘熙载《艺概·词概》，上海古籍出版社，1978。

“媻姗勃窣”出《汉书·司马相如传》:“媻姗勃窣上金堤。”颜师古注曰:“媻姗勃窣,谓行于丛薄之间也。”《文选·司马相如〈子虚赋〉》注:“匍匐上也。”“媻姗”即“蹒跚”意。“元分人物”未详,据陈亮此词看,是为王道甫祝寿之作,叶适《水心先生文集》卷二四《陈同甫王道甫墓志铭》:“自中字道甫,岸谷深厚,山止时行,所历虽知名胜人,或官序高重,逆占其无忧当世意,直嬉笑视,不与为宾主礼。”是一位“甚不悦于流俗”,陈亮引为同道的人物。融斋下说差可作“三品”注脚:

> 昔人论词要如娇女步春。余谓更当有以益之,曰:如异军特起,如天际真人。

“娇女步春”见王又华《古今词话》引毛先舒言:“长调如娇女步春,旁去扶持,独行芳径,徙倚而前。一步一态,一态一变,虽有强力健足,无所用之。”此岂非“行于丛薄之间”“匍匐上”的具体姿态?而“峥嵘突兀”则与“异军特起”近。所余“天际真人”当即“元分人物”之意。

又由于陈亮是“推倒一世之智勇,开拓万古之心胸”的人物,他为王道甫贺寿,是怀着恢复北方失地的大志,纵论人才,深感“求如道甫仿佛,邈不可得”之时,期许“还他济时好手,封侯奇骨”,而以“管做彻元分人物”作贺词结语的,因而“媻姗勃窣”、“峥嵘突兀”、“元分人物”都有特定含义。刘熙载移作词之“三品论”,其内涵当然又非仅指风格,因而以“娇女步春”释“媻姗勃窣”尚未尽其义,刘氏自己所说的“沦于侧媚”则显为道德标准,反观其借用龙川词中语,亦非泛泛。可以认为,刘熙载明确地树立起“三品”标准,以之统观词之思想和艺术,确是独拔众上,确是超迈前贤。

刘氏“三品论”并非仅见于《词概》,其《昨非集》卷二《格物说》云:“韩子言‘性有三品’。物之品其亦有三乎?然品之不同存乎物,而解之不同存乎时,盖人各以其代所尚之学而为言也。”董仲舒《春秋繁露·实性》曾将人性分为“圣人之性”、“中民之性”、“斗筲之性”三等。韩愈《原性》继承董氏之说,并对孟子、荀子、扬雄等人的人性论作了补充、修正,并提性、情。论之曰:“性也者,与生俱生也。情也者,接于物而生也。性之品有三,而其所以为性者五。情之品有三,而其所以为情者七。”“性之品有三”即上、中、下三等,“为性者五”即仁、义、礼、智、信“五德”,“情之品有三”亦即上、中、下三等,“为情者七”即喜、怒、哀、惧、爱、恶、欲。据韩愈所见,性之上品“主于一而行于四”,即主于一德而通于四德;性之中品“一不少有焉,则少反焉,其于四也混”,即不足或有违于一德,其余四德亦不足或不合;性之下品“反于一而悖于四”,即既违一德,又不合其余四德。性之三品与情之三品相当:上品之性必发为上品之情,而上品之情皆合道德;中品之性必发为中品之情,而中品之情或过或不及,但有合于道德原则的要求;下品之性必发为下品之情,而下品之情皆违于德。

刘熙载毕生浸染儒学,虽如其前面所言,“解之不同存乎时”,但其“所尚之学”既是渊源有自,其论词之“三品论”就必然以道德批评为基础,未脱韩愈三品说的底色。如其《词概》所言:

温飞卿词精妙绝人，然类不出乎绮怨。韦端已、冯正中诸家词，留连光景，惆怅自怜，盖亦易飘扬于风雨者。若第论其吐属之美，又何加焉！

柳耆卿词，昔人比之杜诗，为其实说无表德也。余谓此论其体则然，若论其旨，少陵恐不许之。

耆卿词，细密而妥溜，明白而家常，善于叙事，有过前人。惟绮罗香泽之态，所在多有，故觉风期未上耳。

周美成律最精审，史邦卿句最警炼，然未得为君子之词者，周旨荡而史意贪也。

高竹屋词，争驱白石，然嫌多绮语。如《御街行》之咏轿，其设想之细腻曲折，何为也哉！咏帘亦然。刘改之《沁园春》咏美人指甲、美人足二阕，以亵体为世所共讥，然病在标者犹易治也。

以上诸则，虽未明将温、韦、冯、柳、周、史、高、刘定为下品，但在肯定他们的艺术特色、成就的同时，对“绮怨”、“自怜”、“绮罗香泽之态”、“旨荡”、“意贪”、“绮语”、“亵体”不乏讥弹，可见情、德之不为上品，词亦必非上品。诗庄词媚，诗言志、词缘情，多为历来论家所认可，刘熙载却作了深入辨析：

词家先要辨得情字。《诗序》言“发乎情”，《文赋》言“诗缘情”，所贵于情者，为得其正也。忠臣孝子，义夫节妇，皆世间极有情之人。流俗误以欲为情，欲长情消，患在世道。倚声一事，其小焉者也。

词尚风流儒雅。以尘言为儒雅，以绮语为风流，此风流儒雅之所以亡也。

耆卿《两同心》云：“酒恋花迷，役损词客。”余谓此等只可名迷恋花酒之人，不足以称词客，词客当有雅量高致者也。

不但划清了尘言绮语与风流儒雅的界限和俗人与词客的界限，而“欲长情消，患在世道”之说，标举情之“正”者，以忠孝节义扩大了“情”之内涵，更见其褒贬的鲜明。因为他将词品与人品并论，以词应具正情、进德的作用，故又论曰：

词进而人亦进，其词可为也；词进而人退，其词不可为也。词家彀到名教之中自有乐地，儒雅之内自有风流，斯不患其人之退也夫！

在逾越了狭义的“情”后，刘熙载本着“诗外尚有事”的精神（见其《游艺约言》），从时势、事功等角度论人品和词品，论述了“峥嵘突兀”和“元分人物”。试看：

> 同甫《水龙吟》云：“恨芳菲世界，游人未赏，都付与，莺和燕。”言近指远，直有宗留守大呼渡河之意。

> 词莫要于有关系。张元幹仲宗因胡邦衡谪新州，作《贺新郎》送之，坐是除名，然身虽黜而义不可没也。张孝祥安国于建康留守席上赋《六州歌头》，致感重臣罢席。然则词之兴观群怨，岂下于诗哉！

这岂非峥嵘突兀之人、之词？然而，宋人的恢复之志、功业之慨又随时势之变而变之，因此融斋又有知人论世之言。以刘克庄“旨正而语有致”，引述其《贺新郎》“总不涉闺情春怨”；称道蒋捷“其志视梅溪较贞”，“竹山其亦长短句之长城”，虽似揄扬过甚，终不失知人之旨。论文天祥词“有‘风雨如晦，鸡鸣不已’之意，不知者以为变声，其实乃变之正也。故词当合其人之境地以观之”。堪称具眼的论世之言。倘言刘过尚能“狂逸之中自饶俊致”，刘克庄只能“颇哀而不愠，微而婉”，而文天祥就只有哀恸沉痛了，若能生逢其时，刘、文辈又岂非峥嵘突兀的人物？

前述词人毕竟在艺术上稍逊，足当“元分人物”的，大概只有苏、辛了：

> 苏、辛皆至情至性人，故其词潇洒卓荦，悉出于温柔敦厚。世或以粗犷托苏、辛，固宜有视苏、辛为别调者哉！

辟“粗犷”之说，立“潇洒卓荦”之论，许之以“诗教”之“温柔敦厚”，肯定苏、辛为“至情至性”人，这当然是“情”“性”至上、词品亦至上的词坛“元分人物”了。东坡生北宋，虽系心民瘼，但承平还在，故所作“具神仙出世之姿”，融斋择句评词，认为“‘雪霜姿’、‘风流标格’，学坡词者便可从此领取”。又云“东坡词颇似老杜诗，以其无意不可入，无事不可言也。若其豪放之致，则时与太白为近”。这些都为“天际真人”的苏轼所独有。而辛弃疾从青年时代起就参加抗金义军，追杀叛徒，决策南向，其骤驰献俘于行在之举，曾使高宗“三叹息”，以出将入相之才，却难酬恢复大志，只能以词鸣其心中不平。刘熙载对此知之甚深：“辛稼轩风节建竖，卓绝一时，惜每有成功，辄为议者所沮。观其《踏莎行·和赵兴国》有云：‘吾道悠悠，忧心悄悄。’其志与遇概可知矣。《宋史》本传称其‘雅善长短句，悲壮激烈’，又称‘谢校勘过其墓旁，有疾声大呼于堂上，若鸣其不平’。然则其长短句之作，固莫非假之鸣者哉？”这当然是性、情、德都为上品。非止此，融斋就其词艺上使事用典的特征，又作了重要补充：

> 稼轩词龙腾虎掷，任古书中理语、廋语，一经运用，便得风流，天姿是何夐异！

假长短句以鸣不平，成龙腾虎掷之姿，这是另一类“天际真人”，同样是词中的“元分人物”。

词中三品的具体义界已明，词人词作之高低已判，刘熙载不但划清了风流儒雅与尘言绮语、酒恋花迷与雅量高致的界限，辨析了“情”的内涵，还以欧词与苏词示之孰风孰骨，终又有“正身”之说：

> 王敬美论诗云：“河下舆隶须驱遣，另换正身。”胡明仲称眉山苏氏词：“一洗绮罗香泽之态，摆脱绸缪宛转之度，使人登高望远，举首高歌，而逸怀浩气，超乎尘埃之表。”此殆所谓正身耶？

“元分人物”所作的词之“正身”，实际上回到了《词概》开宗明义所倡的标准：

> 词导源于古诗，故亦兼具六义。六义之取，各有所当，不得以一时一境尽之。

> 乐，中正为雅，多哇为郑。词，乐章也。雅郑不辨，更何论焉！

“兼具六义”、“中正为雅”，由以上“三品”的论析而逆溯至此，可以得出这样的结论：刘熙载论词其实是将词之“缘情”拉回到诗之“言志”。

刘熙载论词与前人及时俗如此不同，这既有深厚的思想根源，又有明显的时代特征。我们不妨以其所说“解之不同存乎时，盖人各以其代所尚之学而为言”，作一番寻源和论析。

刘熙载受宋明理学影响很深，尤其对陆、王心学浸染更甚，评文论艺之时，常以“心学”言之。如：

> 文，心学也。(《游艺约言》)

> 《易·系传》谓“易其心而后语”，扬子云谓“言为心声”，可知言语亦心学也。况文之为物，尤言语之精者乎！(《艺概·文概》)

> 扬子以书为心画，故书也者，心学也。(《艺概·书概》)

融斋对“心”如何理解呢？其《持志塾言》卷下专有《心性》一节，此择其与“德”相关者录之：

> 心不若人，则不知恶。不若人，如不好义而好利，不忧道而忧贫，皆是。

心须是常在本位。动而失中，虽非恶念，亦属私意。私与恶之实，相去几何！

人心有欲则昏。公生明，诚则明，惟无欲也。

仅此数则，已陈好义与好利、忧道与忧贫、无欲与有欲的对立，及私意与恶念的不同。

由于“诗言志”是我国文学批评的开山纲领，孔颖达《毛诗正义》在解释《诗大序》时说：“包管万虑，其名曰‘心’；感物而动，乃呼为‘志’。”可见“志”乃“心”的实现，所以二者的关系必密不可分。融斋《持志塾言》卷上的《立志》尝作此论：

立志须是正而实。

立志只是立其为善不为恶、从正不从邪之志。

《易》曰：“内难而能正其志。”“正志”二字所包甚广，富贵、贫贱、死生俱离不得。

如同理学家将“理”看得高于一切那样，刘熙载也有“志于境”与“志于道”之辨：“志于隐，志于仕，皆不可谓之立志，盖此乃志于境，非志于道也。”又因为他认为：“志于道，则艺亦道也；志于艺，则道亦艺也。”(《持志塾言·立志》)故文学创作之“艺”是与“心”、“志”、“道”相通而又相关的。作为天理、天道的“道”，应该有丰富的内涵。我们尤应注意融斋在《持志塾言·天地》中所说：

天道至诚无息，而万物各得其所。君子敬以持己，恕以及物，所以承天也。

天道至公。人能思天之于我于人一般看视，自不敢萌一毫自私自利之心。

公与诚，乃可上下与天地同流。

尽管他所说的“公”与今天所说者涵义不同，但他论屈宋之别却颇能给人以启发。《昨非集》卷二《读楚辞》认为屈宋有“哀众芳之芜秽”与“私自怜兮何极”之不同，此即“悲世”与“悲己”之别。由于尚“公”，《持志塾言·立志》在赞赏“持己”的“求道之志”的同时，更推重“及物”的“不在温饱”、“便以天下为己任”之志，《才器》云“有益生人之用，方可为才”，《济物》更言道：“己富而能济人之贫，己贵而能恤人之贱，己智而能觉人之愚，己勇而能振人之弱：与物为体，即是可推。”至于尚“诚”，融斋所言涉及更多、更广，择其要者，可见于《持志塾言·人品》所说：“循理者为君子，徇欲者为小人；存诚者为君子，作伪者为小人。”“有志立品者，未至纯粹，且须坦白，使表里如一，便可实实用功，以去非求是”。“乡愿伪德，利口伪才。圣人只是个至诚，所以恶之。”“狂狷可为社稷之臣，直谅之友；乡愿则容悦而已矣，善柔而已矣。余事以是推之。”

综上所述：“心”之好义、忧道、无欲，“志”之从正、为善，“道”之至诚、至公，都与道德相关。自古以来即有“三立”之说，刘熙载《答韩叔起二首》明确写道：“功与言并立，令德为之先。”（《昨非集》卷三）他论词之以德定品位高低，确是必然的了。然而，刘熙载又并非似宋儒那样只谈主于内修的性理之学，他是个“粹然儒者”（陈广德《昨非集跋》），却又“一以躬行为重”（《清史稿·刘熙载传》），尤其是他生活的时代历嘉庆、道光、咸丰、同治、光绪，正值鸦片战争后中国积贫积弱、社会发生大变动的时代，急遽变化的政治风雨更使他注重主于外在事功的经世之学。虽然他在京供职为翰林院编修，后又任国子监司业、广东学政，又主讲上海龙门书院十四年，未曾在政治、军事等方面担任要职，但在外放期间，足迹遍于南北数省，对社会生活、人民苦难都有深刻了解，在《昨非集》的诗歌中，留下了他对现实的感受，对人民的同情。躬行为重与经世观念，使他在尚“持己”时更以“及物”为重，因而在评判宋词之时，必然以“皆有为而作，精悍确苦，言必中当世之过”（苏轼《凫绎先生诗集叙》）的苏轼为高，虽然他所称道的是苏词的“雪霜姿”、“风流标格”，但又何尝不是基于苏轼“微官敢有济时心”（苏轼《和柳子玉过陈绝粮》），“以救时行道为贤”（苏轼《六一居士集叙》）的为人？至于辛弃疾的“风节建竖，卓绝一时”，前面已作引述，他称道稼轩“豪杰之词”，当然也是因为稼轩一生“以天下为己任”，欲“有益生人之用”而作不平之鸣。这样，他以苏、辛为“至情至性人”就不会流于空泛。结合时势而言“三品”论，鄙薄“婴姗勃窣”的侧媚之作，褒扬“峥嵘突兀”的奇杰之作，以“元分人物”为最上，对于针砭词坛弊病，指明创作的正途，无疑是有积极意义的。

在推尊有补于世的“至公”的同时，刘熙载又极其强调文艺家的“至诚”。他在《题杨一丈诗文集二首》曾说“作诗不必多，所贵肝胆真”（《昨非集》卷三），这“肝胆真”就是“诚”的表现，尚“真”可谓融斋论“诚”的核心。他在《游艺约言》中说：“渊明少欲，屈子多情，此就两家文而论其迹也，然其趋则未尝不同。”这所同是什么呢？观《艺概·赋概》所言：“赋当以真伪论，不当以正变论。正而伪，不如变而真。屈子之赋，所由尚已。”以及《游艺约言》：“陶诗‘谁谓形迹拘，任真无所先’，《五柳先生传》大意，即此可括。”可知“其趋则未尝不同”当同在“真”。衡文论艺，当有大家与名家之别，且以前者为高。对二者如何分辨呢？刘熙载在《游艺约言》中写道：“大家贵真，名家贵精。然纤屑非精，率易非真也。文章书画，俱可本此辨之。”正是本着这一精神，他在《词概》中最为称道苏、辛，而以“至情至性”许之，此四字实为“真”之意。刘熙载不仅正面树立“真”这一最高标准，更反对其对立面“作伪”和“乡愿”：“好名之甚必作伪，然作伪者之名，必有物以败之者，天道与诚而恶伪也。”“天不可欺，故善不可伪也。”（《古桐书屋札记》）“乡愿之文，要做成个雅俗共赏，究之俗赏而已。若雅则方且恶之，又何赏焉！”“诗文书画之品，有狂有狷。若乡愿，无是品也。”（《游艺约言》）《词概》虽未明确指斥谁为作伪，谁为乡愿，但从正面推崇苏、辛、龙川等人，以“峥嵘突兀”“犹不失为奇杰”，可见虽尚之以“温柔敦厚”的“中道”，实赞赏其狂狷。

“至公”、“至诚”是最高的“天道”，以二者为核心，刘熙载又提出了不少道德标准，并推之于文学批评和词学批评。除前面所引述的好义、忧道、无欲、为善、从正以外，尚有诸说值得注意，如基于好义的义利之辨，基于无欲的以道制欲，基于为善的知耻等均是。他在《古桐书屋札记》中说：

所欲有甚于生，所恶有甚于死：君子之于义不义，小人之于利不利，同也。

君子好义而恶不义，小人好利而恶不利。观其好恶，而人亦见矣。

学也者，学为君子也。学君子必以道制欲。若以欲忘道，是学为小人矣。

洒脱由于无欲。如处贫富，超乎贫富之外；处死生，超乎死生之外：皆是洒脱也。

行己有耻，则能犯而不校。善恕于自外来者，必严其自内出者也。

善之必为，由耻其不为也；恶之必去，由耻其不去也。故人诚知耻，则有可取矣。

以上诸说，还是纯从修身角度而言，而联系文艺创作，则《游艺约言》内颇多精义。如：“不论书画文章，须以无欲而静为主。”“《庄子》、《离骚》少欲多情。知情与欲不同，则知两家之同。”“修辞有‘修洁’之‘修’，有‘修饰’之‘修’。‘洁’者修之极，‘饰’者洁之贼也。”“诗文书画之病凡二：曰‘薄’，曰‘俗’。去薄在培养本根，去俗在打磨习气。”文艺创作当然要具备才与情，在刘熙载看来，这二者与德、性关系至为密切，《古桐书屋札记》写道：“才者德之用，然亦有非德之用者；情者性之发，然亦有非性之发者。众人之所以致疑者在此。自君子论之，则非德非性者，不谓才情也。”这“才者德之用”、“情者性之发”、“非德非性者，不谓才情也”，实可看作他对文艺创作之根本的看法。才情固是创作之先决条件，德性更重于才情、先于才情。

刘熙载的词学理论以道德批评为基础，是与他所受的宋明理学影响密切相关的。宋明理学家重孟子甚于重孔子，并以继承孟子思想自许。孟子生当战国时代，目睹霸道横行、仁义扫地，激愤地“无道桓文之事”，遂将构建个体人格的“内圣”置于治国平天下的“外王”之上。到程、朱那里，修身更压倒了一切，如程颐就说过：“凡学之道，正其心养其性而已。中正而诚，则圣矣。”[①]刘熙载深受理学熏陶，尤契陆、王心学，对心性修养极为重视，论文谈艺之几乎取“道德决定论”是不足为怪的。但是，更值得注意的是，刘熙载并不像宋儒那样空谈心性而鄙薄政务，他重视“至公”之“及

① 程颐．颜子所好何学论[M]//河南程氏文集．北京：中华书局，1981.

物”，有积极的经世致用观念，这又使他所倡的道德非仅主于内修，而且有与功业结合的现实意义。表现在《词概》之中，尤以对稼轩、龙川之评为显见。陈亮是讲功利反理学的代表人物，他在《上孝宗皇帝第一书》中曾激烈指斥儒生：“今世之儒士，自以为得正心诚意之学者，皆风痹不知痛痒之人也。举一世安于君父之仇，而方低头拱手以谈性命，不知何者谓之性命乎？”而朱熹却将功利视作“人欲”，并云：“学者须是革尽人欲，复尽天理，方始是学。”[①]认为“陈同甫直在利欲胶漆盆中”。而历史却恰恰证明了空谈心性之误国，以辛、陈为代表的主战派、功利派未能实现扫清北氛、报君父之仇的伟大事业，宋亡的惨痛确实难以令人忘怀。因此，《词概》之称道“辛稼轩风节建竖，卓绝一时”，陈亮《水龙吟》中句“直有宗留守大呼渡河之意”，并赞辛、陈“两公之气谊怀抱”，这些都表明了融斋对宋儒的超越。同时，纵论前人，难离历史，也源于现实。且不说《昨非集》卷三那些闻灾、戒农、悯荒、伤乱的诗篇，生活在内忧外患交至的时代，“惨淡日将暮，一枝何处栖”（《双鸟行》）的禽言何尝不是作者的切身感受？而在他自谓“余词不工，却间有自道语”（《词自序》）的少量词作中，也有“想为繁华，阅久终无据”（《点绛唇·送春》）之叹。基于这样的认识、感受而论词，其关合功业的道德批评，确是有现实意义的。

《艺概·赋概》尝云：“《离骚》东一句，西一句，天上一句，地下一句，极开阖抑扬之变，而其中自有不变者存。”此语亦可以移作《词概》之评，剖析其内在联系，探讨其艺术论、创作论。《词概》的核心是“三品论”的词品说，其基础是知人论世的道德批评，此为“不变者”。在此基础上，形成了精到、深刻、内容丰富的一系列见解。

首先，是兼取浙、常二派之长，兼顾意、格的“厚而清”说。

浙西词派标举清空，常州词派高言寄托，趣尚颇见不同。浙西词派的开山朱彝尊从“宋人选词，多以雅为目”（《词综·发凡》）出发，针对明人以《花庵》、《草堂》为尚所造就的陈秽庸陋，打出了“雅”的旗号，并以姜夔为最雅，他自己“倚新声玉田差近”（《自题词集》），姜夔、张炎遂为浙西词派最为尊奉的词人。据张炎《词源》所见，姜词的主要特点是“清空”、“骚雅”，后者近于浙派“醇雅”之倡，主要在题材，前者则是“清”的审美要求造就的艺术风格。常州词派针对浙派末流离醇雅、清空日远，仅以审音度律、琢辞垛典为能的创作状况，从内容上予以纠偏。张惠言在推尊词体的同时，已有用里巷男女之风谣道贤人君子之情的寄托之论（《词选序》），此派后劲周济在贬抑姜、张的同时，尤重寄托，并提出极有见地的“有寄托入，无寄托出”的见解。而常州派之重在寄托，当然是重在内容，重在立意。

刘熙载生当周济之后，在常州词派对浙西词派已取而代之之时，却能不袭时好，兼取两派之长，在《词概》中发“厚而清”之论：

> 词尚清空妥溜，昔人已言之矣。惟须妥溜中有奇创，清空中有沉厚，才见本领。

---

① 黎靖德.朱子语类[M].王星贤，点校.北京：中华书局，1986.

词之大要,不外厚而清。厚,包诸所有;清,空诸所有也。

“清空妥溜”正是浙派之所尚,浙派虽未明言“妥溜”,但其所重在于技巧,“妥溜”正是对技巧而言,至如“清空”,当然就是浙派的旗帜了。刘熙载认为要真在词中见本领,须妥溜中有奇创,清空中有沉厚。前者可见不满足于一般的技法圆熟,而要有创造性;后者更值得重视,因为仅以风格之清空为归的还不够,应该具备思想、情感、立意的深厚。这就接过了浙派的论词宗旨,而济之以常派重在意格的正确见解,兼得二者之长,不为门户所限,当然是可取的。

相较而言,融斋以“厚而清”为词之“大要”,更具有创作论纲领意味,更值得注意。此则是针对黄庭坚的跋语而发。苏轼在“乌台诗案”后贬官黄州,曾有《卜算子》(缺月挂疏桐)之作,黄庭坚《山谷题跋》评之曰:“语意高妙,似非吃烟火食人语,非胸中有万卷书,笔下无一点尘俗气,孰能至此!”这“非吃烟火食人”即神仙中人,“胸中有万卷书”正是黄庭坚崇尚才学的创作思想,与“夺胎换骨”、“点铁成金”不无关系,“笔下无一点尘俗气”亦在赞此词之“清”,与“非吃烟火食人语”呼应。值得注意的是,刘熙载继而以“厚而清”为词之“大要”,并以“包诸所有”解释“厚”,以“空诸所有”解释“清”,表现出他的过人之见。就苏词本身而言,“幽人”出《易·履卦》“幽人贞吉”,为幽囚意,引申为幽雅。“缥缈孤鸿影”得之于张九龄《感遇》“孤鸿海上来”。“拣尽寒枝不肯栖”关涉三者:《左传》哀公十一年的“鸟则择木,木岂能择鸟”,隋李元操《鸿雁行》“夕宿寒枝上,朝飞空井傍”和杜甫《遣愁》“择木知幽鸟”,这岂非“胸中万卷书”之“包诸所有”? 而从苏轼自身遭遇而言,在黄州的“罪人”身份,“乌台诗案”后的心有余悸,“退而穷处”的心理,孤单无援的环境,都“包诸”于惊鸿的缥缈、迟疑、彷徨和缺月、疏桐、更深、寒枝、沙洲的意象中,这又当是“知人论世”的“包诸所有”。同样,就苏词本身又难以指实如鲖阳居士所说的那样:“缺月,刺明微也。漏断,暗时也。幽人,不得志也。独往来,无助也。惊鸿,贤人不安也。”(《类编草堂诗馀》引《复雅歌词》)只能作“可神会而不可言传”的理解,而且词中形象所本之《易经》、《左传》、隋唐诗,又融化不涩,纯系作者创造的意象,这又岂非“空诸所有”?

若从对苏词的评论推而广之,成为创作规律的“厚而清”,这“厚”的“包诸所有”就是将深刻的生活体验、深厚的思想感情、扎实的知识根底,化为独到的艺术形象;这“清”的“空诸所有”就是使创造出的作品不是某种思想、情感的直露表现,而是给读者提供妙合无垠、自然完整的艺术形象。刘熙载兼顾了艺术创造过程中积累、概括的“包诸所有”和完成创造后不着实相、珠圆玉润的“空诸所有”,其“厚而清”说确有丰富的内涵,道出了创作规律的真谛。他在《游艺约言》中曾说:“劲气、坚骨、深情、雅韵四者,诗文书画不可缺一。”若将此说推之于词,“包诸所有”的“厚”主要就应含劲气、坚骨、深情三者,“空诸所有”的“清”则应是雅韵的体现。

“厚而清”之说既如常州派那样纠正了浙西派不重立意的倾向,又对浙西派的主张“清空”作了合理继承,实为公允之论。周济《介存斋论词杂著》认为“姜、张在南宋,亦非巨擘”，兼带在《宋四家词选目录序论》中多处贬抑姜、张，而推许王沂孙“最多故国之感”，“所谓意能尊体”，“碧山思笔，可谓双绝”。刘熙载却不作这种升降进退之论。他认为“今观张、王两家情韵极为相近，如玉田《高阳台》之‘接叶巢莺’，与碧山《高阳台》之‘浅萼梅酸’，尤同鼻息。”更赞赏“姜白石词幽韵冷香，令人挹之无尽。拟诸形容，在乐则琴，在花则梅也”。“词家称白石曰‘白石老仙’。或问毕竟与何仙相似？曰：藐姑冰雪，盖为近之”。这与赞赏苏轼的“雪霜姿”、“风流标格”、“神仙出世之姿”相仿，均立足于“清”。

刘熙载的“厚而清”之论，兼重思想、意格之“厚”与艺术风格之“清”，是合理而全面的。他曾说过：“白石才子之词，稼轩豪杰之词。才子豪杰，各从其类爱之，强论得失，皆偏辞也。”他虽倡“三品”说，鄙薄侧媚，但对“清”而有品格，“儒雅之内自有风流”的“才子之词”颇多首肯，不入偏至，能正视词史，确为有见。

其次，是较常州词派更有建树的含蓄、寄托理论。

先看含蓄。

《词概》立足于“词则言出于声矣。故词，声学也”。而总言词的特色：

《说文》解“词”字曰：“意内而言外也。”徐锴《通论》曰：“音内而言外，在音之内，在言之外也。”故知词也者，言有尽而音意无穷也。

显然，这是从张惠言所说而来。张惠言以“意内言外”立其比兴寄托之论，刘熙载接过这一说法，用“言有尽而音意无穷”概言词的特点。《词概》中颇多声、韵之论，即融斋对“音”的见解，兹不论。这里，当侧重阐发他以“言有尽而意无穷”为纲的含蓄理论。

他举了这样的创作实例：“少游《水龙吟》‘小楼连苑横空，下窥绣毂雕鞍骤’，东坡讥之云‘十三个字只说得一个人骑马楼前过’，语极解颐。其子湛作《卜算子》云：‘极目烟中百尺楼，人在楼中否？’言外无尽，似胜乃翁，未识东坡见之云何 。”他认为秦观词有“幽趣”，“自出清新”，引东坡语并非讥少游词，而仅以其《水龙吟》二句词费意赘，正面赞赏其子所作“言外无尽”，有含蓄隽永之长。他又列举陈与义所作，认为《临江仙》的“杏花疏影里，吹笛到天明”仰承“忆昔”而俯注“一梦”，“不觉豪酣转成怅悒，所谓好在句外者也。”当年汴中的“豪酣”，金兵侵略后南渡的“怅悒”，在词中藉此二句转换，无穷的意蕴确是“好在句外”。

刘熙载不但通过宋人词作昭示了何为含蓄，更从理论上作了归纳：

词以炼章法为隐，炼字句为秀。秀而不隐，是犹百琲明珠而无一线穿也。

司空表圣云：“梅止于酸，盐主于咸，而美在酸咸之外。”严沧浪云：“妙处透彻玲珑，不可凑泊，如水中之月，镜中之象。”此皆论诗也，词亦以得此境为超诣。

前一则沿刘勰《文心雕龙》之说，将“隐”和“秀”作了区别，并针对作词者多重字句之病，主张炼章法为重。认为如果只追求字句琢炼之“秀”，而忽略全局性的章法之“隐”，实际上就丢弃了灵魂，“百琲明珠而无一线穿”。当然，这里刘熙载尚未作更深入一步之论，因为《文心雕龙·知音》就说过“缀文者情动而辞发，观文者披文以入情。沿波讨源，虽幽必显”。“隐”较之“秀”更具持久的感人之力。后一则引司空图和严羽语，认为诗词同理，都应以“美在酸咸之外”和“透彻玲珑，不可凑泊”为“超诣”。前者实则以梅、盐之喻而推崇“有余味”之作，后者借《五灯会元》“应物现形，如水中月”之喻，在倡以意境圆融的同时，并以水月镜花之美以外尚有意蕴可求，亦关合含蓄之意。

再看寄托。

刘熙载的“厚而清”之论是从苏轼《卜算子》词引发出的，实已涉寄托说。在此，不妨再从关于此词的评析入手，一窥融斋关于“寄托”的理论。黄庭坚评此词有“语意高妙”一语，却未作诠释。为此，陈鹄的《耆旧续闻》以足其意，云：“‘拣尽寒枝不肯栖，’取兴鸟择木之意，所以山谷谓之高妙。”指出这“高妙”是别有寄托。鲖阳居士作了字笺句释，认为语语有比，句句有刺，曾招致后来王士禛“村夫子强作解事”之讥。然而，张惠言《词选》认可了鲖阳居士所说此词与《诗·卫风·考槃》相似之见。谭献《谭评〈词辨〉》亦云：“以《考槃》为比，其实非河汉也。此亦鄙人所谓作者未必然，读者何必不然。”而《考槃》的诗旨，据《诗序》云，系刺卫庄公“不能继先公之业，使贤者退而穷处”。以苏轼当时境遇、心情，“退而穷处”之说非诬，而孤鸿形象也确有自况味。围绕着这首词所生出的议论是值得思考的：那些以鸿雁是栖宿树枝抑或田野可不论，以之附会惠州温氏女钟情东坡之说，更是视东坡为东墙宋玉，可不必理会；但似鲖阳居士的字比句附之说，以及后来张惠言也以“触类条鬯，各有所归”作机械比附，也不可取。还是谢章铤《赌棋山庄词话》说得好：“虽作者未必有此意，而作者亦未必定无此意，可神会而不可言传。断章取义，则是刻舟求剑，则大非矣。”刘熙载对于词中寄托的理解确比常州派通达。从《卜算子》引发出的“包诸所有”与“空诸所有”虽已逗“寄托”实质，却未作深入阐发。《词概》另一处继而从作品比较入手，生发出理论：

> 词以不犯本位为高。东坡《满庭芳》“老去君恩未报，空回首弹铗悲歌”，语诚慷慨，然不若《水调歌头》“我欲乘风归去，又恐琼楼玉宇，高处不胜寒”，尤觉空灵蕴藉。

前者“语诚慷慨”为何不如后者“空灵蕴藉”呢？因为“君恩未报”是明言直说，而《水调歌头》三句，却将自己被放外任后的矛盾心情作了深刻表达：既怀忠爱之忱，又怕朝廷难容。词面是写月宫之寒令人畏惧，其底蕴却使人合东坡境遇与朝政变化而深长思之，思想感情的寄托浑然无迹，故“尤觉空灵蕴藉”。“不犯本位为高”确是高明的见解。至如融斋所说的“词深于兴，则觉事异而情同，事浅而情深。故没要紧语正是极要紧语，乱道语正是极不乱道语。”可看作上则的注脚，说出了作为艺术手法的“寄托”

的功能和特征。

刘熙载不但以实例显示了“寄托”的内涵，说明了它的特点，还概言了它的途径、方法：

词之妙莫妙于以不言言之，非不言也，寄言也。如寄深于浅，寄厚于轻，寄劲于婉，寄直于曲，寄实于虚，寄正于余，皆是。

言简意赅，可使人获益匪浅，综观历代佳作，皆可择例印证。书中另有一则，可兼括含蓄与寄托，而更可侧重作寄托之方法解：

东坡《水龙吟》起云：“似花还似非花。”此句可作全词评语，盖不离不即也。时有举史梅溪《双双燕·咏燕》、姜白石《齐天乐·赋蟋蟀》令作评语者，亦曰“似花还似非花”。

“不离不即”正是寄托的特点。我们可不必深究三词题旨及有否寄托，有何寄托。似花非花、不离不即，当然与直言相陈、宣泄无余异途，隐约含蓄之中，联类而比，触物而兴，玩索究诘，极耐寻绎，而融斋借句论词，可谓既深刻又形象。

在常州词派几代人倡导寄托之后，融斋的寄托说仍有出新之处，所论使人折服。后人如沈祥龙、况周颐之论寄托继有建树，是因为他们又站在前人肩膀上。综观词论中关于寄托说的发展，融斋所论有很重要的地位。

在“厚而清”论和含蓄、寄托论中，兼涉思想内容和艺术技巧，此外，我们还应注意《词概》中丰富而精到的艺术论。刘熙载固然出于对词的思想、意格之重视，建立起以“三品论”为核心的体系，但他并不轻视艺术，虽然自作词不工，论词却有创见，语约意丰，精彩纷呈。

《词概》中较为纯粹的艺术论，约有四端。

一是本色、自然论。

融斋论艺极重本色、自然。《游艺约言》尝云：“真美无饰，饰美之意即丑也。”“大善不饰。故书到人不爱处，正是可爱之极。”“文之不饰者乃饰之极，盖人饰不如天饰也。是故《易》言‘白贲’。”“人尚本色，诗文书画亦莫不然。太白‘清水出芙蓉，天然去雕饰’二句，余每读而乐之。”就词而言，其《昨非集》卷四《虞美人》（填词二首）其一上片写道：“填词有意夸工巧，工处还非妙。要全本色发天机，试问桃花流水岂人为？”《游艺约言》中更直接而言：“英雄出语多本色，辛稼轩词于是可尚。”《词概》中仍申本色、自然之论：

玉田论词曰：“莲子熟时花自落。”余更益以太白诗二句，曰：“清水出芙蓉，天然去雕饰。”

古乐府中至语，本只是常语，一经道出，便成独得。词得此意，则极炼如不炼，出色而本色，人籁悉归天籁矣。

其所说“触著之句”、“触著之字”内涵并非单一，但“有似触著者，所谓极炼如不炼也”仍归于本色、自然。

本色、自然之论本得益于道家思想，在诗学理论中影响深远，融斋以之通于词，更是针对词之较诗更易走上垒字琢句、描头画角而言。《词概》虽未直接作指名道姓的批评，但“借色”与“真色”之辨、“先将借色洗尽，而后真色见”之倡，当非无的放矢。清末《人间词话》之以五代北宋词高于南宋，对李煜揄扬备至，就是立足于本色、自然论，这既是对周济的继承，也是对刘熙载的发扬。

二是体派、风格论。

刘熙载虽以诗论词，却并不忽略词的体性特征。仅举二例以明之：

词要恰好，粗不得，纤不得，硬不得，软不得。不然，非伧父即儿女矣。

齐、梁小赋，唐末小诗，五代小词，虽小却好，虽好却小，盖所谓“儿女情多，风云气少”也。

前者专言体性，后者兼具历史意识，可见刘熙载并未在艺术上完全将诗词等观，而看到了词的独特美学性格。

《词概》在言“体”之同时也兼及“派”。如论东坡于柳永后别创一派，且“在当时鲜与同调，不独秦七、黄九，别成两派也”。又云：“诗有西江、西昆两派，惟词亦然。”而综观融斋所论，不少言及“体”、“派”者，实为风格论。如“宋子京词是宋初体，张子野始创瘦硬之体”，“不知稼轩之体，白石尝效之矣”等皆是。而他论风格之异同、特点，常有极其精到之言。如：“冯延巳词，晏同叔得其俊，欧阳永叔得其深。”“俊”、“深”二字真是一语中的。又如：“叔原贵异，方回赡逸，耆卿细贴，少游清远。四家词趣各别，惟尚婉则同耳。”指出四家的风格、趣尚各异，但又异中有同，确是要言不烦。融斋又善于从源流上论风格，所论多中肯綮。如论王安石词的“瘦削雅素，一洗五代旧习”，黄庭坚的“故以生字俚语侮弄世俗，若为金、元曲家滥觞”，秦观的“有小晏之妍，其幽趣则过之”，“得《花间》、《尊前》遗韵，却能自出清新”，刘过的“狂逸之中自饶俊致，虽沉著不及稼轩，足以自成一家”，张炎的“清远蕴藉，凄怆缠绵，大段瓣香白石，亦未尝不转益多师”等，皆非孤立论之，兼顾前后左右，足见融斋视野开阔，目光如炬。

三是源流、正变论。

《词概》开章明义就以“乐歌”、“声学”、“音意无穷”言词，以“词有创调、倚声，本诸倡和”作者乐上的探源之论，可见刘熙载把握住“倚声”、“曲子词”的特点，不纯作文学之论，故《词概》确得词之“大概”。融斋虽无系统的词史论，但以下诸说，亦可见具体而微：

> 梁武帝《江南弄》、陶弘景《寒夜怨》、陆琼《饮酒乐》、徐孝穆《长相思》，皆具词体，而堂庑未大。至太白《菩萨蛮》之繁情促节，《忆秦娥》之长吟远慕，遂使前此诸家，悉归环内。

> 太白《菩萨蛮》、《忆秦娥》，张志和《渔歌子》，两家一忧一乐，归趣难名。或灵均《思美人》、《哀郢》，庄叟"濠上"近之耳。

> 北宋词用密亦疏，用隐亦亮，用沉亦快，用细亦阔，用精亦浑；南宋只是掉转过来。

> 南宋词近耆卿者多，近少游者少，少游疏而耆卿密也。

第一则可将梁武帝等作是否"皆具词体"暂置不论。认为李白"长吟远慕"、"繁情促节"之作，使"前此诸家，悉归环内"，则是突出了李白在词史上的真正奠基者地位，若不从考辨真伪出发，而从风会、潮流着眼，确有纵览云飞、长于概括的宏观识力。第二则将李白、张志和名篇之思想、志趣根源上溯屈、庄，所拟作品未必允当，而所概括出的"一忧一乐"及哀世与乐闲两条主线，却是道出了词以至所有文学作品的入世、出世相辅，儒家、道家互补的深层结构。三、四则从风格言南北宋之别，点到即止，未作展衍，却足资体味，所言甚是。

与源流论相关的是正变说。我国从评论《诗经》以来，多言正变，《词概》亦涉此，所说虽少，见解却精。如：

> 太白《忆秦娥》，声情悲壮，晚唐、五代惟趋婉丽，至东坡始能复古。后世论词者，或转以东坡为变调，不知晚唐、五代乃变调也。

此处孰为正变之辨，既涉内容，又及风格。历来论家多从词的创作积累出发，以居于主导地位、占据绝大多数的婉约柔美之作为"正宗"，而刘熙载却从词史、源流着眼，以东坡"复古"为正，晚唐、五代的柔婉为变。平心而论，融斋所说更合乎历史，近人俞平伯先生亦有"广深"、"狭深"(《唐宋词选释·前言》)的发展论，或可证刘氏所说，并补其不足。在论及文天祥词时，又"合其人之境地以观之"，称之为"其实乃变之正也"。言其"变"，是因为文山所处时代正是"王道衰，礼义废，政教失，国异政，家殊俗，而变风、变雅作"(《毛诗序》)的南宋末年，言其"正"，是如同融斋所言"有'风雨如晦，鸡鸣不已'之意"，是言志述怀且"声情悲壮"之作。应该说，《词概》的正变观能独排众议，特立而上，值得推崇。

除以上三者外,《词概》中的创作、技法论也极有创见。如论词中起句“非渐引即顿入,其妙在笔未到而气已吞”,收句“非绕回即岩开,其妙在言虽止而意无穷”;情、景安排的“或前景后情,或前情后景,或情景齐到,相间相融,各有其妙”;行文安排的借用画法:“词有点,有染”,“点染之间,不得有他语相隔,隔则警句亦成死灰矣”;以及深中词的婉曲特点的妙诀“空中荡漾”:“上意本可接入下意,却偏不入,而于其间传神写照,乃愈使下意栩栩欲动。”立意与达意的“衬跌”:“如文文山《满江红》(和王夫人)云:‘世态便如翻覆雨,妾身元是分明月。’《酹江月》(和友人驿中言别)云:‘镜里朱颜都变尽,只有丹心难灭。’每二句若非上句,则下句之声情不出矣。”以上所见,不必多作评论,确为深造有得之见。

更值得指出的是,刘熙载论词的技巧、艺术,极富辩证精神。如概言总体的刚柔风格的阴阳之论:

> 词有阴阳,阴者采而匿,阳者疏而亮。本此以等诸家之词,莫之能外。

语言的三“语”三“有”之论:

> 词淡语要有味,壮语要有韵,秀语要有骨。

尤其是论述章法,既有概括而言,如:

> 词之章法,不外相摩相荡,如奇正、空实、抑扬、开合、工易、宽紧之类是已。

又有具体而论,如:

> 词中承接转换,大抵不外纡徐斗健,交相为用,所贵融会章法,按脉理节拍而出之。
>
> 词要放得开,最忌步步相连;又要收得回,最忌行行愈远。必如天上人间,去来无迹,斯为入妙。

余如论南北宋词之密与疏、隐与亮、沉与快、细与阔、精与浑;小令与长调的变化、融贯关系;“词眼”的“数句之眼”与“通体之眼”;“似花还似非花”的“不离不即”;用姜夔《白石道人诗说》语以论用事的“僻”、“熟”与“实”、“虚”关系等,都深得词的个中三昧,饱含艺术辩证法,堪称不易之论。

以上综论了刘熙载《词概》的主要内容和理论建树,可见沈曾植评其“涉览既多,会心独远”,并非虚言。谢章铤、冯煦,尤其是王国维,都受到《词概》的影响,在《人间词话》中,不但观点与融斋相近,摘句评词法,以“三境界”拟“三品论”等,又可见方法之同。但是，刘熙载的词学批评也有显见的不足。

首先，"三品"论所倡虽正，但否定太多，未能真正从全部词史出发，未真正做到知人论世。以"元分人物"为最上，以"峥嵘突兀""犹不失为奇杰"固然不错，但从晚唐五代以来，词就处于"诗余"、"小道"的地位，形成"诗庄词媚"的传统，综观全部词史，鲜有"峥嵘突兀"的"奇杰"，更不必说"元分人物"了。融斋虽未判定谁为"侧媚"，但如温、韦、冯的"留连光景、惆怅自怜"、"飘扬于风雨者"，柳永的"绮罗香泽之态"等，在词史上绵延不绝，占据主流。其所论虽因出于时势之变，故以反映现实、有风骨气节者为高，但褒贬过甚，否定过多，不够宽容，过于绝对化，故未真正做到论其世而知其人。

其次，在"得宋人词心处，融斋较止庵，真际尤多"的同时，融斋词论的现实意义不逮止庵。刘熙载对宋代词人的评价，尤其对他们艺术成就、特色的分析，对流派、风格的见解和得失之评，确能一纠周济之偏颇，不带浙、常的门户之见。但是，周济《介存斋论词杂著》倡以"词史"之论，以绸缪未雨、太息厝薪、已溺已饥、独清独醒诸般"盛衰"为寄托，却较之融斋更具现实精神。张惠言、周济所作词，多有"感士不遇"或时代风雨，而刘熙载《昨非集》中的词却鲜见之。可见融斋虽有经世观念，但以"德"为重心的词学批评，毕竟带着理学家的缺陷。

最后，融斋以诗论词，强调"情正"固然不错，但对词作为"缘情"文学认识不足，不懂得"绮语"正是社会的进步。《词概》以诗论词，以"雅"为倡，以"情""得其正"为贵，辨风流儒雅与尘言绮语之别，均立论甚高。但是，否定"欲"的同时，又以忠孝节义为"情"，可见融斋词论还带着理学底色。《词概》鄙薄"绮怨"，以事功为高，这当然不错，但词的主要特性在于"缘情"，此情之大宗在于恋情与闲情，"宋词多绮语，其实反映了社会的进化"。[①] 融斋所见倘能近乎此，其论词的态度当更宽容、通达，所论当更公允、持平。

（原载《中国词学批评史》，中国社会科学出版社1994年7月出版，部分曾刊于《阴山学刊》1993年第2期）

---

① 吴有恒.宋词小札序[M]//刘逸生.宋词小札.广州：广东人民出版社，1981.

况周颐的词心、词境论及“重、拙、大”说

清末词论中,况周颐的《蕙风词话》是很重要的一部词话。况周颐(1859年—1926年),原名周仪,字夔笙、揆孙,号蕙风词隐,广西临桂(今桂林市)人。清光绪举人,官至内阁中书。曾与王鹏运、朱祖谋等在北京结咫村词社,晚年寓居上海。有《蕙风词话》,是晚清四大词人之一。其读词、作词自有会心独到之处,在论词、评词上也有其独造之诣。《蕙风词话》较周济、谭献所论更见详明,较陈廷焯所论更见精微,朱祖谋曾说:“自有词话以来,无此有功词学之作。”(《词学讲义·附记》)对《蕙风词话》的主要内容和基本观点,况氏的门生赵尊岳在《跋》中概括道:

> 其论词格曰:宜重、拙、大,举《花间》之闳丽,北宋之清疏,南宋之醇至,要于三者有合焉;轻者重之反,巧者拙之反,纤者大之反,当知所戒矣。其论词心曰:心游万仞,卷之则退藏于密。此心吾所固有,善葆之而后为吾用,乃至并无用之迹,则近道矣。其论词径曰:唐五代至不易学。天分高不妨先学南宋,不必以南宋自划也;学力专不妨先学北宋,不必以北宋鸣高也。词学以两宋为指归,正其始,毋歧其趋可矣。又曰:词笔欲求其矜炼也,艳济以雅则不儇,情生于文则不索,才气充勿失诸放佚,标韵美益进于清遒。乃至间密以疏,运实于虚,融景入情,出自然于追琢,声家之能事毕矣。又曰:词境宜知渐进也,吾于斯道深造乎是,即有力乎是,必先能浑成,然后有以自立。曰高,曰邃,曰静,曰深,其造极者曰穆,要非浑成以后未易遽言也。

可见,对词格、词心、词径、词笔、词境的诸般见解,正是《蕙风词话》的精义所在。按况氏所论“词径”,是指学词之途径,他指出“词学以两宋为指归”,因为学词者有偏于天分与偏于学力之别,故倡以或先学南宋,或先学北宋,但又指出“不必以南宋自划”和“不必以北宋鸣高”。这一见解可谓全面而正确。浙西词派推崇姜、张,自限于南宋,后于况氏的王国维则贬抑南宋,对五代北宋(尤其是李后主)揄扬过甚。况氏之见,近于周济所论,且更为明确,易于把握。

况氏所论“词笔”,实为作词的艺术技巧、手法、风格,《蕙风词话》中论之甚详。赵跋概言为“欲求矜炼”当“艳济以雅”,“情生于文”,“气充”勿“放”,“韵美”进“清”,“间密以疏”,“运实于虚”,“融景入情”,“出自然于追琢”,确是大获况氏之心,适足概言诸般辩证关系的。《词话》中对情景、理脉、字句、起结、刻画、勾勒等,结合前人所作,列举甚详,评析甚细,不乏知津之言。

相对说来，词径、词笔之说，虽有不少具体创见，但况氏对前人多有凭依，或有所针对，或有所汲取。因而更能体现《蕙风词话》理论价值的，当是词心、词境、词格诸说。对前二者，可先看况氏在《蕙风词话》卷一中所论：

人静帘垂，灯昏香直。窗外芙蓉残叶飒飒作秋声，与砌虫相和答。据梧冥坐，湛怀息机。每一念起，辄设理想排遣之。乃至万缘俱寂，吾心忽莹然开朗如满月，肌骨清凉，不知斯世何世也。斯时若有无端哀怨枨触于万不得已；即而察之，一切境象全失，唯有小窗虚幌、笔床砚匣，一一在吾目前。此词境也。三十年前，或月一至焉。今不可复得矣。

吾听风雨，吾览江山，常觉风雨江山外有万不得已者在。此万不得已者，即词心也。而能以吾言写吾心，即吾词也。此万不得已者，由吾心酝酿而出，即吾词之真也，非可强为，亦无庸强求。视吾心之酝酿何如耳。吾心为主，而书卷其辅也。书卷多，吾言尤易出耳。

吾苍茫独立于寂寞无人之区，忽有匪夷所思之一念，自沉冥杳霭中来。吾于是乎有词。洎吾词成，则于顷者之一念若相属若不相属也。而此一念，方绵邈引演于吾词之外，而吾词不能殚陈，斯为不尽之妙。非有意为是不尽，如书家所云无垂不缩，无往不复也。

这里，第一则描述了创造词境需进入虚静状态的心理体验，第二则说明词心之成在于蓄积既久、不得不发的真情，第三则阐释了主客相融所创造之境界具有形象不能尽表思想的特点。

虚静之说，出自老庄。老子的哲学观是"无为自化，清静自正"（《史记·老庄申韩列传》），因而提倡"致虚极，守静笃"（《老子》第十六章）。庄子发展了老子的思想，他说："水静则明烛须眉，平中准，大匠取法焉。水静犹明，而况精神？圣人之心，静乎天地之鉴也，万物之镜也。夫虚静恬淡，寂寞无为者，天地之平，而道德之至，故帝王圣人休焉。"（《庄子·天道》）他认为"水静犹明"，能鉴万物，精神的虚静恬淡，能使人进入"大明"境界，获得真知。在《人间世》中，他又说："唯道集虚，虚者，心斋也。"《达生》篇亦云："用志不分，乃凝于神。"《知北游》则曰："孔子问老聃曰：'今日晏闲，敢问至道。'老聃曰：'汝斋戒，疏瀹而心，澡雪而精神，掊击而知。'"

老庄关于"虚静"的思想，被刘勰看作艺术构思的重要前提。《文心雕龙·神思》曰："是以陶钧文思，贵在虚静，疏瀹五藏，澡雪精神。"后来的许多文艺家和理论家，也论述了凝神静思的虚静状态是创作的必要条件。

况周颐对虚静以造词境的心理体验既超妙又真实。人静帘垂，灯昏香直，残荷砌虫，一片秋声，这是环境之静。据梧冥坐，湛怀息机，排遣杂念，使心如明月，万缘俱寂，这是自身精神之静。在静虚无碍的状态下，"斯时若有无端哀怨枨触于万不得已"，酝酿日久的真情实感出于胸臆。"即而察之，一切境象全失，唯有小窗虚幌，笔床砚匣，一一在吾目前。”“全失”的“一切境象”，当是由于情满胸中而为之所蔽，眼前小窗虚幌下的笔床砚匣，却是心溯手追、创造词境的物质条件。况周颐为何自谓“词境”“三十年前，或月一至焉。今不可复得”呢。刘永济《词论》卷下《作法》对此体会颇深：“惟此心虚灵之候，必在世虑皆遣、万缘俱寂之时，而涉世既深者，遣之殊不易易。故曰，昔犹月至，今乃不可复得也。”

况周颐论“词心”，特别强调“万不得已”之情。感情应是文学的根本，刘勰《文心雕龙》对此屡有阐述。《征圣》云：“志足而言文，情信而辞巧。”《宗经》云：“义既极于性情，辞亦匠于文理。”《情采》篇更说道：“故情者文之经，辞者理之纬；经正而后纬成，理定而后辞畅，此立文之本源也。”“昔诗人什篇，为情而造文；辞人赋颂，为文而造情。”“盖风雅之兴，志思蓄愤，而吟咏情性，以讽其上，此为情而造文也。”白居易《与元九书》亦云：“感人心者，莫先乎情。”并以“根情，苗言，华声，实义”作为诗的定义。后人对感情在词的创作中的作用论述更多，特别值得一提的是周济。周济在《宋四家词选目录序论》中论及寄托之“出”与“入”时，特别强调“情”：“赋情独深，逐境必寤，酝酿日久，冥发妄中，虽铺叙平淡，摹缋浅近，而万感横集，五中无主。”

况周颐认为，“词心”之成，在于听风雨、览江山所得。风雨与江山使作者产生出“万不得已”的感情，这就是“词心”。这种感情酝酿日久，积蓄心中，适触于外物，遂“以吾言写吾心”，成为“吾词”。前论“词境”时，他有“斯时若有无端哀怨枨触于万不得已”之说，此处又三言“万不得已”，可见他所强调的真情正是“赋情独深”、“酝酿日久”之情。“非可强为，亦无庸强求”，当然不是无病呻吟，心中酝酿既久，物我同一，使所作能传递自己深切的感受，也使读者得其所蕴。正由于“词心”产生在“万不得已”之情的基础上，因而“吾心为主，而书卷其辅也”，感情毕竟处于主导地位。“书卷多，吾言尤易出耳”。这就是“读书破万卷，下笔如有神”的注脚了，创作的前提还是在于感情。

况周颐不但论述了虚静为创造词境的条件，而且经验性地阐明自己创造的词境所具备的“不尽之妙”。“吾苍茫独立于寂寞无人之区，忽有匪夷所思之一念，自沉冥杳霭中来”。在虚静的客观环境和精神状态中，“匪夷所思之一念”使创作灵感骤至，于是就写成了词。因为“无端哀怨枨触于万不得已”是创作的基础，所以词成之后，并非笔止而意止，却是形象与思想意蕴“若相属若不相属”。“绵邈引演于吾词之外”，思想、感情有超出于形象之外者，这也就是周济在《宋四家词选目录序论》中所说的：“读其篇者，临渊窥鱼，意为鲂鲤。”其文外之致难以尽赅，却足可品味，使人起无穷之想。其词境之耐人寻味，其幽远难尽之韵致正如书家所说的“无垂不缩，无往不复”。

况氏论“词心”主于真情，论“词境”主于深静，对词心、词境的内在关系亦有论述。

况周颐论作词的基础，常将性灵与学力并提。如卷一云：“昔贤朴厚醇至之作，由性情学养中出。”“平昔求词词外，于性情得所养，于书卷观其通。”“必欲得之，其道有二。曰性灵流露，曰书卷酝酿。”但是，构成“词心”者，毕竟在性灵流露，在感情真实。卷一又说：

真字是词骨。情真、景真，所作必佳，且易脱稿。

若错认真率为直率，则尤大不可耳。

填词智者之事，而顾认筌执象若是乎？吾有吾之性情，吾有吾之襟抱，与夫聪明才力。欲得人之似，先失己之真。得其似矣，即已落斯人后，吾词格不稍降乎？

他不但称道周邦彦许多作品中用语“愈朴愈厚，愈厚愈雅，至真之情，由性灵肺腑中流出，不妨说尽而愈无尽”，而且作“词心”与“词眼”之辨。卷二云：

黄东甫《柳梢青》云：“天涯翠巘层层，是多少长亭短亭。”《眼儿媚》云：“当时不道春无价，幽梦费重寻。”此等语非深于词不能道，所谓词心也。《柳梢青》又云：“花惊寒食，柳认清明。”“惊”字、“认”字，属对绝工。昔人用字不苟如是，所谓词眼也。纳兰容若《浣溪沙》云：“被酒莫惊春睡重，赌书消得泼茶香。当时只道是寻常。”即东甫《眼儿媚》句意。酒中茶半，前事伶俜，皆梦痕耳。

这里“惊”、“认”二字，非但属对绝工，移情于花、柳，极见新意，使人赞叹，而且确能收“立片言而居要，乃一篇之警策”（陆机《文赋》）之效，为全词精神之所系，故称之“词眼”极妥。反观黄东甫词，天涯翠巘，隔断离人，多少长亭短亭，魂牵梦萦，确见其情之深。“当时不道春无价”，这是今之视昨的深沉感慨，“幽梦费重寻”，梦中再寻过去，寻梦较之追忆，其情自是更为深刻、真切。同样，纳兰的悼亡词《浣溪沙》化用黄东甫《眼儿媚》意，更见诚挚、沉痛。李清照《金石录后序》曾记述当年与赵明诚赌书泼茶的往事，纳兰与亡妻亦有过如同赵、李夫妇的充满诗情的生活，追忆之中，倍觉当年“只道是寻常”的“被酒”、“赌书”生活之弥足珍贵。由黄东甫而至纳兰性德之三例，可见“深于词”之“词心”，正在于感情之真切、深沉。

前论况氏的“词境”说，曾引“人静帘垂，灯昏香直”一则，见“虚静”的特点。非止此，况氏之论“词境”，又推“以深静为至”。卷二云：

词境以深静为至。韩持国《胡捣练令》过拍云：“燕子渐归春悄，帘幕垂清晓。”境至静矣，而此中有人，如隔蓬山。思之思之，遂由浅而见深。盖写景与言情，非二事也。善言情者，但写景而情在其中。此等境界，唯北宋人词往往有之。持国此二句，尤妙在一“渐”字。

况氏由“虚静”而推“深静”为词之至境，并从对具体作品的欣赏品味中，得到“此中有人，如隔蓬山”的印象，道出了“思之思之，逐由浅而见深”的体验。他接着又从深静之境，推衍出关于意境的新理论：“盖写景与言情，非二事也。善言情者，但写景而情在其中。”这样一来，若谓托名王昌龄的《诗格》之将诗境分为物境、情境、意境，是着意于异的话，那么况周颐此说，则是着眼于同了。当然，意境的构成确可大体分为偏于境的“物境”，偏于意的“情境”和二者大体均衡、相融相合的“意境”。况氏独尊“深静”之境，以“写景而情在其中”为“善言情者”，未免有所偏颇，但其会心独到之处，确有至理。而对于意境论的深化，则有待于稍后的王国维了。

在况周颐看来，词心与词境都不是孤立的。词心之成在于真情，但亦须触发于成词的境界中，心物之交融而造成词境，“心”与“境”有着极其密切的辩证关系。卷一云：

> 填词要天资，要学力。平日之阅历，目前之境界，亦与有关系。无词境，即无词心。矫揉而强为之，非合作也。

> 平昔求词词外，于性情得所养，于书卷观其通。优而游之，餍而饫之，积而流焉。所谓满心而发，肆口而成，掷地作金石声矣。

> 读词之法，取前人名句意境绝佳者，将此意境缔构于吾想望中。然后澄思渺虑，以吾身入乎其中而涵泳玩索之。吾性灵与相浃而俱化，乃真实为吾有而外物不能夺。

所引第一则说明“目前之境界”对触发词心的重要性，“无词境，即无词心”之“词境”，当指酝酿词心的外部境界，可见作为见诸于文字和读者玩味而得之“词境”，应产生于心物交融之中。第二则谓词心之成出于二途：于性情得所养，于书卷观其通，蓄满而发，极其自然。第三则言造就词境之一途，在于将前人佳作涵泳玩索，以自身入乎其中，使性灵与之俱化，颇类于王昌龄《诗格》所说的“感思”：“寻味前言，吟讽古制，感而生思。”

词心与词境二说确是《蕙风词话》的重要理论建树，但相对说来，况周颐对词心的论述不够详赡，对词境的论述更不及王国维《人间词话》为精到。因而“重、拙、大”之说更足以代表况氏的理论成就。

前引赵尊岳的《跋》，将“重、拙、大”归为词格，似与词心、词境无涉。其实，作为词心的基础之真情，必然以“拙”相求，由“听风雨，览江山”所生之“万不得已”的词心，必然造就小中见大的词境。因此，“重、拙、大”的词格也必然与词心、词境密不可分。

“重、拙、大”之说，原出自被认为是晚清四大词人之首的王鹏运。王鹏运以乡先辈的身份，对况周颐多有教诲，况氏从学于王氏，对其说屡作阐发，尤多独到体会。先看《蕙风词话》卷一中总论“重、拙、大”之言：

> 作词有三要，曰重、拙、大。南渡诸贤不可及处在是。

此处以“重、拙、大”作为作词的三要，接着又说“南渡诸贤不可及处在是”。特意言明

"南渡诸贤",并非无的放矢。清中叶以来常州词派主宰词坛,多尊南宋词人,是因为他们多怀故土之思,虽歌宴酒席之作,亦多《黍离》、《麦秀》之意,文小而旨远,不无政治寄托,确是"重"而"大"。若谓南渡诸贤得"重"、"大"之要,则"拙"字可进而推至北宋与清初,故卷一又引王鹏运语:"半塘云:'宋人拙处不可及,国初诸老拙处亦不可及。'"由以上可见,以"拙"许之于宋人及清初,而"重""大"则为南宋所有。

前析蕙风关于词境之论,以其推许深静为词境之至,其实,他更以"穆"为词境之极,而"穆"又与"重"、"大"相关。卷二云:

> 词有穆之一境,静而兼厚、重、大也。淡而穆不易,浓而穆更难。知此,可以读《花间集》。

我国传统诗评有"静穆"一语,陶潜的田园之作,王维的山水之篇,于此最合。况氏单拈出"穆"字,以"静而兼厚、重、大"释之,确是他的创见。虽未作列举,但以"浓而穆"的《花间集》较"淡而穆"者更难,又可见其深意。浓、艳均为词之体性特点,但应是其外而非其里,其里应是"厚、重、大"。对艳词之重、大,《卷二》又有惊人之论:

> 《花间集》欧阳炯《浣溪沙》云:"兰麝细香闻喘息,绮罗纤缕见肌肤。此时还恨薄情无?"自有艳词以来,殆莫艳于此矣。半塘僧鹜曰:"奚翅艳而已?直是大且重。"苟无《花间》词笔,孰敢为斯语者?

此词可谓艳极而至于亵了,为何称其"大且重"呢?从某种角度讲,一是相思离别本来就是词的大题材,久别乍见之时,以闺帏中的性爱场面写其深情,不失为大题材的重笔;二是常州词派以比兴寄托论词,多以《花间》词有寄托,可从男女艳情通之于主臣关系。

况周颐以"重、拙、大"为作词"三要",以艳词有浓而穆、厚重大之境,是与其治词之经历,更与所处的时代相关的。

据赵尊岳《蕙风词史》说:"先生初为词,以颖悟好为侧艳语,遂把臂南宋竹山、梅溪之林。自佑遐进以重拙大之说,乃渐就为白石,为美成,以抵于大成。"并列举况氏所作,如《过秦楼》:"知伊谁为。但一抹修眉,凝颦不语,白人空翠。"《南浦》:"长亭路,争忍玉骢轻去。"《红情》:"晚节鲜妍,未到西风有谁识?"《满江红》:"但值秋天能皎洁,何妨春影特珑玲。"谓其:"凡此于家国承平之际,遽作秋声,似已自知将罹易代之变。"[①]况氏在癸巳、甲午间所作之词,名之为《蕙风词》,取楚骚"悲蕙风之摇落"意,所作寓意益深。其《唐多令》写中日战事:"东望阵云迷,边城鼓角悲。"但君臣酣嬉如故,况氏以词讽之"啼鹃声自若。却红楼依然,玉容歌舞"(《三姝媚》)、"待重寻吟事尊前,沧洲怨、多恐不堪题"(《采绿吟》),都可见传统的"忠爱之忱"。

---

① 引自《蕙风词史》,载《词学委刊》第一卷第四号,下引同。

《蕙风词史》写道："先生辛亥后，幽忧憔悴，于词益工，凄丽迥绝。盖故国之思，沧桑之感，一以寓声达之，而又辄以绮丽缘情之笔出之，遂益见其格高而词怆。"《莺啼序》赠傅彩云，充满家国之感，然而词中的"相如倦后，庾信愁边"尚不免大中见大，《买陂塘》之感喟则文小旨大，极见深意。赵尊岳析此词"千万卷珠帘，斜阳过也，著意看新月"数句，曰："则易代之感，以逝者托于斜阳，来者谓之新月，令后之视今，亦犹今之视昔，微尚所寄，有如此者！"并云："其《高阳台》一首，托诸玉颜，自致沦落之思。"分析其作品"寓情感事，以自然娴雅之笔，写无聊侘傺之音"，指出《满庭芳》的"东风里，残花藉草，何处更飘茵"，《卷珠帘》的"袖薄天寒谁倚竹，也占取婵娟先误"等，"尤缱绻兼以自况"。

况周颐在自己的词作中不仅表现了易代的身世之悲，更多时势、政事之感。《蕙风词史》云："甲午以还，鉴于东祸之亟；故咏樱花，每多寄托，不徒为红芳点染也。"列举所作，谓之："其防闲之至，壁垒之严，胜负之分，恢复之切，胥可于此见之。"指出其"未必移根成怅惘，只今顾影越纤秾。怕无芳意与人同"，"云中日之不能亲善，已腾跃楮墨"。由于袁世凯有窃国僭位之思，况氏作词以讽，《蕙风词史》指出《定风波》的"便相姚黄妃魏紫，多事。骚人阁笔费平章"，"指欲僭窃者，径自受禅，必伪造民意，殊患多事也"。《多丽》的"问谁消虫声四壁，知难醒蝶梦重衾"，"指项城之不顾清议，必欲帝制自为也"。另一首《多丽》的"美人隔，红墙碧汉，尘世自晴阴"，"指美人古德诺以君宪之说，进于项城，但图窃禄，初无深意，盖坐观成败者也"。前调的"费尽添熏炉恁爇，兼露滴鹤警还喑"，"指一面筹备大典，一面反对者已从事征讨也"。前调的"变徵无端，移宫未稳，邻家铁笛入云深"。"指日人之两舌，一方佐项城以二十一条劝进，一方又佐党人以抗之也"。以上诸作之讽袁世凯，确是"意义深远，含蕴隐浃，事外之致，备尽于斯；非为之疏，未易获解也"。

况周颐观看梅兰芳演剧，作词甚多，《蕙风词史》析其《浣溪沙》的"蜂蝶无情刬地飞。杨花薄幸不成归。落红身世底矜持"，谓"'蜂蝶'盖指革命之勃兴也；'杨花'喻二臣之效新也；'落红'以自喻其身世也"。"辫帅"张勋复辟不成，死于天津，况氏作《摸鱼儿》，《蕙风词史》析其"十年花事伶俜甚，禁得彩旛摧折"，"盖言国是之蜩螗，而规复之不易也"。其"风雨咽。为已断鹃魂，苦忆啼时血"，"则言明知复辟之不可成，而犹欲为之，是曝其忠义之忱也"。其"情天一发。念芳约俱寒，坠欢何望，曲终玉笙裂"。"则以一发指少轩之为辫帅，'芳约''坠欢'，则明其事之无成也"。"花落后，无那佳人又别"。"则于清亡之后，而复悼其死也"。此外，《蕙风词史》对况氏"回肠荡气，以艳笔抒哀思"的《浣溪沙》八首的"言中有物，所寓甚大"，也多有中肯分析。

况周颐以清朝遗老的身份，在"国变"之后的身世之感尤为强烈。如《绕佛阁》："万一共沦落，话雨沧洲须酒满。容易梦中相逢，醒已远。"《八归》："二十年前分袂地，剩惨暗铜驼烟月。"《夜飞鹊》："帐青琐洞房，梦摇难续。太液波翻，秋光孤冷谁掬。"以及其他许多作品，都可见真切的摇落之悲。追思、悼亡，悲深爱切，使他的爱情词充满真率的感人力量。如《高阳台》"玉梅花下相思路，算而今不隔三桥。怨良宵。满目繁华，满目萧条”、《凤栖梧》“最是不堪回首处，凤城西去棠梨雨”、《菩萨蛮》“鸳衾空复暖，魂共炉烟断”等作，都不以工致精巧见长，而是真情、性灵的流露。

“重、拙、大”说的理论内涵为何？对其价值又应如何评价？先看“重”。《蕙风词话》卷一云：

重者，沉著之谓。在气格，不在字句。

卷二又说：

重者，沉著之谓。在气格，不在字句。于梦窗词庶几见之。即其芬菲铿丽之作，中间隽句艳字，莫不有沉挚之思，灏瀚之气，挟之以流转。令人玩索而不能尽，则其中之所存者厚。沉著者，厚之发见乎外者也。欲学梦窗之致密，先学梦窗之沉著。即致密、即沉著。非出乎致密之外，超乎致密之上，别有沉著之一境也。

这里，以“沉著”释“重”，并云“在气格，不在字句”，即可知“重”是气格的沉著。那么，什么是“沉著”呢？那就是“厚之发见乎外者也”。为何要以梦窗为例呢？除常州词派的尊周（邦彦）吴传统外，梦窗词常给人以“芬菲”、“致密”的印象，而未遑辨析、理解其气格，故对此实有重新认识的必要。以吴作《宴清都·连理海棠》为例，其上片：

绣幄鸳鸯柱，红情密、腻云低护秦树。芳根兼倚，花梢钿合，锦屏人妒。东风睡足交枝，正梦枕瑶钗燕股。障滟蜡、满照欢丛，嫠蟾冷落羞度。

确是芬菲铿丽、隽句艳字。然而，词中下片的华清、《长恨》逗出了其中深意。诚如陈洵《海绡说词》所云：“此词寄托高远，其用笔运意，奇幻空灵，离合反正，精力弥满。若徒赏其熔炼，则失之矣。‘人间万感幽单’一句，将全篇精神振起。‘华清惯浴，春盎风露’，有好色不与民同乐意，天宝之不为靖康者，幸耳。”词中的沉挚之思正在于其寄托高远，并非一般咏物之作可比。又如《八声甘州·灵岩陪庾幕诸公游》，曾被麦孺博以“奇情壮采”四字相许（见《艺蘅馆词选》）。词中写及的名娃金屋、腻水花腥、鸳鸯履、响屧廊等，也不乏隽艳，但其发天外奇想，抚今怀古，将幻作真，杂糅古今，融情入景，确又贯注着沉挚之思、灏瀚之气。陈洵《海绡说词》分析道：“独醒无语，沉醉奈何，是此词最沉痛处，今更为推进之，盖惜夫差之受欺越王也。”“女真之猾，甚于勾践；北甬之辱，奇于甬东……北宋已矣，南渡宴安，又将岌岌，五湖倦客，今复何人？”即以纯粹的言情之作言，亦极见“厚之发见乎外”的“沉著”。如《莺啼序》（春晚感怀）写伤春、伤别之情，前欢今恨、旅况羁情，表现得凄迷深远、绵密醇厚。

由上可知，“重者，沉著之谓”，“沉著者，厚之发见乎外者也”。所谓“重”，正是沉挚的感情和深刻的思想所体现出的气格。

以“重”论词，况周颐不仅阐述了它的理论内涵，而且辨明了它与神韵、空灵的辩证关系。卷一云：

> 填词先求凝重。凝重中有神韵，去成就不远矣。所谓神韵，即事外远致也。即神韵未佳而过存之，其足为疵病者亦仅，盖气格较胜矣。若从轻倩入手，至于有神韵，亦自成就，特降于出自凝重者一格。

这里，以“凝重中有神韵”作为“去成就不远”的标志。若二者不能得兼，当以凝重为首，因为凝重才能“气格较胜”。如弃凝重而求神韵，从轻倩入手而果得“事外远致”的神韵，固然“亦自成就”，但较之凝重者已降一格。这样，“神韵”固应追求，但以凝重而得气格毕竟是第一义，流于轻倩则有悖于“重”，是不足取的。故而况氏又进一步说道：“若并无神韵而过存之，则不为疵病者亦仅矣。”况氏在此则中又接着说：“或中年以后，读书多，学力日进，所作渐近凝重，犹不免时露轻倩本色，则凡轻倩处，即是伤格处，即为疵病矣。天分聪明人最宜学凝重一路，却最易趋轻倩一路。”这正是他作为过来人的经验之谈。赵尊岳《蕙风词史》就说过“先生初为词，以颖悟好为侧艳语”，“《新莺》词格之变，草线可寻”。正因为这样，其所论颇值得体味和重视。

况氏又谈了凝重与空灵的关系。卷二论道：

> 小山词《阮郎归》云：“天边金掌露成霜，云随雁字长。绿杯红袖趁重阳。人情似故乡。兰佩紫，菊簪黄。殷勤理旧狂。欲将沉醉换悲凉。清歌莫断肠。”“绿杯”二句，意已厚矣。“殷勤理旧狂”五字三层意。“狂”者，所谓一肚皮不合时宜，发见于外者也。狂已旧矣，而理之，而殷勤理之，其狂若有甚不得已者。“欲将沉醉换悲凉”是上句注脚。“清歌莫断肠”仍含不尽之意。此词沉著厚重，得此结句，便觉竟体空灵。

晏几道此词被陈匪石《宋词举》评为：“此在小山词中，为最凝重深厚之作，与其他艳词不同。”又说：“此词其自写怀抱乎？”词的首、次二句，写时节、物候之变，因秋天而写及重阳，为何况氏谓“‘绿杯’二句，意已厚矣”呢？因为美酒佳人相伴而“趁重阳”，本是随俗应景之举，然而感主人情重，“人情似故乡”，将作客心情加以吞吐往复的表达，故见其“意厚”。从黄庭坚《小山词序》可知，小晏为人“仕宦偃蹇，而不能一傍贵人之门”，“论文自有体，不肯一作新进士语”，流连歌酒，当然被目为“狂”。如今又值对酒当歌，触发“旧狂”本属情理之中，但前尘昨梦久逝不回，要“殷勤”而“理”，才能使自己的情怀与当前气氛相适，故况氏对“三层意”析之甚详、甚恰。“理旧狂”仍难驱悲凉，其伤感之情的凝重深厚可知。结句“清歌莫断肠”，不是出以绝望语，而是自宽自慰。《世说新语·任诞篇》载：“桓子野每闻清歌，辄唤‘奈何’。谢公闻之，曰：‘子野可谓一往有深情。'"小晏反用其意，更见言外不尽之意，深情而更增蕴藉，故况氏谓之"得此结句，便觉竟体空灵。"这"空灵"与"事外远致"的"神韵"颇为相近。

沉著厚重既是为词者所追求的目的，又是成词的基础，是气格的根本保证。进而则求神韵与空灵，使沉著与远致、凝重与空灵得到辩证的统一，这就是词的佳境。但若倒转过来，将神韵、空灵作为第一目标，置沉著凝重于不顾，则难免入于轻倩、空疏，气不充，意不立，格不高。

次看"拙"。

"拙"与"重"并非截然相分。况氏以"沉著"为"重"之要义，其实已含"拙"意。试看卷一：

> 词学程序，先求妥帖、停匀，再求和雅、深秀，乃至精稳、沉著。精稳则能品矣。沉著更进于能品矣。精稳之稳与妥帖迥乎不同。沉著尤难于精稳……纯任自然，不假锤炼，则"沉著"二字之诠释也。

这"纯任自然，不假锤炼"与"厚之发见乎外"，是一个问题的两个侧面，而前面八字，又是"拙"的基本意义。

况周颐认为"拙"的基础在于真情。卷一中所论多则均与此有关，表现了尚真情而反雕琢之意：

> 诗笔固不宜直率，尤切忌刻意为曲折。
>
> 当于无字处为曲折，切忌有字处为曲折。
>
> 词过经意，其蔽也斧琢。过不经意，其蔽也褦襶。
>
> "恰到好处，恰够消息。毋不及，毋太过。"半塘老人论词之言也。
>
> 词太做，嫌琢。太不做，嫌率。
>
> 凡人学词，功候有浅深，即浅亦非疵，功力未到而已。不安于浅而致饰焉，不恤颦眉、龋齿，楚楚作态，乃是大疵，最宜切忌。

从以上所论可见，况氏虽也全面顾及到直率与曲折、斧琢与褦襶、不及与太过等辩证的关系，但更侧重于自然、真率，崇尚真情，反对矫饰。

前引况氏所论，知其对清真词的深情之语的推重，指出其"愈朴愈厚，愈厚愈雅"之长，其实这正是"拙"。情真、意厚、语朴，终得词的"拙"之一格。周济《介存斋论词杂著》对"用笔多涉尖巧"的史达祖不甚推许，却赞李煜词"粗服乱头，不掩国色"，明显表现出推重拙朴之意。况周颐之尚"拙"，虽是来自王鹏运，但也受到了周济的影响。况氏并未正面解释"拙"的含义，《词话》卷五有一则可通之于此：

> 问哀感顽艳，"顽"字云何诠？释曰："拙不可及，融重与大于拙之中，郁勃久

之，有不得已者出乎其中而不自知，乃至不可解，其殆庶几乎。犹有一言蔽之：若赤子之笑啼然，看似至易，而实至难者也。”

“顽”是“拙不可及”，“郁勃久之”的感情自然流露。“若赤子之笑啼然”，这正是至真至纯之情。李贽《童心说》曾曰：“夫童心者，绝假纯真，最初一念之本心也。若失却童心，便失却真心；失却真心，便失却真人。”“天下之至文，未有不出于童心焉者也。”李贽的这一思想对汤显祖、袁宏道等人都有影响。况氏之尚“拙”，正是对《童心说》的继承，对真情的推重。作为词格的“拙”，基于真情，而如风行水上，自然成文，质朴、本色，与纤巧、尖新相对。近人张伯驹《丛碧词话》云：“盖拙者，意中语、眼前语，不隔不做作，真实说出来，人人都以为是要说的话而未曾说出，如‘别时容易见时难’是也。”对此解释得极易理解。

由于“拙”的基础在于真情，应是性灵的流露，应具沉著之思，应当划清真率与粗率的界限。卷一首辨真率与直率之别：“昔贤朴厚醇至之作，由性情学养中出，何至蹈直率之失。若错认真率为直率，则尤大不可耳。”又举苏、辛为例，以明真率与粗率之界：

东坡、稼轩，其秀在骨，其厚在神。初学看之，但得其粗率而已。其实二公不经意处，是真率，非粗率也。

这里指出了苏、辛“秀在骨，厚在神”的本质所在，不应以二人的“不经意处”为粗率，错将真率当粗率。之所以以真率评苏、辛，正在于苏、辛都是至情至性人，他们的作品固也有酬酢、报赠之篇，但主体却是“为情造文”，是真实思想、抱负的体现。

况氏在其词话中列举了具有拙致的真率之作，卷二云：

刘潜夫《风入松·福清道中作》云：“多情唯是灯前影，伴此翁同去同来。逆旅主人相问，今回老似前回。”语真质可喜。

“良人轻逐利名远。不忆幽花静院。”杨泽民《秋蕊香》句。“幽花静院”，抵多少“盈盈秋水，淡淡春山”。“良人”句质不涉俗，是泽民学清真处。

李蠙洲《抛球乐》云：“绮窗幽梦乱如柳，罗袖泪痕凝似饧。”《谒金门》云：“可奈薄情如此黠，寄书浑不答。”……其不失之尖纤者，以其尚近质拙也。学词者不可不知。

第一例叹老嗟卑，伴者唯有影，设想甚巧，主客之问答，亦不多见。因为不是为巧而巧，为新而新，感慨问答之间，传递出的是真情和质朴，故感人尤深。第二例以“幽花静院”与“秋水”、“春山”相较，后者虽以望穿秋水、愁损春山写相思之苦，从意态着笔，不无新意，但较之“幽花静院”，这居处的忆念而引发的往昔爱情生活，更是似淡犹浓。“良人”句表达的是代代不已的主题，“质不涉俗”可谓确评，既见真情，又不俗气，得后句而更在真率中增无穷忆念。第三例同样是表达离别相思之情，梦乱如柳、泪痕似饧，看似儇巧尖新；《谒金门》二句直近元人家数，亦似呈小慧之作，但为何不失之“尖”和“纤”呢？因为前者表忆念之深，后者传递对薄情之恨，都是情过其辞，因真质不失拙致。

因为真率才能“拙”，故况氏在卷五中写道：

以性灵语咏物，以沉著之笔达出，斯为无上上乘。

只有披露性灵、用笔沉著，才能得到“拙”，才能臻最高境界，这又岂非“真字是词骨”之意：一因一果，两端都关合于此，可见蕙风论词的一致性。

“拙”之真率，一方面要与粗率划清界限，而另一方面则反对“做”，崇尚从追琢中得来的自然。在前面所引的《词话》卷一之所论，已可见况氏的许多观点，卷二以后更以具体作品的分析来表达其见解。如卷二举高观国所作的“古驿烟寒，幽垣梦冷，应念秦楼十二”和张炎的“待相逢说与相思，想亦在、相思里”。认为二者均有疵病，前者“钩勒太露，便失之薄”，后者“尤空滑粗率，并不如高句，字面稍能蕴藉”。所评大体允当，尤其后者，近于文字游戏，确是空滑粗率，故难见真情。况周颐批评了陆辅之《词旨》：“拙谓警句，往往氛择不清，适足启晚近纤妍之习。”并云：

宋宗室名汝茪者，词笔清丽，格调本不甚高。《词旨》取其《恋绣衾》句：“怪别来、胭脂慵傅，被东风、偷在杏梢。”此等句不过新巧而已。

认为其《汉宫春》中“故人老大，好襟怀消减全无。漫赢得、秋声两耳，冷泉亭下骑驴”，是“以清丽之笔作淡语，便似冰壶濯魄，玉骨横秋，绮纨粉黛，回眸无声”。前者之失在琢，后者之长在拙，其间不同可谓显见。况氏之评并非止乎此，他接着说：“但此等佳处，犹为自词中出者，未为其至。如欲超轶王、周，伯仲姜、吴，而上企苏、辛，其必由性情学问中出乎。”再次强调了性情学养高于技巧，而真正是“拙”之本原所在。卷三中又举一例：

许道真《眼儿媚》云：“持杯笑道，鹅黄似酒，酒似鹅黄。”此等句看似有风趣，其实绝空浅，即俗所谓打油腔，最不可学。

其病并不在俗，而在空浅、打油，故与“拙”字无缘。在卷五中，他将明季陆钰《小桃红》的“终踌躇、生怕有人猜，且寻常相看”与清初人所作“丁宁切莫露轻狂。真个相怜侬自解，妒眼须防”二者相较，认为后者“不可与陆词并论”，除陆钰晚节“夐然河岳日星”，以见人品之高外，还在于前者“拙”而后者“做”。他接着说：

> 词忌做，尤忌做得太过。巧不如拙，尖不如秃，陆无巧与尖之失。

此说极其在理。他又列举陆词不同时期所作，无论是写儿女之情抑或家国之感的，能称之为佳句者，都在于质拙。

前论况氏的词境说，曾析其所说的“三十年前，或月一至焉。今不可复得矣”，在于涉世的深浅所致。词格之拙，其实也出自性灵，况氏虽很重视学养，但在卷五中仍说道：

> 信是慧业词人，其少作未能入格，却有不可思议，不可方物之性灵语，流露于不自知。斯语也，即使其人中年深造，晚岁成就以后，刻意为之，不复克办。盖纯乎天事也。

这正与“赤子之心”同理。但是“流露于不自知”者，毕竟不多见，欲造就词之“拙”，况氏倡以“自然从追琢中来”。在卷五中，他曾说：“从性灵中出佳，从追琢中来亦佳。”这是将性灵与追琢分而言之。但在《词话》续编的卷一中则说：

> 《韵语阳秋》云：“陶潜、谢朓诗皆平淡有思致，非后来诗人怵心刿目者所为也。老杜云：‘陶谢不枝梧，风骚共推激。紫燕自超诣，翠驳谁剪剔。’是也。大抵欲造平淡，当自组丽中来。落其华芬，然后可造平淡之境。如此，则陶、谢不足进矣。梅圣俞赠杜挺之诗有‘作诗无古今，欲造平淡难’之句。李白云：‘清水出芙蓉，天然去雕饰。’平淡而到天然，则甚善矣。”此论精微，可通于词。欲造平淡，当自组丽中来。即倚声家言自然从追琢中出也。

此处明言“自然从追琢中出”，其精神与刘熙载《艺概·词曲概》的“极炼如不炼，出色而本色”可谓一致。

再看“大”。

从《蕙风词话》看，“大”主要包含着三层意义。

一是语小而不纤，事小而意厚。文各有体，诗词确乎有其界，诗多表现出气象之开阔，而词之审美意趣多在细小而优美的事物。因为词心之成在于“万不得已”之情，故对于词人来说，情之深浅居于首位，词之“大”与语之小并无直接关系。《词话》续编卷一曰：

> 易祓《喜迁莺》云：“记得年时，胆瓶儿畔，曾把牡丹同嗅。”语小而不纤。极不

经意之事，信手拈来，便觉旖旎缠绵，令人低回不尽。

“语小而不纤”，由小语而见情真和情深，不失为“大”。“真”与“善”往往密不可分，《词话》卷三称道“小中见厚”之“慧心仁术”：

唐张祜《赠内人诗》：“斜拔玉钗灯影畔，剔开红焰救飞蛾。”后人评此谓慧心仁术。金景覃《天香》云：“闲阶土花碧润。缓芒鞋、恐伤蜗蚓。”略与祜诗意同。填词以厚为要旨，此则小中见厚也。

前者所写是家庭生活中极其平凡的一幕，后者亦是日常生活中不经意的小事，但都表现了爱心及于蝼蚁之善，“小中见厚”同样是小中见大。

二是词小而事大，词小而旨大。《词话》卷二曰：

龟峰词《沁园春》(咏西湖酒楼)云：“南北战争，唯有西湖，长如太平。”此三句含有无限感慨。宋人诗云“西湖歌舞几时休”，下云“直把杭州作汴州”，婉而多讽，旨与刚父略同。

此词写西湖酒楼，本非针砭时弊、干系国政的大题材，但从所引的三句中，以西湖的“长如太平”与南北战争相对照，可见作者感喟之深，由酒楼而及国事，词虽小而事极大。较之诗之设问“西湖歌舞几时休”，直言“直把杭州作汴州”，词显得更为冷隽，“婉而多讽”可谓善评。蕙风非仅举古人之作以明理，续编卷一还将光绪甲午年盛昱所赋赠行的《八声甘州》引录，指出：“此等词略同杜陵诗史，关系当时朝局，非寻常投赠之作可同日语。”这就是周济“词亦有史”之意，词之“大”不难理解。词小事大的另一义还可以理解为以短语写长情、深情。《词话》卷三云：

刘起潜《菩萨蛮》(和詹天游)云：“故园青草依然绿，故宫废址空乔木。狐兔穴岩城，悠悠万感生。胡笳吹汉月，北语南人说。红紫闹东风，湖山一梦中。”仅四十许字，而《麦秀》、《黍离》之感，流溢行间。所谓满心而发，颇似包举一长调于小令中。

“颇似包举一长调于小令中”，这就是以短见长，以小见大。以小见大并不限于君国之忧，寻常题材亦可见之。《词话》卷二有云：

《鹤林词》《祝英台近·春日感怀》云：“有时低按银筝，高歌《水调》，落花外、纷纷人境。”末七字余极喜之。其妙处难以言说。但觉芥子须弥，犹涉执象。

陶潜《饮酒》有句："结庐在人境，而无车马喧。问君何能尔，心远地自偏。"表现了摆脱世俗束缚、心远意静的真趣。此词入以"人境"，自具陶意，情酣意畅而境幽神清，其屏去杂欲，无复营求的情怀旨趣，极自然地流露，确是"妙处难以言说"，芥子纳须弥之山，小可见大，但又不宜执象以求，确是高境。上例已见旨趣之大，《词话》卷三从另一角度阐明词虽小而托旨甚大之理：

> 金李仁卿词五首，见《遗山乐府》附录。《摸鱼儿》(和遗山赋雁丘)过拍云："诗翁感遇。把江南江北，风嘹月唳，并付一丘土。"托旨甚大。

元好问《摸鱼儿》赋雁丘，本是以雁写人，歌颂天下痴儿女的坚贞爱情。李仁卿的和作，其感遇较遗山又进一层，故云"托旨甚大"。

三是身世之感通于性灵的寄托。常州词派的代表人物都极其推重词中寄托，以求旨趣之大，意格之高。况周颐以"大"论词，同样重视寄托。《词话》卷二引陈藏一《话腴》所载赵昂为高宗赋词之事，并与俞国宝作《风入松》相较，况氏说："其实赵词近沉著，俞第流美而已。以体格论，俞殊不逮赵。"流美当然不及沉著，而赵词之"近沉著"，正在于借木芙蓉的"空惆怅、教妾若为容"，婉转寄托其未遇之意，况氏承常州派论词之旨，极重视寄托，不仅己作如此，评词论词亦如此。如《词话》卷五对屈大均《落叶词》推崇备至：

> 明屈翁山《落叶词》，余卅年前即喜诵之。"悲落叶，叶落绝归期。纵使归时花满树，新枝不是旧时枝，且逐水流迟。"末五字含有无限凄婉，令人不忍寻味，却又不容已于寻味。又"清泪好，点点似珠匀。蛱蝶情多元凤子，鸳鸯恩重是花神。恁得不相亲。""红茉莉，穿作一花梳。金缕抽残蝴蝶茧，钗头立尽凤凰雏。肯忆故人姝。"哀感顽艳，亦复可泣可歌。

以"哀感顽艳"四字评之，是对其思想与艺术高度统一的肯定，"可泣可歌"则在感人之深。屈氏的气节人所共赞，其借叶写人，家国之变与身世之感浑然一体，词之寄托确实已臻极高之境。《词话》卷五进而表达了况氏对寄托的深刻而独到的见解：

> 词贵有寄托。所贵者流露于不自知，触发于弗克自已。身世之感通于性灵。即性灵，即寄托，非二物相比附也。横亘一寄托于搦管之先，此物此志，千首一律，则是门面语耳，略无变化之陈言耳。于无变化中求变化，而其所谓寄托，乃益非真。

这里不仅将张惠言"触类条鬯，各有所归"的机械比附，导向"身世之感通于性灵"的自然触发，而且就周济"初学词求有寄托"的易于作"门面语"，指出"横亘一寄托于搦管之先"的不足取，以"流露于不自知，触发于弗克自已"为贵。较之陈廷焯所说的"伊古词章，不外比兴”，识见更为通达，而非绝对化。可以认为，常州词派关于比兴寄托的看法，至况周颐所论才最足以服人，由“寄托”而见“大”，则更可见发展。

还有一点要补充的是：诚如况氏对“刚健含婀娜”的推崇一样，卷二引刘伯宠《水调歌头·中秋》，指出大境下“忽作小言”之妙，以扬雄《解嘲》的“大者含元气，细者入无间”，喻词笔变化，可见其深解大与小的辩证关系。

作为“清季四大家”之一的况周颐，在王鹏运、朱祖谋的词籍校勘之学，郑文焯的词律之学以外，于词论一道造诣尤深。作为常州词派的后劲，由清末而入于民国，况氏的所论多对有清一代而发。《词话》卷五尊纳兰容若为“国初第一词手”，谓其“天分绝高”，“独惜享年不永，力量未充，未能胜起衰之任”，在推其“进于沉著浑至何难”之后，又说：“慨自容若而后，数十年间，词格愈趋愈下。东南操觚之士，往往高语清空，而所得者薄。力求新艳，而其病也尖。微特距两宋若霄壤，甚且为元明之罪人。”这里，可显见对浙西词派求清空、新艳，而得薄、尖的讥弹，因此以“重、拙、大”医之，正是良药。卷五又云：“世讥明词纤靡伤格，未为允协之论。”“洎乎晚季，夏节愍、陈忠裕、彭茗斋、王姜斋诸贤，含婀娜于刚健，有风骚之遗则，庶几纤靡者之药石矣。”“词格纤靡，实始于康熙中。《倚声》一集，有以启之。”对清朝前期词之评价已可见。自常州词派一纠浙派高言清空、过尊南宋之弊后，周济更倡以“由南追北”的道路，后人多由南宋逆溯至五代与唐，推崇《花间集》成为一时之尚。况氏对此如何看呢？《词话》卷一说：

> 晚近某词派，其地与时，并距常州派近。为之倡者，揭橥《花间》，自附高格，涂饰金粉，绝无内心。与评文家所云“浮烟涨墨”曷以异？虽无本之文，不足以自行……盖天事绌、性情少者所为，曷如不为之为愈也。

对这种“涂饰金粉，绝无内心”的一味模仿，况氏指出了“天事”、“性情”的重要性。卷二进而论道：

> 《花间》至不易学。其蔽也，袭其貌似，其中空空如也。所谓麒麟楦也。或取前人句中意境而纡折变化之，而雕琢、勾勒等弊出焉。以尖为新，以纤为艳，词之风格日靡，真意尽漓，反不如国初名家本色语，或犹近于沉著、浓厚也。

学《花间》而仅得貌似，流于尖、纤而失意、格，故求沉著、浓厚而倡以“重、拙、大”，其针对性与现实性不难窥见。

惠风以重、拙、大论词，既循流溯源，又不过尊某代、某集，识见确超乎他人，确如赵跋所说：“举《花间》之闳丽，北宋之清疏，南宋之醇至，要于三者有合焉；轻者重之反，巧者拙之反，纤者大之反，当知所戒矣。”

《蕙风词话》所含的作家作品论、艺术技巧论也极丰富，但最能体现出时代特点，表现出对常州派词论的修正和发展的，正在于“重、拙、大”说，以及含于其内的寄托与性灵相合之论和与之关系密切的词境、词心之论。尤其是,“重、拙、大”说正是张惠言、周济尊词体、重意格、崇比兴、讲寄托的发展延伸,以况周颐作为常州词派的语穴,是十分恰当的。

(原载《中国词学批评史》,中国社会科学出版社1994年7月出版,部分曾刊于《中国韵文学刊》第6辑,1992年5月出版)

传统词学批评的终结与新变

——论王国维的《人间词话》

清代的词学批评，大抵是前浙后常的格局。文廷式《云起轩词自序》说："自朱竹垞以玉田为宗，所选《词综》……二百年来，不为笼绊者，盖亦仅矣。"直到1941年，龙沐勋在《论常州词派》一文中还说："常州派继浙派而兴，倡导于武进张皋文(惠言)、翰风(琦)兄弟，发扬于荆溪周止庵(济)，而极其致于清季临桂王半塘(鹏运)、归安朱彊村(祖谋)，流风余沫，今尚未全歇。"① 从19世纪末到20世纪初，主要的词学论著，如谭献《复堂词话》、陈廷焯《白雨斋词话》、沈祥龙《论词随笔》、张德瀛《词征》、况周颐《蕙风词话》等，无不带有常州词论的印记。1908年，王国维的《人间词话》刊载于《国粹学报》，特拔于常州词派之外，成为传统词学批评终结与新变的标志。而且，《人间词话》虽主于论词却又旁通众艺，成为近代极有影响的一部美学著作。

王国维(1877年—1927年)，字静安、伯隅，号观堂，浙江海宁人。是我国近代涉足最广、建树最多的学者之一。他早习举业，屡应乡试而未中，遂至上海任《时务报》书记校雠，开始接受新学和西学影响，留学日本，旋又因病归国，从主攻自然科学转为哲学、美学。辛亥革命以前，他在词曲研究上成果卓著。辛亥革命后随罗振玉亡命日本，研究甲骨文、金文和汉简。1916年回国后主要研究经、史。1927年自沉于颐和园昆明湖。王国维将乾、嘉以来的朴学传统与近代资产阶级治学方法融会贯通，在哲学、教育、美学、文学、文字学、考古学、历史学诸领域都取得显著成就。王国维在词学研究上的著作有《唐五代二十一家词辑》20卷，《清真先生遗事》1卷，《后村别调补遗》1卷，但影响最大的当推《人间词话》。李泽厚曾从思想史的角度指出："王国维在西方文化的熏陶下，浸染了叔本华的悲观主义、唯心主义，但他清醒地看到了'可爱者不可信，可信者不可爱'。他知道他所爱的唯心主义哲学是并不可信的，从而把自己的主要力量献给了可信的历史科学。也正是由于他有这种西方文化的素养和态度，使他的《人间词话》虽然似乎只是零星论评、断简残篇，却仍然成为闪烁着光华的中国近代屈指可数的美学著作。"② 这段话既指出了王国维文学思想的哲学基础，又可明《人间词话》之为新变之作的关键所在。

王国维在《静安文集·自序》中说：

余之研究哲学始于辛(辛丑，1901年)、壬(壬寅，1902年)之间，癸卯(1903年)

① 龙榆生.论常州词派[J].同声月刊，一卷一○期.

② 李泽厚.梁启超王国维简论[M]//中国近代思想史论.天津：天津社会科学院出版社，2003：399.

春,始读汗德(现译康德)之《纯理批判》,苦其不可解,读几半而辍。嗣读叔本华之书而大好之。自癸卯之夏以至甲辰(1904年)之冬,皆与叔本华之书为伴侣之时代也。

在康德、叔本华思想影响下,他写了一系列文学杂文,其中的《红楼梦评论》、《叔本华与尼采》、《人间嗜好之研究》、《文学小言》等,都清晰地带着这些西方哲学的印记。在28岁至32岁间,王国维写词颇多,《观堂集林》中有《观堂长短句》23首,《苕华词》(又名《人间词》)收92首,其中大部分作于此时。值此清室将亡之时,其词集之以"苕华"命名是有特定意义的。《诗·苕之华》小序云:"苕之华,大夫悯时也。幽王之时,西戎东夷,交侵中国,师旅并起,因之以饥馑。君子悯周室之将亡,伤己逢之,故作是诗也。"可以说,王国维所作词正是以"悯时"、"伤己"为主要倾向的。王氏一度倾向于维新运动,戊戌变法失败后,他站到了资产阶级革命的对立面,悯时伤己的情怀,"体素羸弱,性复忧郁"的资质,使他倾心于叔本华哲学,立下"奉以终身"之愿。但是,他很快就发现了叔本华哲学的内在矛盾,《静安文集续编·自序二》写道:

哲学上之说,大都可爱者不可信,可信者不可爱。余知真理,而余又爱其谬误……知其可信而不能爱,觉其可爱而不能信,此近二三年中最大之烦闷。

为排除这种"爱"与"信"的烦闷,他从哲学研究转向文学创作,继而从词作发展到词论,终有《人间词话》之作。

《人间词话》所成的年代虽然不是最晚,但较之其后的一些论词著作,它对传统理论因袭最少,体现为"变",对西方理论有所汲取,体现为"新",其产生的影响可谓深远。

前面说过,清代的词学批评大体是前浙后常的格局。不为两派所限,理论价值既高、影响又大的,当推刘熙载《艺概·词曲概》和王国维《人间词话》。刘熙载深于艺术辩证法,论词独标"莫先于品",创"三品"论,以苏、辛为高,对历代词人词作的评价颇多允当之论,但又具有以古为新、以诗论词的特点。正因为这样,《人间词话》才真正见出"变"与"新",具有现代意义的美学批评特色。

《人间词话》既不同于诸多将作法与赏析相结合,侧重于具体艺术的传统词话;也不同于侧重在思想内容与艺术技巧相结合,以提高词的意格、品位等的诸多论著。它超越了传统的"知人论世"的道德评判及社会学批评这一层次,又非仅停留于艺术鉴赏、探求法度的旧有传统,而是将词学批评推上了美学、艺术哲学的新层次,其标志就在于"境界说"的提出。

《人间词话》一开始就提出了评词的新标准:

词以境界为最上。有境界则自成高格,自有名句。五代北宋之词所以独绝者在此。

后面又说：

沧浪所谓“兴趣”，阮亭所谓“神韵”，犹不过道其面目；不若鄙人拈出“境界”二字，为探其本也。

什么是“境界”？王国维说：

境非独谓景物也。喜怒哀乐，亦人心中之一境界。故能写真景物、真感情者，谓之有境界。否则谓之无境界。

可见，王国维将“能写真景物、真感情”的“有境界”作品作为“最上”，以“境界”为“探本”之说。

王国维将真景物、真感情作为有境界的标志，但境界的类型却是复杂的。人与世界接触，因关系的层次不同，可有五种境界：①为满足生理的物质的需要，而有功利境界；②人群共存互爱的关系，而有伦理境界；③因人群组合互制的关系，而有政治境界；④因穷研物理，追求智慧，而有学术境界；⑤因欲返本归真，冥合天人，而有宗教境界。功利境界主于利，伦理境界主于爱，政治境界主于权，学术境界主于真，宗教境界主于神。但介乎后二者的中间，以宇宙人生的具体为对象，赏玩它的色相、秩序、节奏、和谐，借以窥见自我的最深心灵的反映；化实景而为虚境，创形象以为象征，使人类最高的心灵具体化、肉身化，这就是“艺术境界”。艺术境界主于美[①]。“诗言志”是我国诗论的开山纲领，又是两千多年难以移易的基石，依闻一多先生解释，“志”专指“怀抱”，因而诗人诗作多注目于社会政治和人伦道德。孔子的“兴观群怨”说，分述了诗歌感发意志，了解社会政治，处理好人际关系，及怨刺统治者的功能；而“迩之事父，远之事君”，事父以孝，所行是人伦之道，事君以忠，当然在政治范围。可以说，政治与伦理是儒家诗学的两大中心。由于重视政治、人伦，“感于哀乐，缘事而发”被视为创作的好传统；“饥者歌其食，劳者歌其事”的作品倍受重视，功利境界也堪为鼎之一足；魏晋之后，由于玄、佛炽盛，写宗教境界之诗渐多；宋人以才学为诗，又生学术境界，使古典诗歌形成涵盖五境之势，但主流仍在政治、伦理、功利。

诚然，我国古典诗歌创造了不少主于美的艺术境界，因为于受制于儒家思想的古典美学之主流，多着眼于主体、功能、关系，为社会政治的实用功利服务。所以综观历代诗论，除司空图、严羽、王士禛等少数人外，古代诗论的重心也在政治、人伦、功利界内。

---

① 宗白华.美学散步[M].上海：上海人民出版社，2004：70.

词作为诗中新兴的一体,是与"人群共存互爱的关系"中的男女之情密不可分的。正是:"乐府变为吴趋越艳,杂以《捉搦》、《企喻》、《子夜》、《读曲》之属,流为诗余,诗余流为词……《子夜》、《懊侬》诸辞,亦后世之风也。顾其淫声甚于郑卫,不可以入《风》,然而不害其为乐府。"(徐世溥《悦安轩诗余序》)可以说,词体之出虽在唐朝,然而"词者,乐府之变也……盖六朝诸君臣颂酒赓色,务裁艳语,默启词端,实为滥觞之始"(王世贞《艺苑卮言》)。《花间》、《尊前》、北宋小令、汴京新声,都沿着这一纯粹"缘情"的道路走。经苏轼的"以诗为词",辛弃疾的"以文为词",词向诗的"言志"传统回拨,词的诗化理论也相应地为其所规范,雅化理论也受其影响。清代常州词派的理论以尊词体、明正变、讲寄托为标识,也可见传统诗论的影响。

《人间词话》的基点却是真正探究艺术境界的诞生与构成之秘,寻求政治、人伦、功利之外的艺术美。王国维这种超政治、超功利的文学观可谓由来已久。他在《文学小言》中说:

> 昔司马迁推本汉武时学术之盛,以为利禄之途使然。余谓一切学问皆能以利禄劝,独哲学与文学不然。何则?科学之事业皆直接间接以厚生利用为旨,故未有与政治及社会上之兴味相刺谬者也。至一新世界观与一新人生观出,则往往与政治及社会上之兴味不能相容。若哲学家而以政治及社会之兴味为兴味,而不顾真理之如何,则又决然非真正之哲学。此欧洲中世哲学之以辩护宗教为务者,所以蒙极大之耻辱,而叔本华所以痛斥德意志大学之哲学者也。文学亦然;餔餟的文学,决非文学也。
>
> 文学者,游戏的事业也。人之势力,用于生存竞争而有余,于是发而为游戏。婉娈之儿,有父母以衣食之,以卵翼之,无所谓争存之事也。其势力无所发泄,于是作种种之游戏。逮争存之事亟,而游戏之道息矣。惟精神上之势力独优,而又不必以生事为急者,然后终身得保其游戏之性质。而成人以后,又不能以小儿之游戏为满足,于是对其自己之情感及所观察之事物而摹写之,咏叹之,以发泄所储蓄之势力。故民族文化之发达,非达一定之程度,则不能有文学;而个人之汲汲于争存者,决无文学家之资格也。

这种文学源于游戏,文学超功利的思想,即出于康德、叔本华等人。在《论哲学家与美术家之天职》一文中,王国维明确将美术(即艺术)与哲学等观,认为是"最神圣、最尊贵而无与于当世之用"的,反对将艺术作为"道德政治之手段"。在此文中,他从我国的文学传统出发,这样论道:"'诗外尚有事在'、'一命为文人,便无足观',我国人之金科玉律也。呜呼!美术之无独立之价值也久矣。此无怪历代诗人,多托于忠君爱国劝善惩恶之意,以自解免,而纯粹美术上之著述,往往受世人之迫害而无人为之昭雪者也。此亦我国哲学美术不发达之一原因也。"在《文学小言》中,他正面表明了自己对于文学的见解:

> 要之，文学者，不外知识与感情交代之结果而已。苟无锐敏之知识与深邃之感情者，不足与于文学之事。此其所以但为天才游戏之事业，而不能以他道劝者也。

文学是“知识与感情交代之结果”，与政治、功利无涉，所以“不能以他道劝”。

在《教育偶感四则》中，王国维说：“生百政治家不如生一大文学家。”《人间词话》删稿更将“诗人之眼”与“政治家之眼”加以比较：

> “君王枉把平陈业，换得雷塘数亩田。”政治家之言也。“长陵亦是闲丘陇，异日谁知与仲多？”诗人之言也。政治家之眼，域于一人一事。诗人之眼，则通古今而观之。词人观物，须用诗人之眼，不可用政治家之眼。故感事、怀古等作，当与寿词同为词家所禁也。

这段话认为，“诗人之眼”较之“政治家之眼”更具有永恒的价值，辅以《词话》中所说的“人能于诗词中不为美刺投赠之篇”，“则于此道已过半矣”。可见与前人的词话有多大的不同！这对于历来集从政与作诗于一身、二者互为补充的观念，是惊世骇俗之见。较之被动的“穷而后工”论，这种主动地将文学同政治离异，明确的颠倒高低之见，确是发人所未发，亦可见与传统的词话有着本质的差异。王国维非仅以否定同政治的联系，以及否定文学的功利性来强调文学的独立性，而且力倡“真”字，为建立纯文学的艺术境界而加强对“善”、对伦理境界的离心力。《文学小言》以“景”与“情”为文学的“二原质”，认为“感情真者，其观物亦真”。赞美“屈子感自己之感，言自己之言”。《词话》中称道词人“不失其赤子之心”，“大家之作”，“以其所见者真”，甚至说：“‘昔为倡家女，今为荡子妇。荡子行不归，空床难独守。’‘何不策高足，先据要路津？无为久贫贱，轗轲长苦辛。’可谓淫鄙之尤。然无视为淫词、鄙词者，以其真也。五代北宋之大词人亦然。非无淫词，读之者但觉其亲切动人。非无鄙词，但觉其精力弥满。”由于离政治、伦理、功利远了，必然离艺术境界近了，“言志”说不再成为纲领，“境界”说成为基础，真正的美学批评才能得以实现。可以说，“境界”说的出现，标志着旧的批评传统的结束，新的批评标准正在建立。这种批评标准虽是以叔本华的艺术无功利思想为基础，但对我国固有的事父事君、经济之怀，将文学隶从于政治的传统，无疑是一种大胆的悖逆，是一剂可以一试的虎狼药。

《人间词话》开宗明义所说的“词以境界为最上。有境界则自成高格，自有名句”，以其超功利的纯艺术精神，表现出对传统词论的变革。张惠言的比兴、正变说，周济的寄托、词史说，谭献的柔厚说，陈廷焯的沉郁说，况周颐的重拙大说，所重皆在词之意格，在词之艺术技巧与政治内涵的结合。而王国维的境界说却表现出与政治、功利主动离异的精神，其与传统词论的界限在于“言志”的主观性与创造“境界”的审美客观性之不同。

以寄托说为代表的“言志”论，所重在词人主观情志的发抒。如张惠言《词选序》的“恻隐盱愉，感物而发，触类条鬯，各有所归”，周济《宋四家词选目录序论》的“意感偶生，假类毕达”，“赋情独深，逐境必寤”，都以主观向客观的移情为特点。王国维则不然，他在托名樊志厚的《人间词乙稿序》中说：“原夫文学之所以有意境者，以其能观也。”这个“观”，并非孔子“兴观群怨”的“观”，而是叔本华所说的审美静观。叔本华认为，事物的美是“理念”的表现，而美感则产生在“只有当我们对这东西的观照不受充足理由原理支配，不寻求它对任何外在事物的关系，而停止在这对象本身之上的时候，才能发生这样的认识”①。也就是说，只有通过纯粹的静观才能感受美，从而也掌握理念。王国维“以其能观”的思想即出于此。

那么怎样才能做到“能观”呢？王国维本叔本华之说认为其根本在于“去欲”，“苟吾人而能忘物与我之关系而观物，则夫自然界之山明水媚、鸟飞花落，固无往而非华胥之国、极乐之土也”（《红楼梦评论》）。依叔氏所见，“夫吾人之本质，既为意志矣。而意志之所以为意志，有一大特质焉：曰生活之欲……吾人之本质，既为生活之欲矣。故保存生活之事，为人生之唯一大事业……目之所观，耳之所闻，手足所触，心之所思，无往而不与吾人之利害相关，终身仆仆而不知所税驾者，天下皆是也”。“然则，此利害之念，竟无时或息欤？吾人于此桎梏之世界中，竟不获一时救济欤！曰：有。唯美之为物，不与吾人之利害相关系；而吾人观美时，亦不知有一己之利害。何则？美之对象，非特别之物，而此物之种类之形式；又观之之我，非特别之我，而纯粹无欲之我也。”（《叔本华之哲学及其教育学说》）王国维信叔氏所说，认为必须抛开利害，使之成为“纯粹无欲之我”，才能“忘物与我之关系而观物”，以充分的客观性去领悟美。

通向审美静观的“纯粹无欲之我”并非永恒的。叔本华认为，作为世界的本质与核心的“意志”，永远是盲目的、不停的冲动，因而人生也充满了永恒的痛苦。通过佛教的“涅槃”可以绝对否定意欲，达到根本的解脱，但这难以做到；可行的是以哲学的沉思，艺术的美的观照暂时否定意欲，求暂时的解脱。因而，艺术的审美静观只能是一种短暂的状态。王国维在《人间词话附录》中说：

> 山谷云：“天下清景，不择贤愚而与之，然吾特疑端为我辈设。”诚哉是言！抑岂独清景而已，一切境界，无不为诗人设。世无诗人，即无此种境界。夫境界之呈于吾心而见于外物者，皆须臾之物。惟诗人能以此须臾之物，镌诸不朽之文字，使读者自得之。

“世无诗人，即无此种境界”固然似颠倒了主客关系，但从艺术境界的创造而言，亦未尝不可作如是说。值得注意的是，一是“天下清景”，表现出足够的客体美，使人在与之相遇时，能抛开意欲，“忘却营营”。二是“境界之呈于吾心而见于外物者，皆须臾之

① 叔本华．意志及表象之世界[M]//缪灵珠美学译文集：第2卷．北京：中国人民大学出版社，1987：358.

物”。无论是“外物”的境界之充分在诗人面前展现其全部的美,抑或“天下清景”呈于吾心以成美妙境界,都是短暂的,具有即时性的。三是诗人“能以此须臾之物,镌诸不朽之文字”,这样,再回过头去理解黄山谷所说的“疑端为我辈设”,诗人的作用就远非常人可比,不仅能发现美,而且能创造美,以瞬间所得的灵感,将从客观中获得的审美感受凝成永恒的文字。这里,不仅继承了苏轼的创作思想:“急起从之,振笔直遂,以追其所见,如兔起鹘落,少纵则逝矣。”(苏轼《文与可画筼筜谷偃竹记》)且与况周颐论词境时所说的“即而察之,一切境象全失”,“非可强为,亦毋庸强求”相通。而且还带有叔本华天才论的影响:“于是天才者出,以其所观于自然人生中者复现之于美术中,而使中智以下之人,亦因其物之与己无关系,而超然于利害之外。”(王国维《红楼梦评论》)可见王氏此论对传统理论和外来理论都有汲取。

《人间词话》以境界说为代表的超功利的纯艺术精神,与传统诗论中的相近者如兴趣说、神韵说比较,又见出什么不同?体现出什么“变”来呢?王氏自己说道:

严沧浪《诗话》谓:“盛唐诸公(人),唯在兴趣。羚羊挂角,无迹可求。故其妙处,透澈(彻)玲珑,不可凑拍(泊)。如空中之音、相中之色、水中之影(月),镜中之像,言有尽而意无穷。”余谓:北宋以前之词,亦复如是。然沧浪所谓兴趣,阮亭所谓神韵,犹不过道其面目;不若鄙人拈出“境界”二字,为探其本也。(《人间词话》)

言气质,言神韵,不如言境界。有境界,本也。气质、神韵,末也。有境界而二者随之矣。(《人间词话删稿》)

这里,王国维道出了境界说与前人诸说有“本”与“末”、“道其面目”与“探其本”的区别。

严羽论诗推尊盛唐,他看到宋诗(尤其是江西诗派)的弊病,又受到以禅论诗的影响,认为禅道的“妙悟”与诗道相通,借此以明诗的形象思维规律。他以“别材”、“别趣”说强调艺术创造力、感受力,以针对宋诗的“才学”、“文字”、“议论”。《沧浪诗话·诗辨》说:“诗者,吟咏情性也。盛唐诗人惟在兴趣,羚羊挂角,无迹可求。故其妙处莹彻玲珑,不可凑泊,如空中之音,相中之色,水中之月,镜中之像,言有尽而意无穷。近代诸公作奇特解会,遂以文字为诗,以议论为诗,以才学为诗。以是为诗,夫岂不工,终非古人之诗也。盖于一唱三叹之音,有所歉焉。”在这段话中,严羽肯定了诗应表现“情性”、“兴趣”,因而所恃应是“非关书”的“别材”,“非关理”的“别趣”,以特有的形象思维去创造“如空中之音,相中之色,水中之月,镜中之像”的“第二自然”,使之具有“言有尽而意无穷”和“一唱三叹”之妙,包蕴既丰,且生发无穷。同时,他反对虽“工”而堆垛故实、好发议论、过于散文化的诗作。这种强调审美愉悦而非政事功利,推尊形象思维而非理性思辨的创作思想,与叔本华关于审美的领悟、直觉的思想彼此相通。同样,王国维的看法亦与之有不少相似或一致之处。

但是,严羽所强调的“吟咏情性”、“惟在兴趣”,是偏重于审美主体的。“空中之音”

等四者虽已近于艺术境界的描述，但对如何创造艺术境界，他却未作探究。以禅喻诗重在妙悟，第一义之悟指师法对象为汉、魏、晋、盛唐诗，第二义之悟指对盛唐诗的透彻之悟。总之，他不是从主体的创作出发，强调创作的结果，意在教人悟"入"，却因未示"出"而让人难以悟得，以致招来后人讥讪。如吴乔就认为："贵悟之言是也，但不言六义，从何处下手而得悟入？彼实无见于唐人，作玄妙恍惚语耳。"（吴乔《答万季埜诗问》）冯班《钝吟杂录》卷五则进一步指责说："沧浪论诗，止是浮光掠影，如有所见，其实脚跟未曾点地。"

同样，王士禛亦因欲纠清初学宋诗导致的"佶屈"，承司空图与严羽之说，将前者的"味在酸咸之外"，后者的"羚羊挂角，无迹可求"加以吸收，并受到南宗画的启迪，倡"神韵"说。他崇尚王、孟的隽永超诣、清和淡远，欲将朦胧萌坼之情与明隽清圆之词结撰所成的山水清音推至众上。但阮亭旨在借这诗之一隅以抒发情性，以伫兴得天然雅韵，不以"力构"，讲求笔墨之外的余味，标榜"大音希声"。结果却是湮没性灵，流入空寂，"显渡河挂角之小神通"（袁枚语）而神龙难现。

王国维一仍沧浪、阮亭摆脱儒家诗教，旨在探究诗歌本身审美规律的精神，以"境界"救"兴趣"、"神韵"之弊。"境界"扬弃了"兴趣"的只重主体，将重心移到了审美客体，昭示了通过审美的观照而"妙悟"得到的既含主观心绪意兴，又见客观之美的创作结果，故曰求得其"本"；同时，又纠正了"神韵"只标举"兴会"的同样只重主体之偏，且以"真"为骨，以"不隔"求可感可知，变"神韵"之虚廓为实在，回到其欲得而未得之"天然"。王国维明言："词以境界为最上，有境界则成高格。"又说："故能写真景物、真感情者，谓之有境界。"他将主情说与审美观合于一体，围绕着"境界"确立了批评标准，合思想与艺术为一体，确是"兴趣"、"神韵"的只重一隅难以比肩，也确是探本之论。

境界说在体现出对于传统的"变"的同时，又表现为"新"，集中在对叔本华理论的汲取之上。王国维所说的"境界"，立足于对我国传统诗论关于意境理论的继承，得名于佛学，又旁取于叔本华的"理念"说，可以认为是中西文艺理论结合的产物。

早在陆机《文赋》中，"遵四时以叹逝，瞻万物而思纷；悲落叶于劲秋，喜柔条于芳春"已肇始了情因物感，产生艺术意境的思想。刘勰《文心雕龙·物色》所说"情以物迁，辞以情发"、"流连万象之际，沉吟视听之区；写气图貌，既随物以宛转；属采附声，亦与心而徘徊"，则将情与物相会通，主观与客观相结合的创作思想作了表述。可以认为，在"文的自觉"的六朝，确已将"圣人立象以尽意"，"系辞焉以尽其言"（《周易·系辞上》）及王弼的"意"、"象"之说，从哲学而入于文学。经南北朝佛教鼎盛之后，玄学中最常见的"象"，已被"境"所取代。到唐代，玄学之"意"与佛学之"境"终于结合成"意境"一词。托名王昌龄的《诗格》，提出"诗有三境"，即"物境"、"情境"、"意境"，然而此处"意境"被释为"亦张之于意而思之于心，则得其真矣"，与后来所说的"意境"不同。到中唐时期，皎然在《诗式》中提出"取境"说，虽侧重于"境"，但对"意"与"境"的联系已作了探讨。晚唐司空图非但在《与王驾评诗书》提出了"思与境偕"的观点，更在《二十四诗品》中昭示了诗的二十四种意境。宋代之后，多言“情”、“景”，实际上对意境说有进一步发展。欧阳修引梅尧臣语，以“含不尽之意见于言外”为倡。苏轼在《书司空图诗》中，赞赏其诗的“味外之味”；在《书黄子思诗集后》更以“远韵”、“至味”、“一唱三叹”为高。姜夔《白石道人诗说》认为诗应“意中有景，景中有意”，认为“句中有余味，篇中有余意”的诗是“善中善者”。范晞文《对床夜语》评杜诗曰：“景无情不发，情无景不生。”“情景相触而莫分。”严羽以禅喻诗，精义尤多，“空中之音”等四喻已是艺术意境的昭示。就词论言，黄昇《花庵词选》引姜夔语论史达祖词：“融情景于一家，会句意于两得。”张炎《词源》亦有“情景交炼，得言外意”之说。明、清时代，王世贞、谢榛、金圣叹等人，对意境理论继有发挥。谢榛《四溟诗话》云：“作诗本乎情景，孤不自成，两不相背。”“景乃诗之媒，情乃诗之胚，合而为诗。”朱承爵《存余堂诗话》又有“意境”一词：“作诗之妙，全在意境融彻，出声音之外乃得真味。”尤其是王夫之《薑斋诗话》，以情景关系阐释意境，极有建树。如：“情景虽有在心在物之分，而景生情，情生景，哀乐之触，荣悴之迎，互藏其宅。”“情景名为二，而实不可离。神于诗者，妙合无垠。巧者则有情中景，景中情。”王士禛的神韵说倡清远的意境，以伫兴创作，对意境理论亦有见地。清人词论中，如沈雄《古今词话》引宋征璧语：“情景者，文章之辅车也。故情以景幽，单情则露；景以情妍，独景则滞。”以及刘熙载《艺概》、陈廷焯《白雨斋词话》、况周颐《蕙风词话》，对意境均有论述。王国维的境界说正是在前人理论基础上产生的。

王国维在《人间词话》发表前一年，曾写下《人间词乙稿序》，此序之论词、评词，均用“意境”一语，到《人间词话》中，除极个别地方外，全易为“境界”了，数年后《宋元戏曲史》出，则又回复到以“意境”论曲了。这种变化，并非偶然，亦非随意，而是蕴涵深意的。

“境界”一词原出于佛经，如《无量寿经》卷上：“比丘白佛，斯义弘深，非我境界。”此处所说境界，指禅义、禅法所达的深度。而且，这种深度在于学法者的感受。《俱舍论颂疏》云：“若于彼法，此有功能，即说彼为此法‘境界’。”其又进一步解释道：“彼法者，色等六境也。此有功能者，此六根、六识，于彼色等有见闻等功能也。”对于境界，则如此解释：“功能所托，名为‘境界’，如眼能见色，识能了色，唤色为‘境界’。”由此可知，“境界”是被眼、耳、鼻、舌、身、意这“六根”所具的“六识”感知的色、声、香、味、触、法等六种感受。由佛学而移至其他，“境”的含义正在于“感受”。如《世说新语·排调》：“顾长康啖甘蔗，先食尾。人问何以？云：渐至佳境。”即在于品味所得之感受。

再从训诂看，“境”的本字作“竟”。《说文》：“竟，乐曲尽为竟。”段注云：“曲之所止也。引申之：凡事之所止，土地之所止，皆曰‘竟’。”又，《说文》：“界，竟也。”段注云：“竟，俗本作‘境’，今正。乐曲尽为‘竟’。引申为凡边界之称。界之言介也。介者，画也。画者，介也。象田四界。”这里，“境”则具有界域、边界之意。

将以上两义合之而言，“境界”的基本涵义是：在有界域的文艺媒介展示之中，将作者的深切感知，变成读者（观众、听众）鲜明、真切的可感知，成为积极的审美感受。

在《人间词乙稿序》中，王国维将“意境”分开来讲：“文学之事，其内足以摅己，而外足以感人者，意与境二者而已。”此“意境”与“境界”显见不同。《宋元戏曲史》则说：“何以谓之有意境？曰：写情则沁人心脾，写景则在人耳目，述事如其口出是也。”这是从艺术感染力的角度而言，与“境界”的基本义“感受”相近，但与“境界”的兼顾作者与读者两方，一方的感受变为另一方的感受仍有区别。以王国维治学之严肃，由《人间词话》中以“境界”见此书的一贯性，可见“境界”一词具有深义，是有特殊意义的。

用王国维所论，以证前述“境界”的基本涵义。《人间词话》有摘句评词之习，常赞赏名句，《删稿》中谓：“唐五代之词，有句而无篇。南宋名家之词，有篇而无句。有篇有句，唯李后主降宋后之作，及永叔、子瞻、少游、美成、稼轩数人而已。”“句”、“篇”之与境界相关，正说明“界域”之义。《词话》云：“故能写真景物、真感情者，谓之有境界。”这是从作者角度言：对景与情的真正的、深切的感知，能感而又能写。“‘红杏枝头春意闹。’著一‘闹’字，而境界全出。‘云破月来花弄影’，著一‘弄’字，而境界全出矣。”因“闹”、“弄”二字以通感手法赋人情于花，使形象极鲜明、真切，读者易被唤起积极的审美感受。这些，都可见王国维对传统理论的丰富、发展，并可见“境界”的独特涵义。

由上可见，“境界”得名、取义于佛学，又是对历代诗词理论中意境说的继承发展。同时，还应看到这一理论对叔本华“理念”说的汲取。

“理念”这一概念出现得很早。柏拉图将人类从具体事物中抽象得到的概念，加以绝对化，称之为“理念”。这是他从他的老师苏格拉底寻求“一般”的方法出发而得到的，所谓“理念”就是任何类别东西的“一般”。从美学角度言，他认为一切美的东西都是模仿“美的理念”的摹本。黑格尔认为，世界的本原是一种先于自然和社会的精神实体——“绝对精神”或“绝对理念”，而自然和社会则是“绝对理念”的“异化”。从“理念”说出发，他在《美学》第一卷中下了一个著名的定义，即：“美就是理念的感性显现。”

叔本华继承了柏拉图的学说，并改造了“理念”的概念；他又与黑格尔同在柏林大学授课，欲与黑格尔竞争，因而他的“理念”也与黑格尔所说的不同。在《意志及表象之世界》（又译为《世界是意志和表象》）这一代表作中，他将康德所说的“物自体”变成“意志”，又将康德的“现象世界”变成“表象”。他认为，所谓“意志”，是先天的“自在之物”，是自然和社会的本体，是自发的、盲目的、从不停息的冲动。而“表象”则是“意志”的体现，世界上的万事万物，都是意志的不同等级和不同程度的客观化，亦即表象化，在他的理论中，“理念”是“意志”在某一阶段表现在对象物上的客观性，是概念的合适表象。叔本华认为，作为世界的本质与核心的“意志”，永远是盲目的、不停的冲动，它在人的身上化为生活之“欲”，因“欲”而生出不尽的痛苦和罪恶。人生的痛苦是永恒的，正如绑在地狱中旋转不息的巨轮之上的伊克西翁和被罚于黄泉中以筛盛水的达瑙斯的女儿一样。因为无法通过“涅槃”来根本解脱痛苦，所以人们只能在审美活动中摆脱意欲，在表象世界里认出理念。

叔本华认为，作为意志在某一对象上充分客观化的理念，只能在纯粹的静观中被掌握。而被诗人认出的理念，具有自然物本身的“内在本性”或“本质力量”的内容，同时具有展现这一自然物全族类、充分体现其内在“本质力量”的可观照的永恒的形式。在这种认出理念的静观过程中，“抛开个人利害关系，抛开主观成分，纯粹客观地观察事物，并且全神贯注在事物上……以前在意志之路上追求而往往失诸交臂的宁静心情便立刻不促而至……这是绝无痛苦的境界，伊壁鸠鲁把它推崇为最高的善神的境界……伊克西翁的飞轮屹然停止。”[①]这种超越生活欲望和痛苦而得到的审美愉悦，及随之而来的“绝无痛苦的境界”，可以艺术地再现为诗歌、音乐、绘画、雕刻。王国维在《叔本华之哲学及其教育学说》中说：“美术上之所表者，则非概念，又非个象，而以个象代表其物之一种之全体，即上所谓实念（即理念）者是也。”这艺术所表的理念，就是诗歌、音乐、绘画、雕刻的艺术境界。

王国维的境界说之所以发展了传统理论中的意境说，就是得助于叔本华的理念说，下面进而分析之。

《人间词话》第二则：

> 有造境，有写境，此理想与写实二派之所由分。然二者颇难分别。因大诗人所造之境，必合乎自然，所写之境，亦必邻于理想故也。

第五则：

> 自然中之物，互相关系，互相限制。然其写之于文学及美术中也，必遗其关系、限制之处。故虽写实家，亦理想家也。又虽如何虚构之境，其材料必求之于自然，而其构造，亦必从自然之法则。故虽理想家，亦写实家也。

这里所说的造境、写境，自然、理想，并非只是一般所理解的现实与理想，写实与虚构的关系。它们与叔本华的理念说同样有血缘关系。叔本华说：“实际的物象几乎总是它们所表现的理念之极不完全的摹仿，所以天才就需要想象力以洞察事物。那不是说大自然确已创造出来的事物，而是说大自然企图去创造，但因为事物间自然形式的冲突而未能创造出来的东西。”“有人会说：艺术摹仿自然而创造了美的东西……这是多么固执而愚蠢的成见啊……美的知识绝不可能纯粹是后天的，它总是先天的，至少有一部分是先天的……只有依赖这种预料，我们才能认识美……这种预料就是理想。因为它得之于先验，至少有一半是先验的，所以它也是理念。而且它对于艺术具有实用意义，因为它符合并且补充我们通过自然后验地获得的东西”。

王国维所说的“造境”，“写境”离不开“理念”。既然“理念”具有自然物的内在本性、本质力量，犹如数学中的“极限”概念，而“实际的物象几乎总是它们所表现的理念之极不完全的摹仿”，所以“写境”与“不完全的摹仿”相近，而“造境”则与“大自然企图

---

① 叔本华：世界是意志和表象[M]//滕咸惠．人间词话新注．齐鲁书社，1981．以下凡引叔本华语均据此，不另注。

去创造”者相近，二者与“理念”的距离自明。理想派创造“造境”，写实派创造“写境”，为何二者颇难分别呢？因为“造境”毕竟产生在“实际的物象”基础之上，故“合乎自然”；“写境”也“需要想象力”，要“依赖这种预料”，故“邻于理想”。《词话》第五则更从“遗其关系、限制之处”，说明“虽写实家，亦理想家”，以及“材料必求之于自然，而其构造，亦必从自然之法则”，“理想家，亦写实家”的道理。王国维虽说得简明扼要，且在大体对偶的句式中颇见辩证精神，但所受叔本华的影响是显见的。

在早先所写的《红楼梦评论·余论》中，王国维曾援叔氏所说，阐明艺术创造的原理。文中说：“或有以美术家为模仿自然者。然彼苟无美之预想存于经验之前，则安从取自然中完全之物而模仿之，又以之与不完全者相区别哉？”“故美之知识，断非自经验的得之，即非后天的而常为先天的；即不然，亦必其一部分常为先天的也。”据此而更可知道，王国维所创的“造境”与“写境”，因其“合乎自然”与“邻于理想”之结合，实出于叔本华后天的“模仿自然”与先天的“美之预想”相结合的“理念”说。可贵的是，王氏不仅在表述上扬弃了叔氏的唯心色彩，而且“遗其关系、限制之处”已引出集中、概括之意和典型化原则，较之叔氏所论要简洁、明晰得多，更为合理，也更易为人所理解。

《人间词话》关系境界说的另一内容，是“无我之境”与“有我之境”的对举。第三则：

> 有有我之境，有无我之境。“泪眼问花花不语，乱红飞过秋千去”，“可堪孤馆闭春寒，杜鹃声里斜阳暮”，有我之境也。“采菊东篱下，悠然见南山”，“寒波澹澹起，白鸟悠悠下”，无我之境也。有我之境，以我观物，故物皆著我之色彩。无我之境，以物观物，故不知何者为我，何者为物。古人为词，写有我之境者为多，然未始不能写无我之境，此在豪杰之士能自树立耳。

第四则：

> 无我之境，人惟于静中得之。有我之境，于由动之静时得之。故一优美，一宏壮也。

“以我观物”与“以物观物”的说法出自北宋理学家邵雍。邵雍《皇极经世全书解·观物外篇十》云：“以物观物，性也；以我观物，情也。性公而明，情偏而暗。”黄粤洲注曰：“皇极以观物也，即本物之理观乎本物，则观者非我，物之性也。若我之意观乎是物，则观者非物，我之情也。性乃公，公乃明。情乃偏，偏致暗。”邵雍提倡“以道观道，以性观性，以心观心，以身观身，以物观物”。这样可以做到两不相妨，摒弃情累。能够“以物观物”，就能“万物静观皆自得”，不溺于情，不累于物，做到物我两忘。王国维所说的“以我观物，故物皆著我之色彩”，显见“观者非物，我之情也”的印记，同样，“以物观物，故不知何者为我，何者为物”，也带有“观者非我，物之性也”的色彩。“豪杰之士能自树立”，当然以无我之境高，这也可见其受邵雍“性公而明”说的影响。

然而，王国维所论并非皆出自邵雍，叔本华的影响也是显见的。王氏在《叔本华之哲学及其教育学说》一文中曾说过：“美之中又有优美与壮美之别。今有一物令人忘利害之关系，而玩之而不厌者，谓之曰优美之感情；若其物直接不利于吾人之意志，而意志为之破裂，唯由知识冥想其理念者，谓之曰壮美之感情。”这就是“一优美，一宏壮”的由来。“令人忘利害之关系，而玩之而不厌”，就是摆脱了“意志”的束缚，使自己成为审美静观的纯粹主体，此时正如叔本华所说：“每当我们达到纯粹客观的静观心境，从而能够唤起一种幻觉，仿佛只有物而没有我存在的时候……物与我就完全融为一体。”王氏所举“采菊东篱下，悠然见南山”，正是陶渊明用自然主义规范生活，以安贫乐道而做到心远意静的结果。同样，“寒波澹澹起，白鸟悠悠下”之“物态本闲暇”，也是元好问对“北风三日雪”后的静穆、闲静的感受。这些“无我之境”的“优美”，都以“纯粹客观的静观心境”为前提。反之，冯延巳身为小国重臣，生当南唐国势日下之时，“泪眼问花花不语，乱红飞过秋千去”，岂非将心中对时势之感移注于落花？而秦观被贬郴州，心中之孤苦由馆中春寒而起，又寄之于杜鹃、斜阳。这正是客观环境与主观心理状态难以平衡，“其物直接不利于吾人之意志，而意志为之破裂，唯由知识冥想其理念”，以求达观其对象，于由动之静时再行创作，成为“有我之境”。其特点正如叔本华所说：“主观的心情，意志的影响，把它的色彩染上所见的环境。”

王国维所说的“未始不能写无我之境，此在豪杰之士能自树立耳”，不仅是邵雍“以物观物”思想的继承，其理论上的深化更体现为对西方哲学家强调艺术的自然性、客观性的借鉴上。康德曾将天才的特征总结为创造性、典范性、自然性及天才限于美的艺术领域等四点，他说：“天才不能科学地指出它如何产生作品，它是作为自然才为艺术定规律。”[①]叔本华更说：“唯自然能知自然，唯自然能言自然。”叔本华又认为：“当我们称一件东西为美……观赏这对象则使我们客观化，也就是说，我们在静观它之时，不再觉得自己是个别的人，而是纯粹无意志的认识之主体。”而“客观化”之成为“无意志的认识之主体”，其实就是主体的自然化。因此，王国维说：“吾人之胸中洞然无物，而后其观物也深，而其体物也切”(《文学小言》)，辅以其所赞赏的“纳兰容若以自然之眼观物，以自然之舌言情”，可见王氏对自然性、客观性的首肯。其推尊“无我之境”，更是根源于此，其“豪杰之士”，亦康德、叔本华所称“天才”也。

王国维的“境界”说汲取了叔本华“理念”说的营养，固然见出了深度，也为传统的意境理论带来新意。但是，既然“结庐在人境”，欲超越政治、人伦之境，追求无功利的艺术，毕竟过于困难。“世界是我的表象”，是颠倒的世界，“吾心实与宇宙以法则”(《静安文集·释理》)，无异又创造了一个颠倒的世界，尽管王国维对艺术创作的规律有知微之见，却毕竟有着唯心主义先验论的先天性缺陷。道学家说“物皆有理我何者，天

---

① 朱光潜．西方美学史[M]//朱光潜美学文集．上海：上海文艺出版社，1983：407.

且不言人代之”(邵雍《首尾吟》),同样,王国维也推崇叔本华“遂解自然之嗫嚅之言语而代言之”(《红楼梦评论·余论》),对文艺家的主观能动作用和创造性就不是非常重视。在前行途中,王国维还难以舍弃“不可信者”的“可爱”之处。然而也应看到,《人间词话》毕竟已不同于《红楼梦评论》之照搬叔本华悲观主义哲学,其对叔氏“理念”说的汲取已是着盐于水,遗貌得神。尤其应该看到,王国维由于背靠着中国古典美学的丰富遗产,有着创作实践的深厚基础,《人间词话》在对传统的继承中,未免与外来理论有抵牾,论述中留有显见的矛盾;同时在对优秀传统的发展中,可见出鲜明的理论个性和创新意识,不可避免地,也带有勇于立论者的个人好恶和偏见。

“境界”作为《人间词话》中的“探本”之论,有鲜明的理论色彩,有其基本含义。但是,由于王国维对其未作明确的理论界说,而是通过品评实例以明其义;且“境界”又在此书中多次出现,表义不同,易使人产生歧见。《删稿》中说:“有境界,本也。气质、神韵,末也。有境界而二者随之矣。”但有时境界仅限于景物,如《词话》第八则:“境界有大小,不以是而分优劣。‘细雨鱼儿出,微风燕子斜’,何遽不若‘落日照大旗,马鸣风萧萧’?‘宝帘闲挂小银钩’,何遽不若‘雾失楼台,月迷津渡’也?”第五十一则:“‘明月照积雪’、‘大江流日夜’、‘中天悬明月’、‘黄(长)河落日圆’,此种境界,可谓千古壮观。”这里的“境界”及“境界有大小”之论,与王夫之《薑斋诗话》“有大景,有小景,有大景中小景”之说,似并无区别。而有时“境界”仅指阶段而已,如《词话》二十六则“古今之成大事业、大学问者,必经过三种之境界”,即此意。相较而言,《人间词乙稿序》中关于“意”与“境”之论,对传统理论继承较多,也较易理解。序中说:

> 文学之事,其内足以摅己,而外足以感人者,意与境二者而已。上焉者意与境浑,其次或以境胜,或以意胜。苟缺其一,不足以言文学。

此处的“意”和“境”其实就是《文学小言》中所说“二原质”的“景”、“情”。“上焉者意与境浑”,即范晞文《对床夜语》所说“情景相融而莫分”的另一表述;“以境胜”者近于《诗格》所说“物境”;“以意胜”者近于“情境”。尤其是,王夫之《薑斋诗话》所说最为深刻:“情景名为二,而实不可离。神于诗者,妙合无垠。巧者则有情中景,景中情。”完全可看作《乙稿序》的渊源所自。“以境胜”和“以意胜”的说法比起“无我之境”、“有我之境”,也易于理解,不必再作“同物之境”与“超物之境”的美学辨析。① 至于《乙稿序》中所说的“出于观我者,意余于境。而出于观物者,境多于意”,则是“以意胜”、“以境胜”的进一步说明,比起《词话》中对“有我”、“无我”的解释,更易被国人所接受。《薑斋诗话》说:“不能作景语,又何能作情语邪?古人绝唱句多景语……而情寓其中矣。以写景之心理言情,则身心中独喻之微轻安拈出。”即《删稿》中“一切景语,皆情语也”之所祖,而较之王夫之的精密剖析,王国维却常是点到为止,没有进一步阐发,难以说是后出转精。

---

① 朱光潜.诗论[M]//朱光潜美学文集.上海:上海文艺出版社,1982.

《人间词乙稿序》在论述意与境、我与物的关系之后曾说："故二者常互相错综，能有所偏重，而不能有所偏废也。文学之工不工，亦视其意境之有无，与其深浅而已。"但《词话》第三则却说："古人为词，写有我之境者为多，然未始不能写无我之境，此在豪杰之士能自树立耳。"显见其"有所偏重"之意，正如前面所析，是与康德、叔本华强调艺术的自然性、客观性有关。但是，在对具体作家作品的评析时，王国维又毕竟难以摆脱传统诗论中的言志抒情说影响，对强烈、真切的抒情之作，对"有我之境"更为推崇。

我国古代以"诗言志"为诗论开山纲领，但"志"与"情"并非对立的。《礼记·乐记》云："情动于中，故形于声，声成文，谓之音"。《诗大序》一面说"诗者，志之所之也"，一面又说"情动于中而形于言"。《汉书·艺文志》在"诗言志"之后，又说"故哀乐之心感，而歌咏之声发"。后代的诗论中，虽因"情"与"志"的具体内涵不同，而有"言志"（或"载道"）与"缘情"二派之别，但相较于西方的模仿说来，明显可见强调情感对文艺创作之重要性。如果说刘勰《文心雕龙·征圣》还是将情、志并举："志足而言文，情信而辞巧"，那么钟嵘《诗品序》以"摇荡性情"、"吟咏情性"言诗，已见重心转移。唐人如白居易是极重诗之"六义"、"美刺"的，但《与元九书》仍说"感人心者，莫先乎情"。宋代道学对诗坛影响至大，"诗言理而不言情"，然而前如苏舜钦说："诗之作与人生偕者也，人函欢愉悲郁之气，必舒于言。"[①] 后如家铉翁亦云："以为在心之志，乃喜怒哀乐欲发而未发之端"，"自心而志，由情而诗"。[②] 宋明理学以"存天理，灭人欲"来扼杀"情"，到晚明的李贽，终于在《童心说》中强调以"童心"写真情。受其影响的汤显祖、冯梦龙、公安三袁等，在各文艺领域也以"真情"反"性理"。清初黄宗羲结合民族思想，提出"诗以道性情"，[③] 又谓"情者，可以贯金石动鬼神"。[④] 后来的袁枚以"性灵"论诗，而"性灵"的核心就在于情感真挚，"有必不可解之情，而后有必不可朽之诗"。[⑤] 其余的诗论、词论中所言，不一而足。

王国维在《文学小言》中说："要之，文学者，不外知识与感情交代之结果而已。苟无锐敏之知识与深邃之感情者，不足与于文学之事。"《屈子文学之精神》亦云："要之，诗歌者，感情的产物也。虽其中之想象的原质（即智力的原质），亦须有纯挚之感情，为之素地，而后此原质乃显。"都可见出受历代主情说的影响。因此，尽管他说过"无我之境"高于"有我之境"，认为"无我之境""此在豪杰之士能自树立"，但是他却推崇李煜"不失其赤子之心"，"后主之词，真所谓以血书者也"，称道"自是人生长恨水长东"，"流水落花春去也，天上人间"（《人间词话》）等"著我色彩"极为强烈、或直露言情之作。《删稿》中以"李后主降宋后之作，及永叔、子瞻、少游、美成、稼轩"为"有篇有句"者，当然以此数人最高。此数人中，后主降宋后之作都是"有我之境"；《人间词乙稿

① 苏舜钦．石曼卿诗集序[M]//苏学士文集．四部丛刊本．

② 家铉翁．志堂说[M]//则堂集．四库珍本．

③ 黄宗羲．马雪航诗序[M]//南雷文案．四部丛刊本．

④ 黄宗羲．黄孚先诗序[M]//南雷文案．四部丛刊本．

⑤ 袁枚．答蕺园论诗书[M]//小仓山房文集．

序》云:“夫古今人词之以意胜者,莫若欧阳公。”当然也是“有我之境”;《词话》又云:“东坡之词旷,稼轩之词豪。”“苏辛,词中之狂”,都以情胜;“少游词境最为凄婉”,《乙稿序》称道“以境胜者,莫若秦少游”,“凄婉”之境当然不会是“无我”的了;《词话》以美成较少游,谓秦如淑女,周如娼妓,但《附录》论周词时却说:“若夫悲欢离合、羁旅行役之感”,“常人皆能感之,而惟诗人能写之。故其入于人者至深,而行于世也尤广”,对清真此类词作有所称扬。联系王氏与况周颐都推崇“真”字,况氏尤称清真之词真情,当然也是“有我”之作了。

由以上可见,王国维虽说“必吾人之胸中洞然无物,而后其观物也深,而其体物也切”,强调进入审美静观以客观性为前提,但毕竟更多地受到我国传统诗论重视情志抒发的影响,故对“有我”、“无我”会有理论之所倡与事实之所尚的矛盾。与此相关,叔本华倡导“纯粹客观地观察事物”,认为“天才的本质就在于从事这种静观的卓越能力”,“美是纯粹客观的静观心境”,故王国维受其影响,也持上述“胸中洞然无物”之说。然而,我国传统理论并不是唯心的先验论,不会认为“吾人斯得有美之预想。而在真正之天才,于美之预想外,更伴以非常之巧力”(《红楼梦评论·余论》)。而认为这“非常之巧力”只能来自实践。王夫之在《薑斋诗话》中说,“身之所历,目之所见”是“铁门限”,“隔垣听演杂剧,可闻其歌,不见其舞;更远则但闻鼓声,而可云所演何出乎?”王国维在自己的创作中,在对前人作品的研究中,对“身之所历,目之所见”是深有体会的,因此,他对叔本华完全超然物外的“纯粹客观的静观心境”并不那样服膺无疑。故《词话》中说:

> 诗人对宇宙人生,须入乎其内,又须出乎其外。入乎其内,故能写之。出乎其外,故能观之。入乎其内,故有生气。出乎其外,故有高致。

对于“出乎其外”,古人不乏论述,如章学诚《感遇》说过:“望远山者,高秀可挹,入其中而不觉也。追往事者,哀乐无端,处其境而不知也。”明人吕坤《呻吟语》卷三则曰:“置其身于是非之外,而后可以折是非之中。置其身于利害之外,而后可以观利害之变。”前者可明“处其境而不知”,“出乎其外,故能观之”之理,后者可见置身事外,“出乎其外,故有高致”之理。但王国维所说的“能观”,更是叔本华“审美静观”之意,而“高致”,则与叔氏“令人忘利害之关系”的“优美之感情”为近。可贵的是,王国维并不是止于“客观性”而只言“出”,他强调“须入乎其内,又须出乎其外”为不可或缺的两翼。“入乎其内,故能写之”,可见“铁门限”难以逾越,没有“身之所历,目之所见”,必难以“解自然之嗫嚅之言语而代言之”。同样,若无所历所见,能写出“西风残照,汉家陵阙”这样“关千古登临之口”、“以气象胜”之句吗?小境之如冯延巳“细雨湿流光”、周邦彦“水面清圆,一一风荷举”,前者“摄春草之魂”,后者“真能得荷之神理”,正根源于见者之“真”与“深”,所以“入乎其内,故有生气”并不难理解。而王国维对叔本华的补充与纠正,在见出矛盾之时亦见到对我国遗产的积极继承,是十分可贵的。

前面说过，王国维接受了叔本华的理论，将艺术看作摆脱人生痛苦之道。他说："美术之务在描写人生之苦痛与其解脱之道，而使吾侪冯生之徒于此桎梏之世界中，离此生活之欲之争斗，而得其暂时之平和，此一切美术之目的也。"(《红楼梦评论》)与此相关，则是提倡艺术无功利，否定艺术与政治的关系。但由于传统诗学关于功利、伦理、政治的影响极深，使工国维虽云文学"但为天才游戏之事业，而不能以他道劝"(《文学小言》)，却又在论述和评判之时，常不自觉地人之以"他道"。他曾说："诗之为道，既以描写人生为事"，故赞扬"以坚忍之志，强毅之气，恃其改作之理想，以与当日之社会争"，对屈原"被疏者一，被放者再，而终不能易其志"极为钦佩，赞其性格之"廉贞"(《屈子文学之精神》)。在《人间词话》中，他注目于"诗人之忧生"、"诗人之忧世"，《删稿》从古诗"谁能思不歌？谁能饥不食？"引出"诗词者，物之不得其平而鸣者"的定义，他所赏识南唐中主《浣溪沙》，并非历来传诵的"细雨梦回鸡塞远，小楼吹彻玉笙寒"，而赞起句"菡萏香销翠叶残，西风愁起绿波间"，"大有众芳芜秽、美人迟暮之感"，正与"忧生"、"忧世"相通。正由于此，王国维虽反对诗词中"为美刺投赠之篇"，《删稿》对张惠言《词选》指为有寄托的飞卿《菩萨蛮》、永叔(应是冯延巳)《蝶恋花》、子瞻《卜算子》，非之为"皆兴到之作，有何命意"？却高度评价词中寄托的"忧生"、"忧世"之意。他自己所作的《浣溪沙》，所写的"失行孤雁逆风飞"，蕴含着时势、身世之感；《蝶恋花》的"独倚阑干人窈窕，闲中数尽行人小"，这窈窕的佳人正是静观人世纷扰、痛苦的哲人；至如《浣溪沙》的"试上高峰窥皓月，偶开天眼觑红尘，可怜身是眼中人"，直是《红楼梦评论》中"生活之欲"、"解脱之途"的形象注脚。因之，他在《人间词甲稿序》中自称所作"往复幽咽，动摇人心。快而沉，直而能曲"。"言近而指远，意决而辞婉"，"观物之微，托兴之深，则又君诗词之特色"。同样，《删稿》也称道宋征舆《蝶恋花》："新样罗衣浑弃却，犹寻旧日春衫著。"谭献《蝶恋花》："连理枝头侬与汝，千花百草从渠许。"谓二者"寄兴深微"，也是由于其中有某种隐忧可以寻绎，人生的义理蕴蓄颇深。

作为唯心主义先验论的哲学家，叔本华又是天才论的鼓吹者。他说："天才……不注意事物的联系的知识，他忽略了符合充足理由律的那种事物关系的知识，是为了要在事物中只看它们的理念。""天才的本质就在于从事这种静观的卓越能力"，"有充分的自觉，使人能以深思熟虑的技巧来再现所体会到的东西。把在心中浮动的飘忽的形象固定为经久的思想。"王国维《叔本华与尼采》引叔本华之说，云："天才者，不失其赤子之心者也……故自某方面观之，凡赤子皆天才也。又凡天才，自某点观之皆赤子也。"因之，《词话》称："词人者，不失其赤子之心者也。"又说："主观之诗人，不必多阅世。阅世愈浅，则性情愈真。"然而，深知创作艰苦的王国维，毕竟又不以天才为"顿悟"所得，他懂得"渐修"的必要，《词话》不仅提出了与"主观之诗人"相对的"客观之诗人"，且云："客观之诗人，不可不多阅世。"这与他的"出人说"一致。他挣脱了唯天才论的羁绊，继承了我国传统理论中的知人论世、知言养气、以意逆志等说，提出了较为系统的诗人修养论。

第一，王国维摒弃了叔本华天才论的不可知论和神秘主义，提出了诗人修养须经由渐进发展的"三境界"说。叔本华认为天才的审美静观的卓越能力产生于"立刻不促而至"之时，而王国维却不忽略"阅世"、"入乎其内"的渐进性。《词话》中形象地写道：

> 古今之成大事业、大学问者，必经过三种之境界："昨夜西风凋碧树。独上高楼，望尽天涯路。"此第一境也。"衣带渐宽终不悔，为伊消得人憔悴。"此第二境也。"众里寻他千百度，回头蓦见（按当作"蓦然回首"），那人正（按当作"却"）在，灯火阑珊处。"此第三境也。

只有"望尽天涯"之追求，经衣带宽、人憔悴之苦况，才会有"所见者真，所知者深"的功力，才能有"蓦见"的顿悟，有灵眼觑见、灵手捉住之时。此论与叔本华相较，高下自明，其挣脱叔本华的影响也是显见的。

第二，王国维突破了叔本华唯美主义的倾向，重视"真"与"善"，表现出"真"、"善"、"美"结合的思想，提出了一系列与"真"、"善"相关的思想、道德修养范畴。既然叔本华将艺术活动看作挣脱意志之欲、认出理念的过程，必然将政治、伦理、功利视作审美静观的障碍，从而将"美"视作第一、唯一。王国维《红楼梦评论》说"美术之为物，欲者不观，观者不欲"，就是叔氏思想的反映。然而，王氏一生悲剧之所系，正在于要脱离政治而从事学问研究之不可得，他深知艺术的纯美亦难求，他认为"真"是文艺之本，甚至高于"美"。"情真"、"景真"成为纯文学的两要素，且"感情真者，其观物亦真"，《文学小言》将"感自己之感，言自己之言"一再申之。《词话》谓"故能写真景物、真感情者，谓之有境界"。对李煜、纳兰性德的赞许，都在于"真切"。他将失"真"而成为羔雁之具看作文学升降之一关键，并以此评判词家。他认为贺铸为北宋名家的最次者，不管此说是否公允，但其标准值得肯定："非不华赡，惜少真味。"称南宋后之词家为"俗子"，亦是同理。"唐五代北宋之词，可谓生香真色。若云间诸公，则彩花耳"。对照更为强烈。王国维将"真"看得重于"美"，显然与叔本华之见不同。

叔本华将艺术看作与伦理无关的纯"美"，王国维《文学小言》也持相近的观点，但是"个人之汲汲于争存者，决无文学家之资格"一语，在宣扬"游戏说"同时，于"无功利"之外又有讲"德"的一面。他又说："三代以下之诗人，无过于屈子、渊明、子美、子瞻者。此四子者若无文学之天才，其人格亦自足千古。故无高尚伟大之人格，而有高尚伟大文章者，殊未之有也。"他虽然也称道天才，但他看到了天才是经修养而成："又须济之以学问，助之以德性，始能产生真正之大文学。""人格"与"德性"虽是文学以外的东西，却又是促成"大文学"降生的条件，王国维实是将"善"与"美"从两不相妨移至相辅相成之位了。

王国维在强调"真"之时，甚至列举《古诗十九首》中"淫鄙之尤"的作品，谓之"但觉其亲切动人"，以极言对"游词"的厌恶。但更多地却是将"真"与"善"结合以论词、评词，并提出相对应的范畴、标准，以明是之者为何？非之者为何？昭示修养的途径。

王国维在《玉溪生诗年谱会笺序》中曾说："由其世以知其人，由其人以逆其志，则古诗虽有不能解者寡矣。”将“以意逆志”建立在“知人论世”的基础上。《人间词话》虽对词人词作的评判不无偏颇，却是遵循着“知人论世”的古老原则。王国维从人品、胸襟出发，提出了词的“雅、郑之别”。他在《人间词话》中说：

> 东坡之词旷，稼轩之词豪。无二人之胸襟而学其词，犹东施之效捧心也。

> 读东坡、稼轩词，须观其雅量高致，有伯夷、柳下惠之风。

充分肯定了苏、辛的胸襟、雅量、高致，无其“善”则不得其“真”，是无法以学致之的。

他又引周济、刘熙载语，对“周旨荡而史意贪”表示鄙嗤。他在《人间词话》中说：

> 词之雅、郑，在神不在貌。永叔少游虽作艳语，终有品格。方之美成，便有淑女与倡伎之别。

且不论欧、秦与周邦彦是否真有如此明确的分界线，但“雅、郑”之别的提出，用于论词领域，确有袭旧而出新之义，也知王国维毕竟难以摆脱古老的道德批评传统，而且这毕竟有充分的合理性。王国维在判明雅、郑之别以外，又提出了“狂狷”与“乡愿”之界。他在《人间词话》中说：

> 苏辛，词中之狂。白石犹不失为狷。若梦窗、梅溪、玉田、草窗、西麓辈，面目不同，同归于乡愿而已。

“狂狷”与“乡愿”均出于《论语》。《论语·子路》：“不得中行而与之，必也狂狷乎！狂者进取，狷者有所不为也。”以“狂”目苏、辛，以“狷”评白石，可称得当，而以“乡愿”称梦窗以下诸人，则言之太过了。《论语·阳货》云：“乡愿，德之贼也。”《孟子·尽心下》：“非之无举也，刺之无刺也，同乎流俗，合乎污世，居之似忠信，行之似廉洁，众皆悦之，自以为是，而不可与入尧舜之道，故曰：‘德之贼’也。”王国维未免因“论世”之不足而对“知人”苛求，但憎厌“乡愿”而首肯“狂狷”，无疑是为词人的人格、道德修养树立了又一正确标准。与之相关，《文学小言》反对“模仿之文学”、“文绣的文学”、“餔醊的文学”，《词话》反对“词亦为羔雁之具”，痛诋“游词”，都出于对“同乎流俗，合乎污世”之“伪”的憎厌，这当然也是值得肯定的。

除“出”“入”于宇宙人生之外，王国维又提出了道德修养与艺术修养并行（且前者尤重）之途。《删稿》曰：

> “纷吾既有此内美兮，又重之以修能。”文字之事，于此二者，不能缺一。然词乃抒情之作，故尤重内美。

"尤重内美"可看作对前述雅量、高致、胸襟、性情、狂狷等的总结,这是对我国传统理论的积极继承。孔子说过:"有德者必有言,有言者不必有德。"(《论语·宪问》)孟子讲养气,"其为气也,配义与道。无是,馁也"(《孟子·公孙丑上》)。司马迁赞屈原"其志洁,故其称物芳。其行廉,故死而不容自疏"(《史记·屈原传》)。历代以来,"文如其人"是我国常用的批评准则,以人品定文品成为约定俗成的习惯。王国维在学习西方理论之时,虽欲努力将艺术自立于政治、功利、伦理之外,但终不免对优良传统有合理的继承。

从艺术角度言,《人间词话》承袭前人所论甚少,尤见勇于开辟、勇于立论者的理论锋芒,但其偏颇与不足之处也极为显见。由于有创作实践的深切体会,王国维洞见了诗词的体性特征,并在《删稿》中有极简明准确的赅括:

> 词之为体,要眇宜修。能言诗之所不能言,而不能尽言诗之所能言。诗之境阔,词之言长。

依此见,汪森《词综序》所说"譬之于乐,舞《箾》至于九变"的南宋词,应最有"美要眇兮宜修"的体式特点,最足以表现"贤人君子幽约怨悱不能自言"的"长言"。然而,《人间词甲稿序》却说:"君之于词,于五代喜李后主、冯正中,于北宋喜永叔、子瞻、少游、美成,于南宋除稼轩、白石外,所嗜盖鲜矣。尤痛诋梦窗、玉田。谓梦窗砌字,玉田垒句。一雕琢,一敷衍。其病不同,而同归于浅薄。"《词话》中或出己言,或引他人所论,多次明确表明推尊五代北宋、贬抑南宋的倾向。这无疑是他欲树帜于浙西、常州二派之外,并对晚清学吴成风痛下针砭所致,也是对周济谓北宋"多就景叙情,故珠圆玉润,四照玲珑"的继承发展。王国维并不在褒贬的归属上止步,他崇尚"真",进而提出"不隔"的评判标准。《词话》说:

> 白石写景之作,如"二十四桥仍在,波心荡、冷月无声"、"数峰清苦,商略黄昏雨"、"高树晚蝉,说西风消息",虽格韵高绝,然如雾里看花,终隔一层。梅溪、梦窗诸家写景之病,皆在一"隔"字。

> 问"隔"与"不隔"之别,曰:陶谢之诗不隔,延年则稍隔矣。东坡之诗不隔,山谷则稍隔矣。"池塘生春草"、"空梁落燕泥"等二句,妙处唯在不隔。

他又就同一人之作,对举欧阳修《少年游》咏春草句:"晴碧远连云"、"行色苦愁人",与"谢家池上,江淹浦畔",谓前者"不隔",后者"隔";姜夔《翠楼吟》"拥素云黄鹤"、"叹芳草、萋萋千里"等句"不隔","酒祓清愁,花消英气"则"隔"。继而举《古诗十九首》、陶潜《饮酒》及《敕勒歌》,进一步以明写情、写景的"不隔"标准。什么是"隔"呢?那就是"如雾里看花";什么是"不隔"?答曰:"语语都在目前。"王国维认为,造成

"隔"的原因有三:一是用代字,二是用典故,三是意象过于古雅。"意足则不暇代,语妙则不必代",反之,代字必造成意不足、语不妙之况。"谢家池上,江淹浦畔"二语虽关合春草,然而由于有所出典,使人难得直观之美。至如姜夔之词,其咏荷的"水佩风裳"、"翠叶吹凉"、"玉容销酒"、"红衣";咏梅的"竹外疏花"、"红萼无言"、"千树压、西湖寒碧"、"苔枝缀玉"、"玉龙哀曲"等,意象过于古雅高洁,自非"语语都在目前"。若"酒祓清愁,花消英气",分别遥承上片"汉酺"、"姝丽",同样不是一目可见,一见可解。"梅溪、梦窗诸家写景之病,皆在一'隔'字"。这就难怪王国维对南宋词痛加贬抑了。

王国维关于"隔"的思想固然与自己的好恶有关,但也同样留有"理念"说的印痕。"叔本华的理论和黑格尔的一样,是从区别抽象的概念和具体的概念或理念出发的",但是,"概念……是抽象的和推理的","相反,理念却是绝对直觉的"。[①]"语语都在目前"的意象可以如叔本华所说,"极其清楚、完全明确","能够充分地揭露其理式(按,即理念)","从而达到纯粹的观照状态"[②]。对于艺术家,"其认识之也,极其明速之度,而其表出之也,胜乎自然之为"(王国维《红楼梦评论·余论》)。而"雾里看花",则"理念"隐晦,境界难出。同样,"代字"与典故也类似于"抽象的和推理的"概念,不如"绝对直觉"之明晰,"理念"展现亦不充分,境界同样难出。

叔本华所论本是一家之说,即以欧洲论,法国19世纪有巴腊司派与象征派的争执,前者力求"显",后者以显为忌。王国维之所论未免偏执,所好未免偏嗜。

诗词本来就有显、隐之别,宋人张戒在《岁寒堂诗话》中引刘勰语:"情在词外曰隐,状溢目前曰秀。"可惜《隐秀》篇是《文心雕龙》唯一的一篇残文,此二语已不见于今本。王国维所赞"语语如在目前"的"不隔",正是"状溢目前"之"秀"。《隐秀》篇云:"夫隐之为体,义主文外,秘响傍通,伏采潜发,譬爻象之变互体,川渎之韫珠玉也。"此爻象与珠玉之喻甚确。"文之英蕤,有秀有隐",本不应偏废,问题在于究竟何为"隐"、"秀"的标准。刘勰云:"或有晦塞为深,虽奥非隐;雕削取巧,虽美非秀矣。"王国维所推重者,固然是"自然会妙"而非"雕削取巧",但他所贬斥的"隔",却并非都是"晦塞为深,虽奥非隐"者。如"谢家池上,江淹浦畔",确是挦扯谢诗、江赋以凑成典故,使人感到生硬、隔膜。但如姜夔"波心荡、冷月无声"、"数峰清苦,商略黄昏雨"、"高树晚蝉,说西风消息"等,与"红杏枝头春意闹"、"云破月来花弄影"的通感、移情并无二致,唯姜作置之于清幽的背景下,表现了凄凉、冷僻、孤独之情罢了,冷月清波、黄昏细雨、西风晚蝉,其"隔"正是隐约、朦胧之美,有何不好呢?至如《暗香》、《疏影》二词,在隐约的意象背后,寄托着作者的家国之感和身世之叹,其"思表纤旨,文外曲致",辞婉而意微,实比直露无余为好。从吴文英到周密、王沂孙、张炎等人,多以咏物词寄托情志,这固是惧于文网,避时之所忌,但更是藏情于内,欲露不露,是反复缠绵,深加锻炼的结果。《文心雕龙·知音》云:"缀文者情动而辞发,观文者披文以入情。沿波讨源,虽幽必显。"对王氏所言"隔"者,岂非可如此行之?赏玩既久,有会于心,实能形成味之不

---

① 克罗齐.作为表现的科学和一般语言学的美学的历史[M].王天清,译.北京:中国社会科学出版社,1984:145.

② 叔本华.意志及表象之世界[M]//缪灵珠美学译文集.北京:中国人民大学出版社,1987:353.

尽的持续感情力量。再如写情、写景之作，白石、梅溪、梦窗、玉田诸人，都以善作间隔、离合、顺逆、复脱、婉曲、隐约见长，除其中确实晦涩难明者外，“隔”并非病。

张戒《岁寒堂诗话》曾说：“元微之云：‘道得人心中事。’此固白乐天长处，然情意失之太详，景物失之太露，遂成浅近，略无余蕴，此其所短处。”词为要眇宜修之体，更贵于愈转愈深，昔贤论词，多称道“烟水迷离之致”，就是基于以“太露”、“略无余蕴”为病。如此看来，王国维对南宋词的贬抑，对“隔”的鄙薄，虽不无合理之处，但标准单一，无视风格、手法的丰富多变，以个人之是非为是非，亦显见其缺憾所在。

王国维论叔本华哲学时，曾有“半出于其主观的气质”（《静安文集·自序》）一语，若移之以说明王国维接受叔本华哲学的原因，此话也是恰当的。他生当中国激烈变动的历史时期，与悲观主义的叔本华哲学共鸣是不奇怪的。但是，我们也应看到，叔氏哲学与德国哲学传统的思辨性不同，他认为哲学根本就不是逻辑推理的科学，而是天才的直觉洞观，是艺术。他从东方哲学、佛学中有所汲取，自己的著作又颇重文采，故能令王国维倾心。而王国维在汲取其“理念”说，以建立“境界”说时，又继承了我国诗话、词话中的优秀遗产，糅合、融会，且以传统的词话形式，构建新的理论体系，重在归纳而非分析，只求点悟而非阐释，将新的理论寓于惯用的形象描述和直觉把握之中，体现出充分的民族性。由于《人间词话》体现了“中学西学”“互相推助”（《国学丛刊序》）的精神，构建了较完整的体系，表现出鲜明的倾向，虽然也有缺陷和偏颇，但可以充分肯定它在词学批评史、乃至中国文学批评史上的划时代意义，其影响也是十分深远的。

（原载《中国词学批评史》，中国社会科学出版社1994年7月出版，部分曾刊于《词学》第8辑，1990年10月华东师大出版社出版）

《人间词话》境界说给词学批评的启示

按眼下流行的说法，词学是一个系统工程。龙榆生先生《研究词学之商榷》(载《词学季刊》第一卷第四号)曾下过这样一个定义："推求各曲调表情之缓急悲欢，与词体之渊源流变，乃至各作者利病得失之所由，谓之词学。"它首先抓住了词为"倚声"的特质，继而分别从词史及批评来作定义。同一文中，他又标举万树《词律》的"图谱之学"，凌廷堪《燕乐考原》和方成培《香妍居词麈》的"音律之学"戈载《词林正韵》的"词韵之学"，张宗棣《词林纪事》的"词史之学"，朱祖谋《彊村丛书》的"校勘之学"，为"此三百年来词学成绩之彰彰可纪者"。如果说，前述定义难赅此"五学"，而这"五学"又难尽"三义"的话，他主张另外创立的"声调之学"、"批评之学"与"目录之学"，则使"三义"进一步明晰。"三义"与"八学"的相互发明、补充，可谓迄今为止最为完善的词学概念，而词学也确是一项不小的系统工程。

词学各子系统的建设既非同步，成就亦非相等。在论及词之"五学"时，龙榆生先生就说过："声音之道，在乎口耳相传。宋谱既亡，异说纷起，周、张不作，果孰从而正之？此词乐之亡，治音律之学者，所以望而却步也。"反观"词史之学"，"近人王国维著《清真遗事》，吾友夏瞿禅继起有作，所撰《词人年谱》，考证宏博，后出转精。行见'词史之学'，方兴未艾。"时间又过去了半个世纪，这半个世纪的词学研究成就相当可观，对此，唐圭璋、金启华先生《历代词学研究述略》和马兴荣先生《建国三十年来的词学研究》(二文均刊于《词学》第一辑)罗列甚详。窃以为，尤其是词人年谱、传记，词集校勘、辑佚、笺注，以及新中国成立后的词学选注、评论，为其中最显见者。然而，诚如浦江清先生所说：

> 凡学问有为潮流所趋者，有为时代所弃者，有赖书本文献足以传后者，有非接近其人，得其指点、不能妙悟者。故如戏曲史目录考订之学则考据家之事，今方兴未艾，如材料之增多，方法加密，后者可胜于前。至于南北曲之本身原为一有生命之艺术……此艺术亡，此门之学问亦随之而亡。①

当然，我们现在很难判定词学领域中究竟哪些属于"为时代所弃者"，哪些属于"有生命之艺术"消亡"亦随之而亡"者。这里，仅想就词的批评之学的美学批评，从"为潮流所趋"的角度，谈谈《人间词话》"境界说"的得失，从中寻找某些启示。

---

① 浦江清．悼吴瞿安先生[J].戏曲月辑，第一卷第三辑(吴霜厓先生三周年祭特辑)，1942.

一

词学批评并非晚出，自欧阳炯《花间集序》始于论词，迄今已有千余年历史，宋、清两代，尤为兴盛。

李清照论词“别是一家”，开始较系统地注意到词的美学性格和艺术特色，姜夔以论诗法通于词法之后，杨缵的“五要”，吴文英的“四则”，张炎《词源》的清空、骚雅，陆辅之《词旨》所记张炎传授的“要诀”，都侧重于艺术探求而入于法度深细。随着元、明两代词作的中衰，词学批评也随之不振。入清之后，词学批评转为极度兴盛，有论词专著的学者不下二三十人，其中不乏体例完整、见解精到之作。尤其是朱彝尊崇尚“醇雅”，成为浙西派开山，后来厉鹗又提出了“清”的审美要求，经王昶、吴锡麒、郭麐等人的努力，此派历经康、雍、乾三朝，产生了很大影响。取浙派而代之，且影响更大的是常州词派。先是张惠言编《词选》，尊词体，明正变，并宣其“意内言外”之旨。其后周济对张氏理论进一步发挥和提高，以“词史”之论尊体，在正变观上阐以新见，以周、辛、吴、王四家领袖，示以由南追北的路径，并以“有寄托入，无寄托出”阐明了作者与读者在艺术创造中的作用。又经谭献的主“柔厚”，陈廷焯的倡“沉郁”，况周颐讲“重、拙、大”，常州派的影响从嘉、道而至20世纪初，可谓长盛不衰。

清代词学批评能不为浙、常两派所限，有较高理论价值，有较大影响的，当推刘熙载和王国维。刘熙载是深于艺术辩证法，兼备众长的人物，他的《艺概》从总体上研究文艺，具有深邃的宏观目光。其中的《词曲概》能不在尊南宋或尊北宋之间纠缠，也不是拘泥于“醇雅”或“寄托”，而是独标“论词莫先于品”，创“三品”论，并以苏、辛为高，对历代词人的评价颇多允当之论。对刘熙载词论的价值，沈曾植《菌阁琐谈》作过这样的评判：“止庵而后，论词精当，莫若融斋。涉览既多，会心独远，非情深意超者，固不能契其渊旨。而得宋人词心处，融斋较止庵，真际尤多。”以刘熙载与浙、常两派相较，可以明显看到其间不同：浙派“醇雅”之倡，为救明词的淫滥尖巧，虽有重立意的成份，但更偏于风格、技巧；常派标举比兴寄托，为救浙派“淫”、“鄙”、“游”之失，重在意格，力求推尊词体。但二家所论，都是立足于词本身以论词（尽管朱彝尊、张惠言都认为词通之于《风》、《雅》、《离骚》），而刘熙载虽有“词，声学也”，“故知词也者，言有尽而音意无穷”之说，并较全面地论述了词的艺术特点，但从根本上说，他是以诗为词，以儒家诗论来规范词的。他说：“词道源于古诗，故亦兼具六义。”“乐，中正为雅，多哇为郑。词，乐章也。雅正不辨，更何论焉！”较之张惠言《词选序》以为词“盖诗之比兴，变风之义，骚人之歌，则近之矣”，周济《介存斋论词杂著》的“诗有史，词亦有史，庶乎自树一帜矣”，刘熙载更将诗词等观，尤其是他的“三品论”，建立在孟子“知人论世”的批评传统上，且带有“知言养气”的影响，他以“真”、“正”论情，以“温柔敦厚”论苏、辛，则可见孔子“诗教”的影响。由此可见，融斋词论故多精当之处，但却具有以古为新的色彩。因此，建立词学批评新体系，使之具有现代意义美学批评特色的，只能是王国维的《人间词话》。

《人间词话》既不同于《乐府指迷》、《词源》，及清代李渔《窥词管见》、沈谦《填词杂说》之后诸多作法与赏析相结合，侧重于具体艺术的传统词话，也不同于前述侧重于思想内容与艺术技巧相结合，以提高词的意格、品位等的诸多论著。它超越了传统的"知人论世"的道德评判，及社会学批评这一层次，又非仅停留于艺术鉴赏、探求法度的旧有的层次，而是将词学批评推上了美学、艺术哲学的新层次。

《人间词话》上升到新层次的标志，在于以"境界"说取代了"诗言志"，从纯文学、缘情文学的角度看待词，奠定了美学批评的基础。

关于"境界"，宗白华先生曾这样论道，人与世界接触，因关系的层次不同，可有五种境界：一是为满足生理的物质的需要，而有功利境界；二是因人群共存互爱的关系，而有伦理境界；三是因人群组合互制的关系，而有政治境界；四是因穷研物理，追求智慧，而有学术境界；五是因欲返本归真，冥合天人，而有宗教境界。功利境界主于利，伦理境界主于爱，政治境界主于权，学术境界主于真，宗教境界主于神。① 因为"诗言志"是我国诗论的开山纲领，又是两千多年难以移易的基石，依闻一多先生解释，"志"专指"怀抱"，所以诗人诗作多注目于社会政治和人伦道德。孔子的"兴观群怨"说，分述了诗歌感发意志，了解社会政治，处理好人际关系，以及怨刺统治者的功能；而"迩之事父，远之事君"，事父以孝，所行是人伦之道，事君以忠，当然在政治范围。政治境界与伦理境界是儒家诗学的两大中心，加以重视政治、人伦，"感于哀乐，缘事而发"被视作创作的好传统，"饥者歌其食，劳者歌其事"的作品倍受重视，功利境界实也堪为鼎之一足。虽在魏晋之后，由于玄、佛炽盛，写宗教境界之诗渐多，宋人以才学为诗，以理学入诗，又生学术境界，使古典诗歌形成涵盖五境之势，但其主流毕竟仍在政治、伦理、功利。孔子之后，孟子讲"养气"，"气"又"配义与道"，荀子论乐，强调"正乐"以"治生"，前者重主观道德修养，后者重教化作用，仍在人伦、政治之境。《诗大序》以论诗歌与政治关系为中心，扬雄倡"丽以则"的"诗人之赋"，可见汉儒之所见都是前期儒家思想的发展。魏晋以后，虽进入"文的自觉"时代，曹丕讲"文气"，刘勰讲"风骨"，始涉才性、风格。但是，"气是风骨之本"（黄叔琳语），"风即文意，骨即文辞"（黄侃语），"风，风也，教也；风以动之，教以化之"（《诗大序》），可见这两个概念仍未离异政治、伦理之境。后来所倡的"兴寄"、"气格"等，或重在政治寄托，以讽刺教化为归的，或虽兼顾气质、风格，但更以人的品格为主，二者仍属上述两境界。诚如宗先生所说："以宇宙人生的具体为对象，赏玩它的色相、秩序、节奏、和谐，借以窥见自我的最深心灵的反映；化实景为虚境，创形象以为象征，使人类最高的心灵具体化，肉身化，这就是'艺术境界'。艺术境界主于美。"② 诗歌理应创造主于美的艺术境界，但由于受制于儒家思想的古典美学多着眼于主体、功能、关系，对内抒发情感，对外协调关系，为社会政治的实用功利服务，以"无邪"求节制，归于中正和平，非求纯美，而形成美善相兼的特

① 宗白华.美学散步[M].上海：上海人民出版社，1981：59.

② 宗白华.美学散步[M].上海：上海人民出版社，1981：59.

点。综观历代诗论，除司空图、严羽、王士禛等少数人所论外，纯粹的诗歌美学批评极为罕见。

如果可对宗先生所论作点补充，应该说，古典诗歌中尚有一境可从“人群共存互爱的关系”中单独拈出，这就是爱情。诗经、楚辞、汉乐府诗不论，从汉代文人诗秦嘉《赠妇诗》之后，徐乾、繁钦、张华、潘岳等人，继有《室思》、《定情》等作，促使陆机《文赋》第一次提出区别于“诗言志”的概念：“诗缘情而绮靡。”六朝诗循“缘情”而进，并渐逸出夫妇之情范围，到梁代“弥尚丽靡”（《梁书·庾肩吾传》），产生了“宫体”，直浸淫至唐初。从时代精神、社会习俗、世人心态来说，确是“六朝诸君臣颂酒赓色，务裁艳语，默启词端，实为滥觞之始”（王世贞《艺苑卮言》）。西蜀、南唐、北宋小令、汴京新声，都可在词这种诗乐合一的新诗体中，看到偏离了美善相兼的古老准则，披露了心灵深处的隐秘，并不避忌真情的发露。苏轼“以诗为词”，改变了这种“缘情”文学的面目，“指出向上一路”，辛弃疾“以文为词”，使南渡后的这第二次改变达到极峰。而这两次改变，其实质则是向“诗言志”传统的回拨。南宋倡“复雅”，姜夔树起了雅词的旗帜后，则使词又回到“缘情”本位，既去其“靡”、“俚”，又去其“伉”、“直”，带上了“温柔敦厚”的色彩，但在艺术特色和美学风貌上，则力图保持词的特性。这样一条路线，也多能为后代所接受，而“雅”也决非仅是风格问题。

前面说过，浙派、常派、刘熙载论词各有不同，但都层次不同地受到传统诗论的影响，难离政治、伦理、功利之境，而《人间词话》却是一反“尊体”，讲求寄托之习，离此三境甚远，而力图真正探究艺术境界的诞生、构成，寻求独立的美。

王国维在《教育偶感四则》中说过“生百政治家不如生一大文学家”，《人间词话删稿》中更具体比较“诗人之眼”和“政治家之眼”：

> “君王枉把平陈业，换得雷塘数亩田。”政治家之言也。“长陵亦是闲邱陇，异日谁知与仲多？”诗人之言也。政治家之眼，域于一人一事。诗人之眼，则通古今而观之。词人观物，须用诗人之眼，不可用政治家之眼。故感事、怀古等作，当与寿词同为词家所禁也。

这段话认为，“诗人之眼”较之“政治家之眼”更具有永恒的价值，辅以《词话》中所说的“人能于诗词中不为美刺投赠之篇”，“则于此道已过半矣”，可见与前人的词话有多大不同！这对于历来集从政与作诗于一身，二者互为补充的观念，无异是惊世骇俗之见；较之被动的“穷而后工”论来，这种主动地将文学同政治离异，明确地颠倒高低，确是发人所未发，亦可见与传统的词话有着本质的差异。

王国维又曾说过：“余谓一切学问皆能以利禄劝，独哲学与文学不然。”（《文学小言》）认为艺术与哲学都“最神圣、最尊贵而无与于当时之用”（《论哲学家与美术家之天职》），明确否认文艺的现实功利性。王国维非仅以否定文学同政治的联系及否定文学的功利性，来强调文学的独立性，而且力倡“真”字，为建立纯文学的艺术境界，而加强对“善”、对伦理境界的离心力。他称道词人“不失其赤子之心”，“大家之作”“以其所见者真”，甚至说：“‘昔为倡家女，今为荡子妇。荡子行不归，空床难独守。’‘何不策高足，先据要路津？无为久贫贱，轗轲长苦辛。’可谓淫鄙之尤。然无视为淫词、鄙词者，以其真也。五代北宋之大词人亦然。非无淫词，读之者但觉其亲切动人。”由于离政治、伦理、功利远了，必然离艺术境界近了，“言志”说不再成为纲领，“境界”说取而代之，真正的美学批评才能得以实现。可以说，“境界”说的出现，标志着旧的批评传统的结束，新的批评标准正在建立。

二

《人间词话》的“境界”说将词学批评推上了美学的新层次，它在观念、方法上有什么特点？对当前的词学批评可以有什么启迪呢？

首先，《人间词话》实现了观念的突破，是在“西学东渐”的背景下，学习和汲取西方理论的结果。这告诉我们：古典文学虽有学科的特殊性，但同样应该并可以将眼光转向西方，积极地学习和汲取。

王国维的青年时代正值资产阶级改良主义思潮兴起之日，在读到康、梁论疏后，他“弃帖括而不为”，并在《时务报》馆任书记校雠，一度倾向于戊戌维新运动。但在变法失败后，他看不到前途，对正在兴起的民主主义革命，他从不理解，转向抵触、反对，甚至在辛亥革命后，随罗振玉亡命日本，当了“遗老”，后又任溥仪小朝廷的文学侍从。然而从思想上看，王国维并不属封建主义营垒，由于学习了西方的哲学、社会科学和自然科学，他在学识、思想、方法上，从西方受益甚多，尤其受到了叔本华哲学的深刻影响，从中发现了一个新世界。在研究艺术史，写出了《人间词话》时，虽逐渐摆脱叔本华的影响，但其中理论明显留有叔氏的痕迹，既受病于兹，又得益于兹。

欧洲文学的发展，呈现出鲜明的历史轨迹。“文艺复兴”运动的人文主义呼唤，使文学挣脱了中世纪神学的禁锢，逐渐成为真正的“人学”。确立人的地位、尊严，与文学的独立几乎是同步的。“人最初是从功利观点来观察事物和现象，只是后来才站到审美的观点上来看待他们”。①伴随着资产阶级革命运动的到来和发展，美学取得了长足的进步。不能想象，如果没有人性的复归，竟能够就美的本质、审美意识和审美对象的关系，作出愈来愈丰富的阐释！反观我国的文学，虽未经由欧洲的神学统治阶段，但几千年来一直与政治牢牢结合在一起，言志、事君、补察时政、经济之怀……而历代的文学革新家，由于多打着复古的旗号，对此也不敢悖逆。时至晚明，才有张扬人性的呐喊，而清朝建立之后，又是不断地武装镇压和文化专制，直到龚自珍，才激切地呼唤风雷。王国维在将目光投向西方之时，虽将“适合于庸人的浅薄思想”② 的叔本华哲学误认为“凌轹古今”的伟大系统，但他从叔本华那里接受的文艺无功利思想，对

① 普列汉诺夫.没有地址的信·艺术与社会生活[M].北京：人民文学出版社，1962：106.

② 恩格斯.自然辩证法[M]//中央编译局.马克思恩格斯选集.北京：人民出版社，1972：467.

我国固有的文学传统难道不是一剂可以一用的虎狼药吗?

由于时代的剧变,导致了文学及理论的剧变。在王国维之后,词学批评逐渐改变了传统的方法,开始走上了历史学、社会学批评的道路。新中国成立以后,更树立起现实主义、人民性的尺度,在判明价值、决定取舍上,这无疑是值得肯定的,但所奉行的准则,却正是恩格斯不赞许的"道德的、党派的观点"和"政治的"尺度,而不是"美学和历史的观点"①。今天,要对词学的美学批评作出积极建树,从西方汲取,实行"拿来主义"并加以改造,应该是可行的。

如果认为转变观念和方法是赶风趋时之举,不屑一顾而守定祖宗家法,是否可取呢? 其实,"趋时"并非始于今日,即以清代词学兴盛的历史言,何尝不是"趋时"的结果? 清初顾炎武曾说"故愚以为八股之害,等于焚书"(《日知录》卷十六),对明朝以时文取士造成的流弊深致不满,在弃虚崇实,薄今爱古同时,反对空谈,以求"经世致用",治经而兼及他学。康雍之世,文字狱屡兴,始于阎若璩的考据学已从"经世"转为"避世",乾嘉以还,经术昌明,正音韵、通训诂、辨名物、考制度成为显学。皮锡瑞说:"国朝经师有功于后学者有三事。" "一曰辑佚书","一曰精校勘","一曰通小学"(《经学历史·经学复盛时代》),学者们从解经治史而旁及他类,从而使原被视作"小道""卑体"的词曲也成之为"学",而图谱、音律、词韵、词史、校勘诸学,也确是得益于前述"三事"。以考据学入于词曲之域,前代经师可曾预知? 这一趋时之举又为何不值得肯定!

西方文学理论重视对文学本体的研究,而我国以儒家为代表的古代文学理论却重视文学的功能,新中国成立以来我们所接受的别林斯基、车尔尼雪夫斯基等人的理论,则带有较浓的机械反映论色彩,对人的丰富的精神世界缺乏深入的探索。20世纪以来,美学、心理学都有很大发展,在我国古代颇为重视创作心理研究的基础上,将作者与读者联系起来,以接受美学的方法研究词,肯定会有新的突破。词以其主体作为缘情文学,是精致细微的感性的心灵化,如果能以新的理论作深入分析,定能开拓出新的天地。

其实,《人间词话》是"西学东渐"背景下的产物,但绝非"全盘西化",它是民族传统的批评同西方哲学、美学的融会结合。这又告诉我们:向西方汲取并非丢弃民族的精粹,观念与方法的转换决非"名词换班",这种汲取应该"着盐于水",遗貌得神。

王国维曾经完全拜倒在叔本华脚下,表示:"公虽云亡,公书则存,愿言千复,奉以终身。"(《教育丛书》四集)他接受了叔本华关于意志是盲目的、永远得不到满足的冲动,因而人生充满了挣扎和痛苦这一理论,在评论《红楼梦》时,就认为宝、黛因未能断绝"生活的意志",所以造成了悲剧。在他认识到叔本华学说的内在矛盾,感到"可爱者不可信,可信者不可爱"(《自序二》)之后,在《人间词话》中,他就不像以前那样以古典文学形象作为叔本华思想的注脚,而是在传统批评的基础上进行合理的汲取,赋以新的涵义,开拓出新的境界。

---

① 恩格斯.诗歌和散文中的德国社会主义[M]//马克思恩格斯全集.北京:人民出版社,1958:258.

即以《人间词话》的理论核心“境界说”而言，毫无疑问，它与叔本华的“理念说”有着密切的联系。“理念”之说始自柏拉图，他认为“理念”就是任何类别的东西的“一般”，从美学言，一切美的事物都是摹仿“美的理念”的摹本。黑格尔也讲理念，他认为世界的本原是一种先于自然和社会的精神实体——“绝对精神”或“绝对理念”，而自然和社会则是“绝对理念”的“异化”，从“理念”说出发，他给美下了一个著名的定义，即“美就是理念的感性显现”。叔本华改造了理念的概念，他在《意志及表象之世界》中，将康德所说的“物自体”变成“意志”，“现象世界”变成“表象”。“意志”是先天的“自在之物”，是自然和社会的本体，是自发、盲目、从不停息的冲动。而“表象”则是“意志”的体现，世上万物都是“意志”的不同等级、程度的客观化，亦即表象化。“理念”就是“意志”在某一阶段表现在对象物上的客观性。叔本华认为，要解决“意志”冲动带给人生的痛苦，可以通过佛教的“涅槃”求根本的解脱，更为可行的是以艺术的美的观照，暂时否定意欲，在审美活动中，从表象世界上认出理念。

叔本华认为，事物的美是理念的表现，而美感又产生在“只有当我们对这东西的观照不受充足理由原理支配，不寻求它对任何外在事物的关系(这往往终于涉及对我们欲望的关系)，而停止在这对象本身之上的时候，才能发生这样的认识”[①]。亦即只有通过纯粹的静观才能感受美，从而掌握和认出“理念”。王国维在《人间词话附录》中则说：“夫境界之呈于吾心而见于外物者，皆须臾之物。惟诗人能以此须臾之物，镌诸不朽之文字，使读者自得之。”其原因正在于“原夫文学之所以有意境者，以其能观”(《附录》载樊志厚序二)。这个“观”，即叔本华所说的“纯粹的静观”。

叔本华说：“实际的物象几乎总是它们所表现的理念之极不完全的摹仿”，“美的知识绝不可能纯粹是后天的，至少有一部分是先天的……只有依赖这种预想，我们才能认识美”[②]。王国维接受了这一思想，提出了“造境”“写境”说，并认为二者“此理想与写实二派之所由分”，进而说道：“然二者颇难分别。因大诗人所造之境，必合乎自然，所写之境，亦必邻于理想故也。”

王国维在《文学小言》中曾说：“文学者，不外知识与感情交代之结果而已。”在《叔本华之哲学及其教育学说》中说：“美之中又有优美与壮美之别，今有一物令人忘利害之关系而玩之而不厌者谓之曰优美之感情；若其物直接不利于吾人之意志，而意志为之破裂，唯有知识冥想其理念者谓之壮美之感情。”《人间词话》则据此而提出“有有我之境，有无我之境”的说法，分别例举，并说明：“有我之境，以我观物，故物皆著我之色彩。无我之境，以物观物，故不知何者为我，何者为物。”在叔本华的话中，我们可以找到类似说法：“主观的心情，意志的影响，把他的色彩染上所见的环境。”“每当我们达到纯粹客观的静观心境，从而能够唤起一种幻觉，仿佛只有物而没有我存在的时候……物与我就完全溶为一体。”

从以上对照中可见，境界、能观、造境、写境、有我之境、无我之境，这些境界说中

---

① 叔本华．意志及表象之世界[M]//缪灵珠美学译文集．北京：中国人民大学出版社，1987：358.

② 叔本华．世界是意志和表象[M]//藤咸惠．人间词话新注．齐鲁书社，1981．以下凡引叔本华语均据此，不另注。

的主要范畴都能从叔本华哲学中找到来龙去脉。但是,“境界”毕竟不等于“理念”,“境界”是我国古典美学所特有的概念,王国维在积极继承的同时,汲取了叔本华美学的成分,并发挥极致,使之更为全面、系统,更具理论色彩。

“境界”原处释典。如《无量寿经》卷上:“比丘白佛,斯义弘深,非我境界。”《俱舍颂疏》:“曰色等五境,为境性,是境界故;眼等五根,名有镜性,有境界故。”佛家讲心之所住、所观都称之为“境”,而能观之心谓之“智”,“智”与“境”同文学中的“意”和“境”相近。诗歌创作,多是主观之意与外界之境的结合,诗人受到佛经启示之后,所作有些接近禅境,而更多的则是由于禅意、禅法所达深度的境界原义被诗论家借用,从而渗入诗论之中。王昌龄《诗格》中已有“物境”、“情境”、“意境”之说。刘禹锡《董氏武陵集纪》以“境生于象外”提到诗境。司空图“象外之象,景外之景”的说法则又进一层,《二十四诗品》更以喻象来标明二十四种境界。严羽论诗虽未明言境界,但他以禅喻诗,以禅理说诗理,更使禅学色彩渗入诗论之中。后来,王世贞主张作诗要“神与境合”,并以禅入话头说明境界,可惜他又以“格调”代之,斫伤了本意。叶燮也讲境界,且渐去禅学色彩,而以理、事、情说之。到清末,况周颐曾专论词境,并以“深静”言之。

王国维在论境界时曾引严羽《沧浪诗话》之语,以形容北宋以前词的境界,他接着说:“然沧浪所谓兴趣,阮亭所谓神韵,犹不过道其面目;不若鄙人拈出‘境界’二字,为探其本也。”这里虽道出了“面目”与“本”的区别,但既涉沧浪、阮亭,当然不是无的放矢,因为境界说实又旁取于兴趣、神韵,最终丰富了自己,确立了自己。严羽论诗,认为禅道“妙悟”与之通,他的“别材”“别趣”说,则强调了艺术创造力、感受力,以针对宋诗的“才学”、“文字”、“议论”,这些都与重视审美规律的王国维的思想相同。但是,严羽讲“兴趣”,偏重于审美主体,而不是从主体的创作出发,强调创作的结果,意在教人悟“入”,却因未示“出”而让人难以悟得,以致招来冯班“脚跟未曾点地”的讥讪。王士禛亦因欲纠清初学宋诗导致的“佶屈”,承司空图、严羽之说,尚王、孟的清远而标举“神韵”,但阮亭旨在借山水的诗之一隅以抒发情性,以贮兴得天然雅韵,不以“力构”,讲求笔墨之外的余味,标榜“大音希声”,结果却是湮没性灵,流入空寂,“显渡河挂角之小神通”(袁枚《随园诗话》卷八)而神龙难现。

王国维一改沧浪、阮亭摆脱儒家诗教,旨在探究诗歌本身审美规律的精神,以“境界”说救“兴趣”、“神韵”之弊。“境界”扬弃了“兴趣”的只重主体,将重心移至审美客体,昭示了通过审美观照而“妙悟”得到的既含主观心绪意兴,又见客观之美的创作结果,求得其“本”;还纠正了“神韵”只标举“兴会”的同样只重主体,而以“真”为骨,以“不隔”求可感可知,变“神韵”之虚廓为实在,回到其欲得而未得之“天然”。王国维明言:“词以境界为最上,有境界则成高格。”又说:“境非独谓景物也,喜怒哀乐亦人心中之一境界。故能写真景物、真感情者,谓之有境界。”这些话,非仅是“兴趣”、“神韵”的只重一隅难以比肩,也远远超迈前此的“境界”说。综主情说与审美观于一体,确立了批评标准,标榜生香真色,弃仅为应歌、应社,只求音律、字句之作,而入之于“游词”之列，进而反对文绣，餔餟的文学，反对羔雁之具——这些合思想与艺术为一的观点，确非前述诸说所能及。至如“不隔”的要求，“著一‘闹’字，而境界全出”等说，则又是“境界”说的艺术要求，这些都带有以形写神说等影响，是对传统理论积极继承之处。

总之，比起评论《红楼梦》时照搬叔本华悲观主义哲学来，“境界说”确已具有融汇中西却又以传统为体的特点，而《人间词话》对叔本华美学的汲取则已是着盐于水，遗貌得神。

王国维论叔本华哲学时，曾有“半出于其主观的气质”(《自序》)一语，倘若移之以说明王国维接受叔本华哲学的原因，此话也是恰当的。王国维“体素羸弱，性复忧郁”，生当中国激烈变动的历史时期，与悲观主义的叔本华哲学产生共鸣是不足怪的。但是，我们也应看到，叔本华哲学与德国哲学传统的思辨性不同，他认为哲学根本就不是逻辑推理的科学，而是天才的直觉洞观，是艺术，他从东方哲学、佛学中有所汲取，自己的著作又颇重文采，因而能使王国维为之倾心。而王国维吸收其“理念”说，以之丰富“境界”说时，并不是简单的转译、搬用，搞名词换班，更不是以“境界”去就“理念”而是以传统的词话形式，将新的理论寓于惯用的形象描述和直觉把握之中，重在归纳而非分析，只求点悟而非阐释。而正是这样的民族传统、形式、方法，才能为时人所接受，并产生了深远的影响。这对于当前研究中如何避免将古人现代化，在如何运用方法论上，在“体”“用”之辨中，应该说都可以给我们以有益的启迪。

三

王国维生活在新旧交替的时代，他虽为求得学术研究的环境而脱离政治，与革命运动抵触，但他放眼西方，预言“异日发明光大我国之学术者，必在兼通世界学术之人，而不在一孔之陋儒”(《奏定经学科大学文学科大学章程书后》)，倡“中学西学”“互相推助”(《国学丛刊序》)，并以《人间词话》、《宋元戏曲考》作出文艺研究的实绩。尤其是《人间词话》的境界说，凭借产生于玄学、佛学基础之上的传统理论——形神、意境、兴趣、神韵诸说，并从叔本华的理念说中多所汲取，使之发展为系统的新理论，将词学批评推上了美学的新层次。

《人间词话》发表70年之后，中国又值一个改革开放、放眼西方的新时代。在文学研究长期处于思想禁锢状态，庸俗社会学和机械反映论造成顽固的思维定势的情况下，让形形色色的外来理论、观念、方法冲一冲，是不值得奇怪的。从某种意义上说，我们现在这个时代与王国维的时代有一定的相似性，文学研究向西方汲取是必然的、必要的，中西“互相推助”一定能展示美好的前景，词学批评也一定能产生出美学批评的新成果。

我们还应该看到，王国维虽以“境界”说来自觉或不自觉地抗衡“言志”说，但《人间词话》中的其他重要理论却多是对儒家诗论的合理继承。如重品格，斥“乡愿”，恶“儇薄”，鄙夷“荡”、“贪”，求“高致”，倡导对宇宙人生“入乎其内”“出乎其外”的修养，可见他将“内美”“修能”视作相辅相成的关系。这些都告诉我们:对传统的理论应有所辨别,积极继承,在追求“美”时,不能丢弃了“真”与“善”。

“境界”说,历数十年而不衰,至今仍是研究的热点,这是王国维的成功。王国维从叔本华哲学这一具有东方特质的体系中汲取其中精微之处,以之丰富、发展了传统的理论,证明了这种汲取的可能性,但由于奉德国哲学的一个分支为“凌轹古今”的伟大系统,王国维终于认识到了自己的错误。这也告诉我们:对西方理论的主潮和支流,要尽可能不判断错误;对传统的、外来的,要判明“体”“用”关系,要判别是“完善”还是“取代”;对心灵的感性化应该努力探究,但我们反对的是机械反映论和庸俗社会学,真正的马克思主义的社会学批评和反映论却是应该坚持的。

王国维以“境界”作为标准,批评“国初诸老”“气困于雕琢”(《人间词甲稿序》),《词话》中又讥诋“皋文之为词”,甚至直接批评浙、常二派的师法对象:“梦窗砌字,玉田垒句,一雕琢,一敷衍”(《人间词甲稿序》)。其所言固有合理之处,但是,由于标准单一,对风格与艺术手法的丰富性显得态度不够宽容,加上了个人的好恶,遂导致了褒贬的随意。他过分强调“真”、“不隔”,贬抑南宋词,则启发了胡适判姜夔以下均为“词匠”之论(见胡氏《词选》),和胡云翼的“主流”、“逆流”之说(见《宋词选》)。这又告诉我们:任何一个概念、范畴和批评标准的确立,都不能自视为万能钥匙,在美学批评多元化的时代,更不能人为地将某一理论定为一尊。

我们今天这个放眼世界的时代,是王国维的时代所不能比拟的,温故知新,积极开创,词学批评以至词学研究都定将硕果累累,整个古典文学研究也一定会出现前所未有的新局面、新成就!

(原载《词学》第8辑1990年版)

王国维的《人间词话》

王国维(1877年—1927年)是我国近现代之交的杰出学者,在哲学、史学、文学、美学、文字学等方面都卓有成就。其中,1908年的《人间词话》是他从事美学、文学研究的重要成果。

王国维幼年时受过传统的封建教育,但青年时代正值资产阶级改良运动兴起,他先在梁启超主编的《时务报》任书记校对,后来东渡日本留学,接受了西方文化的影响。

从日本归国后,王国维任教于苏州、南通,并研究哲学和美学,后又转入文学创作领域。在写作诗词时,阅读了不少诗话、词话,在接受我国古典美学的基础上,形成了自己的美学思想。《人间词话》就是这一美学思想的具体体现。

《人间词话》的理论核心是"境界说"。

"境界"一词原出于佛经。如《无量寿经》卷上:"比丘白佛,斯义弘深,非我境界。"佛经所说的境界,原指禅义、禅法所达深度。由于隋唐佛学兴盛,文士、诗人多与禅僧交往,佛学渐渗入诗学。传为王昌龄所作的《诗格》已有"物境"、"情境"、"意境"之说。诗僧皎然曾经专论"取境",并有"诗情缘境发"一语。刘禹锡于诗学、佛学都有很高修养,他提出了"境生于象外"的创作要求。晚唐司空图更在标举"韵外之致"同时,又以比物取象的方法,列品言诗,在《二十四诗品》中昭示了二十四种境界。宋代禅悦之风更盛,以禅入诗、以禅论诗、以禅喻诗成为普遍现象。严羽的《沧浪诗话》更以禅理说诗理,产生了很大的影响。金、元两代,都不乏以禅论诗者,明中叶之后,随着研究的深入,已不是仅停留在诗与禅的相喻想通的表层阶段,对诗歌情景关系的探求愈加深入、丰富。从王夫之到王士禛,终于形成了颇有影响力的"神韵"诗派。

王国维受到了严羽诗论的影响,对王士禛的"神韵"说也有汲取,而且,他又从德国叔本华哲学的"理念"学说中吸收了营养,提出了以"境界"作为标识的新理论。他不像严羽那样强调诗的"别材"、"别趣",可以意会而难以言传的不可知性;也不像王士禛那样以天然雅韵、"大音希声"相期许,不见性灵,流入空寂。而是通过品评作品来昭示"境界"的真实含义,回到实处探索诗词的创作规律,在吸收西方哲学同时,又以我国古典文学、美学的传统为"本"。因而,他自豪地宣称:严羽所说的"兴趣",王士禛所说的"神韵","犹不过道其面目",而"境界二字为探其本也"。

《人间词话》开宗明义就提出:"词以境界为最上。有境界则自成高格,自有名句。五代北宋之词所以独绝者在此。"那么到底什么才是境界呢?《人间词话》第六则说:"境非独谓景物也。喜怒哀乐,亦人心中之一境界。故能写真景物、真感情者,谓之有境界。否则谓之无境界。”这就是说:外在的真景物与内在的真感情,是构成境界的两个主要方面。有了真景物、真感情,则有赖于作者的观察和表达能力:“原夫文学之所以有意境者,以其能观也。”(《人间词话·附录》二十二则)“一切境界,无不为诗人设。世无诗人,即无此种境界。夫境界之呈于吾心而见于外物者,皆须臾之物。惟诗人能以此须臾之物,镌诸不朽之文字,使读者自得之。遂觉诗人之言,字字为我心中所欲言,而又非我之所能自言,此大诗人之秘妙也。”(同上,十六则)这里,除可见叔本华的审美静观、天才论影响外,更可看到王国维强调深入观察、了解,通过精心表达,传递出人们共感共觉,心中虽有、笔下所无的感受。这一思想无疑有其合理性、深刻性。

为了能创造境界,王国维提出了诗人观察和表达世界的必要修养:“诗人对宇宙人生,须入乎其内,又须出乎其外。入乎其内,故能写之。出乎其外,故能观之。入乎其内,故有生气。出乎其外,故有高格。”(六〇则)这一“出入说”是颇具辩证法色彩的。

关于境界的类型,《人间词话》主要分之为三种,从不同角度阐释其不同涵义。

一是“诗人之境界”与“常人之境界”说。“境界有二:有诗人之境界,有常人之境界。诗人之境界,惟诗人能感之而能写之,故读其诗者,亦高举远慕,有遗世之意。而亦有得有不得,且得之者亦各有深浅焉。若夫悲欢离合、羁旅行役之感,常人皆能感之,而惟诗人能写之。故其入于人者至深,而行于世也尤广。”(《附录》十六则)这里,既说明了诗人感受与表达区别于常人之处,以及读者读之所得各有深浅之别;又阐明诗人善写常人之所感,且因为有广泛的基础,故入人心至深,行世上尤广的道理。无论从创作还是接受的角度言,都不乏深中事理之处,尤其是诗人写“常人皆能感之”的题材,更能给创作者以有益的启示。

二是“造境”与“写境”说。“有造境,有写境,此理想与写实二派之所由分。然二者颇难分别。因大诗人所造之境,必合乎自然,所写之境,亦必邻于理想故也。”(第二则)“自然中之物,互相关系,互相限制。然其写之于文学及美术中也,必遗其关系、限制之处。故虽写实家,亦理想家也。又虽如何虚构之境,其材料必求之于自然,而其构造,亦必从自然之法则。故虽理想家,亦写实家也。”(第五则)王国维在此论列了写实派创造“写境”,与理想派创造“造境”的区别。同时又指出了二者的共同处:材料都来自自然,创造境界都遵从自然的法则;写实派在自然的整体中有所选择,是在理想的指导下进行的,同样,理想派虽创造虚构之境,却取之于自然,无逾于自然之法则。这里的理想与写实之分,可谓是对文艺创作方法与普遍规律的深刻总结。

三是“有我之境”与“无我之境”说。“有有我之境,有无我之境。‘泪眼问花花不语,乱红飞过秋千去。’‘可堪孤馆闭春寒,杜鹃声里斜阳暮。’有我之境也。‘采菊东篱下,悠然见南山。’‘寒波澹澹起,白鸟悠悠下。’无我之境也。有我之境,以我观物,故物皆著我之色彩。无我之境,以物观物,故不知何者为我,何者为物。”(第三则)“无我之境,人惟于静中得之。有我之境,于由动之静时得之。故一优美,一宏壮也。”(第四则)这里所说的“有我之境”,是指内心强烈的感情移注到了对象物上,因而所创造的境界带着显见的主观感情色彩。而“无我之境”则是感情极为平静、恬淡时所创造的境界。王国维又进而从创作过程的角度，指出创造这两种境界的条件。“有我之境”的二例分别出于冯延巳《鹊踏枝》，和秦观《踏莎行》，前者有感于南唐国运衰落，后者深为被贬郴州痛苦，内心强烈的感情移之于外物，称为“有我之境”是深有其理的。而“无我之境”的二例，则见于陶渊明《饮酒》和元好问《颖亭留别》，都是闲适、冷静之时所生的妙境，感情色彩极淡，故曰“无我”。尽管德国的康德、叔本华对此说有影响，但二人所论，远无王国维所说的精到和言简意赅。

因为王国维以“真景物”、“真感情”作为“有境界”的标识，所以他强调诗词中的形象应该鲜明可感。一方面，他从正面肯定“红杏枝头春意闹”，“云破月来花弄影”等句，由于得“闹”、“弄”之助而“境界全出”，着眼于关键用辞的生发感动之力。另一方面，他又反对“隔”，对隐约、朦胧，不充分显示事物特征，不明确表达感情的作品贬之甚低。从以上标准出发，他对历代词人、作品都有评论，且对五代、北宋词评价较高，对姜夔以后的南宋词评价较低。称道苏、辛者颇多，尤其以“真”推重李煜，而以“隔”贬抑姜夔，以“乡愿”痛斥吴文英、史达祖、周密、张炎等人，对周邦彦，则经由了从贬到褒的变化。其评论固不无失当处，但取舍标准却独拔于众流之外，为晚清极富个性色彩的论词之见。

《人间词话》与传统的诗话、词话不同，它置文艺的功利性于不顾，而侧重于美学的探讨、批评。虽未形成较完整、系统的思想，但既对西方美学有所汲取，又在传统的理论内核及外在形式上推陈出新。在处于新旧交接的时代条件下，它是中西文化撞击、融合的产物。非仅当时产生了很大影响，且八十年来一直为世人所瞩目，其学术价值和历史地位都不容低估。

（原载《中文自修》1988年4期）

《人间词话》的境界说

王国维(1877年—1927年)的《人间词话》,历来为美学和古典文学研究者所推崇,其理论核心是“境界说”。

《人间词话》的“境界说”包蕴甚广,其中,既有叔本华哲学留下的痕迹,也有对我国古典美学的汲取,但终又出于王国维自己之所得。

《人间词话》开宗明义就提出:“词以境界为最上。有境界则自成高格,自有名句。五代北宋之词所以独绝者在此。”但境界怎样产生呢?王国维认为在于诗人之“能观也”,这个“观”,就是叔本华所说的审美观照。叔本华认为,事物的美是“理念”的表现,而美感则产生在“只有当我们对这东西的观照不受充足理由原理支配,不寻求它对任何外在事物的关系,而停止在这对象本身之上的时候,才能发生这样的认识”①。也就是说,只有通过纯粹的静观才能感受美,从而也掌握理念。王国维接受了叔本华这一思想,认为只有诗人能通过审美静观来创造境界,“一切境界,无不为诗人设。世无诗人,即无此种境界。夫境界之呈于吾心而见于外物者,皆须臾之物。惟诗人能以此须臾之物,镌诸不朽之文字”。

具体说来,境界是怎样创造的呢?王国维说:

> 有造境,有写境,此理想与写实二派之所由分。然二者颇难分别。因大诗人所造之境,必合乎自然,所写之境,亦必邻于理想故也。

> 自然中之物,互相关系,互相限制。然其写之于文学及美术中也,必遗其关系、限制之处。故虽写实家,亦理想家也。又虽如何虚构之境,其材料必求之于自然,而其构造,亦必从自然之法则。故虽理想家,亦写实家也。

这两段话可以归纳出三个意思:一是造境和写境都属于创造境界的方法,二是造境属理想派文学所创,写境属写实派文学所创,三是理想与写实难于截然分开,因为造境要合乎自然,写境要邻于理想。对这些观点,王国维作了辩证的说明。“合乎自然”的说法源于叔本华的“天才只不过是最完全的客观性”,王国维强调“能观”,就是要摆脱意志、利害的束缚,使自己成为审美静观的纯粹主体,用叔本华的话来说,这样“以前在意志之路上追求而往往失诸交臂的宁静心情便立刻不促而至”,“天才的本质

---

① 叔本华.意志及表象之世界[M]//缪灵珠美学译文集.北京:中国人民大学出版社,1987:358.

就在于从事这种静观的卓越能力”，从而“把在心中浮动的飘忽的形象固定为经久的思想”。也就是王国维所说的能以“自然之眼”观物，以“自然之舌”写境。当然，“合乎自然”的说法又非仅是对叔本华理论的学习，因为早在战国时期，荀子在《正名》中就说过：“心忧恐，则口衔刍豢而不知其味，耳听钟鼓而不知其声，目视黼黻而不知其状。”至于“邻于理想”，则源于叔本华的“美是先天的”说法。叔本华说：“美的知识绝不可能纯粹是后天的，它总是先天的，至少有一部分是先天的……只有依赖这种预料，我们才能认识美……这种预料就是理想。”[①] 在叔本华看来，先天的理想和后天的自然相结合就是理念的显现。在王国维，则是说大诗人所创造之境界，必合乎自然，又邻于理想。

“境界说”的又一重要内容是将境界分为“有我之境”和“无我之境”：

> 有有我之境，有无我之境。“泪眼问花花不语，乱红飞过秋千去。”“可堪孤馆闭春寒，杜鹃声里斜阳暮。”有我之境也。“采菊东篱下，悠然见南山。”“寒波澹澹起，白鸟悠悠下。”无我之境也。有我之境，以我观物，故物皆著我之色彩。无我之境，以物观物，故不知何者为我，何者为物。

> 无我之境，人惟于静中得之。有我之境，于由动之静时得之。故一优美，一宏壮也。

所谓“有我之境”，是指内心有较强烈的感情驱动着自己创作，从而将感情移注到了对象物之上，因而“以我观物，故物皆著我之色彩”。而“无我之境”，则是指感情不占主导地位时所创造的境界，是“以物观物”，以冷静的理智投入创作的结果。“有我之境”“宏壮”，在于创造这种境界时主观心理状态与客观环境不平衡，此时外物对自己不利，但又非自己的力量所能制服，因而只能力求以理念来达观对象，在情绪渐入平静时创造出这种境界。南唐冯延巳的“泪眼问花”二句是写春去难留，但此时正值南唐国势日下，作者身为重臣，又岂非将心中感受移注到落花？而北宋秦观的“可堪孤馆”二句，正是作者被贬郴州时所作，心中孤苦移之于杜鹃、斜阳，因而这二例作为“有我之境”的实例是不难理解的。同样，心情闲适、恬淡，冷静之中自生妙境，陶渊明和元好问二例也是典型的例子。叔本华也曾说过类似的话，如：“主观的心情，意志的影响，把它的色彩染上所见的环境。”“每当我们达到纯粹客观的静观心境，从而能够唤起一种幻觉，仿佛只有物而没有我存在的时候……物与我就完全溶为一体。”[②] 但所说未及王国维精到。

在《人间词话乙稿序》中，王国维进一步发展了“有我之境”、“无我之境”的理论。他把意与境分开来讲，认为：“上焉者意与境浑。”“其次或以意胜，或以境胜。”“出于观我者，意余于境。”“出于观物者，境多于意。”这些说法较之“有我”“无我”更易于理解，也更准确，后来朱光潜先生在《诗论》第三章有进一步论述和发挥。

---

① 叔本华. 世界是意志和表象[M]//藤咸惠. 人间词话新注. 济南：齐鲁书社，1981.

② 叔本华. 世界是意志和表象[M]//藤咸惠. 人间词话新注. 济南：齐鲁书社，1981.

“境界说”除以上两个内容外，还就用字与境界生成的关系阐明了己见，并进而提出“隔”与“不隔”的理论，肯定了充分显示事物的特征，才能“境界全出”，只有鲜明、清晰、准确、传神，才能“不隔”。此外，“喜怒哀乐亦人心中之一境界”，“境界有大小之分，不以是而分优劣”等，王国维亦作了阐释。

王国维“境界说”虽受到了叔本华“理念说”的显著影响，但毕竟产生在我国古典美学的土壤上。传为王昌龄所作的《诗格》已有“物境”、“情境”、“意境”之说，诗僧皎然有专论“取境”的文字，并有“诗情缘境发”一语，刘禹锡有“境生于象外”的说法，司空图的《二十四诗品》更昭示了二十四种境界。经宋、元、明、清四代发展，对诗歌情景关系的研究更为丰富和深入。《人间词话》的“境界说”正是在继承古代诗歌理论的基础上，融合了叔本华的学说，出以己见，并发挥尽致。而且值得指出的是，由于王国维接受了我国传统诗论的影响，使《人间词话》摆脱了叔本华哲学的消极色彩，具有鲜明的民族性和进步性。

叔本华认为，作为世界的本质与核心的“意志”永远是盲目的、不停的冲动，因而人生也充满了永恒的痛苦。通过佛教的“涅槃”可以绝对否定意欲，达到根本的解脱，但这难以做到；可行的是以哲学的沉思，艺术的美的观照暂时否定意欲，求暂时解脱。王国维虽受到叔本华这种悲剧哲学的影响，也认为诗词的第一义是“忧生之嗟”，但因为我国传统诗论为儒家的“入世”观所制约，王国维浸染既久，所以在评价具体作品时能与“解脱说”相背，肯定“诗词者，物之不得其平而鸣者也。”赞美屈原、陶渊明、杜甫、苏轼等，可见对现实主义道路的肯定。

叔本华的“理念说”充满了神秘主义和不可知论色彩，他的通过审美静观认出理念的说法是主观唯心主义的理论。王国维的“境界说”既受其影响，但又摆脱了不可知论，如以形象的三境界说来昭示成大事业、大学问者的道路，就既含深刻的哲理，又给人以现实的形象启迪。

叔本华的学说在强调审美观照时具有只求“纯美”的特点，王国维受其影响，在《人间词话》中也强调文艺的非功利性。但是，由于我国传统诗论对“善”的强调，王国维受其影响，也认为“内美”和“修能”“不能缺一”，词为抒情之作，尤应重内美，因而批评“周旨荡而史意贪”，肯定诗中屈、陶、杜，词中苏、辛等人。尤其值得注意的是，王国维极其强调文学的真实性，反对“哺啜”、“文绣”，要写“真景物，真感情”，反对言不由衷。真善结合，因而痛诋“游词”，斥责“乡愿”，鄙视“儇薄”，这些无疑都具有进步意义和鲜明的时代色彩。

当然，《人间词话》作为一部评判作家作品的批评著作，未免有标准单一、褒贬随意的主观色彩；作为一部美学著作，也显得支离而庞杂，未能构成严密的系统。但是，王国维在20世纪初就能实践其“中学西学”“互相推助”（《国学丛刊序》）之倡，在传统词话形式和传统理论基础上汲取西方理论，遗貌得神，写出这样一部结传统之旧又得风气之先的著作，其探索精神和理论勇气是值得肯定的。

（原载《中文自学指导》1991年5期）

其　　他

词坛拨乱反正的功臣
——对吴世昌先生反对论词“二分法”及重新评价苏轼词的体会

在20世纪即将过去之时，回顾本世纪的词学研究，我们可以举出许多大家的名字，他们在各个具体领域的贡献均昭昭具在。吴世昌先生的学术成就是多方面的，据先生自述，治学兴趣发端于文史研究，1938年在西北联大授课时，始治学词，不久改任中山大学教授，因有冯沅君教授教词，改任其他课程。直到1946年后，才陆续发表论词文章，但是，编纂《词学导论》一书的意愿，却因1947年的赴英讲学而未得实现。在牛津大学任教时，除讲课外，主要致力于红学研究，这一研究持续至1962年归国后而直到1979年。出国讲学后的三十多年中，没机会进行专门的词学研究工作，却读了不少词书，作了许多札记。①所以，吴世昌先生作为词学家，主要是在80年代，春华秋实，厚积而发。此时老一辈词学家如龙榆生、胡云翼、詹安泰、沈祖棻都已逝世；夏承焘移居北京，学术活动已至尾声；唐圭璋主要致力于培养新人，整理旧著。所以，吴世昌先生作为老一辈知名学者，却以勇立新论而给词坛以震撼，影响自不待言。

在纪念吴先生诞辰九十周年之际，我不想对他的词学思想、成就作全面的泛泛之评，而是集中就他的反对以“豪放”、“婉约”划派论词，及相关的对苏轼词的评价，发表个人的管见，以期求教于各位专家。

一

吴世昌先生曾观点鲜明地指出：

> 新中国成立以来的词学研究，其中有一个问题，就是以豪放、婉约划线，“言必称苏、辛，论必批柳、周”，并且人云亦云，形成了一种牢不可破的习惯势力。其实这是不切实际的。我非常不赞成这种错误做法。②

为什么反对这种“二分法”？吴先生列举了十条理由：

---

① 吴世昌.我的学词经历[M]//罗音室学术论著.北京：中国文联出版公司，1991.

② 吴世昌.我的学词经历[M]//罗音室学术论著.北京：中国文联出版公司，1991：6.

一、用孤立的两个字概括某大作家的作品是不正确的，不公平的，不科学的。

二、使读者不能全面地认识某个作家，误认为某人之美尽于斯矣。

三、养成学术上专制、独裁的学风。你只要提出别的评价，就是反对“豪放”。

四、抹杀作家作品除豪放以外的一切优点，远远超过“豪放”的优点，使某一大作家多种多样的作品统一于一个名词之下。

五、机械的分派，堵塞了自由研究之路。我们主张自由研究，把批评家、鉴赏家从人云亦云、随口附和的懒惰恶习中解放出来，不再受分派的牢笼束缚。

六、分派有必要吗?完全没有。一个批评家只有在失去了具体问题具体分析的能力时，才只好乞灵于分派这个以偏概全的笨办法。

七、说苏是豪放派，是挂十漏三百。

八、苏轼的上百种姿态深意，用“豪放”这顶大帽子一盖，就抹杀或掩盖了其余九十九种优点。

九、试问哪一首苏词洗了“绮罗香泽之态”?

十、是苏学柳永，还是柳永学苏? ①

平心而论，吴先生的上述十条并非十全十美，我个人对其中的第七、第九条就有不同看法。然而，就总体综合而言，这十条反对“二分法”的理由，应是全面的，站得住脚的。

“豪放”与“婉约”之分及相应的流派归属，即使不够允恰、稳当，本来也只属于风格学范畴内之事，而风格与内容、题材之间的亲密关系，本来也是文学的常识问题，时至今日，当然也不会有人将这些同观点、立场、态度相联系，作出是非、曲直之辨。然而，在“左”的思潮泛滥的年代，“古为今用”的原则就会造成学术以外的政治问题。所以，在新时期的词学研究中，吴世昌先生一再反对“豪放”、“婉约”的“二分法”，确实是抓住了新中国成立后词学研究中的症结。与此同时，明确声称“我们主张自由研究”，鄙弃专制、独裁、人云亦云的学风。应该说，此论、此举确实具有拨乱反正的意义，在新时期的词学史上可以写上浓重的一笔。

先师万云骏教授在1962年发表的《词话论词的艺术性》一文中，② 就曾指出：“婉约派的词，以离别相思、伤春伤别为主要内容，一般都带着浓厚的感伤主义色彩，加之其表现手法，有时比较曲折而深婉，仓促之间，不易领会其佳处，因此在某些文学史或某些论文中有估价偏低的现象。”尤其认为如刘大杰的《中国文学发展史》和北大的《中国文学史》等著作，将婉约词人归入“格律派”，说他们所走的是“追求格律的形式主义道路”，是显然的贬低。他很明确地表明自己的观点：“这些词家，在前人的评论中，虽意见并不完全一致，但多数认为是比较优秀的作家……这种古今评价的分歧，我认为，不仅关联着这些词人在词史上的地位，也关联着大多数所谓婉约派词人在词史上、诗歌史上的作用与影响，而且还关联着我们今天如何对词这种艺术遗产的批判

① 吴世昌. 罗音室学术论著[M]. 北京：中国文联出版公司，1991：791.

② 万云骏. 词话论词的艺术性[J]. 学术月刊，1962(2).

地继承问题。”在当时的政治条件下，万云骏先生虽只能对大多数“刻意伤春复伤别”的作品，作出“政治上无害”的辩护，却又概括出婉约派词人在古典诗歌发展史上的四方面贡献，以及就前人词话中有关词的艺术性的论述，指出词的艺术成就对古典诗歌抒情艺术的五点发展。新时期以来，万先生又写过《试论宋词的豪放与婉约派的评价问题——兼评胡云翼的〈宋词选〉》等论文，[①] 重申上文的观点，并进而对以豪放派为主流、婉约派为逆流的观点，表明了自己较系统、深入的不同看法。

仅以先师万云骏先生前后相隔二十年的论文为例，是要说明吴世昌先生的反对“二分法”，并非孤独的呐喊。而吴先生之高于其他论著之处，是在于他不但指出了诸如较流行的《中国文学史》等著作中，对豪放、婉约的褒贬失当，而且由时人而上溯历史，指出了今承古错的缘由。

吴世昌先生在《我的学词经历》一文中说：产生以豪放、婉约划线，“言必称苏、辛，论必批柳、周”的错误，“除了大家都知道的原因以外，寻根究底，我看还有两方面的根源：一是胡寅的谬误，二是宋人笔记小说的谬误。胡寅所谓‘眉山苏氏（苏轼），一洗绮罗香泽之态，摆脱绸缪宛转之度’，所谓‘《花间》为皂隶’，‘柳氏（柳永）为舆台’云云，完全是一派胡言。胡寅不曾传下一首词，也许根本不懂词，但‘外行领导内行’，后世的词论家则跟着瞎起哄。这是一大根源。其次，产生这种错误，与宋人爱编造‘本事’也有一定关系。”[②] 再度批评胡寅，除其所训“曲”之所出“无知如此”外，又说“眉山苏氏，一洗绮罗香泽之态”，是“全非事实，信口雌黄，害人不浅。有平生不作一词者，独喜瞎批评，胡寅开其风”。[③]

吴先生认为，胡寅开了这个头，引来了不少仿效者，他们推波助澜，离事实甚远，而影响却不可低估。吴先生遂以自己言简意赅之论力斥其谬，不乏鞭辟入里之见。他在《罗音室词札》第二九则中驳刘辰翁《辛稼轩词序》时说：

> “词至东坡”，“如诗、如文、如天地奇观”，“然犹未至用经、用史、牵雅颂入郑卫也”。据此说，则上文所谓“天地奇观”，亦不过“郑卫”而已。以经史比雅颂，以诗文“天地奇观”比郑卫，其语无伦次、自相矛盾如此！

平心而论，刘辰翁此序的积极意义是显然易见的。刘氏对王灼《碧鸡漫志》以来关于词的深化理论，作了合理的继承，他把握住“诗言志”的根本，充分肯定了词从“缘情”向诗的移位，尤其对辛弃疾作了知人论世的理解。既然苏轼《祭张子野文》谓“微词宛转，盖诗之裔”，《与蔡景繁书》云“颁示新词，此古人长短句诗也。得之惊喜，试勉继之”，《答陈季常书》曰“又惠新词，句句警拔，诗人之雄，非小词也”，辛弃疾在“词为诗裔”的路上

---

① 万云骏．试论宋词的豪放与婉约派的评价问题——兼评胡云翼的《宋词选》[M]//词学论稿．上海：华东师大出版社，1986.

② 吴世昌．我的学词经历[M]//罗音室学术论著．北京：中国文联出版公司，1991：7.

③ 吴世昌．罗音室学术论著[M].北京：中国文联出版公司，1991：690

继续发展,又如刘辰翁所说:“稼轩胸中今古,止用资为词,非不能诗,不事此耳。”所以稼轩的以词为“陶写之具”,又“用经用史”,确是在继承苏轼,为“坡公少子”的同时,又发展了东坡的词风。但是,刘辰翁在肯定苏辛递进发展同时,并未确立同一个参照系,即使并非真正语无伦次、自相矛盾,但以经史为最高,诗文次之,将辛词比为雅颂,而前人之词为郑卫,“志”对“情”的挤兑,却是失落了词的本原,宜为吴世昌先生所讥诋。

吴先生在《评〈白雨斋词话〉》的卷首总批之二中说:

> 自清末以来,评词者往往抑柳扬苏。盖皆站在士大夫立场评论,觉柳之鄙俚,推苏之雅正。实则词之为体,出自民间,正要有俚语以见其本色。故苏欲求俚而自恨不可得(见《与鲜于子骏书》中解嘲)……今之评词者,如能站在第三者立场,从士大夫正统观念解放出来,则不当以柳之鄙俚为病。柳词以外,周、秦、黄、张(先),又何尝不用俚语,特评者不察耳。

如用这段话来观照对刘辰翁的驳斥,“俚语”就不仅是语言风格问题,“词之为体,出自民间,正要有俚语以见其本色”,亦可移作以看待“郑卫”是否应让位于“雅颂”?刘辰翁肯定苏、辛诚然不错,但其所拟喻、褒贬,又岂非“士大夫正统观念”的表现?

陈廷焯虽非以豪放、婉约定词之高下者,其以“沉郁”论词,一仍张惠言之尚“寄托”,当然无悖于士大夫立场和正统观念。我们固然可以肯定陈廷焯在清末风雨飘摇之时,萦念世事而倡以“沉郁”,然而,以今释古,曲解前人,却是实不可取。吴先生讥其“飞卿《菩萨蛮》十四章,全是变化《楚骚》”,谓“飞卿自写少女情态,与《楚骚》何涉?满口梦呓,一心欺人”;认为他评北宋词,尤其“晏欧著名一时,然并无甚强人意处;即以艳体论,亦非高境”之说极为不妥,说:“北宋词多为‘艳体’。何谓‘即以艳体论’?艳体以外,尚有若干可论之体?既钻入‘沉郁’之牛角尖,则角外天地自然不见矣。”都是一针见血的真知灼见。

若谓胡寅揄扬苏轼的“胡说”只是对“豪放”风格的偏嗜,清末的“士大夫立场”就显然是将原本“缘情”之词作了“言志”的政治解读,而解放以来的以豪放、婉约划线,甚至判作主流、逆流,更是变本加厉,与真正的“无产阶级立场”距离甚远。恩格斯在《诗歌和散文中的德国社会主义》一文中,曾就如何评价歌德,提出了著名的原则:“我们决不是从道德的、党派的观点来责备歌德,而只是从美学和历史的观点来责备他;我们并不是用道德的、政治的,或‘人的’尺度来衡量他。”[①]历史唯物主义的观点,非政治、非道德的眼光,深入的文艺美学的研究,才是正确的、应取的,对唐宋词切不能用简单的“二分法”来评判、取舍。

吴世昌先生论词的精髓在于一个“真”字,并一以贯之。他在《我的学词经历》一文的最后部分说:

---

① 恩格斯.诗歌和散文中的德国社会主义[M]//马克思恩格斯全集.北京:人民文学出版社,1958:257.

对于填词此道，我一向主张“真言语真性情”。离开这个“真”字，也就丧失了生命力。同时，也只有这个“真”字，才能深切体验古词人之良苦用心，也才能学好词，写出有助于词苑、有益于读者的词论。

《我的词学观——〈罗音室诗词存稿〉跋》更详细论道：

填词之道，不必千言万语，只二句足以尽之。曰：说真话；说得明白自然，切实诚恳。前者指内容本质，后者指表达艺术。《易》曰“修辞立诚”，要不外此。论古今人词，词不必千言万语，只此二句足以衡之：凡是真话，深固可贵，浅亦可喜。凡游词遁词，皆是假话……依此准绳，则知晚唐五代词之可贵，即在其所说大都真话。其名物形象，皆即景写实……故至今读之，犹有真切之感。降而至于屯田之楚馆秦楼，小山之歌儿酒使，愁恨缠绵，情思宛转，形诸楮笔，其语率真。有东坡之豁达，则其豪语皆真。有稼轩之高迈，则其壮语皆真。有美成之深挚，则其情语皆真。有梅溪之韵致，则其绮语皆真。惟大晏身历富贵，斯能道富贵景象。惟文正亲戍边塞，故能传边塞气概。武穆忠勇，乃有沥血之辞。放翁义愤，遂成立懦之文。

吴先生列举而作肯定的，既有二晏、柳、周、史，又有范、苏、岳、陆、辛，不作“豪放”、“婉约”的两分法，取舍的标准惟在一“真”字。看似简单，实是不易。因为这既要挣脱现代人“政治”、“道德”、“党派”的诸般羁绊，又要透过近世以常州词派为代表营造的历史迷雾。正如吴先生在同一文中所说：“自寄托之说兴，而深涩之论作。推而衍之，则曰沉郁，曰重拙。于是言情者曲讳其情，感事者故掩其事……巧为缘饰，不欲以真情相见。甚至前人之作，亦被曲解。如正中《蝶恋花》明言闲情，而皋文既解作忠爱，又斥其大言，卒乃指为排间异己……此皆不惜强古人就我，以自圆其说。于是世之好为模棱两可之语者，竞趋于乡愿之途，以为不尔则不成其寄托、深涩、沉郁、重拙之功。”近代论词虽非以豪放、婉约划线，而政治、道德、功利的标准之挤兑真情，则与现代一致。缘于此，吴世昌先生的反对豪放、婉约二分法，由今人而追究古、近人，非但让人体会出其中历史的底蕴，而且定位于“情”，以“真”相尚，于词本身，是返本清源，于研究而言，则有拨乱反正的现实意义。

二

反对以豪放、婉约划线，必然涉及具体词人的评价，而被视为豪放派创立者的苏轼，就成了吴世昌先生重新审视、评价的主要对象，相应的北宋究竟有没有豪放派词，也是吴先生的重要论题。

《罗音室词札》中，引古今人所论，对苏轼的“豪放”作了颇多辨析。第二八则云：

放翁谓歌东坡词，曲终，觉天风海雨逼人。《历代诗馀》引此说，并称："公非不能歌，但豪放，不喜剪裁以就声律耳。"此"豪放"乃指其人性格，非指其词作风。坡词多小令，岂能"豪放"？史称李邕、苏舜钦豪放皆此意。

第三〇则：

玉田赞东坡词"清丽舒徐"，不赞其豪放。

第三一则：

遗山谓东坡词"虽时作宫体，亦岂可以宫体概之"，如此亦可为下一转语，曰：虽作豪词，亦岂可以豪词概之。

第三三则：

介存曰："人赏东坡粗豪，吾赏东坡韶秀"，介存时有卓识，不附宋人妄语。

第三四则：

刘熙载……又曰："东坡《定风波》云：'尚余孤瘦雪霜姿'，《荷花媚》云：'天然地别是风流标格'。雪霜姿、风流标格，学坡词者，便可从此领取。"试问"风流标格"，"雪霜姿"是"豪放"还是"婉约"？

第三五则：

榆生又曰：北宋末、南宋初期，所有诗人志士，于丧乱流离中，往往藉这个长短句歌词来发抒爱国思想，以及种种悲愤激越的壮烈怀抱云云，可见豪放悲凉作风乃时势逼成，非某人特殊作风也。介存论稼轩"敛雄心，抗高调；变温婉，成悲凉"，悲凉亦异乎豪放，仍保有温婉于小令之中。

综上面数则之辨，张炎、周济、刘熙载这些著名词论家，欣赏东坡在于"清丽舒徐"、"韶秀"、"雪霜姿"、"风流标格"，而非以"豪放"取之。即以"豪放"言，乃指其人性格，而非词风。尤其豪放悲凉乃时势所成，非某人特殊作风，可见"知人"毕竟难离"论世"。

吴世昌先生既引前人所论，辨析苏轼词的主导面不在"豪放"，又继在《罗音室词札》中阐发自己的见解。在三七则中，他就苏轼赤壁怀古的《念奴娇》中"既有小乔，当然也有‘绮罗香泽’”，明确道出“要‘一洗绮罗香泽’实在不容易”，既然“被众口一词指为‘豪放派’词”“也不免露出绮罗香泽”，又遑论他作？吴先生对胡寅所论，“攻其一点”，然后，作真正的知人论世之论。

吴世昌先生认为：就“世”而言，北宋在“花间派”起来不久，“尚在少年时代，大可发展。故北宋词大都有《花间》风韵”。苏轼生当此时，只能是“脱离《花间》而济以才气，境界开阔些，但尚谈不到‘豪放’，可称为‘旷达’而已”。就“人”而言，“东坡是大作家，不能限以‘词人’，更不能限以‘豪放派词人’”，“东坡才高而宦途蹭蹬，郁塞牢骚之气远胜于豪放，不若稼轩少年时即率军转战南北，归顺南宋，‘壮岁旌旗拥万夫’，乃是实事。若东坡作此语则虚夸可嗤矣”。言简意赅，甚切事理。

如谓以上“定性”式的议论尚是“宏观”的概述，那么吴先生入于微观的“定量”分析就很见说服力了。他说：

> 《东坡乐府》三百余首内容初步分类：以咏妓、赠妓、酬人妾、赠姬妾、闺情、闺怨及绮怀最多，约六十余首。行旅、感旧、怀人及送别、留别其次，各三十多首，气候、令节及应酬、宴饮再次之，各亦三十余首，咏物（绝大部为咏花）约三十首，游览及咏景各十多首，游仙、求仙词约十首，其他如纪梦（包括绮梦）、说理达观、述怀希望、告老隐退咏病、社会风俗、谈禅、调侃，文字游戏、集句等各三、四、五、六首不等。

为此，吴先生有足够的理由驳斥道：

> 世称东坡、稼轩为豪放词派，然东坡乐府三百三十首中豪放之作如“大江东去”、“老夫聊发少年狂”、“明月几时有”，不过三、五首耳，他词多属于所谓婉约一派。不见三百多首婉约缠绵哀感温馨之作，而但举其三数粗豪之作，而斤斤辩论曰东坡为豪放之主，真自欺欺人之谈。

“质”的“定性”应该建立在“数”的“定量”基础上，苏轼虽以其豪放词表现出“这一个”的独特之处，但是用“豪放派”来概言之，显然是失当的。

在《有关苏词的若干问题》这一系统的论文中，吴先生进而由苏轼推及北宋其他词人，对北宋的豪放派这一说法提出质疑。他认为：“……我们至多也只能说，北宋有几首豪放词，怎么能说有一个‘豪放派’？如果真有这一派，试问有多少人组成？以谁为派主？写出了多少‘豪放’词？收印什么集子里？……至于所谓‘豪放词’，举来举去，也只是苏轼的那几首。即使再加上宋初范仲淹的《渔家傲》，甚至再加上苏轼的政敌王安石的《桂枝香》，一共也数不到十首。能够得上一个派吧？”不到十首之说或许太绝对，定量分析的结果却足以证明北宋并无豪放派这一事实。

在《宋词中的“豪放派”与“婉约派”》这篇论文中，吴世昌先生再作“论世”的分析，说明被论者称为“豪放”派的词作，只能产生在靖康之变以后。在北宋，以《花间》为正宗，“文人为了歌女演唱而写作，当然只能沿着《花间集》的传统……在这种‘歌舞升平’的气氛之下，他们征歌选舞，是受政府鼓励的一种上流社会普遍的风气”。词风丕变的原因在于世变，“但自靖康之变以后，北宋亡国，人民大量逃难到江南，流离颠沛之苦，妻离子散之惨，国土沦亡之痛，引起了大多数知识分子的悲愤感慨，怎么还有心思‘品清讴娱客’？在这种局面之下写出来的作品，当然是慷慨激昂，义愤填膺的，所以南宋词人中多有所谓‘豪放派’是理所当然的”。即便如此，吴先生还对“豪放”作了循名责实的质疑，他紧接论道：“其实‘豪放’二字用在这里也不合适，应该说‘愤怒派’、‘激励派’、‘忠义派’才对。‘豪放’二字多少还有点挥洒自如、满不在乎、豁达大度的含义。”《罗音室词札》也有类似说法，即南宋有派，却难以“豪放”目之。第一三五则说：“稼轩有二龙（龙洲、龙川）为之辅翼，故能成派，然不得谓之豪放。南渡以后士大夫感慨万状，豪而不放。”

既然对“豪放”一名质疑，认为人们所说的“豪放”词是名实两乖，吴先生必然对此作字源性研究，以撼目苏轼词为“豪放”之根本。他在《宋词中的“豪放派”与“婉约派”》一文中写道：“‘豪放’之说不知起于何时。陈登不理许汜，许汜说他‘湖海之士，豪气未除’。显然说陈登傲慢，并非褒词。‘放’字则似乎起于魏晋间‘放浪形骸之外’一语，结合‘豪’与‘放’为一词而成为‘豪放’，大概起于唐朝，《唐书》称李白为‘豪放不能治细行’，则是指其品行。”紧接是关于苏轼的“豪放”：“陆游为别人说东坡词‘不能歌’辩护：‘公非不能歌，但豪放不善剪裁以就声律耳。’也是说东坡为人性格‘豪放’，不是说他的词属于‘豪放’一派。”在《罗音室词札·补录》第三一则中，又指出“东坡‘豪放’之说，始见于刘熙载《艺概》：‘东坡词颇似老杜诗，以其无意不可入，无事不可言也。若其豪放之致，则时与太白为近。’‘婉约’一词始见于《四库全书总目提要》‘沈端节吐属婉约’。《蒿庵论词》引此二语。又曰‘而《南歌子》（远树昏鸦闹）一阕，尤为字字沉响，匪仅以婉约擅也’。”而对“豪放”、“婉约”二辞，吴先生实又偏在对以前者论词的否定，《罗音室词札》对“豪放”有详尽的排他性界定，而对“婉约”尚表赞许。第三六则云：

> 写景不是豪放，发牢骚不是豪放，感慨不是豪放（广武之叹不是豪放），送客惜别不是豪放，云愁雨恨不是豪放，夸张自负不是豪放，大言炎炎不是豪放……吕恰慈认为：用现成词语，不求甚解，不问原意，只是存储反应。随手牵来配上，其实不切作者原意。这些存储反应，无文学批评的价值。试问何为豪放?何为婉约？后者尚可引《玉台》之序以为解释，至“豪放”二字，实毫无意义。

笔者个人认为，对吴先生所论，还可以作些补充。首以“豪放”论东坡的，不是刘熙载，而是南宋绍兴年间的曾慥，他在《东坡词拾遗跋语》中，有“豪放风流，不可及也”一说。而此前的苏、柳之辨，实已导其先。俞文豹《吹剑录续》载：“东坡在玉堂日，有幕士善歌，因问：‘我词何如耆卿？’对曰：‘郎中词，只合十七八女子，执红牙板，歌杨柳岸晓风残月。学士词，须关西大汉，绰铁板，唱大江东去。'公为之绝倒。"这位幕士即袁陶。后来，吴灏在《历代名媛诗词题辞》中说："自宋人说部有铁板、红牙之喻，词家乃分豪放、婉约两派。"明代张延将豪放、婉约相对举之论颇为著名，他为《诗余图谱·凡例》所写按语云：

> 词体大略有二：一体婉约，一体豪放。婉约者欲其词调蕴藉，豪放者欲其气象恢宏。然亦存乎其人，如秦少游之作，多是婉约；苏子瞻之作，多是豪放。大约词体以婉约为正，故东坡称少游为"今之词手"，后山评东坡"如教坊雷大使舞，虽极天下之工，要非本色"。

只是今人将其"大约词体以婉约为正"之说作了颠倒、进退、升降的结果，导致新的"豪放"、"婉约"说的诞生。

历史上的许多词话家，论及东坡词时，本非只有"豪放"一语。胡仔《苕溪渔隐丛话·后集》卷二六曾举多例，见出所赏坡词之多种风格。王若虚《滹南诗话》卷二称道其"落笔皆绝尘"。元好问《遗山文集》卷三六赏其"情性之外，不知有文字"。王世贞《弇州山人词评》赞其"丽而壮"。王士禛《花草蒙拾》着眼于他的另一面："枝上柳绵，恐屯田缘情绮靡，未必能过。"邓廷桢《双砚斋词话》以"清刚隽上"言其主体风格，又兼及其他。近代以来，除吴世昌先生已注意到的周济言"韶秀"，刘熙载谓"霜雪姿"、"风流标格"外，张德瀛《词征》所评的"轩骁"，王鹏运《半塘遗稿》所评的"清雄，夐乎轶尘绝迹"，都是对苏词风格的重要论定。所以，只用"豪放"概言东坡词，并进而以苏轼为北宋豪放派的领袖，其不妥之处显而易见。

本来，我国对诗文及艺术的评价早已有刚柔之分的倾向，看到苏轼偶以关西大汉之风突入红牙拍板的传统园苑，而承认他的开派之功亦未尝不可，当然，能似冯煦为朱祖谋注《东坡乐府》作序那样，指出苏轼词"刚亦不吐，柔亦不茹"，有"树秦柳之前旃"，"导姜张之大辂"之功，不作以偏概全之论，就更为可取了。问题在于，今人沿袭古人（如胡寅）评判之误，又在"士大夫立场"的政治学、社会学的"研究"路上越走越远，功利的、政治的、道德的、党派的观点更在特定的历史时期，发展成"左"的眼光、标准，以对苏词的评价及豪放、婉约"二分法"，造成了词学研究的一大误区，甚至从者甚众，久而不知其错。缘于此，吴世昌先生不遗余力地反对论词"二分法"及重新评价苏轼词，虽言词激烈，却让人发一猛醒，他的所论也成为新时期词学研究的重要话题。

今天，在纪念吴世昌先生九十诞辰之时，我们不由得想起海宁的先贤对词坛的贡献：20世纪初，王国维先生以《人间词话》开词学研究的新局面，80年代，吴世昌先生成了词学研究新时期拨乱反正的功臣。我们纪念先贤，理应努力不殆，愿薪尽火传，生生不已！

（原载《海宁名人研究》第三辑《吴世昌研究》，1999年5月出版）

吴世昌先生的词史观

吴世昌先生是浙江海宁人,现代著名学者。据吴先生自述,他的治学兴趣发端于文史,1938年在西北联大授课,始治词,后改任中山大学教授,因有冯沅君教授任词学课,遂停之,直到1946年后,才陆续发表论词文章,并有编纂《词学导论》之愿。因1947年赴英讲学,在牛津大学任教,讲课以外,主要致力于《红楼梦》研究,持续到1962年回国后,而直到1979年。他在出国后的30多年中,虽未作专门的词学研究,却读了不少有关词学的书籍,作了很多札记,[①] 为后来的研究奠定了基础。十年"文革"过后,老一辈词学家或已过世,或研究已至尾声,吴世昌先生却厚积薄发,硕果频出,又以勇于立论而震撼词坛,俨然是词学界一大领袖,在词史观上尤多见解。笔者在此欲举其要点,窥其学术个性,略谈浅见,望能就教于方家。

一

吴世昌先生的词学研究成果多见于改革开放以来的新时期,伴随着思想解放,先生所论也在词学界具有拨乱反正的意义,其中最为明确、且是先生多次论到的,就是反对长期以来绝对化的豪放、婉约两分法,以及失当的扬前抑后态度。

豪放与婉约本与我国古代哲学的阴阳、刚柔说大体相对应,而随着对文艺作品欣赏、辨析能力的提高,美学与文艺理论研究的深入,古人对作品风格的辨析也趋于细致,如刘勰有八体之分,皎然有十九字之辨,司空图更标举二十四诗品(传)。词虽门小而径狭,但豪放与婉约是不足以概括全部风格的,清人陈廷焯析唐宋词为十四体,近人詹安泰也有八种风格之说。若弃繁就简亦作两分,则按习惯的说法,自温庭筠、韦庄以来就有清空、质实或疏、密之别。因此,虽说豪放、婉约的两分法亦如姚鼐《复鲁絜非书》之仅言阳刚与阴柔之美,由博返约,得其大概;但由于词起于宫廷,得于酒令著辞,用于侑觞佐欢,多由妙龄歌女演唱,作者摹其声口,"男子作闺音",自以婉约为本色当行,豪放之作难以形成与之对称的关系,长期以来仅被视作别调、变体,因此,"两分法"并不符合词史的事实,无疑是绝对化、简单化的表现。

豪放、婉约之分及相应的流派归属,即使不够允恰、稳当,也只属于风格学范畴内之事,而风格与内容、题材之间的关系,也是文学的常识问题,本不应将这些同立场、态度相联系,作出是非、曲直之断案,甚而划队以取。然而,在极左思潮泛滥的年代,

---

① 吴世昌.我的学词经历[M]//吴世昌全集:第四册.石家庄:河北教育出版社,2003.

“古为今用”的原则会造成学术以外的政治问题。所以，自词学研究的新时期以来，吴世昌先生一再反对豪放、婉约的“两分法”，确实是抓住了问题的关键。他曾观点鲜明地指出：

解放以来的词学研究，其中有一个问题，就是以豪放、婉约划线，“言必称苏、辛，论必批柳、周”，并且人云亦云，形成了一种牢不可破的习惯势力。其实这是不切实际的。我非常不赞成这种错误做法。①

在其遗著《词林新话》中列举了十条理由，② 反对这种绝对的两分法：

一、用孤立的两个字概括某大作家的作品是不正确的，不公平的，不科学的。

二、使读者不能全面地认识某个作家，误认为某人之美尽于斯矣。

三、养成学术上专制、独裁的学风。你只要提出别的评价，就是反对“豪放”。

四、抹杀作家作品除“豪放”以外的一切优点，远远超过“豪放”的优点，使某一大作家多种多样的作品统一于一个名词之下。

五、机械的分派，堵塞了自由研究之路。我们主张自由研究，把批评家、鉴赏家从人云亦云、随口附和的懒惰恶习中解放出来，不再受分派的牢笼束缚。

六、分派有必要吗?完全没有。一个批评家只有在失去了具体问题具体分析的能力时，才只好乞灵于分派这个以偏概全的笨办法。

七、说苏是豪放派，是挂十漏三百。

八、苏轼的上百种姿态深意，用“豪放”这顶大帽子一盖，就抹杀或掩盖了其余九十九种优点。

九、试问哪一首苏词洗了“绮罗香泽之态”?

十、是苏学柳永，还是柳永学苏?

虽其中有些看法（如第七、第九条）并不一定完全符合事理，但总体而言，这些反对绝对“两分法”的理由，应是较为全面、大体正确的。

反对以豪放、婉约划线，必然涉及具体词人的评价，而被视为豪放派创立者的苏轼，就成了吴世昌先生重新审视的主要对象，与之相关的是苏轼有没有建立起一个豪放词派，也是重要的论题。

在《罗音室词札》中，吴先生引古今人所论，对苏轼的“豪放”作了颇多辨析。第二八则最得其根本：

放翁谓歌东坡词，曲终，觉天风海雨逼人。《历代诗馀》引此说，并称：“公非不

① 吴世昌.我的学词经历[M]//吴世昌全集:第四册.石家庄:河北教育出版社,2003:4.

② 吴世昌.词林新话[M]//吴世昌全集:第六册.石家庄:河北教育出版社,2003:18-19.

能歌，但豪放，不喜剪裁以就声律耳。"此"豪放"乃指其人性格，非指其词作风。坡词多小令，岂能"豪放"？史称李邕、苏舜钦豪放皆此意。[①]

第三六则又从反面入手，对"豪放"有详尽的排除性界定，并以"豪放"二字毫无意义：

写景不是豪放，发牢骚不是豪放，感慨不是豪放（广武之叹不是豪放），送客惜别不是豪放，云愁雨恨不是豪放，夸张自负不是豪放，大言炎炎不是豪放……吕恰慈认为：用现成词语，不求甚解，不问原意，只是存储反应。随手牵来配上，其实不切作者原意。这些存储反应，无文学批评的价值。试问何为豪放?何为婉约?后者尚可引《玉台》之序以为解释，至豪放二字，实毫无意义。[②]

既然豪放是指性格而非风格，牢骚、感慨、夸张、自负等都不属于豪放，那么，苏词风格的本质特点何在呢？吴先生从古今人所论以作辨析。《罗音室词札》第三〇则："玉田赞东坡词'清丽舒徐'，不赞其豪放。"第三三则引周济语："人赏东坡粗豪，吾赏东坡韶秀。""韶秀"自非豪放。第三四则引刘熙载的以苏词论苏词风格之语："东坡《定风波》云：'尚余孤瘦雪霜姿。'《荷花媚》云：'天然地别是风流标格。'雪霜姿、风流标格，学坡词者，便可从此领取。"因之而发"风流标格"，"雪霜姿"是"豪放"还是"婉约"之问。在吴先生看来，豪放并非苏词风格的本质与主体，因之第三一则云："遗山谓东坡词'虽时作宫体，亦岂可以宫体概之'，如此亦可为下一转语，曰：虽作豪词，亦岂可以豪词概之。"

定性分析应该建立在定量分析的基础上，这是应有的科学态度。为此，吴先生说：

《东坡乐府》三百余首内容初步分类：以咏妓、赠妓、酬人妾、赠姬妾、闺情、闺怨及绮怀最多，约六十余首，行旅、感旧、怀人及送别、留别其次，各三十多首，气候、令节及应酬、宴饮再次之，各亦三十余首，咏物（绝大部分为咏花）约三十首，游览及咏景各十多首，游仙、求仙词约十首，其他如纪梦（包括绮梦）、说理、达观、述怀希望、告老隐退、咏病、社会风俗、谈禅、调侃、文字游戏、集句等各三、四、五、六首不等。[③]

吴先生据此而驳斥道：

世称东坡、稼轩为豪放词派，然东坡乐府三百四十首中豪放之作如"大江东去"、"老夫聊发少年狂"、"明月几时有"，不过三五首耳，他词多属于所谓婉约一

① 吴世昌．罗音室词札[M]//吴世昌全集：第五册．石家庄：河北教育出版社，2003：212-213.
② 吴世昌．罗音室词札[M]//吴世昌全集：第五册．石家庄：河北教育出版社，2003：214.
③ 吴世昌．罗音室词札[M]//吴世昌全集：第五册．石家庄：河北教育出版社，2003：216.

派。不见三百多首婉约缠绵哀感温馨之作，而但举其三数粗豪之作，而斤斤辩论曰东坡为豪放之主，真自欺欺人之谈。[①]

苏轼虽以其豪放词表现出“这一个”的独特之处，但是因数首此类之作而用“豪放派”来概言之，显然是失当的。在《有关苏词的若干问题》一文中，吴先生进而由苏轼推及北宋其他词人，对北宋的豪放派这一说法提出质疑。他认为：“我们至多也只能说，北宋有几首豪放词，怎么能说有一个‘豪放派’？如果真有这一派，试问有多少人组成？以谁为派主？写出了多少‘豪放’词？收印什么集子里？……至于所谓‘豪放词’，举来举去，也只是苏轼的那几首。即使再加上宋初范仲淹的《渔家傲》，甚至再加上苏轼的政敌王安石的《桂枝香》，一共也数不到十首。能够得上一个派吗？”[②]不到十首之说或许太绝对，定量分析的结果却足以证明北宋并无豪放派这一事实。

吴先生不但对新中国成立以来词学研究的误导作出了自己的判断，还上追历史，寻找苏词豪放说之来由。他在《我的学词经历》一文中说：产生以豪放、婉约划线，“言必称苏、辛，论必批柳、周”的错误，“除了大家都知道的原因以外，寻根究底，我看还有两方面的根源：一是胡寅的谬误，二是宋人笔记小说的谬误。胡寅所谓‘眉山苏氏（苏轼），一洗绮罗香泽之态，摆脱绸缪宛转之度’，所谓‘《花间》为皂隶’，‘柳氏（柳永）为舆台’云云，完全是一派胡言。胡寅不曾传下一首词，也许根本不懂词，但‘外行领导内行’，后世的词论家则跟着瞎起哄。这是一大根源。其次，产生这种错误，与宋人爱编造‘本事’也有一定关系”[③]。胡寅非词家而是理学家，所说却影响很大，吴先生认为，胡寅开了头，引来不少仿效者，推波助澜，离事实却渐行渐远。吴先生针对胡寅所论，在《罗音室词札》第三七则中，就苏轼赤壁怀古的《念奴娇》中“既有小乔，当然也有‘绮罗香泽’”，明确道出“要‘一洗绮罗香泽’实在不容易”，既然“被众口一词指为‘豪放派’词”“也不免露出绮罗香泽”，又遑论他作？吴先生对胡寅所论取“攻其一点”策略，却是根本性的撼动。

吴先生认为，“北宋词大都有《花间》风韵”。苏轼只能是“脱离《花间》而济以才气，境界开阔些，但尚谈不到‘豪放’，可称为‘旷达’而已”。[④]而且他是大作家，不能限以“词人”，更不能限以“豪放派词人”，所说是平允可从的。那么，宋词中究竟有无豪放一派呢？吴先生在《宋词中的“豪放派”与“婉约派”》这篇论文中说，北宋时期，“文人为了歌女演唱而写作，当然只能沿着《花间集》的传统……在这种‘歌舞升平’的气氛之下，他们征歌选舞，是受政府鼓励的一种上流社会普遍的风气”。词风丕变缘于时世之变，“但自靖康之变以后，北宋亡国，人民大量逃难到江南，流离颠沛之苦，妻离子散之惨，国土沦亡之痛，引起了大多数知识分子的悲愤感慨，怎么还

① 吴世昌.罗音室词札[M]//吴世昌全集：第五册.石家庄：河北教育出版社，2003：216.

② 吴世昌.有关苏词的若干问题[M]//吴世昌全集.石家庄：河北教育出版社，2003：118.

③ 吴世昌.我的学词经历[M]//吴世昌全集：第四册.石家庄：河北教育出版社，2003：4.

④ 吴世昌.罗音室词札[M]//吴世昌全集：第五册.石家庄：河北教育出版社，2003：215.

有心思‘品清讴娱客’？在这种局面之下写出来的作品，当然是慷慨激昂，义愤填膺的，所以南宋词人中多有所谓‘豪放派’是理所当然的”。即便如此，吴先生还对“豪放”作了循名责实的质疑，他紧接论道：“其实‘豪放’二字用在这里也不合适，应该说‘愤怒派’、‘激励派’、‘忠义派’才对。‘豪放’二字多少还有点挥洒自如、满不在乎、豁达大度的含义。”①《罗音室词札》第一三五则说：“稼轩有二龙（龙洲、龙川）为之辅翼，故能成派，然不得谓之豪放。南渡以后士大夫感慨万状，豪而不放。”其意近似，而所论却足以服人。

二

吴世昌先生关于婉约、豪放的见解，对于重新认识、书写词史，是非常重要的观念。或因片面宣传的原因，过去对无产阶级革命导师的文艺观也产生过误解，其实，革命导师对待精神遗产、文艺创作，并非是政治唯一、或政治第一的。恩格斯在《诗歌和散文中的德国社会主义》一文中，曾就如何评价歌德，提出了著名的原则：“我们决不是从道德的、党派的观点来责备歌德，而只是从美学和历史的观点来责备他；我们并不是用道德的、政治的、或‘人的’尺度来衡量他。”②可见，历史唯物主义的观点，非政治、非道德的眼光，深入的文艺美学的研究，才是正确的、应取的态度。对唐宋词，切不能用简单的“两分法”来评判、取舍；但是，如何坚持美学和历史的观点，却行之不易。

如果说恩格斯所说的“道德的”、“政治的”属于“善”的范畴，那么“历史的”当属于“真”，“美学的”即属于“美”。我们不能说吴世昌先生的词学、词史观与恩格斯所说是切近还是相距甚远，但从吴先生所论来看，却可见他在反对绝对的“两分法”同时，又明确宣称“我们主张自由研究”，对专制、独裁、人云亦云的学风是深感厌恶、完全鄙弃的，其所论的精髓在于一个“真”字，且能做到一以贯之。他在《我的学词经历》一文的最后部分说：

> 对于填词此道，我一向主张“真言语真性情”。离开这个“真”字，也就丧失了生命力。同时，也只有这个“真”字，才能深切体验古词人之良苦用心，也才能学好词，写出有功于词苑、有益于读者的词论。③

《罗音室诗词存稿·词跋》更详细论道：

> 填词之道，不必千言万语，只二句足以尽之。曰：说真话；说得明白自然，切实诚恳。前者指内容本质，后者指表达艺术。《易》曰“修辞立诚”，要不外此。论

① 吴世昌.宋词中的“豪放派”与“婉约派”[M]//吴世昌全集：第四册.石家庄：河北教育出版社，2003：91-92.
② 恩格斯.诗歌和散文中的德国社会主义[M]//马克思恩格斯全集.北京：人民文学出版社，1958：257.
③ 吴世昌.我的学词经历[M]//吴世昌全集：第四册.石家庄：河北教育出版社，2003：5.

> 古今人词，亦不必千言万语，只此二句足以衡之：凡是真话，深固可贵，浅亦可喜。凡游词遁词，皆是假话……依此准绳，则知晚唐五代词之可贵，即在其所说大都真话。其名物形象，皆即景写实……故至今读之，犹有真切之感。降而至于屯田之楚馆秦楼，小山之歌儿酒使，愁恨缠绵，情思宛转，形诸楮笔，其语率真。有东坡之豁达，则其豪语皆真。有稼轩之高迈，则其壮语皆真。有美成之深挚，则其情语皆真。有梅溪之韵致，则其绮语皆真。惟大晏身历富贵，斯能道富贵景象。惟文正亲戍边塞，故能传边塞气概。武穆忠勇，乃有沥血之辞。放翁义愤，遂成立懦之文。①

这里所列举而作肯定的，既有二晏、柳、周、史，又有范、苏、岳、陆、辛，不分“豪放”、“婉约”，取舍的标准惟在一“真”字。看似简单，实是不易。因为这既要挣脱现代人所设置的“政治”、“道德”、“党派”的诸般羁绊，又要透过近世以来常州词派为推尊词体而营造的历史迷雾。

常州词派兴于清中叶，为反对浙西词派末流的空疏滑易，以张惠言《词选序》为代表，提倡尊词体、重比兴、区正变，此后，该派逐渐取代了浙西派的地位，左右了嘉、道以后直至清末甚而民国的词论与词作。张惠言的“意内言外”说，周济的“寄托”与“词史”说，谭献的“柔厚”说，陈廷焯的“沉郁”说、王鹏运、况周颐的“重拙大”说，都对词界影响很大。常州词派以提高词的旨趣意格、改变词的创作宗风为旨归，对于浙西派多喜咏物，以至将词写成“群芳谱”、“方物略”，自有其易帜之功。但是，将原本是花前月下、侑觞佐欢之词赋予了言志、载道的使命，这固然避免了游词、鄙词之弊，却不符合词史发展的实际，尤其与词在唐五代、北宋时期的状况相距甚远。以诗论词、以诗范词虽成为一时风气，却因其“政治的”、“道德的”标准并不是真正“历史的”观照，故此也是离开了“真”。因此，如吴先生在上文中所说：“自寄托之说兴，而深涩之论作。推而衍之，则曰沉郁，曰重拙。于是言情者曲讳其情，感事者故掩其事……巧为缘饰，不欲以真情相见。甚至前人之作，亦被曲解。如正中《蝶恋花》明言闲情，而皋文既解作忠爱，又斥其大言，卒乃指为排间异己……此皆不惜强古人就我，以自圆其说。于是世之好为模棱两可之语者，竞趋于乡愿之途，以为不尔则不成其寄托、深涩、沉郁、重拙之功。”②

吴先生以“真”论词，针对常州词派认识之误，予以坚决的驳斥，无论是对词人还是词史，都具有真正的文化还原意义。由于温庭筠是唐代文人词的最大作家，张惠言或出于对其才高而不遇的同情，惺惺相惜，以《离骚》的香草美人传统看待其《菩萨蛮》，后来陈廷焯更变本加厉，揄扬失当。针对此，吴世昌先生重点地予以了批驳。《罗音室诗词存稿·词跋》一文认为，陈廷焯以“沉郁”论词，一仍张惠言之尚“寄托”，所说“飞卿《菩萨蛮》十四章，全是变化《楚骚》”，对此，吴先生认为，“飞卿自写少女情态，与

① 吴世昌.罗音室诗词存稿[M]//吴世昌全集:第十一册.石家庄:河北教育出版社,2003:58.

② 吴世昌.罗音室诗词存稿[M]//吴世昌全集:第十一册.石家庄:河北教育出版社,2003:58–59.

《楚骚》何涉？满口梦呓，一心欺人”[①]。其《词林新话》卷二云：“温庭筠词皆咏离妇怨女，是代女人立言者，与唐人诗中闺怨无别。特以新体之词出之耳。”[②]又说：“亦峰曰‘飞卿词，全祖《离骚》’云云，真荒谬话，全袭二张。误人左道，遂多胡说，所以害人不浅。”[③]吴先生不仅纠正了他们对“谢家池阁”的解释之误，更指出了“文人代怨女作怀人之词”的实际，常州词派的政治性解读所造成的过度阐释，得到了历史的真实还原。

又如王鹏运、况周颐以“重拙大”论词，对纠正词中的花间、草堂之气，尖新滑易之习，无疑是极有针对性的，对于词作以小巧妍丽自得，亦有显著的针砭作用。但是，在对具体作品的评论中，拈此以作“放之词中而皆准”的标准，却未免曲解古人、谬托知己。如欧阳炯的《浣溪沙》（相见休言有泪珠），况周颐《蕙风词话》卷二特地指出其下片：“自有艳词以来，殆莫艳于此矣。”却紧接又说，“半塘僧鹜曰：‘奚翅艳而已？直是大且重。’”对此，《词林新话》卷二云：“欧语开后世如孙原湘之‘绰约见肌肤，蒙茸珍火齐’一路淫词，半塘大之重之，何所见而云然？”[④]

如王世贞《艺苑卮言》所云：“……盖六朝诸君臣，颂酒赓色，务裁艳语，默启词端，实为滥觞之始。”[⑤]词起于宫廷，“颂酒赓色，务裁艳语”，自与醇酒美人相伴生，以富贵香艳为传统，“艳”正是词的本色当行之处，才是唐五代、北宋词的历史真相。吴先生在《评〈白雨斋词话〉》中说：陈廷焯评北宋词，认为“晏欧著名一时，然并无甚强人意处；即以艳体论，亦非高境。”以为此说极为不妥，批驳道：“北宋词多为‘艳体’。何谓‘即以艳体论’？艳体以外，尚有若干可论之体？既钻入‘沉郁’之牛角尖，则角外天地自然不见矣。”[⑥]所说虽尖刻却无悖事实，对廓清常州派的影响，自有振聋发聩、正本清源之效。

对温庭筠之词固然不能如张惠言、陈廷焯那样，以政治寄托、感士不遇相取，但也不能从艺术形式上轻易否定。吴先生在《词林新话》中说：“近人评温词，或称其过分讲究文字声律，因而产生了许多‘流弊’。此正是温词优点，何谓流弊？或称其将词领入歧途，造成了‘花间派’的一股‘歪风’；又有言其作品内容日益空虚，远不及敦煌民间词广博深厚云。”认为都是“媚时之胡说也。词自民间转入文人之手，正是丰富了、升华了，而非阉割了其内容”[⑦]。温庭筠是否将敦煌民间词由广而深转为《花间》词的狭而深？对这一说法自可讨论，但温词之讲究文字声律，的确是优点而非缺点，作为“花间鼻祖”，温庭筠在文人词艺术发展上的功绩，是不能否定的。

常州词派将原本“缘情”之词作了“言志”的政治解读，而吴世昌先生以“真”论词、求词，对此给予了真正的历史还原。而对于周济的“由吴希周”说，逐渐发展为晚清时期的“学梦窗者几半天下”（吴梅语），吴先生也不迷信盲从，而是纠正了常州词派在词

---

① 吴世昌．评《白雨斋词话》[M]//吴世昌全集：第五册．石家庄：河北教育出版社，2003：5.
② 吴世昌．词林新话[M]//吴世昌全集：第六册．石家庄：河北教育出版社，2003：67.
③ 吴世昌．词林新话[M]//吴世昌全集：第六册．石家庄：河北教育出版社，2003：68.
④ 吴世昌．词林新话[M]//吴世昌全集：第六册．石家庄：河北教育出版社，2003：87.
⑤ 王世贞．艺苑卮言[M]//唐圭璋．词话丛编．北京：中华书局，1986：385.
⑥ 吴世昌．评《白雨斋词话》[M]//吴世昌全集：第五册．石家庄：河北教育出版社，2003：7.
⑦ 吴世昌．词林新话[M]//吴世昌全集：第六册．石家庄：河北教育出版社，2003：68.

的艺术论上的认识误区。

北宋词自然，南宋词精能，转变的关键在周邦彦，而吴文英则是词转“精能”的极致。吴文英正如唐诗中的李贺、李商隐，既变幻超忽，又格律森严，却又有研炼太过、晦涩难明之弊。即使是与之同时并传其法乳的沈义父，也在《乐府指迷》中指出：“梦窗深得清真之妙，其失在用事下语太晦处，人不可晓。”[①]然而，正如“同光体”在晚清流行，梦窗也深得此时词人推崇，甚者竟然嗜痂成癖，以至所作更是“人不可晓”。因此，王国维《人间词话》推崇五代北宋，取吴词语而讥之以“映梦窗、凌乱碧”；胡适认为诗人之词止于辛弃疾，姜夔、吴文英皆为“词匠”，都可看作是矫枉过正之举。

吴世昌先生针对常州词派之过誉吴文英尤多贬斥，录其《词林新话》诸语：[②]

静安曰：“人能于诗词中不为美刺投赠之篇，不使隶事之句，不用粉饰之字，则于此道已过半矣。”据此而论，则梦窗兼备众恶，而清末好之者犹自诩独得之秘，欺人甚矣。

蕙风曰：“词太做，嫌琢。”又曰“但看梦窗何尝琢”云云。梦窗大琢特琢！何尝不琢！梦窗而犹许其“不琢”，天下岂尚有“琢”者乎？

亦峰曰“梦窗才情超逸，何尝沉晦？梦窗长处，正在超逸之中见沉郁之意”云云。梦窗不晦，则天下无晦词。钻入“沉郁”牛角尖，便成清盲。但能否定张叔夏之言，亦为卓识。

静安曰：“朱子谓：‘梅圣俞诗，不是平淡，乃是枯槁。’余谓草窗、玉田之词亦然。”此说亦是，但梦窗更劣。

静安曰：“若梅溪以降，正所谓‘切近的当，气格凡下者’也。”“切近的当，气格凡下”八字可赠梦窗诸人，但仍欠“的当”耳。

凡称赞梦窗、碧山等人者，都是解人以自充内行吓唬读者，其情可鄙，其事可恶，常州派之流毒一至于斯！

梦窗词，其甲乙稿中长调殆不可卒读，亦不必读。丙丁稿中小令，时有隽永可读之作，惜为其长调所掩。且近人之学梦窗者，故意曲解长调，以自矜奥秘，当非梦窗初心。梦窗留下如许似通非通之长调，真梦窗之不幸也。岂但梦窗之不幸，亦宋词之不幸也。

---

① 沈义父．乐府指迷[M]//夏承焘，等．词源注·乐府指迷笺释．北京：人民文学出版社，1963：50.

② 吴令华．吴世昌全集：第六册[M]．石家庄：河北教育出版社，2003：216–218.

造成梦窗词不可卒读之另一原因，乃其勉强多作，虽无意义之题，亦必千方百计摭故实求幻想以完成之，致其集有四稿之多。去其水分渣滓，恐亦所余无几。以此无几之劣货，后人强欲为之装金贴绣，叹为深妙极奥，故愈说愈伪。

平心而论，以上所说或为专挑梦窗毛病，更是针对常州派诸论家偏爱梦窗而发，其中或有过多否定之处，引静安所论而以梦窗“兼备众恶”，更是有失公允；然而，如“琢”、“晦”、“摭故实求幻想”而“勉强多作”，又确是梦窗之病，是难以为之辩护的，对常州派的批判，也是很有道理的。不为梦窗所惑，又直言论者之非，不仅见出了吴先生的学术个性，更是其一以贯之、以求真为原则的体现，是其对“竞趋于乡愿之途”的实践性批判。

三

与说真话相关，吴世昌先生在以“历史的”俗文学眼光看待唐宋词时，自有“美学的”发现。《罗音室词札》驳斥了刘辰翁的《辛稼轩词序》：

“词至东坡”，“如诗、如文、如天地奇观”，“然犹未至用经、用史、牵雅颂入郑卫也”。据此说，则上文所谓“天地奇观”亦不过“郑卫”而已。以经史比雅颂，以诗文“天地奇观”比郑卫，其语无伦次、自相矛盾如此！[①]

刘辰翁此序对王灼《碧鸡漫志》以来关于词的理论，作了合理的继承，就辛弃疾其人而把握住“诗言志”的根本，充分肯定了稼轩词从“缘情”向诗的移位。苏轼以诗为词，虽遭讥诋，甚至连门人亦不理解，但却是开拓了词的题材，提高了词的意格，在词坛开创了新风，辛弃疾在“词为诗裔”的路上继续发展出“以文为词”，虽是词坛变调，却如四库馆臣所说，“能于剪红刻翠之外，屹然别立一宗”，[②] 宜为刘辰翁称赏。但是，刘辰翁在肯定苏、辛递进发展同时，并未确立同一个参照系，虽非如吴先生所说，是真正的语无伦次、自相矛盾，但他以经史为最高，诗文次之，将辛词比为雅颂，而前人之词为郑卫，在肯定“言志”对“缘情”的挤兑同时，却失落了词的本原，宜为吴先生所讥。词起于颂酒赓色，本就是“郑卫之音”，只是在后来如常州词派论家的眼里，才将“男子闺音”曲解为《离骚》的“香草美人”，而这一“有色眼镜”之成，又如吴先生所说，是在于他们的士大夫立场，本着这一立场，他们既以“雅颂”解“郑卫”，又崇雅而贬俗。吴先生在《评〈白雨斋词话〉》的卷首总批之二中，具体就晚清后对柳永与苏轼的不同评价，阐发己见：

---

① 吴世昌．罗音室词札[M]//吴世昌全集：第五册．石家庄：河北教育出版社，2003：213．

② 纪昀，等．四库全书总目[M]．北京：中华书局，1997：2793．

> 自清末以来，评词者往往抑柳扬苏。盖皆站在士大夫立场评论，觉柳之鄙俚，推苏之雅正。实则词之为体，出自民间，正要有俚语以见其本色。故苏欲求俚而自恨不可得（见《与鲜于子骏书》中解嘲）……今之评词者，如能站在第三者立场，从士大夫正统观念解放出来，则不当以柳之鄙俚为病。柳词以外，周、秦、黄、张（先），又何尝不用俚语，特评者不察耳。[①]

如用这段话来观照对刘辰翁的驳斥，刘氏肯定苏、辛诚然不错，但其所拟喻、褒贬，又岂非“士大夫正统观念”的表现？而若能“站在第三者立场”，“从士大夫正统观念解放出来”之后，就不仅论词可以做到转换眼光，以“有俚语以见其本色”，而且还能以俗文学观念来观照词，发现其俚俗之美，吴世昌先生就是这样做的。兹举一例：晚唐词《采莲子》“船动湖光滟滟秋（举棹）。贪看年少信船流（年少）。无端隔水抛莲子（举棹），遥被人知半日羞（年少）”，显有浓郁的民歌风，《词林新话》卷二论之曰：“此用两首七绝组成之采莲歌。如将每句末小字去掉，即唐人七绝。盖唱此词时一人先唱一句，众齐唱衬字（‘举棹’、‘年少’）。此例可说明词在晚唐早期发展之程序。‘莲子’，谐‘怜子’，即‘爱你’。”所说甚是。

尤应指出的是，吴世昌先生对于词的叙事性予以了特别的关注。由于文人词创作的兴盛，论者似乎忘记了词虽起自宫廷，却盛于民间，直到敦煌曲子词被发现，人们才知道，原来唐代歌词不仅有李白、张志和、王建、刘禹锡、白居易、温庭筠、韦庄之作，更有众多的无名作者，词不仅用于抒情，也以叙事见长。任二北《敦煌曲初探》第一章将敦煌曲子与汉魏相和歌辞相拟，是很有见地的。除了取材和体制，曲子词确实继承了汉魏乐府的创作精神，也继续了它的创作传统，体现出如同乐府诗“感于哀乐，缘事而发”，[②] 而导致的“缘情”与“叙事”分流。“凡乐章古词，今之存者，并汉世街陌谣讴。”[③] 而郭茂倩《乐府诗集》的十二类之分，相和歌辞即多系“汉世街陌谣讴”，这与郊庙歌辞、燕射歌辞、鼓吹曲辞、横吹曲辞等类是不同的。以笔者之见，敦煌曲子词固然因其胡夷里巷之谣的性质，而与“街陌谣讴”的相和歌辞为近，但郭茂倩所分的杂曲歌辞，也可以认为是近于敦煌曲。无论是谣讴的性质，还是杂曲的“或心志之所存，或情思之所感，或宴游欢乐之所发，或忧愁愤怨之所兴，或叙离别悲伤之怀，或言征战行役之苦……”[④]虽因感发而抒情，但更见叙事特点。因此，仅就这一点而言，从诗歌传承史来论定汉魏乐府与敦煌曲子词的关系，亦并非无根之谈。

就一般规律来说，民间文学都重视叙事，敦煌曲子词主体是民间文学，也难出其外。敦煌曲子词的作品，虽单篇也有较强的叙事性。如《倾杯乐》（忆昔笄年）为女子自陈，《别仙子》（此时模样）为男子追忆，都有完整的叙事，感情纯然通过叙事来抒

---

① 吴世昌．评《白雨斋词话》[M]//吴世昌全集：第五册．石家庄：河北教育出版社，2003：2.

② 班固．汉书·艺文志[M]//汉书．北京：中华书局，1962：1756.

③ 沈约．宋书·乐志一[M]//宋书．北京：中华书局，1974：549.

④ 郭茂倩．乐府诗集[M]．北京：中华书局，1979：885.

发。敦煌曲的怨妇之辞，虽有一定的程式化倾向，却因有较多的叙事成分，可想象其演唱过程中不至于使人生厌。《云谣集杂曲子》的《凤归云》四首，王易以之为"四首演一故事，如古乐府《陌上桑》之类"。[①] 任半塘说，前二首内容"包举伤秋、望远、传简、缝衣、寄衣、卜卦、反求宦等，甚为丰富、复杂"，[②] 而后二首"体用特殊，演《陌上桑》型之故事；次章完全代言，为敦煌曲内所罕见，应是歌舞戏辞，原本应有说白"[③]。政治性的题材，更多出以叙事。如《菩萨蛮》一组及《献忠心》等作，后来读者之能够知道是与农民起义、蕃浑之乱，或与李茂贞犯阙有关，也得之于作品中对史事的叙述。再如瓜沙二州三军百姓表达忠于唐室的《望江南》，都以所叙见当时唐室遣使从受阻到援纳的原因，以嘉勉张义潮之功。对于"曹公"之德，是通过叙述其为国拓边、六戎尽来、压弹河陇、平定羌浑等具体事实而表出之，虽短章而叙事甚多，当然较之于空言更有说服力。

为了突破单篇叙事、容量有限的障碍，单支、只曲的创作体制遂被突破，连章体成为了承担叙事功能的很好形式。如任半塘《敦煌歌辞总编》卷三有两组《捣练子》，皆咏孟姜女故事，一组四首，一组六首，四首者为故事的开端，六首者为故事的结束，当中显然有脱节，但亦可见其大概。四首者的前二首，叙杞梁辞别父母、妻子，所写拜辞、流泪、相劝，以及辞妻时的对话，皆属叙事之笔。后二首写孟姜女做好寒衣后无人相送，决定自己去，想到长城的路如此难行，只能祝祷丈夫早日归来，虽有拟想，亦为叙事。

吴世昌先生虽更多关注文人词，却也同样注重其叙事性。如《词林新话》云："《花间集》中，有连续叙事之组词。《尊前》亦有五更待郎故事诗。(如和凝《江城子》五首[词略])。"[④]《花间词简论》云："和凝的五首《江城子》写一个连属的故事，正是后世《五更调》的重要范本。《花间集》中孙光宪的八首《浣溪沙》也是写一个连属的故事。这种用小令来写故事的本领，后来柳永、秦观、周邦彦还能继承。"[⑤]

吴先生尤其称道周邦彦词的叙事性，并以此比较周、吴长短。《词林新话》云："清真在北宋之末，入南宋之大门也。入清真之门，然后可以读白石、梅溪、梦窗、碧山诸家。学得清真之各种手法，然后读南宋诸家皆有来历，无所遁形矣。清真范围广，门户多，长调小令，皆自成楼阁，绝不相似……于短短小令中写复杂故事，为其独创，当时无人能及，后世亦少有敢企及者……"[⑥]"清真长调小令，有时有故事脉络可寻，组织严密。梦窗长调唯解堆砌用典，不独散漫无所归，且不可通，甚至前后矛盾，其优劣可见如此。梦窗好在词中发感慨，清真非无感慨，然以叙事用字时出之，不浪费笔墨，亦增文词结构之美，韵调之精。"[⑦]在《词林新话》中，他对陈廷焯仅以"沉郁顿挫"论周邦

① 王易．词曲史[M].南京：江苏教育出版社，2005：49.

② 任半塘．敦煌歌辞总编[M].上海：上海古籍出版社，2006：59.

③ 任半塘．敦煌歌辞总编[M].上海：上海古籍出版社，2006：103.

④ 吴世昌．词林新话[M]//吴世昌全集：第六册．石家庄：河北教育出版社，2003：59.

⑤ 吴世昌．花间词简论[M]//吴世昌全集：第四册．石家庄：河北教育出版社，2003：58.

⑥ 吴世昌．词林新话[M]//吴世昌全集：第六册．石家庄：河北教育出版社，2003：139-140.

⑦ 吴世昌．词林新话[M]//吴世昌全集：第六册．石家庄：河北教育出版社，2003：141.

彦而深感不足，感叹道："至美成以小词写故事，亦峰不知也。其所谓美成'沉郁顿挫之妙'，应改为'以词写故事之妙'。"① 具体如《词林新话》评周邦彦《少年游》(并刀如水)一首云："寥寥五十一字中，不但写故事，使当时境界重现，而且写对话，使读者如见词中人，能闻词中人语，此境界非一般写景抒情所能创造。"②

历来论周邦彦词者甚多。如王灼云："贺方回、周美成、晏叔原、僧仲殊各尽其才力，自成一家。贺、周语意精新，用心甚苦。"③刘肃云："周美成以旁搜远绍之才，寄情长短句，缜密典丽，流风可仰，其征辞引类，推古夸今，或借字用意，言言皆有来历，真足冠冕词林。"④尹焕甚至说："求词于吾宋者，前有清真，后有梦窗。此非焕之言，四海之公言也。"⑤楼钥称其"性好音律，如古之妙解，顾曲名堂，不能自已。"⑥陈振孙赞其"多用唐人诗语檃栝入律，浑然天成，长调尤善铺叙，富艳精工，词人之甲乙也"。⑦沈义父说："凡作词，当以清真为主。盖清真最为知音，且无一点市井气，下字运意，皆有法度，往往自唐、宋诸贤诗句中来，而不用经史中生硬字面，此所以为冠绝也。"⑧强焕《片玉词序》指出其"一觞一咏，句中有眼，脍炙人口者，又有余声，声洋洋乎在耳侧……其模写物态，曲尽其妙"⑨。到清中后期，周济称之为集大成者，说："问途碧山，历梦窗、稼轩以还清真之浑化。余所望于世之为词人者，盖如此。"⑩陈廷焯誉之为"千古词宗"，⑪ 又说："词至美成，开阖动荡，包扫一切……两宋作者，除白石、方回，莫与争锋矣。"王国维将强焕"模写物态，曲尽其妙"一语，发展为"言情体物，穷极工巧"，⑫《人间词话》虽对周邦彦常有贬抑，但《清真先生遗事》却甚而有"词中老杜，则非先生不可"⑬之说。可见，前人所论虽多，角度不同，虽或能指出清真词"尤善铺叙"，叙事性一说却是吴世昌先生首为揭示的。

对清真词以叙事相取，不仅对评论、研究而言是别具手眼，会有新的发现，而重视词的叙事性，则是突破了文体分工的固有观念，"破体"、"出位"是对艺术的发展，而具有这样的观念，才能正确看待词史，这也是吴世昌先生以俗文学眼光观照唐宋词给我们的启示。如今，学者对词的叙事性研究已逐渐增多，吴先生的开辟之功是不能忘记的。

（原载《词学》第26辑，2011年12月）

---

① 吴世昌．词林新话[M]//吴世昌全集：第六册．石家庄：河北教育出版社，2003：141.
② 吴世昌．词林新话[M]//吴世昌全集：第六册．石家庄：河北教育出版社，2003：153–154.
③ 岳珍．碧鸡漫志校正[M]．成都：巴蜀书社，2000：34.
④ 刘肃．周邦彦词注序[M]//施蛰存．词籍序跋萃编．北京：中国社会科学出版社，1994：97.
⑤ 黄昇．花庵词选·中兴以来绝妙词选[M]．北京：中华书局，1958：354.
⑥ 楼钥．清真先生文集序[M]//攻媿集．丛书集成初编本．北京：中华书局，1985：707.
⑦ 陈振孙．直斋书录解题[M]．上海：上海古籍出版社，1987：618.
⑧ 沈义父．乐府指迷[M]//夏承焘，等．词源注·乐府指迷笺释．北京：人民文学出版社，1963：44–45.
⑨ 强焕．片玉词序[M]//施蛰存，编．词籍序跋萃编．北京：中国社会科学出版社，1994：96.
⑩ 周济．宋四家词选目录序论[M]//介存斋论词杂著·复堂词话·蒿庵论词．北京：人民文学出版社，1959：12.
⑪ 屈兴国．白雨斋词话足本校注[M]．济南：齐鲁书社，1983：129.
⑫ 王国维．人间词话[M]//蕙风词话·人间词话．北京：人民文学出版社，1960：206.
⑬ 王国维．清真先生遗事[M]//清真集．北京：中华书局，1981：112.

叶嘉莹词学研究的“兴发感动”说

在半个世纪以来的词学家中，叶嘉莹教授是很值得注意的一位，她不但具有独特的学术背景，且在改革开放以来，活跃于海内外和南北各大学，以特有的研究方法和视角，沟通中西和古今，为新时期的词学研究注入了新意，又以生动形象的讲课，影响了不止一代学人和青年学生，堪称厥功甚伟。今年适逢叶教授八十华诞，特草成此文，以表祝贺之忱，并就她对于词学的贡献略陈管见。

叶教授著作等身，仅词学而言，就有《迦陵论词丛稿》（上海古籍出版社1980年）、《王国维及其文学批评》（广东人民出版社1982年）、《灵谿词说》（与缪钺合著，上海古籍出版社1987年）、《唐宋词十七讲》（岳麓书社1989年）、《中国词学的现代观》（岳麓书社1990年）、《清词论丛》（河北教育出版社1997年）等著。以上著作，笔者得遍观，而就其研究的主要理论基础来说，笔者以为在大陆出版最早的《迦陵论词丛稿》所阐发的“兴发感动”说是非常重要的，其后的著作也屡屡出以这一思想，本文拟对此作一论述，以求在总结她的词学成就时能抓住关纽之所在。

一

我国古代首重经史，其次才是诗文，至于词曲之类，正如《四库全书总目》所说，是“厥品颇卑，作者弗贵，特才华之士以绮语相高耳”。虽因时代和文学的发展，四库馆臣也认识到诗体的变化、“代降”，以词“实亦乐府之余音，风人之末派”，却仍坚持正统立场，定性为“其于文苑，同属附庸，亦未可全斥为俳优也”。但由于清代士人重视学术，使之从传统的“四部”延伸而覆盖到了词曲领域，也使“厥品颇卑”的词能成之为“学”。对于词学的大体范畴，龙榆生先生曾总结为以万树《词律》为代表的图谱之学，以凌廷堪《燕乐考源》、方成培《香研居词麈》为代表的音律之学，以戈载《词林正韵》为代表的词韵之学，以张宗棣《词林纪事》为代表的词史之学，以及以朱孝臧《彊村丛书》为代表的校勘之学。龙先生又主张在以上五学之外，另创声调之学、批评之学和目录之学。

批评之学对于诗文来说，形成的传统已久，《四库全书总目》将其划为“诗文评”一类，卷一百九十五并有这样的具体论定：

> 文章莫盛于两汉，浑浑灏灏，文成法立，无格律之可拘。建安黄初，体裁渐备，故论文之说出焉，《典论》其首也。其勒为一书传于今者，则断自刘勰、钟嵘。勰究文体之源流，而评其工拙，嵘第作者之甲乙，而溯厥师承，为例各殊。至皎然

《诗式》，备陈法律，孟棨《本事诗》，旁采故实，刘攽《中山诗话》、欧阳修《六一诗话》，又体兼说部。后所论著，不出此五例中矣。

因此，究文体之源流，而评其工拙，第作者之甲乙，而溯厥师承，以及备陈法律，旁采故实，体兼说部，也确实是很好地概括了传统诗文评的内容和体例。词自其诞生后不久，批评也随之产生，但因其“小道”的地位，相对遭到冷落和鄙视，只是到清代常州词派言比兴，论寄托、重意格之后，词体始尊，此后才渐有近代意义的词的批评之学。在仿效诗文评的究源流、评工拙、第甲乙、溯师承、陈法律、采故实、兼说部之外，词学批评出现了许多具有路标意义的理论。其中最重要的有周济的“词史”与“浑化”说，蒋敦复的“有厚入无间”，谭献的“折中柔厚”，刘熙载的“词品”说，谢章铤的“真种子”、“真性情”论，陈廷焯的“沉郁”说，沈祥龙的“三要”论，王鹏运、况周颐的“重拙大”说，以及况氏的“词心”“词境”之论，直到王国维的“境界”说和梁启超的词学社会学批评法等。

以上诸说，我参撰的《中国词学批评史》，以及谢桃坊先生的《中国词学史》多有论析，兹不再赘。

对新文化运动以来的词学及其成就，谢著《中国词学史》已经作了论列，对新中国前三十年的词学成就，马兴荣先生曾在《词学》第一辑上发表专文论述。由于历史的原因，在这三十年中，我们对海外的词学研究很不了解，直到实行改革开放政策，才有海外华人学者回国交流讲学，而外国的出版物也逐渐被翻译、介绍进来，对于封闭多年的大陆学界来说，无异于是又一场新文化运动。在国家结束了十年动乱之后，叶嘉莹教授不但以资深研究家的身份往来国内外，而且著作连连问世，以其新颖的方法和独到的视角，给人以启发，无论是她的返回祖国讲学，还是连续发表研究成果，都给古典文学界，尤其是词学界，带来了一股清风，展示了一种新面貌。

陈寅恪先生在为冯友兰先生《中国哲学史》所写的审察报告三中，曾就外来思想的输入，以及宋代新儒家之成，发表了这样的见解：“窃疑中国自今日以后，即使能忠实输入北美或东欧之思想，其结局当亦等于玄奘唯识之学，在吾国思想史上既不能居最高之地位，且亦终归于歇绝者。其真能于思想上自成系统，有所创获者，必须一方面吸收输入外来之学说，一方面不忘本来民族之地位。此二种相反而适相成之态度，乃道教之真精神，新儒家之旧途径，而两千年吾民族与他民族思想接触史之所昭示者也。”[①]这一段话对我们应有很大的启发，而以之观照叶嘉莹教授的治词学，也是颇为适用的。

叶嘉莹教授幼承家学，尤喜唐诗宋词，1941年考入北平辅仁大学国文系，受教于古典文学专家顾随、孙人和，打下了坚实的国学基础，1948年举家迁居台湾，后又去美，再入加拿大籍，长期担任加拿大不列颠哥伦比亚大学亚洲学系教授。叶教授有着

---

① 冯友兰.三松堂全集[M].郑州：河南人民出版社，2000：462.

古典文学的深厚根底，打下了传统治学方法的坚实基础，练就了扎实的“童子功”(从叶教授讲学时，对古人作品的随手拈来、脱口而出，以及独特的吟诵法即可知)，又在国外接触、学习了西方的理论和方法，融会贯通，很近于“一方面吸收输入外来之学说，一方面不忘本来民族之地位”，因而在研究中能背靠着祖国的旧传统，运用西方的新方法，作出了自己独到的贡献。

叶嘉莹教授在大陆出版的第一部词学论著是《迦陵论词丛稿》，此书共收入十篇论文，虽写作的时间长达二十年之久，但是却有一贯的思想和方法在，如果比照前面所论列的晚清近代以来具有标志性、代表性的各家之论，对叶嘉莹教授在此书中所阐发的词学思想，和批评所用的方法，也大致可以用“兴发感动”说来概括。

叶教授自己在《迦陵论词丛稿》的后叙中说：

> 于今对此十篇文稿一作回顾，则写作之时间既已先后相隔有二十余年之久，写作的地点更是相隔已有万里之遥。如果“自其变者而观之”的话，则我用以写作的文字既曾由文言而改为白话，写作的内容也曾由对于诗歌本身的欣赏，而改为对诗歌理论的探讨，写作的态度也渐由主观的欣赏而转为客观的研析。这还是只就我自己个人的转变而言；而如果从不同时间、不同地域的读者来看，则在不同的衡量标准之下，当然就可能更会有许多不同的意见存在……这些旧作虽在不同的时间、地域也仍然有其可以存留的意义。那就因为如我在前文所言，诗歌之所以为诗歌，在本质方面原是一直有着某些永恒不变之质素的缘故。
>
> 关于这种质素，我在经过了多年的批评实践之后，终于在后期所写的《境界说与传统诗说之关系》一文中，提出了一个较为明确的说法，那就是“诗歌中兴发感动之作用”，而且我还曾经试图透过理论分析来推原对于这种作用的重视实在是中国诗说中之主要传统……我对这种兴发感动之作用的重视及提出，至少并非只是耳食之言，而是我自己经过创作及批评的实践后，与古人之说相印证所得的结果。

显然，叶教授在这里是明确表明了自己所作的研究、批评以及创作，都是以“兴发感动”说来一以贯之的。而纵观《迦陵论词丛稿》以及其后出版的著作，确实可证此说不虚。叶教授说，自己是从实践转向理论的，这比起我们在新中国成立以来重视理论(且不管这些理论是否空洞，是否合乎实际)，并以之为标尺作出价值判断，而决定弃取的对待古代文学，确有很大的不同。《丛稿·后叙》说：“我有时竟会不惜辞费地用上几百甚至几千字来评说一篇短短的小词，那便因为我以为对于诗歌这种以兴发感动之作用为生命的美文，我们在对之加以评说时，不该只是简单地把韵文化为散文，把文言变为白话，或者只做一些对于典故的诠释，或者将之勉强纳入某种既定的理论套式之内而已，更应该透过自己的感受把诗歌中这种兴发感动的生命传达出来，使读者能得到生生不已的感动，如此才是诗歌中这种兴发感动之创作生命的真正完成。”这也是我在阅读《丛稿》时的真实感受，在感到她的论文写法有一种“陌生化”的感觉同时，也在认真的阅读中理解到了作者对“感动的生命”的勉力传达，且从中可体会到陈寅恪先生所说的“了解之同情”。

二

“兴发感动之创作生命”应该是文学的真正使命，是文学作为人学的命题的真义之一，时至今日，对此似乎已不必怀疑了。但是，能真正认识这一点，却并非易事。

我国自古以来，文学即受到政治的左右，被赋予教化的功能。《尚书·尧典》的“诗言志”一语，被朱自清先生称之为历代诗论“开山的纲领”（《诗言志辨·序》）。对于“志”，闻一多先生《歌与诗》一文解释道：“志有三个意义：一，记忆；二，记录；三，怀抱。”“志”与“诗”是同一个字。朱自清进而认为，“到了‘诗言志’和‘诗以言志’这两句话，‘志’已经指‘怀抱’了”。他在列举众多例子后指出，“这种志，这种怀抱是与‘礼’分不开的，也就是与政治、教化分不开的”[①]。因此，班固在《汉书·艺文志》中引述了“诗言志，歌咏言”之语后，既从作诗者角度说诗之作是“哀乐之心感，而歌咏之声发”，又从执政者的角度说诗之用是“王者所以观风俗，知得失，自考正也”。直到文学“自觉”时代到来之后，为顺应诗歌创作的趋势，陆机《文赋》才有“诗缘情而绮靡”一说。

词为小道，本非“言志”而是专于“缘情”的，但是，在创作上既有苏轼的以诗为词，又有辛弃疾的以文为词，扩大了题材，人之以“怀抱”，又有南宋论家的雅化之说，遂使传统的“小词”能在剪翠刻红之外别立一宗。近代自张惠言以儒家的教化观论词，以今文经学家的方法治词以来，不少词实际上已转向了诗，而失落了自己。此后，无论是尊词体、重意格、言比兴、倡寄托、讲词品、论沉郁，前有词史之论，后有重拙大之说，虽所论所倡尚与创作实际有一定距离，但批评的导向无疑是从“缘情”的本位向诗歌的“言志”转移。

五四新文化运动以来的词学，其成就主要体现在词集和词学资料的整理，词史和词学理论的撰著。前者以朱祖谋、刘毓盘、赵万里、林大椿、陈乃乾、唐圭璋等人所编总集为代表，后者以刘毓盘的《词史》、王易的《词曲史》、胡云翼的《宋词研究》、《词学概论》和《中国词史大纲》、吴梅的《词学通论》、任二北的《词学研究法》、薛砺若的《宋词通论》等为代表。此外如龙榆生主编的《词学季刊》，确立词学的概念，他的两种流行甚广的词选本，以及系列的重要论文；夏承焘所编定的唐宋词人年谱，所作的唐宋词音谱、声律研究；唐圭璋以《全宋词》、《全金元词》、《词话丛编》为代表的词学文献整理、编撰，也是词学研究的重要成就。尤其因龙、夏、唐专事治词，或近于、或逾于半个世纪，成就突出，使之成为现代词学研究的鼎足。

至于词学批评及其所树立的新观点、新理论，则主要见于各人的论著中。其中影

---

① 朱自清.朱自清古典文学论文集[M].上海：上海古籍出版社，1981：193，194.

响较大的有王国维和胡适，而他们二人又存在着一定的师承、相沿关系。谷永《王静安先生之文学批评》曾很正确地论述由王而胡的传承关系："先生之于文学有真不真之论，而胡氏有活文学死文学之论；先生有文学蜕变之说，而胡氏有白话文学史观……先生论词取五季北宋而弃南宋，今胡氏之《词选》多选五季北宋之作。"[①]而另一位胡氏——胡云翼，则在胡适的影响下，不仅以其著作初步构建起具有现代意识的词史，提出了宋词是"时代的文学"这一观点，且以之衡量、评判古人，对晚宋之词责之甚苛，而对作为"别派"的苏辛词，则给予了充分的肯定。胡云翼先生坚持这一观点和弃取标准，与建国后所确立的古典文学价值观和批评标准相近，终于导致他后来在《宋词选》中提出了主流、逆流之说，由于此书流布甚广，因而也影响极大。

新中国成立后，许多老一辈学者出于对学习马列主义的真诚，在唯物史观指引下，写出了注重对宋词的社会学评判和批判继承的词学论文，有的更将"古为今用"原则贯彻到诸如《从宋词里接受有益的东西》这类论题中，有的学者出于对所从事的研究对象难以割舍的爱，只能在爱国主义、现实主义的夹缝中观照词，以求生存。可是，政治运动连续不断，知识分子思想改造没有尽头，在"千万不要忘记阶级斗争"的"警钟"声中，发生了"文化大革命"。

也正是由于我国的词学界经历过这一历史，在结束了"文革"不久，改革开放的国门始开之时，对习惯于只讲"现实主义""人民性"，一时彷徨"失语"的国内古典文学界来说，叶嘉莹教授以其论著提供了方法论的榜样，影响可谓巨大而深远，而"兴发感动"之说，则又使文学从阶级斗争学说回到了原人意识、人学本位，更给人以"温柔的震撼"。

按照叶教授自己的解释，"兴发感动"的动力有二："得之于自然界景物节气之变化的感发，与得之于人事界悲欢顺逆之遭际的感发两大因素"，而表现的方式、途径有三，即传统作诗的比、兴和赋三种方法。[②] 平心而论，这些并非叶教授首创，而是自用。赋、比、兴早已作为《诗经》的"六义"，而见之于《毛诗序》，孔颖达《毛诗正义》卷一进而认为"赋、比、兴是《诗》之所用，风、雅、颂是《诗》之成形。用彼三事，成此三事，是故同称为义"。"所用"应是作诗的方法，"成形"应是所作诗的种类。到了朱熹著名的解释，则更加可见对于"用"的进一步理解，都是对作诗方法的说明。至于得之于自然界景物节气，和得之于人事界悲欢顺逆之遭际，在陆机、刘勰和钟嵘的所论中，也有详尽的说法。陆机《文赋》有"遵四时而叹逝，瞻万物而思纷；悲落叶于劲秋，喜柔条于芳春"之说。《文心雕龙·物色》则云："春秋代序，阴阳惨舒，物色之动，心亦摇焉。盖阳气萌而玄驹步，阴律凝而丹鸟羞，微虫犹或入感，四时之动物深矣。若夫珪璋挺其惠心，英华秀其清气，物色相召，人谁获安！是以献岁发春，悦豫之情畅；滔滔孟夏，郁陶之心凝；天高气清，阴沈之志远；霰雪无垠，矜肃之虑深；岁有其物，物有其容；情以物迁，辞以情发。"而钟嵘《诗品序》在承认"气之动物，物之感人，故摇荡性情，形诸舞咏"，"若乃春风春鸟，秋月秋蝉，夏云

① 谷永.王静安先生之文学批评[J].学衡，1928(64).

② 叶嘉莹.迦陵论词丛稿[M].上海：上海古籍出版社，1980：356.

暑雨,冬月祁寒,斯四时之感诸诗者”的前提下,更进一步指出社会性原因所造成的诗歌的“群”与“怨”:“嘉会寄诗以亲,离群托诗以怨。至于楚臣去境,汉妾辞宫。或骨横朔野,魂逐飞蓬。或负戈外戍,杀气雄边。塞客衣单,孀闺泪尽。或士有解佩出朝,一去忘反。女有扬蛾入宠,再盼倾国。凡斯种种,感荡心灵,非陈诗何以展其义?非长歌何以骋其情?故曰:‘诗可以群,可以怨。’”叶教授熟读古代典籍,化繁为简,将陆机、刘勰、钟嵘等人所论,用最为简略的语言出之,遂有以上的概括。

如果说,叶嘉莹教授关于“兴发感动”的动力与方法的说法,是概括古人所论,而出以自己的语言;那么,她的独得之秘在什么地方呢?依我看来,当在于她自己在《迦陵论词丛稿·后叙》中所说的:

> 当我得出此一结论之后,再对前期所写的那些批评文字一加回顾,便发现不管我立论之是否完全正确,然而至少有一点我是可以自我告慰而无愧的,那就是我是认真地在探求着诗歌中这种兴发感动的生命,而且诚实地说出了自己的感受。

确实,在此书中,我们读到的正是“认真”和“诚实”。如短文《说静安词〈浣溪沙〉一首》,真实说出自己对王国维词“似有较深之偏爱”,“惟觉其深入我心,遣之不去耳”。在以这首《浣溪沙》为例以作分析时,逐句深入,贴近作者内心,以发其寓意,并引用诸多古人作品,与王作详加对照,复又以王氏他处所论相证,遂得出了王氏词具有三个特色的结论:其一,有古诗之风格;其二,含西洋之哲理;其三,能将抽象之哲理予以具体之意象化。在作了令人信服的详尽分析后,最后又进而道出了自己的体会和感慨:“每读其遗作,未尝不深慨天才之与痛苦相始终。若静安先生者,遽以死亡为息肩之所、自杀为解脱之方,而使我国近代学术界蒙受一绝大之损失,此予撰斯文既竟,所以不得不为之极悲而深惜者也。”这种难以自主的真情流露,正是“认真地在探求着诗歌中这种兴发感动的生命,而且诚实地说出了自己的感受”。

在《谈诗歌的欣赏与〈人间词话〉的三种境界》一文中,叶嘉莹教授提出了关于欣赏诗歌所应具备的两个条件:其一是要由客观之理性对作品有所了解;其二是要由主观之联想对作品有所感受。她称道王国维“并不将一己之联想指为作者之用心”,认为“这种态度,就比专以寄托说词的清代常州诸老明达得多了”,而且“他能以他自己的感受给其他读者一种触发,将其他读者也带入了一个更深广的境界”,这里同样也是对“兴发感动”作用的肯定。

三

作者的创作有赖于“物感”,即“物色之动,心亦摇焉”,这是“正反馈”的过程,但在感情形之于文字之时,则又有因心而命物之技巧,这不妨可看作是“逆反馈”(此处是借用反馈一词，加上正、逆的前缀，或非原意）。诗人的创作，既然包含着“受”与“作”两端，这两种反馈即此两端的基础，但既是创作，所重就在于“作”，对“心摇”的直诉，既能成诗，因心而命物，则更应是诗性的体现，对这两者，是不应有所偏废的。叶教授结合自己对作品的贴近、理解和阐释，就李煜的词《相见欢》（林花谢了春红）和《虞美人》（春花秋月何时了）的具体写法，以传统的赋比兴一说相衡，得出了“由物感心”和“以心拟物”二说。且认为这两种作法虽不同，却都表现了心物交感的作用，又提供了具体的现实的形象，可以作为触发和感动读者的媒介，则是相同的。

作为“文革”后开始从事古代文学研究的一代，都知道关于形象思维问题的讨论。在“文革”结束后的思想解放运动初期，两个“凡是”还在持续着禁锢思想的作用，要力求突破，要打开禁锢的大锁，则还必须从“最高指示”中寻找钥匙。于是，毛泽东给陈毅的一封信中所谈到的作诗要用形象思维一说，就成为了从阶级斗争理论中寻求突破的利器。因此，对于比兴问题的阐发和讨论，一时成为古代文学界和文艺理论界涉及最多的论题，也因此而不无偏颇之处。对此，《丛稿》的所论，以及其《后叙》所发表的很有针对性、很值得重视的意见，对于新时期的词学来说，也是具有导向性意义的。叶教授在《后叙》中并不讳言，在国内报刊上看到的一些谈“形象思维”的论文，强调比兴的作用本无不妥，是“可以避免单调而死板的概念式的说明，而造成一种诗歌的感动的效果”，但又应看到，“只是如果过分强调了形象的重要性，就不免造成了对‘赋’体的忽视，而且会使读者产生一种误解，以为凡是富于形象的作品都是好诗，这种观念其实也是并不正确的。‘赋’体之佳处之并不在于以形象取胜，故已如上所述，而富于形象的作品也不见得便都是好诗”。这对于多少年来一直接受唯物辩证法教育的大陆学者来说，无异于一帖清醒剂，这也可以看作是在形而上学流行多年之后，海外学者因其能受惠于传统，故能比海峡这边看得更为全面、合理和辩证些。

本着对于兴发感动作用的重视，进而注意到感发之生命的精微差别，从而注重到对词人的个性化研究，则是顺理成章之事，这是读《丛稿》的又一主要感受。

前面曾说，我国古代的文学批评多受政教中心论的影响，词本属例外，观欧阳炯《花间集序》可知，李清照论词也是从体性、艺术着眼的。但主要是自常州词派尊体重意以来，虽对具体词人的抑扬进退不同，却终于将词的批评导向了政治（张惠言）、历史（周济）和道德（刘熙载）。因此，在由近代中国饱受外国侵略，而至五四新文化运动之后，由学周吴而尊苏辛，可谓历史对宋代词人的必然选择。梁启超之为辛弃疾作年谱，正如同他称道陆游“亘古男儿一放翁”，就是一个很好的例子。而新中国建立后，在政治对文学的绝对干预下，对古代文学的研究和评价也绝不例外。长期以来，用“现实主义”和“人民性”的“双尺”来衡量，从而作出价值判断和决定弃取，是多年来“研究”古代文学的“标准”作法，其影响可谓深远。而胡云翼先生《宋词选》之所以流行甚广且久，人们对其关于宋词主流与逆流之说难有怀疑者，也是历史的必然。

对读惯了胡氏《宋词选》，看惯了推重苏辛的论文的大陆读者和学者来说，乍读到《迦陵论词丛稿》，是很有些陌生感的。因为此书除了论王国维及其《人间词话》以外，所论者多非豪放派词人。用作者自己在此书《后叙》的话来说,是因为自己在批评的实践中注意到了“能感之”和“能写之”的两种必备因素,“由于每一位作者之‘能感之’与‘能写之’的质素各有不同,因此其表现于作品中之兴发感动的生命,便在质与量的各方面也有了显明的差异。天下既罕有至圣的完人,因此每一位作者在其‘能感之’与‘能写之’的二种质素上,也就各有其偏长与缺憾之处”。她还接着说:“过去一些年中,国内的部分读者既见惯了某些作品中的高大完美的人物,又习惯了在作品中去侦寻革命的或反动的意识和思想,更养成了对作家之品评,扬之则入于九天,贬之则入于九地的绝对化的批判标准。”因此会对此书中所评说的词人产生不以为然的想法。这里除了她自己所说的“偶然的环境及机缘”之外,一方面出于前说的对每一位作者两种质素各有偏长和缺憾的承认,而另一方面则是“感到前些年国内批评风气之过分绝对化的好恶标准也有失公允”,于是就选取了梦窗和碧山这两位被认为是晦涩不通、评价毁誉参半的词人来作论析。

在文学创作中,能否具有兴发感动之力,对作者而言,首先要有真情,在此基础上还不能违背道德伦理的一般取向,即要“善”,而真善美的统一,也可以看作是世界性的终极追求。叶嘉莹教授有着传统文化的深厚根基,在以兴发感动为诗歌之主要质素之时,又很重视“善”,将“感发之生命”在传达之际所形成的艺术价值和社会伦理价值,看作如鸟之又一翼。但是,《迦陵论词丛稿·后叙》又指出,对于伦理问题,不应局限在客观评判上,而应以“超越于外表的是非善恶之局限以外而纯属于精神本质上的伦理价值存在”相衡,“这种本质方面的价值,第一在其真诚纯挚的程度,第二在其品质的厚薄高下”。在对词人的具体评价中,作者是贯彻、体现了这一原则的,而李商隐的无题诗,和王国维对艳词、淫词和鄙词的论断,则是很好的佐证。所以,虽说真与善统一,但以兴发感动论,“善”还是以“真”为基础的。叶教授还认为,“如果我们撇开了诗歌中发自于真诚纯挚之心灵的感发生命不予重视,而去空谈社会伦理的价值,那么,在作者与读者之间便会造成一种伪善的连锁反应,表明上所倡言的虽然似乎是善,而其实却养成了一种相欺以伪的作风……前些年国内文坛所流行的样板式的作品,就正是这类作品的最好例证”。

常州词派论寄托,难离政治内容,而非直接关系到伦理;对于作品中是否有寄托,谭献则有“作者未必然,读者何必不然”之说。而叶嘉莹教授则本着“感发之生命”一说,提出了并非“言志”之早期词,也“偶然无意地留下了他们自己心灵中一些感发生命的最窈眇幽微地活动的痕迹,这种痕迹常是一位作者最深隐也最真诚的心灵品质的流露,因此也就往往更具有一种感发的潜力。这一类作品,纵然在外貌上所写的只是一些并不合于伦理价值的情诗艳词,可是就其本质所能带给读者的影响而言,有时却能唤起读者心灵中某种崇高美好之意念,而引起一种正面的伦理的感发”。对此,我们应该都有经验性的、真切的体会,而“感发生命”之说,也确实与谭献等人所说不同,二者虽都与“形象大于思想”的原理有关,却又有显著的区别。在《迦陵论词丛稿》对具体词人及作品的评价、分析中,我们也真正体会到了并不是以伦理教谕为题旨的作品,能因其“真正具有感发之生命”,而带给读者美好的意念和联想的力量。

法·布瓦罗《诗简》第九章曾说:“只有真才美,只有真可爱。”曾经是唯美主义者的闻一多先生,由“美”而“真”,曾以“求得真,自与善合”作为自己一生的追求。我自己曾如此理解闻先生之见:“相较而言,美与善的关系应比美与真的关系更为直接和紧密。美应该以善为前提,人们最初所认识到的美离不开善,随着历史的发展,二者才逐渐分离,由于阶级社会中,作为伦理范畴内的善应符合某阶级的最高利益,才能被这一阶级普遍接受,所以善的主观色彩和历史特点,必然强于美。而作为主观认识的善,其主观色彩愈浓,历史局限愈大,必然会削弱真与美。随着对真与美的着意追求,既符合了事物本身的规律和特性,又将事物的美好方面作了能动的表现,这样,克服了主观的障蔽和历史的局限,求得了真与美,也就合于善。这似三棱镜的三面,其间的关系应是互相依存和共生,当其中一面正对我们时,却屏蔽了另两面,即使同时看到两面,仍难见另外一面。闻一多所说的‘儒家道统面前香火正盛时’,‘求善的古人’从《诗经》中看到的是‘善’的‘庄严’和‘神圣’,而他所做的求真求美,是要将三棱镜掉过向来。这样的对真与美的追求,并不遗弃善,这可称之为‘片面的全面’……”[①] 这段话之所以逐录于此,是想以之进一步表明自己对叶教授关于“感发之生命”与伦理关系的理解。

“兴发感动”说之外,因所受的西方文学批评影响,叶嘉莹教授在自己所写的论文中,也提出了对古人作现代观的理论命题,并作出了富有创造性的实践。正是在此类论文的启发下,我也在二十年前发表了论飞卿、白石、梦窗、碧山等人,以及论风雅词派的论文,后来所做的也大致沿着这一方向。《迦陵论词丛稿·后叙》说:“我之未曾选说苏、辛的词,不是因为我对于这两家的词不赏爱,反而正是因为我对之过分地赏爱和重视,因此未敢对之率尔下笔的缘故。”这也是笔者一直未敢写关于苏辛论文的缘故。如果借用甚为流行的“认同”一词,也算是笔者对叶嘉莹教授的一种认同吧!

(原载《中国韵文学刊》2005年1期,又载《叶嘉莹教授八十华诞暨国际词学研讨会纪念文集》,南开大学出版社2005年12月版)

---

① 邓乔彬,赵晓岚.学者闻一多[M].上海:学林出版社,2001:12.

首届词学讨论会召开

由华东师范大学中文系举办的词学讨论会于一九八三年十一月二十六日至三十日在上海举行。

到会的二十个省市的五十九名代表,向会议提交了四十五篇论文。大家遵循"双百"方针,本着追求真理、繁荣学术的精神,就下述两个问题进行了热烈的争论和有益的探讨。

一　豪放、婉约是否成派及孰为正变

新中国成立以来有些教材和研究论文,肯定宋词有豪放派和婉约派之分,并且以豪放派为主流,婉约派为逆流。近年来,不少论文提出不同看法,不但否定了主流、逆流之辨,甚至否定了豪放、婉约之分。这次讨论会上,有的代表指出,豪放、婉约之说不见于宋、元,始于明人张綖。历来论家沿袭这种理论,多用于词家、作品的风格品评。以两派划分词家,解放后才成定论。这一左右词坛的理论,对宋词研究是一种形而上学的思想禁锢,不但掩蔽了宋词"创调数百,列体盈千"的史实,还影响了对宋词发展规律的探求。为了推动词学研究的发展,必须打破这一形而上学的观念。有的代表指出,苏轼、辛弃疾被称为豪放派的代表,但他们的作品以婉约为多,豪放词所占比例极小(尤其是苏),称他们为豪放派是不恰当的。但也有代表认为,对作家、作品的分析评价,不能简单地看统计数字,应该以他们对前人提供了什么新的东西作为准绳,从最具特性的"这一个"来说,苏、辛等人有继承发展关系,可以称为豪放派。

多数同志认为,词兴于晚唐,为倚声之作,与燕乐关系密切,自是软性声调,虽然一度发展为独立的抒情诗,但花前月下、院落笙歌,从席间侑觞到应社酬酢,词的总貌应是风云气少、儿女情多。但是,民族斗争的激烈壮怀既然阑入这个红牙拍板的园地,历代词作中慷慨激烈的篇章也不是寥若晨星,那么,"天风浪浪,海山苍苍,真力弥满,万象在旁"的豪放词当然是不容忽视的。到会同志认为,豪放词的价值应该充分肯定,豪放派的说法却难以成立,具有豪放风格的词人确有一批,但称之为"派"却很不恰当。至于不作深入、具体、历史的分析,以派划线,判定弃取,那显然是不对的。

关于"豪放"一词的含义,代表们阐述了自己的看法。他们认为,豪放并非不守绳墨、有如无鞚野马,也不是不谐音律、狂放怪诞;只有在"妙算毫厘得天契"的基础上,才能自由挥洒,表其逸怀浩气,以涤荡振刷的革新气概和有为而作的求实精神,形成清雄绝世的风格,超妙入神的气度,恢宏浑沦的意象。豪放属于刚性美的范畴,但在词国并不能平分秋色。刘勰论风格有八体之分,皎然有十九字之辨,司空图更标举二十四诗品,词虽门小而径狭,豪放、婉约之外,还有清空、质实的疏、密之分,清人陈廷焯析唐宋词为十四体,今人詹安泰也有八种风格之说。因此,豪放、婉约的“两分法”是绝对化、简单化的表现,到会同志认为,破除这种“两分法”,是将宋词风格流派研究引向深入的必要前提,也是撰写词史必须注意的。

与豪放、婉约相关的,就是词论史上争论很久的正变问题。词在兴起之时,就以柔丽为宗,以后婉美一类又占压倒多数,因而多数词家、论家、选家以婉约为正,但也有些人以刚美为正。到会同志认为,诗三百篇的风、雅,有正、变之称,是依时代区分的,不含轩轾之意,而论词的正变,则有正统、正格和旁门、变格之别,自有抑扬。从词史上看,婉美派在先且为多数,可视为正,刚美派在后且为少数,可视为变,“惟正有渐衰,故变能后盛”,能这样看待正变,才能真正认识词体嬗变的实际,才是公允之论。

二 关于词的诗化问题

依我国论词的传统见解,常以音律协洽作为“当行”的标尺,苏轼词因音律的原因,被看成“要非本色”,属于“别格”,自李清照的《词论》严分诗词畛域以来,词“别是一家”之说,历来为多数论者引述。但是,与重豪放、轻婉约相应,新中国成立以来的意见是无保留地肯定诗体词,过分贬抑严守乐律、系于音乐的曲子词。近年来,又有强调诗词严格分野之势。

有的代表认为,我国的诗歌史充分证明了诗、乐互为表里的事实,但有“选词以配乐”和“由乐以定词”的不同途径。词最初是配乐的曲子词,但至北宋中叶,逐渐出现应歌的曲子词和案头的诗体词的分野。虽然李清照感叹词“知之者甚少”,但这种不尽依宫调声情的诗体词,实是代表了词的发展趋势,将词从歌席酒筵导向广阔的社会。有的代表更进而指出词的诗化开创了新的道路,尤其是以辛弃疾为代表的爱国词人,所作的爱国主义战歌成为词坛的基调和主流,因而南宋前期的词风值得充分肯定,而以姜夔为代表的南宋后期词作,在脱离现实同时,又将词拉回严守乐律的道路,无疑是形式主义之风。

有的代表认为,“诗之境阔,词之言长”,二者美学性格有别,和诗比较,词有文小、质轻、径狭、境隐的特点,因而确有体性的不同。词是较为纯粹的抒情诗,有特殊的艺术规律和艺术个性,有难以代替的艺术韵味。词主要体现阴柔之美,应以空灵蕴藉、烟水迷离为极诣。因此,言志咏怀入于词,就有滞重或劲健之感,倚声的特质既失,柔婉的风貌亦去,倘等同于诗,就势必失去词的特点。因而,词的诗化虽有扩大题材、提高意格之功,也有销蚀词美之过。至于以姜夔为代表的南宋后期词,更不能简单否定,它之回到词的“缘情”本位,在词的发展史上具有特殊的意义,较之于“诗化”而流为贲张叫嚣之习的辛派末流来,姜夔等人的作品更为历代推崇,不是没有道理的。

除上述两个较为集中的问题外,到会同志提供的论文较多涉及作家作品的分析、研究和评价。除所论较多的苏轼、辛弃疾、李清照、欧阳修、陆游、纳兰性德而外，还有过去较少论及的秦观、叶梦得、吴文英、袁去华等人。关于词派和内容分类的研究，有早期文人词、南宋前期词、婉约词、南宋风雅词、宋代咏物词、清代阳羡派等论文。词论研究的论文，涉及王国维的境界说、况周颐词境说、“重、拙、大”说、李清照《词论》、谢章铤《赌棋山庄词话》、陈廷焯《白雨斋词话》等。此外，还有探讨词的起源与形式，选声择调与词调声情，双拽头结构的专文，还有札记、考证、版本论略、词律改革刍议等。

五天的会议，进行得团结、热烈而友好，大家交流了研究成果，进行了争鸣，展望了前景，感到收获很大，任务很重。由于代表们的强烈愿望，会议选举产生了中国词学会筹委会。大家热切盼望第二届词学讨论会于适当时候召开。

（原载《文学遗产》1984年第1期）

第二次词学讨论会纪要

由华东师大、南京大学、南京师大、杭州大学发起并筹办的第二次词学讨论会，于1986年12月18日至22日，在上海石化城的金山宾馆召开。来自19个省市的90名代表参加了会议，并提交了40多篇论文。唐圭璋、施蛰存、王季思作了书面发言。

三年前在华东师大召开的第一次讨论会，主要就豪放、婉约及相应的正变之争，主流与逆流之辨，以及词的诗化等问题，展开了热烈的讨论。本次会议则深入一层，再拓一境，体现出从风格论到功能论，再深入到本体论的探索意向。

多年以来，由反映论所决定的政治学、社会学批评，是研究历代词人词作的传统模式，随着对文学本质的认识和感受的深化，本次会议的论文能从词史的实际出发，正视词的“缘情”特质，因而在评析之中可见新的认识。如对柳永、秦观、周邦彦等词人的重新评价中，能分析宋代的追求享乐风尚，并进而指出柳永不似欧阳修的以人格分裂来维持心理平衡，处理正统与享乐的关系，而是以充溢于整个意识领域的市民观念来与封建正统观念相对抗。从而肯定了从柳永到秦观、周邦彦，他们的“淫词艳曲”是社会心理变化的产物，可以看作是提倡理学所导致产生的逆反心理的表现，是人性的复归和张扬。有的与会者甚至进一步从整体上提出了词摆脱封建教化，冲破诗教网罗，勇于描写世俗生活，使之成为早期的市民文学的观点，并对其表现性爱，成为纯情诗，有较为中肯的分析。

对于历代词作的分析评价，以前一直着眼于反映现实的宽狭深浅，从而置于不同的等第。反映论既内源于固有的“知人论世”说，又外来于从亚里士多德到车尔尼雪夫斯基的“模仿”说，最易接受，影响尤深。当然，从主导方面言，这无疑是正确的，是应该坚持的。但是，由于我国审美观历来侧重于主观的审美意识，而非客观的审美对象，因而文学重在“表现”而非“模仿”，尤其是“词之为体，要眇宜修”，更善于表现人的心灵意绪，如果仅以“反映”为尺度，必然会将研究领域自限于极小范围。在这次讨论会中，就看到了从反映论向表现说转移的趋向。如对辛弃疾，不仅就其浅言直说之作中分析其抗敌御侮的决心和郁闷，而且能就其词中意象、境界探究其借物寓意和心灵外化，进而分析其美学观。对秦观和周邦彦，也分析了他们或以托兴幽深而难以名状的内心观照，由直觉印象上升到理性高度；或以多层次、多侧面的立体结构突破时空界限，靠心灵共鸣、感情传导、意象渗透去感染读者。可以认为，这种深入到本体的研究，对词学的深入发展和广为开拓，无疑是很有助益的。

改革与开放的深入，既引起了人们观念的变更，也改变了以往的思维定势。长期以来，词学研究论文一般多沿用内容加艺术的平面分析模式，而在这次讨论会中，则看到了研究方法趋于多元化的情况。

一是注重纵向挖掘与横向联系相结合。如论东坡词，既看到了特定的社会条件和人生道路造就了苏轼具有个性的心态，更分析了佛老思想的影响，进而又对“悬崖撒手”的以理化情、彻悟、折进一层，以及追求“空、寂、静”境界等，都有较深入的分析。又如论述宋人咏物词，能就主客关系的处理，借助佛家未悟、悟入、悟出之说，分析了三种不同的审美层次，给王国维的三种境界说注入了新意。再如论“乐府补题”，其中一文就本题、合题、题面分析了词作的表层结构，继而再分析其深层结构，就传统的“寄托说”提供了一个新的论述角度。而另一论文则从“乐府补题”联系到清初词风，纵向地寻求变化发展的轨迹和原因。不少论述词人词作的论文，都不仅着眼于社会政治、经济等背景，而且也侧重于个性、气质、才华、经历、艺术修养等横向的联系来作分析。

二是注重自我比较与相互比较相结合。如论“稼轩体”，既对英雄语、妩媚语、闲适语的构成方式和美学风貌条分缕析，而且在分析中有比较，给人以明晰的印象。如对周密这一研究甚少的词人，能从其基本风格与多样风貌，因袭与创新，严守规矩与变通陈式三方面论述，在自我比较之中体现出相互比较，并可见出历史的纵深感。又如对温、韦、冯三家，在比较艺术风格、手法时，又分析了花间、南唐的影响。不少论文在分析词人词作时，都不满足于孤立地看问题，而是善于在与同代或不同代词人比较中突现被论析者，给人以较清晰、深刻的印象。

三是传统方法与新方法的关系，引起了与会代表的强烈兴趣和关注。图谱、音律之学属于传统的词学范畴，本次会议有专论词体构成和词乐研究的文章，在传统范畴内运用传统方法，显示出一定的质量。考证行止、仕历是研究词人、词史的基础，本次会议考证文章不多，但不乏功力。札记是老一辈词学家常用的形式，在为本次会议提交的文章中，亦见到了这种形式的沿用。但是，新方法的运用较之传统方法更使与会者感兴趣。有的论文专门论述词的接收美学，有的专论词的模糊美，有的以人才学观点分析某词人的成才原因，有的专门分析了创新意识和叛逆情绪互为因果的关系，有的以民俗学观点分析民族心理，从而对南宋爱国词作较深入的探讨。有一青年同志的论文颇有新旧结合的特点，第一部分考证某词人的生平行事，第二部分分析其词的特色，第三部分进而由点及面，探索宋词演进之迹与南渡词风，提出了南渡词坛完成了由“共我”向“自我”转变，以及审美理想的变化等观点，颇有新意。诚然，年龄层次不同，知识结构有异，与会者对传统方法和新方法各有偏爱，但“不薄旧法爱新法”，则是能够被广为接受的。

论文涉及唐宋词人19家，除前面已提及者外，尚有李煜、周紫芝、李清照、张元干、陆游、陈亮、蒋捷、张炎、汪元量等；词论研究的则有张炎、陈子龙、刘熙载、王国维、胡适数家。有的是新学开拓，有的是旧题新作。虽然这次会议的论文以个别词人、理论家的研究为主，但由个人而至群体，由阶段研究而至探讨总体发展，形成微观与宏观有机结合的合理研究格局，则是可以期待于词学界的。

反思传统，汲取新潮，在历史唯物主义指导下，以更新的观念、方法求得研究的拓展与深入，将是新老词学研究者的艰巨任务。

（原载《词学》第6辑）

更新观念以求突破

——第二次词学讨论会述评

由杭州大学、华东师大、南京大学、南京师大四校发起的第二次词学讨论会，于1986年12月18日至22日在杭州湾畔上海石化总厂的金山宾馆举行，来自19个省市的90名代表参加了大会，并提交了45篇论文。

所提交的论文中，以作家作品研究最多，涉及温庭筠、韦庄、冯延巳、李煜、柳永、苏轼、秦观、周邦彦、周紫芝、李清照、王以宁、张元幹、陆游、辛弃疾、陈亮、蒋捷、周密、张炎、汪元量等人，其中论辛弃疾的有六篇之多。除论述个别作家外，还有论南宋前期爱国词及论《乐府补题》等作家群的论文。属于词论研究的论及张炎、陈子龙、刘熙载、王国维、胡适等数家。此外，还有研究词体、词乐和论述词与音乐关系的文章。专论词学研究新观念、新方法的不多，但不少论文都尝试运用新观念、新方法、新角度，引起与会代表的瞩目。

虽然词学研究与整个古典文学研究一样，显得较为沉闷，但从这次讨论会所提供的论文看，在观念和方法上仍体现出一定的新意。

先讲观念。

第一，从反映论向表现说靠拢。

反映论在文学研究领域长期流行，由于它是外来的“模仿说”同我国传统的“知人论世”说的结合，既有深厚的历史根源，又有广泛的影响。以前的词学研究多以作品反映现实的深度和广度作为判断优劣的标尺，近年来则多越出现实主义、人民性的批评标准，从艺术上肯定婉约派词人的词作。随着文艺理论的发展，人们逐渐认识到文学固然是社会生活的反映，但也是人类心灵的倾诉，尤其是我国的文艺多着眼于审美主体，“表现说”占据主要地位，加以词不宜于叙事、说理，而以抒情为主，因而词的“表现”色彩当然远过于“反映”、“再现”。

由于观念的转变，有些论文就能以心灵意绪的外化来看待词中意象，如对辛弃疾词中雄奇的境界能以作者的心灵构象来分析，揭示其写山、状水、咏石是抒发自己郁勃、磊落的不平之气，通过所倾心的外物来逆推审美的意识流向，分析借物寓意的实质，推求其审美理想。对婉约派词人作品中的意象，也能从移情的角度作出分析，并就作品分析意绪，将难以名状的内心观照予以揭示，找到作者与读者心灵的共振点。

由于“表现”不像“反映”那样重视共性，论文中常能注意到词人的自我意识。不仅对像柳永那样的词人，能以追求偎红倚翠生活压倒游宦仕进来看待、判断他的享乐的个性意识。即使对南渡词坛，也看到了词人以自己的独特感受表现社会心态，由“共我”向“自我”的转变。

第二，从侧重功能到转向本体。

我国文学批评受儒学制约，在演进过程中虽杂入了佛、道思想，但一直以儒学为正统，因而偏重文学的功能研究，诗以言志，文以载道，可谓是对功能论的最简单的描述。词虽另开“缘情”一苑，但清代词论中，无论是浙西派的“醇雅”说，还是常州派的“寄托”说，都仍侧重于功能，力图向诗道靠拢。至若新中国成立后的词学研究，则更是重视思想内容，重视词的社会功能。直到前几年的豪放、婉约之争，其表层是艺术风格，其深层则仍涉功能。

随着对文学领域中人的主体意识的认识深化，此次会议的论文中出现了正视词史事实，从词的社会性转向日常生活，从侧重功能到转向本体的趋向。如有的论文提出了词摆脱封建教化，冲破诗教网罗，写世俗生活，成为早期市民文学的观点，对词的表现性爱，作为纯情诗而具有独到价值，有较好的论述分析。也有的则从提倡理学导致逆反心理产生和人性复归的角度，指出了以《乐章集》为代表的“淫词冶曲”正是这种社会心理变化的产物，从而对从柳永直到秦观、周邦彦，作出了适度的分析和肯定。甚至肯定了这些作者没有内与外的人格分裂，而正是享乐观念与正统意识相冲突，从而构成了新兴的市民观念与封建正统观念间的对立。

论者既非以寄托说曲意回护，又非以人民性严加要求，而是正视词本身的享乐意识、市民性，并加以重新认识，着眼于本体。可以相信，随着对其所作出的解释的合理性、科学性，长期争执不下的豪放、婉约及相关的正变问题，终能得到较好的解决。

第三，从强调倾向到顾及全人。

对作家作品的研究，定量分析与定性分析的关系至为重要，但以前的研究或强调时代精神，或着眼于所提供的新东西，评析之中常是以偏概全。这次讨论会的论文不是强调倾向，而是能顾及全人。如论陆游，既言其英雄词、边塞词、爱国词的三位一体，但又指出此类约占全集的十分之一，其余则是描绘湖山风光，表现闲适隐逸情趣，托闺思以写怀抱，以及游宴赠答唱和之作，并有具体分析。对辛弃疾、李清照等也一样，在顾及全人前提下作较深的挖掘，不会导致以偏概全。

又如对王国维，近几年来海峡两岸是一片赞美声。此次讨论会既有专文论其“境界说”的积极意义，又有对其“境界说”提出批评的意见，对他的词学观发表了鲜明的不同见解，对“境界说”的局限、缺点，及其对评价南宋词所造成的影响有较全面的分析，指出了他主观主义的态度，形而上学的方法，明显的艺术偏见，摘句评词法的偏颇，应该说都是很有道理的。从全盘肯定到具体分析，正如评词的顾及全人一样，是一种进步，是值得肯定的。

再讲方法。

第一，纵向挖掘与横向联系。

作品内容的分类罗列加上艺术上总结几条，再以作品串成文章，这是以前研究中的常规作法。随着近几年研究的进展，情况有了较大改变，从这次会议的论文中，就可以看到纵向挖掘与横向联系相结合的特点。

如分析《乐府补题》的作品时，通过表层意象去剖析深层意义，通过挖掘而给“寄托说”注入新意。又如论宋人咏物词，以佛家观照自然山水有未悟、悟入和悟出的三种不同境界，来分析不同的审美层次，体现出纵向挖掘的特点。有些论文一改孤立、静止论述的习惯，看到而且描述出轨迹的延伸。如论述《乐府补题》，从其重新传抄并刊刻，谈到《浙西六家词》的问世，考察清词的演变史实，寻求清初词风变化的原因。论胡适的词学思想亦着眼于它对后来的影响，为六十年代盛行的豪放、婉约的主流、逆流说，作了一番探源。

至于横向联系，则对仅言政治、经济给予文学的影响的传统论述法有所扬弃，开始侧重于对哲学、思想所产生影响的考察。如论苏轼词的理趣，分析了它同佛老思想的联系。论周、秦词的共同性时，分析了党争是造成两人哀婉沉郁之风的时代原因，反叛理学则使两人有共同的基调；论两人的相异时，则广泛联系个性、气质、才华、经历、艺术修养来作分析。词论研究中，阐述陈子龙的词学思想是从诗词共同规律和共同性着眼。

第二，自我比较和相互比较。

比较是研究的好方法，随着词学研究的深入，简单罗列、肤浅分析、孤立论述已渐被摒弃，比较法得到重视。

这次会议的论文中，常可看到对同一作家所作的题材、风格、艺术手法、创作前后期的自我比较，以见全貌。有一个以前不被重视的词人，此次有两文论及，其中一文以基本风格与多样风貌，因袭与创新，严守规矩与变通陈式为题，进行了艺术上的全面自我比较，给人以全面而明晰的印象。对不同词人词作，有性格、气质的比较，有托兴尤深与模规较大的比较，有或长于叙事与或长于抒情的比较，通过全面的比较，给人以鲜明的立体感。除平行比较外，还从词史发展中探索影响比较，如通过两位词人的艺术风格、手法的比较，分析了南唐和“花间”的影响，给人以一定的纵深感。

第三，传统方法和新方法。

考证、札记、年谱，都是词学研究的传统方法，至今仍沿用不息，今后仍将坚持。政治学、社会学、历史学的批评也是用之多年的方法，生命力还很旺盛。

随着改革、开放形势的发展，新的理论源源不断地涌入，新的方法也显示出自己的优势，虽然古典文学领域尚未产生有份量的新方法造就的研究实绩，但不少人都是心向往之。

这次会议考证文章虽少，但见出了功力。专论新方法的论文也少，但论词的接受美学、论词的模糊美，非但新，且具有宏观性。而以民俗学观点分析民族心理，从而论述南渡前期爱国词；以人才学观点分析某词人的成才原因，以及对创新意识和叛逆情绪互为因果的认识，都展示了应用新方法的实例。有的论文先考词人生平行事，次论词作特点，再广而以点求面，探索宋词演进之迹与南渡词坛风尚，体现出新旧结合、由微观到宏观的特点，颇值得注意。

从这次讨论会所选论题可以推知：个别作家作品的研究仍将是词学研究的主要组成部分，但从个体研究而到群体研究，从阶段性研究而至探讨总体发展，从流派风格研究而推及时代风尚、审美心理等，逐步从外部现象深入到内部规律，由微观转向宏观，从而以全方位的研究态势来造就合理的研究格局，是完全应该，也是完全可能的。

从研究方法看，新中国成立以来一以贯之的政治学、社会学批评的单一模式有了改变，较之三年前的第一次讨论会也有进步，表现出在改革和开放形势下探讨研究方法的新意向。但总的看来，新方法还在尝试之中。今后，传统方法和新方法可能此消彼长，但可以断言，方法论将进入多元化状态。

会议不仅就词学研究的方法论展开了讨论，不同年龄层次和不同知识结构的与会者，分别对传统方法和新方法表现出热情。而且不少代表认为，词学研究虽属古典文学研究范围，但应该使研究者具有现代意识，不能以古论古，应冲破封闭体系，建立开放体系，只有彻底更新观念，才会有大的突破。

（原载《语文导报》1987年3期）

话题选择与阐释思路
——邓乔彬教授词学访谈录

杨柏岭(以下简称杨):邓先生,您好!您是成名较早的词学家,我在读1990年学苑出版社出版的《唐宋词百科大辞典》时,已经看到该书收入的研究家中有您,虽所收的国内研究家从古至今有将近120人之多,但出生于20世纪40年代的只有4人,可见您的研究成果在10多年前已经得到词学界的承认。现在,您是怎样评价10多年前的成名的呢?

邓乔彬(以下简称邓):在20世纪80年代后期起,就有关于词学研究的工具书问世,而你提到的学苑出版社《唐宋词百科大辞典》是系列辞典之一,较有权威性。此书所收的国内研究家对老一辈学者收入较多,而对当时的"青年学者"则取舍甚严,故50岁以下只收入施议对、杨海明、刘扬忠和我。我们四人都是"文革"结束后的第一届研究生,其中施议对在"文革"前已是夏承焘先生的研究生,1978年再随吴世昌先生第二次读研。相较而言,他们三位都是以词为专攻,而我则因导师所指导的是词曲专业,同学四人中二人治词,我奉师命与另一位治曲,因此,我在读研期间是以作近代曲论为主,以唐宋词为辅的。故此较之施、杨、刘三位,我起步既晚,成果亦少,后来又因兴趣屡屡转移,研究范围扩大,故此在词学上的所得与三位"同年"还有不小差距。10多年过去了,词学研究的"新锐"频出,新一代领军人物如王兆鹏更是硕果累累,我更是难以相比了。只不过先入为主,加上带了10年以词学为主的博士生,所以词学界还将我看作是"自己人"。

杨:您很谦虚,不过让我感兴趣的一个问题,是与您治学经历有关的。刚才您说在读研期间是以作近代曲论为主,以唐宋词为辅的,不过我感到您是由研究词学走入学术殿堂的,亦给学术界以词学研究为专业的印象。同时,从您目前的学术成果来看,词学研究却只是其中的一部分。您能否结合您的治学经历,谈谈您研究词学的历程,对词学研究的态度?

邓:确如你所说,除了读研的短暂阶段我是主攻曲论以外,我确实是由词学"走入学术殿堂"的,也给学术界以词学研究为专业的印象,因为我在20多年前发表的论温庭筠、姜夔、吴文英以及风雅词派等论文,多有新意,体现出研究的个性,数量虽不多,却能给人留下较深的印象。尔后又仍然持续着词学的研究,除发表论文外,还先后出版了《爱国词人辛弃疾》、《唐宋词美学》、《宋词与人生》三书,合著的有《中国词学批评史》,主编的有《豪放词萃》、《绝妙好词译注》,去年又出版了自己的词学论文集《词学廿论》,此外,《吴梅研究》也部分涉及词学。正因为我的研究涉及词学较多,所以我在华东师大时,能背靠《词学》丛刊的基础,斗胆以唐宋词及词学批评为招收博士生的第一方向。

但是,我又不是仅以词学为治学目标。在华东师大时,考虑到教学与科研的需要及格局构成,结合自己的长处,且受到钱锺书先生《旧文四篇》(后增为《七缀集》)的启发,我在80年代后期就开始了古代诗歌与绘画的比较研究。1992年我申报的国家社科基金项目《中国古代诗画艺术思想史》获得批准立项,我将备课笔记加工后出版了专著《有声画与无声诗》,以作结项。而有感我国古代诗歌有其可比性,但又有不可比性,故此打算继续写作《中国绘画思想史》和《中国诗歌思想史》二书。前者开始于1994年,原来准备写50万字左右,一写却难以打住,竟然在四年中断续写了将近100万字,因签约的出版社遇到经济问题,不得已而退稿,又拖了三年,才在贵州人民出版社出版。后者本来也打算进行的,却因类似的著作已经出版了不止一种,本校萧华荣的同名著作也已在1996年出版,因此,在贵州人民出版社让我再报选题时,我遂将原先的题目收缩为《中国诗歌艺术思想史》,但由于该社同样出于经济原因,我的这一选题不能接纳,有了以前的教训,我只能"以销定产"而不敢继续写作,加以后来的工作调动,此书终未能写出。却因河南大学出版社为其《宋代研究丛书》寻找《宋代绘画研究》一书的作者,经人举荐,约我撰写,我自以为在写完绘画思想史后尚有余勇可贾,在调到广州并基本完成了在上海所承担的全部工作后,在2004年上半年7个月的时间内,完成了此书近40万字的写作。而在此前,已出版了《学者闻一多》(与赵晓岚合作)和《古代文艺的文化观照》二书,后者是我承担的教育部项目《中国古代文艺审美的文化研究》的成果。

因此,我迄今所出(包括将出的《宋代绘画研究》)的14种书,从数量说,是词学与其他对半,各为7种,但从篇幅看,则非词学者要远远大于词学,而发表的万字左右的论文中,最多的属画论与绘画,将近50篇,古代诗歌及其他古代文学、文化的论文,则略多于此数,而词学论文尚不足20篇。以上对比,足可证明我所作的决非专门之学,我也不属于单纯的词学家。

杨:谢谢您满足了我的好奇心,接下来一个问题仍与您的治学有关。因为您说自己不属于单纯的词学家,但在我看来现代的词学家中,本来就有两类,现在公认的三大家夏承焘、唐圭璋、龙榆生一生专门治词;而刘永济、俞平伯、詹安泰、胡云翼,却是既治词而又兼治他学的,您显然属于后者。不过,这两类学者的治学路数对"词学"的概念有影响吗?

邓:吴熊和先生的《唐宋词通论》曾引用了龙榆生先生关于词学的全面定义,我也多次说到这一问题。龙先生说,"推求各曲调表情之缓急悲欢,与词体之渊源流变,乃至各作者利病得失之所由,谓之词学"(《研究词学之商榷》,《词学季刊》第一卷第四号),且不止于此,他认为完整的词学应该由传统的图谱、音律、词韵、词史、校勘诸学组成,且主张另创声调、批评、目录之学。可见,完整的词学概念应该由"八学"和"三义”构成。但是，人的禀赋有异，兼具诸长是很难做到的，近代的几位词学大家中，除了写词为共同所长外，朱祖谋长于校勘之学，况周颐长于批评之学，郑文焯则长于图谱之学。而夏、唐、龙三位，也是各有所长。虽有所长，但词学的内涵与外延，应当有全面的认知。

杨：各人根据自己所长而治学，虽不会影响词学研究的全面性，但专攻词学者与同时兼治他学者，在词学研究中表现出的学术视野与个性是有区别的。以您来说，我在阅读您关于词学研究的一系列成果时，您的学术个性给我的印象十分深刻，也给我很大的启示。简单地说，即是在“话题的选择与阐释的思路”上，显示出明显的学术个性。譬如，您在词学研究中选择的话题，一是有一种与时俱进的新意，如合著《中国词学批评史》当是最早的词学理论批评通史，您的《唐宋词美学》应该是最早从美学角度系统研究词学的专著，《宋词与人生》也是较早地从文化学角度研究词学的，二是善于选择那种既具词史地位又具有理论深度的话题，如您最近出版的《词学廿论》中二十篇论文，尤其是关于姜夔清空骚雅、宋词中的骚辩、秦观的词心等问题的研究。在阐释思路上，既注重历史逻辑也注重理论逻辑，始终有文化史、美学史的参照系，以此阐释词体的个性及其地位；在分析思路上，多采用知人论世方式阐释学理性的话题。这些特点，我想应该与您兼治他学有关系。我如此概括，不知是否合乎您的治学用心，能否就我的阅读感受，谈谈您在词学研究中的研究方法？

邓：看来你确实认真阅读了我的著作。我自己虽说从小就读唐宋词，后又尝试写作，但由于青年时正是“以阶级斗争为纲”的时代，不断的下乡劳动、“四清”，后来更是“大革文化命”而无书可读。五年制的大学，我却只读了一年的物理系，一年的中文系，一年半的参加“四清”，两年多的“文化革命”。推迟一年毕业，又到军垦农场劳动锻炼一年半，后来到甘肃山沟的一个水泥厂工作，挖防空洞、当三班倒工人，即使后来当了职工子弟中学的教师，也仅是在与顽童打交道的过程中无奈打发岁月而已。

我是直到1978年恢复招收研究生时，才以35岁的中年得以考中，开始重新学习的。十多年的蹉跎和山沟中的生活，使我在回到课堂时深感知识的匮乏，举个例子说，我当时竟然不知道刘熙载及其《艺概》。由于导师命我作曲学的学位论文，我为了尽快熟悉相关的文献，更不敢多作曲学以外的阅读，而为了写20万字的《吴梅研究》，我竟然作了将近一百万字的资料卡片。导师万云骏先生治词重在作品赏析，我对此也略有领悟，因此，在读研时所作的词学“研究”，我只能重在对评价词人时使用的术语作出自己的阐释，如论姜夔词的“清空”、“骚雅”，论吴文英词的“潜气内转”、“空际转身”等，都是在那时作的。虽说开始投稿时也屡尝退稿的苦涩，但一旦稿子变成了铅字，或被《人大复印资料》全文转载，初尝成功的喜悦时，我自感找到了适合自己的研究路子，即重在以今释古的文艺美学研究。在写了姜夔、吴文英、温庭筠诸家词在艺术上的特点后，我又结合学习朱光潜先生的美学著作，以论南宋风雅派词一文作为1983年年底在华东师大召开的第一届词学讨论会的论文，此文受到了与会者的重视，在豪放、婉约之争的会议主题之外，另有所开辟，且对后来的词学研究产生了影响。

我在读夏、唐、龙三大词学家的著作时，感到欲治夏先生的年谱之学、唐先生的文献之学，均非自己所长，而自己的禀赋、兴趣，较为接近龙先生的以论见长，故此也就给自己设定了这一治词之路。吴世昌先生与业师万云骏先生观点较为接近，也都重在“论”，因此吴先生所带的施议对、刘扬忠也似乎是以此为主的。龙榆生先生去世早，基本未带过研究生，夏承焘先生培养研究生是在“文革”前，因此，三大词学家中只有唐圭璋先生是在“文革”结束后带研究生和博士生的，他培养的钟振振、王兆鹏等，都以考证、文献见长，或从二者进入词学研究的，大概只有杨海明在读研时遵照师教力作考证，但以后并不走此路，可算作例外。

回到你的问题上来：由于前述的原因，似我这样在中年才走上治词之路的人，知识结构的缺陷，加以教学需要科研的支撑，很难作专门而全面的词学研究，在总体以“论”为主的自我设计下，我所写的词学论文很少，却能把握一个原则：要写就要写出新的题目，或有新的涵义，决不做低水平的重复。继论姜夔、吴文英、温庭筠数家之后，就词家而言，我又论述了王沂孙、陆游、秦观及顾贞观诸家，论王沂孙是重在论其词之寄托，论陆游重在对其“驿骑苏秦间”原因之分析，论秦观则专论其“词心”及所成原因，顾贞观与陈维崧、朱彝尊并称“三绝”，却未见一篇论其《弹指词》的论文，因此，我所作的“浅尝”实为首创。就宏观、中观的题目而言，我所作的论唐宋词伤春主题及其原型意义，论宋词中的“骚”“辩”之旨，都是如你所说，力图在“话题选择与阐释思路”上有所突破、创新，也或许在这一点上，表现出我的学术个性。

我从1989年起在华东师大哲学系带研究生，因为所带方向是中国哲学史下的中国文化建设方向，开设“中国文化与中国文艺”一课，故近年来对文化与文艺宏观关系的研究颇为着力，除了2003年出版《古代文艺的文化观照》一书外，又陆续发表了一批论文。因此，如果说我在20年前所写的词学论文是重在美学阐发的话，那么近年的词学研究则转为以文化史相观照。《宋词与人生》是上海古籍出版社的约稿，为该社《传统文化与人生》丛书之一，因为是分作几个板块的百篇文章，未及深化、展开，故此又在论文写作中体现个人研究的“与时俱进”。除已发的论词由中唐至宋初之变与文化转换外，论盛中唐词的文化之变一文即发，论词与宫廷文化、进士文化、市井文化、士大夫文化、江湖文化等关系的系列论文，也在写作的计划之中。

总之，你对我的概括是基本符合事实的，只是要说明，我并无自觉的“治学用心”，多是顺其自然、用己所长、避己所短而已。

杨：非常感谢您肯定了我的粗浅认识。不过，在阅读您的词学成果时，我还注意到您也十分关注词学选本、辞典等方面的工作，或是对经典词学选本予以注释，如《绝妙好词译注》，或是重新编选，如《豪放词萃》，或是编写词学辞典、撰写词作赏析等，如负责编选《近代文学大系·文学理论卷》中的词论部分，参与编撰《中国词学大辞典》等。这些工作原本是中国传统治学的一大门径，在当今的词学研究中似乎也很热，但又很令人担心，因为粗糙的成果太多。不知您做这些工作的初衷是什么？这些工作的意义有哪些？对从事这项工作的学者有何建议？

邓：我国传统的治学非常重视选本，而选本对于引导治学的入门途径也是非常重要的。我们这一代人，之所以走上治词之路，与当年阅读龙榆生的《唐宋名家词选》、胡云翼的《宋词选》大有关系。至于辞典，更是必要的工具书，一本在握，可以省掉多少无谓的寻绎。确实，我也参与或主持过选本与辞典的编撰之事，说来并非我的主动选择，而是承担的任务。我先是参加了徐中玉先生主编的《近代文学大系·文学理论卷》的编写，负责编选其中的词论部分，约10万字，此书由上海书店出版。然后又参与了《中国词学大辞典》的编撰，负责撰写其中“词调”的部分条目，约10万字。这两种都是重点出版物，前者是大型丛书，具有工具书性质，后者是浙江教育出版社的招牌书，与诗学、曲学形成系列。这两种都属于“任务”，并非自己的主动选择。此后又应承了上海古籍出版社约写的《绝妙好词译注》，此书实为当时从我攻博的彭国忠、刘荣平两位撰稿，我所作的是修改、统稿工作而已。虽说用现代汉语翻译古人的词很难传其神韵风采，但毕竟是一种再创作的过程，有助于体味其中人情物态，不妨可作为一种练笔，他们二位也完成得较好。至于该书的注解，两位也是下了功夫的。《豪放词萃》是华东师大出版社的约稿，与徐培均先生的《婉约词萃》为姊妹篇，由我及几位博士生一起完成。通过两书的写作，对于博士生不失为一种锻炼，对我来说，也是为词的普及化作些工作。的确，由于20多年前《唐诗鉴赏辞典》的成功，引发了各类“鉴赏辞典”的出版热，尔后又有新一轮的古籍今译热。此类工作，对于传承传统文化来说，无疑是起了积极的作用，对提高读者的人文素质是有益的。但是，若一拥而上、以追求经济效益为动机，未免泥沙俱下，难免出现质量不高的书，况且，古籍不宜于都作翻译，还是以注释为好，有助于阅读，而不是据译文来作速成式的阅读。

杨：在满足我您在词学研究中几个兴趣问题后，我想接下来向您请教当今词学研究中同样令我感兴趣的问题。首先词的研究伴随着词的不断学术化而得到学者们的重视，近二十多年来，词学研究的队伍不断地壮大、领域也在不断拓展、成果也在不断增多。但是这些表面繁华的现象是否有值得深思的必要？您对当今词学研究的“繁华”现象是如何认识的？我之所以产生这样的疑问，是因为我感觉是有职称制度、学位制度等社会原因在刺激这种“繁华”。与“繁华”同步，是人们越来越感到词学研究的选择难度增大。可这个难度在我看来，又有一系列的矛盾：从词学史来看，仍有大量人在研究唐宋词，而宋以后的大量词学现象仍在尘封状态。从唐宋词本身来看，一方面似乎话题已经穷尽，另一方面仍有很多人在沿袭旧路。那么唐宋词研究值得开垦的领域有没有？从宋以后的词学研究来说，一方面热闹表现在词学理论研究上，另一方面冷淡表现在词作本身的研究上。鉴于此，我产生了“表面繁华”的感受。不知您是否赞同我的感受？您对目前词学研究的整体格局如何评价？词学研究的前景如何？

邓：学术的繁荣是个不争的事实，词学同样如此。

古人确有以文体定尊卑的现象，如鲁迅所说，我国历来是将戏曲小说看作邪宗的，词虽非入于此，但“诗余”、“小道”之说亦可见出其体不尊。如果说南宋初鲖阳居士倡导词的“复雅”是一种尊体，清代常州词派则是从理论上自觉地为词尊体，但是，将词作为一门学问，则还是晚清的事。20世纪初，朱祖谋、王国维等人分别开创近代意义的词之校勘、批评等学，吴梅、王易等人将词学搬上大学讲堂，胡云翼、龙榆生、夏承焘、唐圭璋等，进一步光大词学。胡云翼《宋词选》先后印行百万，就可见词的读者之多。但是，由于新中国成立以来"左"的路线影响，词学研究多停留在思想意义的价值判断上，以人民性、现实性相取，必然走上重豪放、轻婉约一路。到"文革"期间，全国似乎只有一位作词者，要说词学研究，也只有研究一人之作了。

结束"文革"，拨乱反正，词学逐渐繁荣，一个重要的标志是：近20多年来，词学研究的队伍不断壮大，领域拓展、成果增多。这既是高等教育普及化、古代文学研究者成倍增长的必然结果，也与现行的考核机制相关。我十分同意你的看法，我们确实应该思考表面繁华背后的问题，应当考虑词学研究的整体格局和方法。

前面说过，龙榆生先生以为词学应由"三义""八学"构成，唐圭璋、金启华二先生在《词学》创刊号发表的《历代词学研究述略》一文，提出了词学研究的10个方面工作：研究词的起源、词乐、词律、词韵、词人传记、词集版本、词集校勘、词集笺注、词学辑佚、词学评论。吴熊和先生《唐宋词通论》展望词学，认为目前应予完成的就当有8项工作。龙先生发表的论文已经过去了70年，唐、金、吴先生所说也过去了四分之一世纪。虽传统的校勘、笺注之学成果不少，但是，图谱、音律、词韵、声调诸学却治者不多。从时代而言，可能受到王国维"一代之文学"观念的影响，治唐宋词者多，而治宋代以后者少，虽近年金元词颇有研究者，但明清词就相对研究得少，似乎《明词史》、《清词史》一出，两代词研究的"终极目标"已经完成。其实，不仅是金、元、明、清直至近代之词，对之研究的系统工程远未完成，即使是唐宋词也大有开拓之余地。

总之，在表面繁荣的背后，我们还应看到不足和问题，有志于从事词学研究的学者，也应该努力于"占领"别人较少涉足的领地，而不要去作简单重复的工作。

杨：谢谢您对我的信任，只是还有几个具体问题，或因为是我一直困惑的，或因为与我粗浅的认识有点关系，也想趁此机会，向您请教。如，您在《唐宋词美学》中提出词体具有内倾性的特点，我感觉这个提法改变传统的那种静态总结词体特征的说法，如狭深、要眇宜修等，而具有一种向心绪挖掘的动态性。这一点很让我兴奋。我试图想从学理性角度阐释这个问题，但自己不是很满意。您能否给我指出在阐释时一些值得注意的问题。

邓：关于词的内倾性问题，我在《唐宋词美学》中提出来了，但由于写作受到出版社规定的篇幅限制，未及展开。后来在拙著《古代文艺的文化观照》中，我对唐宋文化又作了外向与内倾的判断与论述。词的内倾性，其实反映出文化的时代特点。词虽滥觞于六朝，但真正是起于盛唐，盛于中唐，而中唐正是唐型文化向宋型文化转变的起始期，内倾性已经有所表现。李泽厚先生《美的历程》所说的晚唐文学表现"心情意绪"，论词境与诗境的区别，就是内倾型的宋型文化所决定的，是我们以"心绪文学"看待词的根据。对于这一问题，我将在论词与宋代文化的系列论文中作进一步的阐发，这里不详述。内倾性是宋代文化的主要特点，理学之重在"内圣"而非"外王”也是题中之义，只是词的内倾当重在“心绪”，无论是温庭筠“男子作闺音”的类型化“绮怨”，还是始于刘禹锡、白居易而发扬于晏殊、欧阳修的“闲情”，都如此。这与传统诗歌中的“言志”指向政教文化、事功意识是绝然不同的，我想这就是应该把握的“内倾”之重点。

杨：看来，研究唐宋词必须回到文化传统中，才能得到贴切的体识。不过，除了这个大文化传统，在唐宋词研究的路数上，我感觉还有一个属于词体体制的小传统。目前大多是从语言文本作理解式的研究，因为我们无法回到聆听歌词的感受时代。尽管无法亲临其境，我们是否还是应该从词体体制学理性研究这个问题？记得您两年前申报“唐宋词的形式与艺术发展史”得到国家社会科学基金立项资助，这是否是您的思考？

邓：你所说的唐宋词研究的路数问题，看似简单，但又十分重要。的确因音乐的消亡，今人已经无法知道古人是如何唱词的，但是我们决不能只将词作为文学文本来研究。吴梅先生说“一代之文每与一代之乐相表里”，我们也应牢固建立词为倚声的观念，正因为如此，对于词的音律、声调、用韵等的研究，至少不应嗤之以鼻。今人如音乐史家洛地先生，对于这方面就很有研究。因此，我在指导赵晓岚写《姜夔与南宋文化》时，就曾让她向洛地先生请教。我之所以申报国家社科基金项目《唐宋词的形式与艺术发展史》，就是想力图在词史的研究中补充“形式”这一部分，我自己虽缺少音乐知识，但仍想通过与我的博士生的合作，来完成这一研究，因为她有音乐的爱好和实践，通过向洛地先生请教，可以对词乐问题有更深的了解。我在今年南昌召开的词学研讨会分组会上说，20世纪80年代有杨海明的《唐宋词史》，90年代有刘扬忠的《唐宋词流派史》，而我希望我与学生合作的《唐宋词艺术发展史》能在2年后问世，那么这样就是间隔大约10年出一部不同的唐宋词史。我与杨、刘二君“同年”，都是“文革”后的首届研究生，但就词史的写作来说，我是显然滞后，却希望都是“十年一剑”，且对我来说，此书之成，也是我“封剑”的时候了。

杨：您所说的“封剑”，可能指的是词学研究吧。不过，谈到“封剑”，我却想到了传统词学发展的“终结”问题。我在撰写《晚清民初词学思想建构》时，曾粗浅地认为梁启超词论更适合传统词学终结者的角色，而不是多数人说的王国维。后来您也多次谈到这个问题。近来我读到谢桃坊先生的相关著作，他也这么认为。因为我感觉这个问题不仅是词学史的一个命题，而且也会对当今词学研究的现代传承带来启示。能否就这个问题，谈谈把握时的关键处？

邓：关于你所说的传统词学终结者的问题，我之所以同意你认定的梁启超而非王国维，主要是因为以下的原因：王国维虽因借助叔本华的“理念”说而标举“境界”，使传统词学跳出浙西、常州二派所限，开启了词的批评之学的美学研究，有引导风气之功；但是，由于晚清的国势、政治之变，我们毕竟不能对文学作纯艺术、超时代的研究。梁启超积极投身政治运动，其词学思想与其“诗界革命”密不可分，不是王国维的艺术无功利论，而是常州词派“尊体”、“词史”观的继承、总结，这是他作为传统词学终结者的主要标志。就“新变”而言，他的“美文”观、“情感”观、尚“奔进”以突破“蕴藉”，“中西结婚”式的文化观等，都是主要的体现。而且，据《艺蘅馆词选》的梁令娴自序，梁启超以“凡诗歌之文学，以能入乐为贵”，以此综论中西，且以进化论看待词的长短句形式，这也应是其“新变”观的体现。而此选收五代词111首、北宋129首、南宋190首、清代及近人167首，在两宋名家中最重周邦彦、辛弃疾、姜夔、吴文英、王沂孙、周密、陈允平、张炎八家，与王国维的称美五代北宋而鄙薄南宋，可谓旨趣大异，也相对更为公允、持平。因此，虽梁启超的其他论著使其词学思想不显，但对于传统词学确实比王国维更具终结与新变的资格。

杨：您的提醒使我很受启发，对我下一步的思考十分重要。最后一个问题，您多次说过，治学者要成就大业，当有“学、识、才”。能否就此话题，给我们从事词学研究的一些年轻学者，提出一些意见？

邓：古人说：“有才无学，如绝代佳人唱莲花落；有学无才，如长安乞丐穿宫锦袍。”治学最好要才、识、学兼备，我们也应努力于全面提高自己的学识和能力。但是，人的禀赋有异，难以做到三者兼长，因此而应该有自知之明，解决好自己的治学方向。由于当今高校、社科院的古代文学博士点愈来愈多，招收的博士生也愈来愈多，由此而踏上治学之路，导师和博士生本人，都应对自己有所了解，自我设计、定位应力求准确，根据自己的禀赋和兴趣、能力，决定自己的主要研究方向，虽说程千帆先生提倡文献学与文艺学结合的研究，如今又有文化学的加入，但是仍然可以有所侧重，对完整的词学研究选择一个主要点以作主攻，发挥自己所长，力补自己所短。为了避免重复，应就未经充分研究的领域多用力。这就是我对于从事词学研究的青年学者要谈的一些看法。

杨：谢谢您对我们这些年轻治学者提出的意见，希望数年后，我们再有这样的机会，向您请教。

邓：学术研究要靠代代相传，相互促进，共同推进学术的繁荣。

（原载《南阳师范学院学报》2007年1期）

《唐宋词的形式与艺术发展史》的自我鉴定

一 本项目研究的目的和意义

改革开放三十年来，词学研究取得很大成绩，包括词学文献学、词史、流派史、词人研究、词的专题研究、词学史，以及词的美学、文艺学、文化学研究等诸多成果纷纷问世。但是，虽老一代词学家夏承焘、龙榆生对词的文体形式和乐律音韵有过专门研究，刘尧民《词与音乐》、施议对《词与音乐关系研究》能将词视为音乐文学且作外围研究外，迄今尚未见专从艺术上全面论述唐宋词的著作问世。因此，本项目以100多万字的篇幅，主于文学而兼及音乐，第一次将唐宋词的艺术发展写成专史，意在填补前述基础性研究的相对空缺。从词学学术史的角度言，在传统词学领域有所发展、开拓、丰富，在前人的研究基础上作出了延伸和提高，基本上做到了旧学与新知相结合，使研究更为全面、系统，更加科学化。这一研究不仅本着词为“倚声”的原则，在词学领域真正探寻并描述古代韵文发展的文乐互为表里规律，以及文、艺结合的特征，而且可以在传统文化的大背景下探寻古代文艺的生态，以及文艺之士的心灵史，从词作中折射出来的社会史。对于在宏观的背景下把握“民族”与“世界”关系，探讨传统文化在今日的意义和价值，尤其是格律诗词的创作，有汲取经验、温故知新的意义。

二 成果的主要内容、重要观点

1. 燕乐歌辞之起与敦煌曲子词。概述隋唐雅乐与清乐，尤其是燕乐的发展情况，具体论述唐代燕乐杂言歌辞之起，教坊曲与词调的关系，“选词以配乐”，“非由乐以定词”的创作原则；从唐代边塞文化、爱情、婚恋与女性、社会生活与多元文化等角度论述敦煌曲子词的文化内涵，以朱祖谋所说的“其为词朴拙可喜 洵倚声椎轮大辂”论敦煌曲子词的艺术，并具体论述其格律甚宽、同调异体、语言质朴、长于叙事、喜作铺排、抒情直切、长于比兴、多有联章体、代言体与戏剧性等特点。

2. 唐代文人词的艺术奠基。从宫廷文化角度论词的诞生与盛唐词，从多元文化论中唐词，从士大夫享乐文化论刘、白词，从进士文化的“轻薄”、“无行”论晚唐文人词之盛。就词的艺术而言，李白“丽句妍词、意兴苍凉”，张志和与王建分得“远韵超逸”与“节短情长”之评，刘、白有“乐天梦得，声调渐开”之说，而皇甫松则措词闲雅、不入侧艳。晚唐以温庭筠、韦庄为大家，前者为倚声之祖，其词多为文字的仕女图，貌似雕缋满眼、境余于意，其实是强化诱情因素，主于印象、重在直觉、成于联想；后者情意深厚、寓浓于淡，意婉词直、似达而郁，风格清艳绝伦，具疏爽之致。二人分开疏、密二派，对后来词的艺术表现影响极大。

3. 花间与南唐词的不同艺术走向。从雅乐衰而燕乐传，君主喜好文艺、善待文人，经济繁荣、热衷享乐三方面论五代歌词繁盛之由，摘句以论《花间集》的主要题材与文化成因。将“花间”分为前后两期、三组词人，分论雅近韦庄的薛昭蕴，“飞卿流亚”牛峤，以及张泌，毛文锡与牛希济；绮艳轻和的欧阳炯，“艳词上驷”顾敻，鹿虔扆、阎选、尹鹗和毛熙震；“曲子相公”和凝，自具面貌的孙光宪，另辟一境的李珣，“有思致”、创长调的李存勖。论述南唐不同于西蜀的宫廷文化，忧患意识、比兴寄托是冯延巳词“和泪试严妆”的成因，析其“情溢词外、意蕴言中”，沉郁顿挫、“深美闳约”的特点，以及“上翼二主、下启晏欧”的地位；论“哀而不伤”的李璟词，以亡国后所作为主的李煜词的艺术：“粗服乱头、不掩国色”，直抒性灵、不事寄托，清便宛转、“词家王孟”，以及王国维所说的“眼界始大、感慨遂深”的涵义。

4. 北宋前期词艺术的多元多向发展。明确北宋词的分期根据，论士大夫文化的形成、特点，及其对北宋前期词的阻厄与导向。从宋初气象论丁谓、夏竦、聂冠卿，从寄托与清丽论王禹偁、寇准、钱惟演等，以及较为特殊的潘阆、林逋与陈亚，以“人非太上、未免有情”论范仲淹。以晏殊与欧阳修为此期士大夫之词的代表，二人继承冯延巳而各有不同：前者温润秀洁，风流闲雅，缘情体物、细妙入微，语浅而情深；后者疏隽深婉，多表现闲愁宦情，“只如无意、沉着和平”，因以词为“小道”，又受柳永影响，故颇多俚俗之作。此期的大词人柳永善写羁旅行役，长于讴歌太平，又具“宋玉情结”，有“唐人高处”，更以代表市井文化的青楼艳歌知名，“骫骳从俗”而长于叙事，“铺叙展衍，备足无余”，是慢词的创调名家，善于熔情入景，具有“上承飞卿，下开金元”的词史地位。张先词的“韵高”为柳永所乏，其味隽永、适得其中而无大起落，似书法中的钟繇。仁宗朝的其他词人还有宋祁、王琪、韩琦、张昪、刘潜、李冠、尹洙、梅尧臣、杜安世，各有一二名作。

5. 北宋中期词与苏轼的拓展、贡献。围绕着变法发展出政党政治，士大夫文化对此期词的影响主要有三：感叹“飘零宦路，荏苒年华”，又努力化解思想的矛盾，体现了雅俗结合的创作思想。司马光、王诜、舒亶、王安石、王观、曾布、魏玩所作，见证了此期词的守成与突破。晏几道如早生的贾宝玉，置身于主流文化之外，其词以真情与韵致见长，微痛纤悲中蕴无限伤心，淡语有味、浅语有致，人喻为“花中文杏”。苏轼代表了“士大夫之词”的完成，他将歌者之词变为诗人之词，“一洗绮罗香泽之态，摆脱绸缪宛转之度”，吟咏情性，寓意高远；他对词坛的变革主要是“以诗为词”，题材上“无意不可入，无事不可言”，风格上“刚亦不吐，柔亦不茹”；苏词的“豪放”源于阳刚阴柔说，因天资不凡，故辞气迈往，有“文自为文，歌自为歌”的特点。黄庭坚受苏轼影响，意境、风格较相似，部分如己诗之瘦健精险，其俚艳俳狎之作，被视为北曲先声。秦观有独到的“词心”，他受累于党争，又“情钟世味，意恋生理”，将“身世之感打并入艳情”，人以之辞情相称、酸楚凄婉，俊逸清新、和婉醇正，但也有不少俚俗之词。晁补之词与苏词为近，以神姿高秀、沉咽雄邈见长。仲殊与陈师道词分有“脱尽寒俭”和“僻涩质朴”的特点。

6. 北宋后期词的艺术开拓与集成。此期论主要创作期在徽宗朝的词人，而不以年龄分。苏门外围词人渐见艺术之变：李之仪清婉峭蒨、渐近沉著，赵令畤婉约风流，惠洪清俊通脱，毛滂间有雅调，王安中清丽芊绵。贺铸词有较多的创意与艺术开拓，因沉抑下层，难展其才，故所作颇有屈宋之旨，见骚情雅意，体现其自己所说的“格见成篇，气出言外”原则，笔势飞舞又变化无端，风格兼有盛丽妖冶与幽洁悲壮。周邦彦知音律、善制曲，言情体物，穷极工巧，长于铺叙，重视法度，所作具有开阖动宕、回环往复之妙，善于以六朝小赋与唐诗入词，风格富艳精工，集北宋词艺术之大成，转自然为精能，收柳秦而开姜史，是承前启后的词人。此期的大晟词有知音守律之长，却“颂圣贡谀，病于无韵”，谐谑词“滑稽无赖”而以谐谑嘲讽为特色。

7. 南渡词及其因革变化。靖康事变促使了南渡词之变，多表现真情，感慨悲凉。待到绍兴和议签订，高宗“中兴”局面形成，则有“复雅”之倡，供奉之作亦见。南渡名臣李纲、赵鼎等人所作，是“变风之时，小雅之才”的体现，向子諲“步趋苏堂”，张元幹从妩秀变为悲愤。朱敦儒为“三变”之一，其词本多尘外之想，风格清隽谐婉，南渡后忧时念乱而见悲凉壮慨，后期入以道释思想，多有名理禅机。此期最为当行本色的词人是李清照，她在南渡后虽未必全遵循自己的论词标准，但仍属词之正宗，以妍婉隽雅见长，既是闺阁中苏辛，具有“丈夫气”，又能独辟门径，成卓然名家。其他南渡词人尚有苏庠、周紫芝、陈与义、吕本中、徐俯、洪皓、蔡伸、李弥逊、王以宁等人。高宗、孝宗之交多颂谀词与大曲，南渡后期有范成大、杨万里等的诗人之词，朱淑贞则是优秀的女词人。

8. 辛弃疾及辛派词。陆游与张孝祥是稼轩风的前奏，前者兼有雅致与冶艳，呈半苏半秦的特点，根源于他的诗化与“诗余”观，又因多隐逸之作，人以之有道家风味；后者追踪苏轼，词多诗人句法，既骏发踔厉，又潇洒出尘。辛弃疾是出将入相的人物，以词为“陶写之具”，所作抚时感事，别立一宗，入以经子百家，体现了文化集成，因综融南北、兼具情志，成为了两宋最伟大的词人。稼轩以文为词，发不平之鸣，似韩愈的“气盛言宜”，有雄深雅健之概；又抒忧娱悲、解嘲谐谑。立屈骚之旨，承“美人香草”传统，分有以物比人、以古比今、以仙比俗、以男女比君臣之词，兼有慷慨纵横与温婉悲凉风格，具多样风貌。陈亮与刘过是稼轩之羽翼，陈亮词感慨淋漓，有纵横家之风，又因比兴而见幽秀疏宕之风；刘过词多壮语，兼有狂逸与俊致，得稼轩之豪放，而未得其宛转。后期辛派有戴复古和刘克庄，后者“拳拳君国，志在有为”，词旨正而有感情，善作比兴寄托。

9. 风雅词派及其艺术独创。风雅词派形成文化基础是：江浙地区的“民物康阜”，士人追求寄兴适情，才子崇尚晋人风雅，因地狭人稠，为官不易，造成了江湖文化，以隐逸或游谒为生存方式。此派以姜夔的创作成就最高，姜夔尚雅乐而反胡乐，明俗乐而求之雅，自作先词后曲，回归于“声依永”原则，坚持主体抒情，改变了以词就曲的定法，其词“清空”、“骚雅”，前者得益于晚唐诗的风神与江西派的瘦硬，因于其为人的襟怀洒落，故所作不涉嫣媚，境象空疏、遗貌得神；后者深得比兴之义，温柔敦厚，怨悱不乱。史达祖之词妥贴轻圆、辞情俱到，兼有瑰奇警迈与沉痛悲凉的风格。被喻为“七宝楼台”的吴文英词，貌雕缋满眼而潜气内转、运意深远，绵密曲折而善作“空际转身”，多使事运典、隽句艳字，风格芬菲铿丽，善营仙思鬼境，被拟为词中的玉溪、长吉。其他可列入风雅派的词人还有赵长卿、张镃、高观国与卢祖皋等人。

10. 宋季风雅词的艺术总结与辛派嗣响。宋末词具有鲜明的地域文化色彩，浙江词人群是风雅派的继续，以杨瓒《作词五要》、沈义父《乐府指迷》、张炎《词源》为代表，体现了系统的创作理论。周密是沟通此派前后期词人的领袖，宋亡前之词尽洗靡曼而独标清丽，宋亡后寄托遥深、比兴精切，因与众多词人深有切劘，故亦杂众长。咏物词家王沂孙所作多有身世之感、君国之忧，因借物言志，虽气清而妍和，却言近指远、赋情独深。张炎为白石后劲，词史上并称姜张，所作清远蕴藉、凄怆缠绵，兼有清丽圆转与清超壮阔之长，却稍逊沉厚。三大家之外，陈允平取法清真，所作清丽芊绵，余如李彭老、张枢、杨缵、施岳、仇远、唐珏，也有佳作。另外一群是被视作稼轩后劲的江西词派，其中刘辰翁词满心而发，以中锋达意，又不乏轻灵婉丽。民族英雄文天祥所作风骨甚高而语极苍秀，其他江西词人因受理学家影响，多有根于血性之词。宋季入元的词人中，蒋捷是难以归入流派的独行者，其词不乏托兴遥深之作，语多创获而兼有众长，是词中的诚斋体，又具有元曲风味。

三　学术价值、应用价值，社会影响

四库馆臣未脱“小道”观念，将词曲入于集部之末，谓：“二体在文章、技艺之间。厥品颇卑，作者弗贵，特才华之士以绮语相高耳。”“其于文苑，尚属附庸，亦未可全斥为俳优也。”而至晚清时期，词学大成。到20世纪30年代，龙榆生发表《研究词学之商榷》(《词学季刊》第一卷第四号)，分别以万树的图谱之学，凌廷堪、方成培的音律之学，戈载的词韵之学，张宗橚的词史之学、朱孝臧的校勘之学为词学成就的代表，并主张另创声调、批评与目录之学。至今，又过去了七十多年，上述词学的八个子学科都有不同的发展和成就，但如同钱穆所说：“文化异，斯学术亦异。中国重和合，西方重分别。民国以来，中国学术界分门别类，务为专家，与中国传统通人通儒之学大相违异。”(《现代中国学术论衡·序》)于词学亦甚合。仅以词史论，现代意义的词史已与张宗橚的《词林纪事》大异，却仍是“分门别类，务为专家”之学。

鉴于此，本成果虽为词的专史，却能力图兼顾图谱、音律、词韵、声调与词史、批评之学，以系统工程的眼光和结构，破除以往各子学科的藩篱，构建起第一部全面论述唐宋词艺术发展的专门史，以95万字的篇幅，成为了迄今最大的一部词学著作。本成果是文献学、文艺学与文化学三结合的结果。首先，具有坚实、可靠的文献基础，本着“后出转精”的原则，引词尽可能出于今人笺注的别集，无别集注释本者，则取自《全唐五代词》、《全宋词》及其《补辑》，以及《敦煌歌辞总编》、《唐声诗》等总集，并参照历代名家选集善本,所有援引的作品都经过严格校核。其次,尽力搜集古今的评论资料,汲取词家所见,择善而从,并以己见相统,努力做到判断准确,持论公允。以龙榆生上文相衡,虽因词乐不传,"推求各曲调表情之缓急悲欢"较为困难,但在探求"词体之渊源流变",论列"各作者利病得失之所由"上,则较今所能见的著作更为详尽周全。并借助现代的文艺学、美学理论,以之"内化"而构成严密体系,体现出"史"的全貌。最后,以文化的发展、转换理论,观照词由思想内容、表现手法,到艺术形式、创作风格的主要变化,视之为主要的发展动因。提出的主要观点有:宫廷文化与词之起,进士文化与词之盛,市井文化与词之俗,士大夫文化与词之雅,民族文化与词之变(靖康之变与南渡词),江湖文化与风雅派(格律派),文化集成与稼轩词,吟社文化与宋季词等。由于成果出于三者结合,其立体、多维的研究,也给学界提供了一个较为成功的范例。这或许既是其学术价值之所在。

对古代文学的研究很难用实际应用价值的标准来判断,不过,本课题也不是全然与现实无关。唐宋词不仅被誉为"一代之文学",而且历来为读者所爱好,直至今天仍有不少人在写词,所以深入研究词的形式与内容相辅相成的发展,总结其规律,探寻其演变轨迹,积断代、各体的形式、内容研究为历代与整体的研究,寻找、描述中国韵文(诗、赋、词、曲)全局性的嬗变发展规律,借鉴前人的经验,对当前的诗词欣赏和创作,不无指导意义,对新诗的发展,也不无启发。

(国家社科基金项目,项目批准号为04BZW024)

存　目

1.《东山词的创意与艺术》,《词学》第21辑,1.7万字。
2.《兼有众长的蒋捷词》,《南阳师院学报》2009年1期,1万字。

(以上已分别写为《唐宋词艺术发展史》各章节)

1.《清雅——白石词之美学风度》,《学术月刊》1996年2期,1.2万字。
2.《试谈张炎对本色词的雅化》,《名作欣赏》2006年2期 ,0.6万字。
3.《张炎的水仙情结》,《名作欣赏》2006年6期 ,0.6万字。
4.《潘阆的词论及其词作评议》,《洛阳大学学报》2006年3期,0.7万字。
5.《草窗词的研究现状及思考》,《南阳师院学报》2006年11期,1.1万字。
6.《唐宋词乐的发展变化与柳永苏轼词》,《东南大学学报》2007年4期,1.5万字。
7.《论宋词自注》,《暨南大学学报》2008年1期,1万字。
8.《从"倚声"论唐宋词体之形成与初步发展》,《上海大学学报》2008年4期,1.8万字。
9.《唐宋渔父词的文人化发展》,《文史哲》2009年1期,1.1万字。
10.《石湖词》"叙论",《苏州大学学报》2009年3期,1万字。
11.《成肇麐〈唐五代词选〉对"重拙大"的疏离》,《古代文学理论研究》第29辑,2009年6月出版,1.3万字。

(以上诸文以本人为第一作者或第二作者名义发表,实主要为合作者所作)